KB125208

이념과
현실

이념과 현실 — 평화와 민주주의를 향한 한국 근대사 다시 읽기

초판 1쇄 인쇄 2024년 2월 8일
초판 1쇄 발행 2024년 2월 20일

지은이 정태헌
펴낸이 정순구
책임편집 정윤경
기획편집 조수정 조원식
마케팅 황주영

출력 블루엔
용지 한서지업사
인쇄 한영문화사
제본 한영제책사

펴낸곳 (주) 역사비평사
등록 제300-2007-139호 (2007. 9. 20)
주소 10497 : 경기도 고양시 덕양구 화중로 100(비전타워21) 506호
전화 02-741-6123~5
팩스 02-741-6126
홈페이지 www.yukbi.com
이메일 yukbi88@naver.com

ⓒ 정태헌, 2024

ISBN 978-89-7696-586-8 93910

책값은 표지 뒷면에 표시되어 있습니다.
잘못 만들어진 책은 구입하신 서점에서 바꾸어 드립니다.

이념과 현실

평화와 민주주의를 향한
한국근대사 다시 읽기

정태헌 지음

역사비평사

차례

책머리에

한국 근대사가 곧 세계 근대사이고, 세계 근대사가 곧 한국 근대사이다.

쉽지 않지만 이 책을 서술하면서 의식하려고 애쓴 방법론이다. 서로 깊은 이해관계가 얽혀 글로벌하게 진행된 근대 세계사를 한국사 관점에서 보는 시각과 한국사를 세계사 속에서 보는 시각을 충돌시키고 조화시키는 과정의 중요성은 아무리 강조해도 지나치지 않다. 그 어떤 이론보다 다양한 문제의식과 연구방법론, 평화와 민주주의를 지향한 한국과 세계의 미래를 위한 상상력을 키워주기 때문이다. 근래 몇 년간 나의 강의안도 이러한 방향으로 모아지고 있었다.

이 책은 한국 근대사 개설서를 지향한 것이 아니다. 특히 예술·문화 분야는 다루지 못했다. 다만 한국 근대사를 세계사와 관련하여 인식할 때 중요한 맥이 된다고 생각하는 부분을 서술하기 위해 4개의 부로 나누어 시기구분을 하고 각 부마다 장, 절, 소절로 세분했다. 사론적 입장도 많이 드러냈다.

개인 간의 폭력이나 약탈, 살인은 당연히 처벌받는다. 개인은 매우 이기적이지만 국가 '내'에서 집단지성과 민주화 수준에 따라 공동체-타인을 배려하면서 이해관계를 조정한다. 반면에 국가가 자국만의 원초적이고 근시안적인

'국익'을 앞세워 국가 '밖'으로 침략과 약탈, 대학살을 자행하고 전쟁을 도발해도 개인은 이를 당연시하는 경우가 많았다. 오늘날에도 크게 다르지 않다. 국가 '안'에서 일정하게 제한된 개인의 원초적 이기심이 오히려 국가의 대외 침략에 환호하면서 분출되고, 이러한 집단몰지성 분위기에 휘둘려 평범한 개인도 국가의 힘에 편승하여 괴물이 되기도 한다.

구미나 일본의 근대역사학 역시 이러한 국가의 대외(침략) 정책을 당연시한 채 개인이나 사회를 논하는 경우가 많다. 침략전쟁은 근대 이전에도 있었다. 그러나 근대역사학은 이를 '세련되게' 합리화하면서 식민사학을 쌍생아로 동반했다. 세계의 지성 역시 이 자장을 온전히 넘어서지 못했다. 근대 세계사에 동반된 제국주의와 관련하여 일본뿐 아니라 유럽의 어느 나라도 식민지배의 불법성을 아직도 인정하지 않고 있다. 그런 점에서 세계사 차원에서 근대 지성의 수준은 나밖에 모르는 유아기에 머물러 있다. 자유나 평등 등 근대를 상징하는 어떤 '훌륭한' 개념이나 사상(을 선언한 주체)도 국가는 물론 민족, 인종, 계급, 젠더 등 여러 영역에 갇혀 있어 이 영역을 넘어선 '밖'으로는 적용시키려 하지 않기 때문이다.

그러나 결코 포기할 수 없는, 평화를 지향하는 국가와 세계를 만드는 과제는 결국 국가를 구성하는 개인의 책임이다. 이제 평화를 지향하는 역사학의 연구대상은 개인이나 사회에서 더 나아가 국가, 그리고 국가 간의 관계까지 아우른 문제의식과 방법론을 끊임없이 모색하고 발전시켜야 한다. 이 문제를 제쳐둔 채 정의란 무엇인가를 백날 얘기해봐야 자족감으로 끝날 뿐이다.

이 책의 기본적인 문제의식은 '제국주의의 식민지배와 침략전쟁, 그에 대응하여 민주주의와 평화를 추구한 근대 한국'이다. 개항 이후 해방 때까지 계속 진행된 이 과정을 탐색하는 것은 한국사를 넘어 평화지향적 세계사를 추구한다는 점에서 의미가 크다. 이에 대한 치열한 문제의식은 한반도의 에너지를 소모시키는 적대적 분단시대를 넘어 민주주의와 고른 경제발전을 지속가능하게 하는 방법론을 키워내면서 계속 추구해야 할 주제일 수밖에 없기 때문이다. 이는 결국 세계의 평화를 추구하는 방법론적 실마리로 발전할 수 있을 것이다.

한국사 연구자로서의 문제의식을 갖고 세계사를 정리했기 때문에, 새로운 관점일 수는 없더라도 외국사 연구자들이 고개를 갸우뚱할 부분도 있을 것이다. 예를 들면, 19세기 세계사를 정리할 때 프랑스 혁명의 의도하지 않은 여파가 미친 유럽과 중남미에서 식민지(속국)의 독립, 중국 등 동남아와 중동-아프리카에서 유럽 제국주의의 새로운 식민지 창출이라는 대조적 상을 드러냈다. 이런 흐름이 제국주의 시대 끝물에 막차를 탄 일본에 강제병합된 한국을 포함한 20세기 세계사에 그대로 이어졌기 때문이다. 제2차 세계대전을 파시즘 대 민주주의 개념으로 보는 일각의 관성도 부정했다. 이는 제국주의-식민지 문제를 완전히 배제한 개념이거니와, 패전국의 전쟁범죄가 전후에도 계속 식민지 배의 단맛을 즐겼던 유럽 전승국들이 그들의 식민지에서 자행한 학살 사이에 근본적 차이가 없기 때문이다.

독자들께 말씀드릴 내용이 있다. 목차에는 장, 절만 소개하고, 절을 구성하는 130여 개 소절은 너무 많아 본문에서 확인하도록 했다. 특정 소재를 밝히는 데 집중한 책이 아니고 해당 저자의 생각과 다르게 정리한 부분도 많아 참고문헌은 일일이 각주를 달지 않고 장 단위로 소개했다. 우리가 살고 있는 당대사(현대사)도 시대구분의 본질상 근대사에 속하지만, 해방 이후를 현대사로 구분하는 학계의 관행에 따라 개항 이후 해방까지를 서술 대상으로 설정했다. 다만 에필로그에서는 해방 후 시기에 관한 단상과 제국주의 역사가 남긴 '과거사 정리' 과제를 다뤘다.

2020년 8월 어느 날, 이제는 학계의 중견이 된 윤상원(전북대), 조명근(영남대), 조형열(동아대) 교수와 자리를 함께했다. 각기 전공 분야가 운동사, 경제사, 사상사로 다르기도 해서 새로운 시각으로 세계사 흐름과 연동한 한국 근대사의 맥을 정리해보자고 자연스럽게 의견이 모아졌다. 공저로 출간한다는 계획 아래 사제관계를 떠나 냉정한 비판과 제안을 주고받는 시간을 자주 가졌다. 전공 분야 강점이 특히 요구되는 부분을 정리할 때는 이들이 초안도 썼다. 그런데 원고를 마칠 무렵 필자가 전체 틀과 목차, 논지 방향을 설정해서 계속 수정 보완하는 과정에서 자기들은 이에 맞춰 도움 준 것에 불과하다는 극구 겸양지사 고집을 부렸다. 실랑이 끝에 결국 그 뜻을 고맙게 받아들이기로 했다. 제자들이 바쁜 와중에도 기꺼이 나눠준 귀중한 시간과 품과 정성을, 그들 말대로 퇴임 선물로 받았으니 이보다 더한 홍복이 있을까.

근자 4년여간 퇴임 직전까지 이 책의 집필에 가장 많은 시간을 들인 것 같다. 퇴임에 맞춰 출간하니 혼자만 행복하게 교수 생활을 마감하는 것 아닌가 하는, 여러 모로 힘든 세상에 미안한 생각까지 든다. 약속보다 훨씬 늦게 출판사에 원고를 보냈다. 그런데도 최초의 독자로서, 유능한 편집자로서 원고를 꼼꼼히 읽고 조언도 주면서 아름다운 책으로 탈바꿈해주신, 한국 역사학계의 귀한 자산인 역사비평사 편집부에도 감사의 말씀을 드린다.

—2024년 2월 안암의 언덕, 정들었던 석탑 3층 연구실에서
정태헌

프롤로그

침략과 전쟁, 위선과 배신의 세계 근대사와
한국의 고투

1. 제국주의의 쌍생아, 근대의 키워드 '자유'와 '평등'

우리는 '근대'를 살아가고 있다. 그러나 '근대란 무엇인가'라는 질문에 답하기는 쉽지 않다. 근대는 언제부터 시작되었는가? 어떤 모습이 근대 사회인가? 어떤 과정과 내용을 채워야 '근대 이후'를 전망할 수 있는가? 수많은 역사학자들을 곤경에 빠뜨려온 주제들이다.

다만 근대 사회가 농경이 시작되고부터 인류와 함께했던 '전(前)근대' 사회의 신분제 질서와 친화적이지 않다는 점은 분명하다. 신분제 질서는 토지에 묶여 있던 농민들을 '자유롭게' 고용하여 자본주의 생산관계 안으로 끌어들이는데 장애가 되었다. 때문에 이런 신분제 질서를 무너뜨리기 위해 자유와 평등이라는 '계몽' 이념이 등장했다. 사본(capital)이 주체이자 중심(ism)인 자본수의의 힘이었다. 중세 유럽의 내부에서 태동한 자본주의 경제체제는 '대항해시대'에 약탈로 쌓은 부를 바탕으로 '산업혁명'을 거치면서 전 세계를 지배하는 생산양식이 되었다.

자본에 조응하는 노동력에는 노예도, 임금노동자도 있었다. 그러나 인권의

식의 고양과 더불어 노예제 관리 비용이 증가하면서 대세는 점차 임금노동자로 수렴되었다. 물론 그것이 자본의 이윤추구에 편리했기 때문이지 자본주의가 인권=민주주의를 지향했기 때문은 결코 아니었다.

전근대의 신분제를 대체한 근대의 이념인 자유와 평등 '선언'은 세계사 시대구분의 기준이 될 만큼 위대한 진보였다. 물론 프랑스 혁명의 '인간 및 시민의 권리선언'(1789)이 "천부인권과 법 앞의 평등"(제1조)을 강조했을 때, 자유와 평등의 주체는 재산을 소유한 납세자에 한정되었다. 혁명의 주체가 애초부터 명확하게 '선언'이 적용되는 범주를 제한한 가운데, 이후 보불전쟁 패배와 파리코뮌을 거쳐 프랑스 '내'에서 부르주아가 주도하는 공화제가 정착되기까지 "비극"과 "희극"을 "반복"하며 혁명 후 90여 년이 흘러갔다.

에릭 홉스봄(Eric Hobsbawm)이 18세기 말부터 19세기까지를 이중혁명(시민혁명과 산업혁명) 시대라 칭했지만 당연히 유럽사에만 국한될 뿐이었다. 유럽인이 비유럽 사회에 대한 대학살의 문을 연 '대항해시대' 이래, 특히 20세기 세계사는 독일과 벨기에의 식민지 나미비아나 콩고에서의 학살에서 시작하여 두 차례 세계대전과 홀로코스트 등을 거쳐 전후에도 프랑스, 영국, 네덜란드의 식민지 알제리, 케냐, 인도네시아에서 지속된 학살 등 이루 셀 수 없는 제노사이드로 점철되었다.

즉 서구 근대가 선언한 자유와 평등은 인류의 보편적 개념이 결코 아니었다. 그와 반대로 특히 비유럽 사회에서는 제국주의의 쌍생아로 기능했다. 계급뿐 아니라 인종, 성별, 국적 등 다양한 층위에 따라 쌓인 거대한 장벽에 갇혀, 이러한 각 영역을 벗어나는 순간 더 이상 잔혹할 수 없는 야만의 본성을 드러냈다.

일국 내에서도 자유로운 노동자와 자유로운 자본가의 계약이 평등하다는 '선언'과 달리, '실상'은 평등할 수 없었다. 그래도 그러한 '선언'은 일국 내에서 초기 근대 유럽이 발전하는 밑거름이 되었다. 아동 노동이 일상적이었던 영국 산업혁명의 폭발적 생산력도 이에 힘입은 것이었다.

천부적 권리를 가진 개인 간의 관계에서 드러난 '선언과 실상의 불일치'는 국제관계에서 더욱 극명하게 드러났다. '근대 세계체제'란 주권국가들이 서로 평등한 조약관계를 맺는 체제를 말한다. 그러나 베스트팔렌 조약(1648) 이래 '국제법'은 유럽 열강 사이에서만 통용되었다.

"조선국이 자주국가"(제1조)임을 선언한 강화도 조약(1876)을 두고 동아시아 중세의 국제적 신분질서인 중화 체제를 벗어난 "최초의 근대적 조약이자 최초의 불평등 조약"이라고 설명한다. 이러한 이중형용은 근대 세계체제의 본질을 담고 있다. 유럽 열강은 다른 사람들이 살고 있는 땅을 자기들만의 '국제법'으로 '무주지(無主地)'라 규정하면서 '자유롭고 평등하게 합의'해서 나눠 먹었다. 또 나눠 먹은 식민지를 빼앗기 위해 자기들끼리 맺은 조약도 쉽게 내팽개치면서 전쟁을 서슴지 않았다. 비유럽 세계는 유럽 열강의 식민지가 되어갔다. 자유와 평등의 시대는 침략과 전쟁, 위선(僞善)과 배신의 시대이기도 했다. 그 시작은 '대항해시대'의 약탈과 학살, 그리고 상상할 수 없을 정도로 반인륜적이었던 노예무역과 노예노동이었다.

2. 제국주의 국제정치학의 노골적 탐익과 무상함

15세기에 시작된 유럽의 비유럽 지역 침략은 19세기에 정점에 달했다. 그 와중에 일어난 프랑스 혁명은 의도하지 않은 태풍을 일으켰다. 유럽과, 중남미에서 태어난 백인(크리올 criole)이 지배하는 유럽 식민지 및 속국에서 민주주의와 민족주의의 불이 확 번진 것이다. 이들 지역에서는 잇달아 독립이 선언되었다.

이와 정반대로 아시아 및 아프리카와 중동 등에서는 유럽 열강에 의해 새로운 식민지가 창출되고 있었다. 즉 19세기 세계사는 공교롭게도 백인들과 비백인 세계로, 그리고 대륙별로 명확하게 구분되는 상반된 장면을 연출했다.

그리스 독립을 시작으로 오스만제국 지배하에 있던 유럽의 여러 속국과 이전부터 쇠퇴해오다가 나폴레옹의 침략으로 점령된 스페인·포르투갈의 중남미 식민지가 독립했다. 이런 상황을 활용해서 이탈리아도 통일과 독립을 이룩했다. 프랑스가 스페인에게 빼앗은 후 개칭한 생도맹그(Saint-Domingue)의 사탕수수농장 흑인 노예들도 독립국가 아이티를 세웠다(1804). 프랑스는 1825년 아이티 독립을 승인해주는 대가로 1억 5천만 금프랑을 요구했다. 이는 당시 프랑스 1년 예산에 맞먹는 거액이었다. 옆 나라 도미니카를 점령하기도 했던 아이티는 20세기 중반까지 그 '빚'에 허덕여야 했다. 아이티 혁명은 그에 앞선 프랑스 혁명이나 미국 독립에 버금가는, 근대사의 모순이 응축된 19세기 벽두의 '세계사적 사건'이었다.

반면에 산업혁명 이후에도 중국에 팔 만한 물건이 별로 없었던 영국은 차 수입에 따른 중국에 대한 무역적자(은 유출)를 메우기 위해 '자유로운' 아편 판매를 강요하는 침략을 자행했다. 영국에 이어 빈 체제의 속박에서 벗어난 프랑스도 동남아 침략에 나섰다. 아프리카와 중동에서도 유럽 제국주의는 '무주지' 나눠 먹기 점령에 나서면서 새로운 식민지를 창출했다. 베를린 회담(1884~85)은 유럽이 아프리카를 '평등하게' 나눠 먹기로 정리했다.

영국이 사실상 독점 지배한 인도와 달리, 열강끼리 '사이좋게' 균점하기 편하도록 중국의 진을 빼놓은 것이 바로 청일전쟁이었다. 비유럽 국가로서 유일하게 제국주의 열강에 합류한 일본은 타이완에 이어 사할린에서 홋카이도, 류큐 제도를 잇는 영토확장에 나섰다.

이러한 19세기를 조선왕조(대한제국)는 세도정치와 쇄국 정책으로 소모했다. 내부 개혁을 통해 대응력을 키우지 못한 것이다. 제국주의 시대 끝물에 막차를 탄 일본에 의해 강제병합된 것은 영국과 미국의 후원, 러시아와 프랑스의 방조라는 제국주의 열강의 합종연횡에 따른 산물이었다. 영국은 러시아 방어를 명분으로 영일동맹을 통해 일본의 조선 침략을 '인정'했다.

미국은 일본과 가쓰라-태프트 밀약(1905)을 맺어 필리핀과 조선을 나눠 갖기로 합의했다. 이 밀약의 한 당사자인 시어도어 루스벨트(Theodore Roosevelt) 대통령은 포츠머스 조약과 제국주의 간 나눠 먹기로 모로코 문제를 '해결'하는 데 주선한 공으로 노벨 평화상을 받았다(1906). 이는 당시 구미인들이 거론했던 '평화'의 실체를 잘 보여준다. 38년 후 미국이 주도한 카이로 선언(1943)은 그 사이 적국으로 변한 일본의 지배로부터 "조선 인민의 노예 상태에 유의하여 적당한 시기에 조선을 자주독립"시키겠다고 약속했다. 제국주의 국제정치학은 이토록 노골적이면서도 무상한 것이었다. 수시로 뒤집히는 조폭들의 합의와 다름없었다.

3. 국가를 없앤 식민지자본주의 지배의 단맛에 취한 유럽

유럽의 산업혁명이나 자본주의가 자유시장 경제나 민주주의를 기반으로 번성했을까? 전혀 아니다. 유럽의 자본주의 경제는 국가(왕실)권력이 '공인'한 해적 활동과 약탈에서 시작되었다. 산업혁명기에도 국가기 자국 기업과 산업을 보호하고 시장을 창출하고 보호함으로써 자본주의 경제가 성장할 수 있었다.

서구 경제의 급성장(take-off)은 '대항해시대'에 세계 시장을 폭력적으로 독점한 바탕에서 근대 국민국가가 자행한 식민지배의 산물이었다. 세계 경제사를 돌아볼 때 이 점을 놓치면 안 된다. 영국 산업혁명은 영국인들의 기술혁신으로만 이뤄진 것이 아니라 식민지 인도의 면직물업을 폭력적으로 무너뜨리면서 진행된 것이다. 자본주의 경제가 국가의 보호와 지원 없이 방임된 채, 자유시장 경제하에서 기업-자본의 힘만으로 운영된 적은 '대항해시대' 이후 오늘까지 한 번도 없었다.

서구 근대를 특징짓는 개념으로 흔히 민주주의, 근대 주권국가, 자본주의를 든다. 그러나 국가를 상실한 식민지에서 이 세 개념은 성립되지 않는다. 편의상 '식민지적 근대'라 칭할 수 있다. 자본주의 경제의 세 주체는 개인, 기업, 정부(국가)로 구성된다. 이 가운데 정작 가장 중요한 요소가 '국가'이다. 국가와 자본주의의 관계는 엄마와 아이의 관계에 비유된다. 그러나 자국 기업가를 뒷받침할 국가가 없는 식민지에서는 제국주의 정부와 자본이 주체가 되어 운영하는 식민지자본주의 경제체제가 고착되었다.

자유와 평등의 배제 대상이었던 프랑스 식민지에서도 〈라마르세예즈(La Marseillaise)〉가 불렸다. 근대의 실체를 잘 보여준다. 프랑스의 식민 정책은 오히려 공화제가 정착되는 제3공화국 시기에 확대되었다. 진보적 지식인들도 '평화적 식민화'라는 위선적 꾸밈말을 즐겨 썼다. 프랑스 밖, 특히 유럽 밖에서 프랑스 혁명 정신은 인종주의와 제국주의 논리에 갇힌 허구에 불과했다.

영국 등 제2차 세계대전 전승국은 전쟁 후에도 식민지배의 단맛을 계속 즐겼다. 아시아의 경우만 보자. 프랑스는 미국의 원조까지 받으며 전후복구에 집중해야 할 상황에서도 기어코 옛 식민지 베트남으로 돌아와 결국 긴 '베트남전쟁'을 유발했다. 네덜란드가 다시 돌아온 인도네시아는 4년에 걸쳐 독립전쟁을 치르고 나서야 독립할 수 있었다. 영국은 말레이시아가 독립할 때까지 전후에도 18년을 더 지배했다.

4. 세계평화와 민주주의를 지향한 한국의 민족운동

강제병합과 신해혁명으로 청조가 무너진 1910년대 초, 제국주의 열강의 근대 세계체제는 식민지에서 약탈과 폭압을 넘어 역사상 유례없는 대규모 세계전쟁으로 치닫고 있었다. 결국 '남의 땅따먹기 전쟁'인 제1차 세계대전이 4년여 동안 지속되었다.

'공멸의 위기'를 겪은 유럽의 지성은 영토확장과 대립을 지양하고 평화공존을 모색하는 '개조' 사상을 제기했다. 러시아 혁명은 '개조' 사상의 극단적 정치 실험이었다. 제1차 세계대전 이후 세계는 기존의 제국주의 국가들과 소련 중심으로 세계를 변혁하려는 세력 등 '두 세계'로 대립했다. 조선을 비롯한 식민지에서의 민족운동도 좌·우로 분화된 가운데 두 세계의 대립에서 자유롭지 못했다. 그러나 민족운동 세력은 대립하면서도 연대하는 과정을 되풀이했다.

러시아 혁명 이후 냉전 시기까지 두 세계는 대립하면서도 다른 쪽의 장점을 이식해서 자기 쪽의 단점을 메우려 했다. 실제로 유럽에 국한된 상황이지만 전간기의 일시적 평화를 깨뜨린 것은 두 세계의 대립이 아니었다. 1930년대 초 대공황을 지나면서 파시즘과 군국주의가 제국주의 침략 욕망으로 터질 듯이 팽창하면서 또다시 세계를 전쟁의 소용돌이로 몰아간 것이다. 집단몰지성이 집단지성을 압도한 침략의 근대는 그만큼 어리석었다. 실상은 달랐지만, 두 세계가 파시즘에 맞서서 연합전선을 구축하면서 치켜든 가치는 세계를 파멸에서 구하기 위한 '평화와 민주주의'였다.

'자유'와 '평등'이 비록 개인과 국가의 위계에 따라 제한된 허구적인 '선언'에 그쳤지만, 전 인류에게 보편적으로 실현되어야 할 가치이자 과제임은 분명하다. 자유와 평등의 '선언과 실상의 일치'를 향한 과정은 끝없이 문제를 제기하고 해결을 추구하는 민주주의 과정이고, 이념의 연대를 통해 국내외적으로 평화를 추구하는 과정이다. 개인의 사적 관계 차원을 넘어 일국 내에서의 민주주의 확장, 그리고 국가 간의 민주주의적 합의와 조정이 한 사회와 세계의 평화를 이루는 유력한 길일 수밖에 없기 때문이다.

한국의 근대 역시 침략과 전쟁, 위선과 배신의 세계사 격랑 속에서 민주주의 확장을 통해 자유와 평등의 '선언과 실상의 일치'를 추구하는 과정이었다. 근대 세계체제에 편입된 이후 공화제민족국가 수립 노력은 제국주의 국제정치학에 밀려 실패했고 강제병합을 당했다. 이후 민족운동의 본질은 평화와 민주주의를 추구하는 것이었다. 독립을 일국 차원의 문제를 넘어 세계평화로 가는 과정으로 파악하면서 침략자 일본의 국민들까지 군국주의의 희생자로 포용하는 성숙한 인식이 발전했다.

이 과정에서 3·1운동을 통해 '신민(新民)'이 주체로 등장하고, 독립운동 최고 지도 기관인 임시정부의 정체가 공화정으로 설정되었다. 제1차 세계대전 이후 서로 다른 두 세계를 지향한 운동가들이 끊임없는 연대와 협력을 지속한 이유도 평화와 민주주의 실현이 독립운동의 최종 목표라는 데 합의했기 때문이었다. 이는 해방 직전 국내외 민족운동 세력이 평화지향적 민주국가 구상에 합의했다는 데서도 알 수 있다.

제2차 세계대전 후에도 평화지향적 민주국가 수립은 여전히 쉽지 않은 과제였다. 남과 북에 두 개의 정부가 수립되었고, 전쟁으로 적대적 분단 체제가 고착되었다. 그러나 세계적 차원의 냉전과 한반도에 공고화된 분단 체제 아래에서도 한국은 경제발전과 민주주의 진전으로 세계평화에 기여할 수 있는 국가로 발돋움했다. 그럼에도 분단 체제는 여전히 공고하다. 민주주의 확장을 통해 자유와 평등의 '선언과 실상의 일치'를 추구하고 평화를 지향하는 역사인식과 실천이 중요하다. 지속가능한 경제발전을 위해서는 중단 없는 민주주의 추구와 평화적 남북 관계 정착이 필수적이기 때문이다.

1부

전전(戰前)의 근대 세계와 한국의 국민국가 수립 운동

세계	연도	한국(관련)
스페인 레콩키스타 완료, 콜럼버스 아메리카 도착	1492	
스페인 '신대륙' 소유권 인정하는 4개 칙령 반포	1493	
영국, 스페인 '무적함대' 격파	1588	
	1592	임진왜란
잉글랜드 동인도회사 설립 (1600~1874)	1600	
	1604	스페인인 멘데스 표착
	1608	대동법 최초 시행
	1626	네덜란드인 벨테브레인(박연) 표착
나가사키 앞바다에 포르투갈 상인 거류지 데지마(出島) 건설	1636	병자호란
	1645	서양 학문을 인지한 소현세자 귀국과 사망
베스트팔렌 조약	1648	
	1653	네덜란드인 하멜 표착
	1720	조선왕조의 마지막 대규모 양전(庚子量田)
미국 독립 선언	1776	
	1783	이승훈 천주교 세례
프랑스 혁명과 '인간 및 시민의 권리선언' 공포	1789	
아이티 혁명 (1791~1804)	1791	신해통공(금난전권 폐지), 신해박해(천주교인 윤지충 등 참수)
	1801	신유박해
	1811	홍경래란
나폴레옹 전쟁 종식, 빈회의 개최	1815	
영국, 맨체스터~리버풀 구간 증기기관차 개통	1830	
그리스 독립	1832	
제1차 아편전쟁 (1840~1842)	1840	
난징 조약 (1842.8.29)	1842	『해국도지』 초간본 발간과 조선 전래(1845)

세계	연도	한국(관련)
프랑스 2월혁명, 공화정 수립	**1848**	
중국 태평천국 운동 (1850~1864)	**1850**	
런던 하이드파크에서 만국박람회 개최	**1851**	
미국에 의해 일본 개항, 구로후네 사건, 미일화친조약 (1854. 3. 31)	**1854**	
제2차 아편전쟁 (1856~1860)	**1856**	
인도 세포이 항쟁(1857~1858)	**1857**	
톈진 조약 (1858. 6) 미일수호통상조약 (1858. 7. 29)	**1858**	
베이징 조약(1860. 10. 18)	**1860**	
	1862	진주민란
	1863	고종 즉위
보오(프로이센·오스트리아) 전쟁	**1866**	병인양요
일본, 메이지유신	**1868**	
인도, 봄베이~캘커타 구간 철도 개통 이탈리아 독립 보불(프로이센·프랑스) 전쟁	**1870**	
프로이센 중심 독일제국 통일	**1871**	신미양요
	1876	조일수호조규 체결, 일본이 조선을 강제개항
	1882	임오군란 (1882. 7) 조청상민수륙무역장정 (1882. 8)
청불전쟁 (1884~1885) 베를린 회담 (1884~1885)	**1884**	갑신정변 (1884. 12)
청·일 간 톈진조약 (1885. 4. 18), 청일전쟁 빌미	**1885**	영국의 거문도 점령(1885. 3~1887. 2)
프랑스령 인도차이나연방 수립	**1887**	
	1889	함경도 관찰사 조병식 방곡령 선포
	1893	동학교단 교조신원운동

세계	연도	한국(관련)
청일전쟁 (1894~1895) 일본의 대만 병합 러프동맹 (1894. 1. 4)	1894	동학농민군 고부에서 봉기 (1894. 2), 황토현 전투 승리 (1894. 5), 전주화약 체결 (1894. 6), 농민군 2차 봉기(1894. 9) 후 우금치에서 대패 (1894. 11) 정부, 갑오개혁 추진 (1894. 7~1895. 7) 및 「신식 화폐발행장정」 공포 (1894. 7)
시모노세키 조약 (1895. 4. 17) 및 삼국 간섭	1895	고종, 「홍범 14조」 선포 (1895. 1. 7) 공사 미우라 고로 등, 왕후 살해 (1895. 10)
	1896	고종, 아관파천 (1896. 2~1897. 2) 『독립신문』 창간 (1896. 4) 독립협회 창립 (1896. 7)
독일, 칭다오 점령	1897	대한제국 선포 (1897. 10. 12)
미서전쟁 독일, 자오저우만 조차	1898	독립협회 해산 (1898. 12) 광무양전 시작 (1898~1904) 육군무관학교, 철도사(鐵道司) 설치
의화단 운동 (1899~1901)	1899	「대한국국제」 반포 (1899. 8. 14)
신축 조약 (1901. 9. 7)	1901	「화폐조례」 공포 (1901. 2)
영일동맹 (1902. 1. 30)	1902	
러일전쟁 발발 (1904. 2. 8)	1904	「한일의정서」 (1904. 2. 23)
미국과 일본, 가쓰라-태프트 밀약 (1905. 7. 29) 포츠머스 강화조약 (1905. 9. 5) 영일동맹 개정 (1905. 8. 12)	1905	을사조약 (1905. 11. 17) 메가타 다네타로, 화폐정리사업 시작
영·러협상 (1907. 8. 31)과 그레이트 게임 종식 프·일협정 (1907. 6. 10) 러·일 1차 비밀 협약 (1907. 7. 30)	1907	비밀결사 신민회 창립 (1907. 4) 고종, 헤이그 만국평화회의 (1907. 7)에 특사 파견 고종의 강제퇴위 (1907. 7. 19) 한일신협약(정미조약) (1907. 7. 24) 군대 해산, 의병 13도창의군 설립, 서울진공작 전 (1907. 11)
러시아, 뤼순과 다롄 조차	1908	전명운·장인환, 샌프란시스코에서 대한제국 외교고문 스티븐스 사살 (1908. 3) 신채호, 「독사신론」 발표 (1908)
	1909	일본의 남한 대토벌 작전 (1909. 9~10)
러·일 2차 비밀 협약(1910. 7. 4)	1910	한국 병합에 관한 조약 (1910. 8. 22)
신해혁명 발발 신(新) 미일통상조약 (1911. 2) 영일동맹 3차 개정 (1911. 7. 13)	1911	

1장

제국주의 침략과
근대 세계체제의 형성

1. 식민지배 방식의 변화: 약탈적 교역에서 산업지배로

1) '대항해시대'의 약탈과 유럽인들의 식민지 이주

'대항해시대'(15세기~18세기 중엽)는 서구 경제가 막대한 부를 집적하면서 '이륙(take off)'하는 시기였다. 서구인의 눈으로, 서구에만 시야를 두면 그렇다. 전 지구, 전 인류를 시야에 두면 이는 서구가 기존의 아시아·아프리카 무역로를 탈취한 '무역 프로젝트'(인도양)에 '정복 프로젝트'(아메리카)를 결합하면서 비서구 지역(민)을 약탈하고 살육하는 과정이었다.

'대항해시대' 초기에 포르투갈에 이어 스페인, 네덜란드, 영국 등은 아시아·아프리카의 토호 세력이 지배하던 기존의 해상 교역로를 무력으로 점령하고 그 배후지를 교역로로 장악하는 해안가 중심의 '거점 식민지'를 만들어갔다. 서구인들은 '대항해시대'를 그곳에 원래 살던 사람들의 존재 자체를 부정하는 '발견의 시대'로 불렀다. 그들을 '발견'해 '문명화'시켜준다는 확신은 노예제와 폭력·약탈을 당연시하는 반인륜적인 문화를 낳았다.

서구인들이 세계 침략에 나선 한 계기는 후추 때문이었다. 후추는 고기 누

린내를 없애고 맛을 높여줌으로써 귀족들의 사랑을 받은 향신료였다. 유럽의 서쪽 변방 이베리아반도의 포르투갈 상인과 귀족들은 오스만제국이 비잔틴제국을 무너뜨리고 이스탄불(콘스탄티노플)을 점령함에 따라(1453) 이슬람권과의 교역이 끊기자 대포와 무력을 앞세워 인도로 향하는 항로를 찾아 나섰다. 그 첫 단계가 아프리카 북부의 모로코 점령이었다. 이런 일방적 침략이 가능했던 것은, 전쟁으로 점철된 중세를 거치며 유럽이 비유럽 세계에 대해 무기 면에서 압도적 우위를 점할 수 있었기 때문이기도 했다.

16세기 포르투갈 인구 약 100만 명 중 무려 10만여 명이 해외 침략에 나섰고, 그 결과 포르투갈은 일본까지 교역로를 확장할 수 있었다. 그러나 국왕 계정으로 사업을 하거나 통행증을 판매하는 '군주 자본주의' 무역 방식을 운영하던 포르투갈은 모로코에서 이슬람 세력과의 전쟁으로 국왕이 사망하면서(1578) 스페인에 일시 병합되는(1580~1640) 수모를 겪었다. 동시에 인도 항로에 들어오기 시작한 네덜란드·영국 등에 밀리면서 쇠퇴하기 시작했다.

콜럼버스가 도착한 아메리카 땅은 카리브해 바하마 제도의 한 섬이었다. 그는 1492년 이 섬에 상륙하여 '산살바도르(San Salvador, 구세주)'라고 이름 지었다. '신대륙' 소유권을 인정하는 4개 칙령을 반포한(1493) 스페인 왕실은 16세기 중반까지 유럽에서 최강의 군사력을 보유하고 있었다. 그러나 '무적함대'가 영국에 격파(1588)되면서 제해권은 약화되었고, 다른 유럽 국가들도 대서양을 건너 식민지를 건설하기 시작했다. 스페인과 포르투갈이 독점하던 중·남미를 피해 북미에서는 영국이 버지니아에 제임스타운(1607)을, 프랑스가 퀘벡(1608)을 건설했다. 17세기 중반 영국은 북미에 13개 식민지를 건설했다. 원주민을 절멸시키거나 복속시키고, 원주민이 살던 땅을 차지하는 방식의 식민지 건설 과정에서 원주민과의 전쟁은 일상이었다.

아메리카에 후추는 없었다. 그러나 후추 대신 설탕이 있었다. 이 '하얀

크리스토퍼 콜럼버스(1450~1506)와 프랜시스 드레이크(1540~1596)
왼쪽은 콜럼버스로 알려진 초상화, 오른쪽은 1590년 혹은 그 이후 마커스 게헤라츠가 그린 프란시스 드레이크의 초상화이다.

금'(설탕)을 생산하기 위해 사탕수수 플랜테이션이 확대되고, 그 결과 영토지배, 즉 유럽인이 거주하는 식민지가 점점 확대되었다. 그 과정에서 유럽인들을 통해 전파된 천연두 등의 전염병이 면역이 없던 원주민을 무방비로 감염시켜 인구가 급감했다. 원주민 노동력을 대체한 것은 아프리카에서 '사냥'해온 흑인 노예, 인도·중국의 쿨리 등이었다. 16~17세기 자메이카 등 카리브해 일대 도서 지역, 브라질 동북부의 사탕수수농장 등이 대표적 사례이다. 포르투갈이 약탈적 '교역'에 치중했다면 스페인은 약탈적 '정복'에 무게를 뒀다.

　한편 북미 지역에서는 중·남미와 달리 처음부터 '식민'지 건설이 목표였기 때문에, 백인의 급증과 원주민의 몰락이 동반되면서 노예 '구매'가 보편화되었다. 초기에 36~72만 명에 불과했던 유럽인 인구는 1790년 300만, 19세기에는 약

6천만 명에 이르렀다. 무력을 앞세워 원주민의 권리를 부정한 '정착 식민지'였다. 이 과정에서 유럽인들은 자신들의 신앙에 입각하여 원주민들을 짐승과 마찬가지로 바라봤다. '대항해시대'는 오늘날까지 세계사에 짙은 그림자를 드리우고 있다.

2) 영국 산업혁명의 배경, 인도 면직업의 파괴와 산업 지배

'대항해시대'는 국가와 자본이 결합한 새로운 경영 모델을 낳았다. 네덜란드 동인도회사(1602~1799)와 잉글랜드 동인도회사(1600~1874)가 그것이다. 스페인 지배를 받다가 당시 사실상 독립 상태에 있던 네덜란드 전국의회는 위험부담을 줄이고 사업 규모를 키우기 위해 기존 회사를 통합하여 동인도회사를 설립했다. 그리고 동인도회사에 희망봉 동쪽부터 마젤란 해협 서쪽까지의 '항해 독점권'을 부여하여 아시아 국가와의 조약 체결, 전쟁 선포, 요새와 상관 건설, 현지에서의 군인 충원 등 국가 밖에서 '국가' 역할을 대행하도록 했다.

한편 '대항해시대' 막차를 탔던 후발국가 잉글랜드는 초기에 네덜란드 동인도회사에 밀려 인도 공략에 집중했지만, 곧 잉글랜드 동인도회사를 통해 식민지 확대에 박차를 가했다. 잉글랜드 동인도회사의 교역 또한 왕실-국가의 후견을 받는 '공인' 해적들에 의해 수행되었다. 스페인 무적함대를 무찌른 프랜시스 드레이크(Francis Drake)가 그 대표적인 해적이었다.

이후 유럽인들은 해군력을 바탕으로 내륙으로 침략해 들어가면서 식민지를 넓혀갔다. 그 와중에 잉글랜드는 17~18세기에 네덜란드와 몇 차례 전쟁을 통해 북미에서 지배력을 확대했고, 17세기 중엽부터는 인도의 면직물을 대량으로 수입하기 시작했다. 이 무렵 잉글랜드는 스코틀랜드 합병을 통해 그레이트브리튼왕국(Kingdom of Great Britain, 1707)을 세우고, 아일랜드 합병을 통해 그레이트브리튼 및 아일랜드 연합왕국(United Kingdom of Great Britain and Ireland, 1800)으로 확대되었다. 그리고 나폴레옹 전쟁의 후과를 정리하는 빈 회의(1815) 이후 프랑스가 잠시 주춤한 틈을 타 빅토리아 시대(1819~1901)를 지나는 동안 "해가 지지 않는 나라"로 성장함으로써 세계 패권국이 되었다.

영국이 패권을 차지할 수 있었던 간과해서는 안 될 배경이 한 가지 있다. 인도와 면직물을 교역하면서 산업혁명의 동력을 만들고 약탈 수준을 넘어 자본주의적 산업 지배를 통해 효율적 식민지 수탈체제를 만들었다는 점이다. 이는 약탈적 교역을 통해 부를 축적했지만 자체적 생산 기반을 만들지 못했던 포르투갈, 스페인, 네덜란드의 경우와 대조적이다.

17세기 중반 이후 수입이 급증한 인도산 면직물(캘리코) 제품은 이전까지 서유럽에서 인기를 누리던 영국산 모직물을 대체하면서 18세기 중엽 영국의 산업혁명을 촉발했다. 18세기 영국의 침략 이전까지 인도는 이미 13~14세기에도 마르크 폴로가 극찬했을 정도로 최고 품질의 면직물과 면화를 생산하고 있었다. 서유럽 상류층은 가볍고 따뜻한 캘리코에 빠졌고, 이를 배경으로 인도에서는 델리, 아그라프 등 인구 50만 이상 상업 대도시가 경제력을 과시했다. 산업혁명 이전 영국은 자국 산업(모직물) 보호를 위해 캘리코를 규제해야 할 정도로 캘리코 붐이 극성이었다.

즉 18세기 이전까지 인도·중국산 면직물은 세계 총생산의 절반 이상을 차지하고 있었다. 이런 상황에서 영국 산업혁명은 증기기관 발명 등 기술혁신으로만 이뤄진 것이 결코 아니었다. 당시 세계 최고 수준이었던 인도 면직물을 생산하는 방적기와 수직기를 파괴하면서 진행되었기 때문이다. 영국은 산업혁명과 해군력의 우위를 배경으로, '대항해시대'의 약탈적 교역 방식에서 벗어나 자원 수입과 공산품 수출을 목적으로 한 제국주의적 식민지(산업) 지배 방식으로 전환시켰다. 영국이 선두에서 전개한 제국주의 시대란 산업혁명이 본격화된 18세기 중엽 이후 서구 산업자본과 금융자본이 자원 공급처 및 판매시장과 투자처로서의 식민지를 본격적으로 확장하는 과정이었다. 영국은 대외 침략의 첨병 동인도회사를 통해 인도를 독점적으로 지배한 데 이어, 19세기 중엽 아편전쟁을 도발함으로써 중국 시장도 지배해 들어갔다.

18세기 중후반 이후 영국과 프랑스는 인도, 유럽(7년전쟁), 북아메리카(미국 독립전쟁) 등 세계 곳곳에서 전쟁을 벌이고 있었다. 이 전쟁은 나폴레옹전쟁이 종식(1815)될 때까지 계속 이어졌다. 영국과 프랑스 간의 전쟁은 스페인 등 유럽 각국의 이해관계가 이합집산하는 가운데 벌어진 국지적 세계전쟁이었다. 그 과정에서 영국은 프랑스와 스페인의 지원을 받은 미국이 독립전쟁에 승리함으로써 북미 13개 주를 잃었다. 그러나 나폴레옹전쟁에서 이겨 프랑스, 스페인, 네덜란드의 식민지를 상당수 넘겨받았다. 동시에 산업혁명으로 성장한 경제력을 기반으로 인도 벵골 지역의 면직업을 폭력적으로 무너뜨린 것처럼 전 세계의 자국 식민지를 산업 측면에서 지배하기 시작했다.

영국은 동인도회사가 수행한 플라시 전투(1757), 북사르(벵골) 전투(1764)를 통해 인도에서 점령 지역을 확대해 나갔다. 1772년 이래 영국이 인도에서 거둔 지세 수익은 연 165만 파운드나 되었고, 본토 인구(약 1천만 명)보다 훨씬 많은 인구를 지배하게 되었다. 세포이 항쟁(1857~1858)을 진압한 이후 영국은 동인도회사를 해체하고 총독을 통해 인도를 직접 통치하는 방식으로 바꿨다. 유럽사에서 자주 등장했던 동군(同君)연합 방식(정략결혼 등으로 한 명의 군주가 2개 이상 국가의 군주 역할을 하는 것)을 차용하여 엘리자베스 여왕이 인도 국왕을 겸한 것이다.

영국이 인도 통치 방식을 직접 지배로 선회한 것은 산업혁명을 이끈 경제력을 배경으로 인도의 산업을 보다 효율적으로 지배하기 위해서였다. 산업혁명에 들어서기 전 영국은 캘리코 수입 증가에 따라 은 유출이 급증하는 상황에 대응하여 캘리코 금지법(1701)까지 제정했지만, 이미 수요의 뿌리가 깊어진 캘리코는 밀수 등으로 계속 유입되었다. 즉 영국의 산업혁명 초기에 벌어진 플라시 전투의 배경에는 은을 주고 면직물을 사오느니 인도를 식민지배하여 거둔 세금으로 인도산 면직물을 사오자는—결국 '공짜로' 가져오자는—계산도 작용했다.

영국은 마침내 벵골산 면화를 원료로 직접 면직물을 생산하기 시작했다. 제니방적기(1765), 수력방적기(1769), 뮬방적기(1779) 등 기술 개량이 이어지고, 새로운 에너지원인 석탄이 발견된 맨체스터에서 산업혁명의 문이 열린 것이다. 게다가 운까지 따랐다. 맨체스터는 석탄을 쉽게 채굴할 수 있는 노천광산 지대였던 것이다. 동력기로 증기기관을 사용한 맨체스터~리버풀 구간 증기기관차의 개통(1830)은 영국의 폭발적 경제 성장을 상징하는 세계사적 사건이었다. 이 과정에서 세계 면직물 산업의 중심은 인도에서 영국으로 이동했다. 이전까지는 인도산 면직물이 영국을 통해 수출되었지만, 19세기 초(1805~1818)에는 영국산 면직물이 인도산을 압도했다. 영국 등 서구 국가들은 국내 산업과 시장 발전, 역외관세, 투자은행, 보편적 교육 등 표준적 발전 전략을 추구해 나갔다. 이를 위해 영국은 인도를 동인도회사를 통해서가 아니라 직접 지배할 필요가 있었다. 이에 반해 정책 입안과 시행의 주체인 '국가'를 상실한 식민지들은 이런 전략을 수행할 수가 없었다.

초기 자본주의는 가장 대중적인 소비품을 생산하는 섬유산업을 통해 발전했다. 물론 영국의 면직업 발전과 산업혁명이 경제 논리에만 의존하여 진행된 것은 아니었다. 영국은 싼값에 인도 면화를 사서 면직물을 만들고, 이를 비싼값에 다시 수출하는 시스템을 구축하기 위해 인도에서 방직기를 부수고 직공들의 엄지손가락을 절단하는 등 면직물 생산을 폭력적으로 말살시켰다. 그 결과 19세기 들어 벵골의 면직물 산업 기반은 철저하게 붕괴되었다. 이 과정에서 영국은 인도에서 영국으로 들여오는 수입품에 대해서는 고율관세(72~100%)를 적용하고, 영국에서 인도로 수출하는 상품에 대해서는 저율관세(0~25%)를 적용

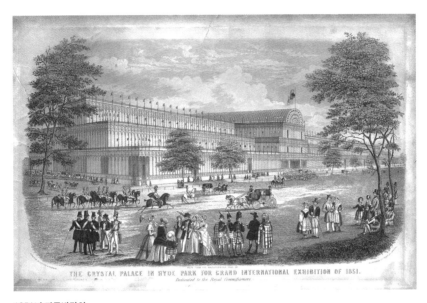

1851년 만국박람회
하이드 파크에 있는 크리스탈 팰리스의 나이츠브리지 로드에서 바라본 만국박람회 전경. 런던:
Read & Co. Parchers & Printers, 1851.

하는 차별적인 관세 정책을 운영했다. 영국은 면제품 생산기술이나 가격 경쟁
력을 높여가는 동시에 식민지배를 통해 자기들 편의에 따라 자유무역과 보호
무역을 멋대로 운영하는 달콤함을 즐길 수 있었다. 반면에 '국가'를 상실한 인
도는 이러한 자국 산업 보호 정책을 시행할 수 없었다.

  식민지 인도 시장과 면화를 빼놓은 채 영국 산업혁명을 논하기는 어렵다.
그리고 인도에서 영국 제품을 계속 소비하는 시장이 존재했던 배경에 아편 판
매대금이 있었다는 점 역시 간과하면 안 된다. 즉 영국은 인간의 건강과 생산
력 발전에 해를 끼치는 아편 생산과 판매를 통해 인도와 중국에서 막대한 이익
을 거둔 것이다.

  영국의 산업혁명에 박차를 가한 철도는 인도 산업을 지배하기 위해 필수

적이었다. 랭카서 상인들은 인도 면화 산지에서 봄베이항으로 철도를 부설하는 것이 영국의 맨체스터~리버풀 구간 철도를 연장하는 것과 같다고 주장했다. 일본이 조선의 철도 부설권을 장악한 후 "경부철도 주식을 사는 것이 애국"이라고 선전했던 것과 같은 맥락이었다. 그 결과 아시아에서 최초로 1853~1854년 봄베이~캘커타 구간 철도가 건설되기 시작했다(1870년 개통). 무상으로 수용한 부지와 값싼 노동력 덕분에 철도 부설비는 영국에 건설할 때의 3분의 1도 채 되지 않았다. 철도를 통한 운송비 하락으로 영국의 인도 산업 지배력은 더욱 강화되었다.

산업혁명을 거치면서 세계의 공장으로 불린 영국이 때 맞춰 과시한 일대 이벤트가 1851년 런던 하이드파크에서 열린 만국박람회(Great Exhibition of the Works of Industry of All Nations)였다. 5개월 보름 동안 약 600만 명의 관람객을 모은 이 최초의 만국박람회에서는 목화에서 실을 뽑고 면직물로 만들어내는 방적과 방직 기술의 전 과정이 전시되었다.

2. 제국주의의 침략은 정당했다? 서구 시민혁명의 한계

1) 서구 자본주의의 '성공'을 이끈 이념: 근대화론과 식민주의

제국주의가 약탈(적 교역)을 넘어 산업적 지배에 초점을 두면서 식민지배 방식에도 차이가 나타났다. 이전 시기의 침략이나 약탈과 달리, 식민지배를 정당화하는 이데올로기를 개발하고 식민지민들에게 선전함으로써 지배력을 보다 체계적으로 구축해 나간 것이다. 대표적으로 제국주의가 식민지 지역에 자본주의를 이식함으로써 경제를 성장시킨다는 근대화론을 들 수 있다. 침략 자체를 부정하거나 침략했더라도 미개한 식민지(민)에 '시혜'를 베풀었다고 강조하는 근대화론은 냉전이 극에 달했던 1950~60년대에 미국에서 반공논리와 함께 체계화되어 한국 등 전후 독립국에 큰 영향을 미쳤다.

식민지에서 '근대화'란 무엇일까? 침략자들은 주요 기업들을 포함한 근대적인 경제체제, 식민지적 정치·행정체제, 자신들이 건설한 교량이나 댐과 같은 근대적 인프라 등 눈에 보이는 상징물을 강조한다. 이러한 식민지의 '근대화'는 식민지민들이 아니라 제국주의 침략자들에게 반드시 필요한 것이었다. 제국주의의 자본주의 시스템이 소비시장의 끊임없는 확산과 1차 산업의 공급지를 필요로 했기 때문이다.

그러나 인종적 위계를 기반으로 식민지의 '근대화'를 내세운 식민주의는 점차 식민지민들이 이를 수용하고 정체성을 버리게 하는 위력을 발휘했다. 침략자들의 식민주의 논리가 식민지민들에게 '근대화' 외에는 대안이 없다는 생각을 각인시킨 것이다. 사회진화론은 무력에 기초한 19세기 제국주의적 국제질서를 합리화한 식민주의 논리였다. 이는 '정당한' 힘의 대결에서 진 것이기 때문에 지배당하는 것도 당연하다는 무력감을 식민지민에게 깊이 심어주어, 19세기 말~20세기 초 동아시아 청년 지식층의 외세에 대한 경계심을 허무는 데 기여했다. 제국주의는 식민지 교육과 미디어를 통해 이러한 열등감의 원인을 식민지민들의 고유한 인종적 특성 때문이라고 설명하는 비논리적 악순환을 증폭시켰다. 결국 민족성 자체가 열등하다는 위계질서를 식민지민 스스로 받아들이게 하여, 자신들을 침략한 제국주의에 대한 비판적 인식을 무력화시키려 한 것이다.

2) 시민혁명의 의의와 한계: 인종주의, 식민주의, 계급성, 여성 배제

영국 왕 찰스 1세는 영국 의회가 '의회 동의 없는 과세 불가' 등의 내용을 담은 권리청원을 제출하자 의회를 해산시켜버렸다(1628). 12년 뒤 스코틀랜드와의 전쟁 비용을 마련하기 위해 세금을 걷고자 다시 의회를 소집했을 때(1640) 의회는 왕당파와 의회파로 분리되었고, 청교도 혁명을 통해 의회파 올리버 크롬웰(Oliver Cromwell)이 권력을 장악했다. 크롬웰은 찰스 1세를 참수형에 처한 뒤(1649) 호국경(Lord Protector)이 되어 독재정치를 강행했다.

침략 정책과 산업혁명을 배경으로 경제력과 군사력을 과시했던 영국과 달리, 유럽의 전통적인 강국 프랑스는 영국과 대립하면서 미국 독립전쟁을 지원하는 과정에서 재정 파탄에 이르렀다. 구체제 및 기득권 귀족 세력과 신흥 세력이 대립하는 가운데 루이 16세의 재정개혁 시도(1774~1776)는 기득권 세력에 밀려 실패로 돌아갔고, 결국 프랑스 혁명(1789)이 일어났다.

영국의 청교도 혁명은 군주제 복귀로 이어졌지만, 〈라마르세예즈〉로 상징되는 프랑스 혁명은 우여곡절 끝에 결국 군주제를 폐기하고 이중적 개념(시민과 인민)이 혼재된 가운데 유럽이나 중남미에서 시민 범주를 점차 넓혀가는 민주주의와 민족주의 혁명의 불을 지폈다. 그러나 부르주아 세력에게 경제적 평등은 관심 사항이 아니었다. '인간 및 시민의 권리선언'(1789)은 천부인권과 법 앞의 평등(제1조)을 강조했지만, 사유재산을 신성불가침의 자연권으로 설정했다. 자유주의자 대부분은 납세자와 재산 소유자에 의한 입헌정치를 주장했다. 중소농민, 수공업자, 소상인들로 구성된 자코뱅 정권(1793~1794)은 보통선거권, 반란권, 노동권 및 생존권(생계유지권)을 골자로 한 헌법을 선포했지만 공포정치로 고립되면서 테르미도르 반동(1794)으로 무너졌다.

이후 코르시카 섬 출신의 나폴레옹 보나파르트가 제위에 오르고 워털루 전투 패배(1815)로 부르봉 왕가가 복위된 후 나폴레옹 3세의 제정(1852~1870)을 거치는 동안 몇 차례 인민봉기(1830, 1848, 1871)를 통해 시민권의 범위는 점차 확대되었다. 부르봉 왕가의 샤를 10세를 쫓아낸 루이 필리프(1830)는 국민의 왕이라기보다 "프랑스와 프랑스 시민의 왕"이었다. 이 무렵 기조(François Guizot) 수상은

테르미도르 반동
로베스피에르파가 점거한 시청을 공격하는 부르동과 바라스의 군대. 샤를 모네의 데생.

"열심히 일하고 저축해 부자가 되면 유권자가 될 것"이라고 주장했다(1840). 혁명 이후 상당 기간 프랑스는 제한선거와 입헌군주제를 원하는 온건파가 주도하고 있었다.

1848년 2월혁명으로 공화정이 수립되고 ① 보통선거권 도입, ② 출판과 집회의 자유, ③ 사형제 폐지, 식민지 노예제 폐지, ④ 노동권 인정, 국민작업장 설치 등의 논의가 이루어졌지만 농촌 표가 나폴레옹 3세에게 몰리는 역설도 불러왔다. 보불전쟁 패배(1871)와 파리코뮌을 거쳐 1878년이 되어서야 공화파가 권력을 장악했다. 프랑스 혁명은 "비극"과 "희극"을 거듭 "반복"하며 공화제가 정착되기까지 90여 년이 소요되었다.

그런데 부르주아 계급의 정치적 필요에 따라 제기된 프랑스 혁명의 구호 '자유, 평등, 형제애(우애)'에서 여성은 배제되었고 인권의 주체는 유산층 백인 남성으로 한정되었다. '혁명의 나라' 프랑스에서 여성 참정권이 헌법에 명시(1946)된 것은 영국의 식민지였던 뉴질랜드(1893)는 물론 핀란드(1906), 독일(1918), 영국(1918) 등 다른 유럽 국가에 비해서도 매우 늦은 편이었다. 일본 역시 패전 후에야 20세 이상 모든 남녀에게 선거권을 부여했다. 대한민국임시정부는 임시헌장을 통해 여성 참정권을 명시했다(1919. 4. 11).

프랑스는 공화주의 전통을 국가와 국민의 정체성으로 강조하면서 제국주의 역사는 은폐했다. 『레미제라블』을 쓴 위고(Victor Hugo), 역사학자 토크빌(Alexis de Tocqueville), 초기 사회주의자 생시몽(Saint-Simon)이나 푸리에(Charles Fourier) 등 진보적 지식인들도 '평화적' 식민화라는 수사를 즐겨 사용했다. 프랑스 밖에서 프랑스 혁명 정신은 인종주의와 제국주의 논리에 갇힌 허구에 불과했다.

프랑스 혁명 80년 전에 출간된 『로빈슨 크루소』(1719)를 보면 난파된 백인 선원 로빈슨 크루소가 흑인 프라이데이를 노예로 삼고 프라이데이 또한 이를 수용한다. 헤겔(1770~1831)은 "주인과 노예 관계"를 "로빈슨 크루소와 프라이데이의 역사"에 비유하면서 "과다한 물적 용품을 소유"하고 "독립적"인 주인과 달리, 물적 용품과 독립성이 결여된 노예는 목숨을 건 투쟁으로 노예 제도를 분쇄해야 자유를 얻을 수 있다고 주장했다. 프랑스 혁명 시기에 카리브 해의 아이티 혁명(1791~1804) 관련 기사가 헤겔이 애독하던 신문 『미네르바』에 자주 등장했다. 그러나 헤겔의 절대정신이 200여 년간 회자되는 동안 헤겔과 아이티 주제가 논의된 적은 없다. 서구 시민혁명의 실체, 서구 지성의 한계를 잘 보여 준다.

〈라마르세예즈〉가 자유와 평등이 배제되었던 프랑스 식민지에서도 불렸다는 점은 역설적이다. 프랑스 제2공화국 때인 1830년대 알제리 침략은 '야만인'을 대상으로 한 것이어서 전쟁으로 간주되지도 않았다. 프랑스의 식민 정책은 오히려 공화제가 정착되는 제3공화국(1871년 후) 시기에 더 적극적으로 전개되었다. 특히 쥘 페리(Jules Ferry) 총리(1880. 9~1881. 11, 1883. 2~1885. 4 재임)는 "우등 민족에게는 열등 민족에 대한 (지배)권리가 있다. 그렇지 않다면 우리가 여러 식민지에 진출한 것을 어떻게 정당화할 수 있겠나?", "모든 곳에 프랑스의 풍습, 언어, 병력, 깃발, 정신을 가져가"야 한다고 주장했다. 제3공화국의 인권은 이를 선언한 주체인 부르주아 백인 남성의 권리였다. 흑인동물원, 식민박람회 등을 통해 인종주의는 더욱 확산되었다. '미개인'은 인류의 유아기에 있는 상태여서 문명화된 백인과 다르다고 보았다.

19세기 후반 프랑스의 식민지배는 정복, 진압 등의 방식으로 계속 확대되어 프랑스령 인도차이나를 구축했다. 베를린 회담을 계기로 프랑스·영국을 중심으로 한 유럽의 아프리카 침략은 '수월하게' 진행되었다. 오늘날까지 혁명의 나라 프랑스는 식민지배에 대한 반성이나 성찰을 제대로 보여준 적이 없다. 물론 영국도 기본적인 입장은 같다.

2장
19세기, 대륙별로 상반된
식민지 독립과 식민지 창출

1. 유럽과 중남미: 프랑스 혁명의 나비효과, 식민지 독립

1) 미국 독립과 그리스·이탈리아 등의 독립

19세기 세계사에는 한 가지 특징이 있다. 대륙별로, 결과적으로 인종에 따라 엇갈린 운명이 연출된 것이다. 18세기 중반 영국과 프랑스의 대립을 축으로 유럽 각국이 얽혀 유럽, 인도, 북아메리카에서 국제전이 벌어지는 환경에서 미국이 독립을 선언했다(1776). 19세기에 이르면, 미국 독립과 프랑스 혁명의 여파로 유럽 동부의 그리스, 이탈리아 등과 중남미의 여러 식민지도 독립을 이루었다. 네덜란드의 경우, 그보다 훨씬 앞서 30년전쟁 이후 체결된 국제법의 시초로 불리는 베스트팔렌 조약(1648) 당시 독립을 '정식 승인' 받았다. 네덜란드는 사실 합스부르크 왕가(스페인)에 세금을 납부하는 속국 지배를 받다가 16세기 말부터 실질적으로 독립한 상태였는데, 베스트팔렌 조약으로 인근 강국들에게 독립을 사후 승인받은 셈이었다. 이런 상황에서 네덜란드는 해운업과 상업을 진흥시켜 포르투갈, 스페인에 이어 '대항해시대'에 편승했다.

세계 곳곳에서 전쟁을 벌이고 있던 영국과 프랑스는 전비 마련이 시급한 상황이었다. 영국에서는 조지 3세와 그렌빌(George Grenville) 수상이 북미에서 식민지 수탈 정책을 강화했다. 공식 문서는 물론 허가증, 대학 학위, 광고, 신문 등에 대해서까지 인지세를 부과한다는 인지세법(Stamp Act 1765)을 강행했다. 이에 식민지민들은 「마그나카르타」(1215) 이래 영국 의회(귀족)가 국왕과 대립하면서 제기했던 "대표 없이 과세 없다(No taxation without representation)"라는 전통적 주장을 그대로 전유하면서 분노를 드러냈다. 식민지민들의 불매 운동으로 영국의 대(對)식민지 수출은 1년 동안 40%나 감소했다. 영국 정부가 차세법(Tea Act)을 제정하여 동인도회사에 미국에서의 차 독점판매권을 부여하면서 발생한 '보스턴 차사건'(1773. 12)을 계기로 독립전쟁이 시작되었다(1775. 4). 식민지 정부 대표들이 독립선언서를 발표했고(1776. 4) 결국 강화조약(1782. 9)을 통해 '아메리카 13개 연합국가'인 미국은 독립을 승인받았다.

이후 미국 경제는 식민지 시기에 확대된 노예노동으로 경작된 면화를 영국에 수출하며 성장했다. 대부분 남부 농장에서 일했던 흑인 인구는 1680~1760년에 폭증했다(1만 명 미만→25만여 명). 프랑스 혁명 직후 또 다른 면화 생산지 생도맹그가 혁명의 소용돌이에 빠지면서 미국의 노예노동 플랜테이션은 더욱 확대되었다. 반면에 노예무역으로 부를 축적한 유럽에서 19세기 들어 노예제는 계속 문제시되었고 결국 영국에서 폐지되었다(1833). 노예들의 인권 투쟁이 노예노동의 생산성과 효율성을 떨어뜨리는 상황과 연동되어 최소한의 보편적 휴머니즘이 힘을 받은 결과였다.

영국에서 폐지한 노예제를 계속 유지하고 있던 미국에서는 노예노동에 기반을 둔 남부와, 자유노동과 산업화를 추구한 북부의 정치경제가 충돌했다(남북전쟁). 물론 남북전쟁 후에도 해방 노예들은 소작농으로 살아가야 했다. 그들은 농장주나 상인들로부터 생필품을 제공받고 높은 이자를 지불하며 여전히 빈곤의 늪에 갇혀 있었다. 미시시피 삼각주 한 농장의 소작인들은 식량 구매에

25%, 의복 구매에 35% 이자를 지불했다. 20세기 들어 초강대국이 된 미국은 독립 이후 경제발전과 민주주의를 달성한 예외적 사례에 속한다. 물론 이 또한 인종주의에 기초한 성과였다.

프랑스에서 혁명이 일어난 후 나폴레옹 보나파르트가 전 유럽을 휩쓰는 동안 신성로마제국이 해체(1806)되고 그의 형 조제프 보나파르트가 스페인 국왕을 차지(1808)하는 와중에 의도치 않게 각 제국의 식민지·속국에 프랑스 '혁명정신'(민족주의와 민주주의)이 확산되어 나갔다. 유럽의 제국들 입장에서는 불편하고 적대적인 상황이 벌어진 것이다. 수백 년간 발칸반도 대부분을 지배했던 오스만제국이 쇠퇴해가는 틈을 타고 그리스(1832)를 시작으로 루마니아, 세르비아(1867), 불가리아(1908) 등이 잇달아 독립을 선언했다. 여러 도시국가로 나뉘어 있던 이탈리아도 청년이탈리아당을 중심으로 한 혁명 조직이 결성되면서 이런 상황을 활용했다. 제1차 세계대전 때까지 동군연합 체제로 유지되었던 오스트리아–헝가리제국이 보·오(프로이센-오스트리아)전쟁에서 패배(1866)한 것을 기회 삼아 긴 투쟁 끝에 통일 및 독립을 달성한 것이다(1870).

그리스 독립전쟁은 무슬림인 오스만제국의 지배 영역에서 성공한 민족주의 운동으로서 유럽인들에게 종교적, 인종적 의미가 컸다. 나폴레옹전쟁 이후 유럽 열강은 군주제 타도를 내세운 혁명정신 유포를 차단하고 '평화와 협조'를 내세우면서 나폴레옹전쟁 이전의 국경으로 돌아가기로 합의했다. '빈 체제'(1815)가 그것이다. 때문에 유럽 열강은 오스만제국의 약화를 환영하면서도 그리스 혁명의 열기가 자국에 미칠 영향을 우려하며 적대시하는 이중성을 보였다. 그러나 동방정교회 계승자를 자처한 러시아제국이 같은 동방정교(Eastern Orthodoxy) 문화권인 그리스 독립을 지지했고, 빈 체제의 속박에서 벗어나려는 프랑스도 이를 지지하고 나섰다. 유럽 사회에서는 르네상스를 지나면서 유럽 문화의 발원지로 인식된 그리스 문화 애호자층(Philhellenes)이 점차 두터워졌고,

이들을 중심으로 무슬림을 축출한 그리스 혁명을 적극 지지하는 기독교 인종주의 분위기가 압도해 나갔다.

그리스의 독립은 상대적으로 약한 제국, 즉 오스트리아-헝가리제국과 오스만제국의 지배에서 벗어나고자 하는 다른 속국들에게도 민족주의 붐을 촉진했다. 오스트리아, 스페인, 프랑스의 분할 지배 아래에서 북부 베네치아공화국, 밀라노공국, 제노바공국, 남부 나폴리-시칠리아왕국, 중부 교황령 등으로 분열된 채 도시국가(공국 또는 공화국) 틀에 머물러 있던 이탈리아도 통일·독립투쟁에 나섰다. 나폴레옹전쟁에서의 패배로 프랑스는 약해졌고, 나폴레옹에게 점령당하면서 중남미 각국의 독립을 바라보고만 있어야 했던 스페인은 이미 저문 제국이었다. 그러나 빈 체제 이후 오스트리아는 북부 이탈리아 지배령에 대한 간섭을 강화했다.

이탈리아의 통일·독립도 그리스처럼 우호적 국제환경의 덕이 컸다. 보·오전쟁과 보불전쟁으로 프로이센이 오스트리아와 프랑스에 연이어 승리하면서 독립에 적대적인 국제환경이 일거에 정리된 것이다. 요한 스트라우스 1세가 작곡한 〈라데츠키 행진곡〉(1848)은 오스트리아제국의 속국이었던 체코 출신 장군 조셉 라데츠키가 이탈리아 사르데냐왕국 군대를 진압하고 개선한 것을 찬양하는 헌정곡이다. 이탈리아인들이 듣기에는 거북한 곡이다.

2) 노예들이 세운 아이티 등 중남미 식민지의 잇따른 독립

프랑스 혁명의 여파는 정작 혁명의 주체 입장에서 혁명정신의 배제 대상이었던 카리브해의 프랑스령 아이티에까지 미쳤다. 흑인 노예들이 아이티 혁명(1791~1804)을 통해 최초로 독립국가를 세운 것이다. 아이티 혁명은 미국 독립이나 프랑스 혁명에 버금가는 19세기 벽두의 '세계사적 사건'이었고 근대 세계사의 여러 모순을 함축하고 있다. 이후 나폴레옹의 침략을 받은 스페인과 포르투갈의 약체화를 틈타 남미에서도 남미 태생 백인인 크리올의 주도 아래 멕시코(1821)를 비롯해서 아르헨티나(1816), 칠레(1818)에 이어 브라질(1822)이 잇달아 독립하면서 19세기 전반기에 쿠바와 푸에르토리코 등을 제외한 중남미 대부분의 나라가 독립국이 되었다.

1492년 카리브해의 아이티섬에 상륙한 콜럼버스가 에스파뇰라로 명명한 후, 프랑스가 스페인에게 빼앗으면서(1697) 이 땅을 생도맹그로 개칭했다. 아이티는 아메리카에서 식민지 산업이 가장 먼저 시작된 곳으로, 1530년대에 이미 설탕 공장이 30개 이상 들어서 있었다. 플랜테이션 증가에 따라 흑인 노예도 급증했다. 1788년 사탕수수 생산량은 약 10만 톤으로 프랑스령 서인도 제도 생산량의 80%를 차지했다. 주민의 90%는 노예였다. 이런 상황을 배경으로 장 폴 마라(Jean-Paul Marat)는 『노예 제도의 사슬』(1744)을 출판하여 노예제를 비판했고 프랑스 혁명 당시 삼부회 의원들도 노예제와 노예무역 폐지를 주장했다. 그러나 투생 루베르튀르(Toussaint Louverture)가 이끄는 생도맹그 정권이 독립을 선언하자(1801), '혁명의 나라' 프랑스는 노예제 복원으로 이에 대응했다.

아이티 혁명과 이후의 역사는 근대 세계사의 모순을 잘 보여준다. 프랑스 혁명 발발 이후 본국 관리들과 백인 농장주들이 친혁명파와 반혁명파로 나뉘어 내전을 벌이는 과정에서 1791년 대농장이 집중되어 있던 북부에서 노예들이 반란을 일으켰다. 그리고 아프리카에서 끌려와 혹사당하던 흑인들은 프랑스 혁명 정신을 현실화시켜 독립을 선포했다.

그러나 프랑스 혁명 이후 혁명의 영향력을 막기 위해 외세가 침략했듯이, 20세기에는 러시아 혁명을 무너뜨리기 위해 유럽과 일본 제국주의가 시베리아 파병을 통해 개입했듯이, 아이티 혁명도 영국·스페인·프랑스군의 침략에 직면했다. 1793년 8월 생도맹그에 파견된 프랑스 혁명정부 판무관이 반혁명 세력에 대항하여 무장 세력을 모으기 위해 노예해방령을 선포하는 과정에서 흑

투생 루베르튀르(1743~1803)
아이티 은행권 지폐에 그려진 투생 루베
르튀르의 초상

인 지도자 루베르튀르가 실권을 장악했다.

하지만 루베르튀르는 공화국을 지켜내고 노예 해방을 유지하려면 대농장 체제를 되살려야 한다면서 경찰국가를 방불케 하는 대농장 체제를 재건했고, 경작자(해방노예)들은 군대식 노동 규율 아래서 일해야 했다. 자유의 수호자 루베르튀르가 독재자가 되고 생도맹그는 강제노동과 폭력으로 도배된 사회가 되었다. 혁명은 실패했다.

1801년 겨울 나폴레옹은 프랑스 지배권과 노예제를 복원하기 위해 2만여 병력을 파병했다. 프랑스군은 1802년 루베르튀르를 생포하여 프랑스로 압송하고 수만 명을 학살했다. 이런 상황에서 흑인 진영과 물라토(mulatto, 백인과 흑인의 혼혈) 진영이 연합하여 국명을 원주민인 타이노족이 부르던 섬의 이름 '아이티'로 명명하고 아이티공화국 수립을 선포했다(1804). 프랑스군의 잔혹 행위가 노예들을 통합시켜 독립을 선택하도록 몰아붙인 것이다.

아이티 혁명은 식민주의와 노예 제도에 저항한 최초의 승리였다. 그러나 독립 선언 몇 달 뒤 종신총독에 취임한 데살린이 암살당했고(1806) 아이티는 남부와 북부로 나뉘어 내전에 휘말렸다. 이런 상황에서 예전 농장주들과 장교들은 흑인에게는 정치 능력이 없다면서 아이티 재식민화를 주장하기도 했다(1814).

우여곡절 끝에 프랑스의 샤를 10세는 아이티 독립을 승인했다(1825). 그러나 여기에는 기가 막힌 '거래'가 있었다. 프랑스가 무역을 봉쇄하면서 잃어버린 식민지와 노예주들에 대한 보상을 위한 '대가'를 요구한 것이다. 아이티는 당시 프랑스 1년 예산에 해당하는 1억 5천만 금프랑을 지불하는 데 합의할 수밖에 없었다(이후 9천만 금프랑으로 줄었다). 이 '독립부채'를 갚기 위해 아이티는 섬을 나눈 옆 나라 도미니카를 점령하기도 했고, 1947년까지도 프랑스와 미국 은행에 빚을 못 갚을 정도로 경제의 피폐화를 면할 수 없었다. 아이티가 독립 후 민주주의와 경제발전을 안정적으로 유지할 수 없던 큰 이유가 있었던 것이다.

2. 아프리카·중동·동아시아: 유럽 제국주의의 식민지 창출

1) 아프리카와 중동에서의 '무주지' 나눠 먹기

19세기 들어 유럽의 그리스, 이탈리아 등과 중남미 식민지들이 독립을 쟁취하는 동안, 서구 열강은 다른 대륙에서 새로운 식민지 쟁탈에 나섰다. 영국은 18세기에 인도를 독점 지배한 이후 19세기 들어 빈 체제 성립 때까지 전쟁 상대국이었던 프랑스 등과 함께 아프리카를 분할점령하고 중국 및 동남아 침략을 감행했다. 프랑스는 빈 체제의 압박을 피해 북아프리카의 알제리를 점령한(1830) 이래 19세기 중엽 러시아와 대립하던 영국과 손을 잡고 쌍두마차로 크림전쟁에 개입하면서 침략 정책을 재개하여 아프리카와 중동 지역을 분할점령하는 데 주력했다.

서구 열강의 아프리카 쟁탈전이 격화되자, 영국과의 대립을 피하기 위해 통일 이후 제국주의 정책에 소극적이었던 독일제국 수상 비스마르크(Otto von Bismarck)가 베를린 회담(1884~1885)을 주재했다. 베를린 회담에서 유럽 12개국(오스트리아-헝가리, 프랑스, 독일, 영국, 이탈리아, 러시아, 스페인, 포르투갈, 스웨덴-노르웨이, 덴마크,

벨기에, 네덜란드)과 미국, 오스만제국 등 14개국이 모여 아프리카 분할 지배에 합의했다. 「베를린 의정서」는 모든 아프리카 대륙을 '무주지'로 규정하고 '실효적 점유'를 통한 식민지배를 국제법으로 인정했다. 베스트팔렌 조약(1648)에서 출발한 유럽의 국제법은 제국주의 시대에 남의 땅 따먹기를 두고 자기들끼리 합의하면 다 되는 조폭 논리나 마찬가지였다. 아프리카인들을, 자신들이 자행했던 노예제에서 구원한다는 명분을 내세웠다. 그러나 정작 아프리카 대표들은 "자기 이익을 지킬 능력"이 없다는 이유로 배제당했다.

나폴레옹의 프랑스가 네덜란드를 침공한(1795) 틈을 타고 영국은 네덜란드령 케이프를 점령했다. 네덜란드계 이주자인 보어인들이 저항했지만(제1차 보어전쟁) 결국 영국이 승리했다. 베를린 회담 이후에도 보어인들의 계속된 저항(제2차 보어전쟁)까지 진압한 영국의 아프리카 지배는 "케이프에서 카이로까지"로 대변되는 '3C 종단 정책'(카이로-케이프타운-캘커타)으로 굳어졌다.

지도를 보면 아프리카와 중동의 국경선이 직선으로 그어져 있는 경우가 많다. 이는 19세기 제국주의 침략사의 산물이다. 베를린 회담은 아프리카의 부족, 인종, 종교, 언어 등 지역 특수성과 문화를 고려하지 않고 서구 열강의 합의만으로 제멋대로 식민지 분할 경계선(국경선)을 직선으로 확정했다. 1914년 무렵, 에티오피아와 라이베리아를 제외한 아프리카 전 지역이 식민지로 분할된 상태였다. 이전까지 자유롭게 이동하던 아프리카의 1만여 부족이 14개 제국주의 국가들이 자기들끼리 자의적으로 확정한 국경선에 갇힌 것이다. 한 부족이 여러 나라로 나뉘거나, 사이가 나쁜 다수 부족이 하나의 국경선에 포함되었다.

제국주의는 식민지배에 대한 저항을 약화시키기 위하여 부족, 언어, 종교적 차이나 갈등을 활용했다. 특정 그룹에 특혜를 주는 한편 다른 그룹을 소외시켜 분열과 대립을 조장하는 분할통치 방식이었다. 오늘날 아프리카나 중동, 동남아에서 빈발하는 분쟁이나 유혈참사는 19세기 제국주의의 폭력적 분할통치에 그 연원을 둔 대표적인 식민지 유산이다.

중동 지역은 500여 년간 오스만제국의 통치를 받는 와중에도 유목민이나 상인들이 자유롭게 이동하며 생활했다. 그러나 오스만제국이 붕괴한 제1차 세계대전 이후 영국과 프랑스 등은 아프리카에서 그랬던 것처럼 수니파, 시아파 등 종교적 차이를 전혀 고려하지 않고 인위적으로 국경선을 설정했다. 양국은 제1차 세계대전 동안 아랍의 토호 세력에게 세 가지 기만적인 약속을 했다. 이것들이야말로 오늘의 중동 지역 문제를 낳은, 공존할 수 없는, 모순된 내용이었다. 후세인-맥마흔 서한(1915), 사이크스-피코 비밀협정(1916), 밸푸어 선언(1917) 등이 그것이다.

먼저 영국은 후세인-맥마흔 서한을 통해 아랍인들에게 오스만제국에 저항하는 반란을 일으켜 전쟁에 협조하면 전후에 범아랍국가 건설을 지원하겠다고 약속했다. 그러나 이듬해에 영국과 프랑스는 전후 이 지역을 분할 통치한다는 사이크스-피코 협정을 비밀리에 체결했다. 밸푸어 선언은 전후 팔레스타인 지역에 유대인 국가를 건설한다는 것으로서, 오늘날 이스라엘-팔레스타인 간의 끝없는 전쟁과 갈등을 낳은 배경이 되었다. 사이크스-피코 비밀협정 결과 오스만제국 지배하에서는 대시리아, 메소포타미아라 불렸을 뿐 존재한 적이 없던 레바논, 시리아, 이라크, 요르단, 이스라엘 등 '인위적'인 국가들이 제2차 세계대전 이후 세워졌다.

2) 중국과 동남아 침략: 팔 게 없다, 아편이나 사라

서구 제국주의는 '대항해시대' 이후 중국이라는 별천지를 발견했다. 이때까지 중국은 동아시아 질서를 주도하면서 광대한 영토와 풍부한 자원(地大物博)을 기반으로 대외무역을 불필요하게 여겼고, 인근 국가들과 화이 사상에 따른 조공무역 정도만 허락하고 있었다. 만방의 종주국을 자처한 청은 조공무역의 일환으로 '오랑캐'들에게 '일시동인(一視同仁)'의 온정으로 허용한 광둥(廣東)무역 제도를 허용하여 18세기 중엽에 정착시켰다.

19세기 들어 산업혁명의 영향으로 정치적 경제적 발언권이 커진 영국의 신흥 자본가 계층은 청의 광둥무역 제도를 폐지시키고 중국 시장을 완전 개방시키라고 정부에 요구했다. 그러나 19세기 초까지만 해도 영국은 산업혁명에 의한 생산력 급증에도 불구하고 폐쇄적 광둥무역 제도를 유지할 수 있는 청의 경제력과 군사력을 무너뜨릴 힘이 없었다. 영국은 다른 식민지에서 획득한 은으로 중국 홍차를 수입했는데, 결제할 은이 부족할 정도로 대청무역 적자가 급증했다. 청의 자급자족적 농촌에서 생산된 면포가 값싸고 품질이 좋았기 때문에, 영국 면포가 중국 시장을 뚫기는 쉽지 않았다.

이런 상황에서 영국이 무역 적자를 해소한 방법은 간단했다. 은 유출을 상쇄하기 위해 중국에 아편을 대규모로 밀수출하는 것이었다. 청은 아편 금지령(1729)으로 대응했지만 18세기를 지나는 동안 하층민들에게 이미 아편이 급속도로 퍼져 나갔다. 흠차대신 린쩌쉬(林則徐)가 시행한 강력한 아편 단속 정책(1839)에 대응하여 영국은 두 차례 아편전쟁(1840~1842, 1856~1860)을 도발하면서 중국의 문을 강제로 열었다. 근대 유럽의 악랄한 민낯을 드러낸 만행이었다.

1차 아편전쟁 후 난징(南京) 조약(1842. 8. 29)을 통해 영국은 ① 홍콩(香港)섬 할양, ② 5개 항구(광저우廣州, 샤먼廈門, 푸저우福州, 닝보寧波, 상하이) 개항, ③ 배상금 1,200만 달러, 몰수 아편 배상금 600만 달러, ④ 5% 관세 부과와 치외법권을 확보했다. 1575년 황제의 '은혜'로 베풀었던 마카오(奧門, 로마교황 마카오 관구 설치)를 논외로 치면, 중국이 외세의 무력에 굴복하여 체결한 최초의 불평등조약이었다. 이제 '지대물박'을 자랑했던 중국의 국부가 대규모로 유출되기 시작한 것이다.

그러나 1차 아편전쟁 후에도 영국의 차 수입-아편 수출에서 비롯된 대청

아편전쟁
제2차 아편전쟁 당시 광저우를 공략하는 영·프 연합군. 출처: 『사회역사박물관』, 허난교육출판사, 1995.

무역적자가 지속되었다. 중국 면포의 경쟁력이 여전히 강했기 때문이다. 영국은 내륙까지 진출하면 무역적자를 해결할 수 있다는 판단하에 조약 개정을 강요했다. 모든 내지와 연해 도시를 개방하고, 상선과 군함이 양쯔강을 자유롭게 왕래하도록 하며, 아편 거래를 합법화하고, 내지 통관세를 폐지하고, 외교사절의 북경 상주를 허락하라는 등의 내용이었다(1854).

1856년 영국과 프랑스는 프랑스 선교사 처형 및 애로호 사건 등을 빌미로 광저우를 점령하여 학살을 자행하고 점령통치를 시행하기에 이르렀다. 결국 청은 톈진(天津) 조약(1858. 6)을 통해 ① 4개국(영·프·미·러) 외교관의 베이징 상주, ② 10개 항구 개방, ③ 양쯔강 통상, ④ 외국인 여행 및 아편 거래 합법화, ⑤ 기독교 공인, ⑥ 영·프 양국에 배상금 각 은 200만 냥, 영국 상인에게 위로금 은 200만 냥을 지불하기로 했다. 이후 청은 톈진 조약 무효를 주장하며 영·프와 전쟁을 벌였으나 결국 3개국(영·프·러)과 베이징 조약(1860. 10. 18)을 맺어 톈진 조약 인정, 배상금 인상(톈진 조약의 2배), 개항장 수 확대(톈진 포함 11개 항구)를 받아들여야 했을 뿐만 아니라, 홍콩에 인접한 주룽(九龍)반도를 영국에 할양하는 등 더 큰 손해를 입었다.

난징 조약 체결로 중국 남부에서 영국이 우위를 점한 가운데 프랑스는 하이난(海南), 윈난(雲南), 광시(廣西) 등에서 세력을 장악하면서 베트남에 함대를 파견했다(1843). 베트남 침략을 시작(1858)한 이래 청불전쟁(1884)을 거쳐 프랑스령 인도차이나연방(1887)을 세운 후 여기에 캄보디아와 라오스를 편입시켰다. 광저우만 조계조약(1899)을 체결(99년간 조차)하고 이를 인도차이나연방에 포함시켰다. 19세기 말 동남아는 프랑스의 인도차이나 점령을 마지막으로 그 이전에 점령당한 네덜란드령 동인도(인도네시아), 스페인령(1898년 미국으로) 필리핀, 영국령 말레이해협 등 거의 전 지역이 구미 제국주의 지배하에 놓이게 되었다. 태국만이 제국주의 국가 사이의 완충지대로 명목상 독립국을 유지했다.

3장
한·중·일 근대의 엇갈림과
합종연횡의 국제정치학

1. 속수무책의 중국과 영·미·일 이해관계의 합치

1) 열강의 '합의'로 반식민지 상황에 놓인 중국

서세동점의 시대는 한·중·일 모두에게 전례 없는 웨스턴 임팩트(Western Impact)에 대응해야 하는 상황을 만들었다. 영국 등 서구 제국은 20여 년을 소요한 두 차례의 아편전쟁을 통해 청의 폐쇄적 광둥무역 제도를 무너뜨렸고, 그사이에 미국이 일본을 개항(1854)시켜 나가사키무역 제도를 무너뜨렸다. 그런데 19세기 말이 되자 일본이 조선을 강제 개항(1876)시키면서 제국주의 대열에 편승하는 형국이 벌어졌다.

3국이 강제로 개항된 상황은 비슷한데 이후의 근대사는 왜 달라졌을까? 현상적으로 드러나는 차이를 지적하자면 주권 인식(예컨대 철도주권)의 차이, 영토 규모의 차이, 제국주의 외압 강도의 차이, 새로운 것을 자기화하는 정치세력의 차이 등을 들 수 있다. 그러나 가장 큰 차이는 기존 권력을 대체할 세력이 존재했는지 여부였다.

19세기 말 '이빨 빠진 호랑이'로 전락한 중국에서는 영국 외에 프랑스, 러시아, 미국 등 열강들의 이해관계가 뒤얽혀 상호 견제하는 형국이 벌어졌다. 정작 아편전쟁을 도발한 영국도 인도처럼 중국을 독점적으로 지배하지 못한 채 구미 열강의 이익 균형론에 밀렸다. 결국 특정 제국주의 국가가 배타적으로 중국을 지배하는 것이 어려워진 상황에서, 열강은 중국에서 자국 세력권을 확보하고 이권을 장악하는 데 주안점을 뒀다. 실제로 이들은 중국 내륙 침투와 지배 영역 나눠 먹기에 암묵적 또는 명시적 합의를 이루고, 서로 직접 충돌하는 상황을 만들지 않았다. 중국에 영토의 사분오열만큼은 피하게 해준 제국주의 간 균형이라는 국제정치 환경은 결국 제1차 세계대전 이후 미국이 주도한 워싱턴 체제로 일시 정착되었고, 이런 상황은 일본의 만주 침략(1931) 때까지 유지되었다.

청불전쟁(1884~1885)은 아편전쟁과 달리 청이 일방적으로 밀린 것이 아니어서 프랑스와의 또 다른 불평등조약 체결은 피할 수 있었다. 그러나 청은 10여 년 후 청일전쟁(1894~1895)의 대패로 시모노세키(下關) 조약(1895. 4. 17)을 받아들여야 했다. 이는 일본의 조선 침략을 위해 ① 조선이 자주독립국임을 확인하고 ② 랴오둥반도, 대만섬, 펑후(澎湖) 제도 등의 주권을 일본에 할양함과 동시에 ③ 배상금 2억 냥(일화 3억 엔)까지 지불해야 했다. 두 차례 아편전쟁 패배에 따른 배상금에 이어 청이 또 부담해야 했던 배상금은 청조의 3년 예산, 일본의 4~5년 예산에 해당하는 거액이었다.

아편전쟁 이후 '구(舊)' 제국 청은 태평천국 운동(1850~1864)을 진압하면서 양무(洋務) 운동으로 대응했다. 양무 운동은 서구의 군사적 위협에 즈음하여 서구의 문물과 무기를 수용하면서 구체제인 중화 질서를 유지한다는 '중체서용(中體西用)' 대응책이었지만, 수구 세력의 반발과 서양의 형식적 모방으로 결국 실패로 끝났다. 청일전쟁 패배 후 1898년 캉유웨이(康有爲), 량치차오(梁啓超) 등은 청조를 유지하더라도 정치, 교육, 법 등 제도 근간을 개혁하자는 변법자강(變法

自强) 운동을 추진했다. 그러나 이 마지막 대응책도 서태후 등 수구 세력에게 일거에 제거되어 '100일 변법'이라 칭할 정도로 빠르게 막을 내렸다. 잇따른 외침과 전쟁 패배에도 불구하고 여전히 수구 세력이 압도하는 상황이었다.

양무 운동이든 변법자강 운동이든, 국내외적 위기에 대한 대응의 동력인 민중과의 접합 지점은 미약했고 개혁을 추진할 정치세력도 취약했다. 아편전쟁 이후 광둥 지역 중심으로 일어난 외국인 배척 움직임은 태평천국 운동, 의화단 운동(1899~1901) 등 다양한 형태의 '반외세' 운동으로 발전했다. 특히 의화단 진압을 위해 일본(2만 1천여 명), 러시아(1만 3천여 명), 영국(1만 2천여 명) 외에 프랑스, 미국, 이탈리아, 독일, 오스트리아 등 '8개국 연합군'이 육군 5만 2천여 명, 해군 5천여 명(군함 54척)을 파병했다. 일본이 가장 많은 군대를 파병했다. 연합군은 아편전쟁 이후 또다시 함락한(1900. 8. 13) 베이징에서 대학살과 파괴, 약탈을 자행했고 의화단은 궤멸되었다. 중국은 또 하나의 불평등조약을 추가해야 했다. 신축(辛丑) 조약(1901. 9. 7)을 통해 외국 군대의 베이징 및 주요 지역 주둔, 철도 장악, 영토와 이권 분할, 포대 철거 등이 강행되었다. 특히 배상금은 시모노세키 조약의 2배가 넘는 4억 5천만 냥(6,750만 파운드)에 이르렀다.

중국은 아편전쟁 패배 후 반(半)식민 상태에 놓였다. 그러나 정작 중국 사회는 루쉰(魯迅)이 그토록 비판했던 '정신승리'에 빠져 최초의 불평등조약인 난징 조약을 '만년화약(萬年和約)'이라 칭할 정도로 큰 위기감도 없었다. 새로운 이념과 대체 세력이 절실한 시점이었지만 신해혁명 이전까지 개혁 운동의 마지노선은 군주제를 기반으로 한 양무 운동이나 변법 운동이었다. 기존 권력을 대체할 세력은 너무나 취약했다.

쑨원(孫文)을 중심으로 반만한족주의(反滿漢族主義)를 표방한 공화주의 혁명 세력이 존재를 드러낸 것은 청일전쟁에서 패배를 거듭하던 때, 하와이에서였다. 결국 이들은 10년 후 도쿄에서 '중국혁명동맹회'를 결성하여(1905) 신해혁

쑨원과 위안스카이
왼쪽은 1912년 1월경의 쑨원, 오른쪽은 시기 미상으로 1916년 이전의 위안스카이이다.

명(1911)의 추진 동력을 만들었다. 그러나 정작 신해혁명의 성과는 타도 대상이었던 구세력의 일원인 위안스카이(袁世凱)에게 빼앗겼고 위안스카이가 급사한(1916) 뒤 중국이 군벌의 시대로 넘어가면서 제국주의 침략에 여전히 속수무책인 상태였다.

국가가 기업을 보호하거나 지원하지 못하는 상황에서 외국 기업의 중국 경제 침탈에 종속적인 이해관계를 가진 상공업자들이나 금융업자들, 즉 매판(買辦) 세력이 중국 경제를 이끄는 주체가 되기는 어려웠고 이들의 업종도 제한되었다. 가족이나 친족 등 사적 관계인 '꽌시(關係)' 경제는 불안정한 경제 환경에 높은 적응력을 보였지만, 그만큼 매판성도 컸다. 홍콩이나 싱가포르, 필리핀이나 인도네시아 등으로 중국인들의 이주가 급증한 것도 19세기 말 이후였다.

2) 열강의 이합집산과 러일전쟁의 전운

구미 열강 중 가장 늦게 중국 침략 대열에 낀 국가는 제국주의 침략을 늦게 시작한 독일이었다. 유럽에서 강국이었던 프로이센을 중심으로 뒤늦게 통일한 독일은 비스마르크의 외교력을 바탕으로 영국과 대립하는 대외 침략보다 통일 이후의 내실 다지기에 집중했기 때문이다. 그러나 빌헬름 2세의 즉위(1888)를 계기로 독일은 대외 침략에 적극 나서기 시작했다. 오스만제국을 압박하며 내세운 3B 정책(베를린-비잔티움-바그다드)으로 영국의 3C 정책과 대립했다. 그리고 중국 침략에 나서 러시아, 프랑스와 연대하여 삼국간섭을 통해 산둥반도 칭다오(靑島)를 점령하고(1897) 자오저우만(膠州灣)을 99년간 조차함으로써(1898) 아시아에 첫 식민지를 만들었다.

그런데 19세기 한 세기 동안 영국과 러시아는 구제국(오스만, 페르시아, 청)들이 쇠퇴하면서 생긴 공백을 차지하기 위해 세계 곳곳에서 그레이트 게임(The Great Game, 1813~1907)을 벌이고 있었다. 의화단 운동 진압을 전후하여 동아시아에서 제국주의 간 대립축이 재편되기 시작한 것도 이 때문이었다. 이는 한국 강제병합을 둘러싼 국제정치와 밀접한 관련을 갖고 있었다.

영국은 거문도 점령(1885. 3~1887. 2)에서 드러나듯이 동아시아에서도 러시아남하를 저지하는 데 주력했다. 러시아와 새로운 제국주의 국가로 부상한 독일을 견제하기 위해 칭다오와 뤼순(旅順) 사이의 웨이하이웨이(威海衛)를 새로이 점령·조차(1898)했다. 중국 남부에서는 프랑스를 견제하기 위해 2차 베이징 조약을 통해 주룽반도 주변 섬들을 신계(新界, New Territory)라 칭하면서 99년간 조차하여 홍콩의 영역을 크게 확장했다.

러시아는 영·프의 지원을 받은 오스만제국과 벌인 크림전쟁(1853. 10~1856. 2)에서 패배함으로써 흑해에서 밀려났지만, 중국에서는 오히려 영토 지배를 크게 늘렸다. 2차 아편전쟁 외중에 아이훈(愛琿) 조약(1858. 5)으로 헤이룽강 이북 지역을, 베이징 조약으로 연해주와 남부 하바롭스크 지역을 포함하여 동해(태평양)까지 영토를 확장한 것이다. 그리고 미국의 횡단철도(1869년 완공)를 본떠 세계 최장(9,400km)의 모스크바~블라디보스토크 구간 시베리아철도 공사(1891~1916)에 나섰다. 청일전쟁 후에는 삼국간섭을 통해 뤼순, 다롄(大連) 등을 25년간 조차했고, 군항을 건설한 뤼순에서 다롄에 이르는 동청철도 지선 부설권을 장악했다. 러시아는 중국에서의 철도 부설권 범위를 두고 영국과 만리장성 이북(러), 양쯔강 유역(영)을 나눠 갖는 협정을 체결했고(1899), 의화단 운동 진압 후에도 만주에 10만의 대병력을 주둔시켰다.

이러한 상황은 만주를 지배하여 중국 침략의 교두보를 마련하려 했던 일본과, 러시아 견제에 집중하던 영국의 이해관계가 일시적으로 일치하도록 만들었다. 결국 영국과 일본은 청에 대한 특수권익을 서로 인정한 가운데 제1차 영일동맹을 체결했다(1902. 1).

한편 이 시기 미국은 독립전쟁(1775~1783)을 계기로 북미 내에서 구입 또는 점령 방식으로 영토를 확장해 나가면서 국내 문제에 주력하고 있었던 만큼, 다른 유럽 열강과 상황이 달랐다. 19세기 초 전비 마련이 급했던 나폴레옹에게 루이지애나를 구입(1803)한 이래 텍사스를 합병하고(1845), 멕시코와의 전쟁으로 캘리포니아 등을 점령하거나 구입했다(1848). 남북전쟁(1861~1865) 직후에는 크림전쟁에서 고전하던 러시아로부터 알래스카를 구입하여(1867) 영토를 키워갔다.

대외 침략에 나설 상황도 아니었고, 그럴 필요도 없던 미국이 내세운 대외 정책은 '고립(Isolation) 정책'이었다. 미국 주변인 중미나 남미, 태평양 이외 지역에서는 관망하면서 필요에 따라 실속을 챙기겠다는 생각이었다. 19세기 말 미국 대외 정책의 초점은 태평양에서의 우위 확보였다. 미국은 쿠바, 괌, 필리핀 지배를 두고 미서전쟁(1898)에서 승리함으로써 태평양 지역에서 식민지배를 시작했다. 그러면서도 명목상 고립 정책을 표방하면서 미래의 시장으로 설정한 중국의 '문호개방'(중국의 영토와 주권 보존, 상업 균등) 원칙을 내세웠다. 열강들이 몰려든 중국에서는 군사적 개입보다 경제적 이익 추구라는 실속 챙기기에 주력한 것이다. 다만 미국 역시 러시아 견제라는 측면에서는 영·일과 이해관계를 같이했다. 바야흐로 동아시아에 러일전쟁의 전운이 밀려오고 있었다.

2. 영·미 후원하에 대외 침략에 나선 일본

1) 미국에 의한 개항, 막부 반대 세력이 주도한 메이지유신

일본은 태평양 해안에서 기착지가 필요했던 미국에 의해 강제 개항되었다. 1854년, '구로후네(黑船)' 사건이었다. 당시 영국은 동아시아에서 중국 침략에 몰두하면서 중동과 유럽에서 러시아와 첨예하게 대립하고 있었기 때문에 일본 개방에 신경 쓸 여유도, 필요도 크지 않았다. 두 세기 이상 유지된 도쿠가와(德川) 막부의 쇄국 정책을 무너뜨린 것은 멕시코와의 전쟁으로 북미 내에서 영토 확대에 주력하고 태평양에 관심을 두기 시작한 미국이었다. 다만 미국은 청과 왕사(望廈) 조약(1844)을 체결하면서 늘어난 교역선이나 포경선 등의 기착지가 필요했을 뿐, 통상 대상으로서 일본의 비중을 크게 본 것은 아니었다.

일본 역시 서세동점 시대를 맞아 큰 위기의식에 휩싸였다. 그러나 아편전쟁 전황에 대해 도쿠가와 막부가 수집한 정보는 매우 정확했고 대응도 조선왕조와 큰 차이를 보였다. 실제로 막부는 개전 초기에 이미 청의 패배를 예상하며 기존의 외국선 격퇴령을 완화하고 해방(海防) 체제 개혁에 나섰다.

도쿠가와 막부는 출범과 더불어 쇄국 정책(기독교 및 해외 도항 금지, 무역 통제)을 고수했다. 이는 후일 반막(反幕) 세력이 되는 세이난(西南) 세력이 무역을 통해 축재하는 것을 억제하기 위한 통제책이기도 했다. 그러면서도 교류의 숨통을 열어놓았다. 1636년 나가사키(長崎) 앞바다에 포르투갈 상인 거류지(1641년 네덜란드로 교체)로 부채꼴 모양의 인공 섬 데지마(出島)를 만들어 독점무역을 제한적으로 허가한 것이다. 데지마는 네덜란드 상인을 통해 의학, 천문학 등 서양학(란가쿠蘭學)과 서양 관련 정보(和蘭風說書)를 얻고 일본 문화를 유럽에 소개하는 징검다리 기능을 하다가 개항 이후 폐쇄되었다(1859).

큰 성과는 거두지 못했지만, 18세기 중엽 이래 통치 위기에 봉착한 막부는 덴포(天保) 개혁(1841~1844)을 시도했다. 1차 아편전쟁 시기였다. 청의 패배 소식에 따른 대외위기감이 국내 위기 상황과 맞물리면서 막부를 개혁에 나서도록 추동한 것이다. '구로후네' 도래 직전인 1830년대는 농민 저항(잇키一揆)이 연간 100건 이상 일어나는 등 지배 질서가 동요했던 시기였고, 러시아, 영국, 미국은 적극적이지는 않았지만 이미 18세기 말부터 통상을 요구해오고 있었다. 막부는 무조건 격퇴 명령을 내렸지만, 서양의 과학기술과 군사력을 엿본 난학자들은 통상 개방론을 제기했다. 막부에 반대하는 반막 세력이 부상할 수 있는 환경이 조성된 것이다. 아편전쟁 당시 사쓰마번(薩摩藩)은 이미 개혁을 이룬 상태였고 죠슈번(長州藩)은 개혁에 착수하고 있었다(1838).

1차 아편전쟁 직후, 비들(James Biddle)이 군함 두 척을 끌고 온(1846) 지 7년 후, 도쿄만 우라가(浦賀)항 앞바다에서 페리(Matthew C. Perry)가 끌고 온 4척의 함대가 무력 시위를 벌였다(1853. 7). 미국 포경선에 피난처와 식량, 연료 공급을 제공해달라는 명분이었다(이는 22년 뒤 구로다 키요타카黒田清隆 함대가 강화도 앞바다에서 벌인 무력 시위의 모델이 되었다). 다음 해에 답신을 받으러 오겠다고 경고한 대로, 페리는 여덟 척의 군함을 이끌고 다시 나타났다(1854. 2). 도쿠가와 막부는 결국 도쿄만 입구 시모다(下田)항을 개방했다. 가나가와(神奈川) 조약이라 불리는 불평등 조약인 미일화친조약(1854. 3. 31)이 체결되었다. 만약 일이 좀 더 지연되었다면 미국이 곧 남북전쟁에 돌입(1861. 4)하면서 일본의 개항이 훨씬 늦어져 반막 세

구로후네
페리 제독의 제2함대. *Gleason's Pictorial Drawing: Room Companion*, Boston, May 15, 1852, Volume II, No. 20, page 305. 판화(16.2 x 24cm)에 수채화.

력이 힘을 모으기 어려웠을 것이고 동북아의 상황도 크게 달라졌을지 모를 일이다.

4년 뒤에는 ① 외교관 수도 주재, ② 4개 항(카나가와, 나가사키, 니가타新潟, 효고兵庫) 추가 개방, ③ 에도와 오사카 외국인 거주 등을 내용으로 한 미일수호통상조약(1858. 7. 29)이 체결되었다. 이후 도쿠가와 막부는 다른 열강들(영·프·러·네)과도 비슷한 불평등조약을 체결했다.

그러나 일본은 이 위기를 기회로 만들면서 중국이나 조선과 달리 독립국가로서 제국주의 대열에 편승했다. 미일화친조약 이후 14년 동안 막부와 죠슈번·사쓰마번 중심의 반막 세력은 대립을 지속했다. 결국 이 싸움에서 승리한 반막 세력이 왕정 복고, 즉 메이지유신(1868)을 통해 천황과 군부가 수직적으로 결합된 군벌 체제를 구축했다. 죠슈(육군)와 사쓰마(해군) 출신이 군부를 장악한 것은 물론이었다. 대일본제국헌법은 천황이 군 통수권을 지니며 육군과 해군 대신은 현역 장성이 맡는다는 규정을 두었다. 이미 이때부터 군부에서는 군이 천황의 통수를 받을 뿐, 정부의 통제는 받지 않는다는 생각이 팽배했다. 실제로 군부가 육군대신이나 해군대신을 천거하지 않으면 내각은 성립되지 못했다. '정치군인'들이 천황의 통수권 우산 아래 독자적 판단으로 대외 침략을 감행해도 통제하기 어려운 구조가 만들어진 것이다.

2) 러시아 견제를 위한 영·미 후원과 제국주의 국가로의 부상

국내에서 발전한 자본주의 경제가 시장 확장을 위해 제국주의화한다고 보는 경제주의적 인식은 역사적 사실과 부합하지 않는다. 제국주의 국가들은 '대항해시대' 이후 약탈 단계를 넘어 영국의 인도 지배와 같은 식민지 '개발'을 통해 자국 산업혁명의 기반을 닦았다. 특히 일본은 메이지유신을 계기로 일본의 '발전'을 위한 침략 정책을 국책으로 설정했다.

그 싹은 이미 메이지유신 10여 년 전부터 나타났다. 존왕양이(尊王攘夷)론자로서 죠슈벌의 사상적 아버지로 불리는 요시다 쇼인(吉田松陰)은 감옥에서 쓴 『유수록(幽囚錄)』에서 일본이 홋카이도, 류큐(琉球), 조선, 만주, 대만, 필리핀 등 동남아, 캄차카 등을 점령해야 한다고 주장했다. 그는 쇼카손주쿠(松下村塾)의 숙장으로서 3년간 가쓰라 다로(桂太郎), 이노우에 가오루(井上馨), 기도 다카요시(木戶孝允), 이토 히로부미(伊藤博文), 데라우치 마사타케(寺內正毅) 등 메이지유신 주역들에게 군국주의를 가르쳤다. 이를 '국책' 논리로 구체화시킨 것은 총리로서 '주권선과 이익선' 개념을 설정한(1890) 죠슈벌의 수장 야마가타 아리토모(山縣有朋)였다. 한반도, 대만, 사할린은 이익선에서 일본의 침략이 확대되면서 주권선이 되었다. 메이지유신 후 일본 근대사는 홋카이도 편입(1869), 대만 파병(1874), 류큐 병합(1879년 오키나와현 설치) 이후에도 조선, 만주, 중국 및 동남아(태평양)에 대한 끝없는 침략사로 점철되었다.

일본에게 청일전쟁은 침략전쟁의 '단맛'을 맛보고 군국주의를 더욱 강하게 추구하는 계기가 되었다. 랴오둥반도, 대만섬, 펑후 제도 등을 할양받는 영토확장에 더해 천문학적 배상금까지 받아냄으로써 자국의 '우월한 힘'에 도취된 것이다. 시모노세키 조약 6일 뒤 삼국(러·프·독)간섭으로 랴오둥반도를 내줘야 했지만, 청으로부터 추가 배상금 3천만 냥(4,405만 엔)을 받았다. 일본으로서는 동아시아 패권 장악과 대륙 침략의 첫걸음을 다진 셈이었다.

영국은 삼국간섭을 목도하면서 러시아 견제를 함께 할 동아시아의 파트너로 일본을 설정하고 영일동맹(1902. 1. 30)을 체결한 후 잇달아 갱신(1905. 8. 12; 1911. 7. 13)했다. 일본은 청과 조선에서, 영국은 청에서 이익을 가진다는 점을 서로 인정함으로써 일본은 세계 최강국의 뒷배를 갖게 된 것이다. 미국은 일본이 러일전쟁에 소요되는 천문학적인 전비(19억 8,400만 엔) 마련을 위해 발행한 국채를 소화해주었다. 일본은 영·미의 후원으로 당시 세계 최강의 러시아 육군을 누르고, 지구 반 바퀴를 돌아온 발틱함대까지 대한해협에서 격파하면서 제국주의 대열에 편승했다.

19세기 말 미서전쟁을 통해 태평양 지배의 첫걸음을 뗀 미국은, 러일전쟁에서 이긴 일본과 가쓰라-태프트 밀약(1905. 7. 29)을 통해 스페인에게서 빼앗은 필리핀 지배와 조선 지배 '권리'를 나눠 갖기로 합의했다. 이후 약 한 달 뒤 러일전쟁(1904. 2. 8~1905. 9. 5)은 미국의 중재로 종결되었고 포츠머스 강화조약(1905. 9. 5)이 체결되었다. 그 결과 랴오양((遼陽, 1906년 5월 뤼순으로 이전)에 관동총독부가 설치되었다. 또한 ① 러시아는 조선에서 일본의 정치·군사·경제적 우월함, 지도·보호·감독 권리를 승인, ② 만주에서 청의 주권과 기회균등 원칙 준수, ③ 러시아는 랴오둥반도(뤼순, 다롄) 조차권, 창춘~뤼순 철도 관련 권리를 일본에 양도, ④ 양국은 만주의 철도를 비군사적 목적으로 경영, ⑤ 일본은 배상금을 청구하지 않고, 북위 50도 이남의 사할린섬과 그 부속 도서를 할양받는다는 합의가 이루어졌다.

그러나 시모노세키 조약과 달리 거액의 전비를 쏟아부었는데도 배상금을 한 푼도 받지 못한 결과에 분개하여 히비야(日比谷) 방화 폭동까지 일어났지만, 포츠머스 조약 이후 일본의 군국주의 분위기는 최고조에 달했다. 군부는 러일전쟁의 승리로 만주 지배에 대한 자신감을 한껏 끌어올렸다. 일본이 거둔 러일전쟁 승리의 가장 큰 과실은 무엇보다 한반도에서 "최우선적 이익을" 확보했다는 점이었다. 러일전쟁 직후 대한제국을 보호국화한 일본은 결국 강제병합으로 마무리했다. 이로써 일본은 류큐(1872), 대만(1894), 남사할린(樺太)과 남만주의 조차지(1905), 그리고 한반도(1910)를 식민지로 삼은, 유일한 비서구 제국주의 국가가 되었다. 그러나 미국과 일본의 이해관계 합치는 여기까지였다. 미국은 이미 포츠머스 강화회담 자리에서 러시아 편을 들어 배상금 지불에 동의하지 않았던 터였다.

3. 냉철한 국제정세 인식을 막은 조선의 쇄국 정책

1) 쇄국 정책, 국제환경 변화에 대한 무지와 낙관

조선은 서세동점 위기의 19세기를 신유박해(1801)로 시작하면서 세도 정권의 정치적·사상적 반동정치로 보냈다. 이는 대내외적 대응력을 취약하게 만들어 이후 강제 개항, 식민지화, 분단, 전쟁이라는 최악의 경우의 수로 점철되는 역사적 연원이 되었다.

조선왕조는 광범위한 분야의 정보 탐지, 기록과 보존 시스템을 갖고 있었다. 연행록 류처럼 사신·수행원의 기록도 있었다. 모든 정보는 『일성록(日省錄)』,

『승정원일기(承政院日記)』 등에 기록되었고 『동문휘고(同文彙考)』는 외교 전반에 관한 기록을 망라했다. 그러나 아편전쟁 관련 정보의 경우, 전황은커녕 청의 패전 사실조차 정확하게 정리되지 못했다.

주관적 의식이 객관적 상황 판단을 가로막은 것이다. 지배층은 자의적 정보 해석과 막연하고 무책임한 낙관론에 안주하면서 이전에 몰랐던 서양에 대한 관심이나 경각심도 보이지 않았다. 일본과 비교할 때 아편전쟁에 대응하는 큰 차이는 정보의 많고 적음이 아니라 정보를 판단하는 구태의연한 문제의식과 좁은 안목에서 비롯되었다. 해외 정보 수집의 주된 창구인 연행사는 중화의식에 갇힌 청조의 상황 인식을 그대로 반영했다. 난징 조약 체결 이후 청에 다녀온 동지사도, 청이 영토 상실 없이 항구 네 곳만 열어 통상을 허가한 정도에 불과하다고 보고했다. 전쟁에 져서 불평등조약을 체결한 상황에서도 오랑캐를 안무(按撫)한 것이라는 청조의 생각을 그대로 수용하여 위기를 위기로 인식하지 못했다. 아편전쟁 패배 후 린쩌쉬의 권유로 웨이위안(魏源)이 편찬한 『해국도지(海國圖志)』 초간본(1842) 50권이 조선에 전래되었지만(1845) 별다른 해방(海防) 대책도 수립되지 않았고 외부 정세에 대한 경각심도 고취되지 못했다.

이 때문에 조선 정부는 1차 아편전쟁 당시에는 위기의식도 못 느낀 채 청을 통한 아편 유입을 엄격히 단속하는 것에만 치중했다. 다만 2차 아편전쟁 소식을 접하면서부터 조선 정부는 청과 조선을 '순망치한' 관계라고 이해하면서 서구의 침략을 걱정하기 시작했다. 작지 않은 변화였다. 그러나 체제 안정과 보위를 위해 이양선 출몰과 서양의 침략을 '문제시'했을 때 그 초점은 천주교도에 집중되었다. 상투적이고 구태의연하고 근시안적인 국제 인식을 여지없이 드러낸 것이다. 즉 천주교도들이 서양 세력과 내통하여 위협적 존재가 된다면서 이들을 희생양으로 삼아 혐오 대상을 설정함으로써 빈발하는 민란을 관리하는 미봉책으로 위기를 해결하고자 했다. 외부 변화에 대해 조선 정부는 지배

권력의 부분적 조정, 왕권 강화, 민중 통제 강화 등의 내부 통제책으로 대응한 것이다.

그러나 세계 곳곳에서 그러했듯이 '자유통상'을 내세운 제국주의 국가들에게 조선의 '폭정'은 이권 확보를 위한 빌미만 될 뿐이었다. 베이징 조약으로 연해주를 획득한 러시아가 조선과 코앞에서 국경을 마주하는 전례 없는 상황이 벌어진 1860년대는 조선이 개항 이전에 서구 열강과 본격적으로 접촉하는 중요한 시점이었다.

실제로 이 시기에 홍선대원군이 천주교도와 프랑스인 신부를 처형한 직후 프랑스 함대가 두 차례나 침략했다(병인양요, 1866). 그 직전에는 미국 상선 제너럴셔먼호가 평양에서 총포를 쏘아대고 조선 관리를 가두자 분개한 평양 군민들이 제너럴셔먼호를 불태우고 선원들을 죽이는 사건까지 발생했다. 그러자 미국이 해군 함대를 끌고 침략해 왔다(신미양요, 1871). 그러나 이들 양국은 2차 아편전쟁 직후인 당시 중국에 주로 관심을 뒀기 때문에 조선을 개항시키는 데 힘을 쏟지 않았다.

이러한 국제 상황을 이해하지 못한 홍선대원군은 오히려 두 사건을 계기로 쇄국 정책을 강화했다. 척화비를 세우고 '쇄국=애국'이라고 강요했다. 이 방침에 조금이라도 위해가 된다고 판단하면 철저하게 탄압했다. 당시 청과 일본은 이미 개항한 상태였고, 특히 일본은 메이지유신을 단행하기 직전·후였다. 즉 세계와 주변 정세를 냉철하게 인식하여 이를 바탕으로 민생 안정과 개혁 토대를 마련할 수 있는 중요한 기회를 놓친 것이다.

2) 자족감에 갇힌 왜소한 정치력, 민을 개혁 동력으로 삼지 못하다

12살 고종이 즉위하자(1863) 수렴청정을 맡은 대왕대비 조씨는 안동 김씨 세도를 약화시키기 위해 홍선대원군에게 정부 사무를 맡겼다. 홍선대원군은 세도 정권의 권력 기반인 비변사를 폐지하고 의정부 역할을 되살려 국왕 중심 통치 체제를 복원하는 데 집중했다.

이 때문에 흥선대원군은 정작 가장 중요한 두 가지 큰 문제, 즉 민생 문제 해결책과 열강 침략에 대한 효율적 대응책을 마련하지 못했다. 삼정문란의 폐해를 호포제·사창제 등으로 해결하여 농민 부담을 일시 덜어줬지만, 왕실 권위를 높이기 위한 경복궁 중건 과정에서 원납전·당백전 등을 도로 민에게 부담시키면서 민중 생활에 타격을 입혔다. 왕권 강화를 위한 서원 철폐는 유생들과의 대립을 불러와 고종 친정(1873)을 명분으로 내세운 정적(政敵)의 힘을 키우는 원인이 되었다.

2차 아편전쟁이 끝나고 일본이 개항 후 정치적 격변의 와중에 들어간 1860년대에도 조선은 여전히 외부에서 잘 모르는 '은자(隱者)의 나라'였다. 국제환경 측면에서는 서구의 주된 관심 대상이 아니었던 만큼 청·일에 비해 외압이 늦었다는 이유가 컸다. 그 결과 일본에게 강제 개항되는 것을 계기로 새로운 국제관계를 맺기 시작했다. 한반도 지배를 통해 대륙을 침략하겠다는 일본을 비롯해서 청, 러시아 등에게 시기를 달리 하면서 다중의 압박을 받는 상황을 맞게 된 것이다.

'태평천국의 난'과 북경이 함락되는 2차 아편전쟁 소식을 접하고서도 여전히 조선은 그 결과를 청의 영토 상실 없는 패전과 영국의 조선 침입 가능성이 없다고 단정하는 데 그쳤다. 서구 세력이 궁핍한 조선을 공격하지 않을 것이라는 무책임한 낙관적 판단 아래, 세도 정권은 변혁의 물결을 차단한 폐쇄적 정치 구조를 체제 안정으로 오해했다.

조선왕조가 폐쇄적 정치 구조에 갇혀있게 된 배경에 병자호란 이후 고착된 북벌론 사고의 관성이 크게 작용했다. 이 때문에 17세기 중엽 네덜란드 동인도회사 선원 하멜(Hendrik Hamel)이 표류해 왔을 때도 외부 세계에 눈을 뜨는 계기로 삼지 못했다. 특히 19세기 세도정치 엘리트층은 체제 안정의 착시에 빠져 권력을 유지할 다양한 방법을 고찰하는 경험을 다지지 못했고, 이는 결국 개혁의 자생력을 취약하게 하는 조건으로 작용했다.

성과 여하를 떠나 청의 동치중흥(同治中興), 일본의 메이지유신 등 주변국이 일대 변화를 모색하던 1860년대에 전개된 대원군의 배외 정책은 세계 정세의 객관적 인식과 향후의 정치적 선택 폭을 축소시키는 반동적 흐름을 굳게 만들었다. 실제로 이후 요원의 불길처럼 타오르는 민의 동력을 용서할 수 없는 '아랫것들의 반란'으로만 보는 전통적 우민관에 갇혀 결국 일본군이 자기 백성을 도륙해도 침략으로 인식하지 못하는 원인이 되었다. 제국주의 침략의 실체를 몸으로 겪은 농민군은 '근왕'을 내세우고 고종과 연합하기를 원했지만, 고종이나 지배층은 이들을 자신의 권력 기반으로 흡수하여 외침에 대응하는 전략을 상상조차 하지 못했다. 전통적 유림층은 제국주의 침략을 인식했지만 이를 중세 질서의 위기로만 바라봤을 뿐이었고, 계몽운동 세력도 대부분 농민군-의병을 토벌 대상으로 인식했다.

3) 영·미의 후원과 프·러의 방조, 강제병합의 국제정치학

강제병합에 이르는 출발점은 청일전쟁 후 체결된 시모노세키 조약이었다. 강제병합은 필요에 따라 대립 또는 연대하는 변화무쌍한 제국주의 국가 간 합종연횡 국제정치학의 산물이기도 했다. 러시아, 프랑스, 독일은 유럽에서 대립했지만, 이권 나눠 먹기의 대상인 동북아에서 일본의 남만주 진출을 막는 데는 이해관계가 일치하여 함께 삼국간섭을 진행했다. 시모노세키 조약이 조선 독립을 유명무실하게 한다는 이들 국가의 주장은 명분뿐이었고 사실 조선 독립 여하에 관심도, 이해관계도 없었다. 그런데 19세기 중엽 크림전쟁에서 영국과 함께 러시아를 견제하던 프랑스는 19세기 말 시베리아철도 등 러시아 투자에 관심을 가지면서 러시아 혁명 발발 때까지 군사동맹인 러·프동맹을 맺었다 (1894. 1. 4). 러시아와 그레이트 게임으로 대립하던 영국의 3C 정책이 프랑스의 아프리카 횡단 정책과 대립된 측면도 있었다.

삼국간섭의 환경을 타고 고종이 아관파천(1896. 2~1897. 2)을 단행할 즈음, 러시아가 동청철도 부설권을 장악하고 일본이 반환한 뤼순과 다롄을 조차하여 (1898) 군항으로 활용하기 시작했다. 이런 상황에서 영국은 가장 중요한 식민지 인도와 인접한 버마와 홍콩 등 양쯔강 유역, 즉 중국 서부에 이해관계를 집중한 가운데 러시아 남진을 제어하기 위한 파트너로 러시아와 적대적인 입장에 선 일본을 주목하고 영일동맹을 맺었다. 미국도 러시아 남진을 제어한다는 측면에서 영국과 이해관계를 같이했다.

제국주의 시대에는 공동의 적을 견제한다는 명분으로 남의 땅을 나눠 먹자는 협상 사례가 비일비재했다. 물론 협상의 상대는 상황에 따라 수시로 변했다. 러일전쟁 와중에 체결된 영·프협상(1904. 4. 8)은 북아프리카에서 독일을 견제하기 위해 영국은 이집트에서, 프랑스는 모로코에서 우월권을 가진다는 데 합의한 것이다. 프랑스가 영국과 이해관계를 같이하면서 일본의 조선 및 만주 침략에 중립적 입장을 취하게 되자, 동북아에서 3국간섭 연대의 이해관계도 9년여 만에 갈린 것이다.

러일전쟁이 끝나갈 무렵 러시아 남진을 억제하는 데 성공한 미국과 영국은 일본의 대한제국 지배를 확인해주는 절차를 밟았다. 1924년에야 공개된 미·일 간 가쓰라–태프트 밀약(1905. 7)을 통해, 양국은 필리핀과 한국을 나눠 지배하는 것이 '극동 평화'에 공헌하는 길이라고 합의했다. 그 직후 영일동맹이 개정 (1905. 8)되면서 영국은 일본의 대한제국 '보호권'을 인정해주었다.

시어도어 루스벨트 미국 대통령은 포츠머스 조약과 모로코 문제 해결을 주선한 공으로 노벨평화상을 받았다(1906). 당시 구미인들이 주장한 '평화'의 논리와 이해관계를 잘 보여주는 사례이다. 배상금을 한 푼도 주지 않겠다는 러시아 편을 든 미국에 눌려, 일본은 러일전쟁에 천문학적 전비를 들이고도 일부 영토 할양에 만족해야 했다. 그 대신 일본은 포츠머스 조약 체결 직후 을사조약(1905. 11. 17)으로 대한제국 외교권을 장악했다.

그런데 러일전쟁 후 제국주의 간 이해관계는 다시 바뀌었다. 유럽에서 독일이 부상했기 때문이다. 그에 따라 영·러협상(1907. 8. 31)이 체결되어 한 세기에 걸친 그레이트 게임이 종식되었고, 후일 제1차 세계대전에서 같은 편이 되는 삼국(영·프·러) 협상 분위기가 만들어졌다. 영·러 간 적대관계가 종식됨에 따라 목적이 사라진 영일동맹도 이후 변화할 수밖에 없었다.

이런 상황에서 영·프·러·일 사이에 침략 지역을 나누는 '조정'이 필요해졌다. 프·일협정(1907. 6. 10)으로 일본은 프랑스령 인도차이나와 중국 광둥, 광시, 위엔난에서 프랑스의 특수이익을 인정했으며, 프랑스는 만주, 몽골, 후젠성에서 일본의 특수이익을 인정했다. 그리고 일본은 포츠머스 조약으로 확보한 이권을 보호하고, 한국을 아예 강제병합하기 위해 러시아와 협의해야 했다. 유럽에서 독일, 오스트리아에 대항하기 위해 동북아에서 안정이 필요했던 러시아는 일본과 협약을 맺어 삼국협상 구도를 동아시아로 확대하려 했다.

러·일 간에 진행된 비밀협약의 핵심 내용은 만주를 남북으로 나눠 각자가 이권을 차지하되 일본은 외몽골에서 러시아 이익을, 러시아는 일본의 한국 병합을 인정하고 미국의 중국 진출을 막자는 것이었다. 제1차 비밀협약(1907. 7. 30)으로 두 나라는 만주를 남북으로 나눠 지배하는 것, 일본이 한국을 병합하고 러시아는 외몽골을 지배하는 것(특수이익 지역)에 합의했다. 강제병합 직전에는 제2차 비밀협약(1910. 7. 4)을 맺어 일본의 한국 병합을 재확인하는 동시에, 만주 철도 중립화를 내세운 미국의 중국 문호 개방 정책에 대응하기 위하여 공동전선을 펼쳤다. 두 차례 이뤄진 러·일협약으로 러시아 견제를 위해 맺었던 영일동맹의 목적은 완전히 사라졌다.

　이러한 상황에서 미서전쟁(1898)으로 괌, 필리핀 지배를 확보하고 태평양 장악에 나선 미국은 일본의 태평양 진출을 억제하기 위해 한국을 일본의 침략 출구로 유도하는 수단으로 삼으려 했다. 미국은 한국 보호국화 이후 일본이 자국의 이해관계와 충돌할 가능성을 우려했고, 미국 상품시장의 역할도 회의적으로 봤다. 그러나 단기적으로 보면 미·일 관계 안정이 이익이라는 입장에서 만주철도 진출 계획을 유보했다. 즉 청일전쟁 후 대만 지배를 통해 동중국해를 장악하고, 러일전쟁 후 랴오둥반도, 남만주철도주식회사와 부속 영토를 통해 중국 침략 거점을 장악한 일본과 향후 적대적 관계로 전환될 조짐을 안은 가운데 협조적 틀을 일시 유지한 것이다.

　이후 미국은 신(新) 미일통상조약(1911. 2)으로, 영국은 영일동맹 3차 개정(1911. 7)으로 일본의 한국 병합을 추인했다. 이로써 미·영의 적극 지원, 러·프의 방조에 힘입은 제국주의의 합종연횡 이해관계에 따라 강제병합이 마무리되었다. 강제병합을 후원했던 미국과 영국은 30여 년 후 카이로 선언에서 일본 지배에 의한 "조선 인민의 노예 상태에 유의하여 적당한 시기에 조선을 자주 독립시킬 결의를 한다"고 합의했다. 제국주의적 국제정치의 이해관계는 그만큼 원색적이고 무상하기 짝이 없었다.

4장

식민지자본주의와 독자적 자본주의의
갈림길에서

1. 개항 후 외국 자본 침투에 따른 유통 및 생산 구조 종속

1) 무역 증가와 일본 상인의 유통망 지배

개항 이후 일본 상인의 조선 진출이 현저해졌다. 특히 1883년까지는 무관세 무역이었고 일본 상인들이 조선의 무역을 거의 독점했다. 반면 청과의 전통적인 국경무역은 위축되었다. 청도 임오군란(1882) 이후 조선에 정치적·군사적 압력을 가하면서 무역 점유량을 늘려갔지만, 청일전쟁 이후 일본 상인에게 다시 밀려나기 시작했다.

곡물(미곡·콩) 수출과 면제품 수입으로 구성된 조선의 기본적인 무역 구조는 청일전쟁 이후 더욱 굳어져 곡물이 수출의 80% 이상을 차지했다. 그런데 무역 증가는 유통 시스템의 변화를 불러왔다. 수운과 포구 중심의 전통적 유통 구조가 위축되고, 개항장 중심의 새로운 유통망이 형성된 것이다. 가령 강경포 유통권이 군산항 개항으로 위축된 반면, 군산이 전북과 충남 지역을 배후지로 한 미곡 수출과 면제품 수입의 중심지로 부상했다.

최초로 개항된 부산(1876)을 시작으로 원산(1880), 인천(1883)에 이어 진남포와 목포(1897), 군산과 마산, 성진(1899) 등이 개항되면서 쌀의 대일 수출은 계속 증가했다. 이 과정에서 부산항이 전라도, 충청도, 경상도의 곡물 집산지이자 대일 수입품의 공급지로 자리 잡으면서 새로운 유통권의 중심지로 부상했다. 개항 이전 한성으로 운송되던 전라도 지역의 쌀이 부산항으로 수송되어 일본으로 수출됨에 따라, 한성으로 공급되는 쌀이 부족해져 쌀값이 폭등했다. 이러한 상황에서 생계를 위협받게 된 한성의 빈민들이 임오군란에 가담하기도 했다.

일본 상인의 입도선매까지 동반되어 곡물 유출이 급증한 탓에 식량 수급이 어려워진 데다 전국적인 흉년까지 들었다(1888). 구휼 곡물도 없어 폭동 양상이 나타났다. 원산항을 관할하던 함경도 관찰사 조병식(趙秉式)은 미곡 수출을 금지하는 방곡령을 선포했다(1889). 1890년을 전후하여 전라도 쌀이 부산항에서 수출되는 곡물의 70~80%에 이르자 한성을 비롯한 전통적인 서해안 유통권의 쌀 수급에 교란이 일어났다. 이에 전라감사가 부안 등 14개 읍에 방곡령을 실시했다(1892). 주권 행사가 가능했기 때문에 방곡령을 발포할 수 있었다.

부산항을 통해 일본으로 곡물 수출이 증가하자 이전까지 부산에서 곡물을 공급받던 함경도 지역에 식량이 부족해지면서 많은 농민들이 유민화되었다. 개항장의 높은 쌀값은 전라도, 충청도, 경상도의 쌀이 개항장으로 집중되는 빨대 현상을 불러왔다. 쌀값 상승은 물가 상승을 불러왔고, 지주는 쌀 상품화를 통해 이윤을 늘리기 위해 소작료 수탈을 강화했다.

한편 기선 등 새로운 운송 수단이 도입되면서 원격지 유통이 확대되었다. 그러나 원격지 유통은 일본인이 소유한 기선에 의존했기 때문에 조선 상인들은 점차 이에 종속되어갔다. 종래 조선 상인이 육로를 통해 한성으로 수송하던 함경도의 명태와 마포 및 부산의 다시마와 명태 등 조선에서 소비되는 물자까지 일본 상인이 수송을 장악했다. 일본 기선으로 수송되는 물동량이 늘어나면서 영업권도 점점 일본 상인에게 넘어가고 있었다.

개항장의 성장과 철도 부설로 포구 중심의 기존 유통 체계는 철도역과 개항장 중심으로 급격히 개편되었다. 한성의 경우 마포를 중심으로 한 경강 상권은 인천 개항으로 큰 타격을 받았다. 경강 중심의 기존 미곡 유통 구조가 인천을 중심으로 재편되자, 경강상인들은 다른 지역으로의 미곡 반출을 금지하고 인천항으로의 곡물 수송을 강제로 막으려는 시도까지 했다. 철도 운송은 도심과의 접근성이 높고, 선박에 비해 침몰 등의 위험으로부터 안전했으며, 신속하기까지 했기 때문에 빠른 속도로 유통망을 점령해갔다. 그 결과 남대문역(1922년 12월부터 경성역)을 배후로 둔 남대문시장이 한성 최대의 시장으로 부상했다. 남대문시장과 인접한 진고개(현재 충무로 일대)는 일제강점기 최대의 상업 중심지가 되었다.

2) 합자와 특권을 활용한 조선 상인의 대응

개항장이 무역 거점으로 번성하자 개항장 객주가 무역상을 상대로 매매를 주선하는 새로운 유통 조직체로 출현했다. 개항장 객주는 내륙의 기존 객주처럼 위탁매매, 외국 상인과 조선 상인이 발행한 어음의 인수 및 할인 등 금융업을 수행했으며 독자적인 상업 활동도 했다. 개항장 객주는 시장 정보, 자금력, 신용거래가 가능한 거래처 등을 파악하고 있었기 때문에 개항 직후에는 외국 상인도 수출입품으로 국내 거래를 할 때 이들에게 의존했다.

그러나 개항장 객주의 성장은 일시적 현상에 불과했다. 자금 동원력이나 불평등조약 체제를 등에 업고 유리한 교역 환경을 장악한 외국 상인, 특히 일본 상인보다 기본적으로 열세인 구조였기 때문이다. 일본은 조선에 진출한 일본 상인들의 취약한 자본력을 보완하고자 일본계 금융 기관에서 저리로 자금을 융통할 수 있게 지원했다. 이에 반해 조선 정부는 자국 상인 보호 정책을 제대로 마련하지 못하고 있었다.

개항 초기 근대적 금융 기관이 없고 교통 기관도 발달하지 못한 상황에서 갑오 '개혁'으로 조세 금납화가 실시되자 조선 상인과 정부는 나름대로 '효율적'인 재정 자금 운영 방식을 고안했다. 지방에서 군수가 징수한 조세를 제3자가 상업자금으로 활용한 후 국고에 납부하라는 탁지부 대신의 명령인 외획(外劃) 제도를 통해 상인들이 조세를 영업자금으로 융통하기 시작한 것이다. 이는 물론 정부가 특정 상인에게 지방의 국고 수송을 위탁하고, 상인은 이 자금으로 물자를 구입하여 한성 등지로 운반·판매한 후 수송을 위탁받은 국고금을 탁지부에 납부하는 특권에 기댄 변칙적인 자금 융통이었고, 안정적인 방식도 아니었다. 그러나 조선 상인의 이러한 국고 자금 융통은 중앙은행이 부재하고 근대적 금융 기관이 취약한 상황을 일시적으로 대체하는 기능을 했다. 당시 개항장 객주를 비롯한 많은 조선 상인은 외국 상인에게 자금을 선대(先貸)받아 조달함으로써 상거래에서 점차 주도권을 상실하거나 고리대로 파산하는 이들이 많았기 때문이다.

조선 정부는 외국 상인의 내지 통상(1884) 및 밀무역으로 관세 수입이 감소하고 개항장 객주에게 징수하던 상업세 수입까지 감소하자 비로소 개항장 객주를 보호할 필요성을 인식하게 되었다. 그러나 문제의식이 적극적 상업·산업 보호책을 강구하는 데까지 이르지는 못했고, 근시안적 안목으로 조세 확보책에 그쳤다. 조세 확보를 위한 정부와, 특권을 필요로 하는 상인들이 이해관계를 같이하는 새로운 특권 조직체로서 객주상회소가 설립되기 시작했다. 이전까지의 객주 동업 조직이 독점의 반대급부로 수행한 수세 대행기구에 머물렀다면, 이 시기의 객주상회소는 그에 더해 유통량 증가와 외국 상인 진출에 맞서 객주들의 생존을 위한 공동대응 목적이 컸다. 원산상회소(1883)를 필두로 인천항, 원산항, 부산항 객주들이 상회소를 설립하고 수세를 대행하는 대신 조직에 참여한 객주의 영업독점권을 유지했다. 자본력이 우세한 외국 상인에 대응하기 위해 동업 조직을 만들어 조선 상인끼리의 경쟁을 없애고 영업독점권을 강화하여 자본력 열세를 만회하려 한 것이다.

그러나 외국 상인의 내지 통상이 본격화되어 이들이 생산지까지 진출하면서 개항장 객주를 정점으로 형성된 유통망도 점차 무력화되어갔다. 일본 상인이 조선인 범선을 이용해 개항되지 않은 내지까지 항행할 권리를 획득하자(1888) 수출 곡물의 대량 반출이 가능해졌기 때문이다. 청일전쟁 후 내지 통상이 더욱 확대되면서 개항장 객주의 경제적 기반은 점점 더 취약해졌다. 외국 상인이 직접 내지의 객주를 통해 거래하면서 내지에서의 거래를 주선하여 얻던 개항장 객주의 수익이 격감했다. 실제로 인천과 부산의 객주 수는 1900년경부터 감소하고 있었다.

이처럼 조선 상인들은 정부의 수세를 대행하던 특권적 동업 조직을 기반으로 자본을 합자하여 회사를 설립하거나 업종을 전문화하는 방식으로 변화된 환경에 적응하고자 했다. 갑오'개혁' 이후 객주조합이 증가하고 합자회사가 출현한 것은 그 일환이었다. 대표적인 객주회사인 인천의 신상(紳商)회사는 합자를 통해 인천~한성 간 유통과 인천항 무역 등으로 영업망을 확대해 나갔다. 대한제국 시기에는 황실 비호하에 객주 조직이 확대되고 합자회사를 설립하는 경향이 더욱 두드러지면서 유통업의 자본 규모도 증가했다.

도매업은 지방의 소비시장을 배후지 삼아 영업을 확대했다. 원거리 교역의 경우 기선을 소유한 일본 상인이 유통망을 장악했지만, 교통 연결이 불편하여 전통적 유통망과 거래 관행이 존속한 지역에서는 수출입품이나 조선산 상품을 각 지방으로 공급하는 일은 여전히 조선 상인이 담당했다. 즉 쌀 매집과 수입품 판매 활동에서는 조선 상인의 상권이 일정하게 유지되고 있었다.

시전 상인의 경우 이미 개항 전부터 사상(私商)의 성장으로 상권을 침식당하고 있었는데, 조청상민수륙무역장정(1882)으로 청과 일본 상인 등이 한성에 거주하며 영업할 수 있게 되자 더욱 큰 타격을 받았다. 불평등조약이 불러온 결과였다. 외국 상인이 수입품뿐 아니라 육의전 전매 물종까지 취급함에 따라 시전 상인은 더 이상 국역(國役)을 감당할 수 없다고 정부에 호소했고, 외국 상인 침투에 항의하여 세 차례(1887, 1890, 1898)에 걸쳐 철시 투쟁도 벌였다. 특히 갑오'개혁' 때 육의전의 금난전권 전면 폐지 조치로 큰 타격을 입은 시전 상인들은 자구책으로 황국중앙총상회(1898)를 조직하여 외국 상인 침투에 대응하고 독점적 이익을 지키려는 상권 수호 운동을 전개했다.

일부 상인들은 변화된 환경에서 보다 진화된 자구책을 모색하여 활로를 찾았다. 가령 창희(彰熙)조합(1906)은 객주와 대지주, 금융업자, 운송업자들의 합자회사로 미곡 등의 보관과 위탁매매, 미곡 등을 담보로 한 대금업을 영업 목적으로 한 회사였다. 이들은 자신들 간의 거래를 내부화하여 거래 비용을 절감할 목적으로 적극 참여했다. 즉 미곡 객주는 매년 자신에게 미곡을 보관·위탁·판매하고 이를 담보로 금전 대부까지 받아 갈 단골 거래처가 필요했는데, 대지주가 바로 그러한 존재였다. 대지주 입장에서도 자신의 미곡을 보관하면서 적기에 고가로 팔아 주고, 그것을 담보로 대부까지 해줄 단골 객주가 필요했다. 또 객주는 미곡의 매매 양쪽 고객이나 제삼자에게 자금을 대부해주거나 대부 주선도 해야 했으므로 금융업자들과의 합작이 절실했고, 금융업자 입장에서도 미곡처럼 좋은 담보를 맡기고 대부를 받아 갈 고객이 필요했다.

3) 외국 자본의 생산 영역 장악과 토착 산업의 해체

영국의 산업혁명 초기의 핵심 상품은 생필품으로 소비시장이 넓은 섬유류였다. 이는 어느 나라나 마찬가지였다. 그런 면에서 면업의 추이는 그 나라 경제발전 가능성을 가늠하는 중요한 지표가 된다. 조선 면업의 경우 일본 목면과 면사 수입이 급증하던 개항 후에도 꾸준히 생산을 확대해갔지만, 점차 특히 청일전쟁 이후 큰 타격을 받게 되었다. 조선 면포와 비슷하지만 값싼 일본산 목면이 농촌 시장을 잠식했고, 농촌 시장을 배후로 생산을 확대하고 있던 면포 생산도 위축되어간 것이다.

개항 후 조선 면업은 국가의 보호육성책이 전무한 가운데 급변하는 시장에서 자력으로만 버텨야 하는 처지에 놓여 있었다. 다만 청일전쟁 이전까지 수입 면제품의 주종이었던 영국산 카네킨(金巾, 옥양목)은 비싼 사치품으로 내구성도 약해 농촌 시장을 뚫지 못했다. 즉 고급 면포 생산은 타격을 받았지만 가내수공업 형태로 생산되는 토착 면업은 여전히 경쟁력이 있었다. 이 무렵 일본에서 수입된 목면은 조선 면포와 큰 차이 없는 가내수공업이나 매뉴팩처 제품으로서 품질과 가격 면에서 조선 면포에 밀려 잘 팔리지 않았다. 1894년 이전까지 외국산 면제품 수입은 정체 상태였고, 면화와 함께 경쟁하던 콩의 가격이 상대적으로 낮아 조선 면포 생산 유인력도 아직 남아 있었다. 즉 산업으로 발전 가능성이 남아 있는 상황이었다. 그런 점에서 정부의 적극적 면직업 보호육성책이 아쉬운 시점이었다.

그러나 이후 조선 면포처럼 투박하면서도 질기고 저렴한 일본 면제품 백목면(白木綿)과 시팅(sheeting)이 수입되면서 토착 면업은 큰 타격을 받았다. 그 사이 일본 정부의 지원으로 급성장한 방적공장에서 생산된 기계제 방적사가 조선의 토착 면업과 생산성 격차를 크게 벌렸기 때문이다. 가령 경상도와 전라도 지역에서는 전통적으로 면작과 직포가 성행했는데, 이를 대규모로 소비해오던 함경도 시장이 일본 목면에 잠식당했다. 경상·전라도 지역의 면작-면직호는 함경도 시장을 상실하면서 면작으로 성장하던 부농 경영의 전망이 어두워졌고 자급자족적 생산으로 후퇴했다. 경상·전라도 지역은 면화 산지라는 특성으로 면작-방사(紡絲)-직포 공정이 일체화되어 있었는데, 값싼 일본산 면포가 대량으로 유입되자 수입 면사를 이용한 직포업이 발전하기보다 방사-면직을 포기하는 경향이 나타났기 때문이다. 특히 경상도에서는 면화 재배 대신 가격이 좋아지던 콩을 재배하게 되면서 면화 공급이 줄어 면포 생산은 더욱 위축되었다. 전라도의 광범한 면작 지대를 배후지로 하는 목포항에서는 1901년경부터 면화가 일본 방적공장의 원료로 수출되기 시작했다. 원면 수출로 전라도 지역에서는 경상도 지역과 달리 면화 재배 면적이 증가했다. 그러나 방사와 직포 과정이 없어 부가가치가 적은 농산물 원료로서의 면화만 재배하여 일본에 수출하는 원료 공급지로 전락했을 뿐이었다.

유기, 도자기, 종이 등 전통적 관습과 밀접한 생활용품을 생산하는 토착 산업은 외국산 수입품과의 직접적인 경쟁을 피할 수 있어 지속될 여지가 있었다. 그러나 시장은 넓지 않았다. 반면에 수입품과 직접적 경쟁 관계에 있던 면포 생산은 날로 위축되었고 수입 면사에 의존하는 방직업만 저임금에 의존하여 부분적으로 유지되었다. 공업 생산과 시장 확보에 필수적인 금융 기관 지원이 거의 없는 가운데, 기술을 집적할 기반도 갖추지 못한 상황이었다. 여기에 국가적 차원의 보호 정책 또한 부재했기 때문에 기계 도입을 통한 대량생산에 대응하여 경쟁력을 갖추기는 힘들었다.

일본 상인들은 개항장 밖 내륙에서 외국인 토지 소유가 인정되지 않았을 때도 조선 농민들의 궁핍한 상황을 활용하여 수확 전에 미리 미곡, 콩, 인삼 등 수확물을 전대(前貸)하여 흉년에도 값싸게 생산물을 매집해갔다. 조선 정부나 지방 관리들이 방곡령을 발하기도 했지만 근본적 대책은 마련되지 않았다. 이처럼 개항 이후 대일 미곡 수출이 급증하자 이에 부응한 지주들은 적극적으로 이윤을 추구하는 지주 경영을 강화해 나갔다. 농민들도 콩 등 수출작물 재배를 통해 성장 가능성을 찾았으나 지주제 강화와 대한제국의 결가(結價) 인상 등으로 그 성장이 가로막혔고 농업 구조를 변화시키기에는 역부족이었다.

운요호 사건을 묘사한 니시키에(에도 시대의 판화 형식)
1875년 9월 20일 일본 군함 운요호가 통상조약 체결을 위해 불법으로 강화도에 들어와 측량을 구실로 조선 정부의 동태를 살피다 조선 수비대와 전투를 벌였다. 결국 이듬해 조선은 일본과 조일수호조규를 체결했다.

2. 정부, 급진개화파, 동학농민군의 근대화 방략 갈등과 한계

1) 정부: 신식 군대 양성에 집중된 개화 정책

고종은 친정을 시작하면서 일본과의 관계 개선을 모색했다. 그러나 조선왕조는 반막 세력 주도로 메이지유신을 단행한 일본과의 외교문서 접수를 거부했다. 서계(書契)에 '황(皇)'과 '칙(勅)' 등 청 황제만 사용할 수 있는 용어를 사용했다는 이유였다. 1875년 다시 일본과 공식 교섭을 재개했으나 일본의 태도는 똑같았고 교섭은 다시 결렬되었다.

일본은 이후 해상 무력 시위(1875)를 감행했다. 22년 전 페리가 도쿄만 우라카항에 왔을 때 썼던 수법을 그대로 활용한 일본은 군함 운요호(雲揚號)와 조선군의 충돌 원인을 조선에 전가시키면서 개항을 요구했다. 결국 이듬해 조선은 일본과 조일수호조규(1876)를 체결했다.

조일수호조규는 전형적인 불평등조약이었고, 이후 조선은 열강들과 불평등조약을 잇달아 체결했다. 치외법권이나 최혜국 대우 조항 등 침략의 교두보를 내준 불평등조약에는 국가주권을 침해하는 문제가 하나둘이 아니었다. 자본주의 경제체제를 확립하기 위한 기본 전제는 국가주권인데, 경제 주권의 근간인 관세주권을 부정당했다는 문제를 가장 먼저 꼽을 수 있다. 중화질서에 갇혀 국제법에 대한 인식 부족으로 속절없이 당했던 조일수호조규 당시와 달리, 이후 조선 정부는 관세주권을 확보하려 했지만 조영수호통상조약(1883) 단계에서 무산되었다. 이 무렵 조선 경제는 특히 일본·청과의 무역에서 만성적 적자에 시달리고 있었다.

삼정문란과 무역적자 등 민생 불안을 배경으로 전개된 1880년대 고종의 개화 정책은 부국강병을 염두에 둔 군사력 강화에 집중되었다. 외교 통상 및 군국 기무 담당을 위해 설치된 통리기무아문이 군대 개편 및 서구식 군대 양성을 주도했다. 기존 군사 조직인 5군영과 무위소(武衛所)를 무위영(武衛營)과 장어영(壯禦營)으로 통폐합하고(1881) 신식 군대를 이끌 간부 양성을 위해 무위영 내에 별기군(別技軍)을 설치했다. 1881년 초에는 조사시찰단을 일본에 파견했고, 11월에는 영선사(領選使) 김윤식(金允植) 일행을 청의 톈진(天津) 기기국에 파견해 무기 제조 기술 등을 배워오도록 했다.

개화 정책이 추진되는 와중에 일어난 임오군란(1882. 7)은 구식 군인들이 별기군에 비해 차별받은 것에 항의하며 일어난 사건인데, 한성 하층민까지 대거 동참하면서 도시 폭동의 모습을 띠었다. 성난 군인들은 흥선대원군의 지지를 받으며 민씨 척족 세력과 개화 세력을 공격하고, 일본공사관을 습격했다.

그러나 청군이 사태에 개입하여 개항 후 외국 군대가 한반도에 들어오는 첫 번째 사례가 되면서 흥선대원군은 청으로 압송되었다. 정부는 제물포 조약을 체결하여 일본공사관에 대한 배상까지 약속해야 했다. 신식 군대 양성에 집중한 개화 정책은 '조그마한' 폭동의 원인을 헤아려 개선할 능력을 발휘하지 못한 채 청군에 휘둘리는 참담한 상황을 빚은 것이다.

2) 급진개화파: 대청(對淸) 자주에 쏠린 국제정세 인식과 왕권 견제

청은 리홍장(李鴻章)이 외교를 장악한 후 야쿱 벡(Yacub Beg)의 봉기를 진압하고 러시아와 서북 지역 국경을 확정한 이리(伊犂) 조약(1881)을 맺었다. 이를 계기로 청은 아편전쟁 패배 이후 움츠러든 상황을 벗어나고자 했다. 내정개혁을 통해 침략에 대한 대응력을 키우기보다 전통적 화이질서 수준을 넘어 조선과 베트남 내정에 적극 개입하는 방식을 택한 것이다. 이는 청에게 큰 실익이 없는, 구제국의 '정신승리'를 과시하는 대외 정책에 불과했다. 그러나 이전까지 경험하지 못했던 청의 직접적인 내정간섭을 접한 조선왕조의 엘리트층에게는 대외인식, 특히 일본을 인식하는 데 큰 혼란을 빚는 결정적 계기가 되었다.

실제로 청군은 임오군란 진압 후에도 한성에 주둔하여 조청상민수륙무역장정을 체결하고, 조일수호조규 이후 약화되었던 조선에 대한 정치·경제적 영향력을 강화하고자 했다. 국제정세 인식이 정리되지 못한 개항 초기, 급진개화 세력은 일본이나 다른 열강보다 쇠퇴해가는 제국 청에 초점을 두고 반청(反淸)·자주외교를 주장했다. 그러나 청의 영향력은 오히려 커져가고 있었다. 김옥균(金玉均)과 박영효(朴泳孝) 등 반청 세력의 정치적 입지도 점점 축소되어갔다.

이런 상황을 타개하기 위해 급진개화 세력은 갑신정변(1884. 12)을 일으켰다. 이들은 정변 직후 현재 14개 조만 전해지는 정령을 발표했다. 청으로부터 완전한 독립, 호조 중심의 재정 통합, 지조법 개혁을 통한 재정 확충, 인민 평등권을 통한 신분제 폐지, 보부상 조직을 통제했던 혜상공국 혁파, 의정부와 6조 외에 불필요한 관청은 폐지하고 대신·참찬과 협의하도록 할 것 등의 내용이었다. 핵심적 의도는 자신들의 권력 장악과 왕권 제한에 있었다. 의정부와 6조로 정부 조직을 일원화하여 국왕이 신하들과 국정을 협의·결정한 뒤 재가하도록 했다. 혜상공국 혁파, 과거제 폐지 등은 민씨 척족 세력들의 정치·경제적 기반을 무너뜨리기 위한 것이기도 했다.

그러나 급진개화 세력의 대내외 정세 인식에는 근본적인 문제가 있었다. 당장 눈앞에 보이는 청의 내정간섭에 가려 서구 열강은 물론, 특히 한반도 침략 야욕이 가장 노골적이고 뚜렷했던 일본을 경계하는 사고가 취약했던 것이다. 민생 문제에서도 지조법을 개혁해 세금 납부를 원활히 한다는 원칙적 내용 외에는 사실 특별한 것이 없었다. 이들 역시 부국강병에 초점을 두고 개화 정책을 추진했던 조선 정부처럼, 제국주의적 국제정세 인식과 민생 해결책에서 큰 진전을 보이지 못했다. 다만 권력장악을 위한 목적이었더라도, 왕의 전제권력에 대한 견제 조치를 구상한 것은 장기적으로 볼 때 일정한 의미가 있다.

조선 정부는 갑신정변을 진압한 후 한성 조약(1885. 1)과 톈진 조약(1885. 4) 등을 통해 뒷수습을 감당했다. 청의 내정간섭이 커진 상황에서도 고종은 내무부를 설치하여(1885) 군국 기무를 담당하도록 했고, 자주권을 회복하고자 했다. 외국에 공사를 파견하는 등 조선이 독립국이라는 점을 알리고자 했다. 그러나 청은 고종이 미국, 프랑스, 일본 등과 차관 교섭을 시도하는 것을 방해했다. 결국 정부는 해관세를 담보로 청에서 차관을 들여왔고, 청의 국정간섭이 극도로 커져가는 상황에 대한 대응책을 제대로 세우지 못하고 있었다.

3) 동학농민군: 정치·경제 개혁과 평등을 위한 '충군애국'

개항 이전부터 문제였던 삼정문란 상황에 더해 개항 후에는 관세주권 상실로 인한 만성적 무역적자, 쌀의 대일 수출 증가에 따른 물가고, 개화 정책 시행 비용의 민중 전가 등으로 민생 문제는 해결은커녕 점점 더 심각해져갔다. 동학농민전쟁은 임술민란(1862)처럼 지방 관리의 부정부패에 대한 반발, 즉 고

부군수의 탐학이 직접적 도화선이 되었다.

그러나 동학농민전쟁은 이제까지의 민란과 큰 차이가 있었다. 무엇보다 동학 교단의 영향이 컸고 교조신원운동(1893)이라는 조직적 움직임이 선행되었다는 점을 들 수 있다. 또한 교조신원운동 단계부터 정부뿐 아니라 외세에 대한 반감이 함께 표출되었다. 농민들은 민생 파탄의 내적·외적 원인을 함께 파악하고 있었다. 오히려 농민들이 당시 현실과 문제를 정확하게 꿰뚫어본 것이다.

고부에서 봉기한(1894. 2) 동학교도 및 농민들은 관아를 습격하여 쌀을 군민들에게 나눠주고 노역과 과중한 세금의 원인이 되었던 만석보(萬石洑)를 파괴했다. 농민군은 황토현 전투에서 승리하면서(1894. 5) 전주성에 입성했다. 그러나 이를 해결할 정치력도 없었고 개혁 의지도 취약했던 정부는 결국 청에 파병을 요청했다. 정부 스스로 한반도를 청일 양국의 전쟁터로 만들 수 있는 상황을 자초한 것이다. 실제로 청군이 파병을 결정하자 일본도 톈진 조약(조선에 파병 시 통보한다)에 근거하여 조선 체류 일본인과 공사관을 보호한다는 명분으로 파병했다.

이런 상황을 맞아 농민군 지도부는 관군에게 폐정개혁안을 수용하고 강화를 맺자고 제안했다. 청·일 양국에 군대 주둔의 빌미를 주지 않기 위해서였다. 게다가 농번기를 맞아 농민군이 제대로 유지되기 어려운 상황이기도 했다. 결국 농민군과 정부는 전주화약(1894. 6)을 체결했고, 동학 지도부와 농민군은 각 고을에 집강소를 설치하고 폐정개혁안을 실천에 옮기기로 했다.

그러나 농민군은 해산했지만, 정작 청·일 양군은 철수하지 않았다. 일본군은 경복궁을 점령하고 청일전쟁을 일으켰다(1894. 7). 이런 상황에서 민씨 척족 정권이 물러나고 개혁 관료가 중심이 된 갑오정권이 수립되었다. 흥선대원군은 전봉준(全琫準)에게 밀서를 보내 봉기를 촉구했다. 갑오정권을 무너뜨리고 권력을 다시 장악하기 위해 농민군을 이용하려 한 것이다. 심지어 일본 낭인들

체포당한 전봉준
1894년 12월 체포되어 한성부로 압송되는 전봉준. 교자에 포박되어 앉아 있는 인물이다.

도 일본군의 농민군 진압 명분을 만들기 위해 농민군의 재봉기를 부추겼다. 농민군은 목숨을 건 전쟁에 나섰지만 정부도, 흥선대원군도, 외세도 농민군의 주장에는 관심이 없었고 어떻게 농민군을 활용할까만 생각할 뿐이었다.

　일본군이 경복궁을 점령하자 전주화약으로 물러나 있던 농민군은 다시 들끓기 시작했다. 결국 추수가 끝난 뒤 전봉준은 2차 봉기를 추진했다. 최시형(崔時亨)과 북접 지도자들도 참여했다. 논산에 터를 잡은 농민군은 공주 감영을 목적지로 11월 북상하기로 했다. 하지만 일본군이 선수를 쳐서 관군과 함께 진압에 나섰다. 농민군은 마지막으로 일본군이 주둔하던 우금치를 향해 진격했지만 많은 사상자를 내고 대패했다(1894. 11).

　동학농민군은 어떤 세상을 만들고자 했을까. 폐정개혁안과 전봉준 심문 기록인 '전봉준 공초(供草)'를 통해 그 대략을 알 수 있다. 폐정개혁안에는 탐관오리 처벌을 비롯해 각종 잡세와 노비 제도 폐지, 고른 인재 등용, 과부 재가 허용 등의 급진적 사회개혁 내용이 담겨 있다. '전봉준 공초'에는 2차 봉기 이유에 대해 전봉준이 "일본이 개화라 칭하고 (…) 군사를 이끌고 (…) 왕궁을 습격해 임금을 놀라게 했다. (…) 초야의 사족과 백성들이 충군애국의 마음으로 비분강개해 의병을 규합해 일본인과 전투해 이런 사실을 우선 일차 따져 묻고자" 했다고 답변한 내용이 나온다. 반봉건·반외세라는 선명한 지향이 드러나 있다.

동학농민군은 제국주의 침략의 최종적 피해자가 결국 지역의 민중이라는 점을 뼈저리게 체험했다. 경복궁이 침략당하고 갑오정권이 새로 수립되었지만, 생활 터전을 잃은 것은 민중이었다. 동학농민군은 정부의 개혁을 원했고 전봉준은 마지막까지 충군애국의 자세를 유지했다. 그런데 그가 섬긴 국왕은 일본군의 농민군 학살을 막는 데 소극적이었을 뿐 아니라, 관군까지 일본군과 합세시켜 진압 작전에 투입했다. 고종은 농민봉기의 현장에서 자국 민중과 연대해서 개혁을 진행함으로써 외세에 대응할 실질적 힘을 키우려 하기보다, 궁극적으로 자신과 왕조의 운명을 재촉한 외세와 손을 잡았다.

개항 전후부터 동학농민전쟁에 이르기까지 개화와 근대화 정책을 둘러싸고 정국 운영자들은 계속 대립하고 갈등했다. 대원군은 물론 고종, 민씨 척족 세력은 왕권을 중심으로 한 개혁을 주장했다. 반면에 김옥균 등 급진개화 세력은 왕권 견제가 필요하다고 주장했다. 그러나 고종이나 급진개화 세력 모두 열강의 침략에 효율적으로 대응하는 힘을 모을 수 있는 균세책조차 내놓지 못했다. 관세 문제 등에 대해 적절한 대응책을 마련하면서 근대국가로 나아갈 경제 정책도 마련하지 못했다. 결국 이들은 국가 구성원의 핵심인 민중을 포용할 생각도 못한 채 지배층의 권위만 내세웠고, 그에 따른 경제적·사회적 압력은 아래로 갈수록 가중되었다.

3. 정치체제와 경제 정책에 대한 갈등

1) 갑오정권: 리더십도 비전도 없는 왕권 축소와 자유주의 경제 정책

일본군이 평양에서 청군을 물리치면서(1894. 9) 청일전쟁은 일본의 승리로 쉽게 끝났다. 일본은 1894년 10월부터 특명전권공사 이노우에 가오루(井上馨)를 통해 조선 내정에 간섭하기 시작했다. 내정간섭의 주체가 청에서 일본으로 바뀌면서, 갑신정변 실패 후 망명을 떠난 박영효와 서광범(徐光範) 등을 불러들였다. 동학농민군을 토벌한 뒤 고종에게 「홍범 14조」(1895. 1. 7)를 선포하도록 하여, 일본의 조선 침략에 방해가 되는 청에 의존하지 않는다는 의미에서 '자주독립'의 기초를 세우도록 했다. 청으로부터 조선의 독립, 동양평화 명분을 내세운 일본의 조선 침략이 본격적으로 시작된 것이다. 일본군의 경복궁 점령 직후 민씨 척족 정부는 김홍집(金弘集)·어윤중(魚允中) 등이 중심이 된 새 정부로 교체되었고, 주요 안건의 토의와 결정 및 관제기구 설립 등의 역할을 하는 군국기무처(軍國機務處)가 신설되었다.

이 과정에서 갑오정권은 여러 가지 개혁조치를 시행했다. 우선 의정부와 궁내부를 분리하고 궁내부 산하 여러 기구를 통합하여 왕실의 정치 간여를 제한하면서 국왕은 대신들과 정무를 의논하여 처리하도록 했다. 왕비나 종친, 외척의 정치 간여는 금지되었다. 의정부 아래 8개 아문(衙門)을 두는 등 중앙정치 기구를 개편했고, 탁지아문으로의 재정 일원화, 예산 제도 수립, 민법·형법 제정 등 근대국가로 나아가기 위한 개혁이 진행되었다. 경제 영역에서는 「신식화폐발행장정」(1894. 7)을 공포해 은본위제를 채택한 것과 도량형 통일이 주목된다.

인사 정책에서도 과거제를 폐지하고 국왕이 주요 관리 임면권을 갖더라도 칙임관은 직접 임면하되 주임관과 판임관의 임용권은 의정부의 총리대신과 각 아문 대신들에게 부여했다. 내무아문 산하에 경찰기구인 경무청을 신설했다. 각 지방에 재판소 제도를 시행하여 종래 지방관이 행사했던 사법권을 재판소로 이관했다. 또한 전국을 동일하게 군(郡)으로 재분할하고 23부로 묶는 지방제도 개편도 시행했다.

특히 사회 개혁으로 신분제 폐지가 단행된 점이 주목된다. 반상(班常) 제도 혁파, 문무존비(文武尊卑)의 차별 폐지, 공사노비법 혁파, 역인(驛人)·창우(倡優)·피공(皮工) 등 천인의 면천, 죄인 연좌법 폐지, 양자 제도 개선, 조혼 금지 및 과부 재가 허용 등을 들 수 있다. 새로운 근대교육에 관한 조칙도 발표하여 신민(臣民) 양성을 목적으로 사범학교와 소학교 제도를 시행했다.

이 와중에 동아시아 국제환경은 시모노세키 조약(1895. 4) 체결을 계기로 요동쳤다. 무엇보다 일본의 만주 진출을 견제한 러시아가 프랑스, 독일과 함께 삼국간섭을 가했다. 결국 랴오둥반도는 청에 반환되었고, 일본의 대륙 침략과 조선 보호국화 전략도 차질을 빚게 되었다. 위기의식을 느낀 일본은 공사 미우라 고로(三浦梧楼)가 나서 일본군과 영사관 경찰, 낭인들을 잠입시켜 왕후를 살해하기까지 했다(1895. 10).

이후 갑오정권은 일본의 압력 속에 태양력 채택과 단발령 등의 개혁 조치를 일방적으로 추진했다. 그러나 일본의 보호국화 방침에 대응하기보다 순응하는 경향이 짙어졌다. 반면에 일본의 내정간섭에 지친 일부 관리와 지방 유생들, 하급 관리와 군인 등 개혁 과정에서 배제된 이들의 불만이 커져갔다. 결국 일본과 갑오정권에 반대하는 의병들이 전국적으로 봉기하는 와중에 고종이 측근들과 러시아공사관으로 아관파천(1896. 2)을 단행하면서 갑오정권은 무너졌다.

갑오정권의 개혁, 특히 갑신정변과 동학농민군의 요구를 수용한 사회적 개혁은 의미가 매우 컸다. 정치 분야에서도 국왕과 척족 세력의 전횡을 막고 정부를 근대국가로 변모시키려는 개혁을 시도했다. 그러나 왕권을 견제할 수 있는 제도적 장치를 만든 것도, 입헌군주 체제를 제도화한 것도 아니었다.

결정적 문제는 축소된 왕권을 대체할 정치세력이 리더십과 비전을 보이지 못했다는 점이었다. 그 틈을 오히려 일본이 장악하고 들어왔다. 왕권은 타파 또는 제한해야 할 대상이지만, 이 시기에는 외세에 대응하는 상징적 중심이 될 수도 있는 이중성을 지녔다. 왕권 축소 과제가 국가주권을 넘는 가치가 될 수도 없었다. 즉 갑오정권은 외세에 대응하면서 내부 동력을 모으는 근대국가의 역할을 수행하지 못했다. 외국 상인의 경제 침탈에 대한 대응책도 내놓지 못했고, 은본위제를 채택해놓고 백동화를 남발하는가 하면, 일본 화폐의 국내 통용을 허가하는 등 화폐주권은 고스란히 침식당했다. 결국 일본의 엔화가 본위화폐 역할을 하는 상황을 불러왔다. 개혁 추진에 필요한 자금은 일본의 차관을 통해 충당했고, 이를 빌미로 일본은 개항장 확대와 철도 부설권 등 이권 요구를 추가했다. 재정 확충을 위해 정부가 일본의 요구를 수용하면서 대일 재정 예속은 더욱 심화되었다.

자유주의 경제 정책이나 특권을 동반한 보호주의 경제 정책은 각국의 경제 상황과 정치세력의 이해관계나 비전에 따라 선택적으로 운영되기 마련이다. 조선 정부가 개항 후 상권 침탈에 대응한 방식은 특권적 독점을 통해 상권을 보호하여 세수입을 확보하는 데 집중하는 것이었다. 예를 들어 상회사를 설립하여 보호육성하거나, 객주나 도고에게 수세의 물종을 정해주고 물품의 전관(專管)매매권을 인정하는 식이었다. 그리고 관영 혹은 관·민 운영의 산업기구를 설립하여 정부의 보호와 육성하에 상회사 발전을 추구했다. 이러한 대응책은 전통적 상업질서, 즉 도고(都賈)상업 체제의 연장선에 있는 것이었다. 합자를 통한 대자본 조직은 서구의 초기 자본주의 회사와 유사했고, 정부가 수세 대행을 대가로 영업 독점권이나 징세 청부권 등의 특권을 제공했다는 점에서 도고와 유사한 존재였다.

반면 갑오정권의 경제 정책 기조는 특권과 보호를 수반한 종래의 상업 정책을 비판하는 자유주의 경제 정책론에 입각해 있었다. 경제 정책의 방향과 목표 역시 육의전과 상리국 폐지, 공인권(貢人權)과 외방진공(外方進供) 혁파 등 특권 영업 기반을 해체하여 민간자본을 육성한다는 것이었다. 가령 박영효는 정부가 상품 거래에 개입하지 않는 가운데 상업과 산업을 육성해야 한다는, 당시 상황에서 현실성이 떨어진 주장을 했다. 유길준(俞吉濬)은 정부가 전매권이나 지역적 독점권을 부여하는 형태로 특권을 부여해준 것을 비판했다.

물론 도고상업 체제는 자유로운 상행위를 통한 자본축적을 저해했다. 다른 한편에서는 폐쇄적 독점의 힘으로 외국 자본 침투를 일정하게 저지하는 역할도 수행했다. 이러한 양면성이 당시의 시대적 상황에서 어떤 결과를 불러오는지 같이 봐야 한다. 당시의 정치·경제 환경에서는 자유주의를 지향하는 갑오정권의 정책이 의도대로 진행될 수 없는 상황이었다. 그들의 의도와 달리 가장 적극적인 지지 세력이 되어야 할 상인층 일반의 지지도 얻지도 못한 채, 외국 상인의 상권 침투를 가속화하는 길을 터준 것으로 귀결되었기 때문이다.

조선보다 압도적인 자본력과 국가의 지원으로 무장한 일본 자본가들과 자유로운 경쟁을 한다면 이미 승부는 정해진 것이었다. 이는 관영기업이었던 이운사(利運社)의 사례에서 확인된다. 이운사는 세미(歲米) 운송과 함께 화물 및 여객을 수송하는 해운기업으로 설립되었다(1893. 1). 그런데 갑오정권은 이운사가 설립 초기에 수익을 내지 못한다는 이유로 인천항 상인들을 경영에 참여시켜 민영화를 시도했다(1894. 9). 이를 통해 인천의 상회와 상인들은 이운사를 확보하여 연안 무역과 전국의 상권 장악 기회로 삼고자 했다.

그러나 일본우선회사(日本郵船会社)는 이운사의 경영 악화를 활용하여 이운사를 인수해 연안 항해권을 독점한다는 계획을 세웠다. 결국 일본의 압력에 밀린 갑오정권은 이운사 소속 기선을 일본우선회사에 위탁 경영하는 계약을 체결했다(1895. 1). 이는 조선 상인들의 독자적 해운 활동을 완전히 봉쇄하는 결과를 초래했다. 이운사 경영을 일본에 넘긴 빌미는 일본에서 13만 원 재정 차관을 도입하는 조건과 관련되어 있었다. 일본우선회사가 13만 원 차관 중 8만 원을 출자하고 이자의 일부를 부담하기로 한 것이다. 결국 인천 상인들은 갑오정권에 의해 이운사 경영에 참여했다가 불과 4개월 만에 다시 갑오정권에 의해 그 경영권을 일본 회사에 넘겨야 했다.

이런 상황에 대응하여 인천 상인들은 서상집(徐相潗)을 사장으로 하는 공동(公同)회사를 설립했다. 그러자 이운사 측은 공동회사의 선운업 종사 금지, 이운사의 항해 독점권을 갑오정권에 요구했다. 결국 서남해안과 동북해안 등의 연안 운항권을 일본우선회사가 독점하게 되었다. 갑오정권이 추진한 자유주의적 상업자본 육성책은 조선 상인이나 자본가층과 결합하지 못한 채, 일본 자본이 자유롭게 활개 칠 수 있도록 길을 터준 셈이 되었다. 일본군의 경복궁 점령 이후 정권 기반을 일본의 무력에 의지하던 갑오정권의 환경도 그 배경으로 작용했다.

2) 독립협회: 취약한 외세 인식과 계몽적 대민관의 근대국가 수립 운동

고종은 아관파천 후 러시아공사관에 머물던 1년여 동안(1896. 2~1897. 2) 갑오정권 때와 달리 러시아를 활용하여 일본을 견제하면서 운신의 폭을 넓혀갔다. 전제군주제를 추구하면서 갑오정권이 제정한 내각제를 폐지하고 의정부를 재조직했다. 아관파천 직후에는 김홍집과 어윤중 등 갑오정권 참여 관료들 일부를 처단하거나 체포령까지 내렸다.

친러·친미 성향의 박정양(朴定陽), 이범진(李範晋), 이완용(李完用) 등 정동구락부(貞洞俱樂部) 세력 중심의 내각은 아관파천으로 인한 여론 악화를 만회하기

서재필과 독립신문
독립신문은 미국에서 귀국한 서재필이 1896년 4월 7일 창간한 우리나라 최초의 순 한글신문이다.
그림의 신문은 1899년 5월 16일자로 제4권 108호이다. 국립중앙박물관 소장. 원 안의 인물은 서재
필이다.

위해 갑신정변 실패 후 일본을 거쳐 미국에 가 있던 서재필(徐載弼)을 중심으로
『독립신문』을 창간하도록 했다(1896. 4). 그러나 정동구락부 세력은 갑오정권과
질적 차이가 없는 개화 정책을 주장한 가운데 고종이 다시 권력을 독점하려는
시도를 경계하고 있었다.

　서재필과 정동구락부 세력은 고종에게 독립문 건립과 독립공원 조성을 제
안했다. 고종이 수락하자 이를 추진하는 기구로 독립협회를 창립(1896. 7)했다.
독립협회 초기의 주요 임원은 정동구락부 계열의 현직 관료들이 맡았다. 즉 독
립협회는 아관파천 기간에 일종의 관변 외곽 단체로서 정동구락부 계열 관료,
서재필 등 민중계몽을 강조하는 세력의 연합 형태로 출범했다.

그런데 8월 이후 윤치호(尹致昊)와 서재필이 자주 만나면서 '인민의 계몽'을 강조하는 활동에 중점을 두기 시작했다. 회원의 중심은 여전히 관료 및 양반들이었지만 신교육, 미신 타파, 신문 보급, 위생 문제 등에 대한 주제로 토론회를 개최하여 계몽운동을 펼쳐 나갔다. 이듬해 고종이 환궁(1897. 2)하여 왕권 강화에 주력하고 대한제국을 선포하면서 두 연합 세력 사이에 균열이 드러나기 시작했다.

독립협회의 계몽운동은 1898년 2월 이후 부산항 근처에 저탄소(貯炭所)를 설치하려는 러시아의 절영도(絶影島) 조차 요구를 반대하는 활동을 하면서 새로운 단계로 나아갔다. 민권운동과 참정권 획득운동 등 운동의 범위를 넓혀감에 따라 황제와의 갈등도 커졌다. 독립협회가 계몽운동 차원을 넘어 정치개혁을 본격 주장하면서 새로운 정치세력에 의한 새로운 정치운동을 모색하기 시작한 것이다.

그러자 고위관료의 탈퇴가 이어지면서 독립협회는 고종과의 협력을 강조하는 윤치호·이상재(李商在) 등의 온건파와 국외 망명자와 결합하여 권력 장악을 계획한 안경수(安駉壽)·정교(鄭喬) 등의 급진파로 나뉘었다. 3월부터는 만민공동회(萬民共同會)를 통해 러시아의 내정간섭 시도를 좌초시키기도 했다. 러시아가 군사교관과 재정고문을 철수시키고 한러은행 설립 계획도 백지화한 것이다. 급진파는 대중시위로 발전하던 만민공동회의 힘을 업고 중추원을 재구성하여 중추원이 의정부 대신을 추천하는 방식으로 권력을 장악하거나 분점한다는 구상을 드러냈다.

독립협회의 영향력이 커지고, 그에 따라 이를 활용하려는 정치세력이 대두하자 고종은 서재필을 추방했다(1898. 5). 이에 급진파는 7월 고종에게 상소를 올려「홍범 14조」준수를 요구하는가 하면, 박영효 등과 황제 퇴위를 모의하기도 했다. 그러자 고종은 보수파 관료를 등용하여 독립협회를 해산시키려 했다가,

윤치호의 중재와 학생·상인 등 민중 시위에 힘입은 독립협회 지지 여론 때문에 독립협회에 우호적인 박정양 내각을 세웠다.

이후 독립협회는 의회개설 운동에 매진했고, 중추원 의관 중 절반을 독립협회 회원으로 선발하자고 제안했다. '민의'를 독립협회가 독점하겠다는 것이었다. 내각은 우호적으로 반응했지만, 고종이 강하게 반대하면서 「중추원관제」를 개정하라고 지시했다. 황제와 독립협회 사이에 고조되던 갈등은 10월 29일 열린 관민공동회(官民共同會)에서 정점에 이르렀다. 독립협회가 정부 관료들에게 입헌군주제로의 개혁 방향을 명시한 「헌의 6조」를 수용하라고 요구한 것이다. 「헌의 6조」는 관민이 합심하여 황제권을 공고히 한다고 규정(1조)했으나 외국과의 이권 계약 시 해당 부처 대신과 중추원 의장의 날인(2조), 재정의 탁지부 전담과 국민에게 예결산 공포(3조), 칙임관은 정부대신 과반수가 동의하는 경우 임명(5조)할 것을 명시하는 등 군주권을 제한하는 내용을 담고 있었다.

이 시기는 민심의 개혁 지지와 보수파의 반대, 고종의 권력 강화 의지가 교차하는 때였다. 고종은 보부상 단체를 동원해 만민공동회를 습격하여 해산시키면서도 자문기구 성격의 중추원에 독립협회 지분을 일부 보장하겠다면서 독립협회 달래기에도 나서는 등 양면 전술을 취했다. 그러나 이 와중에 급진파가 박영효의 사면 및 소환을 요구하며 정변을 추진했다. 자국의 대한 정책 추진을 위해 대한제국의 급변보다 '안정'이 필요했던 주한 외국 공사들이 이 소식을 접하고 독립협회를 진압하는 데 동의하는 분위기가 만들어지자 고종은 이를 기회로 결국 독립협회를 해산시켰다(1898. 12).

황제와 보수파 관료의 힘에 밀려 실패로 끝났지만, 독립협회는 개화와 계몽의 필요성을 강조하고 입헌군주제와 유사한 근대국가를 수립하고자 했다. 이는 근대국가 수립 운동을 한 단계 나아가게 했다고 평가할 수 있다.

그러나 독립협회 역시 국제환경이나 민중 인식에서 커다란 취약성을 드러냈다. 『독립신문』 논조에서 드러나듯이 이들은 사회진화론에 매몰되어 서구의 식민주의와 인종주의까지 무비판적으로 수용했다. 그 결과 제국주의를 선한 존재로 바라보는 등 한반도를 둘러싼 국제환경이나 구미 제국과 일본의 실체를 정확하게 인식하지 못했다. 실제로 미·영·일의 이해관계를 우호적으로 인식했기 때문에 러시아에 국한된 반대 외에 뚜렷한 반외세 활동을 추진한 적도 없었다. 결정적 한계는 민중을 계몽 대상으로 설정하는 데 머물러 그들을 근대국가라는 공동체 성원으로 끌어들여 개혁의 힘과 자신들의 정치력을 키우는 리더십을 발휘하지 못했다는 점이다. 경제 정책 측면에서도 갑오정권과 비슷하게 자유주의 논리를 따르면서 근대화 과정에서 국가가 차지하는 결정적 역할을 간과했다.

3) 대한제국: 황실의 재정 장악과 식산흥업을 추진할 주권의 취약성

고종이 독립협회를 해산시킬 무렵 황제권에 도전할 만한 정치세력은 거의 없는 상태였다. 그런데 황권 강화에 집중할 수 있는 이러한 국내 정치환경은 외세에 대한 국가 차원의 대응력을 키우는 데 오히려 장애요인이 되었다. 고종은 '구본신참(舊本新參, 구래의 것을 기초로 새로운 것을 참고한다)'의 국가운영 방침을 세우고 '구본'의 조치로서 단발령을 폐지하고 음력을 되살렸다. 전제 황권을 과시하기 위하여 전통적 유교 숭상을 강조하고 표훈원(表勳院, 훈포장 등에 관한 일을 하던 관청)과 장충단(獎忠壇, 을미사변과 동학농민전쟁 때 희생된 군인들의 충혼을 기리기 위해 설립된 제단)을 만들어 충군애국을 고취했다.

일본의 한반도 침략이 노골화한 상황에서 고종이 추구했던 대응 방향은 황제의 권한을 법으로 명시한 「대한국국제」(1899. 8. 14)에 잘 드러난다. 「대한국국제」는 최초의 헌법으로 불리기도 하지만 국민의 기본권을 규정하는 근대국가의 헌법과 거리가 멀었다. 대한제국을 자주독립 '제국'이라(1조) 천명하고 정체(政體)를 만세불변의 전제정치(2조)라 규정했다. 그리고 군대 통수권, 법률 제정, 관료 임면, 선전포고 등 입법·행정·사법의 모든 권한이 무한한 군권을 누리는 대황제에게 귀속(3조)된다고 규정했다.

황제가 막강한 권력을 행사함에 따라 주요 정치세력도 바뀌었다. 갑오개혁으로 과거제와 신분제가 폐지된 상황에서 중인 출신 관료들과 서얼이나 무관 출신들이 새로운 정치세력으로 부상하여 고종의 강력한 친위 세력으로 부상한 것이다. 대표적 인물이 고종의 최측근으로서 식산흥업 정책을 이끌다가 을사조약 후 블라디보스토크에서 사망(1907)한 근왕주의자 이용익(李容翊)을 들 수 있다.

통치기구 측면에서는 재정과 군사력을 황제가 장악하고 궁내부가 중추 권력 기관이 되었다. 원래 궁내부는 왕실과 정부 사무를 분리하고 군주권을 왕실 사무로 제한하기 위해 갑오정권이 설치한 기구였다. 그러나 이와 반대로 대한제국은 이를 군주권을 강화하는 핵심 관서로 활용했다. 기구의 위상이 크게 높아지면서 소속 관리가 수백 명으로 증원되었고 재정과 치안 등의 행정 사무까지 관장했다. 탁지부의 화폐 주조권, 홍삼 전매권, 역둔토 소작료 징수권 및 상업세·어세·염세·선세 등의 재원 등이 궁내부 내장원으로 이관되어 황실 재산으로 귀속되었다. 농상공부의 주요 사무인 전보, 우체, 철도, 광산의 개발·관리 등의 업무도 내장원 산하 신설기구로 이관되었다. 외부의 외교 업무 역시 내장원이 가져갔다. 황실 권한이 비대해진 반면, 정부 역할은 크게 축소된 것이다.

황실기구인 궁내부와 정부기구인 탁지부가 이원화된 상황에서 탁지부가 결세를 담보로 내장원으로부터 자금을 차입하는 상황까지 일어났다. 양 기관이 재원 확보 쟁탈전을 벌일 정도였고, 내장원이 직접 봉세관(捧稅官)을 파견하여 결세를 징수하는 과정에서 지방관과 대립하거나 민중 수탈이 가중되었다.

고종은 친정 이후, 그리고 대한제국 기간에도 재정이 고갈되면 전환국을 장악하고 백동화를 남발하여 위기를 모면하는 방식을 택했다. 그 와중에 막대한 주조 이익까지 챙기는 등 황실 재정 강화에만 몰두했다. 이에 따라 결세를 체계적으로 걷기 위해 토지대장을 새로 작성하는 양전(量田) 사업, 즉 광무양전(1898~1904)을 추진했다. 대한제국의 「양지아문직원급처무(量地衙門職員及處務)규정」(1898. 7) 발포에 따라 설치된 양지아문이 통일된 기준에 따라 토지 측량에 나섰다. 잠시 중단(1902)된 양전 사업을 계승하여 「지계아문(地契衙門)직원급처무규정」(1901. 11) 반포로 설치된 지계아문이 94개 군에서 양전을 시행했고, 강원도와 충청남도 일부 지역에서 토지소유권에 대한 국가의 공인문서인 지계를 발급했다. 그러나 광무양전은 전국 군의 3분의 2 정도 되는 218개 군의 조사를 마친 상태에서 러일전쟁 발발 후 메가타 다네타로(目下田種太郞)가 재정고문으로 부임하면서 중단되었다.

대한제국이 광무양전을 추진한 목적은 지세 증수를 통한 재정 확보책 외에 두 가지 이유가 더 있었다. 미곡 무역이 활발해지면서 토지상품화가 촉진되어 거래가 빈번해지다 보니 사문서인 깃기(衿記)를 위조하는 사례가 빈발했다. 따라서 토지거래의 불안 요인을 없애기 위해 전통적 제도와 관습을 토대로 근대적 토지소유권을 공인하는 제도로 개편한 것이다.

여기에 더해 반외세적 성격도 주목된다. 양전 과정에서 토지소유권 확인이 토지문서 소지 여부에 따라 결정되면서, 불법적으로 토지를 획득한 외국인이나 권력자 등이 문제가 되었다. 한성부가 외국인 토지소유를 금지하는 법령을 제정(1893)한 것에 이어 대한제국은 일본인들의 불법적인 토지소유와 확대에 대응하기 위해 개항장 거류지 10리 밖에서 외국인의 토지소유를 금지했다. 토지소유권에 대한 국가의 법인화를 꾀한 광무양전은 이전 시기의 양안과 질적으로 달랐다. 그러나 일제가 광무양전 성과를 대한제국이 향유하도록 놔둘 리 없었다.

대한제국은 재정확대를 통해 마련한 재원으로 경찰력과 군사력 강화에 집중했다. 열강의 위협으로부터 벗어나기 위한 목적도 있었지만, 그보다는 쿠데타를 제압하기 위한 의도가 컸다. 가령 박영효의 지시를 받은 이조현(李祖鉉)과 이겸제(李謙濟) 등이 대한제국 정부를 전복하려다 체포된 사건이 있었다. 고종은 내부 산하 경무청을 경부(警部)로 승격 독립(1900. 6)시키면서 측근 김영준(金榮俊)을 경부대신에 임명했다. 그러나 이듬해 김영준 모반 사건이 일어나자, 경부를 다시 경무청으로 되돌렸고 궁내부 산하에 경위원(警衛院)을 설치했다. 경찰조직도 내부의 경무청과 궁내부의 경위원으로 이원화되었다. 갑오정권이 폐지한 참형을 부활시켜 정치범과 황실범에게 적용한 것도 이 시기였다.

군사력 강화는 꾸준히 진행되었다. 육군무관학교를 신설(1898)하여 장교를 양성했고, 일본 육군사관학교에 유학도 보냈다. 프랑스와 러시아 등 열강에게 무기를 구입하고, 일본 미쓰이 상사가 사용하던 석탄선을 구입해 군함(양무호)으로 개조(1903)하여 해군 창설을 시도했으나 러일전쟁 발발로 비싸게 사들인 비용만 소모한 채 무산되었다. 군사력 강화책의 큰 특징은 황제가 대원수가 되어 육해군을 통수했다는(1898) 점이다. 국방을 관장하는 원수부(1899)를 설치하여 중앙군과 지방군을 지휘하도록 했다. 정부부처로서 군부의 기능은 사실상 없어져 군부대신은 군사행정만 담당할 뿐이었다. 이처럼 대한제국은 황제권을 강화하면서 황실과 정부 사무를 분리시켜 정부 관료의 권한을 황실이 장악하는 방식으로 국정을 운영했다.

군대 편성도 바뀌었다. 중앙군을 친위대, 시위대, 호위대로 개편하고 지방군으로 주요 도시에 진위대를 두었다. 중앙군은 황제 호위를, 진위대는 각 지역의 치안을 담당했다. 1902년 현재 전체 병력 중 중앙군 비중이 매우 높았고, 이러한 군사력 강화 정책으로 정부 재정 지출에서 국방비가 40%에 달했다. 이는 외침에 대응할 수 있는 수준의 병력을 양성하지도 못한 채, 대한제국 재정이 만성적 적자에 시달리는 큰 원인이 되었다.

　대한제국은 부국강병책의 일환으로 궁내부 내장원을 통해 식산흥업 근대화 사업을 주도했다. 세수를 확대해서 재정을 장악한 황실이 주도하는 상공업 발달을 계획한 것이다. 광산, 토지, 회사에 외국인 합자를 금지(1898)시켜 관영업을 주도했다. 무엇보다 특권상업 보호육성 정책에 따라 상인들에게 독점특권을 주고 세수입을 거두는 전통적 방식을 강화함으로써 특권상인과 이해관계를 공유했다.

　갑오정권이 일본의 간섭과 재원 부족으로 자유주의적 경제 정책의 목적을 이루지 못했다면, 대한제국은 자주적 기반 위에서 산업의 보호육성에 적극 나섰다. 철도원과 광학원(鑛學院)을 설립하여 철도 부설과 광산 개발을 추진하고, 금본위 화폐 제도와 중앙은행의 설립을 다시 시도했다. 또한 우편·전신 사업을 확대하고 전화 사업도 개시했다. 정부의 지원 및 민간의 근대적 역량의 성장에 힘입어 상업·해운업·은행업·공업 등에서 민간의 근대적 경영이 진행되었다.

　어느 나라에서든 자본축적 초기 단계에서는 영세상인에게 자유로운 시장을 보장하기보다 특권상인이 시장을 독점하게 하는 정책을 흔히 볼 수 있다. 조선에서도 1895년부터 상인 단체와 국가권력의 연합체인 상무회의소가 설립되고 민간상인의 단체 조직이 금지되었다. 정부 관료가 상무사 임원을 겸임하여 국가가 상인 단체를 적극 통제하고 활용했다. 이는 상인들도 원하는 바였다. 일본인 은행이 인천과 서울에 설치되면서 일본 상인의 자금 동원력이 커진 것에 대응하여 조선 상인들도 황실과 관료의 힘을 활용하려 했다. 기존과 같은 동업 조직이나 업종 전문화 방식으로는 경쟁을 이겨내기 어려웠기 때문이다.

　대한제국이 추진한 일련의 상공업 발전 정책은 황실과 정부가 주도하는 정상(政商)·관상(官商) 유착 방식으로서 전기와 철도, 금융업, 교통과 운수업 등을 중심으로 추진되었다. 황실이 공장 및 교통운수회사를 직접 설립하거나 관료와 민간상인이 정부 지원을 받아 설립했고, 상공학교와 우무(郵務)학교 등 관립 기술교육 기관도 증설되었다. 또한 한성전기회사와 철도 부설 등이 황실 주도로 시행되었다. 우체기선회사, 대한협동기선회사, 대한협동우선회사 등과 경부철도 공사의 하청을 맡았던 대한국내철도회사, 대한경부철도역부회사 등도 있었다.

철도의 경우 정부부처로 철도사(鐵道司)를 설치하여(1898. 7) 독자적으로 간선 구간의 부설을 추진했다. 정부는 프랑스로부터 경의철도 부설권을 반환받은 (1899) 이래, 철도 부설권의 추가 양도를 중단했다. 또한 전국의 주요 광산을 모두 내장원 소유로 하고 외국인에게 광산채굴권을 일절 허가하지 않는 방침을 정했다(1898. 6). 동시에 각종 회사의 장정, 규칙에도 "외국인에게 권한을 양도하거나 외국인과 합작할 경우 허가는 취소하며, 사원은 엄형에 처한다"는 규정을 포함하도록 함으로써 민간 부문에서 외국인에게 이권을 양도할 여지를 봉쇄했다.

반면에 제조업 분야의 회사 설립은 부진했다. 기술력도 떨어졌지만, 보다 근본적으로는 개항 후 외국 상품에 대한 관세 부과나 금융 기관의 자금 지원을 통해 국내 산업을 충분히 보호육성하지 못한 이유가 컸다. 성장을 모색하다 일본 면포에 시장을 빼앗긴 면직물업의 경우가 대표적이다.

대한제국 식산흥업 정책의 기본 방향은 외국에 침탈된 이권의 회수와 추가적인 이권 침탈의 방지를 통한 국내 생산기반의 보호, 그리고 근대적 산업기술인력 양성을 위한 기술교육의 확대에 중점이 두어졌다. 상업 보호를 위해 외세를 배제하면서 지주 및 특권상인층의 기득권을 옹호하는 정책을 추진했다. 이는 물론 새로운 방식은 아니었고 황실 주도로 특권상인에게 수세를 대행시키고 그 대가로 물종별, 지역별 영업 독점권을 부여했던 전통적인 방식을 강화한 것이었다. 특권적 상업질서가 복구되면서 자유로운 민간자본의 축적 여지는 축소되었다. 반면에 민중 수탈을 기반으로 황실과 특권 관료층이 대자본가로 등장할 가능성은 남아 있었다.

그러나 대한제국의 식산흥업 정책과 노력에도 불구하고 단기간에 상공업 발전을 이루기에는 자본과 기술력이 절대적으로 부족했다. 이를 뒷받침할 금융 기관 설립이나 금융 정책도 미진했다. 불평등조약의 틈을 타고 이미 자리 잡은 자본력과 경영력이 우월한 외국 기업과 경쟁해야 했기 때문에 뒤늦게 성장 기반을 확보하기 어려웠다. 불평등조약의 후과였다. 결국 정부의 철도 부설과 중앙은행 설립 계획도 계획의 불철저와 자금 부족, 그리고 일본의 방해로 실패했다. 즉 대한제국 시기 산업 육성책의 목표나 방향은 이전보다 뚜렷했지만, 한층 격화되는 일본의 경제적 침투로부터 실효성 있게 산업을 보호육성할 수 있는 대응책을 마련할 정도로 나아가지는 못한 것이다. 산업 육성을 지원할 재원과 행정 역량도 여전히 미흡했다.

게다가 의화단 운동 진압을 둘러싸고 제국주의 열강 간에 변화하기 시작한 동아시아 정세가 국정운영을 불안하게 하고 식산흥업 정책을 무력화시키는 요인으로 작용하여 일본의 경제 침탈에 효과적으로 대처하기 어려웠다. 결국 러일전쟁 발발로 대한제국의 각종 개혁 조치들은 대부분 중단되었다.

개항 이후 가장 큰 문제는 근대적 과제를 수행하고 외세의 침략이나 간섭에 대응할 정치체제 개혁과 리더십 있는 정치세력이 취약하거나 없었다는 점이었다. 자본주의 발전 단계에서 특권을 통한 자본축적을 부정적으로 판단할 필요는 없다. 서구 자본주의 역사에서도 권력과 유착하여 재정자금을 활용하거나 대자본으로 성장하는 경우는 흔한 일이었다. 압도적인 자금력과 금융 지원, 정치·군사적 지원을 등에 업은 외국 자본가를 상대로 자유시장 경제 정책을 추진하는 것은 무모한 짓이 될 수 있다. 국가주권을 튼튼히 한 뒤에 추진해야 할 것을 설익은 자유주의 이념에 기댄 채 무조건적 개방으로 가는 것은 오히려 당시 시대 요구에 역행할 우려가 컸고 실제로 그렇게 귀결되었다. 대한제국에 대한 평가 역시 특권 부여에 집중하기보다, 대책의 실효성 여부에 방점을 두고 진행될 필요가 있다.

4) 중앙은행 및 화폐·금융 제도 구축의 좌절과 상인들의 은행 설립

근대국가와 자본주의 경제 형성의 필수 조건으로 자국 기업을 위한 금융 정책과 화폐주권을 빼놓을 수 없다. 조선 정부 역시 근대적 화폐 제도를 수립하기 위해 본위화폐 제도 도입과 중앙은행 창설, 근대적 화폐 제도 수립을 수차례 시도했다. 그러나 외침의 빠른 속도에 반해 외부 환경 변화를 학습하고 효율적인 대응책을 마련하는 속도는 늦었다.

「대조선국화폐조례」(1891)로 정부가 최초로 은본위제에 기반한 화폐 주조를 시도한 이후, 갑오정권이 발표한 「신식화폐발행장정」(1894. 7)은 은본위제(본위화는 5냥 은화)를 채택하되 신화폐와 구엽전을 병용하도록 했다. 그러나 이 장정에 의해 발행될 신화폐가 충분히 공급될 때까지 조선 화폐와 동질(同質)·동량(同量)·동가(同價)인 외국 화폐를 혼용하게 한다는 경과 조치를 두었다. 외국 화폐의 무제한 통용을 인정함으로써 화폐주권이 잠식된 것이다. 결국 일본 화폐(1엔 은화, 한국의 본위화로 지정된 5냥 은화와 동위·동량)가 한국의 본위화가 되고 오히려 한국 화폐는 보조화로 전락하는 결과를 가져왔다.

일본이 금본위제를 채택하는(1897) 등 당시 세계 화폐 정책 조류가 은본위제에서 금본위제로 이행하자, 대한제국도 금본위제(보조화폐는 은화) 시행을 결정했다(1898). 이에 따라 고종과 정부는 이미 설립된 일반은행에 중앙은행 역할을 맡기는 대신, 별도의 중앙은행 설립을 추진했다. 본위화 제도 실시를 위한 정화 준비와 은행권 주조 및 발행을 담당할 중앙은행으로서 궁내부 특진관 민병한(閔丙漢)을 은행장으로 한 특립제일은행(特立第一銀行)을 반관반민 형식으로 설립했고(1900) 「화폐조례」(1901. 2)를 공포하여 화폐발행권의 정부 귀속을 명시했다. 그리고 「신식화폐발행장정」 이후 유통되던 1엔 은화 유통을 금지시켜 화폐 주권 회복을 시도한 점이 주목된다. 황실이 전체 주식의 4분의 1을 출자한 황실 직속의 중앙은행으로 계획된 특립제일은행의 자본금 250만 원은 사립 일반은행인 한성은행(20만 원)이나 대한천일은행(5만 6천 원)과 비교가 되지 않을 정도로 큰 규모였다.

그러나 대한제국 정부와 프랑스 운남신디케이트의 차관 교섭이 실패하여 「화폐조례」와 특립제일은행은 제대로 운영되지 못했다. 이런 상황에서 일본의 일개 사립은행인 일본제일은행이 개항장에서 은행권(1원권)을 발행(1902. 5)하여 주요 도시에 유통시켰고, 곧이어 5원권과 10원권까지 발행했다. 대한제국의 재정 책임자이자 고종의 최측근이었던 이용익이 보부상 조직인 상무사나 특권 상인들과 연계해 일본 화폐 배척 운동까지 벌일 정도로 일본 화폐는 널리 유통되었다. 대한제국은 일본제일은행권 통용을 전면 금지시켰다(1902. 9). 그러나 이후 통용 금지 취소(1903. 1. 8), 재금지(1. 30), 재취소(2. 13) 등이 반복되는 우여곡절은 화폐주권이 박탈되어간 과정을 반영한다.

이에 대응하여 대한제국은 일본이 일본제일은행을 통해 장악한 화폐 및 금융 주권을 회복하기 위한 마지막 시도로 「중앙은행조례」와 「태환금권조례」를 공포했다(1903. 3). 대한제국은 한국인만의 주식 소유(자본금 300만 원), 중앙은행의 태환은행권 독점 발행, 국고금 출납과 해관세 등의 수납기구인 중앙은행 설립과 은행권 발행을 다시 추진한 것이다. 한말에 3개 일반은행 발기인을 역임했던 탁지부 대신 심상훈(沈相薰)이 총재를, 내장원경 이용익이 부총재를 겸임했다. 건물 부지를 선정하고 주식모집에 착수하여 10월부터 11월까지 자본금 2,724주(13만 6,200원)를 모집했다. 대한제국중앙은행이 국고금 취급 업무를 강조하면서 해관세를 특정한 것은 일본제일은행이 장악한 해관세 활용권을 회수하려는 의지를 드러낸 것이었다.

그러나 일본은 자신들이 장악한 해관세 특권 회수를 천명한 대한제국의 중앙은행 설립을 좌시하지 않았다. 게다가 국내산 금이 일본으로 대량 이출된 상황에서 은행권 준비에 필요한 금 보유량도 절대적으로 부족했다. 결국 일본은 러일전쟁 발발 직후 「대한방침 및 대한시설강령」(1904. 5. 31)을 통해 대한제국의 군사, 외교, 재정, 교통, 통신, 척식 권리를 장악했다. 그리고 메가타 다네타로가 재정고문으로 파견되자마자 착수한 것이 화폐정리사업(1905. 1)이었다. 이로써 중앙은행을 수립하고 화폐 및 금융 주권을 회복하기 위한 대한제국의 마지막 시도는 완전히 좌절되었다.

화폐정리사업의 목적은 일본이 대한제국의 화폐주권을 완전히 장악하는 것이었다. 이를 위해 메가타는 먼저 일본의 사립 일반은행에 불과한 일본제일은행이 발행한 은행권을 법화로 설정했다. 1902년 이래 불법 유통되기 시작한 일본제일은행권은 러일전쟁 과정에서 군용수표 대용화폐로 이미 널리 확산된 상태였다. 그리고 종래 발행한 백동화를 환수하고 일정하게 실물가치를 지닌 엽전을 점진적으로 정리하는 작업을 시작했다. 이는 규모는 다르지만 일제가 중국 점령 지역에서 '엔계 통화'를 유통시켜 중국국민당 정부가 발행하기 시작한(1935) 법폐(法幣)를 몰아내는 데 주력한 상황과 비슷하다.

그런데 화폐정리사업에서 한국 상인들이 갖고 있던 구화폐인 백동화의 가치는 절반 정도밖에 인정되지 않았다. 악화를 발행한 책임을 고스란히 화폐 보유자에게 떠넘겨 자산 손실을 안긴 것이다. 위조 백동화가 많이 유통되는 상황에서 한국인들은 화폐정리사업에서 자신들이 소지한 백동화가 갑종(신화와 1/2로 교환)이 아닌 을종(1/5로 교환)이나 병종(교환 대상에서 배제) 판정을 받을까 두려워했다. 때문에 백동화를 방매하여 부동산을 구입하는 상황이 벌어져 유동성 부족 현상이 생긴 데다가 어음시장 혼란, 외획 폐지, 신화폐의 발행 지연 등의 상황과 겹쳐 전황(錢荒)이 발생했다. 이 때문에 자금 융통이 막히면서 유동성 위기에 빠진 조선 상인 다수가 파산을 맞게 되었다.

한편, 정부의 중앙은행 설립 추진과 궤를 달리하여 상인들이 관료들과 합작하는 정상(政商)유착 형태로 근대적 은행을 설립하는 움직임도 있었다. 조선은행(1896)을 시작으로 한성은행(1897), 대한천일은행(1899), 한일은행(1906)이 잇달아 설립되었다. 이러한 은행들은 중앙은행이 부재하고 운영자금이 부족한 상황에서 국고재정을 영업자금으로 활용하고 이를 기반으로 은행권 발행권한 등 중앙은행 역할을 대행하고자 한 것이다.

처음 설립된 일반은행인 조선은행은 1896년 6월에 창립, 1897년 2월부터 영업을 시작했다. 주 업무는 갑오정권이 시행한 조세금납제를 배경으로 국고금 예치나 출납을 활용한 대부업이었다. 안경수(은행장), 김종한 등이 탁지부대신 심상훈의 힘을 얻어 주식회사(자본금 10만 원)로 설립했지만, 주주 모집에 어려움을 겪다가 해산되었다(1901). 한성의 대상인과 고위관료가 합작하여 설립된 한성은행(자본금 20만 원)도 조선은행과 같은 시기에 영업을 시작해 국고를 예치 받고 금납제를 배경으로 각 관찰부에 지점을 두는 등 정부 지원을 받았다. 두 은행은 고권(股券, 주식)의 외국인 양도를 금지하는 등, 국민경제를 주도할 정상유착 은행으로서 전망을 타진하는 마지막 시험대에 올랐다.

그러나 이 시험대에서 살아남은 은행은 없었다. 한성은행은 은행 영업이 악화되자 공립(公立)한성은행으로 개칭하면서 재출범했지만(1903. 2), 경영권자 한상룡(韓相龍)마저 (일본) "국책은행의 하나"라고 자조할 정도로 일본제일은행 자금에 경영이 종속되었다. 이마저도 화폐공황으로 큰 타격을 받자 재정고문 메가타를 통해 납입자본의 2.7배나 되는 10만 원의 자금을 지원받고(貸下), 일본제일은행의 800주 인수로 경영난을 넘겼다. 이후 한성은행은 대출은 물론 잡비

지출까지 통감부의 감독을 받는 사실상 일본인 은행으로 성격이 바뀌었다.

대한천일은행(자본금 5만 6천 원)은 민병석(閔丙奭, 농상공부 대신)이 은행장, 이근호(李根澔)가 부은행장을 맡았는데 탁지부 대신에게 제출한 청원서에 서명한 6명 중 5명이 한성의 대상인들이었다. 대한천일은행 역시 창립 직후 탁지부로부터 국고금 대하(5만 원)를 받는 등 적극적 지원을 받으면서 황제의 내탕금 출자(3만 원)를 과시한 정상유착 은행이었다. 일반은행 업무는 물론 공전(公錢) 수송, 태환권 발행, 부동산 전당급채 등의 영업으로 중앙은행 기능도 일부 맡았다. 1902년에는 영친왕이 은행장, 이용익이 부은행장에 취임하는 등 황실은행 성격이 커졌으나 화폐정리에 따른 화폐공황으로 속출하는 어음부도와 막대한 부실채권을 떠안고 휴업에 들어갔다.

대한천일은행은 1906년 6월 납입자본의 4.7배나 되는 탁지부 대하금(24만 원)을 정리자금으로 지원받아 재개업했다. 그러나 정부가 추천한 지배인 고용 및 중요 업무의 정부 승인 등의 지원 조건에 따라 일본인 지배인 이즈미 간타(飯泉幹太)의 경영통제를 받았다. 이때 대주주 영친왕이 행장에서 물러나고 상인 김기영(金基永)이 은행장 대리를 맡았다. 1909년에는 증자 과정에서(공칭 50만 원, 납입 12만 5천 원) 탁지부가 대하금의 일부를 출자전환하여(총주식의 23.9%) 통감이 대주주가 되었다. 이로써 대한천일은행은 일본인 은행으로 탈바꿈했고, 마침내 강제병합 직후 조선총독이 최대주주인 조선상업은행으로 개칭했다(1911. 2). 폭력적 화폐정리가 낳은 화폐공황은 일제가 조선인 은행을 지배하고 장악하는 일대 기회로 활용되었다. 민족경제 형성은 불가능해졌다.

한일은행은 화폐공황을 계기로 한성은행과 대한천일은행이 일본인의 감독과 통제를 받게 되자 일본군에게 군량미를 제공했던 저포 상인 조병택(趙秉澤)을 두취로 한성 상인들이 설립했다(자본금 15만 원). 대한제국 식산흥업 정책에 참여하며 부를 축적했던 기업인들이 정부 지원 없이 은행을 운영하기로 한 것이다. 1908년 증자(공칭 50만 원, 납입 12만 5천 원) 때 백인기(白寅基)가 전무취체역으로 합세한 후 일시적으로 은행 실적이 향상되었으나 백인기가 자신의 사업에 한일은행을 활용하여 무리하게 운영한 결과 1910년대에 경영 위기를 맞았다.

4. 근대국가 수립 실패와 공화제를 향한 새 여정

1) 영·미의 지원을 업은 일본의 한국 강점

청에서 일어난 의화단 운동의 진압과 처리 과정은 동아시아에서 삼국간섭 이후 일시 유지되던 러·일 간의 힘의 균형을 깨뜨리면서 제국주의 국가들이 다시 이합집산하는 계기가 되었다. 러시아는 의화단 운동이 진압된 후에 다른 열강의 반대에도 불구하고 만주에 그대로 군대를 주둔시켰다. 일본은, 거문도 점령에서 드러났듯이 러시아의 남하를 적극 경계하던 영국과 이해관계를 맞추면서 영일동맹을 체결했다(1902. 1). 이후 러시아는 만주에서 철군하기로 약속했다가 다시 입장을 바꿔 용암포를 불법 점령하고(1903. 4) 조차까지 요구하면서 한반도 침략 의지를 드러냈다. 만주에서의 이권을 중시했던 미국 역시 일본에 우호적인 태도를 보였다. 러시아와 힘겨루기 끝에 영·미의 지원을 얻은 일본은 인천항에 정박 중인 러시아 군함을 공격하며(1904. 2. 8) 러일전쟁을 일으켰다.

러일전쟁의 와중에 일본군은 군사상 한반도에서 필요로 하는 장소를 임시 수용할 수 있다는 내용의 「한일의정서」(1904. 2. 23) 체결을 강요했다. 전쟁 발발 전, 고종이 국외 중립을 선언했지만(1904. 1) 국제적 외교관계가 뒷받침되지 않고 자체 무력이 없는 상황에서 의미 없는 일이었다. 일본은 뤼순항 함락(1905. 1)을 계기로 승기를 잡았고, 결국 9월 미국 대통령 시어도어 루스벨트의 중재로 포츠머스 강화조약을 체결하면서 러일전쟁은 마무리되었다.

고종의 헤이그 밀사들
왼쪽 사진은 왼쪽부터 이준, 이상설, 이위종. 오른쪽 사진은 호머 헐버트이다.

일본은 「한일의정서」 체결에 이어 대한제국에게 재정고문과 외교고문을 고용하도록 강요하면서 국정운영에 '제도적'으로 개입하기 시작했고, 을사조약(1905. 11. 17) 체결 직후 통감부를 설치해 이토 히로부미(伊藤博文)를 초대 통감으로 임명했다. 통감은 한국에서 일본 정부를 대표하여 외교권을 행사했고 시정개선 명목으로 정부와 외국인 고문관 등에 대한 감독권도 가졌다. 일본이 한국 외교를 완전히 장악하고 내정까지 간섭하는 제도적 통로가 고착된 것이다.

일본의 국정개입과 통제는 고종이 1899년에 이어 두 번째로 열린 헤이그 만국평화회의(1907. 7)에 특사를 파견한 이후 더욱 심해졌다. 일본 정부는 고종이 이상설(李相卨), 이준(李儁), 이위종(李瑋鍾), 헐버트(Homer B. Hulbert) 등을 특사로 파견하려고 한다는 사실을 사전에 파악했으나 막지 않았다. 헤이그에서 회의 참가를 허가받지 못함으로써 한국이 보호국이 된 현실과 보호권을 가진 일본의 지위를 국제적으로 선전하자는 의도였다. 그리고 한일신협약(정미조약, 1907. 7. 24)을 통해 고종을 퇴위시키고 군대를 해산시킨 뒤, 내정간섭 차원을 넘어 내정을 직접 관장하기 시작했다. 통감이 주도한 정부의 모든 사무는 정부대신, 일본인 차관, 통감부 관리가 참석하는 시정개선협의회를 통해 결정되었다.

일본군 헌병대를 중심으로 경찰 업무도 재편되었고, 사법기관도 1909년 이후 일본이 장악했다. 일본 정부는 '적당한 시기'만 남겨둔 병합에 관한 방침을 확정했다(1909. 7. 6). 의병들에 대한 학살이 최고조에 오른 그해 10월, 포츠머스 강화조약대로 일본의 한반도에 대한 권리행사 문제에 관해 러시아의 동의를 구하러 하얼빈 역에 도착한 이토 히로부미가 안중근(安重根)에게 사살되었다. 일본은 이후에도 한반도 강점-식민지화 문제를 두고 러시아와 협약을 맺는(1910. 4) 등 열강의 동의를 얻는 수순을 계속 밟아갔다. 결국 '한국 병합에 관한 조약'(1910. 8. 22)이 체결되고, 일주일 뒤 공포(8. 29)되면서 강제병합은 완성되었다.

2) 국권회복운동의 두 갈래, 의병투쟁과 애국계몽운동

국권회복운동은 일본이 러일전쟁 이후 보호국화, 강점 등의 순서로 한반도 침략 정책을 밀어붙이던 시기에 백척간두의 위기에 빠진 국권 수호를 위해 전개되었다. 크게 보면 의병투쟁과 애국계몽운동 등 두 가지 방식으로 나타났는데, 서로를 적대시하는 가운데 근대 국민국가를 이루기 위해 필요한 체계적 조직이나 이념으로 수렴되지 못했다. 의병부대 내에서도 신분제와 성리학적 질서를 고집하는 유생들과 일반 상민들이 대립하는 경우가 비일비재했다.

물론 갑신정변, 동학농민군, 갑오정권, 독립협회 등을 거치면서 제한적 수준에서나마 제기되었던 국민국가 수립 운동의 성과는 분명히 있었다. 그러나 이를 발전적으로 계승하여 새로운 대안과 이념을 제시하고 개혁에 나서는 일이 쉽지 않았다. 당시 상황에서 대한제국 정부를 개혁하자는 실천적 행동이 일본에게 활용될 가능성도 컸기 때문이다.

국권회복운동 시기 반일투쟁의 주력은 각지에서 부대 형태로 조직된 의병들이었다. 의병투쟁은 을미사변(1895) 직후 시작되었고, 을사조약(1905) 이후 본격 추진되었으며, 군대 해산(1907) 후 세력이 커졌지만 일본의 '남한 대토벌 작전'(1909. 9~10)에 의해 주력 부대가 진압되었다. 국내에서 의병투쟁이 한창 전개될 때 한국의 첫 세대 미국 유학생이자 이민자였던 전명운(田明雲)과 장인환(張仁煥)이 샌프란시스코에서 대한제국의 외교고문 스티븐스(D. W. Stevens)를 사살하는(1908. 3) 의열투쟁도 전개되었다. 스티븐스는 일본의 보호정치를 찬양하면서 한국인도 보호정치를 환영한다고 선전하던 인물이었다.

을사조약 이후 충남의 홍주 의병은 일본군과 가장 큰 전투를 치렀다. 안병찬(安炳瓚)이 을사조약 소식을 듣고 민종식(閔宗植)을 총수로 추대하여 예산에서 봉기한(1906. 3) 후 홍주성을 점령했으나(1906. 5) 일본군의 공격으로 결국 지도부는 쓰시마로 유배되었다. 이 무렵 평민 출신 의병장 신돌석(申乭石)의 의병부대가 경북과 강원도의 접경 산악지대를 중심으로 유격전술로 일본군과 교전을 이어갔다. 군대 해산 후에는 대한제국 군인들이 일본군과 시가전을 벌이거나 원주 진위대처럼 조직적으로 의병에 합류하는 사례도 있었다. 경북의 이강년(李康秊) 부대, 호남의 기삼연(奇參衍), 전해산(全海山) 부대, 함경도의 홍범도(洪範圖) 부대 등이 유명했다.

의병투쟁이 거세지면서 의병부대 간 연합작전도 모색되었다. 총대장 이인영(李麟榮), 참모장 허위(許蔿) 등이 '13도창의군(十三道倡義軍)'을 설립하여 서울진공작전(1907. 11)을 전개했다. 이인영은 전국 의병장들에게 격문을 발송하여 서울 탈환에 동참할 것을 호소했고, 각국 영사관에게도 의병부대를 국제법상 교전단체로 인정해야 한다고 주장했다. 1만여 의병이 경기도 양주에 집결했고(1908. 1), 허위가 이끄는 선발대는 동대문 밖 30리 지점까지 진격했다. 그러나 일본군의 공격으로 패배한 후 13도창의군에 참여한 의병부대는 각자의 근거지로 돌아가 투쟁을 이어갔다.

대한제국의 경찰권과 사법권을 장악한 일본은 의병투쟁이 가장 왕성했던 호남 지역에서 '남한 대토벌 작전'을 전개하면서 1천여 명을 학살했다. 의병투쟁은 1910년대 중반까지 채응언(蔡應彦) 부대를 비롯해 여러 잔존 부대에 의해 지속되었다. 이후 만주나 연해주 등지로 근거지를 옮긴 의병들이 독립군의 근간을 이루면서 투쟁의 장소와 방식이 바뀌게 되었다.

일본의 침략을 규탄하고 국권을 지키기 위해 죽음을 불사하고 국가와 공동체를 수호하고자 했던 의병투쟁은 국권회복운동에서 큰 역할을 했다. 일부 애국계몽운동 세력의 친일화 흐름에 대해서도 준엄하게 비판했다. 다만 강렬하고 헌신적인 투쟁에도 불구하고 양반 출신 의병장들의 경우 여전히 성리학적 신분의식이 강했고 '척사위정' 논리에 따라 전제군주제를 지향하는 경우도 적지 않았다. 이 때문에 침략자인 일본군과 외래 사조(邪)에 대해서는 격렬하게 투쟁했지만, 지켜야 할 성리학 세계(正)인 현실의 정치체제에 대한 비판적 문제의식은 거의 드러나지 않았다.

근대교육을 받은 신지식층 중심으로 1905년 전후로 대두한 애국계몽운동은 독립협회의 민권운동을 계승하여 민권과 국권의 회복을 당면과제로 추진했다. 다만 당시 상황에서 민권보다 국권 수호 주장이 대부분이었다. 애국계몽운동의 주도층은 일본에 의해 국권이 위태로워진 근본 원인을 일차적으로 내부에서 찾았다. 그러다 보니 제국주의 침략 자체에 대한 대응보다 서구 사회에서 유행하던 문명개화론, 사회진화론 등에 의거하여 교육진흥, 산업발달을 통해 실력을 양성하는 것이 중요하다고 생각했다.

애국계몽운동은 실력양성론에 기초한 민중계몽운동이었는데 복합성을 드러냈다. 당시 상당수 지식인들은 자신들이 사회지도층으로서 민중을 규합하여 반일운동을 이끌어 나가야 한다고 생각했다. 반면 일부 세력은 내부 성찰의 방향이 왜곡되면서 패배주의에 기울어 나태하고 나약한 국민성을 문제 삼으며 외부의 '힘'과 '문명화'에 기댄 채 일본이 주체가 된 문명화 사업에 동조하거나 친일 선동에 나서기도 했다.

애국계몽운동은 주도층의 관심에 따라 정치사회단체 활동, 식산흥업 활동, 교육구국 운동, 언론계몽 운동 등으로 구분할 수 있다. 초기 애국계몽운동의 대표적인 단체였던 보안회(保安會)는 일본이 러일전쟁 중에 황무지 개간권을 요구하자 이를 막기 위해 송수만(宋秀萬), 이기(李沂) 등이 조직하여 활동한 단체였다. 윤효정(尹孝定) 등이 조직한 헌정연구회도 국가체제에 대한 연구와 함께 국민국가 건설의 필요성을 강조하며 국권 수호를 강조했다.

주목되는 점 하나가 있다. 1905년 이후 활동한 대부분의 정치사회단체가 입헌군주제를 지향해야 할 정치체제로 상정했다는 사실이다. 갑오개혁 때부터 확대되어온 국민의 법적 권리와 군주권 제한 등의 주장이 10여 년 사이에 폭넓게 수용되어간 것이다. 그러나 큰 맹점도 수반되었다. 일본의 내정간섭이 일상화되어 국권 자체가 위태로운 상황에서 입헌군주제를 지향한 정치개혁 운동으로서의 동력과 의미가 떨어지면서 일본의 지배를 수용하는 방향으로 나아간 경우가 많았다는 점이다.

이러한 복합성을 상징적으로 보여준 단체가 대한자강회였다(1906년 설립). 전년에 조직된 헌정연구회를 확대·개편하여 조직된 대한자강회는 그 명칭이 말해주듯이 자강, 즉 실력양성론을 강조하는 단체였다. 이 단체는 교육진흥, 산업발달을 꾀하면서 입헌군주제를 실현하기 위한 운동을 전개했는데, 고종의 강제퇴위(1907. 7. 19) 등 예민한 정치적 국면에서 통감부에 의해 해산되었다. 이를 이은 후계 단체인 대한협회는 대한자강회의 일본인 고문 오가키 다케오(大垣丈夫)가 이토 통감의 허락을 받아 설립되었다(1907. 11). 지회 수는 오히려 더 많아지고 규모도 더 커졌다. 입헌군주제 개혁을 지향했지만, 이미 통감부 즉 일본의 정치 개입이 내정간섭 수준을 넘어 내정을 직접 관장하는 현실을 수용하면서 반일운동 성격은 현저하게 떨어졌다.

　이러한 성격이 가장 뚜렷했던 단체가 일본과 하나가 되어 나아가자는 뜻의 일진회(一進會)였다. 일진회는 대한제국이 자발적으로 대일본제국의 일원이 되어 동양 평화를 유지하고 인민의 생명과 재산을 보장받는 것이 민중을 위한 최선의 선택이라고 주장했다. 더 나아가 민족적 생존을 위해 식민지배를 받아들여야 하고, 독립국가를 운영할 수 없다면 서구 열강의 식민지가 되기보다 같은 동양 민족인 일본과 합병하는 것이 낫다는 주장까지 했다.

　서우학회, 한북흥학회, 서북학회, 호남학회, 교남교육학회, 관동학회 등 지역의 계몽운동 단체가 학회라는 명칭을 달고 곳곳에서 만들어졌다. 일본 유학생들은 태극학회, 대한유학생회, 대한학회, 대한흥학회 등을 조직했다. 민족교육을 표방한 사립학교가 전국에 3천여 개 이상 설립되었고 『황성신문』, 『대한매일신보』, 『제국신문』, 『만세보』 등이 출간되어 언론을 통한 계몽 사명을 자임했다. 주시경(周時經)이 국어 연구와 보급을 통해 민족적 주체성을 환기시켰고, 신채호(申采浩)는 역사에서 국난 극복의 영웅을 불러내는가 하면 「독사신론」(1908)을 발표하여 민족주의 역사관을 선보였다.

　애국계몽운동은 정치 구조개혁 측면에서 입헌군주제의 필요성을 확산시키는 등 근대 국민국가 수립 운동을 한 단계 진전시켰다. 그러나 대부분은 문명개화론과 사회진화론에 매몰되어 제국주의 열강과 일본의 침략성 인식의 측면에서는 취약한 모습을 드러냈다. 게다가 민권운동의 동력이 약화되는 상황에서도 민중을 자신들이 계몽해야 할 대상으로 설정했지만, 정작 민생에 눈을 돌리지 못했고 민중 역량을 국권회복운동의 동력으로 인식하지 못한 채 불신하거나 적대시함으로써 주체적인 역량을 키울 수 없었다.

　계몽운동 주체들 상당수는 군주권을 제한하여 권력의 일정 부분을 자신들이 가져야 한다는 생각에 갇혀 민권의식을 키워가야 한다는 상상력이 부족했다. 그러다 보니 정작 자신들이 리더십을 발휘할 수 있는 기본 틀인 국권의 중요성을 간과한 채 국권회복운동의 의미 자체를 상실해갔다. 제국주의가 다루기 쉬운 '어항 속의 엘리트'에 머문 것이다. 이제 국권회복을 위해 민권에 바탕을 둔 새로운 민족운동의 리더십이 필요했다.

3) 신민회, 공화제를 통한 두 갈래 국권회복운동의 수렴

애국계몽운동이 민중을 주변화하거나 대상화하면서 일본에 대한 경계심을 잃어가는 가운데, 민중을 국권회복운동의 동력으로 인식하고 새로운 이념을 제시한 단체가 출범했다. 비밀결사 신민회(1907. 4)였다. 안창호(安昌浩), 양기탁(梁起鐸), 이동녕(李東寧), 신채호 등이 지방에 군 단위까지 책임자를 두어 국권회복운동을 전국 차원에서 전개하고자 했다.

신민회 활동 가운데 눈여겨봐야 할 점이 있다. 애국계몽운동 단체 대부분이 입헌군주제를 지향하면서도 일본의 힘에 기대는 상황에서, 신민회는 국민주권론에 기초한 공화제를 도달해야 할 목표로 제시했다는 점이다. 국가주권이 국민에게 있다는 인식하에서 기존의 군주제 인식을 수정하는 것을 넘어 국민주권 이념의 질적 변화를 이끌어낸 것이다. 지식층이 지도하거나 지배하는 소외된 대상으로서의 민중이 아니라 저항과 변혁의 주체로서, 국권회복운동의 주체로 인식한 '새로운 민(新民)'에 기초한 민국을 지향하고 실현하고자 했다. 국권을 회복한 후 나라의 정체는 더 이상 군주국(帝國)일 수 없었다.

신민회 주도 세력은 의병투쟁의 동력과 역사성을 수용하여 투쟁 방식도 진일보했다. 망국이 눈앞에 다가온 1910년 3월 만주 지역에 대일항전의 근거지이자 독립군 기지를 세우기로 합의한 가운데 이동녕, 이회영(李會榮) 등이 경학사와 신흥강습소를 설립했다. 실력양성론의 틀을 넘어 새로운 투쟁의 길을 모색하는 운동으로 나아간 것이다.

이 시기 주목해야 할 흐름은 해외에서도 만들어졌다. 안창호가 미주 지역에 뿌린 씨앗인 공립협회(1905)나 전명운·장인환의 의열투쟁을 계기로 결성된 국민회(1909)도 공화제를 지향한 것으로 보인다. 국권 자체가 위태로운 상황에서 대한제국을 압박하는 것이 조심스러워 표면적으로는 공화제를 내세우지 않았지만, 국민주권론을 분명하게 주장했다. 북미 공립협회 기관지 『공립신보』에는 "백성이 나라의 주인으로, 나라는 임금과 정부의 나라가 아니라 백성의 나라"라고 하면서 국민의 권리와 의무를 논하는 논설들이 다수 실렸다. 국민회 기관지 『신한민보』도 "국민이란 두 글자는 백성이 그 나라의 주인이라는 명사"라면서 국민으로서 소중한 책임을 깨달아 실행할 것을 촉구했다.

미주 지역 단체들이 강제병합 직후 "우리는 마땅히 마음을 합하여 대한민족의 단체를 공고히 하며 우리 손으로 자치하는 법률을 제정하며 공법에 상당한 가(假)정부를 설시함이 목하에 급무라"고 주장한 것은 의미심장하다. 대한제국이 사라진 이후 곧바로 대한민족이 주인 되는 임시정부 수립을 주장한 것이다. 미주 지역 한인들 사이에 국민주권론에 기반한 공화제 지향이 확고하게 뿌리내린 것이다. 그러한 공화제 지향은 이후 독립운동 과정에서 더 높은 수준에서 근대 국민국가 수립 운동으로 나아가게 되었음을 예고한다.

일본 유학생들 중에서도 민중의 국가를 수립하고 평화적 세계를 수립하기 위한 인식이 나타났다. 최남선(崔南善), 최린(崔麟)과 함께 황실 특파 유학생 50명의 일원으로 일본에 갔던 조소앙(趙素昂)은 『대한매일신보』에 "독립, 자유, 부강, 문명의 권리가 민중"에서 유래하므로 정부의 "사람 없음", 국가의 "권리 없음"보다 국민의 무기력함이 가장 큰 근심이라면서 민기(民氣)의 중요성을 강조했다(1906). 그는 중국인, 일본인 학생들과 교류하면서 세계적 흐름을 주목하는 과정에서 일본의 침략 행위를 문명이나 선망의 대상이 아닌 평화의 파괴라는 관점으로 비판했다.

조소앙 역시 당대 대부분의 청년 지식인들처럼 사회진화론의 영향을 크게 받았다. 하지만 그는 세계 정세를 목격하면서 힘의 논리에 의한 국가 문제 해결은 전쟁으로 이어질 뿐이며 평화라는 방법을 끊임없이 탐구해야 한다는 결론에 이르렀다. 지배당하는 민족의 구성원일수록 지배를 거부하기 위해 오히려 더 힘에 탐닉하는 경우가 많았던 것과 비교한다면 쉽지 않은 발상의 전환이었다. 조소앙은 침략전쟁에 동원된 일본인도 침략 정책의 피해자라면서 세계 평화라는 보편적 인류 공동체 인식으로 조선 독립의 의미를 넓혀 민중의 국제적 연대를 모색한 것이다.

이처럼 국망을 전후한 시기에 신민회와 미주 한인 사회, 그리고 일본 유학생들 사이에서는 미래에 대한 깊은 생각들이 새롭게 축적되어갔다. 입헌군주론이 일반적으로 수용되는 과정에서 한 단계 나아가 국민주권론과 그에 기반한 공화제론이 확산되어간 것이다. 대한제국이 명맥을 유지하고 있을 때는 국망 위기의 상황 때문에 수면 위로 적극 제기되지 못했던 주장이, 아이러니하게도 국망 이후 독립운동 과정에서 본격적으로 공론화되었다. 이러한 흐름은 1910년대 독립운동 과정에서 정부 형태 조직의 출현, 임시정부 수립론이 등장하면서 더욱 뚜렷해졌다. 망한 국가를 다시 세울 때, 이전과 같이 소수가 권력을 독점하고 민중을 지배하는 국가가 되어서는 안 된다는 생각이 자리를 잡아가기 시작한 것이다.

1910년 이전 선각자들의 구상과 신해혁명을 비롯한 제1차 세계대전 전후의 세계 정세 변동은 평화적 국민국가 건설운동에 큰 영향을 미쳤다. 그 과정에서 3·1운동은 실제 민중의 직접 행동을 목격하면서 민중의 힘을 인식하는 거대한 계기가 되었다. 가령 조소앙은 "시기를 포착하면 우리 민족보다 더 단결이 강한 민족"이 없다는 점을 3·1운동을 통해 깨달았다. 사회진화론을 극복했음에도 조소앙에게 남아 있던 민중에 대한 추상적 인식이 변화하는 계기가 된 것은 바로 3·1운동이었다. 평화적 민주적 국민국가 수립 운동은 1907년 신민회를 통해 시작된 이래, 이후 독립운동 실천 과정에서 더욱 정교해졌다.

개항 후 30여 년이 지나는 동안 갑신정변, 동학농민전쟁, 갑오정권, 독립협회 운동, 애국계몽운동과 의병전쟁을 거치면서 정치적, 계급적으로 다른 전망 속에 대립하며 모색되어왔던 근대국가 구상과 실천은 일본의 대한제국 보호국화와 강제병합에 의해 결국 실패했다. 그렇지만 이 사이 전개된 근대국가 모색은 국가의 역할과 의미를 두고 많은 고민거리를 남겨주었다.

일본의 압력에 노출되어 있던 갑오정권은 왕권 견제에 주력했고 독립협회는 입헌군주제의 초보적 형태로서 권력 구조를 자신들과 국왕이 공유하는 형태로 재편하고자 했다. 자신들의 개혁 추진 능력 여하를 떠나 군주에게 권력이 집중된 상태에서 국가의 생존과 근대화 추진이 어렵다고 판단했기 때문이다. 이에 반해 고종은 대한제국 선포에 이어 이 시기 빈발했던 쿠데타 음모와 권력 분산 시도 등을 경험하면서 오히려 황제권을 강화했다.

권력 구조 개편을 통한 근대국가 지향의 측면에서 보면, 고종의 전제군주제 정책은 분명히 반동적이었다. 반면에 제국주의 침략에 대응한 자주적 국민경제 수립의 측면에서 보면 갑오정권의 경제 정책이 반동적이었다. 갑오정권과 독립협회는 대외적으로 경쟁할 수 있는 기술도 자본도 부족한 상황에서 자유주의 정책을 추진했지만, 결과적으로 일본에 대한 경제적 예속을 심화시켰기 때문이다. 이와 달리 고종은 황실과 정부를 이원화시킨 상황에서 황실 주도로 정상·관상과 연합한 식산흥업, 상공업 보호육성책을 적극 모색했다. 대한제국의 이러한 시도는 20세기가 가까워오면서 본격화되어 시기가 너무 늦었고, 결국 일본을 비롯한 열강의 압박에 눌려 성과를 거두지 못했다. 그러나 평화적 민주적 근대국가는 상공업 발전에 토대를 둘 수밖에 없다는 점에서, 국가가 개입하거나 주도하여 국민경제를 조직하려는 시도였다는 점에서 의미가 있었다.

그러나 동학농민군이 진압된 이후 갑오정권, 독립협회, 대한제국을 지나는 동안 여러 정치세력 가운데 민중과 민생에 대해 진지하게 고민하거나, 민중의 힘을 활용하여 정치적 기반을 다지고 외세에 대응하는 세력으로 생각한 경우는 드물었다. 사회진화론에 기초한 우민관은 당대 정국 운영자들이나 지식층 사이에 공유된 사고였다. 이러한 가운데 활빈당, 영학당 등 엘리트와 유리된 민중운동이 일어났고 의병투쟁으로 나아갔다.

열강의 압력이 근대국가 수립을 좌절시킨 주요 원인이었다는 점은 더 말할 필요가 없다. 그렇지만 근대국가를 만들고자 했던 주체들도 국가가 세계평화를 이끄는 한 주체라는 인식이나, 민중의 힘을 흡수하여 그들과 더불어 주인이 되는 공동체가 되어야 한다는 생각은 부족했다. 이러한 의식이 변화하게 된 계기는 일본의 강점이 눈앞에 다가온 상황에서 일어난 의병투쟁의 동력과 역사성을 수용한 국권회복운동을 통해서였다. 이러한 변화 과정에서 신민회와 해외 유학생들의 역할이 컸다.

2부
제1차 세계대전, 식민지자본주의 구축과 민족운동의 새 장

세계	연도	한국(관련)
	1910	청도회의 개최 (1910. 5) 13도의군 조직 (1910. 6) 「범죄즉결례」 공포 (1910. 12. 15) 「회사령」 공포 (1910. 12. 29) 「토지조사법」 공포 (1910. 8. 23), 토지조사사업 (1910~1918) 시작
보로 운동과 신해혁명 대몽골국 독립 선포 (1911. 12)	**1911**	「삼림령」 공포 (1911. 6) 105인 사건 권업회 설립 (1911. 6)
쑨원 임시대총통, 중화민국 임시정부 수립 (1912. 1. 1) 위안스카이 임시대총통, 중화민국 베이징 정부 출범 (1912. 3) 월남광복회 창설 (1912)	**1912**	「조선태형령」 공포 (1912. 3) 「조선관세정률령」 제정 (1912. 4) 동제사 조직과 신아동제사로 확대 (1912. 7) 「은행령」 제정 (1912. 12. 1) '육지면 재배 6개년계획' 시작 (1912~1917)
티베트 독립 선포 (1913. 1)	**1913**	'부락 소유 재산정리에 관한 건' 통첩
사라예보의 총성 (1914. 6. 28) 오스트리아-헝가리제국, 세르비아에 선전포고 (1914. 7. 28), 제1차 세계대전 발발 오스만제국과 독일, 비밀조약 체결 (1914. 8) 영국, 독일에 선전포고 (1914. 8. 4) 일본, 독일에 선전포고 (1914. 8. 23)	**1914**	러시아에서 권업회 해산, 「권업신문」 폐간 (1914. 9)
후세인-맥마흔 서한 왕래 (1915. 1~1916. 3) 이탈리아 협상국 편에서 참전 (1915. 5) 위안스카이, 일본의 '21개조 요구' 수용 (1915. 5)	**1915**	상하이에서 신한혁명당 조직 (1915. 3) 「조선상업회의소령」 공포 (1915. 7) 의병장 채응언 체포, 순국 대구에서 박상진 대한광복회 결성
레닌, 「사회주의 혁명과 민족자결의 원리」 발표 (1916. 3) 아일랜드 부활절 봉기 (1916. 4) 영·프, 사이크스-피코 협정 (1916. 5. 16) 위안스카이 사망 (1916. 6)	**1916**	

세계	연도	한국(관련)
러시아 2월혁명과 10월혁명 미국, 협상국 편에서 참전 (1917. 4) 쑨원, 독일과 오스트리아에 선전포고 (1917. 8) 레닌, 「러시아 제민족의 권리선언」 발표 (1917. 10) 영국, 밸푸어 선언 (1917. 11. 2) 미·일, 이시이-랜싱 협정 (1917. 11. 2)	**1917**	조선은행과 동양척식주식회사의 만주 진출 「대동단결선언」 발표 (1917. 7) 한국사회당 조직 (1917. 8) 만철의 조선 철도 위탁경영 시작 (1917. 8) 신아동맹당 본부 설립대회 (1917. 12)
윌슨, 14개조 평화원칙 발표 (1918. 1. 8) 브레스트-리토프스크 강화조약 (1918. 3. 3) 체코군단 봉기 (1918. 5)와 일본 등 제국주의 열강의 러시아 내전 개입을 위한 파병 일본 쌀 폭동 (1918. 7~9) 독일 해군 킬 군항의 반란 (11. 3) 바이에른공화국 선포 (11. 7)와 독일제국 붕괴 독일임시공화국, 휴전협정 조인 (11. 11)	**1918**	연해주에서 전로한족회중앙총회 창립 (1918. 1) 하바롭스크에서 한인사회당 결성 (1918. 4) 「조선임야조사령」 공포 (1918. 5) 조선식산은행 설립 (1918. 10) 신한청년당 결성 (1918. 11. 28)
파리 강화회의 개최 (1919. 1. 18) 스파르타쿠스단 봉기 (1919. 1) 폴란드-소비에트 전쟁 (1919. 2~1921. 3) 제3인터내셔널(코민테른) 창립 (1919. 3) 중국 5·4운동 시작 (1919. 5. 4) 베르사유 조약 조인 (1919. 6. 28) 제1차 카라한 선언 (1919. 7. 25)	**1919**	「대한독립선언서」 발표 (1919. 2) 3·1운동 시작 (1919. 3. 1) 한인사회당 제2차 당 대회 (1919. 4) 대한민국임시의정원 구성 (4. 10) 대한민국임시정부 수립, 「대한민국 임시헌장」 발표 (4. 11) 한인사회당, 코민테른 가입 결의 (1919. 5) 신흥강습소, 신흥무관학교로 확대 개편 (1919. 5) 강우규, 사이토 마코토에 폭탄 투척 (1919. 9. 2) 전로고려공산당 창립 (1919. 9. 5) 「대한민국 임시헌법」 공포 (9. 11)

1장
식민지민까지 동원한 전쟁과
두 개의 민족자결주의

1. 열강의 남의 땅따먹기 전쟁, 제1차 세계대전

1) 세르비아 민족주의자의 독립투쟁에서 시작된 세계전쟁

1914년 6월 28일 오스트리아-헝가리제국이 합병(1908)한 보스니아-헤르체고비나의 수도 사라예보에서 한 발의 총성이 울렸다. 사라예보를 방문 중이던 오스트리아-헝가리제국의 황태자 프란츠 페르디난트(Franz Ferdinand) 대공 부부에게 방아쇠를 당긴 19세의 가브릴로 프린치프(Gavrilo Princip)는 세르비아 민족주의자였다. 오늘날도 그렇지만 당시에도 기독교 유럽 땅임에도 오스만제국의 종교를 받아들인 무슬림 민족까지 공존하는 이 지역의 상황은 복잡했다. 보스니아에서 세르비아인들과 함께 사는 크로아티아인(카톨릭)이나 보슈냐크인(무슬림)들은 세르비아(정교) 민족주의에 부정적이었기 때문이다. 그러나 '사라예보의 총성' 한 달 후 오스트리아-헝가리제국이 선전포고(1914. 7. 28)와 함께 세르비아왕국을 침공했다. 이후 4년이 넘게 지속된 제1차 세계대전이 시작된 것이다.

유럽 내에서는 나폴레옹전쟁이 끝나고 수립된 빈 체제(1815) 아래, 이전 시기와 비교할 때 '상대적 평화'가 한 세기 동안 지속되었다. 물론 유럽의 평화는 그 이면에 유럽 밖으로의 침략전쟁을 동반한 것이었다. 산업혁명을 통해 축적한 부와 비유럽 세계를 식민지로 점령하기 위한 침략, 그리고 더 많은 영토를 지배하기 위한 유럽 제국주의 국가 간의 이합집산 전쟁이 계속되었다.

제국주의 시대를 이끈 선두 주자는 일찌감치 산업혁명에 착수한 영국이었다. 영국은 압도적인 해군력을 바탕으로 아시아와 아프리카, 그리고 태평양과 아메리카에서 다른 제국주의 국가들을 밀어내면서 '해가 지지 않는 나라'를 구축했다. 영국과의 경쟁에서 뒤처졌지만 프랑스 역시 빈 체제의 속박에서 벗어나 19세기를 지나는 동안 아프리카와 중동, 동남아에 거대한 식민지를 보유한 제국주의 국가가 되었다. 무역을 통해 성장한 네덜란드와 벨기에도 동남아시아와 아프리카에 적지 않은 식민지를 보유하고 있었다.

서유럽 열강이 바다를 건너 식민지배에 나서는 동안, 러시아는 육로를 통해 인근 지역부터 침략하여 거대한 제국으로 발돋움했다. 동쪽으로 시베리아를 지나 연해주에 이르러 태평양을 연안으로 갖게 되었고, 남서쪽으로 중앙아시아 유목 국가들을 병합하면서 세계에서 가장 큰 영토를 가진 제국이 되었다. 이 과정에서 흑해 연안에서 동북아의 태평양 연안까지 아우르는 유라시아대륙의 패권을 놓고 19세기 내내 영국과 러시아는 '그레이트 게임'을 벌였다.

빈 체제를 주도한 국가로 유럽의 내륙국이었던 오스트리아 역시 제국의 명맥을 유지하고 있었다. '소독일주의'를 주장한 프로이센과의 전쟁(1866)에서 패해 독일제국에서 배제되었지만, 헝가리와 연합하여 새로운 탈출구를 찾았다. 동아시아 역사에서는 매우 낯선, 그러나 유럽 역사에서는 자주 등장하는 '동군연합' 오스트리아-헝가리제국(1867)을 출범시키면서 유럽의 중부와 동부에 걸친 대제국을 유지한 것이다.

동시에 이 시기 이미 유럽의 속국들에서는 제국들의 우려대로 프랑스 혁

독일의 보스니아-헤르체코비나 병합
1908년 사라예보의 시민들이 오스트리아의 보스니아 병합을 선포하는 포스터를 읽고 있는 모습
이다.

명의 의도하지 않은 결과로 민족주의와 민주주의가 확산되면서 독립 의지가
고양되고 있었다. 무슬림 오스만제국의 지배에서 벗어난 그리스가 유럽인들
의 환호를 받으면서 독립했고, 1848년 혁명의 여파가 전 유럽에 미치는 가운데
오스트리아, 프랑스, 스페인 제국들의 분할 지배를 받고 있던 이탈리아에서도
통일·독립의 분위기가 무르익어가고 있었다. 유럽에서 가장 큰 영토를 차지한
오스트리아–헝가리제국의 출범은 독립국이 속출하던 19세기 '유럽의 변화'에
역행하는 현상이었다.

오스트리아–헝가리제국은 중국 의화단 운동 진압 당시 8개국 연합군에 끼
어 톈진 조계의 한 부분을 점령한 것 외에는 유럽 밖에서 식민지를 갖지 못한
'약체' 제국이었다. 튀르크청년당이 부상하는 가운데 쇠퇴해가던 오스만제국

이 지배하던 불가리아왕국이 독립(1908)할 때, 거꾸로 보스니아–헤르체고비나를 합병했다. 이는 세르비아를 비롯한 남슬라브 민족들의 반발을 불러오고, 러시아제국과 적대감을 키우는 계기가 되었다. '사라예보의 총성'은 '약체' 제국의 한계가 세계전쟁으로 비화하는 계기가 되었다.

프로이센은 프랑스와의 전쟁에서 승리를 거두며 유럽의 신흥 강자로 등장하여 전후 오스트리아를 제외한 영방(領邦) 소국들을 통합하여 독일제국으로 출범했다(1871). 영국에서 산업혁명이 일정하게 마무리된 19세기 중엽이 되어서야 뒤늦게 산업혁명 대열에 들어선 독일 경제는 루르탄광 개발과 전국적 철도망 완성을 바탕으로 급성장했다. 독일의 산업혁명은 화학공업과 전기공업 등 생산재 공업 부문이 이끌었다. 독일은 보호무역을 통한 국가 주도의 산업혁명 결과 20세기 초에 이미 생산량에서 영국을 추월하기 시작했다.

하지만 제국주의 국가의 자본주의 경제는 국내 생산과 수출만으로 성장한 것이 아니었다. 뒤늦은 통일 직후에는 영국, 프랑스 등과의 마찰을 피하면서 내부 정리를 우선시했던 독일도 1880년대 이후에는 다른 제국주의 국가들처럼 원료 공급지와 상품 시장으로서의 식민지 지배에 대한 욕망을 드러내면서 아프리카와 태평양에서 식민지를 만들어가기 시작했다. 1899년에는 청으로부터 산둥성 자오저우만(膠州灣)을 조차함으로써 아시아에서 최초로 식민지를 만들었다. 그러나 19세기 말에는 유럽 안에서는 물론, 밖에서도 더 이상의 영토(식민지)확장이 쉽지 않았다. 이미 비유럽 세계 대부분이 선발 제국주의 국가들에 점령당한 상태였기 때문이다. 남은 방법이 없지는 않았다. 다른 제국주의 국가의 식민지를 빼앗는 것이었다. 서구 열강의 식민지 점령으로 시작된 제국주의 시대는 그들 간의 남의 땅따먹기 경쟁으로 전례 없는 사상자를 낸 제1차 세계대전으로 역사에 모습을 드러냈다.

2) '국익' 명분으로 늘어나는 참전국과 희생

19세기 말 통일 이후 경제가 급성장한 독일에 위협을 느낀 영국은 프랑스, 러시아와 '삼국협상'을 구축했다. 독일제국, 오스트리아–헝가리제국, 그리고 이탈리아왕국 간의 '삼국동맹'에 대응하기 위한 것이었다. 제1차 세계대전은 '삼국협상' 대 '삼국동맹'의 전쟁에서 시작되었다.

전쟁은 오스트리아–헝가리제국의 세르비아 침공으로 시작되었지만, 곧 전 유럽으로 확대되었다. 같은 정교 문화권인 세르비아를 지원하던 러시아제국이 총동원령을 내리자, 오스트리아–헝가리제국과 동맹관계를 맺고 있던 독일은 러시아(8.1)와 프랑스(8.3)에 선전포고하고 벨기에를 침공했다. 프랑스, 러시아와 동맹관계에 있던 영국은 독일(8.4)에 선전포고하고 전쟁에 뛰어들었다.

유럽에서는 3개의 전선이 펼쳐졌다. 유럽 남부에서는 오스트리아–헝가리제국과 세르비아 사이에 전투가 벌어졌다. 유럽 서부에서는 벨기에를 점령한 독일군이 프랑스 국경에서 프랑스, 영국과 맞섰다. 유럽 동부에서는 독일군과 러시아군이 격돌했다. 양측 모두 전쟁이 그토록 오래 지속될 거라고 생각하지 못했다. 전쟁이 길어진 이유는 두 가지였다.

첫째, 무기의 발전이었다. 특히 기관총과 대포의 개량으로 이전과 같은 밀집 보병의 진군은 더 이상 불가능했다. 기관총과 대포의 공격을 피하기 위해 참호가 만들어졌고, 병력이 몰려 있던 서부 전선에서 양측은 참호전의 수렁으로 빠져들었다. 기관총과 철조망을 이겨내고 적의 참호를 점령하기 위해 대규모로 폭탄을 쏟아부어야 했다. 하나의 참호를 넘어서면 제2, 제3의 참호가 버티고 있었다. 참호를 사이에 둔 '무의미한' 공방전이 계속되면서 양측의 인명 피해만 급증했다.

둘째, 제국주의 열강은 물론, 비유럽 지역의 국가나 식민지도 속속 참전했기 때문이다. 참전 이유는 다양했다. 오스트레일리아, 뉴질랜드, 캐나다 등은 대영제국의 일원으로 참전했다. 세르비아와 벨기에처럼 직접 침공을 당하거나, 자신들의 영토가 전장이 되면서 어쩔 수 없이 전쟁으로 끌려들어간 몬테네그로왕국 정도를 제외하면, 양측 참전국들은 전쟁을 국익에 활용하기 위해 전쟁에 가담했다.

원래 삼국동맹의 일원이었던 이탈리아는 중립을 표방하고 전쟁 추이를 지켜보다가 오히려 오스트리아-헝가리제국에 선전포고를 하고 협상국 편에서 참전했다(1915. 5). 이탈리아군은 알프스산맥을 두고 오스트리아-헝가리제국군과 대치했다. 중립을 선포했던 포르투갈과 루마니아 역시 협상국 편에서 참전했다. 이에 반해 불가리아는 동맹국 측에 합류하여 오스트리아-헝가리제국 군대와 함께 세르비아와 몬테네그로를 점령했다(1916. 2). 남부 유럽 전세가 동맹국 측으로 기울었다.

한편 19세기 들어 흑해를 둘러싸고 러시아와 대립해오던 오스만제국이 독일과 비밀조약을 체결(1914. 8)하면서 동맹국에 합류했다. 이제 전쟁은 유럽을 넘어 서아시아와 아프리카 지역으로까지 확대되었다. 발칸반도에서 영향력을 상실하고 쇠퇴해가던 오스만제국은 지배권이 영국으로 넘어간 이집트와 페르시아(이란)를 공격하고, 러시아제국의 영토로 편입된 카프카스를 공격하여 옛 영화를 되찾고자 했다. 이에 오스만제국으로부터 독립을 원하던 아랍의 부족들이 영국의 부추김으로 협상국 측에 가담했다.

유럽의 모든 주요 국가들이 참전한 전쟁은 점점 길어졌다. 참호전 수렁에서 인명 피해도 급증했다. 1916년 베르됭 전투와 솜 전투에서 200만여 명의 사상자가 발생했는데도 전황은 변하지 않았다. 해상에서는 최강 해군력을 보유한 영국에게 독일의 해상무역이 봉쇄되었다. 이에 독일은 잠수함을 개발하여 제해권을 빼앗으려 시도했다. 독일 잠수함은 전함뿐 아니라 여객선과 상선까지 무차별 공격에 나섰다. 독일이 협상국 측에 공급되는 군수물자를 차단하기 위해 영국과 프랑스로 향하는 모든 국가들의 선박을 공격하겠다는 무제한 잠수함 작전을 감행(1917. 2)하자 미국이 전쟁에 뛰어들었다(1917. 4).

미국의 뒤늦은 참전은 일진일퇴의 대치만 거듭하던 전쟁 추이를 급변시켰다. 처음에 미국은 전통적인 고립주의를 내세우며 이 전쟁을 '유럽전쟁'이라고 제한하면서 관망하고 있었다. 다른 한편에서 협상국 측에 군수물자를 판매하면서 막대한 이익을 취하고 있었다. 하지만 독일의 잠수함 공격으로 미국인 128명이 사망한 영국 여객선 루시타니아호 격침(1915. 5)에 이어 멕시코로 하여금 미국을 공격하도록 유도한 '치머만 전보' 사건(1917. 1)을 계기로 미국에서 참전 여론이 거세졌다. 이런 상황에서 미국 선박 3척이 또다시 독일 잠수함의 공격으로 침몰(1917. 3)되자 결국 미국은 독일에 선전포고했다. 이와 함께 중남미 국가들도 하나둘씩 협상국에 합류했다. 전쟁이 말 그대로 '세계전쟁'으로 확대된 것이다. 유사 이래 없던 일이었다.

3) 영·프의 '사기극', 자치와 독립을 위해 참전한 식민지민들

전쟁이 장기화되면서 양측은 승리를 위해 식민지에서 물자 동원을 넘어 병력까지 동원하기 시작했다. 영국과 프랑스는 인도와 아프리카에서 병력·노동력을 끌어모았고, 오스트리아-헝가리제국과 오스만제국을 붕괴시키기 위해 동유럽과 아라비아반도의 민족운동을 지원하는 제스처를 취했다. 제국주의 국가의 정략에 따라 식민지민을 전쟁에 동원하기 위해 실행 의지도 없이 거론했던 독립 약속은 전쟁 과정에서, 그리고 전쟁 이후에도 중요한 문제로 남을 수밖에 없었다.

그러나 제국주의 국가가 식민지민들을 병력으로 동원하는 것은 위험이 따랐다. 언제 총구를 거꾸로 돌릴지 알 수 없기 때문이었다. 대표적 사례로, 전쟁 초기부터 제국 내 다른 민족을 동원했던 오스트리아-헝가리제국의 속국이었던 체코 출신 병사들을 들 수 있다. 16세기 초 오스트리아에 합병된 체코는 제1차 세계대전이 발발하자 오스트리아-헝가리제국의 일원으로 참전했다. 이들 중 러시아군에 포로로 잡혀 있던 병사들로 구성된 '체코군단'이 체코 독립을 위해 오스트리아-헝가리군과 독일군에 총부리를 겨눈 것이다. 그런데 러시아 혁명정부가 브레스트-리토프스크 강화조약(1918. 3. 3)으로 전쟁에서 발을 빼면서 체코군단은 유럽으로 돌아갈 길이 막혔고, 결국 시베리아를 지나 연해주에서 배를 타고 유럽으로 가야만 했다. 이동 과정에서 반(反)소비에트 봉기를 일으킨 체코군단을 구출한다는 명분으로 제국주의 열강들이 러시아 적백내전에 개입했다.

그러나 체코군단 외에 전쟁에 동원된 식민지민들이 총구를 식민 모국으로 돌린 사례는 더 이상 나타나지 않았다. 아일랜드인들이 영국으로부터 독립하기 위해 봉기를 일으켰다가 진압당한 부활절 봉기(1916. 4) 외에는 전쟁 기간에 주목할 만한 민족운동도 일어나지 않았다. 오히려 식민지민들은 식민 모국 군대의 일원으로 참전하여 전쟁에서 승리하면, 그 대가로 독립 또는 자치를 얻어낼 수 있을 것이라는 약속을 믿었다. 제국주의 열강의 기만에 속은 것이다.

실제로 영국은 아랍인들이 동맹국 일원인 오스만제국에 저항하면 전후에 팔레스타인을 포함한 아랍국가 건설을 지원하겠다는 '후세인-맥마흔 서한'(1915. 1~1916. 3)을 십여 차례 주고 받았다. 이에 주로 오스만제국군에 종군했다가 탈주하거나, 영국군의 포로가 되었던 아랍군이 하심왕조의 독립을 선포하며 봉기했다(1917. 6. 5). 봉기군은 메카와 젯다, 아라비아반도의 홍해 연안 전역을 점령하고 10월 베이루트와 다마스커스까지 진격했다. 베이루트에 입성한 아랍군은 아랍 독립국을 선포했다. 그러나 영국과 프랑스는 그 전에 이미 반년에 걸친 협상 끝에 '사이크스-피코 협정'(1916. 5. 16)을 맺어 양국이 중동 지역을 분할점령하기로 비밀리에 합의한 상태였다. 여기에 더해 영국 외무성은 유대인의 전쟁 지원을 끌어내기 위해 팔레스타인 지방에 유대인 국가 수립을 약속한다는 내용으로 외상 밸푸어가 서명한 서한을 유대인 금융자본가 로스차일드에게 보냈다. 이 '밸푸어 선언'(1917. 11. 2)은 '후세인-맥마흔 서한'과, '후세인-맥마흔 서한'은 '사이크스-피코 협정'과 완전히 상충되는 내용이었다. 결국 이 가운데 영국이 유대인에게 약속한 '밸푸어 선언'만 30여 년이 지난 제2차 세계대전 이후 실행되었고, 아랍인에게 약속한 참전의 대가는 '사기'로 끝났다.

영국은 인도인들에게도 참전의 대가로 자치를 약속했고, 이 약속을 믿고 인도국민회의 지도자들은 물적, 인적 자원을 제공하며 영국을 지원했다. 마하트마 간디(Mahatma Gandhi) 역시 인도인들의 참전을 독려했다. 그 결과 110만여 명의 인도인들이 영국군의 일원으로 참전했다. 프랑스 지역 유럽 전선에 투입된 14만여 명을 제외하면, 대부분의 인도군은 오스만제국군과의 전쟁에 동원되었다. 참전한 인도인 중 8만여 명이 전사했다. 하지만 종전 이후 영국은 약속을 지키지 않았다. 이는 인도에서 독립운동이 강화되는 계기가 되었다.

영국은 캐나다와 오스트레일리아, 뉴질랜드 등 영연방 국가들뿐만 아니라 카리브해 연안의 식민지에서도 병사들을 모집했다. 1만 5천여 명의 카리브해 출신 병사들이 대영제국에 대한 충성심을 증명하고 동등한 대우를 받기 위해 카리브해 연대를 구성해 프랑스 전선에 참전했다. 북아프리카의 프랑스 식민지였던 알제리, 튀니지, 모로코, 세네갈 등지의 청년들도 프랑스군에 징집되어 참전했다.

독일의 식민지가 있던 아프리카대륙은 제1차 세계대전의 주요 전쟁터가 되었다. 전쟁 발발과 함께 영국과 프랑스는 독일 식민지 토고와 카메룬을 침공했다. 동아프리카의 독일 식민지인 탄자니아 등에서도 전투가 벌어졌다. 이에 대응하여 독일은 영국령 남아프리카공화국을 공격했다. 이 과정에서 제국주의 열강의 전쟁에 현지의 아프리카인들도 대거 동원되었다. 그 수는 총 200만여 명에 이르는 것으로 추정된다. 그리고 전후 르완다, 탄자니아, 카메룬 등 독일 식민지는 다시금 제국주의 열강의 협의하에 분할되어 주인이 바뀌어 승자인 협상국에 분배되었다.

2. 레닌의 정략적 민족자결주의와 윌슨의 선택적 민족자결주의

1) 4개 구제국의 붕괴와 일부 속국의 독립

전쟁은 세계를 협상국과 동맹국 양측으로만 분리시키지 않았다. 전쟁 와중에 러시아에서는 2월혁명(1917. 2)으로 차르(니콜라이 2세)가 폐위되었다. 차르를 몰아내고 권력을 승계한 알렉산드르 케렌스키(Alexander Kerensky)가 이끄는 러시아 임시정부는 전쟁을 계속 이어갔다. 그러나 10월혁명으로 권력을 장악한 직후 소비에트 러시아 정부는 '평화에 대한 포고'를 발표하고 곧바로 강화에 나섰다. 전쟁에 지친 러시아 민중들과 병사들은 전쟁 중단 결정을 지지했다. 소비에트 정부는 협상국과 동맹국 양측에 강화를 요구했다. 결국 독일 등 동맹국과 러시아제국이 삼국동맹에 대항하기 위해 맺은 삼국협상의 합의 이행 중지, 독일에 일부 '영토'(발트 3국 등 러시아제국의 속국) 할양, 막대한 전쟁배상금(60억 금마르크) 부담 등 굴욕적인 '브레스트-리토프스크 강화조약'(1918. 3. 3)을 체결했다. 전쟁을 끝내는 데 주력했기 때문이다. 이로써 러시아가 전쟁에서 발을 빼면서 협상국 진열이 흐트러졌다.

볼셰비키의 평화 주장은 두 가지 배경을 안고 있었다. 첫째, 혁명을 안착시키고 백군과의 내전을 평정해야 하는 국내적 과제를 해결하기 위해서라도 현실적으로 전쟁을 계속하기 어려웠다. 둘째, 그들이 혁명 이전부터 '제국주의 전쟁'이라고 규정한 대로 '과연 무엇 때문에 전쟁을 하는가'라는 근본적 질문을 던짐으로써 전쟁의 지형을 변화시키려는 거대한 정치기획의 일환이었다. 실제로 수많은 희생을 무릅쓰고 끝없이 전쟁을 지속하는 양측 국가 내에서 동요가 일어났다. 이런 상황에서 볼셰비키는 평화를 명분으로 노동자 민중을 위한 민주주의를 이루고, 내전을 진압하면서 국가체제를 근본적으로 바꾸기 위한 새로운 정치 실험을 전 세계로 확산시켜가고자 했다.

한편 소비에트 러시아와의 강화조약으로 독일은 영국·프랑스와 지루한 참호전을 이어가던 서부 전선에 화력을 집중하여 '루덴도르프 대공세'를 성공시켰지만, 경제력은 이미 소진된 상태였다. 동원할 수 있는 모든 자원을 쥐어짜 서부 전선에 투입했지만, 미군까지 투입된 협상국의 공세를 막기에는 역부족이었다. 결국 독일군의 주요 방어선 힌덴부르크선이 붕괴되었다(1918. 10). 다른 동맹국들도 형편이 어려워 이탈리아 전선, 중동 전선, 마케도니아 전선이 차례로 무너졌다.

결국 불가리아가 그리스의 테살로니키에서 가장 먼저 휴전협정(1918. 9. 29)을 체결했다. 한 달 뒤 오스만제국이 영국과 무드로스 협정(1918. 10. 30)을 맺어 항복하면서 영국·프랑스 군대가 수도 이스탄불로 진입했다. 이때 협상국의 일원이자 옛 속국인 그리스와 아르메니아도 파병했다. 오스트리아-헝가리제국은 이탈리아와 빌라주스티 휴전협정(1918. 11. 3)을 체결했다. 이제 협상국 군대는 오스트리아-헝가리제국 영토를 지나 동맹국 중 홀로 남은 독일로 진군했다.

러시아 혁명이 큰 영향을 미친 가운데 전쟁이 길어지면서 생활이 피폐해진 독일 국민들도 불만이 폭발 지경에 이르렀다. 독일 의회가 이를 무마하기 위해 입헌군주제까지 선언할(1918. 10. 4) 정도였다. 전쟁 판도가 이미 결정된 상황에서도 독일제국 함대는 자살 명령이나 다름없는 출항 준비 명령을 받았다(10. 24). 탈영, 사보타주 등으로 명령에 저항하던 해군이 킬(Kiel) 군항에서 일으킨 반란과 파업이(11. 3) 독일 전역으로 퍼져 나갔다. 전국 노동자들이 파업을 선언

베르사유 조약의 서명
파리 강화회의 도중에 합의된 바에 따라 1919년 6월 28일 11시 11분에 베르사유궁전 거울의 방에서 서명이 이루어졌다. 그 내용은 1920년 1월 10일 공포되었다.

했고, 뮌헨에서는 바이에른공화국이 선포되었다(11. 7). 결국 독일제국이 무너지면서 카이저 빌헬름 2세가 네덜란드로 망명하고 새로 수립된 독일임시공화국이 콩피에뉴에서 휴전협정에 조인함으로써(11. 11) 4년 4개월이나 끌면서 1천만여 명의 사망자와 800만여 명의 실종자를 낳은 전쟁은 막을 내렸다. 출생률 저하와 인구 감소, 산업 시설의 심각한 파괴가 불러온 전쟁 후유증은 1930년대 말까지 이어졌다.

전쟁에서 승리한 협상국은 전후처리를 시작했다. 종전 10개월 전, 미국 대통령 윌슨(Woodrow Wilson)은 상하양원 합동회의에서 전후 새로운 세계질서를 세우기 위한 14개조 평화원칙을 발표했다(1918. 1. 8). 이에 기반하여 승전국인 협상국과 패전국인 동맹국 대표들이 모여 파리 강화회의를 개최했다(1919. 1. 18). 5개 월여 동안 진행한 회의 결과 동맹국인 독일과 베르사유 조약(1919. 6. 28), 오스트 리아와 생제르맹 조약(1919. 9. 10), 불가리아와 뇌이 조약(1919. 11. 27), 헝가리와 트 리아농 조약(1920. 6. 4), 오스만제국과 세르브 조약(1920. 8. 10)이 차례로 체결되었 다.

전쟁은 국제관계 측면에서 중요한 변화를 불러왔다. 참전을 머뭇거렸던 미 국이 전쟁 막바지에(1917. 4) 군대 파견과 물자 보급 및 대출 융자 등을 통해 협상 국 측의 승리에 견인차 역할을 하면서 최강국으로 부상했다. 그리고 유럽의 거 대한 4개 구제국이 붕괴했다는 점을 빼놓을 수 없다. 항복 직전 '킬 군항의 반 란'을 계기로 패전 직전에 무너진 독일제국 외에 오스트리아–헝가리제국, 오 스만제국이 무너졌다. 그리고 전쟁 중에 협상국 일원이었던 러시아제국이 볼 셰비키 혁명으로 무너졌다. 무너진 제국의 일부 속국들이 독립하고 전후처리 과정에서 국경선에도 큰 변화가 일어났다.

항복문서에 조인한 독일공화국은 보불전쟁 승리로 프랑스로부터 획득한 알자스와 로렌 지역을 반환했고 벨기에, 덴마크, 새로 독립한 폴란드에 영토를 할양해야 했다. 많지 않았던 식민지도 포기해야 했다. 아프리카 동부와 남서 지역의 독일 식민지는 영국, 프랑스, 벨기에, 영국 자치령 남아프리카연방이 나 눠 가졌다. 중국의 조차지 자오저우만은 전쟁 초기 이곳을 점령한 일본이 '승 계'했다. 게다가 막대한 전쟁배상금이 부과되었다. 독일을 재기불능 상태로 만 들어 다시는 전쟁을 일으키지 못하게 한다는 명분이었다. 그러나 이는 더 크고 끔찍한 제2차 세계대전을 배태하는 한 원인이 되었다.

오스트리아–헝가리제국은 동군연합으로 출범한 지 51년 만에 오스트리아 와 헝가리로 다시 분리된 가운데, 승전국 루마니아, 세르비아, 이탈리아와 새로 독립한 폴란드에 영토를 할양하고 소국으로 전락했다. 합스부르크 가문이 제위에서 밀려나며 오스트리아 제1공화국이 수립되었다. 협상국 일원으로 인정받은 체코는 슬로바키아와 함께 체코슬로바키아로 독립했다.

영토의 70%를 상실한 헝가리에서는 혁명이 일어나 일시적으로 헝가리소비에트공화국이 수립되기도 했다(1919. 3). 그러나 러시아 적백내전에 개입한 제국주의 국가들의 지원을 받은 루마니아의 공격을 받아 곧 붕괴되었고(1919. 8) 왕정이 재건되었다.

세브르 조약에 따라 해체된 오스만제국은 이스탄불과 아나톨리아 북부만 가진 '평범한' 나라로 전락했다. 사이크스-피코 협정에 따라 영국은 메소포타미아와 팔레스타인을, 프랑스는 시리아와 레바논을 위임통치 명목으로 지배했다. 튀르키에 앞바다 대부분의 에게해 섬들은 그리스 영토가 되었고, 아르메니아는 독립했다. 이후 국제정치의 이합집산으로 부정되었지만, 쿠르디스탄도 일시적으로 자치권을 획득했다. 그런데 세브르 조약 체결 이후 그리스가 아나톨리아반도 서부로 진격하여 소아시아 서부 대부분을 점령했다. 1919년 5월 봉기로 술탄제를 폐지하고 공화국을 선언했던 무스타파 케말(Mustafa Kemal Ataturk)의 군대가 '독립전쟁'에 나섰다. '과거의 대제국' 튀르키에가 '과거의 속국' 그리스와 유럽 제국주의에 대항하여 독립전쟁을 해야 하는 처지로 역전된 장면이 연출된 것이다. 그러나 튀르키에는 결국 유럽 군대를 물리친 역량을 배경으로 세브르 조약을 폐지하고 새로 로잔 조약(1923. 7. 24)을 체결해 공화국으로 출발했다.

2) 러시아 혁명과 사회주의의 '대의', 민족자결주의 선언

제1차 세계대전은 서구 문화를 뒤흔들었다. 4년을 넘는 전쟁으로 유럽인들은 제국주의 시대를 합리화하던 '적자생존', '우승열패'의 이데올로기인 사회진화론에 따른 세계 인식이 자신들을 공멸로 이끌 수 있다고 우려하면서 전쟁 이후의 세계를 이끌어갈 대안적인 사조를 모색했다.

먼저 표트르 크로포트킨(Peter Kropotkin)의 사상이 주목되었다. 상호부조를 강조한 그는 『만물은 서로 돕는다』(1902)를 통해 "인간을 포함한 종의 생존을 위해 만들어진 것은 경쟁이 아니라 협력에 대한 진화론적인 강조"라고 주장하면서 사회진화론을 수정하고자 했다. 그의 사상은 약육강식, 적자생존이 세계전쟁의 대재앙을 가져온 것으로 본 서구 지식인들에게 그동안 무의식적으로 수용했던 힘의 논리인 사회진화론을 극복할 수 있는 사상으로 폭넓게 받아들여졌다.

제1차 세계대전을 반대했던 영국의 러셀(Bertrand Russell)은 전쟁 중에 출간한 『사회개조의 원리』(1916)를 통해 자본주의가 과학문명의 발전에 기여했지만 시장 획득을 위한 전쟁의 기원이 되었다고 비판하면서 자본주의 체제를 지양하고 새로운 사회 제도로 '개조(reconstruction)'해야 한다고 주장했다. '개조' 사상은 식민지 지식인들에게도 큰 영향을 미쳤다. 힘이 지배하는 자본주의와 제국주의의 폐해를 극복하고 정의와 인도에 바탕을 둔 새로운 세계를 건설해야 한다는 주장이 확산되었다. 정의, 인도, 박애, 자유, 평등이 새로운 시대정신으로 부각되었다. '개조의 시대'가 펼쳐진 것이다.

그러나 이러한 사상사적 변화보다 사회진화론에 기반한 제국주의에 큰 타격을 안겨주고 변혁운동과 민족운동에 세계사적 충격을 안겨준 것은 러시아혁명이었다. 유럽 각국의 사회주의 정당들은 제1차 세계대전이 발발하자 '조국방위전쟁'을 외치며 자국 부르주아지들이 주도하는 전쟁을 지지했다. 이로써 제2인터내셔널은 붕괴되었다.

차르 체제를 무너뜨린 2월혁명으로 임시정부가 수립된 직후 볼셰비키 지도자 블라디미르 레닌(Vladimir Lenin)이 제2인터내셔널의 '조국방위전쟁' 참전론에 반대해 '제국주의 전쟁을 내전으로 전환'하라는 반전·평화 슬로건을 내세우며 러시아로 돌아왔다. 볼셰비키는 10월혁명(1917. 11)으로 전쟁을 계속하던 임시정부를 무너뜨렸고, 페트로그라드(현 상트페테르부르크)를 점령하고 중앙권력을 장악했다.

소비에트 러시아 정부는 반혁명 세력인 백군을 진압하여 권력 기반을 튼튼히 하는 동시에 제정 러시아에 편입된 소수민족들을 혁명에 동참시켜 내부를 안정시켜야 하는 지난한 과제를 안게 되었다. 이를 위해 먼저 전쟁 중단이 급선무라고 판단했다. 그리고 노동자, 농민, 군인 소비에트공화국을 선언하면서(1918. 1) 인류 역사상 최초로 사회주의공화국 수립을 선포했다.

브레스트-리토프스크 조약 체결로 소비에트 러시아는 재정과 인력을 끝없이 소모시키는 전쟁터에서 빠져나왔다. 그리고 적백내전 대응에 집중할 여력을 가질 수 있었다. 게다가 엄청난 배상금을 물기로 했던 브레스트-리토프스크 조약의 유효 기간은 결과적으로 독일이 항복할 때까지 8개월여에 불과했다. 러시아 혁명은 미국 참전과 더불어 종전을 앞당긴 빼놓을 수 없는 요인이었다. 전쟁 당사자 양측 모두에게 큰 충격을 주었기 때문이다. 동맹국뿐 아니라 영국과 프랑스에서도 전쟁에 반대하는 노동자들과 병사들이 동요하는 움직임이 나타났다. 혁명의 영향이 자국으로 확산되는 것을 막아야 했던 제국주의 열강의 불안이 커져 더 이상 전쟁을 지속하는 것은 국내 정치적으로도 위험했다.

유럽의 사회주의자들은 이미 19세기 말부터 '개별적 민족자결 과정으로서의 자유'를 지지한 마르크스의 뜻에 따라 "소수민족이 타민족의 지배를 벗어나 독립국가를 세울 수 있는 권리", 즉 민족자결주의를 천명해왔다. 이후 제1차 세계대전 시기에는 열강들이 식민지민들을 전쟁에 동원하기 위해 기만적이나마 자치나 독립을 거론했기에 본래 의도와 달리 민족자결주의가 공공연하게 논의되고 세계적으로 확산되어갔다.

이런 상황에서 레닌은 10월혁명 전 해에 「사회주의 혁명과 민족자결의 원리」(1916. 3)를 발표해 민족자결의 원리가 자본주의와 제국주의 억압 체제에서 벗어나고자 하는 인민의 권리라고 주장했다. 이는 러시아제국 등 여러 제국에 속국으로 종속된 소수민족의 혁명 참여를 독려하기 위한 전략이기도 했다. 2월혁명 이후 레닌은 종전을 거듭 주장하면서 볼셰비키가 권력을 잡으면 강화조건에 식민지 해방과 억압받는 인민의 해방을 포함시키겠다고 선언했다. 10월혁명 이후 외무 인민위원 트로츠키(Leon Trotsky)는 제국주의 국가들이 제국 내 소수민족들을 억압하면서 그들의 권리를 위해 싸운다는 것은 위선이라고 주장했다. 협상국, 동맹국을 떠나 제국주의의 식민지배를 위협하는 발언이 계속 쏟아진 것이다.

10월혁명 이튿날 발표된 「평화에 관한 포고」(1917. 10. 26)는 러시아가 '제국(주의 국가)의 지위'를 포기함과 동시에 전후 새로운 세계질서 건설의 원칙으로 반제국주의 민족자결주의를 제시한 선언이었다. 모든 국가의 주권과 내정 불간섭, 제국주의 전쟁 반대, 무병합·무배상·민주적 평화 원칙, 차르 정부가 러시아 제국주의자들과 자본가의 특권을 보호하고 영토 병합 유지나 확대를 목적으로 체결한 비밀조약의 공개와 폐기, 불평등조약 파기, 민족자결에 기초한 즉각적이고 전반적인 강화 등 제국주의 국가로서의 모든 권리를 포기한다는 그야말로 전대미문의 혁명적 선언을 한 것이다. 이러한 주장은 제국주의 열강의 착취로 고통받던 식민지 민족운동가들에게 큰 반향을 불러일으켰고, 러시아 혁명과 사회주의 사상, 레닌의 민족자결주의에 큰 기대를 갖는 계기가 되었다. 이에 반해 제국주의 열강은 자국은 물론 자국의 식민지에서 러시아 혁명의 영향이 퍼져 나가는 것에 위협을 느끼고 경계했다.

그리고 소비에트 정부는 「평화에 관한 포고」 공포 20여 일 후에 「러시아 제민족의 권리선언」(1917. 11. 15)을 발표하여 민족자결주의의 실천을 약속했다. 우선 러시아 내 100여 개 소수민족에 대해 '민족자결'을 약속하고, 여러 민족과 자유로운 동맹에 기초한 소비에트공화국들의 연방을 수립하겠다고 주장한 것이다. 이는 사회주의적 대의를 신천하겠다는 선언임과 동시에 적백내전에 대응하여 러시아 혁명의 성공에 힘을 모으기 위한 정략적 조치이기도 했다.

3) 약소민족 해방 선언의 희석화, 소련의 러시아제국 승계 인식

그러나 소비에트 러시아는 혁명의 성공에 저해된다고 판단되는 경우에는 민족자결주의에 반하는 정책도 서슴없이 펼쳤다. 실제로 레닌이 천명한 민족자결주의는 이후 혁명의 성공을 위한 국내 및 국제 정치학이 동원된 원칙적 선언 수준으로 점차 좁혀져갔다. 약소민족에게 '연합도 자유, 분리도 자유'라고 한 레닌의 선언이 현실의 국제정치에서 지켜진 것은 전쟁 중인 10월혁명 직후 핀란드가 독립을 승인받고(1917. 12) 이후에도 계속 독립국가로 남은 사례가 유일했다. 즉 적백내전이 정리되면서 러시아 혁명의 브랜드와 같았던 약소민족 해방 선언의 실천성이 떨어져간 것이다.

가령 브레스트-리토프스크 조약 체결 당시 소비에트 러시아는 우크라이나 독립을 인정했지만, 종전으로 이 조약이 파기되면서 우크라이나 인민공화국을 붕괴시켰다. 이렇게 해서 수립된 우크라이나 소비에트사회주의공화국은 이후 소련(소비에트연방)의 한 구성국이 되었다. 제정 러시아 내 다른 소수민족들은 연합이 강제되면서 소비에트에 다시 편입되었다.

발트 3국(에스토니아, 라트비아, 리투아니아)이 전후에 독립할 수 있었던 것은 레닌의 민족자결주의를 실천한 결과가 결코 아니었다. 소비에트 정부가 브레스트-리토프스크 조약으로 이 지역을 독일에 넘긴 후 8개월여 만에 독일이 패전한 결과였다. 러시아, 독일, 오스트리아에 의한 세 차례 3분할(1772, 1791, 1795)로 123년간 지도에서 존재 자체가 지워졌던 폴란드는 베르사유 조약을 통해 독립을 승인받았다. 독립 후 폴란드가 소비에트 러시아와의 (간섭)전쟁에 적극 참여한 배경에는 러시아에 빼앗긴 '고토' 수복 명분도 크게 작용했다.

실제로 소련은 이들 러시아제국 '영토'를 계승해야 한다는 생각을 버리지 않았다. 이는 이후 독·소불가침조약(1939. 8)에 따른 소련의 폴란드 동부 점령과 발트 3국 병합, 그 직후의 핀란드 침공('겨울전쟁')에서 여실히 드러났다. 그리고 제2차 세계대전 후 소련은 폴란드를 위성국으로, 핀란드를 중립국으로 만들고 발트 3국을 소련의 일원으로 다시 편입시켰다.

중국에 대한 정책도 마찬가지였다. 소비에트 러시아나 소련은 러시아제국이 제국주의적 불평등조약으로 중국에 부설한 철도 권리를 결과적으로 그대로 계승했기 때문이다. 물론 소비에트 러시아 정부는 혁명 초기에 내전이 한창인 상황에서 제정 러시아의 제국주의 정책을 단절한다고 선언한 적이 있었다. 외무인민위원회 위원장 대리 레프 카라한(Lev Mikhailovich Karakhan)이 러시아제국이 중국과 맺은 모든 밀약 폐기, 중국에 대한 특수권익 반환, 영사재판권 포기 등의 내용을 담은 '중국민과 남북 두 중국 정부에 보내는 제언'(제1차 카라한 선언, 1919. 7. 25)을 발표한 것이다.

그러나 중국인들의 환호는 1년 만에 끝났다. 연해주의 일본군 외에 다른 제국주의 열강이 철군하면서 내전이 정리되어갈 무렵 발표된 제2차 카라한 선언(1920. 9. 27)은 소비에트 러시아가 포기하는 이권 중 중동철도 부분에 대해서는 별도 협정으로 정한다고 발표했기 때문이다. 물론 이러한 정책 변화는 내전에 가장 많은 병력을 파병한 일본의 만주 지배와 철도 지배를 경계한 측면도 작용했다. 이후 소련은 중동철도 이권을 계승하는 과정에서 북양 군벌의 베이징 정부, 철도 운영에 실질적 영향을 미치던 동북 지방 정부를 각각 상대하여 이권 확보에 주력했다.

물론 이러한 조치에 중국도 반발했다. 장제스(蔣介石) 국민당 정부는 북벌을 끝낸 후 중동철도 운영권 회수를 시도한(1929) 적이 있었다. 소련은 이를 제국주의와 결탁한 장제스의 소행으로 규정하면서 파병까지 강행하여 억눌렀다. 그러나 혁명의 대의와 달리 소련 역시 제정러시아의 제국주의적 정책을 계승한 것이다. 소련은 이후 일본이 만주국을 세우자 일본과 충돌을 피하기 위해 중동철도를 만주국에 팔았다(1935).

동청(東淸)철도, 동성(東省)철도로 불린 대청국동성철도(大淸國東省鐵路)는 중화민국 정부가 1920년부터 중동철도(중국동방철도)로 개칭했는데, 니콜라이 2세 대관식(1896)에 참가했던 리훙장과 제정 러시아 재무대신 비테(Sergei Vitte)가 체결한 상호호조조약에 따라 러시아가 시베리아철도와 연장하여 중국 영토 안에 부설한 제국주의 시대의 산물이었다.

실제로 소련은 중국의 국민혁명과 항일투쟁을 이념적·재정적으로 지원하는 와중에도 대(對)중국 정책의 이중성을 드러냈다. 이러한 이중성의 모순이나 한계는 향후 '혁명의 보루' 소련이라는 국가 보위에 종속된 혁명 이념의 당위적 세계화, 제국주의 세계질서에서 수세에 몰려 있던 소련의 국가이익을 우선적으로 고려할 수밖에 없는 상황에서 더 분명하게 드러났다.

4) 파리 강화회의의 제국주의성과 선택적 민족자결주의

미국은 제1차 세계대전 참전을 계기로 최강국으로 부상했고, 국제사회에 전후의 새로운 세계질서를 주도적으로 제안하기 시작했다. 윌슨 대통령이 발표한(1918. 1. 8) 14개조 평화원칙이 그 시작이었다. 민족자결주의로 통칭되는 14개조 평화원칙은 시기적으로 볼 때 러시아 혁명 이후 소비에트 러시아가 평화와 민족자결을 요구하면서 이 전쟁을 이유 없는 전쟁이라고 비판한 것에 대한 대응 측면도 있었다.

윌슨도 참전을 결정하기 전부터 민족자결 선언이 정치적으로 필요하다는 인식을 하고 있었다. 오랫동안 유럽의 전쟁과 불화의 원인을 숙고한 그는 제국주의 간 경쟁과 제국주의적 구조가 전쟁의 원인이라고 파악했다. 윌슨은 줄곧 민주주의를 토대로 한 민족자결주의를 주장했고, 모든 민족의 자결이 결국 세계평화의 전제조건이라고 밝혀왔다.

그에 따라 14개조 평화원칙에 평화회담 개최, 군비축소와 더불어 민족자결주의에 관한 내용이 포함되었다. 윌슨은 자신의 제안이 "모든 민족과 민족성에 공정한 원리이며 그들이 강하든 약하든 서로 자유롭고 안전하게 평등한 조건에서 살 권리를 의미"한다고 주장했다. 식민지를 갖고 있던 패전국 독일은 14개조를 그대로 수용해야 했다. 승전국도 14개 조항에 대해 속으로는 부정하더라도 평화를 타결하는 유일한 방안이라는 사실을 명분상 부정할 수 없었다. 이 때문에 유보 조건을 내걸면서 자국 식민지를 계속 지배했지만 민족자결 문제가 평화회담 의제로 포함되는 것 자체를 반대하지는 못했다.

민족자결이라는 용어는 전 세계 식민지 민중들에게 식민통치로부터 해방될 수 있을 거라는 부푼 기대감을 불어넣기에 충분했다. 더구나 유럽 밖의 지역에서 광대한 식민지 지배를 하고 있는 구미 열강의 지도자 가운데 처음으로 제기한 주장이었다. 그러나 이는 '희망고문'이었다. 조선의 민족운동가들에게도 마찬가지였다. 게다가 윌슨의 민족자결주의는 상당히 불완전하고 해석하기 나름이라고 할 정도로 추상적이었다. 1조에서 4조까지 세계평화를 지키기 위한 국제 조직의 필요성을 역설한 뒤 제시된 5조의 경우가 대표적이다.

5. 모든 주권 문제를 결정함에 있어서 해당 식민지 주민의 이해는 권리관계를 가지고 있는 정부의 정당한 요구와 동등한 비중을 가져야 한다는 원칙을 엄격히 준수하는 기초 위에서, 모든 식민지의 요구를 자유롭고도 공정하게 조정한다.

분명히 식민지 문제를 거론했다. 그러나 권리관계를 가지고 있는 제국주의 국가 정부의 "정당한" 요구와 식민지 주민의 이해가 "동등"하다고 규정했다. "식민지의 요구를 자유롭고도 공정하게 조정"하는 주체도 모호했다. 즉 기본적으로 식민지가 독립해야 한다는, 독립시켜야 한다는 의지 자체가 강한 것은 아니었다. 물론 6조~13조에는 독일 점령하에 있던 벨기에, 오스트리아–헝가리 제국 내 모든 민족, 루마니아·세르비아·폴란드 등 동유럽 각국을 일일이 지적하면서 자치 또는 독립의 기회가 주어져야 한다고 주장했다. 그러나 일본의 식민지인 조선을 포함하여 영국·프랑스의 식민지인 아시아·아프리카·중동 지역에 대해서는 단 한마디도 언급하지 않았다.

즉 윌슨은 모든 피지배민족이 독립해야 한다고 주장한 것이 결코 아니었다. 피지배민족이 자치 능력을 가진 문명민족으로 거듭났다고 판단될 때, 또 그것이 세계평화와 미국에도 이익이 된다고 판단될 때 독립을 승인할 수 있다고 주장한 것이다. 필리핀이 그런 경우였다. 물론 판단의 주체는 제국주의 국가였다. 이런 점에서 윌슨의 민족자결 주장은 원칙에서도, 대상 지역에서도 '선택적'이었고 승전국의 제국주의 정략에 갇힌 인종주의적 세계관의 산물이었다.

다만 미국은 태평양 지배와 중국 진출의 교두보로서 필리핀 등을 식민지로 갖고 있었으나, 영국·프랑스 등과 달리 식민지배에 사활적 이해관계를 두지 않았다는 적지 않은 차이가 있다는 점은 지적할 수 있다. 그렇더라도 윌슨의 민족자결주의는 진정성 여부와 무관하게 국제정치 현실에 순응한 이상주의자의 수사에 그쳤고, 그 자신도 수차례 자신이 정한 원칙과 위배되는 결정을 한 적도 있다.

제1차 세계대전이 막바지에 이르렀을 때 파리에서 열린 협상국 회의(1918. 10)는 윌슨의 14개조 평화원칙을 강화 조건으로 채택하기로 순조롭게 합의했다. 승전국 '빅5'(미·영·프·이·일)와 독일에 선전포고한 32개국 대표가 베르사유궁전에 모여 회의를 시작했다(1919. 1). 5개월에 걸쳐 진행된 파리 강화회의는 1920년대 국제관계의 기본 틀을 만든 베르사유 조약을 조인하면서(1919. 6. 28) 종료되었다.

승전국은 민족자결주의를 패전국의 식민지에 대해서만 그것도 부분적으로 적용하고 자신들의 식민지에는 적용하지 않는다고 분명하게 못 박았다. 그에 따라 폴란드와 체코슬로바키아 등 패전국의 일부 식민지·속국은 독립할 수 있었지만, 아시아·아프리카·중동의 패전국 식민지는 지배의 주체만 바뀔 뿐이었다. 가령 독일이 지배하던 중국 산둥 지역과 남태평양 섬들은 위임통치 명목으로 일본의 지배령으로 귀속되었고 아프리카의 르완다, 탄자니아, 카메룬 등은 승자인 협상국에 분배되었다.

한 가지, 베르사유 체제라 불리는 새로운 국제질서에 국제연맹 규약이 포함되어 있었다는 점이 주목된다. 강화회의 진행 과정에서 이에 대한 반대 의견이 속출했지만, 기본적으로 지향하는 집단안전보장 규약에 따라 1920년대 이후 국제관계는 다자간 세력균형을 통해 평화를 유지하는 방향으로 전개되었다. 그러나 미국 상원이 외교의 고립주의 원칙에 의거해 베르사유 조약의 비준을 부결시킴에 따라 국제연맹을 이끌어가야 할 미국의 역할은 제한적일 수밖에 없었다.

즉 미국이 주도한 전후처리는 식민지 피압박민족에게 민족자결의 가능성을 전혀 보여주지 못한 가운데, 국제연맹이 유럽 중심의 국제기구로 출범하게 되었다. 아시아·아프리카·중동 문제가 배제된 것은 국제연맹 규약이 회원국의 (식민지에 대한) 주권 행사를 제한할 수 없도록 한 조항에서도 드러난다. 제국주의가 자국의 판단에 따라 식민지 문제를 다루도록 규정한 것이니 이들 지역 약소민족의 독립 열망은 부정된 것이다.

강화회의 현장은 유럽중심주의에 갇힌 노골적 인종주의 인식이 지배하는 세계였다. 일본이 제안한 동아시아 관련 두 가지 문제, 즉 인종적 평등을 국제연맹 규약에 포함하는 문제와 일본이 이미 차지한 독일의 '이권'을 국제적으로 승인하는 문제가 거론되었으나 실질적 합의는 도출되지 못했다. 물론 일본은 두 문제를 모두 관철시켜 국제적 지위를 강화하고자 했다. 그러나 전자는 서구 열강의 무관심으로 배척되었고, 후자는 명목상 승전국의 일원으로 파리 강화회의에 참가했던 중국이 비준을 거부하면서 회의장을 떠나는 상황을 연출한 가운데 베르사유 조약에 그 내용이 포함되었다. 이를 계기로 중국에서 5·4운동 등 급속하게 확대된 반일운동은 중국에 대한 열강의 균점적 지배와 현상유지를 원하는 구미 세력과 중국을 독점 지배하려는 야욕을 갖고 있던 일본 사이에 균열을 일으키는 배경이 되었다.

한마디로 파리 강화회의에서 동아시아에 산적한 과제는 논의되지 않았다. 다만 일시적이나마 일본은 국제연맹 중심의 국제질서의 틀에 묶이게 되었고, 동아시아 문제는 세계적 패권과 중국에서의 이권을 유지하려는 미국이 지역 내 주도권을 강화하려는 일본과 이후 1920년대 들어 열린 워싱턴 회의를 통해 다시 논의해야 할 사항이 되었다.

5) '희망고문'으로 끝난 파리 강화회의와 식민지 민족운동

전후처리를 위한 파리 강화회의는 세계의 관심을 집중시켰다. 이 시기에는 레닌의 민족자결주의보다 윌슨의 민족자결주의가 강화회의에 참여하는 유럽 전승국의 지배하에 놓여 있는 식민지 피압박민족의 민족운동가들을 고무시킨 언술이었다. 영국의 지배를 벗어나려는 아일랜드, 이집트, 인도, 페르시아, 프랑스와 네덜란드의 지배를 벗어나려는 베트남과 인도네시아, 일본으로부터 독립을 쟁취하려는 조선의 대표들이 자신들의 입장을 알릴 수 있다는 기대감을 안고 파리로 모여들었다. 하지만 파리 강화회의에서 이들의 요구는 완전히 묵살되었고 한마디 거론조차 할 수 없었다. 이들에게 파리 강화회의는 참담함만 안겨줬을 뿐이었다.

그 와중에도 "모든 식민지에 대한 개정은 그 식민지 인민의 원하는 대로 처결할 일"이라며 민족자결주의의 원론을 제시한 제5조에 희망을 건 아일랜드, 이집트, 베트남, 조선 등 승전국 식민지의 독립운동가들은 '청원서'를 제출했다. 비록 파리 강화회의에서 승전국의 식민지 문제는 논의조차 되지 않았지만 이러한 청원은 국제사회에 자신들의 처지를 알리고 선전하겠다는 목적을 지니고 있었다.

결국 파리 강화회의의 전후처리 과정은 승전국의 '남의 땅따먹기'로 끝났다. 일시적으로나마 식민지민들을 고무시켰던 민족자결주의는 장밋빛 이상, 희망고문에 불과했다. 식민 모국을 도와 참전하면 독립 혹은 자치를 부여하겠다는 약속 또한 지켜지지 않았다. 파리 강화회의에 청원서를 제출했던 승전국의 식민지 민중들은 이제 독립운동 방향을 새로 설정해야 했다.

전쟁 기간에 '부활절 봉기'(1916. 4)를 일으켰다가 진압당한 아픈 경험을 가진 아일랜드인들은 전후에 독립을 선언하고(1919. 1) 파리에 아일랜드공화국 임시정부를 수립했다. 아일랜드공화국은 파리 강화회의에 청원서를 제출하는 한편, 아일랜드공화국군(IRA)을 갖추고 독립전쟁을 시작했다. 영국의 폭력적 진압 속에서 3년 가까이 치열하게 계속된 아일랜드 독립전쟁은 런던에서 휴전조약이 체결(1921. 12)되면서 마무리되었다. 북부 6개 주(북아일랜드)를 제외한 남부의 자치를 인정받아 아일랜드자유국이 수립되었다. 그러나 완전 독립을 원했던 공화주의자들은 이 조약을 받아들일 수 없었다. 결국 조약 반대파가 아일랜드공화국 이름으로 일으킨 내전은 아일랜드자유국의 승리로 끝났다(1923. 5).

전쟁 이전까지 명목상 종주국인 오스만제국과 보호국의 실질적 주체인 영국의 이중 지배를 받고 있던 이집트는 전쟁 기간 영국군의 보급기지 역할을 하면서 영국에 협력했다. 전후 이집트인들은 독립 의지를 표방하면서 파리 강화회의에 청원서를 제출했지만, 영국의 방해로 강화회의에 참석조차 못했다. 이는 이집트에서 반영 운동인 '1919년 혁명'이 일어나는 계기가 되었다. 1920년 영국은 이집트를 신탁통치하겠다는 조건부 독립안을 제시했지만, 이에 반발한 이집트인의 독립운동이 전국으로 확산되었다. 결국 영국은 이집트의 독립을 인정함으로써 입헌군주제의 이집트왕국이 출범했다(1922. 3. 1). 그러나 수에즈 운하의 소유권은 영국·프랑스가 공동으로 갖고 있었고 경제 종속이 심해 주권은 여전히 영국의 지배하에 놓인 상태였다.

종전 후 자치를 시행하겠다는 영국의 약속에 배신당한 인도에서도 반영 운동이 크게 일어났다. 영국은 인도인들의 민족운동을 막기 위해 "영국의 시책에 반대하는 인도인들 누구든 영장 없이 체포하고, 재판을 거치지 않고 투옥할 수 있다"는 '롤럿법(Rowlatt Act)'까지 제정했다(1919. 3). 수백만 인도인들이 각지에서 검은 깃발과 포스터를 들고 롤럿법 철폐를 요구하는 시위에 나섰다(1919. 4. 6). 일주일 후 인도의 북서부 지역인 암리차르에서 벌어진 시위에 영국군이 무차별 사격을 가해 379명이 학살되었다('암리차르 학살 사건' 1919. 4. 13). 이 과정에서 '비폭력 불복종'을 주장한 마하트마 간디가 인도 민족운동의 지도자로 부상했다.

제1차 세계대전과 러시아 혁명에 따른 4개 구제국의 붕괴는 식민지·속국에 대한 전통적 지배 방식의 종식을 뜻했다. 독립이나 자치 약속을 믿고 협상국 편에 서서 참전했던 (반)식민지 지역에서 일어난 민족운동의 급격한 확대에 대응하여 제국주의의 식민지 지배도 영국의 인도 지배처럼 '개발'을 통한 방식으로 바뀌어가기 시작했다. 소련의 부상과 더불어 국가주권을 송두리째 빼앗는 식민지배의 효율성에 회의적이었던 미국의 부상은 세계 자본주의와 국제 정치 패러다임에 변화를 불러오는 한 요인이 되었다.

3. 격동의 동아시아, 신해혁명과 일본의 중국 침략

1) 중국 신해혁명의 굴곡과 소수민족 배제

청은 아편전쟁의 참담한 패배 이후 간신히 유지하던 구제국의 지위를 일본과의 전쟁에서 패배하면서 완전히 상실했다. 나아가 의화단 운동 진압을 명분으로 침략해온 구미 열강 8개국 연합군에게 베이징을 다시 점령당하고(1900) 군대 주둔권을 인정하는 신축(辛丑) 조약을 체결함으로써 청의 반(半)식민지화는 더욱 촉진되었다.

청일전쟁에서 청이 고전하던 1894년 하와이에서 '청조 타도'를 목적으로 비밀결사 흥중회(興中會)를 조직했던 쑨원(孫文)은 이후 유학생 출신들이 중심이 된 각종 혁명단체들을 통합하여 중국혁명동맹회를 결성했다(1905). 이전의 반청 결사체들이 '반청복명(反淸復明)'의 기치를 들거나 새로운 한족 왕조 창건을 목표로 했던 것에 반해 중국동맹회는 '창립민국(創立民國)'을 강령으로 한 공화국 수립을 명백히 내세웠다. 이때 쑨원은 삼민(민족·민권·민생)주의를 제창했다.

청이 재정난을 타개하기 위해 철도 국유화를 결정하자(1911. 5), 이에 반대하는 '보로(保路) 운동'이 전국적으로 일어났다. 10월 우창(武昌) 봉기로 후베이성(湖北省)을 장악한 혁명군은 청으로부터 독립을 선언했다. 이를 계기로 각 성들이 잇달아 독립을 선포하면서 청제국은 급속히 와해되기 시작했다. 독립을 선포한 각 성 대표들은 난징에 모여 미국에서 귀국한 쑨원을 임시대총통으로 추대하고 중화민국 임시정부 수립을 선포했다(1912 1. 1).

그러나 정부군과 남북으로 대치하는 상황에서 재정적, 군사적 기반이 취약했던 중화민국 임시정부는 결국 '황제 퇴위와 공화정 실시'를 조건으로 북양 군벌 위안스카이(袁世凱)에게 임시대총통 직위를 넘겨주는 협상에 합의해야 했다. 그 결과 청의 마지막 황제인 선통제가 퇴위함으로써 청조가 막을 내렸고

(1912. 2), 3월에 임시약법이 선포되어 중화민국 베이징 정부가 출범했다.

아시아에서 최초로 '민국'을 선포한 신해혁명은 조선, 베트남 등 아시아의 청년들에게 큰 영향을 미쳤다. 강제병합을 전후해 중국으로 망명한 신규식(申圭植), 조소앙, 김규식(金奎植) 등은 신해혁명에서 광복의 방법론을 찾고자 했다. 이들이 1912년 7월 상하이에서 조직한 동제사(同濟社)는 중국 혁명파 인사들과 연대하여 '함께 건너자'는 뜻의 신아동제사(新亞同濟社)로 확대되었다. 프랑스 식민지 베트남에서는 신해혁명 이후 근왕주의 단체 유신회(維新會)가 해산되고 '베트남공화국' 건설을 강령으로 내세운 월남광복회가 창설되었다(1912). 공화주의를 받아들인 월남광복회 회원들은 아시아 약소민족의 독립운동을 위해 중국 혁명파와 연대 활동도 전개했다.

그러나 구제국 청은 붕괴되었지만 제국에서 민국으로 전환하는 과정은 험난했다. 무엇보다 혁명세력이 취약하여 타도 대상이었던 청의 실세 위안스카이가 신해혁명의 성과를 거둬갔다는 점을 빼놓을 수 없다. 권력을 장악한 후 위안스카이는 중국혁명동맹회를 개편한 국민당을 해산(1913)하고 독재정치를 강행하는 한편, 자신이 황제가 되려는 구상까지 하는 거대한 반혁명 세력이 되었다. 청조만 무너졌을 뿐, 달라진 것은 아무것도 없었다. 위안스카이 정부는 제1차 세계대전 발발 초기에 중립을 선언하고 중국 영토와 수역 또는 조차지에서 전투 행위 금지를 요구했지만 일본은 독일령 산둥으로 침략해 들어왔다.

그런데 신해혁명 과정에서 또 다른 측면에서 힘의 공백이 드러났다. 신해혁명을 기회로 중국 내 소수민족의 독립운동이 거세게 일어난 것이다. 인도에 망명해 있던 달라이 라마(Dalai Lama) 13세가 영국의 지원 아래 귀환하여 티베트의 독립을 선포했다(1913. 1). 몽골에서도 신해혁명기에 러시아에서 귀환한 일부 왕공들이 대몽골국 독립을 선포했다(1911. 12). 이는 오스만제국이나 오스트리아-헝가리제국 등 구제국 속국들의 독립 선언 또는 투쟁과 비슷한 양상이었다. 그러나 이를 '과분(瓜分)의 위기', 중국의 분할 위기로 인식한 신해혁명 주체 세력이 치켜든 반만(反滿) 한족 민족주의는 구제국 청이 지배한 영토와 소수민족들(만주족, 몽골족, 티베트족, 회족 등)을 계속 지배하겠다는 배타적 종족주의인 한족 우월주의로 충만된 것이었다.

한편 자신들의 이익을 위해 중국의 현상유지를 최우선으로 설정하여 위안스카이의 베이징 정부를 지지한 제국주의 열강은 공동차관단을 구성하여 차관을 지렛대로 한 금융지배와 이권 확장을 기도했다. 열강은 기본적으로 중국 내에서 세력균형을 유지하며 경제적 이권을 나눠 갖는 데 주력했다. 이 와중에 러시아와 일본은 러·일협약을 통해 각각 몽골과 만주에서 지배권을 나눠 갖고자 했다.

그런데 황제가 되고자 했던 위안스카이가 사망했다(1916. 6). 이어서 중국은 군벌들 간의 혼전으로 군벌 할거 시대가 시작되었다. 쑨원은 이때를 기회로 광둥에서 호법(護法)정부를 수립했다. 베이징 정부가 제1차 세계대전에 중립을 표방했지만, 쑨원은 미국이 독일에 선전포고한 넉 달 후 독일과 오스트리아에 선전포고하고 참전을 선언했다(1917. 8). 전쟁 막바지 제국주의 열강들이 러시아 내전에 개입했을 때도 중국은 이름을 올렸다. 전후에 중국도 승전국의 일원으로 인정을 받겠다는 의도였다.

실제로 종전 후 중국은 파리 강화회의에 52명의 대규모 대표단을 파견하여 자국의 이해를 관철하려 했다. 패전국 독일의 이권은 중국에 귀속되어야 하고 일본이 위안스카이를 압박하여 맺은 '21개조'는 무효라고 주장한 것이다. 그러나 일본은 '21개조 요구'를 수용한 조약(1915. 5)이 중국의 참전 훨씬 이전에 조인되었다는 이유로 산둥성 반환을 거부했다. 일본과 중국 모두 명목상 승전국에 포함되었지만, 강화회의에서 지위는 비교할 수 없는 차이가 있었다. 일본은 영국, 미국, 프랑스, 이탈리아와 함께 최고회의 구성국에 포함되어 있었다. 게다가 영국과 프랑스 등은 이미 일본과 '제 권리를 상호 승인'하는 데 합의하는 등 일본의 편을 들어주었다. 결국 파리 강화회의는 산둥 이권을 '중국에 반환하는 것을 전제로' 일본에 양도하기로 결정했고(1919. 4), 중국은 산둥반도 이권이 전쟁 초기에 독일군을 밀어낸 일본에 넘어가는 결정을 바라보면서 회의장을 뛰쳐나와야 했다.

이런 상황에서도 쑨원이 파리 강화회의 대표로 보낸 왕징웨이(汪精衛)는 연합국 측을 관대하게 이해했다. 그는 파리 강화회의에서 공리가 지켜지지 못한 것은 구미 각국이 전쟁의 참화를 겪으며 공리보다 국익을 앞세우는 보수적 성향으로 돌아섰기 때문이며, 시간이 지나 영국이나 미국이 원래 모습을 회복하면 중국에 도움을 줄 것이라는 근거 없는 낙관을 하고 있었다.

2) 3대 군사강국으로 부상한 일본의 만주 지배 자신감

러일전쟁 승리는 청일전쟁 승리에 이어 일본 사회가 또다시 군국주의를 만끽하는 계기가 되었지만, 경제적으로는 위기를 불러왔다. 20억여 엔에 이르는 천문학적 전비를 쏟아부었으나 배상금을 한 푼도 받지 못했기 때문이다. 결국 전쟁 기간 남발한 국채가 경제의 발목을 잡았다.

무역수지와 경상수지 적자가 확대되었다. 보유 외화를 지불하거나 신규 외채를 모집하여 적자를 충당했지만 곧 한계에 부딪혔다. 1905~1913년 외환 보유고는 절반이나 격감했다(4억 2천만 엔→2억 2천만 엔). 그 와중에 대한제국 강제병합으로 재정 지출이 확대되었다. 대외 채무가 누적되고 이자 지불액이 증가하자, 일본 정부는 이자율을 인상하는 긴축재정을 폈다. 이자율은 러일전쟁 직후 4.75%에서 1914년 7.3%로 급증했다. 불황의 지속과 긴축재정으로 내수시장은 얼어붙었다.

러일전쟁 이후 미쓰이(三井), 미쓰비시(三菱), 스미토모(住友), 야스다(安田) 등 4

대 재벌을 정점으로 도쿄, 오사카, 나고야, 고베, 요코하마 등 대도시에 공업지대가 형성되었다. 도시 수공업자와 직인들이 몰락하고, 농촌의 빈곤한 농민들이 대거 도시로 유입되면서 하층 노동자가 증가했다. 하지만 계속된 불황과 내수시장 위축은 도시와 농촌 민중의 삶을 더욱 위협했다. 민중들의 불만은 집회와 소요로 표출되었다.

그런데 이런 처지에 놓여 있던 일본 경제가 비약적으로 성장하는 계기가 외부에서 찾아왔다. 제1차 세계대전이 발발한 것이다. 유럽에서의 전쟁으로 유럽 상품이 장악하고 있던 아시아 시장을 일본 상품이 차지하기 시작했다. 1914~1917년에 수출은 1.8배 증가했다. 유럽으로의 수출은 줄었지만, 중국으로의 수출이 급증했기 때문이다. 동남아시아로의 수출도 증가했다. 같은 기간 수입은 1.1% 증가에 그쳤다. 무역수지와 경상수지가 모두 큰 흑자를 보여 외환 보유고는 8억 9천만 엔이나 증가했다. 러일전쟁 때 생긴 채무를 전액 갚고도 남을 정도였다.

이제 일본은 세계 자본주의 체제의 주요 축으로 등장했다. 전쟁 기간에 수출 증가가 산업 구조를 변화시켜 면직물 수출은 1.9배나 늘어났다. GNP는 6배 이상, 산업 생산고도 4.9배나 급증했다(14억 엔→68억 엔). 아시아 시장을 장악하면서 전시호황까지 맞게 된 이 무렵 일본 경제의 급성장은 일본의 군벌 '정치군인'들이 혐오했던 '다이쇼 데모크라시'의 기반이 되었다.

게다가 구미 열강이 유럽 전선에 온 힘을 쏟는 사이에 일본은 아무 제지도 받지 않고 중국과 태평양을 공략할 수 있는 전략적 지점까지 확보했다. 그 계기는 영국이 제2차 영일동맹에 근거해 일본의 참전을 요청한 것에서 시작되었다. 영국은 독일에 선전포고하고(1914. 8. 4) 해상에서 독일 전투함 감독과 영국 상선 보호에 일본을 활용하고자 했다. 일본도 바로 독일에 선전포고하고(8. 23) 영국이 요청한 범위를 넘어 10월까지 자오저우만, 지난(濟南), 칭다오 등 독일군주둔지를 점령하고 산둥성을 동서로 연결하는 자오지(膠濟)철도를 장악했다. 그리고 철도 연선에서 독일인이 경영하던 탄광과 철광을 압수했다. 일본은 독일의 조차지였던 칭다오를 접수한 후 일본정청(日本政廳)을 개설하고(11. 29) 태평양 적도 이북의 독일령 사이판, 포나페, 트라크, 파라오섬 등까지 잇달아 점령하여 태평양의 교두보를 마련했다. 결국 이 섬들은 후일 태평양전쟁에서 미국과 격전이 벌어지는 장소가 되었다.

일본 육군 군벌의 영수 데라우치 마사타케 조선총독은 "유럽의 전란"이라는 '좋은 기회'를 맞아 일본이 미국의 참견을 거절하고 중국 지배 정책을 본격적으로 진행해야 한다고 생각했다. 또한 신해혁명 이후 중국의 '혼란'이 만주에서 일본의 권익을 확대할 수 있는 호기라고 인식함과 동시에, 혁명의 영향이 만주로 전파되면 한반도 지배가 불안정해질 수 있다는 점도 우려했다.

일본이 칭다오를 장악하자 조선총독부를 신의주나 안둥으로 옮겨야 한다는 주장까지 등장했다. 오쿠마 시게노부(大隈重信) 내각(1914. 4~1916. 10)도 유럽 열강이 전쟁으로 피폐해졌고 미국은 일본에 큰 위협이 아니라고 판단하면서, 위안스카이에게 산둥반도의 독일 권익을 일본이 계승한다는 '21개조 요구'를 강요했다. 위안스카이는 결국 일본의 요구를 수용했다. 그중에는 남만주와 동부 내몽골에 관한 이권을 구체적으로 요구하는 내용까지 포함되었는데, 이것이 수용되면서 만주 지역에서 일본인들의 자유로운 상공업 종사와 거주 및 왕래가 가능해졌다.

데라우치(조선총독 사임 후 1916년 10월 19일 총리 취임) 내각은 '21개조 요구'를 계기로 일본이 만주-몽골 지역 이권을 거의 장악했다고 확신하면서 한반도 철도를 만철에 위탁경영하기로 결정했다. 7년 8개월간(1917. 8. 1~1925. 3. 30) 지속된 위탁경영을 결정할 당시 일본의 정계, 특히 육군은 한반도-만주를 하나의 지역으로 만들어 통일된 철도로 대륙을 지배하겠다는 자신감으로 가득 차 있었다.

러시아 내전에 개입하기 위해 열강 중 최대 규모의 파병을 강행한 것도 이러한 분위기의 여파였다.

여기에 더해 협상국과 전후 상호 간 세력권을 약속하는 비밀협정도 체결했다. 일본은 중국 침략을 본격화함에 따라 미·영과 대립이 불가피해지자, 화해의 제스처로 동맹국 블록과 단독강화를 하지 않는다는 내용의 '런던선언'에 가입했다(1915. 10). 동시에 이미 침략을 시작한 중국을 대상으로 미국에 대응하기 위해 러·일 비밀군사동맹의 4차 비밀협약(1916. 7)을 맺었다. 그리고 10월혁명이 일어나기 5일 전 미 국무장관 랜싱(Robert Lansing)은 일본 특사 이시이 기쿠지로(石井菊次郎)와 ① 중국에서 일본의 특수이익 인정, ② 중국의 영토 보전, 상공업상 기회균등, 문호개방 승인 등에 관한 이시이-랜싱 협정(1917. 11. 2)을 체결했다. 주일 영국대사 그린도 이후의 강화회의에서 산둥성과 독일령 제도의 권익을 일본이 계승하도록 보장하는 편지를 일본 외상 모토노 이치로(本野一郎)에게 보냈다.

이처럼 전쟁의 다른 한편에서 진행된 제국주의 간 합종연횡 야합과 더불어 일본은 전쟁특수를 통해 러일전쟁 이후 10여 년간 지속된 불황과 재정 궁핍에서 벗어날 수 있었다. 그리고 전쟁이 끝날 무렵에는 5대 강국 '빅5'(미·영·프·이·일)에 속하게 되었다. 군사력으로는 3위나 되었다.

그러나 일본의 전쟁특수는 오래가지 않았다. 전쟁 기간 경제성장기에 잠재되어 있던 자본 유동성 위험이 1918년부터 조짐을 드러냈다. 전쟁특수에 따른 자금 유동성 확대는 쌀 시장에 과잉투자를 불러왔고, 시장가격에 거품을 키웠다. 인플레이션은 지주와 미곡상의 매점매석 및 투기를 불러왔다. 더구나 공업화 진행으로 농촌의 생산 인구가 도시로 유출되면서 쌀 생산이 정체된 결과 쌀 가격이 폭등하여 1918년 7월부터 전국에서 쌀 폭동이 일어났다. 50여 일간 369회나 소요가 발생해 10만여 명의 군 병력이 진압에 투입될 정도였다. 쌀 폭동은 결국 육군 조슈벌의 수장 데라우치 내각의 사퇴(1918.9)로 이어졌다. 쌀 폭동을 수습하기 위해 임명된 최초의 평민 출신 총리대신인 하라 다카시(原敬)는 물가 억제를 위해 긴축재정을 실시했다. 전후 미국의 불황으로 수출까지 감소하면서 일본 경제는 전후공황의 긴 터널로 빠져 들어갔다.

3) 동아시아 정세의 급변과 사회주의 민족운동의 대두

러시아 혁명, 청조와 유럽 4개 구제국의 붕괴, 레닌과 윌슨이 서로 다른 의도로 주창한 민족자결주의, (반)식민지 지역에서 민족운동의 본격적 전개는 제1차 세계대전을 전후하여 길지 않은 기간에 중첩되어 나타난 세계사적 현상이었다. 이 시기의 중요한 변화는 다음 네 가지로 정리할 수 있다.

첫째, 근대 이후 자본주의 세계체제와 제국주의 시대를 이끌어간 영국과 유럽의 패권이 약화되고 미국이 그 자리를 대신하여 실리를 챙기면서 국제정치의 중심국으로 부상했다. 둘째, 협상국과 동맹국 양측이 모두 전쟁 승리를 위해 독립이나 자치를 보장해준다는 빌미로 각기 식민지 민중을 동원했기 때문에 전쟁 이후 어떤 형태로든 이에 대한 해결책이 제시되어야 했다. 셋째, 전쟁은 협상국의 승리로 끝났지만 전쟁 중 일어난 러시아 혁명을 계기로 새로운 체제를 지향하는 사회주의 세력이 세계적으로 큰 영향을 미치기 시작했다. 넷째, 일본이 협상국과 긴밀한 관계를 유지하면서 중국과 태평양 지역까지 침략 영역을 확대해 나갔다.

이러한 환경은 1920년대 국제관계를 규정하는 조건이 되었고, 식민지 조선도 바로 그 영향권하에 놓였다. 세계사 차원에서 보면 3·1운동은 그러한 시대 변화에 조응한, (반)식민지 지역에서 찾아보기 어려운 치열한 독립운동이었고 이를 계기로 운동의 이념과 방식에 질적 변화가 나타났다.

중국인들도 본격적인 반일운동에 나섰다. 일본의 중국 침략 시도가 큰 저

천안문 광장의 학생과 시민들
5·4운동 당시 천안문 광장에서 시위 중인 학생들과 시민들. 2019년 4월 5·4운동 100주년 기념 홍콩 중앙도서관 전시에 공개.

항을 맞게 된 것이다. 구제국 청이 무너지고 1910년대의 굴곡진 신해혁명 시기를 겪던 중국의 청년, 학생, 지식층은 '21개조 요구'와 파리 강화회의의 '배신'에 분노했다. 파리 강화회의에서의 참담한 소식이 전해지자 1919년 5월 4일 베이징에서 대규모 학생시위가 일어나 톈진, 상하이, 난징, 우한(武漢)까지 파급되었다. 중국인들은 베이징 정부의 '연약외교', '매국외교'를 강하게 비판하면서 '21개조 요구'를 받아들인 5월 9일을 국치기념일로 정했다. 또한 일본의 제국주의 침략을 비판하며 배일선전을 하고 일본 상품 불매운동을 전개했다.

　5·4운동 과정에서 창간된 잡지 『신청년』을 통해 전개된 신문화운동이 거족적인 반제국주의, 반봉건주의 운동으로 확대되면서 한족 중심의 중화민족주의가 전면적으로 등장했다. 5·4운동이 정치, 사회 개조운동으로 나아가면서 민

주주의가 전파되고 자유주의, 사회주의, 문화보수주의, 아나키즘 등 다양한 성격의 사상적 운동이 촉발되었다. 중국 근대사에서 한 획을 긋는 시기였다.

레닌과 윌슨에 의해 '정략적'으로 또는 '선택적'으로 제기된 민족자결주의, 파리 강화회의가 드러낸 제국주의적 본질, 러시아 혁명과 대공황 이후 제2차 세계대전 시기까지 보여준 소련 경제의 급성장에 대한 평가를 두고 (반)식민지 지역 민족운동은 좌·우로 분화되었다. 동시에 체계적·이론적으로 운동 방향을 설정하면서 무장투쟁의 중요성이 부각되었다. 러시아 혁명은 연해주, 시베리아 등에서 조선인 항일 빨치산부대가 결성되는 큰 계기로 작용했고, 이후 만주에서 독립군 활동이 활성화되었다.

우파 운동 세력은 윌슨의 민족자결주의가 '선택적'이었더라도 그에 대한 기대감을 버리지 않았다. 희망고문을 스스로 이어간 것이다. 러시아 내전에 개입하면서 혁명의 확산을 막는 데 주력했던 제국주의 열강의 반공·반소 정책에 조응하여, 이제까지 경험해보지 못한 혁명을 우려하면서도 당시의 '개조' 사상에 영향을 받아 추상적인 기대를 품은 채 관망하는 입장을 보였다.

러시아 혁명 후 초기에는 레닌과 소비에트 러시아가 선언한 민족자결론의 '정략성'이나 모순이 드러나지 않은 상황이었다. 따라서 자연스럽게 약소민족 해방운동을 적극 지원한다고 나선 코민테른이 세계 공산주의 운동에 '권위'를 갖게 되었다. 이 때문에 세계의 (반)식민지에서 좌파 운동 세력이 급격히 성장했다. 러시아 혁명을 이끈 레닌은 제1차 세계대전을 제국주의 전쟁이라고 선언하면서 반전운동을 주창했고, 그가 외친 민족자결론은 유럽에서는 계급 차별이 없는 세상, (반)식민지 지역에서는 민족 간 억압과 차별이 없는 평등한 세상을 추구하는 새로운 이념으로 받아들여졌다.

2장
식민지자본주의,
산업연관성 결여와 재정·금융 종속

1. 한반도 지배와 폭력적 무단통치의 주도자, 일본 육군

1) 조선과 만주를 장악하고 시베리아를 욕망하다

청일전쟁, 러일전쟁을 거치는 동안 일제는 대만, 관동주, 사할린, 조선을 식민지 또는 조차지로 장악했다. 그리고 이들 지역의 치안 유지, 민족운동 탄압, 대륙 침략을 위해 대만총독부, 관동도독부, 사할린청(樺太廳), 조선총독부를 설치했다. 총독(도독)은 현역 육해군 중장 또는 대장(대만총독, 관동도독), 육해군 대장(조선총독)으로 한정했다. 조선 등 식민지는 동화 정책, 내선일체 등 여러 수식어와 관계없이 일본 내지(內地)와 구별되는 이법(異法)지대인 외지로 규정되었다. 따라서 조선인들에게는 '국민'(대일본제국의 신민)으로서의 권리·의무를 규정하는 법률도 없었다. 조선인들은 일본 헌법이 보장하는 최소한의 보호도 받을 수 없었고, 법률 효력을 갖는 제령(制令)을 공포하는 막강한 권한을 지닌 총독을 정점으로 한 권력의 폭력에 노출되었다.

상식적인 얘기지만 조선총독부는 조선인의 이해관계를 반영하거나 합법적 절차를 통해 권한을 위임받은 국가-정부가 아니었다. 일왕이 직접 임명장을 주는 친임식에서 임명된다는 뜻의 친임관(親任官)으로서 일왕에 직예하고 상주권을 가진 조선총독은 조선인이 아니라 일왕과 일본 정부에 책임지는 자리였다. 정해진 임기도 없었다. 일본 정부의 통제를 받으면서 조선 내에서는 행정·사법·입법 권한을 모두 장악한 총독은 일본 법률의 효력을 가진 제령을 공포할 수 있었으며, 1910년대에는 조선에 주둔한 일본군의 파병권도 가졌다. 조선총독에는 일본 육군 군벌 수장 야마가타 아리토모로 연결되는 조슈 출신이나 조슈파 인맥이 임명되었다. 1910년대 조선총독부는 사실상 일본 육군이 지배하고 있었다.

야마가타파의 직계로 조슈파 군벌 수장이었던 데라우치 마사타케는 3대 한국통감(1910. 5~1910. 10)이자 초대 조선총독(1910. 10~1916. 10)을 지냈고 9년 이상 육군대신(1902. 3~1911. 8)을 지내면서 관동도독, 대만총독, 조선총독 등 식민지 총독 인사에도 큰 영향력을 행사했다. 데라우치는 조선을 자신이 주도하는 육군의 독립 영역 아래 두기 위해 본국, 특히 내각의 간섭을 배제하려 했다. 그는 총독으로서 조선인뿐 아니라 재조 일본인, 외국인(선교사)을 억압하는 전제정치를 시행했다. 그리고 '선만일체론(鮮滿一體論)'을 내세워 철도(선만철도)와 은행(조선은행)을 통해 대륙 침략의 기반을 다지기 위해 철도·도로·항만의 건설 등 교통·통신 정비를 조선 통치의 최우선 과제로 삼았다. 때문에 철도 건설, 도로개통, 항만 수축과 관련된 관업비, 치도 해관 토목비가 조선총독부 예산의 약 절반 정도를 차지했다.

데라우치가 일본 총리(1916. 10~1918. 9)로 있던 1917년은 일본, 특히 육군이 전시호황을 타고 만주를 자기 땅으로 생각하던 때였다. 이때 조선 철도의 건설, 개량, 보존, 운수 및 부대사업 일체를 만철(남만주철도주식회사)이 위탁경영하도록 결정되었다. 만철이 조선 철도를 통일적으로 관리함으로써 대륙 침략의 기반을 다지고자 한 것이다. 그의 시야는 '선만일체론'으로 표현되듯이 중국-만주를 향하고 있었다. 일본은 러시아 내전에 개입했을 때도 제국주의 국가 중 가장 많은 군대를 파견했다. 그러나 시베리아 파병은 많은 사상자를 내고 일본에서 쌀 폭동만 불러왔을 뿐, 아무런 성과도 거두지 못한 채 철군해야 했다.

2) 무단통치와 대륙 침략의 발판 마련

헌병경찰제는 1910년대 무단통치를 상징한다. 군인인 헌병이 경찰 업무를 겸하고 헌병 장교가 경찰 지휘부를 겸임하는 제도였다. 중앙의 경무총감부와 지방의 경무부로 구성되어 조선 주재 헌병대 사령관이 조선총독부 경무총감을, 각 도의 헌병대장인 영관급 장교가 각 도의 경무부장을 맡았다. 경찰은 개항지 및 철도연선 등 질서 '안정'이 필요한 곳에 배치되어 행정 및 사법 행정을 담당했다. 헌병은 군사경찰상 필요한 지역, 국경 지역, 의병 출몰지에 배치되었다. 조선헌병대가 일본군 전체 헌병대원의 80%를 차지할 정도로 조선에 집중 배치되었다(1915년 현재 조선 8,031명, 일본 1,140명, 대만 78명).

조선총독부가 헌병경찰제를 도입한 이유는 첫째, '남한 대토벌 작전'으로 세력이 약해진 의병투쟁이 명맥을 유지하는 가운데 지방행정을 완전히 장악하지 못했기 때문이다. 즉 식민지배 체제를 정착시키는 데 필요한 시간을 무력을 통해 단축시키겠다는 발상이었다. 둘째, 일본은 국제환경을 활용하여 강제병합은 이룰 수 있었지만 제국주의 수탈의 효율성을 높일 수 있는 식민지 '개발'에 필요한 자금이 없었기 때문이다. 자금은 없는데 식민지배를 하려니 폭력에 의존한 방법 외에는 다른 도리가 없었다. 침략 자체를 일본의 국익으로 간주하는 수준에서 식민 통치의 효율성이 있을 리 없었다.

헌병경찰은 치안뿐 아니라 첩보 수집, 산림 감시, 어업 단속, 징세 원조, 일본어 보급, 도로 개수, 식림·농사개량, 부업 장려, 법령 보급 등 조선인의 생활 전반을 통제하는 권한을 가지고 있었다. 농사개량, 육지면 재배, 각종 조합 강제가입 및 조합비 중복징수, 뽕나무 묘목 강제보급, 가마니 제조 강제 등 무단적 식민 농정을 시행한 기반도 바로 헌병경찰제였다.

무단통치는 특히 두 가지 반인권적, 야만적 법령을 동반했다. 하나는 「범죄즉결례」(1910. 12)였다. 3개월 이하의 징역이나 구류 또는 100엔 이하의 벌금이나 과료의 형에 처할 경우, 경찰서장 또는 헌병분대장이 재판 없이 곧바로 범죄자를 처벌할 수 있도록 한 것이다. 당시 일본에서는 경찰서장이 30일 이하의 구류와 20엔 이하의 벌금이나 과료의 형에 처할 경우에 즉결처분할 수 있었다. 일본보다 즉결처분의 권한을 대단히 폭넓게 부여한 것이다.

또 하나는 「조선태형령」(1912. 3)이었다. 조선인 남자(16~60세)를 3개월 이하의 징역 또는 구류에 처해야 할 경우 또는 100엔 이하의 벌금이나 과료의 형에 처한 자가 주소 불명 내지 무산자일 경우 형 1일, 벌금 1엔을 태(笞) 1대로 대신했다. 조선총독부는 폭력적 태형 제도를 활용하여 식민통치비, 즉 재판 비용과 감옥 건설비를 절약할 수 있었다. 조선인에게만 적용된 야만적 형벌 제도를 두고 문명에 이르지 못한 조선인에게 적합하다면서 합리화했다. 문명을 위해 야만을 활용한다는 모순조차 인식하지 못한 조선총독부는 이 악법을 3·1운동 때까지 운영했다.

이처럼 1910년대 조선총독부의 통치 방침은 식민지자본주의 수탈의 효율성을 높이기 위해 조선을 '개발'할 자금조달 능력이 없는 상황에서 무단통치와 더불어 대륙 침략을 위한 발판 마련에 초점을 뒀다. 침략 자체가 목적인 셈이었다. 러일전쟁 이후 일본은 재정 악화 속에서 침략 대상지인 중국으로 이어지는 교통망 정비를 최우선 과제로 삼았다. 위생, 교육 등은 관심 대상이 아니었고 이를 시행할 인력도 자금 여력도 없었다. 식민권력은 조선 사회의 전통적 관행과 질서를 '효율', '위생', '개발'을 내세우면서 헌병경찰을 통해 무단적으로 파괴, 해체, 변용하려 했다. '근대', '문명', '개발'을 내세우면서 본격적으로 조선인들의 일상생활에 폭력적으로 개입, 침투하는 시기였다.

　대한제국의 중앙 제도는 조선총독부에 의해 폐지되었지만, 지방 제도는 여전히 명맥을 유지한 가운데 식민통치에 활용되었다. 조선총독부는 1914년이 되어서야 「부제(府制)」를 실시하여 전국에 12부를 설치했다. 종래의 부·군제를 폐지하고 부를 도시의 기본 단위로 개편한 것이다. 특히 일본 거류민단이 갖고 있던 재산 중 수익성이 있고 실리적인 것은 모두 일본인 교육을 위한 학교조합으로 승계시켰다. 반면에 거류민단의 부채 중 많은 부분은 부에 승계됨으로써 조선인 부담이 커졌다.

　부는 철저하게 일본인들의 임시 자치기구였던 거류민단을 기준으로 설정했다. "거류민단 소재지 또는 다수 일본인 소재지를 부로 한다"는 방침에 따라 식민도시 중심으로 부를 설정한 결과 인구 5천 명 내외에 불과했던 청진과 신의주는 부가 되었는데 인구 4위 도시 개성이나 1만 명이 넘었던 수원, 함흥, 전주 등은 부에서 제외되었다. 특히 함흥, 전주, 광주, 진주, 해주 등은 도청소재지였는데도 부가 되지 못했다. 부윤의 자문 기관으로 부협의회를 설치했다. 정원은 6~16인으로 하고 의장은 부윤이 맡았다. 부협의회원은 도장관이 임명했는데, 임기 2년의 명예직으로 조선인과 일본인 반반으로 구성했다.

　1917년에는 「면제」를 실시하여 면에서 교육 사무를 제외한 관내의 모든 공공사무를 처리하도록 했다. 그런데 전체 2,512개 면 중 23개 면을 지정면으로 설정했다. 지정면은 ① 일본인이 다수이고 그 상황이 부에 가까운 면으로, ② 면장은 일본인 임명이 가능하며, ③ 면장의 자문 기관으로 도장관이 임명하는 상담역을 설치하고, ④ 재정 차관이 가능하도록 했다. 전국 13도 아래 도시 지역에는 부, 농촌 지역에는 군을 두고 군 아래에 기존 면을 통합하여 새로운 면을 만들어 면사무소를 지방행정의 말단기구로 삼았다.

2. 재정·통화·관세 정책의 식민지성

1) 일본 정부가 결정하는 조선총독부 특별회계

일본은 재정고문을 통해 한국 재정을 장악한(1904) 뒤 강제병합을 계기로 대한제국 재정을 폐쇄하고, 일본 일반회계로 흡수했다. 조선총독부 설치 후 9월 30일 칙령으로 「조선총독부 특별회계에 관한 건」, 「조선총독부 특별회계규칙」, 「조선에 시행하는 법률에 관한 건」을 공포하여 일본의 회계 관계 법령을 조선에 시행했다.

일본의 식민지 재정은 '외지특별회계'로 총칭되어 대만처럼 조선에서도 일본 중앙정부(일반회계)와 별도로 '조선총독부 특별회계'로 운영되었다. 일반적으로 특별회계는 국가가 특정 사업을 운영하는 방법으로 특정 세입을 특정 세출에 충당하여 특정한 국가사업의 수지를 명확히 하기 위해 일반회계와 분리하여 특별히 경리하기 위해 설치한다. 식민지 재정을 특별회계로 운영한 목적은, 일본 정부의 통제하에 두되 일본의 일반회계에 부담을 지우지 않고 식민통치에 필요한 재원을 식민지에서 충당하기 위해서였다.

「조선총독부 특별회계에 관한 건」에 따르면 조선총독부 특별회계는 그 세출을 조선에서의 수입과 일본 일반회계의 보충금으로 충당하도록 규정했다(제1조). 일본 회계법에 따라 일본 정부는 매년 조선총독부 특별회계의 세입, 세출 예산을 조정하여 일본 제국의회의 협찬을 받아 확정하는 절차를 밟았다(제3조). 매년 조선총독부 특별회계의 예산(세입, 세출)을 조정해 제국의회에 제출하는 주체는 일본 정부(대장성)였다. 「조선총독부 특별회계규칙」은 조선총독부 특별회계 소관 대신(조선총독)이 세입, 세출 예정 계산서를 전년도 8월 31일까지 대장대신에게 송부한다고 규정(제1조)했다. 즉 조선총독부는 실무적으로 예산을 편성할 뿐, 예산결정권은 일본 정부(대장성)가 갖고 있었다. 조선총독부가 편성한 예산안에 대해 정무적 판단을 하고 결정하는 최종 주체는 대장성이었다.

구체적인 예산편성 과정을 보면 조선총독부 각국이 재무국(1919년 8월 이전까지는 탁지부)에 예산 요구→재무국의 사정→조선총독부 회의를 거치는 동안 종합적으로 수지를 조정하여 대장성에 제출(7~9월)→일본 정부(대장성)의 사정 (10~12월)→조선총독부 특별회계 예산을 작성해 일본 제국의회에 제출(1월)하는 과정을 거쳤다. 제국의회 심의 과정에는 조선총독부 정무총감과 재무국장이 정부위원으로 참석하여 의원들의 질문에 응했다.

조선총독부 특별회계는 예산편성 과정에서부터 대장성, 제국의회 등 일본의 통제를 받으며 결정되었다. 이 과정에서 일본 육군이 큰 영향을 끼쳤는데, 1910년대 후반 이후 '다이쇼 데모크라시' 분위기를 타고 일시적으로 내무성이 영향력을 발휘하기도 했다. 어느 경우든 일제의 대륙 침략 의도가 조선총독부 예산편성을 좌우하는 상황은 마찬가지였다.

일제는 통감부 시기부터 가옥세, 주세, 연초세 등을 신설하며 조세 수입을 늘렸다. 그러나 중국 침략이 목표였던 제국주의 정책상 필수적이었던 철도, 항만, 도로 등 인프라 구축을 위한 막대한 초기 자금을 조선에서의 세입과 일본 일반회계의 보충금으로만 충당할 수는 없었다. 이 때문에 공채 발행이 필수적이었다. 일본 정부는 공채 발행에 대한 감독권을 행사하기 위해 일본 법률로 「조선사업공채법」(1911. 3. 21)을 제정했다.

공채 발행권 역시 대장성이 장악하고 있었다. 일제는 세입 보전을 위한 적자공채 발행을 금지하고 특정한 사업을 위한 공채 발행만 허용했으며 사업공채의 발행한도, 사용처, 공채 인수, 원리금 상환 등 공채 발행과 관련된 모든 사안을 대장성의 관리, 감독하에 운영했다.

재정 정책은 여러 이해관계를 매개로 운영되는 매우 정치적인 경제 현상이다. 그러나 조선총독부 특별회계 운영은 일본 정부에 종속되어 있었고, 조선총독부는 예산결정권이나 공채 발행권이 없었다. 구성원의 이해관계를 조율하면서 반영시키는 통로도 제도적으로 존재하지 않았다. 그나마 비공식적인 차원에서 청원이나 진정 등의 방식으로 목소리라도 낼 수 있던 집단은 재조 일본인, 그리고 극소수 친일파에 국한되었다. 식민통치의 일차적 책임자인 조선총독이나 정무총감조차 궁극적으로 식민지 재정 정책의 주체가 될 수 없었다.

조선총독부 특별회계의 일본(본국) 종속성은 당대에 경성제국대학 교수 오다 다다오(小田忠夫)도 지적했다. 그는 일본의 일반회계에 종속된 '특별회계' 형식은 본국 예산의 부속으로 취급될 뿐이고, 조세 관련 법령도 본국 세법을 약간 수정해 시행되는 것에 불과하다고 설명했다. 그리고 예산은 본국 제국의회에서 심의할 뿐 조선에 살고 있는 사람들은 입법에 참여할 권한이 전혀 없고, 공채 발행도 일본 정부와 제국의회가 결정하는 대로 진행된다고 지적했다.

2) 금본위 아닌 엔환(円換)본위의 식민지 통화 제도

제국주의가 식민지 경제를 장악하는 데 필수적인 제도로 조세, 무역, 통화 통제를 들 수 있다. 일본은 징세권을 장악하여 식민통치와 '개발'에 필요한 재원을 식민지에서 조달하고, 무역 및 통화 제도를 장악하여 식민지 경제를 일본에 종속적으로 연계시켰다. 특히 식민지 통화 제도를 통해 일본과 식민지 간에 경제적인 수직 위계 구조가 형성되어, 식민지는 일본을 매개로 세계 자본주의와 종속적으로 연결되었다.

19세기 후반 세계 자본주의는 국제 금본위제라는 통화 체제를 재화와 서비스 및 자본의 이동에 활용하여 제국주의적 식민지 '개발' 정책을 수행했다. 런던 금융시장은 국제 금본위제 운영에서 핵심 역할을 했다. 영국이 대외교역에서 효율적인 결제 시스템을 갖추고 식민지 등에 적극적인 해외투자를 이끌어감에 따라, 런던이 국제금융의 중심지가 된 것이다. 당시 영국의 은행들은 해외에 대출(투자)할 때 파운드 스털링을 기준통화로 삼았고, 파운드화 대출이 보편화되면서 다른 국가들도 결제 편의를 위해 런던에 계좌를 개설했다. 사실상 이 계좌가 각국의 외환보유고가 되었던 셈이다. 런던 시장이 투자자들에게 풍부한 유동성을 공급했기 때문에 각국의 중앙은행들이 준비금을 예치하는 장소가 된 것이다. 당시 세계 경제의 기축통화인 영국 파운드화는 제1차 세계대전 직전인 1913년 말 전체 외환 준비금에서 차지하는 비중이 40%에 이를 정도로 지배적인 준비통화로 기능하고 있었다.

많은 국가들이 런던에 파운드화 계좌를 개설하고, 은행권 발행 준비 중 일부를 영국의 중앙은행인 잉글랜드은행(Bank of England)에 예치했다. 금태환 요구가 있을 경우 잉글랜드은행을 통해 파운드화를 금으로 교환해서 지급했는데, 일본 역시 그렇게 했다. 일본이 금본위 제도를 채택하여 세계 금융시장에 순조롭게 편입될 수 있었던 것은 전적으로 청일전쟁에서 받은 거액의 배상금 덕분이었다. 당시 일본이 보유한 금만으로는 금본위제 이행이 불가능했는데, 중국에서 받은 배상금(약 3,800만 파운드)을 잉글랜드은행에 예치하고, 이 자금을 준비금으로 삼아 금본위제(순금 0.75g=1엔)를 시행한 것이다(1897. 10). 이와 같이 당시 자본주의 국가들은 국제 금본위제에 편입되어 런던에서의 자금조달 및 운용을 통해 국내외 금융을 조절하고 있었다.

그런데 금본위제가 원활하게 작동하려면 현실적으로 금에만 의존할 수는 없다. 더구나 금은 공급이 제한되어 금과 유사한 기능을 수행하는 화폐가 필요했다. 영국의 파운드화가 그 역할을 담당했다. 다른 국가들은 금이 아니더라도 파운드화를 보유함으로써 금 준비와 같은 효과를 거둘 수 있었고, 그만큼 탄력적인 유동성 공급이 가능했다. 즉 일본은 정화준비로 금을 보유한 것처럼 보였지만, 사실상 재외정화 형태로 런던에 파운드화를 예치하고, 이를 통해 국제 금융거래를 수행한 것이다. 정확하게 말하면 금본위제라기보다 영국에 예치한 재외정화(파운드화)를 준비로 한 금환본위제(gold exchange standard)였다. 이는 금본위제를 채택한 국가의 금과 태환이 가능한 채권을 보유한 채 이를 금과 교환하는 방식이었다.

일제는 이러한 방식을 화폐주권을 박탈한 조선에 종속적으로 재현함으로써 조선 경제를 장악했다. 화폐정리사업(1905)을 통해 조선 경제를 일본과 단일 통화권에 편입시켰고, 식민지 발권은행으로 한국은행을 설립(1909. 1911년 조선은행으로 개칭)했다. 조선은행은 세 가지 방식(정화준비+보증준비+제한외발행)으로 조선은행권을 발행했다. 그리고 조선은행권 발행의 정화준비(금화, 지금은, 일본은행권)가 전체 발행액의 3분의 1 이상을 차지하도록 규정했다.

그런데 조선은행권을 발행하기 위한 정화준비의 대부분은 금이 아니라 일본은행권이었다. 즉 조선은행권 발행 방식은 엔환(円換)본위제였다. 다르게 표현하면 일본은행권 본위제였던 셈이다. 조선은행권은 금태환권이 아니었다. 조선은행권 소지자가 금으로 태환하려면 조선은행권을 일본은행권으로 교환한 후에야 금으로 받을 수 있었다. 그런 점에서 조선 경제는 조선은행 운영을 장악한 대장성에 의해 국제적 통화 제도인 금본위제와 간접적으로만 연계되도록 설계된 것이다. 마치 일본은행이 런던 잉글랜드은행에 재외정화 예치를 통해 대외 결제자금을 운영한 것처럼, 조선은행이 도쿄 금융시장에서 그 역할을 수행했다.

그러나 일본은행의 재외정화가 영국 등 여러 국가를 대상으로 한 것에 반해, 조선은행의 정화준비는 일본은행권 등 오로지 일본계 통화에 국한되었다는 질적 차이가 있었다. 따라서 조선은행 도쿄지점의 가장 중요한 업무는 정화준비를 위해 일본은행권을 확보하는 일이었다. 조선은행은 언제나 부족한 일본은행권을 차입금이나 단자시장에서의 콜머니(call money, 일시적 자금 부족을 메우기 위한 단기 차입)를 통해 메웠다. 영국 런던이 국제 금본위제 유지와 운영에 핵심 역할을 담당한 것처럼, 일본 도쿄가 엔블록권 경제 운영의 중심지 기능을 수행했다.

일본이 세계 자본주의에 직접 연계되어 주체적으로 자금을 조달했다면, 조선은 대장성 통제 아래 일제 지배권 내에서만 그것이 가능했다. 일본이 런던에서 재외정화를 운용하여 자국 금본위제를 유지했듯이, 조선은 도쿄에서 정화인 일본은행권을 조달하여 식민지 통화 제도를 운영했다. 즉 세계 금융시장에서의 런던 시티의 역할을 일본 식민지에서는 도쿄가 담당하여, 일본의 금환본위제가 조선에서는 엔환 본위제로 변용되어 작동한 것이다. 식민지자본주의 아래서 조선 경제는 일본을 매개로 세계 경제와 간접적으로 연결되었을 뿐, 해외 시장으로의 주체적 진출은 단절된 채 일본에 한정된 교환 체계만 작동되고 있었다.

영국 런던 시티에서 활동하는 각 국가는 자국의 이해관계를 중심으로 주체적으로 세계 자본주의와 직접 접속했지만, 식민지 조선은 일본의 이해관계에 철저히 종속되고 통제된 채 간접적으로 연결되어 있었다. 조선은행은 조선은행권 발권은행이었지만 일본 법률로 정한 「조선은행법」에 따라 일본 정부(대장성)가 운영 주체였다. 나아가 일본 정부는 일본은행권이 조선에서 유통되는 것을 금지시켰다. 가장 큰 이유는 별도로 조선은행권을 발행하여 조선을 비롯한 일본 식민지나 점령지에 유통시킴으로써 일본 본토 경제를 인플레이션에서 보호하는 방파제로 삼기 위해서였다.

3) 수직적 경제 통합을 위한 관세 폐지

근대국가에서 관세는 재정 수입원임과 동시에 자국 내 기업의 자본축적과 시장 확보를 위한 보호 정책의 핵심 수단이다. 관세는 자본주의 세계체제에서 국가가 존재하는 한 반드시 존재하는 세목이다. 개항 이후 차관을 도입할 때

대표적인 담보물이 관세(세관)였다는 것도 이러한 사실을 반영한다. 그 때문에 역으로 제국주의가 식민 정책을 수행하는 데 필수적인 요소 역시 관세주권 장악이었고 불평등조약의 핵심 내용도 관세주권 박탈이었다.

근대 자본주의라는 태아는 국가라는 엄마가 있어야 생존과 번영이 가능했다. 관세 정책은 한 국가의 자본주의 운용에서 핵심 요소 중 하나이다. 예를 들어 인도 면직물 산업의 기반을 붕괴시키면서 진행된 산업혁명 과정에서 영국은 수입품에 대해서는 고율 관세로 보호무역 정책을, 수입품에 대해서는 저율 관세로 자유무역 정책을 차별적으로 운영하면서 자유무역과 보호무역의 달콤함을 즐겼다. 그와 반대로 인도는 이러한 정책을 수행할 수 없었다.

일본 식민지의 무역 상대는 식민 모국인 일본에 대한 집중도가 특히 높았다. 영국은 30%, 프랑스는 50~60% 정도였으나 일본은 80% 이상이었고 일본 이외의 지역에 대한 무역도 만주 등 일본 통화권에 한정되었다. 1910~1919년에 조선의 무역액이 8.5배나 급증했는데(6천여만 엔→5억여 엔) 일본에 집중된 만큼 대일 경제 예속성은 더욱 심해졌다.

일제는 강점 이후 '특별관세 제도'를 설정하여 대한제국이 열강과 맺었던 불평등한 협정관세율을 10년간 유지했다. 강제병합 자체가 영국과 미국의 지원에 의해 가능했던 만큼 일본이 열강을 신경 써야 했기 때문이다. 실제로 그동안 대한제국에서 최혜국 대우를 누리던 열강에게 치외법권, 관세, 이권 문제는 중요한 관심 사안이기도 했다. 특히 영국의 그레이(Edward Grey) 외상은 강제병합 직전(1910.7) 가토(加藤高明) 주영대사에게 일본의 관세율을 조선에 적용하지 말고 기존의 관세를 '상당 기간 유지'하고 영국 연초업자를 위해 계획하고 있는 연초전매제 시행도 유보하라고 대놓고 요구할 정도였다.

실제로 일본은 이러한 요구를 수용했고 유럽 열강도 만족했다. 무엇보다 일본도 여전히 불평등한 관세 규정에 구속되어 있었기 때문이다. 영국, 독일,

프랑스 3국으로부터의 주요 수입품 중 협정세율(종가 10% 상당)이 잔존했고 조약국 선박에 대해 개항장의 연안무역도 허용하는 상황이었다. 이러한 불평등 조약의 만기(1911. 7. 16)가 강제병합 다음 해여서, 일본 정부는 자국의 관세주권 회복을 위해 대한제국 시절의 관세 유지를 유럽 열강과의 관세 교섭에 활용하는 협상카드로 설정한 것이다.

일제는 '구관세 거치 기간'이 만료된 1920년 8월이 지나서야 일본의 관세 관련 법률을 조선에 적용하여 제3국과의 수출입 관세를 통일하고 일본과의 이출입 관세를 철폐해 일본 경제에 종속 편입시켰다. 그러나 1910년대에도 열강의 이해관계와 무관한 대일무역과 관련한 관세는 부분적으로 폐지하고 있었다. 일본 자본의 입장에서 필요한 이출세(조선에서 일본으로 이출하는 품목에 대한)를 먼저 정리한 것이다. 「조선관세정률령」을 제정(1912. 4)하여 먼저 이출세(종가 15%)를 철폐(1913. 7. 밀, 콩, 소 소가죽, 석탄, 철 등 8개 품목 제외. 1919년에 완전 폐지)했다. 이후 조선총독부 특별회계에서 관세 수입은 대부분 수이입세였다.

조선에서 이출세(일본에서 이입세)를 폐지함에 따라 일본에서 가격 경쟁력이 커진 조선 미곡은 1914~39년 동안 일본 수이입 미곡의 절반 이상이나 차지했다(54.5%). 강제병합 이후 미곡 이출을 목적으로 조선총독부가 일본 벼 품종을 조선에 강제 보급함으로써 일본과 조선의 미곡 품질은 동질성이 한층 더 커졌다. 조선과 일본의 미곡 시장이 단일시장으로 통합되면서 1914~1939년 일본의 미곡 소비량 가운데 조선 미곡 비중은 7.1%에 달했다.

조선 미곡은 일본에서 생산과 소비의 격차로 발생할 수 있는 미가 폭등을 방지하고 일본의 1인당 미곡 소비량을 1.1석 전후로 안정적으로 유지하는 데 결정적인 역할을 했다. 당시 경제 수준에서 조선은 물론 일본에서도 쌀 소비는 삶의 질을 가늠하는 지표였다. 반면에 조선에서는 생산량을 훨씬 넘는 미곡이 이출됨으로써 1인당 미곡 소비량은 0.77석(1912)→0.67석(1916)→0.53석(1926)→0.45

석(1930)→0.39석(1936)으로 20여 년 사이에 절반 정도로 떨어졌다. 일본의 미곡 소비 안정과 조선의 미곡 소비 악화는 동전의 양면이었다. 이러한 구조를 유도한 식민지 관세 정책은 조선인 지주층을 경제적 이해관계 측면에서 식민통치에 편입시키고 조선 경제를 일본을 위한 미곡 생산지로 고착시키는 역할을 했다.

조선과 일본의 미곡 시장 통합이 갖는 의미와 식민지 경제 정책의 특징은 일본의 쌀 폭동(1918.7~8) 과정에서 잘 드러난다. 제1차 세계대전 특수로 일본 경제는 호황을 누렸지만, 물가도 상승했다. 조선에서도 1917년부터 미가와 물가가 올라 특히 하층민들의 타격이 컸는데, 특히 이 해는 흉작인 데다가 전쟁의 장기화를 틈탄 매점매석이 성행하여 연말의 미가가 연초보다 2배 가까이 급등했다. 1918년 들어 미가 상승이 더욱 가팔라져 영세 계층은 기아선상으로 내몰렸다. 조선총독부 기관지 『매일신보』조차 당시의 절망적 상황을 다음과 같이 전했다. 지게꾼 가장이 하루에 버는 40전으로는 다섯 식구 좁쌀죽 한 끼를 끓일 수 있을 뿐이었다. 월급 20원을 받는 감옥 통역이 도저히 살 수 없다고 목숨을 끊었고, 가장이 가출한 한 집에서는 아이 넷 중 둘이 굶어 죽었다. 생활고에 지쳐 아이를 내다 버리거나 심지어 땅에 묻는 경우도 있었다.

이런 상황에서 일본 정부는 미곡 수급 조절까지 실패하면서 미가 폭등을 부채질했다. 결국 쌀 폭동이 일어나자 일본 정부는 조선미를 들여와 해결하고자 했다. 수입상에게 보조금을 지불하면서까지 비밀리에 조선미 매집(買集)을 독려했다는 사실이 언론에 폭로되었다. 일본과 연동되어 조선에서도 쌀값 폭등으로 큰 고통을 받고 있다는 현실은 아랑곳하지 않고, 오로지 일본 경제만 고려한 것이다.

이에 조선총독부와 조선 유지들은 빈민구제 기금을 모아 구제회를 조직하고, 시가보다 싸게 쌀을 구입할 수 있도록 염매소(廉賣所)를 열었다. 쌀을 1되당 시중보다 10전 싸게 받기로 하고, 경성에 9곳의 염매소를 설치하여 8월 18일부터 개시했다. 인천, 평양, 대구, 전주, 마산 등에서도 염매소가 열렸다. 그런데 8월 28일 경성의 종로소학교에서 하루종일 줄 서서 기다리다가 중간에 쌀이 떨어져 사지 못하게 된 주민 200명을 경찰이 폭력적으로 해산시키는 불상사가 터졌다. 그러자 시민 1천여 명이 합세하여 항일 연설을 하고 경찰과 학교 건물에 돌을 던져 유리창을 박살내는 시위가 일어났다. 이로 인해 109명이 검거되어 30여 명이 재판에 회부되었다. 쌀값 폭등을 둘러싼 갈등과 대립은 3·1운동 직전의 조선 사회 모습을 잘 보여준다.

일본제국과 식민지 사이에는 쌍방향이 아니라 일본의 편의에 따른 일방성만 관철되고 있었다. 상품뿐 아니라 화폐도 마찬가지였다. 일본은행권은 조선에서 자유롭게 유통되었으나 조선은행권은 일본에서 유통 금지되었다. 일본에서 식민지로의 이동은 자유로웠지만, 그 반대 방향의 이동은 통제되었다.

인력 교류도 마찬가지였다. 일제는 자국의 정치적·경제적 필요에 따라 조선인 도항의 규제와 허가를 반복했다. 조선인들은 일본 경제가 호황일 때 값싼 노동력으로 활용되다가, 불황일 때 가장 먼저 해고되어 돌아와야 했다. 일본은 도항의 규제 또는 완화 정책을 통해 식민지에서 일본으로 유입되는 노동자의 수를 조절했다. 이 과정에서 조선인의 자유로운 도항을 허용한 적은 한 번도 없었다. 일본인 이주 및 정착을 지원하기 위해 동양척식주식회사를 설립하여 토지 및 금융 등 여러 편의를 제공했지만, 일종의 잉여 인력인 조선인 노동자의 도항은 오로지 일본 노동시장의 상황에 맞춰 조절될 뿐이었다.

반면에 일본 사람·화폐·물자는 별 제한 없이 자유롭게 조선에 들어와 활동할 수 있었다. 물론 일본 외의 제3국은 각종 관세·비관세 장벽에 막혀 있었다. 일본은 자국의 필요에 따라 일본에서 자본과 인력, 기술을 들여와 식민지를 '개발'하고 일본 상품이 조선 시장을 독점할 수 있도록 재편하여 식민지배의 이익을 극대화했다. 이처럼 일본과 식민지 사이에는 모든 분야에서 수직적 위계 구조가 구축되고 일본의 이해관계가 일방적으로 관철되면서 조선 경제의 대일종속이 구조화되었다.

3. 대외 침략과 식민 정책을 위한 특수은행 쌍두마차

1) 특수은행의 금융시장 독점

식민지 금융 정책의 큰 특징은 일본 정부와 조선총독부가 각기 직접 통제하는 특수은행 중심으로 금융 기관을 재편하고 조선인이 은행자본으로 성장하는 것을 억제했다는 점이다. 특수금융 기관은 시장 논리를 따를 수밖에 없는 상업은행(일반은행)이 자금, 채산성, 전문성 등에 의해 제약되는 특정 분야에 자금을 조달하기 위해 정부가 전액 또는 일부 출자로 설립한 금융 기관을 말한다. 일반적으로 특수금융 기관은 국민경제의 균형적 발전과 금융시장의 원활한 작동을 꾀하기 위한 금융 기관이다.

영국을 비롯한 서구 제국주의 국가에서는 자본가들이 국가의 후원을 받아 대외 침략과 영토확장에 나섰다. 영국의 제국주의 경제 정책이 자유주의를 내세울 수 있었던 것은 압도적인 자본력 때문이었다. 이와 달리 일본은 메이지유신 이후 국가가 대외 침략을 '국책'으로 설정하여 주도해 나가고 기업은 이를 따라가는 형국이었다. 이를 위해 일본은 민간자본이 성숙하지 못한 현실을 보완하는 수단으로 1880년대 이후 여러 특수금융 기관들을 설립했다. 국가가 개입하고 주도하여 자본주의 발전을 꾀한 것이다.

특수금융 기관은 별도의 특별법이나 조례에 의거하여 설립된다. 그리고 설립 목적에 따른 특정 정책을 수행하는 데 필요한 자금조달을 위해 특정한 고유 업무와 그에 상응하는 특권을 부여받는다. 예를 들어 일본은행은 은행권 발행과 국고금 취급의 특권을 부여받았다. 장기 자금 공급 기관인 일본권업은행, 홋카이도(北海道)척식은행, 일본흥업은행은 자기 자본을 초과하여 채권을 발행할 수 있는 특권을 부여받았다. 요코하마쇼킨(橫濱正金)은행은 무역 금융 담당기관이었지만, 해외에서 은행권을 발행하는 특권도 부여받았다. 이러한 특수금융 기관은 정부 정책을 수행하는 데 금융적으로 기여하는 국책은행임과 동시에 사실상 국가 기관으로서 임원 임명에서 영업에 이르기까지 정부의 감독과 통제를 받았다.

그런데 특수금융 기관이 국가 정책에 따라 경제와 금융을 주도했다고 해서 금융시장을 독점하는 것은 아니었다. 1910~1940년 일본의 금융 기관 예금·대출 가운데 일반은행의 비중은 예금이 73.2~75.9%, 대출이 67.9~68.7%였다. 전국적으로 일반은행은 수도 많았다. 1920년대의 전후 반동공황, 지진공황 등 연이은 불황 속에서 1931년 680행으로 정리되었지만 그 직전인 1926년에는 1,417행, 가장 많았던 1901년에는 1,867행이나 되었다. 즉 특수은행과 일반은행 간 분업 구조가 정착되어 특수은행은 국민경제 발전에 필수적인 특정한 국책 사업을 위한 자금조달 업무를, 일반은행은 일반적 예금과 대출 업무를 전담하는 금융 구조가 형성된 것이다.

그러나 식민지 조선에서는 일본 정부와 조선총독부가 인사권과 경영권을 장악한 특수은행이 금융시장을 독점했다. 이러한 식민지 금융 구조의 기본 틀은 1910년대를 지나는 동안 '정비'되어 1918년경 완성되었다. 조선은행권 발행 및 국고금 취급 등 중앙은행 기능을 수행하는 조선은행, 산업금융을 담당하는 조선식산은행, 지방 중소지주 및 도시 상공업자를 대상으로 한 금융조합 등 특수금융 기관들이 각각의 설립 근거(일본의 법률이나 조선총독부 제령)를 통해 잇달아 설립된 것이다.

그리고 은행권 및 채권 발행이라는 특권을 통해 자금 운영 면에서 월등한 특수은행이 전국 지점망을 갖추고 관권의 지원을 받으면서 일반은행의 고유 영역인 예금·대출 업무까지 취급했다. 특수은행의 압도적인 자금 동원력 앞에서 일반은행이 경쟁력을 가질 수는 없었다. 그 결과 특수은행은 비대해지면서 금융시장을 독점해갔으며, 일반은행은 전체 금융 기관별 예금 및 대출 비중에서 현격한 열세를 면치 못했다.

통감부는 일반은행을 민족별로 이원화해서 서로 다른 법령을 적용했는데, 조선총독부는 「은행령」(1912. 12. 1)을 제정하여 하나의 법령으로 일원화했다. 일반은행은 본점은행(조선에 본점을 둔 은행)과 지점은행(일본에 본점을 둔 은행)으로, 본점은행은 설립 주체의 민족별 구분에 따라 조선인 은행과 일본인 은행으로 구분되었다.

일본 자본주의 자체가 미성숙하고 식민지 '개발' 자금조차 마련하기 어려운 강제병합 초기 1910년대를 지나는 동안 조선총독부는 각지의 자산층에게 일반은행 설립을 독려했다. 이에 따라 1910년대에 조선인 은행 10개(경성 본점 1행, 지방 본점 9행), 일본인 은행 10개(각기 2행, 8행)가 신설되었다.

조선총독부 은행 정책의 핵심은 특수금융 기관이 금융시장을 독점하도록 유도하는 것이었다. 이 때문에 대도시 지역 외에는 같은 지역에 일반은행을 중복해서 허가하지 않아, 신설된 일반은행은 대부분 단점을 둔 지방은행이었다. 「은행령」 제정 당시부터 통제의 편의와 1920년대 후반들어 강행할 은행합병 정책을 대비하기 위해 자본금 30만 엔 이상만 허가한다는 내규를 통해 극소수 대자산층에게만 일반은행 설립에 나서도록 조정했다. 실제로 1913년 이후 신설된 은행 가운데 자본 규모가 가장 작았던 호서(湖西)은행과 삼화(三和)은행의 자본금이 30만 엔이었다. 경성직뉴주식회사(京城織紐株式會社)의 1921년 8월 현재 자본금(10만 엔)에 비춰보면 은행자본의 규모는 상당히 큰 것이었다.

일제강점기 일반은행 거래에 두드러진 현상은 거래 고객이 민족별로 분리되었다는 점이다. 즉 조선인 은행은 조선인이, 일본인 은행은 일본인이 주거래 대상이었다. 조선인 은행, 특히 지방의 일반은행은 일본인들과 달리 특수금융 기관과의 거래가 제한된 조선인 자본가층에게 필수적인 자금 수급 통로가 될 수밖에 없었다.

은행론의 관점에서도 식민지자본주의 경제는 자유시장 경제 개념으로 설명할 수 없다. 일반은행의 예금 비중은 총예금액의 31.1%가 최대(1924)였고 1930년대 이후 20%를 넘지 못했다. 대출 비중은 더 떨어져 10%대에 불과했다. 즉 조선에서 일반은행의 역할은 특수은행이 독점한 영역 밖의 틈새 금융시장에서 영업을 하는 정도에 국한되었다.

이처럼 조선에서의 은행 정책은 일본 정부가 통제하는 조선은행 및 동양척식주식회사, 조선총독부가 통제하는 조선식산은행과 그에 수직적으로 연결된 금융조합 등 특수금융 기관 중심으로 운영되었다. 기본적으로 자금 부족 문제를 안은 채 침략에 나선 일본으로서는 제국주의 지배 방식에 조응한 식민지 '개발'에 필요한 자금은커녕 식민통치 자금조차 확보하기 어려웠다. 이런 상황에서 조선총독부는 직접 통제할 수 있는 특수금융 기관을 통해 일제가 필요로 하는 제한된 분야에 정책 자금을 조달하는 데 주력했다. 조선식산은행을 중심으로 식민지 '개발'에 나선 것도 이 때문이다. 결국 조선인 기업가를 포함하여 민간 사업의 경우 자금 공급에 제약이 따를 수밖에 없었다. 일제강점기에 조선인 일반은행은 지역 내 조선인 자본가와 밀접한 관련을 맺으면서 사업에 필요한 금융을 제공했지만, 일반은행이 위축되어감에 따라 조선인 기업가의 성장역시 제약되었다.

조선총독부의 은행 정책은 크게 두 과정을 거치면서 '정비'되었다. 첫 번째 단계는 1910년대 말 조선은행과 동양척식주식회사의 만주 진출(1917)과 조선식산은행의 설립(1918)으로 일단락되었다. 두 번째 단계는 1920년대 말로 조선총독부가 「은행령」과 「금융조합령」을 전면개정하고 조선식산은행 저축부를 독립시켜 「저축은행령」(1928. 12)을 제정하여 특수금융 기관 중심의 금융 체제를 완성한 것이었다. 금융조합의 금융 기능 강화와 조선저축은행의 저축 업무 독점이라는 방향으로 추진된 일련의 제도 개정 결과, 일반은행 영역은 더욱 위축되었고 특수금융 기관의 금융시장 독점력은 더욱 커졌다. 조선총독부는 특수금융 기관의 정책금융을 확대하면서 일반은행을 합병하여 소수의 대은행으로 재편함으로써 금융 통제력을 강화해 나갔다.

식민지 금융 정책의 최우선적 초점은 식민통치를 안정적으로 유지하고 식민지 경제 정책 수행에 필요한 자금을 조달하는 것이었다. 가령 금융조합에도 부여한 예금·대출 업무를 통해 민간에서 조달한 자금을 산미증식계획 등에 투입했다. 대공황기에는 농촌 경제 파탄을 수습하기 위해 기존의 지주 중심 농정을 전환하는 과정에서 농가부채 정리 및 자작농지 설정 사업 등을 위한 자금을 조선식산은행과 금융조합을 통해 조달했다. 조선총독부는 특수은행의 영업 규모를 확대하고 이윤을 높일 수 있는 이러한 정책금융 조달 업무에 일반은행을 배제했다.

물론 자금을 조달하고 도입하는 원천이 대부분 일본이었던 조선총독부의 정책금융은 일본 본국의 강력한 통제를 받았다. 발권은행인 조선은행은 일본 단자(短資)시장의 콜거래를 통해 정화준비를 보충했고 보증준비 발행한도 역시 대장성과 일본 제국의회에서 결정되었다. 즉 조선은행 발권력 확장을 통한 자금 공급 증대 여부는 철저하게 일본 정부가 결정하는 구조였다. 조선식산은행에서 발행한 채권도 역시 대부분 일본 금융시장에서 소화되었다. 전시기 들어서는 조선에서 소화되는 부분이 증가했지만, 조선의 금융은 시종일관 일본 정부의 엄격한 통제하에서 운영되었다.

2) 두 대의 쌍두마차: 조선은행-동척과 식산은행-금융조합

일제는 식민지 특수금융 기관을 대외 침략을 위한 은행(조선은행과 동양척식주식회사)과 식민 정책 수행을 위한 은행(조선식산은행과 금융조합) 등 두 대의 쌍두마차로 운영했다. 전자는 일본의 법률(「조선은행법」, 「동양척식주식회사법」)로 출범해 일본 정부가 운영을 좌우했다.

조선은행은 국고금 취급, 은행권 발행이라는 특권을 지닌 식민지 중앙은행으로 설립되었지만, 이와 동시에 민간인을 대상으로 한 상업금융, 즉 예금·대출 업무를 수행하여 영리를 추구하도록 규정되었다. 조선은행은 주식회사 외형을 띠고 70%에 달하는 민간 주주에게 영업실적을 토대로 1년에 두 차례씩 배당을 해야 했다. 수익을 늘리기 위해 일반은행 성격도 띤 것이다. 이런 상황에서 특히 일반은행을 비롯한 다른 금융 기관은 당연히 조선은행의 일반상업금융에 경쟁력을 가질 수 없었다. 물론 조선은행의 예금·대출 등 일반은행의 상업적 영업은 일본 지점의 경우 허락되지 않았다. 조선은행의 역할은 일본의 중앙은행인 일본은행과 질적으로 달랐다.

일제에 필요한 것은 식민지 조선을 위한 '중앙은행'이 아니었다. 당연했다. 오직 일본의 대외 침략과 식민지 '개발'을 위한 금융 정책에 수반되는 다양한 기능을 수행하는 국책금융 기관이 필요했을 뿐이다. 일본은 제1차 세계대전 기간에 중국 침략을 본격화하면서 만주 지역 특수금융 기관 설립을 추진했다. 일본 육군 군벌의 수장 데라우치 조선총독은 '선만일체'를 내세우며 조선은행과 동척의 만주 진출을 적극 독려했다. 그 결과 조선은행은 조선을 넘어 관동주, 만주 등으로 영업망을 확대하여 그곳에서 요코하마쇼킨은행이 수행하던 '만주중앙은행' 역할을 넘겨받았다. 조선은행은 관동주 및 만철 부속지에서 국고금을 취급하면서 조선은행권을 법화로 통용시켰다. 동시에 조선 밖에서 지점 개설, 일반은행 업무를 계속 확대했기 때문에 영업소 기준으로 볼 경우 조선에서의 비중이 22%에 불과할 정도였다.

　조선은행은 감독권과 인사권을 장악한 일본 정부의 지휘·통제하에 운영되었다. 따라서 조선은행권 발권을 통해 1910년대에 군부의 중국 침략을 뒷받침하기 위해 일본 정부와 일본은행에 종속된 해외영업 국책금융 기관 역할을 수행했다. 국책은행이면서도 영리를 추구해야 하는 조선은행에 국책 수행에 필요한 보증준비 발행한도 증가를 통한 발권력 확장은 곧 수익 증대로 이어졌다. 적극적인 국책 수행 자체가 조선은행에 수익을 보장해주는 가장 든든한 기반이었다. 조선은행이 은행권 발행 방식 중 선호한 것은 온전히 조선은행의 수익으로 귀결되는, 비용이 들지 않는 보증준비 발행이었다. 그 외 다른 방식으로 늘 부족했던 정화를 일본 단기자금시장에서 콜머니를 빌려 보충하거나 제한외발행이 가능했지만, 이는 이자비용이 수반되었다. 일제가 만들어 놓은 구조에 따라 조선은행의 보증준비 한도 인상은 곧 수익증대와 직결되었고, 수익을 내야 하는 조선은행은 이를 정확하게 활용했다.

　동양척식주식회사(이하 동척)는 일본인 농업 경영과 이민 사업 등을 목적으로 설립(1908)되었다. 설립 당시 가장 중요한 사업 목표는 조선에 일본인 이민을 모집하여 정착시키는 것으로서, 8년간 24~40만 명의 일본인 농민을 조선에 보내 최종적으로 300만 명을 이주시키겠다는 원대한 계획을 세웠다. 이 계획대로라면 당시 조선인 인구의 7분의 1에 이르는, 말 그대로 대규모 '식민' 정책이었고 그 수치 이상의 조선인이 한반도에서 축출되어야 한다는 허황된 구상이었다. 결국 일본인 이주민을 수용할 토지의 부족, 조선인 농민의 저항, 그리고 이민에 소극적인 일본 농민들의 반응 등이 어우러져 실제 거둔 이민 사업 실적은 4천여 호, 1만여 명에 그쳤다.

　이런 상황에서 제1차 세계대전을 틈타 일본의 만주 침략이 본격화되는 시점에 「동양척식주식회사법」이 개정되었다. 이에 따라 동척은 이민 사업보다

만주를 비롯한 국외 영업에 초점을 두면서 본점도 경성에서 도쿄로 이전(1917)
했다. 장기대출을 담당하는 척식금융 기관으로 전환한 것이다. 이로써 군부의
'선만일체화' 정책에 따라 일본 정부가 직접 통제하는 발권은행으로서의 조선
은행과 장기개발은행으로서의 동척이라는 쌍두 체제 한 축이 형성되었다. 이
후 동척은 일본의 침략이 확대됨에 따라 만주, 중국, 필리핀 및 남양군도 등지
까지 영업 범위를 넓혀 나갔다.

조선은행과 동척이 일제의 대륙 침략을 뒷받침하는 특수은행으로서 만주
진출에 초점을 두는 사이, 다른 한 축의 쌍두 체제가 구축되었다. 조선 통치를
담당하는 조선총독부가 자신의 통제 아래 식민지 '개발'에 필요한 금융을 조달
할 목적으로 기존의 6개 농공은행을 합병하여 조선식산은행을 설립한 것이다
(1918. 10). 화폐정리사업에 따른 화폐공황 이후 「농공은행조례」(1906. 3)에 의해 각
지에 설립된 농공은행은 한성농공은행을 시작으로 11개에 이르렀으나 이후
두 차례 합병을 거쳐 한호농공은행 등 6개로 정리된 상황이었다.

농공은행은 통감부 설치 직후 주요 지역에 조선인 자산층의 자금을 동원
하여 설립된 특수은행으로서 재정고문부의 농공은행과가 본점일 정도로 탁지
부가 파견한 지배인이 경영을 장악했다. 그런데 통감부는 농공은행을 조선인
들의 은행으로 착각하게 만들기 위해 조선인에게 경영권이 없는 중역을 맡겼
다. 실제로 호남 지주 현기봉(玄基奉)은 광주농공은행을 두고 "우리 자본을 우리
가 육성한다고 자본을 공동출자해 설립"했다고 착각했지만, 일본 상인에 대한
대출이 대부분인 현실을 목도하면서 분노했다. 결국 조선식산은행 설립 이후
조선인 중역들은 상담역으로 전락했다.

조선은행과 달리 조선총독부의 감독하에 운영된 조선식산은행은 공칭자
본금 1천만 원에 달하는 당시로서는 초대형은행으로 출범했다. 게다가 조선식
산은행은 납입자본금의 10~15배까지 회사채를 발행할 수 있는 특권과 일반은

행 업무까지 취급하는 특권을 부여받았다. 조선식산은행은 농공은행에 비해 자금조달력이 급증했는데, 전쟁 호경기에 급성장하던 일본 자본시장에서 자금을 조달할 수 있었기 때문이었다. 또한 조선총독 소유 주식에 대한 배당 면제, 보조금 지급, 설립 후 5년간 연 7% 배당을 보장하는 등 조선총독부의 지원을 받았다. 조선식산은행은 은행권 발행을 제외한 모든 금융 업무를 수행하는 명실상부한 식민지 조선의 중추 금융 기관으로 정착했다.

통감부의 말단 행정·통치기구의 하나로 설립된 지방금융조합(1907)은 두 차례 법령 개정을 통해 금융 기관 성격이 크게 강화되었다. 지방금융조합이 조합원 및 비조합원의 예금을 수취할 수 있도록 함으로써 일반은행의 수신 업무를 허용했다(1914). 또 농촌의 촌락금융조합과 달리 시가지를 영업 구역으로 한 도시금융조합에는 일반은행의 어음할인과 당좌대월 업무를 허용했다(1918). 그리고 도를 단위로 지역 내 개별 금융조합의 지도 감독 기관으로 각 도에 금융조합연합회를 신설했다. 이로써 두 대의 특수은행 쌍두마차 가운데 식은-금융조합을 잇는 쌍두마차 한 축이 완성되었다.

금융조합(연합회)은 자금 공급 측면에서 모(母)은행 역할을 하는 조선식산은행과 수직적 관계를 가졌다. 즉 금융조합은 1910년대에 전국적 영업망을 가진 은행화의 길을 밟아가다가 「금융조합령」의 전면개정(1929)으로 농촌 깊숙한 곳까지 일반은행 기능을 대체할 수 있는 특수금융 기관으로 자리 잡았다. 그리고 독자적인 자금조달과 공급 능력을 갖춘 중앙기관으로서 13개의 각도 연합회를 아우른 조선금융조합연합회가 창설(1933. 8)되면서 전국적 금융 기관으로 거듭났다. 이때에도 조선금융조합연합회가 발행한 금융조합채권의 대부분은 조선식산은행을 통해 소화했다.

4. 조선인 자본 통제와 식민지지주제의 정착

1) 조선인 자본 통제를 위한 「회사령」과 「조선상업회의소령」

강제병합 이후 조선총독부가 서둘러 공포한 경제법령이 「회사령」(1910. 12. 29)이었다. 조선에 회사를 설립하거나 지점을 설치할 경우 조선총독부 인가를 받도록 한 것이다. 회사 설립 자체를 외래 권력의 허가 사항으로 규정한 것은, 조선인의 국가가 있다면 말도 안 되는 일이었다. 조선인 자본은 '화폐정리' 이후 5년 만에 또다시 난관에 봉착한 것이다.

조선총독은 허가 조건에 위배되거나 공공질서와 미풍양속에 위반될 경우 회사의 정지, 금지, 지점폐쇄 또는 해산을 명령할 수 있었다. 회사 설립 요건은 매우 까다로웠고, 허가를 받은 후에도 재산과 업무상황을 총독에게 보고해야 했다. 「회사령」은 일본인 자본이든 조선인 자본이든 모든 조선 내 자본을 조선총독부 통제하에 둔 것이다. 그러나 주목적은 아직 조선으로 진출할 일본 자본의 힘이 부족한 틈을 타 조선인 상공업자들이 회사 설립에 나서는 것을 통제하기 위해서였다. 「회사령」은 제1차 세계대전기 전시호황으로 일본 경제가 무역흑자를 기록하고 일본 자본의 대외진출이 증대하면서 1916년경부터 사실상 사문화되어갔다. 이후 1918년에 개정되었고 조선총독부가 식민지 '개발'에 본격적으로 나선 1920년에 완전히 폐지되었다.

조선총독부는 특히 대한제국의 '보호' 정책 대상이었던 도고상업 체제에 기반한 조선인 회사들을 집중적으로 통제했다. '화폐정리' 이후 통감부 시기를 지나는 동안 잔존해 있던 기존 회사의 경우 신고서만 제출하면 인허된 것으로 간주한다는 「회사령」 규정과 무관하게, 「회사령」 발포 전부터 활동 중이었거나 발기된 회사 중 인가받은 경우는 20% 정도에 불과했다. 어렵게 인가를 얻은 회사들은 일본 자본과 경합하지 않는 영역에 있는 도자기 제조업, 연초 제조업,

철공업 등 국지적 시장을 대상으로 하는 소규모 제조업체 정도였다.

「회사령」은 아직 제대로 성장하지 못한 조선인 자본이 압도적인 식민권력과의 관계에서 식민 체제에 순응하는 성향을 내면화하는 계기가 되었다. 강점 직후 대한제국의 고위관료들 중심으로 회사 설립 열기가 일시 고조되었지만, 「회사령」의 장벽을 넘지 못하고 곧 수그러들었다. 퇴직 관료들은 대부분 은사공채의 수혜자라는 이유로 투자에 간섭을 받아 독자적 사업 영역을 개척하기도 어려웠다.

조선인 자본에 대한 강력한 통제는 조선인의 투자 방식도 변화시켰다. 대한제국 시기에 퇴직 관료들과 후견 관계를 맺고 각종 회사에 참여한 경험을 가진 일부 대상인들은 통감부 시기 들어 후견자를 식민권력으로 바꾸면서 기업가로 전신하기도 했다. 그러나 이들도 독자적으로 회사를 설립하기보다 식민권력과 원활한 관계 설정을 위해 일본인과 합작투자를 하는 경우가 많았다. 개항장 객주 출신들은 지역의 일본인 회사에 편입되어 일본인과 같은 이해관계를 갖게 되었다. 이 시기에 신설된 회사들은 대부분 대한제국 시기에 회사에 참여했던 경험을 가진 상인이나 지주들이 주도했다. 의주, 개성, 평양 등 전통적 상업도시의 상인들은 지역 상권 유지에 관심을 집중했다.

지주의 회사 참여는 통감부가 지주자본을 독려하여 농공은행을 설립할 때부터 시작되었지만, 「회사령」 시행 초기까지는 제한적인 가운데 객주 영업에 대한 제한이 없어지면서 각 항구에서 미곡 수출을 위해 객주업을 개시한 경우가 대부분이었다. 목포의 현기봉, 광주의 김형옥(金衡玉), 대구의 최준(崔浚)·정재학(鄭在鶴), 예산의 유진태(兪鎭泰) 등은 모두 그 지역의 대지주이자 유력한 미곡상이었다. 토지조사사업이 마무리되고 미가가 상승하는 등 지주경영이 호조를 보이면서, 이들은 주로 지주경영을 뒷받침할 수 있는 부문에 투자했는데, 지방은행이나 상업·무역회사, 양조장·정미소 등이 주요 투자 대상이었다.

한편 조선총독부는 「회사령」을 보완하기 위해 제령과 부령으로 「조선상업회의소령」(1915. 7), 「조선상업회의소령 시행규칙」(1915. 8)을 공포했다. 조선총독의 상업회의소에 대한 전방위적 영향력을 규정한 것이다. 조선총독의 임원 선임 및 해임 권한, 상업회의소 정관 또는 예산과 경비 징수 방법 변경권을 규정하고 평의원의 정수 및 선거, 퇴임 및 해임, 대표자, 회의에 관한 사항을 정할 수 있도록 했다. 조선인과 일본인 평의원 수와 비율도 총독의 사전인가를 받아야 했고 납세 실적에 따라 일본인 대상인들이 주요 임원진을 차지하면서 중소상인 중심의 조선인들을 압도했다.

자산 규모가 작은 대부분의 조선인 상인들은 상업회의소 내에서 발언권이 약했고, 운영에서 소외되는 경우가 많아서 이를 보완하는 방편으로 식민 정책에 적극 협조하는 길을 택했다. 1915년 말 선거(12. 15)에서 1급 평의원에 당선된 조선인은 3명(조선상업은행장 조진태趙鎭泰, 농공은행장 백완혁白完爀, 한성은행장 한상룡)이었고 나머지 12명은 일본인이었다. 부산에서는 회원 자격자가 일본인 513명으로, 조선인 27명(합 540명)에 비해 압도적이었다. 인천에서 선출된 평의원 30명 중 조선인은 7명에 불과했다. 3·1운동 이후에도 일본인 중심의 상업회의소 운영 구조는 큰 변화 없이 유지되었다. 1919년 6월 인천상업회의소의 24명 평의원 당선자 중 조선인은 4명, 같은 해 9월 목포상업회의소의 평의원 당선자 12명 중 조선인은 2명에 불과했다.

그런 점에서 「조선상업회의소령」과 「일본상업회의소령」은 큰 차이가 있었다. 일본에서는 "상공업에 관한 법규의 제정·개폐·시행에 대한 의견을 행정청에 개진하거나 상공업의 이해에 관한 의견을 표시할 것"과 "관청의 명령에 의해 상공업에 관한 감정인 또는 참고인을 추천할 것" 등을 규정했다. 이에 반해 조선에서는 "관청의 명령에 의하여 상공업에 관한 사항을 조사하고 또는 그 자문에 응할 것"을 규정하여 상업회의소의 일정한 자율성조차 배제했다. 이런 규정을 두고 부산의 일본인 상업회의소 의원조차 "사무 권한의 수동적인 규정"이라고 주장할 정도로 상업회의소는 조선총독부의 명령과 통제 중심으로 운영되었다.

2) 토지조사사업, 일본인 지주 급증과 광대한 '국유지' 창출

강제병합과 더불어 시행된 또 하나의 식민지 경제 정책으로 「토지조사법」과 「토지조사법 시행규칙」을 공포(1910. 8. 23)하여 1918년까지 실시된 토지조사사업을 빼놓을 수 없다. 토지조사사업은 토지소유권 조사, 지위(地位) 등급과 토지가격 조사, 지형(地形)·지모(地貌) 조사와 이에 기초한 각종 장부의 작성·검사라는 3단계로 진행되었다. 핵심은 토지소유권 조사로 소유권자, 강계(疆界), 지목 및 지번을 조사하고 그 과정에서 분쟁이 일어나면 분쟁지 조사에서 처리했다. 통감부는 토지조사사업 시행 전에 먼저 개항장 밖의 외국인 토지소유 금지 규정을 없앤 「토지가옥증명규칙」(1906. 10. 31)과 일본인들이 불법적으로 소유한 부동산에 법적 권리를 부여해주기 위한 「토지가옥 소유권 증명규칙」(1908. 7. 16)을 공포했다. 대한제국이 주권을 빼앗기면서 일본인들이 매매와 고리대를 통해 불법적으로 획득한 토지소유가 '합법화'된 것이다. 이런 임시조치들은 일본인의 조선 '진출'을 촉진하고 일본인의 재산권을 보장하기 위한 법적 장치였다.

토지조사사업의 중요한 목적은 제도 정비를 통한 지세 증징이었다. 조선왕조나 대한제국의 과세 방식은 소득이나 자산 자체를 직접적 세원(稅源)으로 포착하는 것이 아니라 신분과 지역을 매개로 이뤄졌기 때문에 여러 형태로 숨겨지거나(은결) 누락된 토지(누결)가 있기 마련이었다. 통치 재원 마련이 급했던 조선총독부로서는 이를 포착하여 세입을 늘리는 것이 무엇보다 중요했다. 1910~1918년 동안 실지 측량을 통해 늘어난 것과 토지대장에서 누락된 부분을 찾아내 늘어난 지세 총액은 약 2배에 이르렀다(600만여 엔→1,156만여 엔). 그럼에도 전체 조세에서 지세가 차지하는 비중은 감소 추세를 보였다. 이는 조세의 중추 세목이 단순비례세이기 때문에 증징에 한계가 따르는 지세에서 소비시장을 활용한 무차별적 대중과세인 소비세로 전환되고 있었음을 의미한다.

토지조사사업은 강제병합 이후 일본인에게 안정적이고 자유로운 토지 투자를 유도하고 소유권을 보장하는 제도적 장치를 마련했다. 또한 기본적으로 기존의 지주적 토지소유를 그대로 인정한 법인화 과정이었다. 즉 일제가 자신들의 목적과 편의에 맞게 광무양전의 성과를 부분적으로 계승한 것이다. 그러나 광무양전의 목적은 외국인의 토지소유를 불법으로 규정하고 대한제국의 근대화 개혁을 위한 재원 마련에 있었다는 점에서 질적 차이가 있었다. 일본에서 메이지유신 이후 식산흥업 정책을 이끌어간 중심 재원도 바로 지세였다. 국가주권을 빼앗겨 시행 주체가 명백하게 달라지니, 대한제국이 산업화 재원으로 구상했던 지세 수입은 식민통치비로 쓰여 조선 사회의 발전을 가로막는 방향으로 유용되고 말았다.

조선시대에 사적 토지소유가 성장한 가운데 늘어난 사문서를 통한 거래 관행이나 경작권, 개간권, 도지권, 입회권 등 다중적 소유 형태는 일본인들의 토지 거래나 투자에 장애 요인으로 작용했다. 그런 점에서 토지조사사업은 광무양전의 외국인 토지소유 금지규정을 없애고 농민의 관습적 권리를 일거에 부정함으로써 하나의 소유권만 인정하는 일물일권(一物一權)주의를 밀어붙여 일본인들의 토지 확대를 불편하게 한 장애 요인을 없앴다.

이는 물론 오로지 식민통치자의 행정 편의를 위한 조치였다. 근대적 소유권이 곧 일물일권은 결코 아니다. 사실 조선의 사적 토지소유는 매우 높은 수준으로 발전해 있었기 때문에, 일본·대만·오키나와와 달리 토지조사사업을 통해 기존의 토지소유권을 부정할 수 있는 상황이 아니었다. 일본인들이 조선에서 쉽게 토지소유권을 취득할 수 있었던 이유는, 역설적이게도 조선 사회에서 전통적으로 유지되어온 사적 소유의 자유와 불문법에 따른 토지 거래 관행이 정착되어 있었기 때문이다. 따라서 일제가 사유지를 무단 약탈할 수 있는 상황이 아니었다.

그러나 원시적 약탈과 다른 차원에서 광대한 경지가 조선총독부 소유의 '국유지'로 변하고 일본인에게 불하된 메커니즘도 같이 봐야 한다. 조선총독부가 1906년까지 불법이었던 일본인 지주의 토지소유를 합법화하면서 토지를 약탈한 사실 또한 분명하기 때문이다. 1918년 토지조사사업이 마무리되었을 때 조선인 소유지는 418만 정보(85.8%), 일본인 소유지는 24만 정보(4.9%), 국유지는 27만 정보(5.5%), 동척 소유지는 8만 정보(1.6%)였다. 전국 농지의 13% 이상이 이미 일본인 소유가 되어버린 것이다. 특히 방대한 규모의 대한제국 황실소유지가 조선총독부 '국유지'로 전환되어 동척이나 후지흥업(不二興業), 히가시야마(東山), 후지이(藤井) 등 일본인 토지회사나 이민자들에게 헐값으로 불하되면서 일본인 지주들이 성장하는 초기 조건을 만들어주었다. 일본인 지주(농장)의 확대 배경에는 강제병합으로 창출된 '국유지'가 있었던 것이다. 미군정기에 남한에서 신한공사가 접수한 일본인 농지는 26.9만 정보(경작지의 12.3%)나 되었고, 신한공사 경지의 52%가 기름지고 수익성 높은 전라도에 집중되어 있었다.

또 한 가지 한반도 삼림의 59%가 '국유화'되었다는 사실도 주목해야 한다. 통감부는 전통적으로 공동체가 임야자원을 함께 이용해오던 '입회권'을 전면 부정하고 「삼림법」(1908. 1)을 공포하여 삼림·산야 소유자에게 3년 이내에 소유를 입증할 서류를 제출하도록 했다. 그러나 신고에 필요한 측량경비 부담이나 부과될 세금 우려 때문에 신고된 것은 전체 삼림의 14%에 불과했다. 통감부는 나머지를 일단 국유로 편입시키고 강제병합 이후 「삼림령」(1911. 6)을 거쳐 토지조사사업 완료와 더불어 공포된 「조선임야조사령」(1918. 5)에 따라 1924년까지 임야의 소유권, 경계 등을 조사하고 확정했다. 그 결과 총 1,600여만 정보의 41%(660여만 정보)만 사유림으로 인정되고 나머지는 '국유림'으로 편입되었다.

'국유림'의 상당 부분은 불하를 거쳐 1923~1942년에 949여만 정보(59.8%)에서 533여만 정보(32.8%)로 축소되었고, 그만큼 늘어난 사유림의 상당 부분은 일본으로의 목재 보급을 원활히 하기 위해 조림대부, 양여, 연고림 형식을 통해 일본인 이주민이나 삼림 자본가에게 분급되었다.

3) 무단 농정, 헌병을 동반한 일본 벼의 폭력적 보급

일제는 토지조사사업을 통해 일본보다 훨씬 낮은 지세율을 책정하는 등 지주층에게 세제·금융상의 우대 조치를 취했다. 지세는 소득세 등 다른 세목과 달리 면세 규정도 없는 단순비례세로서 영세지주와 대지주에 대한 과세율이 같아 과세와 부담능력이 일치하지 않는 소득 역진적 세목이었다. 특히 1925년까지 미가상승률이 일반 물가상승률보다 높아 지주층의 농업경영과 토지집적에 유리한 환경이었다. 더구나 지주층은 지세 부담을 소작농에게 떠넘기는 경우도 많았는데 이런 현상은 1920년대 산미증식계획을 거치면서 더 심해졌다.

즉 토지조사사업은 지주권을 강화시켜 식민지지주제가 성장할 수 있는 경제 환경, 다시 말해 농업 부문에서 식민지자본주의 '개발-수탈'의 틀을 제공했다. 식민지지주제란 일본으로 쌀을 값싸게 이출하여 일본의 식량난과 임금 부담을 줄이기 위해 농공 간 협상가격차에도 불구하고 조선 경제가 식민 정책 차원에서 미곡생산지대로 규정된 것을 말한다. 산업연관성과 무관하게 조선 농촌이 일본 자본주의의 순환 체계에 종속적으로 편입된 결과였다. 국가가 있었다면 일본 자본주의의 절대적 필요 때문에 저렴하게 일본으로 수출되는 식량에 대해서는 관세주권을 발동하여 농업잉여의 조선 내 축적 조건을 만들었을 것이다. 이를 통해 공업화 추진 자금을 활용할 여유를 갖게 되는 것이다. 그러나 식민지에서 이러한 정책은 불가능했다.

1910년대에 조선총독부는 3대 농산물(곡물·면화·잠견) 증산 정책을 추진했다. 물론 미곡 증산 정책이 중심이었다. 미곡 증산을 위해 특히 집중했던 분야는 개량농법, 즉 일본 벼 품종의 보급이었다. 조선총독부는 권업모범장과 도 단위의 종묘장 및 원잠종제조소 등을 설립하여 강권적으로 농업 기술 교육을 시행했다. 가령 일본 벼 품종을 심지 않고 조선 벼 품종을 심으면 헌병경찰들이 못자리를 밟아 훼손했다. 당시 농정 관료 히사마 겐이치(久間健一)에 따르면 "지도자의 올바른 지시에 따르지 않는 못자리는 짓밟혀 부서지고, 정조식(正條植)에 응하지 않는 것은 묘를 뽑아버리고 다시 심도록 강요"하고 "'관의 지도'를 따르지 않으면 경찰의 유세(諭說)를 받아 강제로 시행했다"고 한다. 즉 1910년대 식민 농정은 "종자에서부터 탈곡에 이르기까지 미세한 생산과정의 구석구석 지도의 촉수가 침투되고 오로지 강권적" 폭력 속에서 시행되었다.

그 결과 일본산 '우량' 품종의 비율이 2.2%(1912)에서 51.1%(1920), 68.2%(1925), 70.1%(1930), 83.8%(1935), 91%(1940)로 늘어났고 조선 재래품종은 급격히 사라졌다. 그러나 조선 농민들이 재래품종을 경작하고자 한 데는 뚜렷한 이유가 있었다. 일본 벼가 생산성이 높다는 기계적 우월감에 젖은 식민 농정 관료들의 탁상공론 강변처럼 무지해서가 아니었다. 관개수나 비료가 부족한 가운데 생산력을 개발해 온 농업 환경에서 조선 벼가 오히려 일본 벼보다 수확량이 많았기 때문이었다. 수리시설을 갖추지 않은 채 다비(多肥)만 요구하는 일본 벼의 강제이식은 소기의 성과를 거두기 어려웠다.

한편 조선총독부는 육지면 재배를 장려했다. 재래면 대신 육지면 재배면적을 확대하는 것이었다. 당시 일본의 면방직업계는 원면을 수입하는 대신 조선에서 공급받고자 했다. 방적공업의 원면으로는 재래면보다 육지면이 더 적합했다. 여기에 조선은행권의 마법이 적용되었다. 일본이 조선에서 원면을 이입해서 조선과의 무역에서 적자를 보더라도, 이는 다른 외국과의 무역적자와 그 의미가 전혀 달랐다. 즉 일본은행권으로 결제가 가능했기 때문에 대외결제 자금으로 외환이 필요 없었던 것이다.

조선총독부는 '육지면 재배 6개년계획'(1912~1917)을 시행했다. 그 결과 전남·전북·경남 지역에 집중 할당한 육지면 재배면적이 전체 계획면적의 85%를 차지할 만큼 늘어났다. 일본 벼 강제보급처럼 육지면 재배에도 재래면 종자를 빼앗거나 면화를 못 쓰게 하는 등 헌병경찰의 강제력이 동원되었다. 그럼에도 육지면은 계획량의 60% 달성에 그쳤다. 새로운 작물로 신뢰가 없는 데다 육지면을 판매할 때의 공판 제도가 경작자의 이익을 보장하지도 않아 농민들의 호응이 적었기 때문이다.

이처럼 1910년대 식민 농정은 오로지 일본 경제의 필요를 뒷받침하기 위해 오랜 세월 조선의 기후와 환경에 적응하면서 발전해왔던 전통적 농법, 농사 관행 등을 무시한 채 폭력을 동반하면서 강압적으로 진행되었다. 농민이 이에 따르지 않으면 즉각적인 폭력과 제재가 따랐다. 자율성은 없었다. 관습이나 느슨한 협약으로 충분히 생활하고 경제를 영위해온 식민지에서 해외 시장을 목표로 경제 활동을 수출상품 생산에 특화시키기 위해 수많은 규제들이 강요되면, 일제강점기 지주층처럼 식민지 경제 구조 재편을 통해 부를 축적하는 특정한 집단이 등장하기 마련이다.

미곡 상품화가 확대되면서 정착된 식민지지주제는 일본인의 토지 투자 확대와 더불어 자작농의 영세농화 및 소작농화를 촉진했다. 이로 인한 농촌 사회의 불안을 수습하기 위해 조선총독부가 추진한 '농가 경제 안정화 방안'의 핵심은 부업을 통한 현금수입 증대였다. 1910년대 농가부업의 주종은 일본의 주요 공산품이자 수출품인 제사의 원료인 고치 생산과 미곡 상품화를 위한 포장

용 짚 가공이었다.

고치 생산 장려 역시 농민의 자발성보다 헌병대 호위를 받는 양잠기사들에 의해 강압적으로 수행되었다. 기사가 출장 명령을 받으면 헌병대에 호위를 의뢰하고, 이에 헌병들이 관료를 호위하면서 장려를 추진한 것이다. 육지면과 고치는 일본인 자본가나 특정 알선업자에게 판매하도록 함으로써 생산부터 판매까지 통제하고자 했다. 농민들에게 이익이 된다면 일제로서도 비용이 소요되고 통치 효율이 떨어지는 무단 농정을 강행할 필요가 없었을 것이다. 그러나 농민들이 강압적 식민 농정을 수용해도 생산비가 보장되지 않고 오히려 경제적으로 몰락하는 상황에서, 쌓여가던 불만은 3·1운동에 농민층이 대거 참여하는 큰 이유가 되었다.

4) 공동체 파괴와 일상생활 악화, 취약한 식민통치 능력

선행연구가 분석한 19세기 농업의 특징은 토지생산성 상승이나 노동생산성 하락에 따른 집약화와 농산물 자가소비를 목적으로 한 곡물 다각화 등으로 정리할 수 있다. 조선 후기에도 농법의 발전 방향은 노동생산성 상승을 추구했지만, 시장 출하를 목적으로 한 상업적 농업과는 그 성격이 매우 달랐다. 적극적으로 경제 활동을 하던 양반들마저 상품화를 목적으로 곡물 증산을 추구했다기보다 자가소비를 목적으로 곡물 다각화를 추구한 측면이 컸다. 자신에게 필요한 거의 모든 곡물과 채소를 자작지와 소작지의 생산물로 충당함으로써 식생활 관련 지출을 최소화하고, 그렇게 해서 모은 재산으로 전답을 매입했다. 지역사회에서 재해 등이 발생할 경우에는 촌락민을 구제하며 영향력을 확보했다는 것이다.

조선왕조 재정운영의 특징 가운데 하나는 명분상 절약을 내세웠다는 점이다. 19세기 농민들에게도 미덕은 증산과 소비라기보다 자급과 절약이었다. 여러 작물을 재배하기 위해 정교하게 일손을 배치했다. 어떤 때는 하루 종일, 어떤 때는 오전·오후 한나절, 어떤 때는 아침·저녁 잠깐 일을 했다. 어떤 작업은 여러 명, 어떤 작업은 혼자서 했다. 조선 후기 지주층은 면화, 담배 등과 같은 상품작물을 대부분 자급했기 때문에 상품작물에 대한 시장 구매력은 그다지 높지 않았다. 미곡을 제외한 농작물이 시장에서 거래되는 경우는 제한적이었다. 그러나 강제병합 이후 조선총독부는 조선 경제를 일본에 종속된 경제 구조로 재편하기 위해 이제까지 다각적 경영을 모색해오던 모든 농가를 획일적으로 통제했다.

일본 시장을 대상으로 한 미곡 상품화가 진행되면서 농민들의 일상생활 역시 식민지자본주의 경제의 지배 아래 놓였다. 그런데 농업은 산업임과 동시에 촌락공동체의 유지 및 재생산과 밀접한 관련을 갖는 특징이 있다는 점을 간과하면 안 된다. 전통 사회는 생산과 소비가 촌락 내에서 이뤄지는 자급 체제였으나, 일제강점기에는 상품경제의 확대와 각종 조세의 신설로 농가의 현금 수요가 늘어났다. 이전까지 자급자족으로 충당했던 의류, 술, 담배 등이 세금과 더불어 현금으로 구입해야 하는 상품이 되었기 때문이다. 특히 이제까지 끼니를 대신하는 식량이기도 했던 막걸리(탁주)가 주세 과세의 집중 대상이 되어 처벌 대상인 '밀주'가 만연하게 되었다. 1910년대 일제가 시행한 지방 제도 개정 역시 기존의 자치 영역을 분리 또는 통합함으로써 지역의 자치 관행을 단절시키는 결과를 낳았다.

조선총독부는 토지조사사업을 통해 도지권 등 소유권과 다름없는 물권적 경작권을 일물일권 명목 아래 완전히 부정했다. 특히 종중(宗中)이나 동계(洞契) 재산과 같이 각종 공동체의 재산이었던 공유지의 소유권을 정리하는 과정에서 문제가 많이 터져나왔다. 현실을 인정하고 진행해도 될 사안을 단순화해서 강압적으로 밀어붙이기만 하려는 행정 편의주의에 빠진 조선총독부는 농경지나 임야 등을 종중이나 동계 명의로 신고하거나 등기하는 것을 허용하지 않았다. 법인 명의, 구성원 전원의 공유, 1인 또는 수 명의 명의로 하는 세 가지만 허용한 것이다. 이에 따라 대부분 수속 절차가 비교적 간편한 마지막 방법을 택했다. 동계 재산의 경우 지방 단체(동리나 면) 재산으로 전환된 경우가 많았다. 가령 「부락 소유 재산정리에 관한 건」 통첩(1913)은 동리 내의 소부락이 소유한 토지의 경우, 행정구역 개편에 따라 동리 명칭이 달라졌으면 부락민을 설득하여 행정구역상의 동리명으로 신고하도록 권유한다는 내용이었다. 원래 조선 후기 '면유' 혹은 '동리유'란 '계원들의 공유재산'이라는 공동체 개념이었다. 그러나 조선총독부가 규정한 지방 단체 재산으로서의 '면유'나 '동리유'는 이런 의미를 제거한 것이었다.

당연히 부동산 등기 제도가 시행되자마자 문제가 속출했다. 등기상의 명의인들이 종중이나 동계의 허락 없이 공유 부동산을 자의적으로 처분하는 경우가 발생하면서 분쟁이 빈발했다. 종중이나 동계 구성원들이 무효를 주장했지만, 조선총독부는 신고 명의인만 소유권자이고 기타 공유자와 신고 명의인 간의 관계는 신탁적 양도 관계에 불과하다는 '명의신탁 이론'을 내세워 받아들이지 않았다. 조선총독부는 종중이나 동계 토지를 어떻게 신고해야 하는가 하는 질의에 대해 종중원이나 동계원 중 한 사람을 관리자로 하여 신고하라 해놓고, 막상 신고와 등기가 끝나자 신고 명의자의 개인 소유라고 확정한 것이다. 이렇게 해서 수많은 종중 재산과 동계 재산이 소실되었고, 전통적인 종중이나 동계는 급격히 해체되었다. 조선총독부는 식민통치의 편의를 위해 이 점을 노린 것이었지만, 문제를 해결하는 주체가 될 의지는 전혀 없었다. 오히려 문제를 악화시키는 주체였다. 이는 권력이 누구에게 책임을 지느냐의 차이였고, 외래 권력의 관료적 행정 편의주의 산물이었다.

이런 문제는 임야소유권 확정 과정에서도 나타났다. 한 예로 조선시대에는 지역민들이 산림 자원을 고갈시키지 않고 지속적으로 이용하기 위해 만든 자치 조직으로 송계(松契)가 있었다. 이러한 마을 주민들의 공동체 소유인 공유림을 송계산이라 불렀는데, 자치 규약을 정해 벌채량과 조성량을 조절했다. 그러나 조선총독부는 공유림을 '무주공산'으로 규정하고, 1920년대 말부터 면유 재산으로 편입시키려 했다. 임산물 판매를 통해 면 재정을 확충하려 한 것인데, 지역 주민들의 저항에 부딪혀 제대로 시행되지 못했다.

산림에서 나오는 땔감이나 녹비 등 여러 부산물은 생존에 필요한 재료로서 공동체 유지에 필수적이었다. 조선왕조가 산림천택의 경우 그 소유를 엄격히 제한했거니와 공유지는 특정인의 소유도 아니거니와 함부로 출입하여 자신의 이익만 위해 이용할 수 있는 무주공산이 결코 아니었다. 공유지는 지역민 모두의 것이면서 외부인의 접근을 배제한 지역민만의 공간이었으며, 내부 구성원인 지역민의 행위를 통제하는 사회적 제도이기도 했다. 그러나 식민권력은 조선인들이 향유해오던 입회권을 원천적으로 부정했다. 이는 결국 조선인들의 생존을 위협하는 것이었다.

당시 헌병경찰이 주막에서 청취한 내용을 보면 매우 강력한 감시와 통제가 작동되고 있었다. "삼림령은 참으로 혹독한 법령이다. 소나무 가지 하나만 베어도 주재소가 탐지하여 순사가 출장 와서 엄금한다." "올해처럼 쌀값이 쌀 때는 나무를 잘라 장작을 팔려고 하는데 쉽게 허가를 받지 못해 곤란(하다)." 빈농층에게 산림은 생계유지에 필수적이었지만 이를 어기면 가혹한 처벌이 뒤따랐다. 당시 범죄 즉결처분 통계를 보면, 과료나 구류 처분이 징역, 금고, 태형에 비해 많았는데, 「삼림령」의 경우는 그와 반대로 구류나 과료와 같은 가벼운 처분이 거의 없었다. 화전민이나 빈민층이 많을 수밖에 없는 「삼림령」 위반자 중 징역과 벌금형에 처해진 인원이 이례적으로 많았고, 특히 태형을 받은 인원은 도박에 이어 두 번째로 많아 10%에 달할 정도였다.

일본에도 공유지 전통이 있었기 때문에 식민권력이 종중 재산이나 공유지를 몰랐을 리 없다. 그러나 조선총독부는 공동체 규범과 자치에 따라 자율적으로 운영되어오던 영역에 강압적으로 무단개입하면서 문제를 일으켰다. 분쟁과 갈등을 조정하고 해결하기는커녕 오히려 조장하고, 이후 문제가 발생하면 개인 간 문제로 돌리는 무책임한 관료주의적 악순환만 반복될 뿐이었다. 그 결과 종래의 공동체는 해체되었으며, 결속은 와해되고 개인은 파편화되었다. 공유를 통해 상호보완, 생존을 도모하고 필요한 재화나 생활 필수재를 얻어오던 경제 구조가 파괴되었기 때문이다.

이타성을 강조하는 공유지의 존재는 도덕적, 윤리적 차원을 넘어 구성원들이 함께 살아가기 위해 요구되는 필수재였다. 임야 입회권은 연료나 퇴비 등 필수적 생존 요소를 공동으로 채취해온 환경의 산물이었다. 남을 위해서가 아니라 나와 내 가족을 위해서라도 이타적일 필요가 있다는 관념은 조선은 물론 많은 나라들의 자치적인 공유지 관리에서 보이는 보편적 현상이었다. 공유지 관습은 복지 제도가 없던 시절 오히려 사회 유지를 위해 필요한 제도였다. 그러나 조선총독부는 '합리성'과 '사적 재산', '자본주의', '문명화' 등의 이름으로 종래 관습적 경제 구조를 파괴하는 데 급급했다.

왜 조선총독부는 전통적 관습을 전혀 인정하지 않았을까? 식민권력이 근대적 소유권의 표상으로 선전하던 일물일권주의가 곧 근대적 소유권을 지칭하는 것은 결코 아니다. 우월한 통치자로서 식민지민과 문화를 멸시하는 행정 편의에 따른 것일 뿐이었다. 조선총독부로서는 완전한 민유지도 아니고 국유지로 전환시키기도 어려운 공유지에 대해서는 기존의 관습 등을 고려하고 인정하는 것이 오히려 원활한 식민통치를 위해서도 필요했다. 일제가 일방적으로 부정하기에 급급했던 전통적 관습은 그 속에서 생계를 영위해온 조선인들에게는 생존에 직결된 문제였기 때문이다. 이러한 배경을 무시한 채 무단적으로 진행된 식민 정책은 조선인의 저항과 충돌을 불러올 수밖에 없었다. 지역 주민들의 생존에 중요한 공유지의 부정은 결과적으로 농민들의 생활 수준을 악화시켰다. 화전민의 경우 아무 대책도 없이 자신들의 생존 기반을 완전히 부정당했다. 이들의 저항은 격렬할 수밖에 없었다.

식민권력은 공유지 사례처럼 공존을 도모해왔던 관습을 부정함으로써 새로운 문제만 야기했을 뿐, 새로운 제도를 도입하면서 종래의 관습을 어떻게 할 것인가에 대한 논의나 의견 수렴 등은 전혀 없었다. 조선인의 전통적인 삶이나 생존 조건 등을 고려하지 않은 채 골치 아픈 일들은 당사자들끼리 해결하라고 방관하는 폭압적 관료주의의 모습만 드러냈다. 식민지의 관습까지 고려할 필요가 없다는 천박한 우월감은 결국 통치 능력의 취약성만 드러낼 뿐이었다. 식민지였기 때문에 일방적이고 폭력적인 방식이 잠시 전횡될 수 있었지만, 식민 통치의 효율성은 그만큼 떨어질 수밖에 없었다.

3·1운동과 임시정부의
민주주의·세계평화 지향

1. 세계평화와 평등을 지향한 독립운동

1) 독립운동 방법론의 분화: 즉시 독립전쟁론과 독립운동 기지건설론

1909년 말 안중근(安重根) 의거와 이재명(李在明) 의거로 일제 헌병대에 구금되었다가 석방된 신민회 회원들은 더 이상 국내에서 활동이 어렵다 판단하고 해외망명을 단행했다. 이들은 각각 지역을 정해 활동하기로 했다. 안창호와 이갑(李甲)은 구미, 이동녕(李東寧)은 연해주, 이동휘(李東輝)는 북간도, 이회영(李會榮)과 최석하(崔錫夏)는 서간도, 조성환(曹成煥)은 베이징으로 향했다. 그리고 안창호, 이갑, 이종호(李鍾浩), 이종만(李鍾萬), 신채호, 이강, 김지간(金志侃), 유동열(柳東說), 김희선(金羲善), 정영도(鄭英道) 등은 향후 독립운동의 방향을 논의하기 위해 독일 조차지 칭다오(靑島)에 모여 '청도회의'(1910. 5)를 열었다.

청도회의에서 독립운동 방법론으로서 독립전쟁론에는 모두가 의견을 같이했지만, 그것을 추진하는 방식에 대해서는 생각이 갈렸다. 의병전쟁 방식을 계승하여 유동열, 김희선 등 군인 출신들이 주장한 '즉시 독립전쟁론'(급진론)과 애국계몽운동 방식을 계승하여 안창호, 이갑 등이 주장해오던 실력양성론의 연장선에 있던 '독립운동 기지건설론'(완진론)으로 나뉜 것이다. 즉시 독립전쟁론자들은 "당장 만주로 들어가 의병을 조직하여 압록강을 건너 일본군과 대전하자"고 주장했다. 이와 달리 독립운동 기지건설론자들은 "농토를 매수하여 생활 근거를 정하고 무관을 양성하여 장차 올 기회를 기다리자"고 주장했다. 양측은 각자의 운동 방법론에 따라 운동을 전개하기로 했다. 운동 방법론의 자연스러운 분화 속에서도 이제까지처럼 꾸준히 협력과 연대를 추구한 것이다.

즉시 독립전쟁론자들은 북간도와 연해주에 사관학교를 세워 독립군을 양성하고 러일전쟁 10주년(1914)을 항일결전의 기회로 기대하면서 독립전쟁 지도기관으로 대한광복군정부를 조직했다. 이들이 북간도와 연해주를 주목한 이유는 많은 조선인들이 일찍부터 이주 정착하여 동포 사회가 대규모로 형성된 곳이었기 때문이다. 만주는 청조의 발상지로서, 봉금 정책으로 출입이 금지된 곳이었다. 그러나 19세기 중엽 이후 많은 조선인들이 두만강을 건너가 농사를 짓기 시작하면서 봉금 정책은 청의 쇠퇴와 더불어 유명무실해졌다. 특히 청과 베이징 조약(1860)을 체결한 러시아가 연해주 지역을 지배하고, 청 역시 1870년대 들어 이민실변(移民實邊) 정책을 실시하면서 조선 농민 이주가 급증했다. 북간도라 불린 중국 동만주 지역과 동변도라 불린 러시아 연해주 지역에는 이미 수십만 명의 조선인들이 거주하고 있었다.

을사조약(1905) 체결 이후 많은 민족운동가들이 북간도와 연해주로 망명했다. 헤이그에 밀사로 파견되었다가 룽징(龍井)으로 망명한 이상설(李相卨)은 북간도 최초의 조선인학교인 서전서숙(瑞甸書塾)을 열고(1906) 민족교육을 시작했다. 이후 명동학교, 창동학교, 광성학교, 북일학교 등이 세워졌다. 정순만(鄭淳萬)과 이승희(李承熙) 등은 중·러 접경지대인 밀산부 봉밀산 일대에 한흥동(韓興洞)을 건설(1909)하여 독립운동기지로 삼고자 했다. 연해주에서는 최재형(崔在亨) 등 현지인들과 이범윤(李範允), 안중근 등 망명 지사들이 동의회(同義會)를 조직하여

(1908) 의병부대를 이끌고 국내 진공작전을 전개했다. 이후 홍범도 등이 의병부대를 이끌고 망명해 오면서 유인석(柳麟錫)을 총재로 한 13도의군(十三道義軍)이 조직(1910. 6)되었다.

간도와 노령의 교포들로 당장 독립군을 조직해 국내에 진입하자고 주장했던 유동열, 김희선 등이 일제에 체포되어 국내로 송환되면서 주춤했던 즉시 독립전쟁론은 이동휘 망명(1913)과 함께 다시 활기를 띠었다. 이동휘는 북간도에서 비밀결사 광복단을 조직하고 연해주로 이동하여 이상설 등과 중·러 지역의 민족 역량을 결집한 군사지휘부로 대한광복군정부를 조직했다. 대한광복군정부는 서·북간도와 연해주 지역 청년들로 군대를 편성하고 북간도 왕청현 나자거우(羅子溝)에 대전(大甸)학교라는 사관학교를 설립하여 독립전쟁을 준비했다. 그러나 러일전쟁 발발 10주년인 1914년을 전쟁의 기회로 삼으려 했던 이 계획은 제1차 세계대전 발발로 무산되었다. 기대한 것과 반대로 일본과 같은 협상국의 일원이 된 러시아제국이 조선인들의 정치, 사회 활동을 탄압하면서 대한광복군정부도 해산되었다. 대한광복군정부는 즉시 독립전쟁을 수행하기 위한 조직으로 이후 각지에서 설립되는 망명정부들의 효시가 되었다. '광복군정부'라고 명명한 이유는 독립군(광복군)을 조직하여 독립전쟁을 총괄할 '군사정부'로 스스로를 규정했기 때문이었다.

한편 독립운동 기지건설론자들은 독립운동 기지를 건설하기 위해 가산을 정리하는 비장한 결단을 하고 이전부터 주목한 서간도로 순차적으로 망명을 떠나기 시작했다. 압록강 건너 남만주 일대를 가리키는 서간도에도 조선인 사회가 형성되어 있었다. 하지만 북간도와 연해주에 비해 규모가 작았고 아직 조선인 자치기구가 없어 오히려 독립군 기지건설을 위한 집단이주에 적당하다고 판단한 것이다. 1911년 초 이회영, 이석영(李石榮), 이시영(李始榮) 등 6형제 일가와 이상룡(李相龍), 허위(許蔿), 김대락(金大洛), 김동삼(金東三) 등 안동 유림들, 그리고 이동녕, 양기탁(梁起鐸) 등이 집단적으로 유하현 삼원보(三源堡) 추가가(鄒家街)로 이주했고, 토지를 매입해 독립군 기지건설에 착수했다.

이들은 황무지 개척과 민단 기능을 담당할 자치기구인 경학사(耕學社)를 설립했다. 동시에 신민회 시절부터 제기된 독립전쟁론을 실천하기 위한 교육 기관으로 신흥강습소를 열었다(1911. 6). 신해혁명이 일어나자 이상룡은 신흥강습소 학생들로 소대를 편성하여(1912) 혁명군의 유하현 탈환에 기여했다. 그리고 위안스카이의 도움을 받아 통화현 합니하(哈泥河)에 토지를 구해 신흥강습소를 이전했다. 이로써 신흥강습소는 중등교육 기관이자 무관양성학교로 탈바꿈했다. 그러나 풍토병과 재정난을 맞아 1912년 말 경학사는 폐지되고 신흥강습소만 유지하게 되었다. 서간도에 독립운동 기지를 건설하겠다는 독립운동 기지건설론자들의 열망이 계속 이어진 것이다.

1912년 합니하에서 다시 조직된 자치기구로서 부여의 옛 땅에 조선인들이 모였다는 뜻인 부민단(扶民團)은 3·1운동 이후 인근의 여러 단체와 통합되어 한족회(韓族會)로 확대되었다. 신흥강습소도 유하현 고산자(孤山子)로 이전하여 신흥무관학교로 확대 개편(1919. 5)되었다. 친일적 펑톈 군벌 장쭤린(張作霖)에 의해 폐지(1920)되기까지 신흥강습소(신흥무관학교)에서 배출된 조선인 청년들은 항일 독립투쟁에 투신했다. 독립운동 기지건설 운동의 큰 성과였다.

청도회의를 계기로 분화된 독립운동 방법론이 신해혁명과 제1차 세계대전 발발 이후 지역별로 분리된 가운데, 독립운동가들은 각지에서 실천 활동을 이어갔다. 서간도의 독립운동 기지건설론자들은 중국 관내에서 외교 독립운동을 펼쳐 3·1운동 이후 상하이에 대한민국임시정부를 수립하는 주축이 되었다. 즉시 독립전쟁론자들은 북간도와 연해주를 중심으로 무장투쟁을 이끌었고, 한편으로는 러시아 혁명의 영향을 받아 사회주의 이념과 운동을 통해 독립의 가능성을 찾았다.

2) 국내 비밀결사운동: 해외 운동 세력과 민중운동을 잇는 가교

의병전쟁은 일본군의 '남한 대토벌 작전'(1909)으로 궤멸적 타격을 입었고, 많은 의병들은 중국 동북 지방과 러시아 연해주로 넘어가 후일을 도모하고자 했다. 소부대로 유격 활동을 계속 벌이던 국내 의병운동은 강원도와 평안도 일대에서 활동하던 채응언이 체포되어 순국하면서(1915) 사실상 종식되었다.

사회진화론에 기반하여 실력양성과 부국강병을 추구하던 애국계몽운동 세력도 분화되었다. 진화의 주체여야 했던 대한제국이 사라지자 일제를 새로운 주체로 받아들인 경우가 대부분이었다. 그러나 일제의 지배를 받아들일 수 없었던 신민회 참가자 등 일부는 망명의 길을 택했다. 국내에 남아 있던 세력은 일제가 날조한 '105인 사건'(1911)으로 탄압을 받는 가운데 비밀결사 운동을 추진했다. 국외 독립군 기지설립 운동을 뒷받침하기 위한 비밀결사 운동은 1910년대 국내 독립운동의 큰 특징이었다.

1910년대 국내의 비밀결사는 의병 세력, 애국계몽운동 세력, 천도교 등 여러 주체에 의해 조직되었다. 임병찬(林炳瓚)이 조직한 독립의군부(1912)는 의병 세력이 주도한 대표적 비밀결사였다. 풍기광복단(1913), 민단조합(1914) 등은 의병을 재정비하기 위해 조직되었다. 애국계몽운동 계열이 조직한 비밀결사로는 달성친목회(1908), 대동청년단(1909), 조선국권회복단(1915), 조선국민회(1917)와 배달모음(1911), 흰얼모(1913), 송죽회(1913), 기성볼단(1914), 조선산직장려계(1914), 단천자립단(1915) 등이 있었다. 천도교에서도 민족문화수호운동본부(1912)와 천도구국단(1914)을 조직했다.

대구에서 박상진(朴尙鎭)이 의병 계열의 풍기광복단과 애국계몽운동 계열의 조선국권회복단 출신 적극 분자들을 규합하여 결성한 혁명단체인 대한광복회(1915)는 1910년대 비밀결사를 대표하는 조직이었다. 대구 본부를 거점으로 충청도, 경상도, 전라도, 황해도, 평안도에 지부를 결성하는 등 전국 조직을 갖추고 해외 연락 기관도 두었다. 조선총독 암살 계획도 세웠던 대한광복회는 국내외를 합해 회원 수가 150명을 웃돌았다.

비밀결사의 주요 활동은 군자금 모금과 일제 고관 및 친일인사 처단이었다. 군자금 모금 방법으로 대동청년단은 백산상회와 태궁상점을, 대한광복회는 상덕태상회와 대동상점 등 상업회사를 운영했다. 일본인 광산이나 회사를 습격하거나 국내의 친일 부호들에게 의연금을 요구하기도 했다. 대한광복회는 각 지역 부호 명단을 작성하여 할당액과 포고문을 발송하고, 경각심을 심어주기 위해 요구에 응하지 않는 경북 칠곡의 부호 장승원과 충남 아산군 도고면장 박용하를 암살하기도 했다.

군자금 모금 목적은 독립군을 양성하기 위해서였다. 대한광복회는 사관학교 설립을 직접 계획하기도 했지만, 현실적으로 독립군 양성은 독립운동 기지 건설을 추진한 해외 세력이 맡을 수밖에 없었다. 따라서 대부분의 비밀결사는 해외 세력과 연계를 가졌다. 미주 동포 사회도 연대 대상이었다. 평양에서 야구단을 표방한 기성볼단(箕成Ball團) 회원들은 네브래스카 무관학교 입학을 목표로 세웠고(1914), 하와이 대조선국민군단과의 연계 아래 조선국민회가 조직되기도 했다(1917).

1910년대 국내 비밀결사 운동의 주체들은 3·1운동이 일어났을 때 독립선언서와 격문 등을 인쇄하여 배포하거나 현장에서 시위를 주도했다. 3·1운동 과정에서 많은 비밀결사들이 새로 결성되기도 했다. 3·1운동 이후에는 임시정부와 연계하여 군자금 모금 활동을 하는 비밀결사가 다수 나타났다. 전협(全協) 등이 결성한 대동단은 임시정부와 연결하여 고종의 아들인 의친왕(義親王) 이강(李堈)의 상하이 망명을 시도했다.

1910년대 무단통치 아래 활동한 비밀결사들은 강제병합 직전의 국권회복운동이 3·1운동 이후 민중운동으로 이어지는 가교 역할을 했다. 이들 단체는 특정 지역 중심으로 결성되었지만, 조직을 전국으로 확대하고자 했으며 국외로까지 외연을 확장했다. 그 주체도 의병 출신과 계몽운동가들을 넘어 신교육을 받은 학생들과 청년, 나아가 여성으로 확대되었다. 독립운동이 내재적 발전 속에서 새로운 주체가 형성되고 확산되는 질적 변화를 보인 것이다.

3) 「대동단결선언」과 「대한독립선언서」: 1910년대에 정착된 공화주의

일본의 보호국으로 전락해 국가주권을 상실해가고 있었더라도, 대한제국과 황제가 존재할 때는 선진적 인사들도 아직 공화주의를 공개 표명하기 힘들었다. 신민회가 내부적으로 국민주권론과 공화제를 주창했지만, 이는 국권을 회복한 이후 도달해야 할 목표였다. 하지만 군주국가가 식민지로 전락한 이후 독립운동가들 사이에 이념으로서의 공화주의와 새로 건설할 국가체제로서의 공화제는 실현 가능한 대안적 가치로 폭넓게 확산되었다.

신민회는 강제병합 이전까지 '국가의 주인은 인민'이라는 논리 아래 '입헌공화'를 내세우면서도 군주제하에 국민이 참여하는 '군민공치(君民共治)'를 현실적 정치 형태로 설정했다. 하지만 군주가 사라진 이후 '군민공치'는 더 이상 고려 대상이 아니었다. 해외로 망명한 신민회 인사들이 독립운동 방법론을 두고 급진론과 완진론으로 나뉘는 와중에도, 독립운동을 통해 수립될 국가는 인민이 주인이 되는 공화국이어야 한다는 점에 이견이 없었다.

19세기 말 일부 지식층 사이에 공감대가 형성된 공화주의는, 강제병합 직후 수천 년에 걸친 황제 중심 왕조를 무너뜨리고 중화 '민국'을 탄생시킨 신해혁명을 목격하면서 보편적 이념이 되었다. 공화 혁명에서 독립과 근대적 국가 건설의 가능성을 찾았던 조소앙, 김규식 등 해외 유학생 출신들은 물론 박은식(朴殷植) 등 개명 유학자들도 신해혁명을 진보적으로 평가하며 중국 혁명파와 협력하여 독립운동을 추진했다.

직접 신해혁명에 참가한 이들도 있었다. 을사조약 이후 중국으로 망명한 김규홍(金奎弘)은 중국 혁명운동의 중심지 광저우에서 혁명파 지도자들과 교류하며 혁명에 참여했다. 난징의 유학생 3명이 우창기의(武昌起義) 직후 학생군에 들어가 북벌에 참여하기도 했다. 우창기의 소식을 듣고 중국으로 망명한 신규식(申圭植)은 조성환과 함께 중화민국 임시정부를 방문하여 중국혁명에 대한 조선인들의 지지를 표명하고 성금을 지원했다.

많은 독립운동가들이 중국 관내로 이동하면서 상하이와 난징은 해외 독립운동의 새로운 거점이 되었다. 신규식은 물론 김규식, 조소앙, 이태준(李泰俊), 문일평(文一平) 등도 신해혁명의 영향 속에서 중국으로 망명했다. 서간도에 있던 박은식도 관내로 이동했다. 이들 중심으로 결성된 동제사(1912. 7)는 동포들의 상조 기관을 표방한 중국 관내 지역 최초의 독립운동 단체였다. 동제사는 박달학원을 운영하며 상하이와 난징의 유학생들에게 편의를 제공하는 한편 중국 각지와 구미, 일본에 분사를 두고 해외 한인 사회의 연락 기관 역할도 했다.

신해혁명의 영향은 국내에도 미쳤다. 공화주의 이념을 표방한 비밀결사들이 생겨나기 시작한 것이다. 계몽운동 계열의 비밀결사들은 물론, 의병 계열의 비밀결사들도 점차 복벽주의를 극복하고 공화주의를 수용하기 시작했다. 대한광복회의 경우 의병 계열 인사들이 주축을 이뤘지만, 단장 박상진을 비롯한 선진적 인사들이 참여하면서 공화주의를 표방하는 큰 변화를 보였다.

고종을 망명시켜 망명정부를 구성한다는 독립운동 세력 일부의 생각도 복벽주의적인 발상이었다기보다는 고종을 민심과 힘을 모으는 구심점으로 삼겠다는 방편으로 이해할 수 있다. 이미 1910년대 중반을 지나는 동안 복벽주의 운동 구상은 거의 찾기 어려울 정도로 공화주의는 파급력이 컸다.

그에 따라 국내외 독립운동가들이 근대국가 이념으로서 받아들인 공화주의가 독립국가의 구체적인 지향점으로 제시되었다. 조소앙이 기초하고 신규

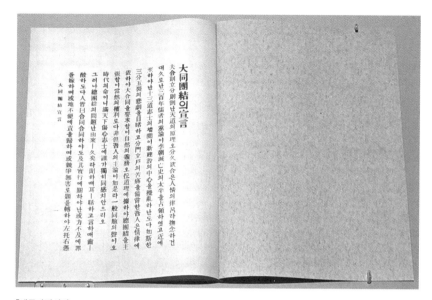

「**대동단결선언**」
되찾을 나라가 군구죽가가 아닌 국민주권 국가임을 표방한 최초의 독립선언서이다. 위키피디아,
Wikiwater2020 제공.

식, 박은식, 신채호, 신석우(申錫雨), 박용만(朴容萬), 한진교(韓鎭敎) 등 관내 독립운
동가 14명의 명의로 발표한 「대동단결선언」(1917. 7)은 되찾을 나라가 국민주권
국가임을 표방한 최초의 독립선언서였다. 두 가지 점에서 주목된다.

첫째, 독립운동을 통일적으로 지도할 기관을 만들기 위해 각 단체 대표자
회의 개최를 제안했다. 이는 결국 대한민국임시정부 수립으로 결실을 맺었다.
둘째, 민권의 정립이다. 주권 수수는 한민족 사이에서만 이루어지는 것이 "불
문법의 성헌"이므로 강제병합으로 한국의 주권이 사라진 것이 아니라 황제인
순종이 포기한 주권이 국민에게 선양되어 민권으로 넘어왔다고 선언했다. 중
국 신해혁명도 그렇거니와, 사실 대한'제'국에서 대한'민'국으로 넘어가는 과
정이 쉬울 수 없었다. 논리적 현실적으로 정리해야 할 산이 많았던 당시 국민

주권 원리를 통해 독립운동의 노선 통일과 임시정부 수립을 제시했다는 점에서 매우 창의적이고 의미 깊은 선언이었다.

2년 후 역시 조소앙이 초안을 쓰고 김교헌(金敎獻), 김규식, 김동삼 등 39인 명의로 발표된 「대한독립선언서」(1919. 2)도 두 가지가 점에서 주목된다.

첫째, 조선 독립이 제국주의 시대에 창궐한 일국 중심의 배타적 민족주의나 인종주의를 넘어 세계평화로 가는 보편적 과정임을 밝혔다. 인종 등 여러 장벽에 갇힌 제국주의의 쌍생아 근대 이념(자유와 평등)의 위선을 극복하고자 한, 당시의 국제환경에서 보기 드문 성숙한 정치의식이었다. 즉 조선 독립의 "의미"는 "군국주의와 전제정치를 없애" "민족 평등을 전 지구에 두루 펼치려는 것"이며, "독립의 본령" 역시 "무력을 동원하여 다른 나라를 집어삼키는 짓을 아예 뿌리 뽑"아 "바른 도리를 실천"하고 "대동 평화를 널리 알리"는 것에 있었다.

둘째, 독립국가의 지향점으로 '민주', 그리고 재산뿐 아니라 지식과 건강까지 평등한 나라를 만들어야 하고 나라와 나라 사이도 평등해야 한다는 삼균주의를 배태했다. "토지는 국민의 소유이며" "모든 동포들에 동등한 권리와 동등한 재산을 베풂으로써 남자와 여자 그리고 가난한 자와 부자가 고르게 살 수 있도록 하며 지혜로운 자와 어리석은 자 그리고 늙은이와 어린이 모두가 동등한 지식과 동등한 수명을 누리도록 하여 온 세상의 인류를 바로잡고자 하는 것이" "바로 우리가 나라를 세우면서 내세우는 깃발"이라고 강조했다.

「대동단결선언」과 「대한독립선언서」에서 제시된 국민주권 원리는 결국 「대한민국 임시헌장」의 제1조 "대한민국은 민주공화제로 함"이라는 구절로 법제화되었다.

2. 해외 운동 세력의 고투와 사회주의 수용

1) (반)식민지 민족운동가들의 반제 아시아 연대

제1차 세계대전은 (반)식민지 지역의 민족운동에도 큰 전환점이 되었다. 제국주의 열강들이 협상국과 동맹국으로 나뉘어 전쟁을 벌이는 냉혹한 국제정치 속에서, 국외 민족운동가들의 운신은 크게 제한되었다. 다른 한편 전쟁으로 인한 인류 공멸의 위기감 속에서 싹튼 '개조'의 기운은 전후 재편될 새로운 세계질서에 대한 기대감을 품게 했고, 이러한 기대감은 새로운 운동 방법론 모색으로 이어졌다.

미주에서 대한인국민회를 이끌던 안창호, 박용만 등은 뉴욕에서 열린 약소국동맹회의(1917. 10)를 통해 전후의 국제질서 변화에 대처해야 한다고 주장했다. 국내에서 조선광문회를 운영하며 『청춘』을 발행하던 최남선도 전쟁 초기 독일의 위대함을 찬양하는 특집 기사를 통해 조선 독립의 가능성을 모색했다. 일본에 적대적인 국가를 활용하자는 생각이었다. 즉 국내외 독립운동 일선에 있던 1910년대 지식인들은 국제관계 변화가 조선의 독립과 미래에 중요한 영향을 미칠 것이라고 진지하게 생각하고 있었다.

제1차 세계대전 발발 직전 러시아의 조선인들은 러일전쟁 10주년을 맞아 러시아 내에서 일본에 대한 반감이 고조되자 '제2차 러일전쟁'을 크게 기대했다. 그러나 이들이 직면한 현실은 정반대였다. 일본이 러시아가 속한 협상국 일원으로 참전하면서 러시아가 자국 내 반일운동 세력을 탄압하기 시작한 것이다. 조선인들의 자치기관 권업회가 해산되고, 『권업신문』이 폐간되었다(1914. 9)되었다. 그리고 일본의 요구에 따라 연해주에서 반일 활동을 이끌던 조선인 민족운동가들이 추방당했다. 이후 러시아 혁명 전까지 연해주에서 조선인들의 민족운동은 침체에 빠졌다.

대한광복군정부는 북간도로 옮겨 대전학교를 설립하고 독립전쟁을 준비했으나, 일본의 '21개조 요구'를 수용한 위안스카이 정부의 탄압으로 실패했다. 사관후보생 가운데 40여 명은 우랄 지방의 목재공장에 가서 자금을 모아 학업을 계속하자는 맹약을 하고 떠났다가 러시아 혁명 후 원동으로 돌아와 한인사회당을 설립한(1918) 세력의 한 축이 되었다. 연해주에서 활동하던 이상설도 상하이로 온 후 관내 독립운동가들과 결합하여 신한혁명당을 조직했다(1915. 3).

제1차 세계대전은 러시아와 중국에서 활동하던 민족운동가들에게 시련을 안겨줬지만, 다른 한편 국제적 연대를 통해 새로운 기회를 만들어가는 계기가 되었다. 가령 신해혁명 후 상하이에서 동제사를 조직하여 활동하던 민족운동가들은 중국혁명정부 주도 세력과 연대하여 비밀결사인 신아동제사(新亞同濟社)를 조직(1912)했다. 신아동제사는 조선과 중국의 혁명운동가들이 결성한 국제연대 조직이었다. 이후에도 조소앙 등은 인도, 대만, 필리핀, 베트남, 파키스탄 민족운동 세력과 적극적으로 반제연대를 형성하여 아시아 피압박민족운동 세력과 국제적 연대를 구축하고자 했다.

신아동제사에서 시작된 아시아 피압박민족의 국제적 연대 구축은 아시아 유학생들이 모여 있던 일본에서도 나타났다. 이 무렵 아시아 유학생들에게는 제1차 세계대전을 통해 '문명'을 선전하던 제국주의 질서가 모순을 드러냈다고 평가하면서, '정의'와 '인도'가 중심 가치가 되는 새로운 질서가 수립될 것이라는 기대감이 팽배해 있었다. 조선인 유학생들은 기관지 『학지광』을 통해 세계질서의 근본적 개편과 개조를 전망하고, 새로운 질서는 조선에도 새로운 기회를 줄 것이라고 주장했다. 후일 친일파가 되는 이광수(李光洙)조차 "현재와 같은 문명 격변의 시기에는 조선인과 같은 소외된 민족이 더 큰 능력을 발휘할 수 있을 것"이라고 주장할 정도로, 당시는 혁명적 분위기가 고조되어 있었다.

이처럼 전후 새로운 세계질서에 대한 전망과 기대는 아시아 피압박민족유학생들을 결집시켰다. 1916년 봄 도쿄에서 조선, 중국, 베트남, 대만 유학생들이 반제국주의 민족해방 연대 조직으로서 비밀 정치결사체인 신아(新亞)동맹당을 결성했다. 신아동맹당의 중국 대표는 신해혁명에 참가한 후 메이지대학에 유학 중이던 황찌에민(黃介民)이었다. 신아동맹당 창당대회에서 임시주석에 선출된 그는 신아동제사 회원이기도 했다. 신아동맹당에 참여한 김철수(金錣洙), 윤현진(尹顯振), 정노식(鄭魯湜), 장덕수(張德秀) 등은 국내 비밀결사인 주시경(周時經)의 배달모음(1911)을 연원으로 하는 열지동맹(裂指同盟, 1915)을 이미 결성한 상태였다. 이들은 이후 2·8독립선언을 주도했으며, 국내로 돌아와 3·1운동에 참가하고, 사회주의 비밀결사인 사회혁명당을 조직했다(1920).

황찌에민이 귀국하면서 신아동맹당 역시 상하이로 옮겨갔다(1917). 신아동맹당 본부 설립대회(1917. 12)에는 중국, 베트남의 혁명가들과 함께 조선 대표로 신규식, 조소앙, 장덕수 등이 참석했으며, 조소앙의 소개로 페르시아인 이석석(李石石)도 참여했다. 이후 대동당으로 개칭한(1920) 신아동맹당은 제1차 세계대전 이후 조선인, 중국인, 대만인, 베트남인 혁명 세력이 아시아 평화와 독립의 지향 아래 설립한 국제적 동맹 조직이었다.

2) 근대적 정당의 출현과 한인사회당의 결성

신한혁명당이나 국제연대 조직인 신아동맹당에서 주목되는 한 가지가 있다. 조직 형태를 근대적 정치조직체인 당(黨)으로 설정한 것이다. 이들은 이전까지 주로 회(會), 사(社), 동맹(同盟) 등의 명칭을 사용하던 결사체를 정당으로 자리매김했다. 중국동맹회가 신해혁명 후 국민당으로 개편(1912)되었고, 위안스카이가 국민당을 해산시키자 일본으로 망명한 쑨원이 중화혁명당을 조직하면서, 동아시아에서는 정치적 결사체가 정당 형태로 자리잡게 되었다. 조선인들의 민족운동 전선에서도 정치적 결사체로서 당이 출현하기 시작했다.

신한혁명당은 민족운동 전선에서 처음으로 정당 명칭을 사용한 결사체였다. 헤이그 밀사의 일원이었던 이상설이 제1차 세계대전 발발 후 러시아제국의 탄압으로 연해주에서 상하이로 이동한 후 신규식, 박은식, 유동열, 이춘일(李春日), 성낙형(成樂馨) 등 각지에서 모인 독립운동가들과 함께 국내외를 연결하면서 광복군을 무장시켜 독립전쟁을 추진하는 비밀결사체인 신한혁명당을 결성했다. 베이징에 본부를 두고(본부장 이상설) 상하이에는 재정부, 교통부, 외교부 등의 부서를 두었다. 상하이, 한커우(漢口), 펑톈(奉天), 창춘(長春), 안둥(安東), 옌지(延吉)와 국내의 경성, 원산, 평양, 회령, 나남 등 11개 지역에 지부를 두었다.

신한혁명당은 대한제국 망명정부를 수립하기 위해 고종을 당수로 추대했다. 외교부장 성낙형이 군자금 모금과 당원 규합을 위해 국내로 파견되었는데, 그의 실제 임무는 당수로 받든 고종에게 중국 정부와 '중한의방조약(中韓誼邦條約)'을 체결하기 위한 위임장을 받아오는 것이었다. 중국과 한국 망명정부 사이에 군사동맹을 체결하여 독립전쟁에 대비하기 위해서였다. 하지만 성낙형 등 국내에 들어간 당원과 활동원 모두가 체포(1915.7)되면서 계획은 실패로 돌아갔다. 게다가 그 직전 위안스카이가 일본이 강요한 '21개조 요구'를 수용(1915.5)했기 때문에 실현되기도 어려운 상황이었다.

국외 민족운동의 흐름은 빠르게 공화주의로 수렴되어갔고, 신한혁명당 당원 역시 구황실 측근들인 국내 활동원을 제외하면 대부분 공화주의자였다. 그런데도 신한혁명당은 제정(帝政)을 표방하고 고종을 당수로 추대했다. 이는 일본과 교전 상대국이어서 자신들의 동맹국이 되어줄 것으로 기대한 독일(제국)과 신해혁명 성과를 거꾸로 돌린 위안스카이가 황제로 칭한 중국(중화제국)이 모두 제정이므로 이들 국가의 정체(政體)를 따르는 게 유리하다는 실리적 판단 때문이었다. 하지만 신한혁명당의 계획이 실패하면서 이후 복벽주의나 보황(保皇)주의는 완전히 생명력을 잃었고 국내외 민족운동 전선에서 공화주의 노선이 확고하게 정착되었다.

　메이지대학 졸업 후 상하이로 망명하여 동제사와 신아동제사에서 활동하고 중국국민당 인사들과 함께 '아세아민족 반일대동당'을 결성하면서 「대동단결선언」(1917. 7)을 발표했던 조소앙은 신규식, 신석우 등과 함께 한국사회당을 조직했다(1917. 8). 그리고 스웨덴 스톡홀름에서 개최될 예정이었던 국제사회당대회에 한국사회당 명의로 참가신청 전문을 보냈다. 하지만 이 대회는 열리지 않았고, 조소앙이 한국사회당 대표로 국제사회당대회에 참석한 것은 2년 뒤였다(1919. 8). 그는 김규식을 도와 파리 강화회의에 참가하기 위해 파리에 갔다가 스위스 루체른에서 국제사회당대회가 개최될 예정이라는 소식을 듣고 이관용(李灌鎔)과 함께 루체른으로 가서 '한국 독립 승인 결의 요구안'을 제출했다. 조소앙의 노력으로 국제사회당대회는 한국사회당의 가입을 승인하고 일본의 야만적 지배를 비판하면서 조선 독립 지지, 조선의 국제연맹 가입을 승인하는 결의를 채택했다. 루체른 대회 이후 조소앙은 파리에서 한국사회당 기관지 『적자보(赤子報)』를 간행하고 유럽 각 지역과 소련을 순방하며 조선 독립에 대한 지지를 호소했다.

　한국사회당은 한국사에서 사회(민주)주의를 내세운 최초의 정당이었다. 다만 조소앙과 신규식, 신석우 외에 당원을 확인할 수 없고, 유럽에서의 활동이 전부여서 조소앙이 국제사회당대회에 참가하기 위해 결성한 것으로 추정된다. 일본 유학 시절부터 세계 흐름과 철학에 대한 광범위한 독서와 깊은 탐색을 하면서 평화와 국제연대를 강조하고 조선 독립을 세계평화의 한 과정으로 정립한 조소앙이 특정 이념으로서 사회주의를 지향했다고 보기는 어렵다. 그보다는 「대동단결선언」과 「대한독립선언서」(1919. 2)에 깊이 배어 있는 평등 사상을 추구하고 국제연대를 모색하는 과정의 일환이었다고 생각된다.

　러시아 혁명으로 연해주는 다시 조선인 민족운동의 중심 무대가 되었다.

세계대전 발발 후 러시아를 떠났던 많은 운동가들이 돌아왔으며, 차르 체제에서 숨죽이고 있던 조선인들도 목소리를 내기 시작했다. 이들 중 10월혁명에 공명하여 사회주의 혁명에서 독립의 가능성을 찾고자 했던 이동휘, 김립(金立) 등 신민회 좌파들을 중심으로 하바롭스크에서 한인사회당이 결성되었다(1918. 4). 즉시 독립전쟁론자였던 이들은 망명 과정에서 사회주의 사상을 수용했다. 여기에 오 바실리 등 러시아에서 태어나 혁명가로 성장한 조선인 2세들이 결합했다. 원동 소비에트 정부의 수반 크라스노쇼코프와 외교부장인 김 알렉산드라 페트로브나 등 러시아 볼셰비키들은 한인사회당을 적극 지지했다.

이동휘를 위원장으로 한 중앙위원회에 조직부, 선전부, 군사부를 설치한 한인사회당은 조선인 이주민들에게 조직과 선전 활동을 펼치고 무장부대를 양성했다. 원동 소비에트 정부의 소재지 하바롭스크에 중앙위원회를 두고, 연해주와 아무르주에 8개 당 지부를 설립했다. 한글로 저술된 마르크스주의 서적을 보급하기 위해 출판사인 보문사를 설립하고, 당 기관지로 한글 잡지 『자유종』 발간을 준비했다. 조선인 2세들에게 민족 교육과 반일 정신, 마르크스주의를 교육하기 위해 문덕(文德)중학교를 설립했다. 무장부대도 편성했다. 군사부장 유동열을 책임자로 한 사관학교에 100여 명의 청년들이 입교했으며, 이 사관생도들로 한인사회당 적위군을 조직했다.

그러나 러시아 적백내전 때문에 한인사회당의 활동 기간은 길지 못했다. 블라디보스토크에서 체코군단 봉기(1918. 5)가 일어나자 연해주 일대를 점령한 백군이 원동 소비에트 정부가 있는 하바롭스크를 공격했다. 유동열과 전일(全一)이 이끄는 한인사회당 적위군은 적군과 함께 하바롭스크 방어 전투에 참전했다. 하지만 하바롭스크가 백군에게 점령되면서 이동휘 등 한인사회당 간부들과 당원들은 곳곳으로 흩어졌다.

이후 3·1운동이 일어나자 한인사회당 인사들은 흩어진 당원들을 수습하여 블라디보스토크 인근에서 제2차 당 대회(1919. 4)를 열었다. 기존 한인사회당과 대한신민단의 통합대회였다. 이 통합으로 한인사회당은 연해주와 북간도 일대에서 최대 규모의 운동 단체가 되었다. 당 대회에서는 3·1운동 후 조선혁명의 나아갈 길에 관해 논의한 끝에 파리 강화회의에 대표를 파견하지 않고, 대신 모스크바에서 조직될 국제공산당(코민테른)에 가입하기로 결의했다. 한인사회당 대표 박진순(朴鎭淳)은 제2차 코민테른대회에 참석하여 한인사회당을 코민테른의 지부로 승인받고 코민테른 집행위원회 위원으로 선출되었다(1920. 8).

한편 한인사회당은 상하이 임시정부와 연해주 대한국민의회의 통합이 논의되는 과정에서 통합 임시정부에 참여하기로 했다(1919. 8~9). 통합 임시정부를 조선 혁명을 지도할 최고 기관으로 인정한 것이다. 이동휘가 임시정부 국무총리에, 김립이 국무원 비서장에 취임하는 등 당 간부들이 임시정부에 참여하면서 한인사회당 중앙위원회는 본부를 상하이로 옮겼다.

한인사회당은 한국사에서 최초로 결성된 볼셰비키 유형의 사회주의 정당이었다. 혁명적 민족주의 진영이 분화되면서 형성된 사회주의자들이 독립을 달성하는 방법을 즉시 독립전쟁과 사회주의 혁명에서 찾고자 했던 독립운동 단체였다. 이들은 노동대중의 전위정당을 자임하면서, 군사부를 두고 일제에 대항하는 적위군을 조직했다. 한인사회당은 민족해방을 위한 이념과 운동으로서 사회주의를 수용한 정치결사체였는데, 이는 이후 출현하는 많은 사회주의 독립운동 단체들에서도 공통적으로 발견되는 특징이다.

3) '두 세계' 사이 균형을 추구한 신한청년당

제1차 세계대전이 막바지에 이르렀다. 일본이 승전국의 일원이 될 상황에서 일본의 전쟁 상대국이었던 독일과 동맹을 꾀했던 신한혁명당의 시도는 실패로 돌아갔다. 한때 기대를 걸었던 중국도 일본이 강요한 '21개조 요구'를 수용했다. 혁명 후 독일과 강화조약을 체결하고 전쟁에서 빠져나간 소비에트 러시아는 내전에 빠졌고, 한인사회당도 러시아 내전의 소용돌이 속으로 휩쓸려 들어갔다.

이 와중에 전후 세계질서 변화를 가져올 두 개의 민족자결주의 선언은 민족운동가들을 고무시켰다. 10월혁명 직후 레닌이 발표한 「러시아 제민족의 권리선언」(1917. 11)은 그 대상이 러시아제국 안의 소수민족으로 한정되었지만 소비에트 러시아 정부의 민족자결주의 실천 선언으로서 피압박민족의 관심을 끌기에 충분했다. 그 직후 미국 대통령 윌슨이 전후 식민지 문제 처리 방안으로 제시한 민족자결주의가 포함된 '14개조 평화원칙'(1918. 1)을 발표했다. 이는 대부분의 식민지를 지배하고 있는 유럽 협상국의 일원인 미국이 발표했다는 점에서 레닌의 선언보다 직접적인 영향을 미쳤다. 또 현실적으로 미국은 세계대전 과정에서 최강국으로 발돋움했고, 협상국이 승리하는 데 결정적인 역할을 했다. 따라서 민족운동가들 사이에 전후처리를 위한 강화회의에 식민지 문제에 대한 의제가 상정될 것이라는 기대감도 매우 높았다.

독일의 항복(1918. 11. 11)으로 전쟁이 끝나고 파리에서 강화회의가 열리게 되었다. 해외 각지의 민족운동 단체들은 민족자결주의에 고무되었다. 이때 윌슨 대통령은 크레인(Charles Crane)을 중국에 특사로 파견하여 파리 강회회의에 참여하도록 종용했는데, 여운형(呂運亨)은 그를 통해 파리 강화회의 개최 소식을 들었다. 여운형은 강화회의에 대표를 파견하기 위해 긴급하게 상하이에 있는 장덕수, 김철(金澈), 선우혁(鮮于爀), 한진교(韓鎭敎), 조동호(趙東祜) 등과 협의하여 신한청년당을 결성했다(1918. 11. 28). 동제사 활동부터 함께 했던 김규식, 서병호(徐丙浩), 조소앙 등도 결합했다.

세계 근대사에서 혁명 조직은 변혁이나 통일·독립운동의 주체로 '청년'을 호출하는 특징이 있다. 청년(20세 이상 40세 이하)을 입당 조건으로 내세운 신한청년당도 마찬가지였다. 신한청년당 결성 당시 상하이에는 10여 명의 청년튀르크당원들이 활동하고 있었다. 여운형 등은 이들과 교류하면서 독립운동 모델을 청년튀르크당(1889)에서 찾았다. 청년튀르크당은 혁명적 민족주의 정당으로서 1908년 혁명으로 정권을 장악하여 쇠퇴해가는 오스만제국을 입헌군주제 국가로 변화시키며 개혁을 이끌어 갔다. 이탈리아의 독립과 통일을 목적으로 주세페 마치니(Giuseppe Mazzini)가 청년이탈리아당(1831)을 결성한 이후 '청년'당은 당시 유럽의 혁명적 민족주의 정치운동을 상징했다. 통일을 이루려는 독일의 청년독일당, 3국(프로이센·오스트리아·러시아)의 분할로 123년간 지도에서 존재 자체가 사라진 폴란드의 청년폴란드당 등이 가맹하여 조직된 청년유럽당(1834)은 유럽의 혁명적 분위기를 이끌었다. 청년아일랜드당(1842)은 잉글랜드에 저항하는 민족주의 봉기(1848)를 일으켰다.

신한청년당은 영문으로 된 독립청원서를 크레인을 통해 윌슨 대통령에게 전하고자 했다. 그리고 파리 강화회의에 김규식을 대표로 파견하기로 결정했다. 김규식은 1919년 1월 말 상하이를 출발하여 파리에 도착했다(3. 13). 또한 신한청년당은 국내외 각지로 대표를 파견해 국제정세의 변화를 설명하고 파리 대표 파견을 위한 자금을 모집했다. 국내로 선우혁, 김철, 서병호, 그리고 김규식의 부인인 김순애(金淳愛)가 파견되었으며, 장덕수는 일본에서, 여운형은 만주와 연해주에서 모금 활동을 전개했다.

신한청년당의 활동은 파리 강화회의 대응에 머무르지 않았다. 국내외로 파견된 당원들의 활동은 3·1운동의 기폭제가 되었으며, 상하이에 임시정부가 수립되는 데도 큰 영향을 미쳤다. 제1차 세계대전 이후 변화하는 국제정세 속에서 새롭게 등장한 사회주의에 관심을 기울인 신한청년당이 채택한 당강(대한독립, 사회개조, 세계대동)에는 '신사상', 즉 사회주의 지향도 담겨 있었다. 기관지 『신한청년』은 파리 강화회의와 국제연맹, 윌슨에 대한 기대와 함께 사회주의 등 새로운 사상을 우호적으로 소개했다. 그러면서도 신한청년당은 전쟁 후 나타난 두 방향의 세계정세인 '국제연맹의 외교 노선'과 '러시아 혁명 이후의 사회주의적 지향' 사이에서 균형을 추구했다.

러시아 혁명에서 독립의 가능성을 찾고자 했던 한인사회당을 제외하면, 신한청년당뿐 아니라 국내외 민족운동가 대부분이 파리 강화회의에서 윌슨의 '민족자결주의'에 기초하여 식민지 문제가 다뤄질 것으로 기대했다. 상하이 외의 다른 지역에서도 파리 강화회의에 대표를 파견하는 것이 기획되었다. 미주에서 안창호가 중심이 되어 결성한 대한인국민회도 이승만(李承晩), 민찬호(閔贊鎬), 정한경(鄭翰景)을 대표로 선정했다. 연해주의 대한국민의회도 윤해(尹海)와 고창일(高昌一)을 파견하기로 했다. 일본 유학생들도 대표 위임을 고려했다. 국내의 유림계도 '파리장서'를 작성하여 김창숙(金昌淑)을 대표로 파견하려 했다.

그러나 파리 강화회의에 조선인이 참가하는 일 자체가 쉽지 않았다. 미주 대표단의 경우 뉴욕 주재 일본총영사관이 여권 발급을 거부했다. 일본과의 외교 관계를 고려한 미국도 소극적 태도를 보여 이승만이 윌슨 대통령에게 협조를 요청했으나 받아들여지지 않았다. 러시아어와 프랑스어로 된 증명서를 소지하고 파리로 출발한 대한인국민회의 두 대표는 파리 강화회의가 종료된 지 3개월이 지난 9월에야 파리에 도착했다. 일본과 국내에서는 결국 대표를 파견하지 못했다.

파리에 도착한 대표는 신한청년당의 김규식이 유일했다. 김규식은 파리 한국통신부를 설치하고 본격적인 외교 활동에 착수했다. 그 무렵 꾸려진 상하이 임시정부(1919. 4. 11)는 김규식을 외무총장과 파리 강화회의 대한민국위원 겸 파리 한국통신부 대표위원으로 임명하고 신임장을 발송했다. 김규식은 신한청년당을 넘어 대한민국임시정부의 공식 대표가 된 것이다. 이후 독일, 러시아, 중국, 미국 등지에서 이관용, 황기환(黃玘煥), 조소앙, 김탕(金湯, 본명 김인태), 여운홍(呂運弘) 등이 파리에 도착하여 파리 한국통신부 진용이 갖추어졌다. 파리 한국통신부는 영어와 프랑스어로 인쇄된 임시정부의 공식 청원서를 강화회의에 참석한 각국 대표들에게 발송하고, 강화회의에서 한국대표단이 발언할 수 있는 위원회를 구성해달라고 요구했다. 청원서는 오랜 역사를 지닌 한국의 고유성과 자주성을 무시한 일본의 침략을 고발하고 3·1운동을 설명하면서 대한민국임시정부가 수립된 사실을 천명했다.

그러나 강화회의에서 한국 문제는 논의되지 않았다. 애초에 강화회의에서 논의될 민족자결 문제는 독일, 오스트리아 등 패전국 식민지에 한정되어 있었다. 일본을 포함한 승전국 식민지에 대한 문제는 의제로 상정조차 되지 않았다. 영국의 식민지 아일랜드와 이집트, 프랑스의 식민지 베트남도 청원서를 제출했지만 배제되었다. 오히려 파리 강화회의 이후 승전국들의 식민지배는 더욱 공고해졌다.

파리 강화회의는 승전국 식민지의 민족자결 문제를 철저히 외면했다. 오히려 윌슨이 제창한 민족자결주의가 무의미한 구호에 불과하다는 것을 확인시켜줬다. 파리 강화회의에 크게 기대했던 민족운동가들은 좌절했다. 처절한 '희망고문'이었다. 이제 독립운동 방향을 새로 모색해야 했다. 더 이상 국제질서 변동에 의존하지 않고 스스로의 힘으로 독립을 쟁취해야 한다는 생각을 하지 않을 수 없었다. 이를 위해 민족운동의 최고 지도 기관을 설립하고 여기에 모든 역량을 집중시켜야 한다는 문제의식이 커졌다. 통합 대한민국임시정부의 권위도 커졌다.

한편 파리 강화회의에서 보여준 제국주의 열강의 위선에 배신감을 느낀 일부 민족운동가들은 반제 기치를 내건 소련과 코민테른으로 눈길을 돌렸다. 신한청년당 설립의 주역인 여운형은 이동휘 등과 함께 상하이에서 한국공산당을 결성했고, 파리 강화회의 대표 김규식은 코민테른이 개최한 원동민족혁명단체대표회(원동민족대회)에 대표로 참가했다. 독립운동사의 새로운 국면이 시작되고 있었다.

3. 3·1운동과 통합 임시정부, 국외 무장투쟁

1) 엘리트 주도를 넘어, 민중이 이끈 3·1운동

3·1운동에 대한 해묵은 논쟁 가운데 하나가 최남선이 기초한 「(기미독립)선언서」에 서명한 민족대표 33인의 역할론이다. 3·1운동 주역을 민족대표로 제한했던 해방 직후 우파의 엘리트주의적 독립운동사 인식과 좌파의 민중 주체 역사인식이 대립한 산물이었다. 우파적 사관만 득세하던 시대에는 가라앉았다가 1970년대 중반부터 역사 전개에서 민중의 의미를 주목하면서 민족대표 역할론이 논쟁의 소재가 된 것이다.

하지만 두 주장 모두 앙상함을 드러냈다. 현실적으로 민중이 참여하지 않은, 민중의 동의를 받지 못한 대중운동은 설정 자체가 불가능하다. 그런데도 33인만 부각시키려 한다면 '역사적 자산'을 특정 세력이 정치적으로 전유하고 활용하려는 편향적 의도에 불과하다. 민족대표들의 행동에도 국외에서 고투하던 청년 학생들의 2·8독립운동과 신한청년당을 결성한 주체들의 실천이 큰 영향을 미쳤다. 다른 한편 3·1운동은 일제가 선전한 폭동이 아니라 한민족의 독립, 평화와 인권을 지향한 치열한 운동이었다. 따라서 이러한 '일대 사건'의 출발과 전개 과정에 어떤 조직이나 이념의 힘이 미친 영향을 부정하는 것 역시 비현실적이고 부당하다. 3·1운동의 전개 과정에서 민중과 엘리트는 상호 보완적이었지 적대적 관계일 수가 없었다.

3·1운동은 「선언서」가 시중에 배포되면서 시작되었다. 3월 1일 당일 만세시

위가 전개된 곳은 서울, 평양, 의주, 원산, 진남포 등을 비롯한 7개 도시였다. 대부분 1914년 이후 조선총독부가 「부제」를 시행하면서 부를 설치했던 곳으로서 일본인 인구가 많고 지역의 정치, 경제, 행정 거점이 되었던 장소들이었다. 즉 3·1운동은 바로 식민통치가 가장 직접적으로 관철되던 중심지에서 시작된 것이다. 3·1운동 이전의 많은 봉기들이 중앙보다 변방 지역에서 폭발한 경우가 많았던 것과 대조적이었다. 그리고 도시나 농촌 가릴 것 없이 전 지역으로 확산된 3·1운동 양상은 완전히 다른 모습이었다. '일대 혁명적 사건'이었다.

3·1운동의 출발점이 도시 공간이었다는 점 자체가 3·1운동의 다층성을 보여준다. 도시에서는 동맹휴학을 하며 만세시위의 열기를 고조시킨 학생들이 주력이었다. 상인들은 철시를 통해 단결된 힘을 보여주었고, 자유노동자가 밀집된 곳에서는 파업으로 동참했다. 여성들도 시위에 참가했다. 전례 없는 일이었다. 계급과 계층을 망라한 전 민족적 시위가 전개된 것이다.

농촌 지역에서도 바로 시위가 이어졌다. 시간적으로 볼 때 도시에서 시작된 시위가 농촌으로 확산되었지만, 그렇다고 도시가 농촌의 시위를 지도한 것은 아니었다. 농촌에서는 천도교·기독교 등 종교 세력과 학생 세력이 중심이되어 시위를 벌였다. 당시 전국 220개 군(郡) 가운데 212개 군(96.4%)에서 시위가 전개되었다. 220개 군의 군청소재지 면 가운데 86.8%에서 만세 소리가 퍼졌다. 한반도의 거의 모든 지역에서 3·1운동을 공유한 것이다.

시위는 점차 과격해질 수밖에 없었다. 도시에서는 전차나 발전소에 돌을 던지거나 파출소를 공격하는 양상이 나타났고, 농촌에서는 농민들이 농기구로 무장하고 식민통치의 첨병 기구였던 헌병대, 경찰관서, 면사무소 등을 습격하는 사례들이 속출했다. 평화시위가 폭력투쟁으로 나아간 가장 큰 원인은 학살까지 자행하는 일제의 폭력적 탄압이었다. 일제는 시위 발발 직후 헌병경찰과 군대를 동원하여 초기 진압을 계획했다. 파리 강화회의에서 유리한 지위를

만세시위
사진집 *Korea Independence Movement*의 1920년본에 실려 있는 3·1운동 당시의 시위 광경이다. 미국 USC 소장.

선점하고 러시아 내전에 대규모 군대를 파병한 일본에게 3·1운동은 거추장스러운 '소요'로 인식되었기 때문이다. 그러나 사실은 큰 충격이기도 했다. 일제는 사찰반을 운용하고 밀정을 활용하면서, 3월 말 이후에는 조선 주둔 일본군을 증파하여 무력 탄압 체계를 구축했다.

폭력적 탄압에 직면한 군중은 잡혀간 동지를 되찾기 위해, 그리고 식민지배의 울분을 토로하기 위해 점차 투쟁 강도를 높여갔다. 이 과정에서 시위의 선두에 나선 주역은 도시에서는 노동자층이었고, 농촌에서는 당연히 농민들이었다. 4월 들어서는 시위 주체가 확연히 민중 중심으로 전환되었다. 물론 이러한 적극 투쟁의 원인이 단순히 일제의 탄압 때문만은 아니었다. 조선 민중들은 9년여간 폭력적 식민지배를 겪으면서 조선인의, 조선인을 위한 국가가 있어야 한다고 생각했기 때문에 탄압에도 굴복하지 않고 시위를 이어간 것이다.

당시 체포된 사람들의 목소리를 들어보자. "조선 독립의 그날에 재산이 평등하게 배분되기 때문에 빈곤자로서는 무상의 행복이 될 것이다." "조선이 독립하면 국유지는 소작인 소유로 된다." "독립하지 못한다면 우리들은 물론이고 2천만 동포들이 모두 쓰러져 구렁을 메우리라." 여기엔 3·1운동을 통해 절대 독립을 쟁취해야만 경제적 평등을 이룰 수 있다는 기대감이 담겨 있다. 독립국가가 세워져야 조선 민중이 주인으로 행동할 수 있다는 뚜렷한 '신민(新民)'의식도 확인된다. 3·1운동을 이끈 민중은 민족구성원 전체의 운명을 고민하면서 민중이 앞장서서 민족과 국가를 재구성하고자 하는 의지를 표출했다.

3·1운동은 민족대표가 낭독하기로 했던 독립 「선언서」를 파고다공원 앞에서 학생들이 대신 낭독하면서 시작되어 민중이 주도하는 거대한 만세 물결로 이어졌다. 도시에서 시작하여 농촌으로 확산될 때 지역 엘리트들이 첫 삽을 떴고, 민중들은 치열한 투쟁을 전개했다. 20세기 전반기 세계 식민지 약소민족의 독립운동을 돌아볼 때, 이처럼 전 지역에서 몇 달에 걸쳐 모든 계층이 참여하며 뚜렷한 독립의식을 드러낸 사례는 찾아보기 힘들다.

전국에서 일어난 시위 건수는 3월 21일부터 4월 10일까지 절정을 이루고 4월 11일 이후 소강기에 접어들었다. 5월 이후에는 산발적 시위가 일어나는 정도로 힘이 약화되었다. 엄청난 희생을 동반하는 운동이 장기적으로 지속되어 가시적 성과를 내려면 일정한 조직과 힘이 필요한데, 아직 그러한 역량이 구축되지 못했기 때문이다. 이 과정에서 일제는 제암리 학살과 같은 반인륜적 폭력과 학살을 자행하는 한편, 친일파를 앞세운 간담회 등을 통해 유화 국면을 만들어보려는 양면적 통치술로 시위의 불길을 끄려 했다.

조선총독부는 7월 1일 공휴일을 선포하고 '강화회의 축하회'를 개최했다. 3·1운동이 끝났다고 공개적으로 선포한 것이었다. 민족운동 세력도 파리 강화회의와 3·1운동을 통해 실현하고자 했던 독립의 희망이 기존 방식으로는 실현되기 어려운 상황임을 인정할 수밖에 없었다. 이에 국내외에서 독립운동의 통합적 구심체를 세우기 위한 임시정부 수립 운동이 본격적으로 전개되기 시작했다. 그에 대응하여 일본도 3·1운동을 통치 방식의 전환점으로 삼을 수밖에 없었다. 1919년 8월 새로 부임한 사이토 마코토(齋藤實) 조선총독은 내지연장주의를 표방하면서 새로운 식민통치 방식으로 문화정치를 발표했다.

2) 민족운동 최고 지도 기관의 형태: 정당이냐, 정부냐

제1차 세계대전을 거치면서 중국, 러시아, 미주 등 지역별로 분리되어 활동하던 민족운동가들 사이에는 독립운동을 이끌 최고 지도 기관을 만들어야 한다는 암묵적 공감대가 만들어졌다. 앞에서 보았듯이 「대동단결선언」(1917. 7)은 민족운동을 통해 되찾을 나라가 국민주권 국가임을 표명한 최초의 독립선언서였다. 이는 간도와 중국 관내, 그리고 연해주와 미주에서 활동하던 해외 각지의 민족운동가 39명이 서명한 「대한독립선언서」(1919. 2)로 이어졌다. 민족운동 최고 지도 기관을 설립하자는 데 민족운동가들의 중지가 모아진 것이다.

다만 최고 지도 기관의 성격이나 형태를 둘러싸고 '정당'을 수립하자는 의견과 '정부'를 수립하자는 두 가지 의견이 대두되었다. 우선 정당 조직론은 조국이 주권, 영토, 인민을 갖지 못한 상태에서 정부 형식보다 혁명적 정당으로 독립운동을 이끌어 근대적 민족국가를 수립하자는 주장이었다. 실제로 세계 근대사에서 독립·통일운동을 이끈 주체는 근대적 정치결사인 정당이었다. 이탈리아 통일을 이끈 청년이탈리아당, 러시아 혁명을 이끈 러시아사회민주당, 중화민국을 세운 중국국민당이 대표적이다. 이러한 혁명정당의 역사를 잘 알고 있던 국외 민족운동가들도 제1차 세계대전 기간에 신한혁명당, 한국사회당, 한인사회당, 신한청년당 등 정당을 조직해 독립운동을 전개했다.

한편 정부 조직론은 일제의 침략으로 대한제국이 사라진 후 정부가 없어졌으니 새로운 정부를 세워야 한다는 논리였다. 물론 새로 세워질 정부는 '민'(국민 또는 인민)이 주권을 행사하는 공화주의 정부여야 한다는 공감대가 형성되어 있었다. 새로운 정치결사인 정당보다 정부가 더 익숙하다는 점도 힘을 받았다. 특히 일정 규모로 동포 사회가 형성된 간도와 연해주에서는 이미 서로군정부, 대한군정부, 전로한족회중앙총회 등 자치기구가 조직되어 해당 지역에서 정부 역할을 자임하고 있었다. 무엇보다 국제적 지원을 얻어 효율적인 독립운동을 전개하려면 정통성 있는 정부를 수립해야 한다는 주장이 힘을 받았다. 실제로 파리의 '체코슬로바키아 민족회의'는 종전 직전 '체코슬로바키아 임시정부'로 개편하여(1918. 9) 영국과 프랑스 등으로부터 체코슬로바키아 민족의 대표기구로 인정받아 전후 체코슬로바키아공화국을 수립할 수 있었다.

파리 강화회의에서 '희망고문'을 당하는 참담한 상황을 경험한 민족운동가들 사이에서는 정부 조직론이 힘을 얻었다. 결국 정당 조직론을 주장하던 운동가들이 소속 정당을 유지한 채 정부에 참여하는 방식을 취하기로 했다. 이런 움직임은 연해주에서 처음 나타났다. 연해주에서는 러시아 혁명 후 러시아로 이주한 지 오래된 한인들 중심의 자치기구로 전로한족회중앙총회가 창립(1918. 1)되었다. 이와 별개로 하바롭스크에서는 민족운동에 방점을 둔 한인사회당이 조직되었다(1918. 4). 러시아 적백내전에서 중립을 선언한 전로한족회중앙총회와 적군 편에 선 한인사회당은 상호 교류하면서도 대립하는 양상을 보였다. 전로한족회중앙총회는 파리 강화회의에 대한 대책을 논의하기 위해 대회를 소집했다(1919. 2). 러시아 지역은 물론 서간도와 북간도 대표들까지 참가한 이 대회에서 전로한족회중앙총회를 대한국민의회로 확대 개편하는 결의가 이루어졌다. 의장에는 문창범(文昌範), 선전부장에 이동휘가 선출되는 등 한인사회당원 일부도 대한국민의회에 참여했다.

이들은 '의회'라는 명칭을 사용했는데, 이는 러시아의 민주적 자치기구인 '소비에트'를 의미했다. 즉 정부와 의회 기능을 합친 정부 조직체였다. 실제로 대한국민의회는 해외 모든 한인들의 대표기관이자 (임시)정부를 자임했다. 그런 가운데 국내에서 3·1운동이 일어나자 대한국민의회는 독립선언서를 발표하고(3.17) 블라디보스토크 등 연해주 일대에서 대규모 시위 운동을 주도했다.

상하이에서도 (임시)정부가 조직되었다. 한인 자치기구가 없던 상하이에서는 정부 조직론과 정당 조직론을 둘러싼 논쟁이 보다 치열하게 진행되었다. 동제사→신한혁명당→신한청년당에 이르는 과정에서 정치결사체로서 정당을 조직해 활동해왔던 상하이의 민족운동가들은 민족운동 최고 지도 기관은 혁명정당이 되어야 한다고 주장했다. 조소앙과 여운형이 대표적이었다. 하지만 파리 강화회의를 앞둔 상황에서 국제적 인정을 받으려면 임시정부를 수립해야 한다는 주장이 힘을 얻었다. 더구나 3·1운동을 전후해 민족대표로부터 권한을 위임받아 파견된 현순(玄楯)을 비롯하여 일본, 간도, 연해주, 미주 등지에서 독립운동가들이 상하이로 모여들면서 단일정당으로 모든 세력을 규합하기도 어려웠다. 결국 임시정부를 수립하자는 결론으로 모아졌다.

상하이로 독립운동가들이 모여들자 독립운동을 보다 효과적·체계적으로 추진할 임시기구가 필요해졌다. 3월 하순 독립임시사무소가 설치되었고, 이곳에서 독립운동을 이끌 최고 지도 기관에 대한 논의가 계속되었다. 마침내 29명의 대표자들이 모여 대한민국임시의정원을 구성했다(4.10). 임시의정원은 곧바로 정부수립 절차에 나서 국호를 '대한민국'으로 결정하고 민주공화국임을 선언했다. 뒤이어 「대한민국 임시헌장」을 선포하고 수반인 국무총리를 비롯 6개 행정부 총장을 선출해 국무원을 구성했다. 대한민국임시정부가 수립된 것이다(4.11). 강제병합 당시에는 제국-군주국이었지만, 9년도 안 되어 독립운동가들 사이에 공화주의가 정착되면서 유사 이래 처음으로 민국이 출범한 것이다.

3) 최초의 좌우합작 정부, 통합 임시정부의 수립과 굴곡

연해주와 상하이에 두 개의 (임시)정부가 세워짐에 따라 대한국민의회는 원세훈(元世勳)을 상하이로 파견했고, 통합 교섭이 시작되었다. 대한국민의회는 지리적 이점을 살려 외교부와 교통부만 상하이에 두고, 정부와 의정원은 조선인이 많이 사는 연해주나 간도로 옮겨 통일정부를 구성하자고 제의했다. 이에 상하이 정부는 임시정부 위치는 우선 상하이에 두고, 임시의정원과 대한국민의회를 통합해 의회를 구성하면 이를 연해주에 둘 수 있다면서 교섭에 응했다.

그런데 두 정부의 통합 교섭 과정에 변수가 생겼다. 국내에서 또 하나의 임시정부로서 한성정부가 결성된 것이다. 한성정부는 3·1운동 직후 '13도 대표자'들이 국민대회를 열어 「국민대회 취지서」와 「임시정부선포문」을 발표함과 동시에 민주공화정을 채택하고 집정관총재를 수반으로 한 각료를 인선했다. 정부수립을 선포하려던 국민대회(4.23)는 일제의 탄압으로 소규모 시위에 그치고 말았다. 한성정부의 수립과 각료 인선 내용은 국민대회 이전에 상하이로 망명한 홍진(洪震) 등을 통해 통합 교섭을 진행하던 두 정부에도 알려졌다. 국민대회 개최 시도는 실패했고 한성정부 자체가 명확한 실체를 가진 것도 아니었지만, 국내에서 '13도 대표자' 이름으로 수립되었다는 명분에서 한성정부는 국외에서 조직된 다른 정부에 비해 정통성이 크다고 인정되었다.

두 정부 통합을 위한 노력은 상하이 정부의 내무총장으로 임명된 안창호가 상하이에 도착(1919.5)하면서 급진전되었다. 안창호는 국무총리대리 자격으로 원세훈과 협상을 벌였다. 협상이 교착상태에 빠진 상황에서 '한성정부 봉대론'이 대두했다. 결국 대한국민의회와 상하이임시정부는 두 정부를 모두 해소하고 국내에서 13도 대표가 조직한 한성정부를 계승하여 통합하기로 합의했다. 통합정부 수립의 원칙으로 정부 위치는 당분간 상하이에 둘 것, 상하이 정부가 실시한 행정의 유효함을 인정할 것, 정부 명칭은 '대한민국임시정부'로

할 것, 현재 각원은 총사퇴하고 한성정부가 선임한 각원들이 정부를 인계할 것 등이 제시되었다.

상하이에서 한성정부를 봉대하여 통합하는 안을 통과시킨 안창호는 8월 중순, 현순과 김성겸(金聖謙)을 블라디보스토크로 파견했다. 대한국민의회도 신한촌에서 의원총회(1919. 8)를 열어 통합안을 받아들이기로 결의하고 대한국민의회 해산을 선포했다. 새로 통합될 대한민국임시정부 각원으로는 대한국민의회의 이동휘가 국무총리로, 문창범이 교통총장으로 참여하기로 했다. 대한국민의회의 해산 선포 후 이동휘와 문창범은 상하이로 출발했다. 통합 대한민국임시정부의 수립이 눈앞에 다가온 것이다.

그러나 상하이의 분위기는 사뭇 달랐다. 임시의정원이 정부 개조안을 승인했는데(9. 7), 그 핵심 내용은 국무총리제를 대통령제로, 정부 조직을 6부에서 7부 1국으로 바꾸어 각원들을 한성정부가 선정한 구성과 같도록 새로 선출한다는 내용이었다. 이는 한성정부를 기준 삼아 상하이 정부를 개조하자는 것으로, 대한국민의회와 상하이 정부를 모두 해체하고 한성정부를 봉대하여 새롭게 의회를 구성하자는 합의 내용과 다른 것이었다. 「대한민국 임시헌법」이 공포(9. 11)되어 통합 대한민국임시정부가 수립되었지만, 이동휘와 문창범 등은 통합정부 내각에 취임하기를 거부했다. 이른바 '승인-개조' 분쟁이 일어난 것이다.

문창범은 끝내 교통총장에 취임하지 않고 블라디보스토크로 돌아가 해체된 대한국민의회를 재건했다. 다만 이동휘가 "상해 측과 정전(政戰)을 벌임으로써 대국(大局)을 파괴할 수 없다"며 국무총리에 취임함으로써 비로소 통합정부가 모습을 갖출 수 있었다(1919. 11). 이동휘의 국무총리 취임은 한인사회당 세력이 통합 대한민국임시정부를 민족운동 최고 지도 기관으로 인정했음을 의미했다.

통합 임시정부는 임시정부를 처음 결성했다는 점뿐 아니라, 중요한 두 가지 역사적 의미가 있다. 첫째, 한인사회당의 중심인물 이동휘가 합류함에 따라 이 시기 민족운동 전선에서 이미 분화되기 시작한 좌·우 세력이 모여 최초로 좌우합작 정부로 출범했다는 점이다. 둘째, 청도회의 이후 분화되었던 무장투쟁 노선과 외교독립 노선이 다시 합작했다는 점이다. 대한국민의회 불참으로 불완전하기는 했지만, 좌·우 전선을 통합하고 독립운동 방법론을 수렴한 통합 임시정부는 명실상부한 민족운동 최고 지도 기관으로서 위상과 권위를 갖게 되었다. 이런 분위기에서 서간도와 북간도에서 정부를 자임하던 서로군정부와 대한군정부도 각각 서로군정서와 북로군정서로 명칭을 바꾸며 임시정부 예하로 편입되었다.

이는 무엇보다 민족운동의 총본부로서 임시정부 수립을 열망하는 민족적 여망이 뒷받침되었기 때문이었다. 또한 임시대통령 이승만이 부임하지 않은 상태에서 국무총리 중심으로 운영될 임시정부의 독립운동 방법론이 외교독립론을 넘어 독립전쟁론으로 나아가게 될 것임을 의미했다. 실제로 임시정부는 1920년을 '독립전쟁의 원년'으로 선포했고, 이는 봉오동 전투와 청산리 전투로 나타났다.

하지만 이승만의 국제연맹 위임통치 청원 문제가 불거지고, 임시정부가 외교독립론 중심에 갇히면서 통합정부 운영은 순탄치 않았다. 이동휘는 임시정부의 전면적 개혁안이 좌절되고, 여기에 상하이파 고려공산당의 국내부가 소비에트 러시아 정부로부터 받은 '모스크바 자금'을 유용했다는 비난이 겹치면서 국무총리직을 사임했다(1921. 1). 한인사회당 세력이 임시정부에서 이탈한 것이다. 좌·우 통합정부의 의미가 퇴색되면서 우익 중심 단체로 남게 된 임시정부는 민족운동 최고 지도 기관으로서의 위상도 크게 떨어졌다.

한편 한인사회당은 임시정부에서 이탈한 직후 당대회를 통해 (상하이파)고려공산당으로 이름을 바꾸고(1921. 5) 활동을 이어갔다. 그런데 같은 시기 러시아 이르쿠츠크에서 또 다른 (이르쿠츠크파)고려공산당이 창당되었다. 사회주의 운동 역시 분열의 모습을 보인 것이다. 이는 러시아에 정착한 재러조선인(한인) 으로서의 정체성과 민족운동에 방점을 둔 조선인으로서의 정체성 차이이기도 했다. 두 개 고려공산당의 분열과 각축은 단순히 사회주의운동의 분열을 넘어 통합 임시정부가 힘을 쏟았던 무장부대 통합운동의 주도권을 둘러싼 대립으로 이어져 결국 '자유시사변'이라는 비극을 낳았다.

4) 국외 무장투쟁과 부대 통합, 독립전쟁론과 외교론

통합 임시정부는 국무총리 이동휘의 주도 아래 1920년을 '독립전쟁 원년' 으로 선포했다. 임시정부의 독립운동 방략이 독립전쟁론으로 설정된 것이다. 임시정부는 서·북간도와 연해주의 독립군 부대들을 통합하기 위해 대표를 파견했고, 현지 독립군 부대와 독립운동 단체들은 속속 임시정부 예하로 편입되었다. 상하이에서 통합정부 수립이 간도와 연해주에서 독립군 부대들의 통합운동으로 이어진 것이다.

간도와 연해주는 일본군의 초토화 작전에 밀린 의병부대들이 옮겨간 지역이자, 1860년대 이후 국경을 넘어간 이주민들이 한인 사회를 형성한 지역이었다. 신민회 좌파의 즉시 독립전쟁론자들이 이 지역을 기반으로 독립전쟁을 준비한 것도 그 때문이었으며 연해주의 대한광복군정부, 북간도의 나자거우 사관학교, 서간도의 신흥학교 등이 그 결과물이었다. 다만 제1차 세계대전 당시 러시아제국과 중국이 일본과 같은 협상국 편에 서면서 이 시기 국외 무장투쟁은 크게 위축되었다.

그러나 러시아 혁명에 뒤이은 적백내전은 국외 독립운동 세력의 무장투쟁이 본격적으로 시작되는 계기가 되었다. 일본이 시베리아 파병으로 백군과 함께 적군에 맞서자, 러시아 한인들은 빨치산부대를 조직해 적군 편에 서서 백군 및 일본군과 싸우기 시작했다. 한인사회당 적위군이 그 출발점이었다. 하바롭스크가 백군에 점령되며 한인사회당 적위군이 흩어진 이후 연해주 곳곳에서는 항일 빨치산부대가 조직되었다. 한인 마을이 많았던 수찬(水淸)과 수이푼(秋風)에서 한창걸(韓昌傑)이 이끄는 수청군대와 최호림(崔虎林) 부대, 혈성단 등이 백군과 싸웠으며, 하바롭스크 인근의 다반과 아무르강 하구의 니콜라옙스크-나-아무례(尼港)에도 한인 빨치산부대들이 조직되었다.

이 소식을 들은 간도의 조선인 청년들은 연해주로 와서 빨치산부대에 가담했고, 간도의 독립군 부대들도 연해주로 이동했다. 서간도의 독립단은 연해주로 와 혈성단 부대에 합류했다. 한인사회당과 통합해 한인사회당의 비밀 군사조직이 된 대한신민단은 연해주에 본부를, 북간도 왕청과 훈춘에 지단을 두고 활동했다. 대한신민단은 이후 연해주 각지에서 빨치산부대를 새로 조직하거나 통합하는 중추 역할을 맡았다.

3·1운동을 전후해 서·북간도에서도 민족운동 단체들과 독립군 부대들이 속속 조직되어 독립전쟁을 준비했다. 서간도에 30여 개, 북간도에 40여 개 단체가 설립되었다. 이동휘가 통합 임시정부의 국무총리가 되어 상하이로 떠난 후, 1910년대 연해주로 망명한 홍범도가 연해주와 간도의 독립군 부대들을 통합하는 역할을 맡았다. 3·1운동 소식을 접하고 숨겨둔 무기를 찾아 부대를 이끌고 북간도로 이동한 홍범도는 두만강을 넘어 국내 진공작전을 펼치는 한편, 북간도의 독립군 부대 통합을 모색했다. 처음 찾아간 곳은 북간도의 자치 기관 국민회였다. 자신의 부대와 국민회 군사부를 통합한 홍범도는 봉오동을 근거지로 최진동(崔振東) 3형제가 조직한 군무도독부와 통합에 나섰다. 군무도독부는 당시 북간도에서 최대 규모의 독립군 부대였다. 통합 결과 봉오동에서 연합부대 대한북로독군부(단장 최진동)가 결성되었다.

1920년 초부터 계속된 독립군의 국내 진공작전에 대응하여 일본군은 대대

병력으로 봉오동을 공격(1920. 6. 1)했다. 대한북로독군부는 일본군 157명을 사살하고 3백여 명을 부상시키는 전과를 올렸다. "독립전쟁의 제일회 회전"이라고 불린 봉오동 전투는 강제병합 후 독립군이 일본군과 벌인 본격적인 첫 전투였고, 북간도 독립군 부대들이 통합하여 일궈낸 역사적 의미가 깊은 승리였다.

봉오동 전투 이후 독립군 부대들은 새로운 근거지를 찾아 이동했다. 군무도독부는 중·소 국경지대인 동녕현 방면으로 이동하며 일본군과 소규모 전투를 계속했다. 홍범도 부대는 국민회군, 대한신민단, 의군부, 의민단, 한민회군 등과 연합부대를 편성해 청산리로 이동했다. 왕청현 서대파 일대에서 활동하던 북로군정서도 청산리로 이동해 왔다. 봉오동 전투에서 패배한 일본군은 '훈춘 사건'을 날조하여 불법적으로 국경을 넘어 1만 5천여 병력으로 청산리 일대를 공격했다. 홍범도 연합부대와 북로군정서군은 연합 작전을 모색했다. 7일간(1920. 10. 21~26) 백운평 골짜기, 완루구, 어랑촌, 고동하곡 등지에서 격전을 벌인 독립군 연합부대는 일본군을 대파하는 전과를 올렸다. 청산리 전투는 3·1운동 후 최대 규모의 독립전쟁에서 거둔 빛나는 승리였다.

청산리에서 패배한 일본군은 1920년 10월부터 12월까지 세 달에 걸쳐 독립군 소탕을 빌미로 간도의 한인 마을을 무차별 공격하고 살인, 체포, 강간, 방화 등을 자행했다(경신참변). 임시정부 통계에 따르면 3천여 명이 학살, 체포되고 2,500여 호의 민가와 30여 개의 학교가 불탔다. 간도의 독립군 부대들은 일본군의 잔혹한 민간인 학살과 계속되는 공세에 밀려 퇴각해야 했다. 다만 그것은 목적지가 정해진 퇴각이었다.

한편 봉오동 전투가 끝난 후 임시정부는 소비에트 러시아와 비밀협정을 체결했다(1920. 7). 주 내용은 러시아가 대한민국임시정부를 승인하고 군사원조하며 대일항쟁을 공동 추진하여 시베리아에 대규모 독립군단을 조직한다는 것이었다. 러시아 내전에 개입하기 위해 시베리아에 대규모로 파병된 일본군 때문에 쉽게 합의에 이를 수 있었을 것이다. 독립군단 조직 장소는 아무르주 자유시(스바보드니)였다. 간도에서 퇴각한 독립군 부대들은 밀산에서 국경을 넘어 이만에서 시베리아횡단철도를 타고 자유시로 이동했다. 연해주의 한인 빨치산부대들도 자유시로 모여들었다. 자유시에 집결한 독립군들은 3,500명 병력의 대한의용군을 조직했다(1921. 3).

그러나 이 과정에서 큰 문제가 터졌다. 자유시에 모인 무장부대 내에서 통합부대의 군사 지휘권을 둘러싼 분쟁이 일어난 것이다. 이 분쟁은 상하이와 이르쿠츠크에서 조직된 두 개의 고려공산당 사이에서 벌어진 알력과 연결되어 있었다. 결국 코민테른 원동비서부의 승인을 받은 고려혁명군이 대한의용군을 무장해제하는 과정에서 많은 독립군들이 희생되는 비극적인 자유시사변(1921. 6)이 일어났다. 이 때문에 대규모 독립군단을 결성해 독립전쟁을 벌이겠다는 계획은 무산되고 말았다. 다만 대한의용군에 참여하지 않고 연해주로 돌아온 병력은 적백내전의 마지막 단계인 연해주 해방전쟁에 참가하여 연해주에서 일본군을 몰아내는 데 큰 공로를 세웠고(1920. 10), 간도로 돌아간 병력은 삼부(정의부·참의부·신민부)를 설립하여 민족운동을 이어갔다.

1910년대 말부터 1920년대 초까지 간도와 연해주에서 전개된 항일무장투쟁은 독립전쟁의 한 방식이었다. 이는 신민회의 청도회의 이후 지속적으로 독립전쟁을 계획하고 준비했던 즉시 독립전쟁론자들의 독립운동 방법론이 실천된 것이었다. 이와 달리 독립운동 기지건설론자들은 제1차 세계대전을 거치면서 열강들에 대한 외교에 집중했다.

임시정부 수립 후에도 외교를 통한 독립운동은 계속되었다. 임시정부는 국제연맹으로부터 독립을 보장받고 국제연맹에 가입하는 데 일차적 목표를 두었다. 이를 위해 구미위원부, 파리위원부, 런던위원부 등을 설치하여 열강의 승인을 받는 데 주력했다. 하지만 이 과정에서 외교독립론에 바탕을 둔 이승만의 국제연맹 위임통치 청원은 임시정부를 극심한 정쟁과 파쟁 속에 빠뜨렸다.

그런데 독립전쟁론도 궁극적으로 외교론을 동반할 수밖에 없다는 점을 간과해서는 안 된다. 두 방법론은 독립이라는 목표가 같은 한 동전의 양면이지 결코 대립하는 주장일 수 없었다. 제1차 세계대전 이후 세계 3강의 군사력을 갖춘 일본과 단독으로 전쟁을 하여 독립을 쟁취하는 것은 현실적으로 힘든 일이었다. 그런데도 대규모 독립군단을 조직해 온갖 희생을 무릅쓰고 독립전쟁을 계속한 것은 독립을 위해 "우리가 아직 싸우고 있다"는 것을 대내외에 알리기 위해서였다.

운동 주체들은 실천적 투쟁 속에서 이를 지지하고 연대하는 사람과 자금을 모을 수 있었다. 냉혹한 국제질서 속에서 열강에게 인정받기 위해 우리가 독립을 원하며 투쟁하고 있으며 독립할 자격이 있다는 사실을 계속 보여줘야 했다. 이 때문에 국내에서 전 민족적, 전 민중적 봉기인 3·1운동이 전개되었고, 국외에서 독립군들이 무장투쟁을 줄기차게 전개한 것이다. 실제로 제1차 세계대전 중 파리에서 조직된 '체코슬로바키아 임시정부'가 전후 연합국에게 공식 승인을 받은 배경에는 러시아에서뿐 아니라 프랑스와 이탈리아에서 독일·오스트리아 군대와 전투를 벌인 '체코군단'이 큰 역할을 했다.

즉 독립전쟁론이 유의미한 결과를 가져오려면 국제정치, 즉 외교가 수반되어야 했다. 두 과제는 결국 하나였다. 그리고 외교는 민족운동 최고 지도 기관인 임시정부가 수행해야 할 중요한 과제였다. 임시정부는 소비에트 러시아와의 외교를 통해 독립전쟁을 계속 확대하여 열강의 승인을 받는 근거로 활용하고자 했다. 즉 독립전쟁론과 외교론은 상호보완적인 방법론일 수밖에 없었다. 임시정부가 민족운동의 최고 지도 기관의 위상을 잃어감에 따라 독립전쟁 동력마저 잃게 된 것은 이 때문이었다.

4. '신민(新民)'이 이끈 3·1운동의 세계사적 국내적 의미

3·1운동 100주년(2019)을 맞아 정밀하게 조사된 집계 결과에 따르면, 3·1운동 당시 발생한 저항 행동은 총 2,464건이었고 이 가운데 실제 시위는 1,692건이었다. 이러한 시위에 대해 일제 헌병·경찰·군대가 발포·방화·도검 등으로 탄압을 자행한 것도 271건이었다. 대탄압을 거쳐 목숨을 잃은 자는 725~934명이었다. 1천여 명이 민족해방을 위해 목숨을 바쳤고, 5만여 명이 검거되어 갖은 고난을 겪었다. 대중의 직접적 진출이 없었다면 3·1운동은 있을 수 없었다. 그런 의미에서 3·1운동은 민중의 시대와 민주주의의 시대를 연, 평화를 지향하는 한국 근대사의 분수령이었다. 그렇다면 3·1운동을 통한 '신민'의 진출은 민족운동에 어떠한 변화와 질적 전환을 가져왔는가.

첫째, 민족운동의 주체가 자각한 '신민'으로 바뀌면서 이전까지 운동을 이끌었던 지식인들도 엘리트주의를 극복하고 대중의 힘을 깊이 인식하게 되었다. '신민'은 노동자나 농민 등의 특정 계층을 가리키는 것이 아니라, 제1차 세계대전 이후의 세계적 변화를 의식하면서 3·1운동의 물결에 참가한 민중을 의미했다. 1910년대 일제 헌병과 순사들이 주막이나 시장에서 민중의 이야기 정보를 채집한 『주막담총』에는, 당시 민중이 문명화라는 명목하에 일상을 파괴하고 있던 식민통치에 대해서 반감을 드러내던 모습과 제1차 세계대전을 비롯한 세계체제의 변화에 깊은 관심을 기울이던 모습이 함께 나타나 있다.

이러한 민중의 감각적 인식이 3·1운동 시기에 폭발했고, 1920년대 이후 어용 지식인들이 독립에 대한 부정적 여론을 전파하는 와중에도 민족의식을 발전시켜 나갔으며, 중일전쟁 이후에도 전시통제하 일제의 선전을 믿지 않고 일제 패망을 전망했다. 때로는 구부러지고 '유언비어' 유포를 단속하는 식민권력에 위축되기도 했지만, 식민통치의 폭력성과 국제정세의 냉혹함을 체득한 민중은 3·1운동 이후 민주주의와 세계평화를 지향하는 길에서 능동적 주체이자 반동을 막는 버팀목이 되었다.

이렇듯 대외적으로 표출된 민중의 힘은 지식인들의 운동관에도 이전 시기와 질적으로 다른 큰 변화를 불러왔다. 무엇보다 운동의 지도자들이 대중으로부터 운동을 검증받고 운동에 대중이 동참하는 것을 중요한 과제로 인식하게 되었다는 점을 들 수 있다. 이는 국외의 민족운동보다 국내의 민족운동에서 더욱 분명하게 확인된다. 각 부문마다 대중운동이 자리 잡았으며 대중적 조직과 실천 활동이 1920년대 내내 활발하게 이어졌다. 민중이 주인으로서 민족 독립을 향한 운동을 만들어가야 한다는 공감대는 3·1운동의 산물이었으며, 이러한 정체성을 가진 이들이 '3·1운동 세대'로 자리매김되었다.

둘째, 민족운동을 공화주의 민주주의 운동으로 이끌게 되었다. 3·1운동은 이민족의 군사적 무단통치를 거부하고 독립하여 새로운 사회를 만들기 위한 것이었다. 이러한 정서와 분위기를 반영하여 대한민국임시정부가 삼권분립에 바탕을 둔 공화주의에 기초하여 수립되었다. 임시정부의 「대한민국 임시헌장」(1919. 4. 11)은 민주공화제의 운영 원리를 제1조로 규정했고, 임시헌장의 작성자 조소앙은 민주공화제가 인민의 이익을 기초로 하여 정치적 권리를 균등화하고 국민을 균등하게 정치에 참여시키는 가장 좋은 제도라고 강조했다. 안창호도 민주공화제가 선포되자 "금일은 2천만 국민이 모두 황제요, 제군 모두가 황제"라고 기뻐했다.

공화주의 정착과 민주주의 방향 설정이 1920년대 이후 민족운동의 가장 중요한 교집합이 되었다는 점에서 3·1운동은 역사적으로 중요한 의미를 담고 있다. 1910년대를 지나는 동안 국제정세의 변화와 함께 민족주의와 사회주의 양대 운동 세력이 분화되기 시작했지만, 독립과 민주주의에 대한 열망은 두 세력 모두에게 공통된 것이었다. 평양의 3·1운동에 참가하고 민족운동에 투신한 김산(장지락)은 다음과 같이 회고했다.

> 자유란 말은 자유를 알지 못하는 사람들한테는 금덩이처럼 생각되는 것이다. 어떤 종류의 자유든 조선인들에게는 신성한 것으로 보였던 것이다. (…) 광범위한 민주주의를 향한 충동은 조선에서는 그야말로 강렬한 것이었다. (…) 우리들 사이에는 민주주의가 남아돌 정도로 많았다.

일제강점기 내내 민족주의 계열이 세우고자 한 국가는 민주공화국이었으며, 사회주의 계열은 시기마다 변화가 있었지만 노동자·농민 등 인민이 주도하는 민주공화국을 목표로 했다. 양자는 경쟁했으나 통합 임시정부에서 시작하여 계속 연합을 모색했으며 일제 말기로 갈수록 국가건설 방향에서 이념적으로 점차 수렴되는 경향을 보였다. 양 세력의 공통분모인 공화주의의 공고한 기초가 3·1운동과 통합 임시정부의 수립을 통해 마련된 것이다. 민주주의와 균등사회를 꿈꿨던 3·1운동 이후의 역사적 경험은 삼균주의로 체계화되어 「제헌헌법」으로 이어졌다.

셋째, 3·1운동은 민족운동을 조선의 독립을 넘어 세계사적 평화운동으로 자리매김하는 계기를 마련했다. 3·1운동이 세계사적 변화를 바탕으로 시작되었던 만큼, 3·1운동은 제1차 세계대전 이후 세계 각지에서 전개된 약소민족 해방운동과 궤를 같이하면서 전개되었다. 1919년 인도에서는 국민의회파의 비폭력 독립운동이 본격화되었으며, 필리핀에서는 미국에 독립을 요구하는 과도 입법의원의 시위가 일어났다. 이집트에서는 와프트당 주도로 완전 독립을 요구하는 정치투쟁이 계속되었다. 중국인들은 5·4운동 과정에서 3·1운동을 배워야 한다고 강조하면서 반제 운동을 전개했다. 이처럼 3·1운동은 세계 패권의 재조정 국면에서 약소민족의 자주권을 수호하고 세계평화를 지향하는 운동의 보편적 흐름과 궤를 같이하는 것이었다.

　평화운동으로서의 3·1운동은 다른 지역의 약소민족운동과 비슷한 시기에 함께 일어났을 뿐 아니라, 3·1운동의 열망이 생생하게 전 세계로 전파되어 서로의 연대의식을 고취할 수 있었다는 데 큰 의미가 있다. 일제의 제암리 학살 등 잔혹한 탄압 소식이 미국 선교사들과 언론을 통해 전파되자, 이렇게 위험한 상황에서도 조선인들이 주권과 인권을 회복하기 위해 싸우고 있다는 사실이 평화를 바라는 세계인들에게 감명을 주었다. 중국 언론은 3·1운동 소식을 계속 보도하면서 중국인들을 일깨우고자 했으며, 5·4운동의 지도자이자 중국공산당의 초기 지도자인 천두슈(陳獨秀)는 3·1운동이 세계 혁명사의 신기원을 열었다고 평가했다. 인도의 네루도 후일 『세계사편력』을 통해 민중과 여학생들의 용감한 투쟁에 큰 감동을 받았다고 회고했다.

　3·1운동은 제국주의의 문제를 이론적으로 규명하는 단초를 제공했다는 점에서도 평화운동으로서의 의미가 컸다. 3·1운동 이후 민족운동 세력은 식민지 현실이 강대국의 횡포 때문이라는 기존 인식에서 한 걸음 나아가 자본주의의 체제적 문제에 기인한다는 인식으로 분석의 초점을 옮겨가기 시작했다. 그리고 이를 바탕으로 제국주의 국가들이 자국의 이익을 유지하기 위해 궁극적으로 서로 힘을 합친다는 점을 인식했고, 제국주의에 저항하는 약소민족 연대의 필요성을 제기하게 되었다. 중국에서 한중호조사(韓中互助社)가 결성되었고 (1921), 신채호 등이 대표로 참가하여 중국, 대만, 일본, 베트남, 인도 등 6개국 대표가 톈진에서 무정부주의자동방연맹을 조직했다(1927). 1930년대 이후 전시 체제로 돌입하면서 민족독립은 세계평화와 무관할 수 없다는 인식이 확산되었으며, 이를 바탕으로 세계전쟁의 한복판에서도 조선의 독립을 이루기 위한 시도가 이어진 것이다.

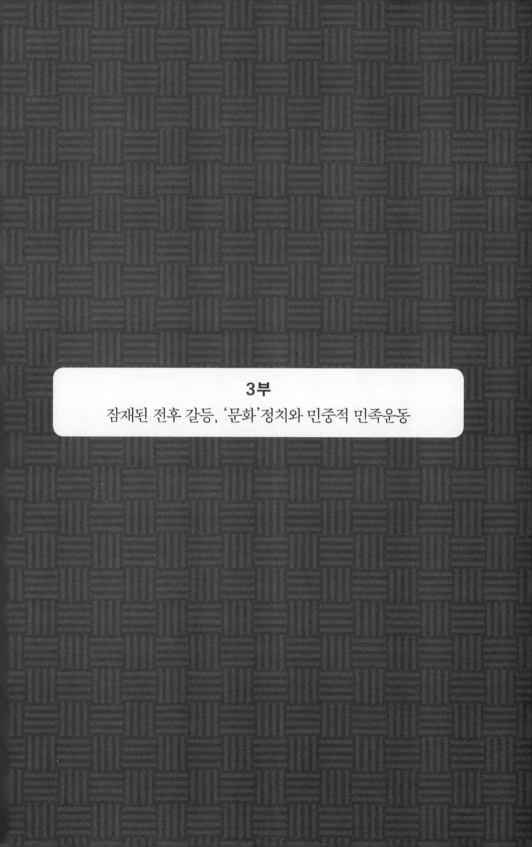

3부
잠재된 전후 갈등, '문화'정치와 민중적 민족운동

세계	연도	한국(관련)
국제연맹 창설 (1920. 1) 코민테른 2차 대회, 「민족 식민지 문제에 관한 테제」 발표 (1920. 7) 제1차 동방인민대회 (1920. 9), "만국의 노동자와 모든 피압박민족이여 단결하라" 슬로건 등장 제2차 카라한 선언 (1920. 9. 27)	1920	산미증식계획 (1920~25) 『신여자』 창간 (1920. 3) 「회사령」 폐지 (1920. 4. 1) 조선노동공제회 출범 (1920. 4) 「조선도지방비령」 제정 (1920. 7) 봉오동 전투 (1920. 6) 일본 조선산 이입품 이입세 폐지 (1920. 8. 29) 조선총독부 관세 제도 개정 (1920. 8) 평양에서 조선물산장려회 발기 (1920. 8) 청산리 전투 (1920. 10) 조선청년회연합회 조직 (1920. 12. 1) 임시대통령 이승만 상하이 도착 (1920. 12)
워런 하딩, 미 대통령 취임 (1921. 3) 러시아, 신경제정책 채택 (1921. 3) 모스크바 동방노력자공산대학 설립 (1921. 4) 코민테른 제3차 대회 (1921. 6) 중국공산당 창당 (1921. 7. 23) 일본 정치군인들, 바덴바덴 밀약 (1921. 10) 워싱턴 회의 (1921. 11. 12~1922. 2. 6)	1921	(상하이파)고려공산당, 한인사회당에서 개칭 (1921. 5) (이르쿠츠크파) 고려공산당, 전로한인공산당에서 개칭 (1921. 5) 이동휘, 국무총리 사임과 임정 탈퇴 (1921. 1. 24) 이광수 '귀순'(귀국) (1921. 5) 최남선 가출옥 (1921. 10), 최린 가출옥 (1921. 12) 자유시사변 (1921. 6) 국민대표회준비회 설치 (1921. 7)
원동피압박민족대회 (1922. 1) 일본, 중국과 '산둥 현안 해결에 관한 조약' 체결 (1922. 2) 소비에트 러시아, 독일과 라팔로 조약 (1922. 4) 일본, 남양청 설립 (1922. 4) 일본공산당 창당 (1922. 7. 15) 일본군, 시베리아에서 철군 (1922. 10) 소련 출범 (1922. 12. 30)	1922	이광수, 『개벽』에 「민족개조론」 발표 (1922. 5) '호구조사규정' 발효 (1922. 7. 13) 고려공산청년회 중앙총국 국내 이전 (1922. 8) 조선노동공제회 해체, 조선노동연맹회 창립 (1922. 10) '통일고려공산당 창립을 위한 대표자대회' (1922. 10) 조선민립대학기성준비회 결성 (1922. 11)
쑨원과 요페, 공동성명서 발표 (1923. 1. 16) '이시이-랜싱 협정' 폐기 (1923. 3) 관동대지진 (1923. 9. 1)	1923	조선총독부, 주류와 직물류 이입세 존치 국민대표회 본회의 개최 (1923. 2. 2) 고려공산동맹 결성 (1923. 2) 조선민립대학기성회 조직 (1923. 3) 전조선청년당대회 개최 (1923. 3) 국민대표회 결렬 (1923. 5. 15)
소련, 영국·이탈리아와 국교 수립 중국 국민당과 공산당, 1차 국공합작 (1924. 1) 황포군관학교 설립 (1924. 6. 1)	1924	경성제국대학 설립 (1924. 5) 조선청년총동맹 창립 (1924. 4) 조선노동총동맹 결성 (1924. 4) 조선여성동우회 창립 (1924. 5)

세계	연도	한국(관련)
일·소기본조약 (1925. 1. 20) 일본, 보통선거법 (1925. 3)과 치안유지법 (1925. 4) 제정 미국에서 태평양문제연구회(IPR) 설립 (1925. 7) 로카르노 조약 (1925. 10)	1925	조선총독부의 조선 철도 직영 환원 (1925. 3) 조선공산당 창당(1925. 4. 17) 및 신의주 사건 (1925. 11. 22) 고려공산청년회 창립 (1925. 4. 18) 조선사편수회 독립상설기구화 (1925. 6) 조선사정연구회 설립 (1925. 9) 조선공산당 김재봉 중앙 북풍파 공산 그룹 출신 당원들에게 정권(停權) 처분 (1925. 11)
독일(바이마르공화국), 국제연맹 가입 중국 국민혁명군 북벌 시작 (1926. 7)	1926	산미증식갱신계획 (1926~34) 김원봉 등 의열단원 30여 명, 황포군관학교 입교(1926. 3) 6·10만세운동 「조선공산당 선언」 (1926. 7) 조선민흥회 결성 (1926. 7) 조선공산당 고려공산청년회와 고려공산동맹의 고려공산청년동맹 통합 (1926. 8) 대독립당조직북경촉성회 결성 (1926. 10. 28) 「정우회선언」 (1926. 11. 16) 조선공산당 제2차 대회, 통일조선공산당 발족 (12. 6)
장제스 쿠데타, 1차 국공합작 붕괴 (1927. 4) 일본, 1차 산둥 파병 (1927. 5)	1927	조선총독부, 제1차 세제 정리 신간회 창립대회 (1927. 2. 15) 조선청년총동맹 「신운동 방침」 결정 (1927. 8) 조선노동총동맹과 조선농민총동맹 분리 (1927. 9). 한국유일독립당 관내촉성회연합회 결성 (1927. 11) 조선공산당 서상파 주도 제3차 당 대회 (1927. 12)
황고둔 사건 (1928. 6. 4) 코민테른 6차 대회 (1928. 7~8)에서 '공산주의 인터내셔날 강령' 및 '조선 문제에 관한 결의'(12월테제) 채택 소련, '5개년계획' 시작 (1928. 10)	1928	조선공산당 엠엘파 주도 제3차 당 대회 (1928. 2) 조선공산당 「민족해방운동에 관한 정치논강」 채택 (1928. 3) 전민족유일당조직촉성회 개최 (1928. 5) 「은행령」 개정 (1928. 12. 24)
검은 목요일 주가 대폭락 (1929. 10. 24)	1929	신간회 복(複)대표대회, 신간회 규약 개정 (1929. 6) 원산 총파업 (1929. 1) 갑산 화전민 사건 (1929. 7) 광주학생운동 (1929. 11)
일본의 만주 침략 (1931. 9)	1931	신간회 2차 전체대회에서 해소안 가결 (1931. 5. 16)

1장

'두 세계'의 대립과
워싱턴 체제

1. 국제연맹과 코민테른의 창립

1) 제국주의 열강의 러시아 내전 개입과 '체코군단' 사건

20세기 전반기 세계사에 큰 충격을 준 러시아 혁명은 반혁명 전선에 제국주의 외세가 개입하여 혁명을 좌초시키려 했기 때문에 우여곡절에 직면했다. 유럽의 여러 군주제 제국을 위협한 프랑스 혁명이 일어났을 때도 오스트리아를 비롯해 영국·프랑스·스페인 등이 개입하여 결국 나폴레옹이 등장하게 되었다. 이 때문에 프랑스 국가 〈라마르세예즈〉에는 "뭐라! 외국의 개떼들이 우리의 고향에서 법을 만들겠다고?"라는 노골적인 가사가 들어가게 되었다.

러시아 혁명 후의 상황도 비슷했다. 적백내전이 벌어지자 러시아 남부와 시베리아에서 반혁명파 백군이 세력을 넓혀 나갔다. 초기에는 혁명파 적군이 쉽게 승리할 것처럼 보였지만 '체코군단 사건'이 발생하면서 혁명정부로서는 상황이 꼬이기 시작했다. 우리 민족운동과도 관련을 갖는 '체코군단' 지원을 명분으로 협상국 측 제국주의 열강이 파병하여 백군을 지원하며 러시아 내전에 개입한 것이다. 소비에트 러시아 정부와 적군은 이들을 '제국주의 간섭군'

이라고 불렀다.

16세기 초 오스트리아에 합병된 체코의 청년들은 제1차 세계대전에서 오스트리아-헝가리제국 군대의 병사로 전장에 동원되었다. 그런데 동부전선에서 러시아와 싸우다 포로로 잡히거나 투항한 체코 병사들은 독립을 쟁취하겠다는 열망으로 오스트리아를 향해 총부리를 돌렸다. 여기에 러시아에 거주하던 체코인들까지 가담하여 5만 명에 이르는 대규모 체코군단이 편성되었다. 체코군단은 협상국의 일원으로 인정받은 파리의 체코 임시정부를 통해 유럽 전선에서 동맹국과의 전투에 참전하기로 했다.

그런데 얼마 지나지 않아 체코군단은 곤란한 상황에 놓였다. 러시아 혁명이 일어나 자신들을 후원하던 제정 러시아가 무너지고 소비에트 러시아 정부가 독일 등 동맹국과 브레스트-리토프스크 조약을 체결하여 전쟁에서 이탈한 것이다. 동맹국 군대가 진을 치고 있는 유럽 쪽 국경을 통한 귀환이 불가능해졌다. 대신 시베리아 횡단열차를 타고 블라디보스토크로 가서 배를 타고 유럽으로 돌아가는 기나긴 우회로가 선택되었다. 그러나 수만 명의 병력과 무기, 식량을 적재한 열차가 꼬리에 꼬리를 무는 시베리아 횡단 과정이 순탄할 리 없었다. 더구나 적군은 체코군단을, 체코군단은—자신들이 볼 때—'친독' 노선으로 돌아선 소비에트 러시아 정부를 믿지 못하는 상황이었다.

적군이 우려한 대로 철수 도중 체코군단은 시베리아에서 반(反)소비에트 봉기(1918. 5)를 일으켜 백군에 합류했다. 체코군단의 봉기에 고무된 백군들은 옴스크에서 콜차크(Aleksandr Kolchak)를 수반으로 하는 시베리아 정부를 세웠다. 내전 초기의 예상과 달리 '서쪽에는 레닌 정부가, 동쪽에는 콜차크 정부가' 광대한 러시아 영토를 양분하는 상황이 일시 벌어진 것이다. 러시아 혁명을 무너뜨릴 기회를 엿보던 제국주의 열강(일·미·영·프·이)은 협상국의 일원이 된 체코군단을 구출한다는 명분으로 파병했다. '제국주의 간섭군'이 체코군단과 백군을 지원하면서 내전의 양상은 급변했다.

특히 연인원 7만 명 이상을 파병한 일본군이 시베리아와 원동 연해주 일대를 점령함에 따라 유럽 쪽 러시아 서부와 남부에서는 1920년 무렵 종결된 내전이, 동부에서는 일본군이 철군하지 않아 1922년 10월까지 계속되었다. 일본군의 시베리아 파병은 원래 제국의회의 승인을 받지 못했다. 그런데도 상황이 유리하다고 자의적으로 판단한 일본 육군 참모본부는 2개 사단을 블라디보스토크에 상륙시켜(1918. 8. 2) 파병을 감행했다. '정치군인'들의 독단적 판단으로 전쟁을 확대하는 일본 군부의 고질적인 문제가 시베리아 파병 때부터 이미 나타났던 것이다. 당시 총리는 조선총독을 지낸 육군 군벌의 리더 데라우치 마사타케였다. 영국 해군이 무르만스크에 상륙했고(1918. 3) 일본의 파병을 경계하던 미국도 5천여 명을 파병했다(1918. 7). 프랑스도 블라디보스토크에 군대를 상륙시켰지만(1918. 8) 유럽 전선에 집중하고 있었기 때문에 식민지에서 동원한 군대 등 800여 명에 그쳤다.

'제국주의 간섭군' 중 최대 규모로 파병했던 일본군은 바이칼호 서쪽 이르쿠츠크까지 진격했다. 일본군은 점령지에 괴뢰국가를 세우려 했지만 넓은 점령지에 반해 보급이 취약했다. 현지 약탈을 통해 조달할 수밖에 없었고 이는 저항만 불러왔다. 1919년 들어 적군과 빨치산의 강한 저항에 일본군은 초토화 작전과 학살로 대응했지만, 보병 72연대 3대대 전원이 빨치산에게 사살당하는 참패도 겪었다(1919. 2. 25). 한국 민족운동 시각에서 보면, 일본의 시베리아 파병과 백군 지원은 러시아 한인들이 적군 편에서 싸우는 계기가 되었다.

체코군단은 본의 아니게 러시아 내전의 소용돌이에 휩쓸렸지만, 시베리아에 오래 머무를 생각이 없었다. 빨리 유럽으로 돌아가 자신들의 조국을 오스트리아로부터 해방시켜야 한다는 급한 마음을 품고 차례차례 블라디보스토크에서 유럽으로 가는 배에 몸을 실었다. 그 과정에서 '제국주의 간섭군'에게 지원받은 무기를 암시장에 내다 팔았다. 멀리 북간도에서 이 소식을 듣고 온 조선인 독립군 부대들이 주 고객이었다. 체코군단에게 구입한 총기와 탄약으로 무장한 독립군 부대는 이후 봉오동 전투와 청산리 전투에서 큰 승리를 거두었다. 체코군단이 유럽으로 귀환하는 동안 베르사유 조약을 통해 체코와 슬로바키아는 하나로 통합되어 체코슬로바키아로 독립을 승인받았다(1919. 6).

한편 체코군단이 이동 중에 발간한 신문 『덴니크(Czechoslovak Dennik)』는 3·1운동 관련 소식을 전했다. 세기적 사건의 주인공 체코군단이 또 다른 세기적 사건인 3·1운동에 관심을 보인 것이다. 비슷한 처지의 동병상련에서 나온 관심일 수도 있다. 박은식 등 독립운동가들은 체코슬로바키아를 높게 평가했다. 부러움의 표시였을 것이다. 블라디보스토크에서 한창걸의 한인 빨치산부대와 함께 반(反)콜차크 봉기를 일으켰던 가이다(Radola Gaida)는 귀국 도중 상하이에 들러 임시정부를 방문하고 안창호, 여운형 등을 만나기도 했다.

체코군단의 귀환으로 '제국주의 간섭군'은 체코군단을 구출하기 위해서라는 시베리아 파병의 명분을 잃었다. 결국 이들은 1920년 8월까지 순차적으로 철군했다. 남은 것은 일본군뿐이었다. 아무르강 하구인 니콜라예프스크-나-아무레(尼港)에서 일본군 수비대와 거류민들이 빨치산에게 몰살당했던 '니항 사건'(1920. 3)을 빌미로 일본군은 연해주 일대에서 러시아 군대에 기습공격을 감행해 계속 파괴와 학살을 자행했다(연해주 4월참변). 이 과정에서 수많은 한인들이 체포되었고, 최재형 등 민족운동가들이 살해되었다.

체코군단과 '제국주의 간섭군'이 철수하면서 지원군을 잃은 백군은 계속 패주했다. 옴스크에서 이르쿠츠크로 옮겨간 콜차크 시베리아 정부가 마침내 붕괴되었다(1920. 2). 하지만 연해주에서 내전은 2년을 더 끌었다. 일본군 때문이었다. 결국 워싱턴 회의를 계기로 일본군이 철군하면서(1922. 10) 5년에 걸친 내전이 종결되었다. 일본은 전사자만 3,500여 명에 이르렀고 9억여 엔이나 소모한 침략전쟁에서 아무 성과도 거두지 못했다. 시베리아 파병은 일본인들이 갖고 있던 전쟁을 인식하는 전형적 틀(침략전쟁→배상금과 영토 획득→국력 신장)을 완전히 무너뜨렸다. 이 와중에도 일본군은 일소기본조약 체결(1925. 1. 20) 때까지 석유 산지인 북부 사할린을 점령하고 있었다.

소비에트 러시아는 내전을 종결하면서 '소비에트사회주의공화국연방'(소련)을 출범(1922. 12. 30)시켰다. 10월혁명 후 5년이나 지난 뒤였다. 그러나 인류 최초의 사회주의 연방국가 소련은 내전에 따른 인적, 물적 희생 외에도 제국주의 열강의 경제봉쇄로 힘든 상황을 맞아야 했다. 소비에트 러시아는 제1차 세계대전 당시 적국이었던 독일과 라팔로 조약(1922)을 맺고, 2년 후 소련이 적백내전에 개입한 혁명의 적이었던 영국·이탈리아와 국교를 수립했다(1924). 일·소기본조약 체결(1925)로 일본과도 국교를 정상화했다. 소련은 출범 후 3년이 지나서야 외견상 상대적으로 '안정된' 국제환경을 맞게 되었다.

2) 국제연맹과 코민테른의 상반된 식민지 인식

월슨은 14개조 평화원칙에 따라 "강대국과 약소국을 막론하고 정치적 독립과 영토 보전을 상호 보장할 목적으로" "전체 국가의 연맹체를 결성해야 한다"면서 항구적 평화를 구축하기 위한 국제연맹 창설을 제안했다. 그는 국제연맹이 민족자결주의에 반하는 결정들로 넘쳐났던 파리 강화회의의 문제를 바로잡을 수 있다고 기대했다. 결국 베르사유 조약 1조에 국제연맹을 설립한다는 항목을 넣어 42개국으로 구성된 국제연맹이 창설(1920)되었다.

국제연맹은 항구적 세계평화의 버팀목을 자처하며 창설되었지만 한계 또한 분명했다. 무엇보다 창설을 주창했던 미국이 상원의 베르사유 조약 비준 거부로 가입하지 않았다. 상임이사국이 된 승전국 협상국(영·프·일·이)은 민족자결주의를 실천할 이유도, 의지도 없었다. 초기에는 러시아(소련)와 패전국 독일의 가입도 허락되지 않았다. 이후 독일(바이마르공화국)이 가입(1926)하여 상임이사국이 되었으며, 소련도 가입하는(1934) 등 63개국으로 늘어났다. 그러나 1930년대 이후 국제분쟁 해결에 효과적인 대처를 하지 못하면서 결국 무력화되었다. 그렇더라도 국제연맹은 인류가 추구해야 할 가치를 천명하고, 국제협력 촉진과 국제평화 및 안전을 유지하기 위한 최초의 국제기구였다는 의미가 있다.

한편 소비에트 정부는 일본군이 철군(1922. 10)할 때까지 당장의 군사적 승리가 시급했다. '제국주의 간섭군'은 열강만으로 구성된 것이 아니었다. 러시아 서부에서는 협상국의 지원을 받으면서 '고토' 회복을 명분으로 참전한 신생 독립국 폴란드에게 소비에트 러시아가 패배하여(1920. 8) 벨로루시 서부와 우크라이나 서부를 내주고 후퇴해야 했다. 결국 제2차 세계대전을 계기로 소련이 이 지역(당시 폴란드 동부)을 다시 차지했지만 말이다.

세계혁명과 혁명 수출을 위한 국제적 연대는 무엇보다 '제국주의 간섭군'을 물리쳐 혁명을 안정화시키기 위해 우군을 만들어야 하는 소비에트 정부에 절대적으로 필요했다. 레닌 정권의 국내외 환경이 약소민족 정책에 관심을 기울일 수밖에 없는 상황에서 세계혁명을 추진하고 세계 공산주의 운동의 국제적 연대를 다지기 위해 국제공산당이 창립되었다. 각국 공산당 및 좌익 그룹을 대표하는 51명이 모스크바에 모여 조선, 중국, 터키, 페르시아 등에서 온 대표를 옵서버로 초청한 가운데 제3인터내셔널(코민테른)을 창립한(1919. 3) 것이다. 코민테른은 제1차 세계대전 참전으로 무너진 제2인터내셔널의 뒤를 이어 '세계혁명의 총참모부'를 자임했으며, 각국 공산당은 코민테른 지부가 되었다.

세계 사회주의운동사에서 공산주의자 인터내셔널은 칼 마르크스가 활동하던 당시에 이미 출현했고, 코민테른 성립 배경에도 러시아 혁명을 계기로 유럽 사회에 퍼진 혁명적 정세에 대한 판단이 크게 작용했다. 종전 직전 킬 군항 해군 봉기로 독일제국이 무너지고, 실패로 끝났지만 스파르타쿠스단 봉기(1919.

1)가 일어났다. 헝가리, 독일 바이에른, 체코슬로바키아에서 소비에트공화국이 수립되기도 했다. 스페인과 이탈리아에서도 1920년까지 혁명적 소요가 일어났다. 레닌과 국제공산주의자들은 서유럽 선진국에서 사회주의 혁명이 곧 승리할 것이라는 큰 기대감을 가졌다. 그러나 이는 헛된 기대였다. 이러한 혁명적 소요는 모두 격파되었고, 영국과 프랑스에서 혁명의 기미는 극히 미미했다. 유럽 선진국에서 사회주의 혁명이 일어날 것이라는 기대감은 점점 사라졌다.

이와 달리 '두 개의 민족자결주의'에 고무된 세계 식민지 곳곳에서 민족운동이 확산되었다. 유럽에서 세계혁명의 가능성을 찾지 못하던 레닌과 국제공산주의자들은 이들을 주목하기 시작했다. 이는 레닌이 『제국주의론』에서 주장한 '약한고리론'의 연장선이었고, 코민테른 2차 대회(1920. 7)에서 「민족 식민지 문제에 관한 테제」로 나타났다. 이 '테제'에서 레닌은 (반)식민지에서 개량주의적 운동과 구별하여 혁명적 민족해방운동을 적극 지지했고, '반제국주의 민족통일전선' 슬로건을 제시했다.

이 대회에서 코민테른은 ① 프롤레타리아는 독자적 정당을 바탕으로 권력장악을 위한 계급투쟁을 실천해야 한다, ② 자본주의 발전이 충분하지 않은 후진국에서는 농민의 지지를 얻는 것이 중요하다, ③ 공산주의 운동은 세계 인구의 70%에 해당하는 피압박민족의 해방운동과 연대해야 한다는 점을 강조했다. 세계혁명의 동력을 유럽의의 '선진국'보다 (반)식민지 약소민족 해방운동에서 찾은 것이다.

코민테른 2차 대회가 끝난 직후 아제르바이잔의 수도 바쿠에서 열린 제1차 동방인민대회(1920. 9)에서는 "만국의 노동자와 모든 피압박민족이여 단결하라"라는 슬로건이 등장했다. 국제주의를 실천하는 주체의 범위가 노동계급에 더해 '피압박민족'까지 확대된 점이 주목된다. 코민테른 의장 지노비에프(Grigory Zinoviev)는 동양의 모든 민족이 서구의 혁명적 노동자들과 동맹을 맺고 세계혁명에 나서야 하며, 유럽·미국·일본의 노동자들이 아시아·아프리카의 노동계급과 연대해야 한다고 호소했다. 이에 호응한 각국 공산당과 대중정당들은 코민테른에 적극 가입했다.

파리 강화회의에 실망한 식민지 민족운동가들은 「민족 식민지 문제에 관한 테제」를 발표하고 약소민족에 대한 지원을 천명한 코민테른과 소련에 주목하기 시작했다. 파리 강화회의에 청원서를 제출했던 호찌민은 프랑스 공산당에 가입한(1920) 이후 베트남 민족해방운동을 이끌어갔다. 5·4운동 이후 소비에트 러시아와 교류해오던 중국국민당의 쑨원은 '연소용공(聯蘇容共)'을 내세우며 1차 국공합작(1924)을 추진하면서 소련과 코민테른으로부터 반군벌 전쟁에 필요한 지원을 받고자 했다. 코민테른도 중국을 '평화적으로 나눠 먹자'는 워싱턴 체제를 제국주의 국가들의 반공 블록이라고 비판하고 중국혁명이 세계혁명의 중요한 계기가 된다는 판단에 따라 중국국민당에 국공합작을 촉구하면서 중국 국민혁명을 지원했다.

조선의 독립운동가들이나 지식층들도 피압박 약소민족의 투쟁을 지지하고 지원한다는 레닌의 주장에 주목할 수밖에 없었다. 『동아일보』조차 프랑스 혁명이 정치적 자유와 평등을 실현하고자 했다면 러시아 혁명은 경제적 자유와 평등을 실현하려고 해 "국민의 심리"를 얻었다고 평가했다(1920. 6. 20). 그러면서도 자본의 전횡에 "원한이 골수에" 맺힌 "인류"가 "천하를 교란"시킨 "과격 사상"에 "신복음"처럼 "공명(共鳴)"하는 현실을 우려했다(1920. 8. 12).

코민테른은 피압박민족을 중심으로 세계 각지에서 혁명가를 양성하기 위해 모스크바에 동방노력자공산대학을 설립(1921. 4)했다. 또한 '일국일당 원칙'에 따라 각국에 공산당을 조직하고 승인하는 역할을 하며 세계 공산주의 운동의 본부 역할을 자임했다. 특히 제3차 대회(1921. 6)에서는 구체적으로 일본과 조선 문제를 언급했다. 소비에트 러시아로서는 일본만 시베리아에서 철군하지 않고 점령통치까지 시도하는 상황에서 이러한 정부에 대한 일본 노동대중의 투쟁이 필요했다. 이에 조응하여 조선에 대해서는 반일투쟁이 다소 민족적 성격을 띠더라도 공산주의자가 이를 환영해야 한다고 강조했다. 코민테른이 '혁명적 민족주의'의 중요성을 강조한 이면에는 세계혁명의 '명분'에 더해 내전 정리가 무엇보다 시급했던 소비에트 러시아의 '실리'적 판단도 크게 작용했다.

코민테른은 3차 대회가 끝난 후 미국 주도로 진행되는 워싱턴 회의 진행 상황을 관찰하면서 원동피압박민족대회를 개최했다(1922. 1). 일본군 때문에 원동 지역만 내전이 끝나지 않은 상황에서 전후의 새로운 국제질서인 베르사유 체제에서 배제된 소비에트 러시아가 '또 다른 세계'를 만들기 위해 약소민족 해방운동 지원에 본격적으로 나선 것이다. 원동피압박민족대회 개회식에서 지노비에프는 세계혁명을 위해 원동 지역 노동대중의 역할이 중요하고, 특히 일본의 사회주의자들과 약소민족 대표들이 공통의 과제를 안고 있다고 강조했다. 아울러 식민지 문제는 파리 강화회의와 워싱턴 회의를 통해 결코 해결될 수 없다고 주장했다. 실제로 이 두 회의에서 식민지 문제에 대한 본질적 접근은 전혀 이뤄지지 않았다. 김규식은 파리에 갔지만(1919. 3) 회의장에 입장도 하지 못했으며, 회의에서 조선 문제는 거론조차 되지 않았다. 그에 반해 원동피압박민족대회는 조선과 일본의 연대가 필요하다는 점을 강조하면서 조선 독립을 전면 지지했다.

코민테른은 약소민족 대표들을 의장단에 포함시키고 10여 차례 회의를 잇달아 개최하면서 약소민족의 처지에 공감을 표했다. 파리 강화회의나 워싱턴 회의에서 불청객 취급을 받으며 문밖으로 쫓겨난 상황과 너무나 대조적이었다. 이러한 코민테른의 노력은 레닌과 동석하여 함께 혁명정세를 논했던 약소민족 혁명가들에게 큰 공명을 일으켰다. 공산주의 '본국'이 조직적, 이념적, 재정적으로 독립운동에 실질적 도움을 제공했다는 점에서 현장의 운동가들에게

와닿는 체감도는 큰 차이가 있었다. 기독교인이었던 여운형과 이동휘가 효과적인 독립운동을 위해 소비에트 러시아 정부와 제휴할 수 있다는 생각을 갖게 된 것도 이 때문이었다.

제1차 세계대전과 파리 강화회의를 지나면서 세계는 두 진영으로 나눠지기 시작했고, 워싱턴 회의와 원동피압박민족대회를 마친 후 '두 세계'는 현실이 되었다. 이 '두 세계'는 더 많은 지역을 자신의 범위 안으로 끌어들여 관리하고 영향력을 미치는 데 주력했다. 미국이 다자간 협조 체제를 구축하면서 일본과 협의하여 동아시아의 '안정'을 꾀했다면, 소비에트 러시아는 국제적 고립과 적대감에서 벗어나면서 세력을 확대하기 위해 코민테른을 통해 동아시아 혁명에 개입하고자 했다.

1920년대 조선 독립운동을 포함한 약소민족운동에 코민테른과 사회주의 영향력이 강했고 사회주의 독립운동 세력이 강했던 상황 역시, 서로 국제적 우군이 필요한 상황에서 나온 현실적인 귀결이었다. 실제로 1920년대 코민테른은 약소민족운동에 큰 관심을 기울였다. 조선에 대해서도 민족통일전선을 통한 민족해방운동을 최우선 과제로 설정했다. 이러한 방침은 얼마 지나지 않아 '12월테제'(1928)를 통해 계급동맹의 방법과 대상을 변경시키는 등 변화를 겪었지만, 대체로 식민지 문제를 안고 있던 동아시아 지역에 대한 주요 정책으로 유지되었다.

2. 워싱턴 체제, 일본의 중국 침략 일시 숨 고르기

1) 동아시아 문제에 대한 미봉책, 워싱턴 체제

전후 뇌졸중으로 쓰러지는 등 병마와 싸우던 윌슨에 이어 하딩(Warren

Harding)이 대통령에 취임하면서(1921. 3) 파리 강화회의에서 논의되지 못하고 유예된 과제, 즉 중국 등 동아시아와 태평양에서 미국의 영향력을 확대하기 위한 국제회의를 제안했다. 이 지역에서 미국과 일본의 이익이 대립할 가능성이 높다는 점, 사회주의 영향이 커져가고 있다는 점 때문이었다. 민주당의 윌슨이 전후 유럽의 안정과 국제연맹을 통한 집단안전보장 체제에 관심이 컸다면, 베르사유 조약 비준을 반대했던 공화당의 하딩은 미국의 현실적 국익과 연관된 중국 및 태평양 문제에 관심을 쏟았다.

　미국은 종전 후 3년이 지나서야 열린 워싱턴 회의(1921. 11. 12~1922. 2. 6)에서 동아시아와 관련된 거의 모든 문제를 의제에 포함시켰다. 중국, 일본, 러시아(시베리아)는 물론 조선에 대해서도 독립된 의제로 논의할 계획을 세웠다. 이 가운데 중요한 주제는 ① 독일의 중국 이권을 일본이 승계하는 문제, ② 일본의 시베리아 파병 철수 문제, ③ 독일 관할이었다가 일본이 관할권을 차지하고 파리 강화회의에서 승인받은 태평양 적도 이북의 얍(Yap)도 관할권 문제, ④ 만기(1921)를 앞둔 영일동맹 지속 문제, ⑤ 군함 구축 경쟁 지양을 위한 군비 축소 문제, ⑥ 일본인의 미국 이민과 그에 대한 미국의 태도 문제 등이었다. 모두 일본과 관련된 의제였다. 즉 워싱턴 회의는 미·일 두 나라 사이의 합의가 가장 중요했다.

　3개월여 동안 9개국(미·일·영·프·이·벨·네·포·중) 대표단이 모여 진행한 워싱턴 회의를 통해 몇 개 조약이 체결되었다. 첫째, '5국 조약'으로 해군 군비 제한과 축소에 합의했다. 5개국(미·영·일·프·이)은 향후 10년간 1만 톤급 이상의 주력함을 일정 비율(5: 5: 3: 1.75: 1.75)로 유지하기로 합의했다. 5개국 모두 종전 후 심해진 군함 건조 경쟁이 재정에 큰 부담으로 작용했기에 이런 합의가 나올 수 있었다.

　둘째, 1902년 체결 후 필요할 때마다 연장되어온 영일동맹이 폐기되고, 미국과 프랑스를 포함한 '4국(미·일·영·프) 조약'이 체결되어 태평양의 섬들에 대한 서로의 영유권을 존중하고 분쟁 발생 시 공동회의에 부치기로 했다.

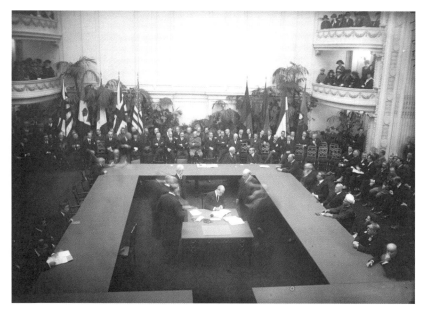

워싱턴 회의
미국은 종전 3년 후 워싱턴 회의(1921. 11. 12~1922. 2. 6)를 개최하고 동아시아와 관련된 거의 모든 문제를 의제에 포함시켰다. 이 자리에서 1차대전 이후 서구 열강과 일본 사이의 현안들이 한꺼번에 '잠정' 타결되었다. 1920년대 동아시아 국제질서의 근간인 워싱턴 체제가 성립된 것이다.

셋째, 중국에 관한 '9개국 조약'이 체결되었다. 해군 군비 축소에 합의한 5개 국에 4개국(중·벨·네·포)까지 포함된 이 조약에서는 미국이 19세기 말 이래 주장해온 중국에 대한 문호개방 정책을 공식 합의했다. 중국의 주권과 독립 및 영토적 행정적 통합성 존중, 중국의 안정적 정권 수립 뒷받침, 9개국이 중국에서 상공업 기회를 균등하게 나눠 갖자는 4개 원칙에 합의함에 따라 독일은 산둥 반도에서의 권익을 중국에 반환하고, 일본은 북부 사할린을 제외한 시베리아 전 지역에서 철군하기로 했다.

이 밖에도 중·일 간 분쟁 거리였던 산둥반도 반환협정이 체결되고, 미·일 간에는 시베리아 철군과 태평양의 전략적 요충지인 얍도에 관한 양해각서가 체결되었다.

이로써 제1차 세계대전 이후 미국을 비롯한 서구 열강과 일본 사이에 긴장을 불러왔던 현안들이 한꺼번에 '잠정' 타결되었다. 1920년대 동아시아 국제질서의 근간인 워싱턴 체제가 성립된 것이다. 하딩은 워싱턴 회의가 끝나는 날 세계평화를 위하여 외교상 하나의 신기원을 이룩했다고 자평했다. 일본은 회의 결과에 대해 이견이 많았고 특히 군부의 반대가 컸지만, 다카하시 고레키요(高橋是清) 내각(1921. 11~1922. 6)은 합의를 충실히 이행하겠다는 성명을 발표했다.

워싱턴 회의는 태평양 연안 동아시아 지역에 한정되었지만, 다국 간 협조 체제 구축에 목적을 두었다. 그 결과 미국과 일본은 그동안 누적된 이해관계의 차이를 조율하면서 공동행보를 취하게 되었다. 물론 워싱턴 회의 역시 식민지 문제를 해결할 능력도, 의지도 없었다는 점에서 전승국인 열강의 타협으로 기득권을 공고히 한 파리 강화회의와 본질적으로 같았다.

즉 워싱턴 체제는 미국이 주도하고 일본을 견인하여 만들어낸 다자간 연대에 따른 미봉책이었다. 미국은 이를 통해 1920년대 내내 일본과 '협력'하면서 중국을 비롯한 동아시아에서 영향력을 확대했다. 일본도 국제연맹 중심의 국제질서와 워싱턴 체제의 틀 안에서 미국과 경쟁하면서도 중국 침략을 일시 유예하고 암중모색하는 것에 머물러야 했다.

그러나 제국주의 국가끼리 특히 중국에서 '싸우지 말고 나눠 먹자'는 미봉책은 중국에서 국공합작 등을 바탕으로 민족운동이 확산되면서 동요하기 시작했다. 그리고 대공황에 대응하여 제국주의 국가들이 자신들의 식민지를 포함한 배타적 블록경제를 구축하고, 일본이 만주를 침략(1931. 9)하고 국제연맹을 탈퇴(1933. 3)하자 결국 파국을 맞았다. 1920년대의 일시적 '평화' 이면에서는 파시즘과 군국주의적 침략주의가 독버섯처럼 자라나고 있었다.

2) 일본의 대미 협조 정책과 일시 유예된 중국 침략

러일전쟁 후 일본의 침략 정책을 거론할 때 빠지지 않는 논의 중 하나가 육군의 북진론과 해군의 남진론이다. 즉 한반도를 거쳐 중국대륙으로 침략해 들어갈 것인지(북진론), 태평양으로 나아갈 것인지(남진론) 사이에서 결국 북진론을 택했고, 태평양은 일본의 방위를 위해 항상 예의주시할 지역으로 간주하면서 '가상적국' 미국에 대응하기 위해 해군력을 강화한다는 것이었다.

이는 현실적으로 일본이 가쓰라-태프트 밀약을 나눈 미국과 대적하기보다 중국으로 침략 방향을 먼저 택한 것이었다. 태평양 장악에 관심이 컸던 미국이 일본의 한국 강제병합을 승인한 것도 일본의 대외 침략 방향을 태평양보다 대륙 방면으로 유도하기 위해서였다. 물론 그렇다고 해서 미국이 열강끼리 '사이 좋게' 나눠 먹는 대상으로 설정한 중국에 대한 일본의 침략 욕구를 수용한 것은 결코 아니었다. 다만 20세기 전반기에는 가쓰라-태프트 밀약을 통해 일본의 한반도 침략에 동의하면서 태평양 진출을 억제하는 데 주력했고, 전후에는 워싱턴 체제를 통해 일본의 중국 침략을 억제한 것이다.

그런데 제1차 세계대전을 계기로 일본은 독일 점령지였던 사이판, 팔라우, 티니안섬 등을 장악하고 실질적인 식민통치기구로(국제연맹은 위임통치로 명명) 해군이 관장하는 남양청을 설립(1922)했다. 일본의 태평양 진출은 향후 미국과의 충돌을 예고하는 것이었다. 실제로 필리핀과 가까운 이 섬들은 태평양전쟁 때 격전지가 되었다. 그런 점에서 워싱턴 체제는 곧 다가올 전쟁을 잠시 유예한 미봉책에 불과했다.

일본의 중국에 대한 배타적 지배 욕구는 제1차 세계대전에 참전하자마자 위안스카이 정부를 강박해 체결한 '21개조 요구' 등으로 만주를 자기 땅으로 생각하던 1910년대 중반기에 극에 달했다. 그러나 이러한 분위기에서 열강 중 최대 규모의 시베리아 파병이 불러온 쌀 폭동(1918.7~9)의 여파는 데라우치 내각의 총사퇴(1918. 9)를 불러와 하라 다카시 내각(1918. 9~1921. 11)으로 교체되었다. '21개조 요구'는 중국의 반일 여론에 불을 당겨 5·4운동(1919)으로 확산되었다.

일본이 제1차 세계대전 후 5대 강국으로 부상한 가운데 국내외 환경이 급변했다. 전쟁 중 제정 러시아가 무너졌고, 독일은 패전국이 되었다. 영국과 프랑스는 전쟁으로 국력이 고갈된 반면 미국이 최강국으로 급부상했다. 그러나 유럽 열강은 전쟁 후유증에서 회복하면서 다시 중국에 관심을 집중하기 시작했고, 일본을 견제하기 위해 중국의 반일투쟁을 지원하기까지 했다.

제1차 세계대전 후 일본의 국제관계 변화에서 나타난 큰 특징은 이제까지 굳건한 동맹관계를 맺고 있던(러일전쟁 후 균열이 생기기 시작했지만) 영국·미국과의 관계가 달라졌다는 점이다. 영·미 양국은 1918년 말, 중국 철도에 대한 일본의 영향력을 억제하고 중국의 독립을 회복시킨다는 명분으로 열강의 중국 철도 공동관리안까지 제안했다. 물론 만철의 철도 부설권과 경영권이 러일전쟁의 대가로 보장된 '조약상의 권리'였고 중국도 반대해 실현되지 않았지만, 이런 시도는 만주 지역에 배타적 권리를 갖고 있다고 착각하던 일본 정계나 군부에 충격을 안겨줬다. 이런 상황에서 예견된 대로 영일동맹도 영국의 자동갱신 거부통고(1921. 5) 직후 워싱턴 회의의 '4개국 조약'(1921. 12. 3)에 따라 파기되었다. '4개국 조약'에서 미국의 주요 목표는 중국의 문호개방 정책에 장애가 되는 영일동맹을 폐기시켜 미국의 영향력을 확보하는 것이었다.

워싱턴 회의에 참가한 일본은 결국 다자간 협조 체제를 수용했다. 일본이 주력함 비율이 낮은데도 미국의 군축 제안을 수용한 것은 당시 전후 불황에 따른 긴축재정 정책에 전념해야 하는 상황인 데다가 영국과 미국이 서태평양 일대에 해군기지를 세우지 않겠다고 약속했기 때문이기도 했다. 불리해진 국제환경에 대응해야 했던 일본은 중국판 '을사조약'으로 비유되는 '21개조 요구' 중 5호안도 철회했다. 5호안은 중국의 정치·재정·군사고문에 일본인 고용, 중국 경찰의 양국 공동운영 또는 일본인 초빙, 일본의 무기 공급, 남중국의 철도 부설권 1개를 일본에 이양, 푸젠성 내 철도나 광산 등의 시설 확충에 일본 자본을 사용할 것 등 중국의 주권을 크게 침해하는 내용이었다.

일본의 독점적 중국 지배 의도는 일시적이나마 수면 아래로 내려갈 수밖에 없었다. 그에 따라 일본은 중국과 '산둥 현안 해결에 관한 조약'(1922. 2)을 체결했다. 그 내용은 6개월 내에 자오저우만 철수 및 일본군의 철도 연변 철수, 9개월 내 산둥철도 중국 이양, 국제차관단에 산둥철도 2개 연장선 부설권 개방 등이었다. 이후 자우저우만 철수(1922. 12), 시베리아 철군(1922. 10)에 이어 10월혁명 발발 직전에 중국에서 일본의 특수이익을 미국이 인정했던 '이시이-랜싱 협정'도 폐기(1923. 3)되었다.

1918년 9월 출범한 하라 다카시 내각은 일본 내 반대 여론에도 불구하고 미국이 주도하는 새로운 국제질서를 수용했다. 하라는 '21개조 요구'가 반감을 불러와 오히려 중국을 잃고 열강의 견제 심리만 키울 뿐이라면서 중국 내정불간섭, 미국과의 협조 등을 바탕으로 중국에서 일본에 호의적인 통일 정권이 수립되도록 지원할 필요가 있다고 주장했다. 즉 하라 내각의 외교 방침은 미국의 주도로 구축된 아시아 태평양 지역의 전후질서인 워싱턴 체제에 순응하면서 중국에서 일본의 경제력을 확대해 국익을 극대화하자는 것이었다. 하라가 극우 청년에게 암살당한(1921. 4) 후에도 다카하시 고레키요 총리와 시데하라 기주로(幣原喜重郎) 외상은 하라의 외교 노선을 이어갔다. 시데하라 4원칙(중국 내정불간섭, 중국과 일본의 공존·공영, 일본이 중국에서 보유한 권익보장 등)은 워싱턴 체제의 '국제협조 노선'을 따르면서 원활한 중일관계를 구축하여 일본의 이익을 극대화하자는 수세적 현상유지 전략이었다.

이처럼 미국과의 대립을 피하고 구미 열강과 중국에서의 이익을 '공동으로' 추구해야 하는 상황에서 "중국 주권 존중의 공기"가 팽배해지면서 일본의 만주 지배에 대한 자신감도 일시 위축되었다. 러일전쟁 이후 만주를 자기 땅처럼 생각하던 일본의 패권의식은 가라앉고, 전후에 다시 만주로 관심을 돌리기 시작한 구미 열강들의 눈치를 봐야 하는 상황으로 바뀐 것이다.

3) 일본의 짧았던 다이쇼 데모크라시

일본의 대외 정책이 구미 열강과의 협조 노선을 택하게 된 국내적 배경도 고려해야 한다. '다이쇼 데모크라시'로 불린 '자유주의·민본주의' 분위기를 빼놓을 수 없는 것이다. 이러한 분위기를 이끈 대표적 사상가 요시노 사쿠조(吉野作造)는 일본이 세계 강국이 된 만큼 새롭게 만들어진 국제질서 속에서 그에 어울리는 역할을 충실히 해내야 한다고 주장했다.

당시는 '쌀 폭동'으로 군벌 수장 데라우치 내각이 무너지고 평민 재상으로 불린 하라가 총리가 되면서 '정당정치'가 잠깐 얼굴을 드러낸 시기였다. 1900년 중의원 선거권 제한을 낮춘 것(납세액 30엔→10엔)에 이어 1919년 다시 인하하자(3엔) 유권자가 급증했다(134만 명→286만 명). 이는 정우회의 정치적 기반이 되었다. 이 와중에 보통선거 운동이 확산되었다. 요시노 등 민본주의 지식인과 학생들이 나서서 언론과 출판의 자유를 주장하고 사회운동 단체, 노동조합, 농민조합 등을 조직하면서 정치적 사회적 계몽운동이 활발하게 전개되었다.

일본은 제1차 세계대전의 전쟁 호황을 타고 막대한 무역흑자를 기록하는 등 경제가 도약했다. 그러나 유럽 국가들이 불황에서 회복되면서 수출이 격감하고 무역적자로 전환되면서 전후 불황의 늪에 빠져들었다. 여기에 '가짜뉴스'에 휘둘린 일본 국민들이 6천여 명 이상의 조선인을 학살한 관동대지진(1923. 9)이 발생하면서 '지진공황'까지 겹쳤다. 이런 상황과 어우러져 다이쇼 데모크라시 분위기는 급진적 움직임도 동반했다. 식민지 독립을 포함한 혁명 노선을 주장한 일본공산당이 창립(1922. 7)되었지만, 대대적 검거 끝에 비합법 지하조직체로 유지되었다. 노동조합·농민조합 지도자 중심으로 합법적 무산정당 운동도 전개되었다.

가토 다카아키(加藤高明) 내각(1924. 6~1926. 1)은 일·소기본조약(1925. 1)을 체결한 직후 민심 수습 차원에서 '당근과 채찍'을 동원했다. 「보통선거법」(1925. 3)과 「치안유지법」(1925. 4)을 동시에 제정한 것이다. 선거권자의 납세액 기준이 계속 인하되던 상황을 이어받아 25세 이상 남성(여성, 식민지 제외)에게 선거권을 주되, 국체 변혁(독립운동이나 천황제 비판) 또는 사유재산 제도를 부인하는 사회주의나 아나키즘 결사체 및 구성원은 철저하게 통제한다는 강한 의지를 밝혔다. 「치안유지법」은 일본 정부가 1922년 제국의회에 제안했던 '과격 사회운동 단속법안'이 관동대지진의 혼란 상황을 틈타 1923년 긴급칙령 '치안유지를 위한 벌칙에 관한 건'으로 바뀌는 과정을 거쳐 발포되었다. 급격하게 확산되는 사회주의운동을 탄압하는 것이 주목적이었다.

결성 당일(1925. 12) 해산된 후 재결성된(1926. 3) 노동농민당을 비롯 사회민중당, 일본노동당 등 3개의 합법적 무산정당은 1928년 처음으로 시행된 '보통'선거(중의원)에 참여했다. 일부 사회주의자들과 아나키스트들을 제외하면 1920년대 다이쇼 데모크라시는 천황제하 입헌주의제를 지향했다. 그런데 이러한 '민주주의'의 대상은 일본 국내로 국한되었을 뿐, 제국주의적 대외 침략에 동조하는 이중성을 띤 것이었다. 가령 문명 근대화론자로서 '보통'선거 투쟁을 이끈 요시노 사쿠조는 식민지를 '선정(善政)'으로 구제해야 하며 무단통치처럼 불만이 쌓여 조선인들이 '폭도'로 변하지 않도록 하기 위한 효율적 식민 정책 수단으로서 '언론 자유'를 주장했다. 도덕적 기독교인인 그가 내세운 자유주의적 민본주의는 일본 내에 국한되었을 뿐, 타민족에게도 적용되는 보편적 개념이 결코 아니었다. 동시에 자유주의적 제국주의자로서 대외적으로 타국 인민의 의사에 반하는 제국주의 '진출'이 국제적으로 용납된다면서 식민지의 독립도 부정했다. 다이쇼 데모크라시의 사상적 기초는 그만큼 취약했고 지속적인 추진력을 갖기도 어려웠다.

실제로 구미 열강과의 협조적 대외관계와 1920년대에 제한적이나마 붐을 일으킨 일본의 '민주주의'가 공존한 시기는 오래가지 못했다. 메이지유신 직후부터 대외 침략이 곧 '국력' 신장이라는 인식이 고착된 일본 사회에서, '평화외교'가 수용될 수 있는 폭은 매우 좁았다. 자신들은 조선인과 중국인 등 아시아 다른 민족을 비하하면서도 구미 열강의 인종주의에 분노하는 모순도 인지하지 못했다. 일본이 전후 5대 강국이 되었지만, 파리 강화회의에서 구미 열강은 일본이 제안한 인종적 평등 문제에 관심을 두지 않았다. 미국 의회가 제정한 배일적 「이민법」(Immigration Restriction Act of 1921) 등도 대미 협조 분위기를 비판하는 요인이 되었다. 워싱턴 체제가 규정한 미국과의 해군력 차이도 일본 사회, 특히 군부에 불안감과 반감을 키웠다.

일본 정부와 군부로서는 5·4운동 이후 반제 운동이 고조되고, 1차 국공합작을 계기로 국민혁명과 반일운동이 새로운 국면에 들어선 중국의 변화된 상황도 불편했다. 변화된 중국의 민족운동에 영향을 미치는 소련에 대한 적대감이 미국을 가상적국으로 생각해온 것만큼 부각되었다. 시베리아 파병 자체가 반공적 침략 정책이었거니와 뒤늦게 철군하면서 '북국'에 대한 경계의식이 이념적·체제적 대결의식으로 고착된 것이다.

4) '정치군인' 사조직의 등장, 워싱턴 체제와 다이쇼 데모크라시 부정

이런 상황에서 육군대신을 지낸 다나카 기이치(田中義一) 내각(1927. 4~1929. 7)은 산둥 지역 거류민 보호와 일본의 권익 보호를 명분으로 장제스 난징 정부의 북벌에 대응해 산둥 파병(1927. 5)을 감행했다. 그동안 일시 숨 고르기를 하던 중국 침략에 나서면서 일본은 워싱턴 체제에서 이탈하기 시작한 것이다. 그 직후 다나카는 외무성(총리 겸임), 육군성, 관동군이 모여 개최한 동방회의(1927. 6)에서 산둥 파병을 추인받고, 중국·소련의 사회주의자들이 일본의 중국 지배를 방해한다면서 친일적 동북 군벌 장쭤린(張作霖)을 활용해 우선적 침략 대상으로 설정한 지역인 만몽(滿蒙) 분리, 동북 3성의 '자치' 선포 등을 구상했다. 동방회의 직후 다나카는 만몽 정복, 중국 정복, 세계 정복을 순차적으로 이뤄가겠다는 황당하기 짝이 없는 상주문을 천황에게 전했다. 1927년 들어 일본은 일시 유예했던 중국 침략을 다시 시작한 것이다. 그 직후의 대공황은 이에 박차를 가하는 계기가 되었을 뿐이다.

다나카 내각은 치안유지법을 개정(1928)하여 사회주의운동이 일본으로 전파될 가능성을 차단하고, 다이쇼 데모크라시 시기의 영·미적 가치관을 극복하여 일본적 가치관을 확산시킨다는 기획을 추진했다. 대외팽창주의를 다시 강조하면서 국내 '치안'의 중요성을 부각시켰다. 조선 식민 정책에서도 내지연장주의에서 대륙 침략을 위한 정비가 강조되었다.

이와 달리 구미 열강은 '나눠 먹기'에 편하도록 중국 정치가 안정되는 것이 중요하므로 장제스의 국민정부를 다루기 쉬운 통일정부로 육성하는 데 초점을 뒀다. 이에 따라 중국의 재정 건전화에 필요한 대책 마련을 위해 베이징에서 관세회의(1925)를 열어 관세율 인상을 논의했다. 결국 구미 열강은 중국의 관세주권을 승인했다(1928). 일본은 1929년까지 이를 인정하지 않았지만 관세협정은 결국 성사되었고 다나카 정부는 중국에서의 권익을 상실할 수 있다는 위기의식을 갖게 되었다. 이런 상황에서 만주 침략을 지지하는 일본 부르주아들의 회합인 '지나 문제 간담회'가 열렸다(1930).

1920년대 일본의 변화에서 주목해야 할 점이 하나 있다. 제3차 가쓰라 내각 퇴진(1913), 육군 조슈벌의 영수 야마가타 아리토모 사망(1922) 등으로 육군 파벌의 세대교체가 이뤄지면서 영관급 '정치군인' 그룹이 형성된 것이다. 새로운 세대의 육군대학 출신 육대벌(陸大閥) '정치군인'들은 군내에서 대외적으로 군축과 화평, 대내적으로 다이쇼 데모크라시를 전면 부정하는 분위기를 이끌면서 사조직을 만들어 모이기 시작했다. 이런 움직임은 일본 육사 16기 세 명과 17기의 도조 히데키(東條英機) 등이 독일 바덴바덴에서 모여(1921. 10) 일본의 장래가 중국 문제에 달려 있다며 파벌 해소, 군제 개혁, 총동원 체제 등에 대해 밀약하면서 시작되었다(바덴바덴 밀약).

이들은 제1차 세계대전 이후의 전쟁이 국가 총력전이라면서 국가의 정치·경제·산업·문화·사회를 모두 전쟁 수행에 맞도록 바꿔야 한다고 주장했다. 청일전쟁과 러일전쟁에 머무른 낡은 유형의 선배들은 그 역할을 다했다면서 후타바카이(二葉会)를 조직하여 1923년 가을부터 매월 한두 차례 모임을 갖고 만몽 개발, 군 개혁 등에 대해 의견을 모았다. 특히 도조는 육군대신과 조선총독을 지낸 일본 육사 '대선배'(1기) 우가키 가즈시게(宇垣一成)가 워싱턴 군축회의에 따라 1925년 시행한 '우가키 군축'(일본 육군의 체질 개선과 장비 근대화를 위해 4개 사단 축소)을 강하게 비판했다. 사단 편제가 천황의 통수권으로 독립되어 있는데 "정치 쪽의 압박"에 굴복한 것이라고 주장해 '정치군인'들의 공감을 모은 것이다. 결국 우가키가 조선총독을 사임하고 총리로서 내각을 구성하려 할 때, 군부가 육군 및 해군대신을 천거하지 않고 조각을 방해하여 우가키는 총리직을 맡을 수 없었다.

이 무렵 이들 영관급 '정치군인'들은 대외 정책, 특히 만몽 장악을 중시하고 무력으로 이 지역을 중국에서 분리시켜 직접 지배해야 한다고 생각했다. 이들에게는 이미 중국 침략에 착수한 다나카 내각도 성에 차지 않았다. 이들의 정세 인식과 독단적 행동 방식을 단적으로 보여준 대표적인 예가 바로 황고둔 사건(1928. 6. 4)이었다. 장제스의 북벌(1927~28)을 막고 장쭤린을 활용하기 위해 일본군이 북벌군과 충돌하면서(제남 사건) 두 차례 산둥을 침략하는 와중에, 북벌군

황고둔 사건
장제스의 북벌을 막기 위해 일본군이 북벌군과 충돌하는 와중에, 북벌군에 쫓겨 본거지로 돌아오
던 장쭤린이 열차 폭파로 살해당했다. 이는 후타바카이 계 관동군 참모 고모토 다이사쿠가 독단적
판단으로 일으킨 것이었다. 사진은 장쭤린이 타고 있던 열차의 잔해.

에 쫓겨 본거지로 돌아오던 장쭤린을 열차 폭파로 살해한 것이다. 이는 후타바
카이 계 관동군 참모 고모토 다이사쿠(河本大作, 일본 육사 15기)가 일본이 만주를
직접 지배해야 한다는 독단적 판단으로 일으킨 것이었다. 이 사건으로 다나카
총리는 사직했지만, 일본군 내에서 '영웅'이 된 고모토에게 육군은 1년이 지나
서야 정직 처분을 내렸다. 도조는 고모토에게 멸사봉공했다고 격려했다.

후타바카이가 또 다른 사조직 모쿠요카이(木曜会)와 합쳐 잇세키카이(一夕
会)로 개칭(1929)하는 와중에 '정치군인'들은 천황에 직속된 군부가 정치권력을
쥐고 총동원 체제를 구축하자는 통제파, 천황 친정 국가를 만들자는 황도파로
나뉘면서 암투를 벌였다. 이는 결국 1936년 2·26 쿠데타 시도로 이어졌다. 자의
적 판단으로 전쟁을 도발하고 확대해가려 했던 젊은 세대의 '정치군인'들이 볼
때, 국제 상황을 살피고 군축을 하며 뒷날을 도모하는 '노련한' 선배 세대는 비
겁했다. 이들에게 뒷배가 된 존재가 바로 천황이었다.

2장
일제의 민족분열책,
문화정치와 식민지자본주의 '개발'

1. 고도화된 폭력, 문화정치의 대내외적 배경

1) 민족분열 정책이 필요했던 이유

3대 조선총독 사이토 마코토(齋藤實)는 남대문역에 도착(1919. 9. 2)하자마자 64세 노구의 강우규(姜宇奎)가 투척한 폭탄 세례를 받으며 부임했다. 그럼에도 그는 "조선 민중에게 온정을 베풀어야 한다"고 말했다. 그만큼 그는 식민지 '개발' 자금도 없어 무단통치로 일관되었던 기존의 통치 방식을 전환해야 한다는 생각이 컸다.

사이토는 이러한 식민 정책 전환을 '문화'정치라고 불렀다. "문화적 제도의 혁신으로 조선인의 행복과 이익 증진을 도모하고 문화 발달과 민력(民力) 충실에 따라 장차 일본인과 동일하게 대우하는" 정책이라고 선전했다. '문화적 제도의 혁신', '문화의 발달' 등 문화라는 '부드러운' 수식어를 덧붙여, 무력과 폭력에 의존하는 식민지배의 본질을 숨기고자 한 것이다.

헌병경찰제 폐지, 조선어 신문 발행 허가, 「조선태형령」 폐지 등으로 상징되는 문화정치의 목적과 본질은 분명했다. 일제 나름의 유연한 지배 전략이자 조선 민족에 대한 회유 전략임과 동시에 민족분열 전략이었다. 물론 이는 식민통치 자체의 근본적 전환일 수 없었다. 사이토 스스로도 문화정치라 해도 "반도 통치의 근본 방침에서 조금도 상이한 바가 없다"고 강조했다.

실제로 문화정치란 민족운동에 대해서는 철저하게 탄압하는 반면, 통치 제도나 경제 정책 운영 방식을 일정하게 바꿔 무단통치처럼 전 조선인을 하나로 대하는 데 따른 식민통치 부담을 줄이려는 의도였다. 즉 전쟁 호황에 따른 일본의 자금 여력을 바탕으로 식민지자본주의 '개발'의 하위 파트너로서 지식층이나 지주, 상공업자 등 부르주아층을 식민통치에 이해관계를 갖는 협력자로 포섭하여 민족분열을 꾀하자는 것이었다. 요컨대 일정 부분 유화적 제스처를 통해 조선 사회를 갈라치기함으로써 민족운동의 전투력을 약화시키기 위한 것이었다.

일제가 식민통치 방식을 전환하게 된 국내외적 배경은 다음과 같이 정리할 수 있다. 첫째, 강제병합 8년 6개월여 만에 3·1운동이라는 유례없는 저항이 폭발한 것을 빼놓을 수 없다. 당시는 일본이 제1차 세계대전을 계기로 군사력으로 미국과 영국에 이어 세계 '3강' 대열에 들어서고 시베리아에 최대 규모 군대를 파병하는 등 제국주의 국가로서 침략 기세가 한창 오를 때였다. 이런 상황에서, 그것도 파리강화회의 기간에 전후 최초의 대규모 거족적 저항운동이 전승국 식민지에서 일어났다. 특히 3·1운동 직전의 2·8독립운동은 당시 (반)식민지 지역 민족운동 중 유일하게 전승국의 수도에서 일어난 시위였다.

둘째, 이 무렵 일본에서는 다이쇼 데모크라시 분위기가 일면서 일시적이나마 '정당정치'가 얼굴을 내밀고 있었다. 물론 일본의 민본주의 주도 세력이 조선 통치를 문제시한 것은 식민통치 자체가 아니었다. 일본의 세계적 지위에 비춰 무단통치로 '폭도'들을 만들어내는 게 창피하니 통치 방식을 바꾸라는 것이었다. 식민통치의 일차적 책임자인 조선총독부는 조선인들에게 자치권(조선의회 설치)이나 참정권(제국의회 중의원에 조선 대표를 선출)을 줄 것처럼 선전하면서 조선 사회 여론을 호도했다. 이는 물론 조선인 분열책이었을 뿐, 어느 것도 실행되지 않았고 일본 정부나 제국의회, 조선총독부는 그럴 의지도 능력도 없었다.

셋째, 일본은 미국과 더불어 전시호황 덕을 가장 많이 본 나라였다. 이미 전쟁 중반부터 자금 여력이 생겼고, 이를 활용해 식민지 '개발'에 나서면서 식민지 경제 정책도 변화하게 된 것이다. 조선인 회사 설립을 억제하던 「회사령」은 1916년 이후 사실상 적용되지 않다가 3·1운동 이듬해에 폐지(1920)되었다. 만주 등 해외 영업에 치중하기 시작한 조선은행을 대신하여 식민지 금융 정책과 농업 정책을 뒷받침하기 위한 중추 특수은행으로서 각지의 농공은행을 통합하여 조선식산은행을 설립(1918)했다.

파리 강화회의가 끝나고 워싱턴 회의를 대비하던 하라 다카시 내각은 구미 열강과 협조 노선을 취하는 것이 실리적이라고 판단했다. 제1차 세계대전을 계기로 위안스카이를 압박하여 '21개조 요구'를 관철하는 등 자신감에 차 있던 중국 침략 욕구를 수면 아래로 숨긴 것이다. 이와 동시에 쌀 폭동으로 데라우치 내각이 무너진 상황을 반영하여 조선을 일본 경제에 필수적인 쌀 공급지대로 규정하고 향후의 중국 침략에 대비하기 위한 조선 '개발'을 서둘렀다. 그에 조응하여 조선총독부도 산미증식계획을 수립했다. 만철에 위탁경영(1917)을 맡긴 조선 철도를 7년 만에 다시 조선총독부 직영으로 환원한(1925) 것도 이러한 식민 정책 전환의 산물이었다.

넷째, 하라 총리 등 정당정치 세력이 식민통치 방식에서 '내지연장주의'를 주장했다. 일본과 같은 제도로 조선을 차별 없이 통치하여 조선인의 저항을 무마하고 동화를 추진한다는 것이었다. 물론 일본의 식민통치 능력으로 내지연장주의는 실현될 수도, 실행 의지도 없었다. 말 그대로라면 일본의 제도를 조선에 적용하여 식민통치의 효율성을 높이자는 것이었지만, 실상은 육군대신으로서 초대 조선총독을 겸했던 데라우치의 사례처럼, 조선에 대한 육군 군벌의 배타적 지배권을 하라 중심의 정당정치 세력(내각)이 가져오기 위해 내건 정치적 수사에 불과했다. 즉 조선 지배에 대한 실질적 권한을 둘러싼 일본 내 권력 싸움 과정에서 제기된, 조선 통치 본질의 변화와는 무관한 말잔치였다.

정당정치 분위기를 타고 하라 총리는 육군 출신이 아닌, 군내에서 앙숙 관계인 해군(대신) 출신 사이토 마코토를 조선총독으로 지명했다. 하라 총리가 다나카 기이치 육군대신과 협의해 정했다는 조선통치 4대 원칙(문관 위주의 제도 개정, 조선인과 일본인에게 동일 방침의 교육, 헌병 제도를 경찰 제도로 개편, 조선을 일본의 연장으로 인정하여 동화) 중 실제 시행된 것도 헌병경찰의 보통경찰로의 전환뿐이었다.

2) 내지연장주의의 허구성

조선총독부는 무단통치를 자행할 때부터 동화주의를 내세웠다. 조선과 일본의 역사적·혈통적 동질성을 강조하는 일선동조론(日鮮同祖論)을 제기하면서 과거의 모습으로 돌아가 동화하자는 것이었다. 폭력적으로 나의 정체성을 부정하고 남의 정체성으로 바꾸겠다는 동화주의는 조선인을 일본 국민으로 동화시켜 식민통치의 효율성을 높이려는 의도로 선전되었지만, 실제로는 오히려 민족차별을 정당화하기 위한 어설픈 수식어에 불과했다.

즉 동화주의는 일본이 조선보다 우위에 있으므로 식민지를 '문명화'시킨다는 '사명'에 따라 조선의 일본화, 조선인의 일본인화를 추구하는 일방성, 위계성, 차별을 전제로 한 것이었다. 동화 자체도 실현 불가능하거니와 동화시키고 나서 평등한 대우를 하겠다는 의도는 애초부터 없었다. 일본은 엄존하는 차별을 정신적·심리적 동화를 앞세워 무마하고자 했다. 그러나 이때 내세운 '문명적 동화론'은 조선인의 문명화 정도가 낮다는 전제를 깔고 있어 오히려 만연한 민족차별을 정당화하는 데 활용되었다. 이 때문에 '문명적 동화'의 핵심으로 강조된 학교 교육도 철저하게 차별적으로 운영되었다.

조선인들은 동화주의를 받아들이기는커녕 3·1운동이라는 거족적 저항으로 맞섰다. 이에 대응하여 하라 총리가 내세운 것이 내지연장주의였다. 그러나 조선은 조선총독을 통해 별도의 법령(제령)으로 통치하는, 일본과 법제적으로 구별된 '이법(異法)' 지역이었고 이는 해방 때까지 변함이 없었다.

내지연장주의의 허구성은 교육 현장에서 잘 드러났다. 우선 일본에서 소학교 의무제가 시행(1890)된 것과 달리, 조선에서 초등교육은 해방이 될 때까지 의무제가 아니었다. 조선총독부는 무단통치 시기에 조선인 교육 자체를 경시하다가 3·1운동 이후 분출된 조선인의 교육열을 마냥 억압할 수만은 없게 되면서 보통학교를 증설하기도 했지만 철저하게 민족차별 정책을 유지했다. 기본 교육, 특히 초등교육은 국가가 부담해야 하는 공적 부문에 속한다는 점은 당시에도 일반적인 상식이었다. 그러나 조선총독부는 개항 이래 근대주의 교육론을 일정하게 수용한 조선인들의 적극적인 보통학교 설립 운동과 교육열을 식민통치에 활용하여 학교 운영비를 조선인에게 떠넘기면서 '3면 1교'(1919) 또는 '1면 1교'(1929) 정책을 진행했다.

즉 초등교육 재정은 학교비(조선인)와 학교조합(일본인)으로 분리 운영되었다. 학교비의 경우 지세·시가지세 부가금, 호세·가옥세 부가금 등을 부과하고 수익자 부담 원칙으로 준조세 성격의 기부금을 징수하여 보통학교 신설이나 증설, 운영에 필요한 비용을 지역의 조선인에게 떠넘겼다. 이러니 교육 시설 확충은 더딜 수밖에 없었다. 그에 반해 일본에서처럼 학교조합에 대해서는 조선총독부가 운영비의 반액을 지원했다. 학교조합 학생 1인당 사용액은 학교비의 3배에 달했다.

조선총독부가 보통학교 증설보다 학급당 학생 수 증원이라는 미봉책으로 일관했기 때문에 학교 수는 절대적으로 계속 부족했고, 학교가 적으니 통학 거리가 먼 데다 학비 부담 때문에 조선인의 취학 욕구는 충족될 수 없었다. 즉 조선인이 '공교육'을 접할 기회는 극히 제한되었다. 실제로 1910년대, 1920년대에 남학생 취학률은 5%에서 20%로, 여학생 취학률은 0.6%에서 4%로 늘어난 정도에 불과했다. 학비 부담이 큰 상황에서 부모들은 남자아이를 우선적으로 취학시켰고, 대다수 취학 대상자들은 여전히 학교 문턱을 밟아보지도 못한 것이다. 이에 더하여 고등보통학교(고보) 등 중등교육 기관은 거의 늘어나지 않아 상급 교육 기관 진학은 더욱 어려워졌다. 이런 상황에서도 조선총독부는 사립학교 설립을 억제했다. 문화정치를 표방했지만, 조선인들에게는 상급학교 진학보다 '보통교육'으로 마무리하겠다는 식민 교육 정책 기조를 강고하게 유지한 것이다.

그리고 학교 역사교육에서 조선사를 일본사에 종속적으로 흡수시켰다. 제1차 '조선교육령' 시기(1911~1922)에 조선총독부는 조선 민족을 일본 민족으로 동화하기 위해 "시세와 민도에 적합"한 "충량한 국민" 양성을 목적으로 보통학교에서는 조선사를 교과목에서 완전 배제한 채 '국어'(일본어) 과목에서 단편적으로 교육했다. 고보에서는 '국사'(일본사)와 외국사에 부수적으로 조선사를 포함시켜 교육했다. 교과서는 조선총독부가 편찬하거나 검정으로 대체하는 방식을 택했다. 조선총독부 중추원을 통해 '조선반도사 편찬사업'(1915. 7~1918. 2)을 진행했지만, 단기간에 체계적 통사를 정리할 수 없는 상황에서 조선총독부로서는 조선사 교육 자체를 금지하는 것이 무단통치에 조응한 손쉬운 정책이기도 했다.

그러나 3·1운동의 영향과 문화정치를 명분으로 조선총독부는 조선사 교육 금지 정책에서 벗어나 조선사 교육과 연구에 적극 개입하는 방식을 취했다. 제2차 '조선교육령' 시기(1922~1938)에는 보통학교에 일본사와 지리 교과를 설치하고 중등학교에서 역사·지리 교과를 중시했다. 물론 독자적 과목이 아니라 '국사'에 종속적으로 편입된 '향토사'로서의 조선사였다. 조선사의 서술 체계는 조선의 대일 종속성, 대외 종속성과 정치적 혼란 때문에 강제병합은 필연적 결과였고 강제병합 이후에야 비로소 한반도가 발전했다는 점을 교육하는 데 초점을 뒀다. 식민통치의 안정화를 위해 일본 민족 지도하에 협력, 융화함으로써 조선인을 일본 국민의 일원으로 받아들인다는 명백한 위계질서를 내포한 서사 구조였다. 그에 따라 식민사학을 체계화하고 보급하는 중추 연구 기관으로서 조선사편수회(1922년 12월에 조직된 조선사편찬위원회를 1925년 6월 독립된 상설기구로 재편)와 경성제국대학을 신설(1924)하여 사학과에서 식민사학 전문가들을 양성하는 데 주력했다.

조선총독부는 조선인 사회가 주장한 민립대학 설립 운동을 억누르면서 경성제국대학을 신설하고 실업교육, 전문교육, 대학교육, 사범교육 기관에 조선인과 일본인 공학(共學) 제도를 시행했다. 수업연한을 연장(보통학교 4년→6년, 고보 4년→5년, 여고보 3년→4년)하여 형식상 일본과 학제를 같게 했다. 그러나 중등학교까지는 여전히 조선인은 보통학교와 고등보통학교를, 일본인은 소학교와 중학교를 다니는 별학(別學) 체제였다.

기술인력 교육의 민족차별은 더 심했다. 당시 선망의 취업 대상이던 철도인력 육성 정책의 경우 사립철도학교 개교(1900) 이래 설립된 조선인 철도학교들은 일제에 의해 부정되었다. 그리고 일본 육군 임시군용철도감부가 일본인 철도기술자 양성을 위해 운영한 철도이원(吏員)양성소(1905) 이래 철도교육 기관의 학생은 대부분 일본인이었다. 남만주철도주식회사가 조선 철도 위탁경영을 시작한 이듬해에 정규 중등학교로 신설한 사립경성철도학교(1919. 4~1925. 3) 역시 기본적으로 일본인 교육 기관이었다. 일본인에 집중해서 양성하고 그이상의 고급인력은 일본에서 데려온다는 발상이었다.

3) 헌병경찰제에서 보통경찰제로 전환의 함의

'치안유지'는 조선총독부가 '문치주의'를 표방한 것과 무관하게 변함없는 식민통치 지침이었다. 즉 '합병 정신'에 반하는 독립운동, 즉 '불령(不逞)분자'에 대해서는 철저하게 탄압하겠다는 것이었다. 이를 위한 효율적 식민통치 방식으로 채택한 것이 헌병경찰제를 폐지하고 보통경찰제를 도입한 것이다. 3·1운동이라는 거족적 저항에 직면한 일제가 볼 때도, 헌병경찰이 상징하는 폭력 통치는 이미 효율성이 떨어졌다. 이런 상황에서 보통경찰로 대체함으로써 민족 차별적이고 폭력적인 식민지배의 본질을 유지하면서도 경찰 제도를 변화시켜 '새로운' 정치를 선전할 필요가 있었다.

또 현실적으로 군사경찰상 필요한 지역, 국경 지역, 의병 출몰지에 헌병을 집중배치하는 헌병경찰 제도의 틀로는 조선인 저항 세력에 대한 면밀한 조사 및 체포, 독립운동 단체(국외)의 국내 활동을 감시·탄압하는 데 필요한 인원을 감당하기 어려웠다. 때문에 조선총독부는 보통경찰제로 전환하면서 1부·군마다 1개 경찰서, 1면마다 1개 주재소를 표준으로 경찰서-주재소를 촘촘하게 배치했다. 일본인 순사를 확대하여 말단 치안력을 강화한 것이다.

실제로 보통경찰로 바뀌면서 경찰관 수는 1919년 8월~1920년 2월의 6개월 동안 6천여 명이나 증가(14,341명→20,083명)했다. 이후 중일전쟁 전까지 대체로 2만여 명 정도를 유지했다. 이는 전체 관리 10만여 명의 20%나 되는 규모로, 조선 통치에 필요한 경찰력이 3·1운동을 계기로 구축된 것이다.

조선총독부는 한층 치밀하게 강화된 조직 체계와 감시 체제를 구축했다. 한 예로 「호구조사규정」(1922. 7. 13)은 경찰서장이 외근 순사에게 3개월마다 1회 이상 호구조사를 실시하도록 규정했다. 호구조사 내용은 자산·소득뿐 아니라 사상·당파·경력 등에 이르기까지 세세하여 대민 사찰의 성격이 강했다.

이러한 사찰은 결국 조선인이 진행해야 효율적일 수밖에 없었다. 헌병보조원이나 순사보로 제한했던 조선인들을 순사로 진급시켜, 이들을 통해 조선인 관리 임용과 민족차별 철폐를 선전하면서 말단 사찰을 강화했다. 그런 점에서 보통·경찰제는 문화정치를 표방하면서 통치 효율성을 높이고자 한 식민 정책이었다.

2. 친일 세력 육성책, 지방 제도 개편과 과세 특혜

1) '제국이 허락한' 참정권 운동과 자치운동

일제는 전 조선인을 하나로 보고 통치 대상으로 설정한 무단통치가 조선 민중에게 증오심만 불러일으켜 전 조선인이 하나가 된 거족적 3·1운동과 같은 저항운동에 직면했다고 판단했다. 이는 일본이 전시호황에 따른 자금의 상대적 여유를 활용하여 본격적으로 식민지자본주의 '개발'에 나서면서 식민통치에 이해관계를 가진 지주, 상공업자 등 부르주아층이나 지식층을 동원하여 폭넓게 친일 단체를 조직하자는 발상으로 이어졌다. 그것은 이 시기 전국 각지에서 수많은 청년 단체, 노동·농민 단체, 여성 단체 등이 조직되어가는 상황에 대한 대응이기도 했다.

이에 따라 사이토 총독은 「조선 민족운동에 대한 대책」(1920)에서 '불령분자'를 강력하게 탄압하되 각 분야에서 중심적 친일 인물을 적극 육성한다는 방침을 세웠다. 귀족, 양반, 기업인, 교육자, 종교인 등을 통해 국민협회, 유신회(친일 사회단체), 대정친목회, 유민회(대지주 및 자본가 단체), 대동사문회, 유도진흥회(유림 단체) 등 다양한 친일 단체를 조직하도록 지원함으로써 조선인 사회의 분열을 꾀한 것이다. 조선총독부가 상하이 임정의 기관지 『독립신문』 사장이었던 이광수의 '귀순'(1921. 5) 과정에 개입하고, 3·1운동 참여로 구속된 최남선과 최린

(崔麟)을 가출옥시킨(각각 1921. 10, 1921. 12) 것도 그 일환이었다.

이러한 배경에서 1920년대 들어 식민 체제에 협조하는 방식으로서 참정권 운동과 자치운동이 곳곳에서 제기되었다. 독립운동에는 여러 방식과 단계가 있기 마련이다. 그런 점에서 조선인의 정치적 권리가 전무한 상황에서 자치권이나 참정권의 추구는 독립을 향한 일차적 기반을 조성한다는 점에서 중요한 정치적 의미를 갖는다. 그러나 자치권이나 참정권도 독립을 전제로 한 피나는 투쟁을 통해 역관계에 따른 상호간의 '타협' 지점에서 획득하는 것이지 제국주의가 그냥 던져주는 것일 리가 없다. 가령 아일랜드에서는 기나긴 투쟁 끝에 영국과 타협하여 획득한 자치를 둘러싸고 운동 세력끼리 내전까지 치르는 우여곡절을 거쳤지만, 결국 자치를 통해 키운 정치 역량을 바탕으로 대영제국 지배를 벗어나 독립할 수 있었다.

그런데 조선에서는 양자 모두 독립운동과 대립된 입장에서 일본의 다이쇼 데모크라시 세력이 무단통치를 비판하는 분위기에 편승하여 조선총독부나 일본 정부 또는 제국의회를 향해 '청원'하는 형식의 운동이었다. 운동 추진 세력 자체의 힘보다 조선총독부가 민족분열책으로 참정권이나 자치권을 줄 것처럼 선전하는 데 활용되면서 진행된 것이다. 당시 조선 사회에서 두 운동 세력에 대한 거부감이 컸고 이들을 친일 세력이라고 비판적으로 본 것도 그 때문이었다. 신간회 해소론이 제기된 큰 이유도 자치운동 세력이 중앙본부에 진입해 들어왔다는 점이었다.

일본의 제국의회(중의원)에 조선인 대표를 보내자는 참정권 청원 운동과, 조선 내에 조선의회를 만들어 조선인 대표들이 조선총독부 정책에 영향력을 미치겠다는 자치운동은 사실 분리될 수 없는 정치 논리였다. 그러나 각 세력별로 양자 중 한쪽만 제기했다. 이는 초점을 두는 이해관계가 서로 달랐기 때문이다. 조선총독부도 자신에게 거추장스러운 조선의회보다, 내지연장주의나 동화주의의 허구적 논리를 빌어 자신들의 소관 밖인 제국의회에 조선 대표를 보내자는 참정권 운동에 기우는 제스처를 보이기도 했다.

조선총독부는 이러한 상황을 조선 사회를 분열시키는 소재로 활용했다. 경무국장 마루야마 쓰루키치(丸山鶴吉)의 지시 아래 하라 내각의 여당인 정우회의 지원을 받은, 그러나 조선 사회에서 대표성이 전혀 없던 민원식(閔元植)의 국민협회를 대표적 사례로 들 수 있다. 국민협회가 참정권을 요구할 때 근거는 병합 후 동화 정책과 하라 총리의 내지연장주의에 따라 조선인도 일본인이 되었으므로 참정권을 가져야 한다는 것이었다.

물론 형식논리상 틀린 주장은 아니다. 그러나 자신의 정치적 필요 때문에 내지연장주의를 거론한 하라조차 조선인이 일본인이 되는 것을 바라거나 참정권을 줄 생각은 꿈에도 없었다. 결국 1920~1924년 동안 조선총독부의 지원하에 진행된 청원 운동의 방식은 일본에서나 조선에서나 아무 메아리도 없는, 사실은 청원자조차 답을 기대하지 않는 청원서를 연중행사처럼 제국의회에 제출하는 게 다였다. 청원이 관철되도록 투쟁하겠다는 생각은 처음부터 없었다. 결국 답을 줄 의사가 없는 일본에 충성심을 표시하면서 돌아올 경제적, 사회적 반대급부를 기대하는 자기만족적 과시에 불과했다.

이 때문에 참정권 청원 운동은 조선 사회에서 친일파로 규정되어 배척되었고 사실 큰 영향력도 없었다. 자치운동에 기운 『동아일보』도 조선이 일본의 한 지방, 즉 부·현(府·縣)이 되기보다 조선 문제를 조선인이 자체적으로 해결하는 방안(자치)이 옳다고 비판했다. 천도교 신파의 자치운동 그룹도 참정권 운동을 비판했다. 제국의회에 조선 대표를 보내봐야 조선 사회에 돌아오는 큰 실익이 없다고 판단한 것이다.

『개벽』에 실린 「민족개조론」(1922. 5)은 이광수가 상하이 임정 활동을 정리하고 귀국한 직후 쓴 글인데, 자치운동의 본격적인 출발을 알리는 글로 알려져 있다. 독립운동(3·1운동)이 실패했고 앞으로도 가망이 없다는 전제 아래, 이 글에서 이광수가 실력양성 운동을 통해 정립하고자 한 조선인은 정신적 문화적 영역에 국한된 비정치적 주체였다. 식민 지배를 전제한 가운데 민족 개조를 문화에 국한시킴으로써 미래(독립)를 지향할 힘을 키우기도 어려웠다.

이광수는 1년 8개월 뒤 『동아일보』에 사설 「민족적 경륜」(1924. 1. 2~1. 4)을 통해 "당면의 민족적 권리와 이익을 옹호"하고 "정치적으로 훈련하고 단결하여" 조선인의 "정치적 중심 세력을 만들어" "정치운동의 기초를 이루기 위하여" 일본이 "허락하는 범위 내에서" "정치적 결사를 조직"하자고 주장했다. 독립(운동)을 부정하고 자치(운동)를 강조한 이 사설로 『동아일보』 불매운동이 일어났다. 그럼에도 송진우(宋鎭禹) 등은 일본에서 '보통' 선거법이 통과되고(1925. 3) 자치론에 '영혼없는' 호의를 표하기도 했던 헌정회가 단독 내각을 구성할 무렵, 조선 민족의 중심 세력, 즉 자치 세력이 확립되어야 한다고 다시 강조했다.

1927년 신간회가 창립될 무렵의 자치운동 세력 범주를 두고 자치권 획득이 대중의 당면이익이 된다는 파, 고급 지식인 혹은 중산계급 이상의 자산층 중심으로 독립운동의 한 단계로 보는 파, 자신의 정치적 욕구 추구에 몰두하는 파 등 세 범주로 분류한 연구도 있다. 어느 경우든 이러한 명망가 중심의 자치운동은 적어도 독립의 전 단계로 나아가기 위한 투쟁적 대중 조직을 갖추지 못했고 그럴 역량도, 의지도 없었다는 공통점이 있다.

자치운동 세력과 조선총독부의 동상이몽 격차는 매우 컸다. 조선총독부는 조선 통치에 제국의회의 간섭을 배제하겠다는 의도가 컸던 반면, 자치운동 세력은 조선의회를 설립하여 조선총독부가 추진하는 식민 정책에 자신들의 이해관계가 반영되도록 일정한 영향력을 발휘하겠다는 생각을 하고 있었다. 그러나 동아일보사 중심의 명망가들로 제한되었을 뿐 투쟁적 대중 조직도 없이 청원 형식에 의존하는 자치운동에 영향을 받아 조선총독이 자신에게 거추장스러운 조선의회 설립을 고려할 리는 없었다. 그나마 조선총독부 입장에서 부담이 적은 제국의회 참정권 부여는 무엇보다 제국의회가 거부했으니 편한 입장이었다. 결국 양자가 상호 이용하고자 하는 현실적 역관계 측면에서 볼 때 자치운동은 실현 가능성이 없었다. 실제로 중일전쟁 이후 이광수의 경우, 「민족개조론」이나 「민족적 경륜」 단계에서 조선인의 합법적 정치단체 결성으로 요약되는 자치운동 성격조차 완전히 탈각되었다.

2) 자산층에게 준 당근, 도·부·면 자문 기관 신설

참정권 운동이든 자치운동이든 일본 정부나 제국의회는 관심도 크지 않았거니와, 조선총독부는 권한 밖의 일로 대하거나 수용할 생각이 없었다. 그 대신 고안한 것이 「조선도지방비령」(1920. 7)을 제정하고 「부제」와 「면제」를 개정하여 지방 행정 기관에 도지사, 부윤, 면장의 자문 기관(도평의회, 부협의회, 지정면협의회, 면협의회)을 신설하는 것이었다.

지정면으로는 일본인이 많이 거주하는 부 이외의 규모가 작은 시가지가 선정되었다. 도평의회 의원의 3분의 2는 하위 지방 단체인 부·면협의회가 선출한 2배수에서 도지사가 임명하고(민선), 3분의 1은 '학식과 명망'을 기준으로 도지사가 임명했다(관선). 관선·민선으로 구분하여 착시 현상을 불러올 수 있지만, 사실상 모두 총독-도지사가 임명하는 것이나 마찬가지였다. 그나마 12개 부협의회원과 24개 지정면협의회원은 선출직이었지만, 그 외 조선인 대부분이 거주하는 면협의회원은 면장의 임명직이었다. 극히 제한된 지역과 자산층을 대상으로 어쨌든 선거가 행해졌고, 의결권이 없는 자문 기관에 불과했지만 아무런 정치적 권한이 없던 자산층들에게 회의에 참석하여 발언하고 지위를 과시할 기회가 주어진 것이다.

보통선거제 시행 이전인 당시 일본의 (피)선거권자 규정(3엔)에 비해 소득 수준이 약 5배 차이가 나는 조선의 (피)선거권자 자격은 1년 이상 거주한 부(또는 지정면)의 주민, 독립 생계를 영위하는 25세 이상의 남자, 조선총독이 지정한 부세 연액 5엔 이상을 납부한 자로 한정했다. 유권자는 일본인 7,650명, 조선인 6,346명에 불과했지만(1920), 조선총독부는 지방 제도 개편과 더불어 참정권 청원 운동이나 자치운동 세력을 적극 활용해 정치적 선전에 나섰다. 그러나 해방 때까지 임명직 관리인 도지사(도장관)와 부윤은 도회(도평의회)와 부회(부협의회) 의장까지 겸했다. 설령 부의장으로 '강경한 조선인'이 선출되었더라도, 또 조선인 의원들의 반발 같은 돌발사태가 일어나더라도, '예외조항'을 통해 임명직 관리인 의장이 그 문을 잠가버리면 그만이었다.

'105인 사건'으로 구속되었다가 석방된(1915) 후 소극적이지만 친일적 경향으로 기울던 윤치호조차 개정 지방 제도 시행 두 달 전(1920. 8. 12) 조선총독부가 "돈을 모으는 방법"(세금)에 대해서만 지방의회의 의견을 모을 뿐이라고 비판했다. 실제로 자문 기관인 지방의회는 아무 권한이 없었고, (피)선거권이 없는 대부분의 조선인은 지방의회에 참여하거나 의견을 개진할 틈도 없었다. 그런 가운데 지방의회는 자산층의 공론장으로 활용되었다. 식민권력의 분할지배(divide and rule)에 부응한 '2, 3류 친일파'들에게 사회적 지위를 과시하는 수단인 제한적 '동네정치' 영역을 제공한 셈이다.

조선총독부는 지방 제도를 다시 개정(1930)하여 종래 자문 기관이었던 도·부·지정면 협(평)의회를 의결기관인 도·부·읍(종래 지정면을 읍으로 승격)회로 개정했다(부·읍·면제는 1931년부터, 도제는 1933년부터 시행). 그러나 조선인 대부분이 사는 농촌의 면협의회는 여전히 자문 기관에 머물렀고 면협의회원만 종전의 임명제 대신 선거로 선출하는 방식으로 바꿨다. 의원 임기는 1년씩 연장했다(3년→4년). 일본에서 이미 보통선거제(만 25세 이상의 남성)가 공포(1925)되고 중의원 선거까지 시행된(1928) 이후였지만, 조선에서의 (피)선거권은 여전히 당시로서는 상당한 고액인 지방세 5엔 이상 납부자로만 제한했다. 이는 일본에서 보통선거제 시행 이전까지 조선 거주 일본인이 제국의회에 진출하고자 할 때 획정한 선거이기도 했다. 다만 부의 경우 학교조합비와 학교비가 부 재정에 통합됨에 따라 선거권자가 이전보다 약간 늘어났다.

이러한 각각의 지방의회는 ① 중요한 사항 의결, ② 공익에 관한 의견서를 관계관청에 제출, ③ 관청 자문에 답신, ④ 예·결산을 심의하고 검사하는 권한 등이 규정되어 있었다. 자문 기관일 때보다 질적·양적으로 권한이 커진 셈이었다. 그러나 조선총독부가 선전한 '지방분권의 실현'이나 '지방자치 제도의 창정'과는 거리가 멀었다. 다음과 같이 지방의회의 의결권을 무력화시키거나 제한할 수 있는 다양한 장치를 구비해뒀기 때문이다.

첫째, 각 지방 단체 의회 의장인 임명직 단체장(도지사, 부윤, 면장)이 의결 내용을 재의에 부칠 수 있으며, 특별한 사유가 있을 시 직속 상급관청의 지휘를 받아 그 의결을 취소할 수 있었다. 둘째, 도회·부회·읍회가 의사 정족수를 채우지 못하여 성립되지 않았을 때, 회의 소집에 응하지 않았을 때, 회의를 개최할 수 없을 때, 의결해야 할 사건을 의결하지 않았을 때, 위의 사유로 의결을 취소했을 때 의장은 상급관청의 지휘를 받아 직권 처분할 수 있었다. 셋째, 도회·부회·읍회가 상급관청의 직권으로 명령한 예산을 올리지 않거나 삭감한 경우, 부·읍·면은 도지사가, 도(道)는 총독이 직권으로서 그 비용을 예산에 추가할 수 있으며, 반대로 부·읍·면·도(島)의 예산 중 부적당하다고 인정될 때는 도지사나 총독이 직권으로 이를 삭감할 수 있었다. 넷째, 조선총독의 도·부·읍회, 면협의회에 대한 해산 명령권을 규정했다.

즉 자치입법권은 매우 제한적이었으며 그조차도 지방 단체장이 취소할 수 있었다. 조선총독은 도회나 부회 등을 마음대로 해산할 수도 있었다. 또한 읍·면 행정단위를 일본인 주민의 많고 적음에 따라 정하여 읍(기존의 지정면)에는 의

결 기관인 읍회를 설치한 반면 일본인이 별로 살지 않는 면에는 여전히 자문 기관인 면협의회만 두었다. 아울러 도회의 경우에도 조선인이 다수를 차지할 위험성 때문에 간접선거제 및 임명제를 채택했다.

3) 주류·직물 이입세 존치와 자산층 과세 특혜

제1차 세계대전 말기에 대일 미곡 이출이 급증하여 1919~1928년 대일무역은 흑자를 보였다. 그러나 1919~1934년에 관세는 정체되어 대조세 비중(16.6%)이 1918년까지보다(26.7%) 크게 축소되었다. 1919년 개정 「조선관세정률령」이 1912년 제정 당시 이출세 과세 대상으로 규정한 8개 품목에 대해서도 이출세를 폐지했기 때문이다. 일본에서도 대부분 미곡인 조선산 이입품에 대한 이입세를 폐지했다(1920. 8). 이후 제3국과의 수출입 관세를 통일시키고 이출입 관세를 폐지해갔다. 즉 1919년 이후의 관세는 모두 수이입세였다.

이 와중에도 이입세 면세 대상은 대폭 확대되어갔다. 이입세 폐지 과정은 조선 시장에서 일본 상품의 경쟁력을 지원하고 이입을 늘리기 위한 식민지 무역 정책의 일환이었다. 구관세 거치기간이 끝나면서(1920) 일본의 「관세법」과 「관세정률법」을 그대로 조선에 시행하는 체제로 전환됨으로써 1920년대 들어 조선과 일본은 사실상 무관세지대로 통합되어 조선 경제가 일본 경제에 종속 편입되는 과정이 일단락되었다.

수이출세 폐지에 따른 과세 혜택은 '일본권'으로의 수이출 관련 업종의 자본가와 지주층에게 돌아갔고, 그만큼 일본 내에서 과세 전가 부담을 덜어줬다. 반면에 조선총독부 특별회계 세입은 주세나 연초세(전매수입) 등 조세 가운데 소비세를 증징할 수밖에 없었다. 그러나 재원이 부족한 조선총독부로서는 당시 6백여만 엔에 이르는 이입세를 일거에 폐지할 수 없었다. 그 대신 일거양득 방식을 꾀했다. 즉 조선 내에서 과세 전가가 가능한 품목에 대해서는 이입세를 일부 존치시켜 절반 정도로 관세 수입을 일시 유지하면서 민족분열 정책의 목적에 맞게 주조업이나 직물업 등에 집중된 조선인 자본가들의 요구를 일정하게 수용한 것이다. 당시 조선인 자본가들은 이입세 존치가 사활이 걸린 문제라고 주장하면서 이입세를 철폐하면 조선의 공업이 퇴보할 것이라는 위기의식을 부각시켰다.

실제로 이입세 철폐는 일본 경제에 종속되어 일부 업종에 제한적으로 유지되던 조선 공업에 큰 타격을 미칠 수밖에 없었다. 결국 「이입세 등에 관한 건 중 개정」(1923. 3)을 통해 이입세 과세 대상 지역으로 일본, 대만, 사할린 외에 베르사유 조약으로 독일령에서 일본의 위임통치령으로 넘어간 남양군도를 포함하면서 세 종류 이입품(주정酒精, 주정함유음료, 직물)에 대해 이입세를 존치시켰다. 여기에 더해 산미증식계획에 따라 대규모로 이출되는 미곡을 대신해서 빈곤층이 소비하는 만주 좁쌀이나 동남아 쌀의 수입에 대한 관세까지 계속 유지했다. 『조선일보』, 『동아일보』는 지면을 통해 이를 철폐하라고 주장했지만 세수입에 초점을 둔 조선총독부에게 조선인의 생존권 문제는 일차적 고려 대상이 아니었다.

주류와 직물은 조선에서 과세전가가 가능한 물품이었고 식민통치의 하위 파트너로 설정한 조선인 중소자본이 대거 진출한 업종이어서 3·1운동의 여진이 남아 있는 상황에서 설정한 문화정치의 중요한 고려 대상이 될 수밖에 없었다. 여기에 일본인이 주도하던 조선상업회의소연합회도 이입세 존치를 강하게 요구했다. 물론 이해관계가 상반된 일본의 직물업자들은 폐지를 요구하고 있었다. 이러한 상황에서 조선총독부가 일본 정부와 타협하여 1923년부터 세 종류 상품에 대해 이입세를 유지하기로 결정한 것이다(18년 후 전시체제기인 1941년에 모든 상품에 대해 이입세를 폐지했다).

일제는 관세 정책을 통해 조선에서 자국 상인 및 자국 산업 중심의 무역 네트워크를 형성해 나갔다. 견직물 사례를 보자. 강점 초기 조선의 견직물 시장에서는 중국산 제품이 압도적 우위를 점했고, 유통도 중국 상인들이 장악하고 있었다. 그런데 조선총독부는 관세 제도 개정(1920. 8)을 통해 일본산 견직물의 이입세를 그대로 유지한(종가 7.5~10%) 반면, 중국산 등 외국 제품의 수입세를 대폭 인상했다(25~30%). 관세율 인상에도 불구하고 중국산 견직물 비중이 줄지 않자 중국 등 제3국에서 수입되는 견직물을 사치품으로 규정하여 고율의 사치세(종가 100%)를 부과했다(1924. 7). 관세를 거의 4배나 증징한 결과 중국산 견직물 수입이 격감하여 조선에서 중국 견직물을 수입, 판매해왔던 중국인과 조선인 수입상들은 몰락할 수밖에 없었다.

한편 조선총독부는 대만총독부가 주류 전매제를 시행하여 재정 수익을 거둔 것을 모델 삼아 주류 전매제를 강행하고자 했으나 실행하지 못했다. 그 배경에는 조선인 주조업의 특수성이 있었다. 노동집약적 특성과 오랜 기간 유지된 문화 때문에 주조업은 조선인 자본이 일본인 자본보다 생산성이나 시장 점유율이 높은 업종이었다. 문화정치기에 들어서 과세 행정 편의를 위한 영세 주조업체 도태 정책을 배경으로 도평의회, (읍)면협의회 회원, 금융조합 조합장, 소작위원, 소득세 조사위원, 학교비 또는 학교조합의 평의원직을 겸하면서 지방 행정의 첨병 역할을 하는 '유지'들이 주조업에 뛰어들었다. 대지주층 등 조선인 자산가들은 주조업을 겸한 경우가 많았다. 즉 주류에 대한 전매제 실시나 이입세 철폐는 조선총독부가 식민통치의 하위 파트너로 설정한 조선인 유력자들과 대립을 불러올 우려가 컸다. 대만과 달리 조선총독부가 주류전매를 실행하지 못한 것은 이 때문이었다.

한편 1920년대를 지나는 동안 지세 중심에서 소비세 중심으로 조세 구조 변화가 정착되었지만, 1920년대 만성적 불황에 대공황의 타격까지 맞으며 소비세 증징은 한계에 봉착했다. 소비세는 하층민에게 과세부담이 집중되는 소득 역진적 경향 때문에 광범위한 반발을 불러올 가능성이 컸다. 조선총독부 입장에서 효과적인 대응 방안은 식민 정책의 보호 속에서 성장한 지주와 상공업 자본가 등을 과세 대상으로 한 소득세 중심 체제로 전환하는 것이었다.

실제로 조선총독부는 1920년대 초부터 개인소득세(누진제), 이자소득세, 법인소득세(비례제) 등 각종 소득에 과세하는 일반소득세제 도입을 구상했다. 핵심은 개인소득세 도입이었다. 그러나 조선인 언론이 "세금의 부과와 집행 과정에 조선인은 전혀 참여할 수 없고, 세금이 불공평하게 부과되어도 말 한마디 못"한다면서 개인소득세제 도입에 대해 시기상조론, 가렴주구론, 독단적 추진론을 거론했다. 조선총독부는 문화정치 아래 당근과 채찍을 병행하던 당시 상황에서 적극 반대하는 목소리를 수용하는 제스처를 취하면서 일반소득세제 도입을 유보했다.

이후 조선세제조사위원회 조사(1926)에 따라 '제1차 세제 정리'(1927)가 이뤄졌다. 조선세제조사위원회는 지세나 소비세만으로는 세출 증가에 대응할 수 없고 상공업과 임금소득에 과세(개인소득세)해야 한다는 의견을 제시했다. 조선세제조사위원회 조사에 따르면, 토지 이외의 자산소득에 과세하지 않는 조세 체제에서 소득 100원당 국세 등 공과부담액은 밭(12.60원), 논(12.30원), 대지(17.10원), 영업(2.40원), 봉급(1.83원)별로 큰 차이를 보여 토지에 과세가 집중되어 있었다. 그러나 그에 대한 대안 제시는 수익세(영업세와 자본이자세) 신설과 주세 증징에 그쳤다. '제1차 세제 정리'에서 개인소득세제 도입을 유보한 이유는 무엇일까?

첫째, 무엇보다 조선총독부 세무행정 능력이 떨어졌다. 당시는 소득신고를 기초로 세원을 파악할 독립된 세무기구도 없는 상황이었다. 부·읍·면에서 일반행정과 병행 운영되던 당시의 세무행정은 "신고 제도의 원활한 운영과 정확한 소득의 포착이 곤란"한 형편이었다.

둘째, 산미증식계획이 한창 추진 중이고 민족분열 정책인 문화정치를 추진하는 상황에서 고소득층의 반발도 부담이었다. 개인소득세제 도입 시, 부과 대상자는 식민지배 수혜층인 대지주나 고소득 자본가, 식민통치기구나 민간기업에 근무하는 고임금 소득자였다. 결국 '제1차 세제정리'에서는 지세처럼 순익을 간접적으로 측정하는 외형표준(거래 규모나 거래량)에 의한 단순비례세인 영업세와 자본이자세를 신설하는 데 그쳤다. 소영업자에게 부담이 크고 탄력성이 떨어져 조세에서의 비중이 각각 2% 전후에 불과한 두 세목으로 재정을 보충할 수는 없었다. 그러나 조선총독부 재무국은 영업세와 자본이자세 과세행정 경험을 쌓아 차후 개인소득세제 시행을 준비할 수 있었다.

1920년대 조세의 주요 세목은 영세지주에게 부담이 과중되는 지세와 '제1차 세제 정리' 때 창설된 영업세 및 자본이자세 등의 수익세, 저소득층에게 부담이 과중되는 소비세—주세, 연초세(전매수입), 사탕소비세, 관세 등—로 구성되어 있었다. 누진율을 적용하는 탄력적 세목은 전무했다. 이런 과세 체제하에서 대중 과세인 소비세가 중추 세목으로 기능하면서 일본 자본이나 조선인 상공업자, 지주들은 큰 과세 혜택을 누렸다. 조세 정책 측면에서 자산층들이 식민지 경제에서도 부를 쌓을 수 있다고 생각할 만한 여건을 조성한 것이다.

3. 일본 식량 문제 해결과 대륙 침략 준비를 위한 조선 '개발'

1) 산미증식계획과 식민지지주제 강화

일본은 제1차 세계대전 기간에 특히 공업화에 가속도가 붙으면서 미곡 수요가 급증했다. 이에 따라 미가가 급등한 데다 대규모 시베리아 파병 여파까지 겹쳐 도야마(富山)현에서 쌀 폭동이 시작되면서 데라우치 내각이 무너지기에 이르렀다. 이미 19세기 말부터 문제였던 식량 문제 해결이 일본의 급선무 '국책'이 되었다. 이를 위해 조선총독부가 추진한 농정이 산미증식계획(1920)이었다.

그 내용은 크게 토지개량사업과 농사개량사업으로 구분되었다. 전자는 수리시설을 확충하여 관개답 증대를 꾀하는 것이 핵심인데, 밭을 논으로 변경하는 개답(改畓) 및 개간, 간척 사업도 포함되었다. 후자는 화학비료를 포함한 비료 증대와 다수확 우량품종 보급을 통해 단위면적당 생산성을 높이자는 것이었다.

처음에 설정한 계획 목표는 15년간(1920~34) 총사업비 2억 3,621만 엔 투입, 증산량(900만여 석)의 절반 이상(460만 석)을 이출한다는 것이었다. 그러나 계획 대비 실적이 크게 미달하자 817만 석 증산, 500만 석 이출을 목표로 12년간 총사업비 3억 2천만 엔을 투입하는 '산미증식 갱신계획'(1926)을 추진했다. 사업비의 대부분을 토지개량사업에 할당하고 농사개량사업에 4천만 엔(80%는 화학비료 구입에 충당)만 배정했다. 1920년 계획에서 문제였다고 본 사업자의 자금부담을 대폭 줄이고 정부알선자금을 대폭 늘렸다.

1920년 계획이 사업자가 자금조달을 모두 책임지도록 한 것과 달리, 1926년 갱신계획은 소요 자금의 3분의 2 이상을 정책금융인 정부알선 저리자금으로 제공했다. 그만큼 조선에서의 미곡 증산은 일본 정부의 시급한 '국책'이었다. 갱신계획의 자금조달 기관으로 조선식산은행(식은)과 동양척식주식회사(동척)가 참여했다. 토지개량사업비(3억 325만 엔) 중 66%(1억 9,870만 엔)는 정부알선자금으로 조달하되 식은과 동척이 각각 절반씩 공급하도록 할당되었다. 양 금융 기관이 영업 확대 기회를 독점한 가운데 영업 기반을 크게 확대할 수 있었다. 사업자금의 절반은 대장성 예금부 차입금으로, 나머지 절반은 사채(社債) 발행으로 조달했다. 특히 식은은 수리 사업 및 토지개량사업은 물론 다른 농업 부문의 대출에서 동척보다 2~3배 많은 대출을 취급하는, 갱신계획 추진의 중추적 금융 기관이었다.

　지주들로 구성된 수리조합은 산미증식계획 추진에 절대적으로 중요한 조직이었다. 토지개량사업비의 85%가 수리조합에 대출되었는데, 식은이 전체 수리조합의 60~70%에 대출했다. 식은은 수리조합을 공공 단체로 간주하여 무담보로 대출했으며, 금리도 다른 산업 단체나 개인 또는 회사에 비해 1~2% 정도 낮게 책정했다. 산미증식계획이 수리조합 중심의 토지개량사업에 치중함에 따라 관개답도 많이 늘어났다.

　일본의 입장에서 산미증식계획의 성과가 커서 미곡 이출은 생산 증가분 이상으로 급증했다. 그러나 이출된 700만여 석 중 400만여 석은 조선인들이 먹어야 할 양을 줄인 결과였다. 조선인 1인당 미곡 소비량은 0.77석(1912)에서 0.63석(1920), 0.53석(1926), 0.45석(1930), 0.39석(1936)까지 급락했다. 1922~1936년 사이에 미곡 생산량에 대한 이출량 비율이 21.5%에서 49.5%로 폭증했으며, 특히 1932년에는 53.0%에 달했다. 즉 조선인들의 기아 이출, 공복(空腹) 이출에 의해 일본의 1인당 미곡 소비량이 1.1석 수준을 유지할 수 있었던 것이다.

　조선미는 생산비는 물론, 대규모 가공·판매 방식을 통해 유통비도 저렴하게 유지했고, 질적으로 일본인 구미에 맞는 품종으로 통일되어 일본 시장에서 일본미와 가격차도 점점 줄어들었다. 일본 경제의 입장에서 산미증식계획에 따른 조선미 이입은 일본 경제의 유지와 발전에 필수적인 미가 안정에 기여하면서 국제수지 악화도 완화시키는 이중의 떡이었다.

　여기서 식민 농정의 중요한 특징을 간과하면 안 된다. 일본에서는 토지개량사업 기준 국고보조금 비중이 70~80%에 달했으나, 조선에서는 20~30%에 불과했다. 즉 조선의 지주는 정책금융의 저리자금을 포함해서 사업비의 70~80%를 스스로 조달해야 했다. 또 일본에서 지주의 금리부담은 대장성 예금부 자금인 경우 3.2%, 은행을 경유한 경우 3.9%였는데, 전자가 주종이었다. 반면 조선에서는 절반만 대장성 예금부에서 조달되었고 금리는 4.8%, 나머지 절반은 식은과 동척이 공급한 자금으로 금리가 7.5%였다(1933년 말 기준). 이자율이 떨어진 1930년대 초반에도 조선의 지주는 일본의 지주에 비해 2배 가까이 높은 금리를 부담했다. 이는 사업자금의 대부분을 일본 금융시장에서 조달하는 구조에서 일본 금융자본과 식은의 이윤을 안정적으로 보장해야 했기 때문이다. 즉 산미증식계획은 일본의 식량 문제 해결과 금융자본 이윤을 함께 보장하는 장치였다.

조선의 지주가 부담한 높은 금리는 소작료율 인상을 통해 소작농에게 전가되었다. 대부분의 수리조합에서 지주가 60% 소작료를 걷어갔으며, 50%인 경우에는 세금이나 수세(수리조합비)를 소작농에게 전가했다. 조선총독부도 지주의 수리조합비 부담 능력을 감안하여 소작료율을 60% 또는 3분의 2로 상정함으로써 소작료 인상을 당연시했다. 즉 산미증식계획 성과는 지주의 소작농 착취에 의존한 것이었다. 농민운동이 확산되지 않을 수 없었다.

산미증식계획의 결과 첫째, 조선의 농업 구조가 미단작지대로 재편되었다. 둘째, 벼 품종이 몇 가지 우량품종으로 교체됨으로써 상품화에는 유리해졌지만 농학상 크게 불리해졌다. 즉 일본 시장 판매에는 유리했지만 조선 농촌에서는 가뭄과 병충해에 취약한 부담을 고스란히 안아야 했다. 셋째, 오랜 기간 기후와 풍토에 적응하면서 개량되어온 조선의 전통 농법이나 재래품종이 축소 또는 소멸되었다. 식민 농정 관료들이 재래식 농법과 품종은 열등하다고 주장하면서 일본의 근대 농법을 이식하는 데 집중한 결과였다. 넷째, 미곡은 증산되었지만 노동강도는 심해졌고, 부담해야 할 비용(수리조합비 등 각종 공과금, 비료 구매)의 증가로 조선 농가의 수지는 오히려 악화되었다.

산미증식계획으로 식민지지주제가 확대된 이면에서 빈농층이 증가했다. 여기에는 수리조합 사업이 토지집중을 촉진하는 중요한 배경으로 작용했다.

당시 농정 관료 히사마 겐이치도 산미증식이 "농업의 비약적 증식을" 불러왔지만 "동시에 토지가 없는 농민의 비약적 증식"이 수반되었다면서 수리조합이 이를 촉진했다고 평가했다.

일본인 지주는 수리 사업을 통해 이미 구입한 대규모 미개간지를 옥토로 만들었다. 그러나 많은 자금이 소요되는 수리조합 공사비의 90%를 차입으로 조달했으니 이자부담이 무거울 수밖에 없었다. 1928년 현재 수리조합 차입금 총액(9천만 엔)의 평균 금리는 8.2%나 되었다. 그래서 단보당 평균조합비(6엔 77전)의 절반 이상(56%)이 이자부담에 소요되었다. 과중한 수리조합비 부담은 중소지주를 압박했다. 조선에서는 일본과 달리 사회간접자본에 속하는 치수 사업에 대한 행정적·재정적 지원이 취약했기 때문에 그만큼 수리조합비 부담도 가중되었다. 이런 상황에 대응하여 일본인 대지주는 수리조합 운영을 장악하고 조합비 부담을 조선인이나 중소지주층에게 불리하게 책정했다. 새로운 수리시설을 필요로 하지 않는 옥답이나 관개 혜택을 보기 어려운 지역까지 반강제적으로 조합 구역에 편입시켜 조합비를 부과했다. 수리조합 구역에서 중소지주층의 몰락과 토지집중이 현저했던 것도 이 때문이었다.

1930년대 말 대지주의 농경지 소유 상황을 보면 조선인과 일본인은 지주수에서 79%와 21%, 면적에서 52%와 48%를 차지했다. 일본인 지주의 소유 집중도가 매우 높았다. 수리조합 구역에서 조선인 지주 소유면적은 15%에 불과했고 일본인 지주의 소유면적이 85%를 차지했다. 즉 수리조합 중심으로 시행된 산미증식계획이 소작농의 폭증, 일본인 대지주의 성장을 촉진한 것이다.

지주는 미곡 상품화에서도 일반 농민과 비교할 수 없을 만큼 훨씬 유리한 위치에 있었다. 1930년 조사에 따르면, 현지의 벼 가격은 상업 중심지의 시장가격보다 34~38% 정도 낮았다. 조선미 이출은 쌀값이 폭락하는 추수 직후 몇 달간에 집중되었다. 판매할 잉여량이 적은 대부분의 농민들은 절대적 궁핍 상황에서 추수 직후에 생산지에서 벼 상태로 중앙 시장 시세보다 훨씬 싸게 중개상에게 판매했다. 그러나 대량의 잉여미를 보유한 대지주는 시세가 오를 때를 기다려 보통 현미나 정미로 가공하여 판매했고, 벼로 상품화하는 경우에도 큰 정미소나 이출상과 직접 거래함으로써 중개상을 거쳐 발생하는 손실을 줄였다. 즉 쌀 시장의 확대와 쌀값 상승에 따른 최대 수혜자는 대지주층이었다.

산미증식계획 시행 기간에 금융 기관 대출은 농업에 집중되었고, 지주층은 자신의 토지를 담보로 은행자금을 활발히 차입할 수 있었다. 그러나 담보가 부족하거나 없는 (자)소작농들은 고리대에 허덕였다. 정책금융은 대체로 중규모 (15정보) 이상의 지주층과 수리조합 등의 공동 단체에 집중되었다. 농사개량을 위한 정부알선자금도 '지주, 자작농 또는 지주·자작농 단체'로 대상이 제한되어 지주층은 저리자금을 이용해 화학비료를 조달했지만, 빈농은 외상 구입에 따른 높은 이자를 부담하면서까지 화학비료를 사용해야 했다.

대지주층, 특히 일본인 대지주들은 농가수지가 악화되면서 (자)소작농이 방매한 토지를 차입한 자금으로 계속 사들이고 농민들을 대상으로 고리대까지 운영했다. 반면에 빈농은 수리조합비를 비롯한 세금, 종자대와 비료대 등의 농업 운영비, 각종 생활비 외에도 기존 대출을 갚지 못해 다시 빚을 지는 악순환에 빠졌다.

"타작이 끝나면 빗자루만 들고 나온다"는 소작인들이 토지에서 밀려나면 화전민이 되거나 도시 근교에서 움집에 거주하는 토막민이 되어야 했고, 아니면 만주로 이주할 수밖에 없었다. 농촌을 괴멸 직전까지 몰아간 대공황기인 1930년 조사에 따르면, 경상북도 전체 농가의 73%가 부채 악순환으로 허덕였으며, 보릿고개 2개월여 동안 곡식 한 톨 없이 오로지 나무껍질과 산나물로 겨우 살아가는 춘궁 농가가 전체 농가의 42%에 달했다. 식민통치의 '안정'을 위협할 정도였다. 결국 조선총독부는 1930년대 들어 농가 경제 갱생계획 등을 세우는 등 기존의 지주 중심 농업 정책을 일정하게 전환할 수밖에 없었다.

이런 상황에서도 조선총독부는 산미증식계획 추진에 따른 조선인의 쌀 소비량 감소를 메울 잡곡 증산에는 관심을 기울이지 않았다. 만주 좁쌀에 대한 수입세도 계속 부과했다. 당시 식생활에서 쌀과 잡곡의 소비량 비율은(1: 25) 잡곡 비중이 훨씬 컸지만, 잡곡 생산량은 오히려 감소 또는 정체되었다. 결국 식량의 절대 소비량이 그만큼 줄어들 수밖에 없었다.

2) 조선인 자본의 업종 제한, 일본 자본을 위한 과세 특혜

1920년대 자본 여력이 있는 대지주들은 산미증식계획과 관련된 쌀 가공업이나 유통업에 주력하여 정미소나 양조장이 증가했다. 소비세 중 주세 징수에 주력한 조선총독부는 「주세령」 제정(1916)으로 자가용주 제조를 전면 통제·금지하는 방침을 추진했다. 주류의 생산과 소비를 분리하고 영세 양조업을 정리하여, 양조업을 대자본이 지배하고 시장을 통해 주류를 소비하도록 유도하기 위해서였다. 일본인은 청주 등에 집중했고 탁주 등 조선 술은 조선인이 생산했기 때문에 조선인 자본이 양조업에 많이 진출했다.

평양은 조선인 메리야스 공업이 활발한 지역이었다. 양말 공장에서 출발한 메리야스 공업은 소규모 투자와 간단한 기계설비로도 조업이 가능한 노동집약적 산업이어서 조선인 자본이 진출하기에 유리했다. 학생 수가 증가하고 양복 착용, 양말 사용이 늘어나면서 메리야스 공업은 고무 공업, 주조업과 더불어 일제강점기 조선인 자본가층이 몰려 있는 대표적 업종이었다.

조선인 자본가들은 조선인들의 생활필수품인 면이나 메리야스 제품을 중심으로 제한적으로 성장했다. 그러나 시장에 진출했더라도 금융 기관에 접근하지 못하면 구조적으로 더 이상 발전을 전망할 수 없었다. 자신을 뒷받침할 국가가 없는 상황에서 대자본일수록 수입 원료 사용, 금융 기관 이용, 노동운동에 대한 대응 과정에서 조선총독부에 밀착하여 일본 독점자본에 종속되며 '조선인'보다는 '자본가'로서 발전을 모색하는 길을 택했다. 이러한 현상은 1933년 이후 일제의 만주 침략으로 시장이 넓어졌다는 착각이 널리 퍼졌던 이른바 '만주붐'을 계기로 심해졌다. 따라서 구미에서처럼 자본가층이 조선 사회에서 리더십을 갖기는 어려웠다.

고무 공업의 주요 상품은 고무신이었다. 고무신은 1919년 이래 이입이 급증한 가운데 초기 자본과 기술이 상대적으로 크게 필요하지 않아 1920년 조선에서도 생산되기 시작했다. 이후 고무신 수요가 급증하자 생산 확대와 품질 개선에 나서서 1930년대에는 이입품을 구축하기에 이르렀다. 고무신 공업의 3대 중심지는 경성, 평양, 부산이었다. 고무 공업에서 조선인 공장은 1920년대에 이미 일본인 공장보다 많았고 평균 규모도 컸다. 1921~29년에 설립된 100명 이상 고용하는 12개 고무 공장 공장주의 출신은 6명이 지주, 3명이 상인, 2명이 수공업자였다. 적지 않은 지주가 산업자본가로 전환하거나 지주경영과 공장경영을 겸업한 것이다.

제1차 세계대전을 계기로 일본 경제가 자금 여력을 갖게 되자 조선총독부는 1916년부터 「회사령」 적용을 완화했다. 그리고 일본 자본의 조선 진출을 조세 정책으로 뒷받침하기 위해 그동안 일본의 「소득세법」 중 법인소득에 대한 과세 부분만 조선에 적용하던 임시 과세 체제를 폐지하고 별도로 「소득세령」을 제정(1916)했다.

「소득세령」은 일본 자본이 과세 장벽 없이 조선에서 활동할 수 있도록 "편의를 도모"해주기 위해 같은 날짜에 개정된 일본 「소득세법」 중 제1종 (법인)소득세 관련 규정을 그대로 옮겨온 것이다. 즉 법령은 다르더라도 '일본권' 내에서 조세 운용을 통일하기 위해 "하나의 법령으로 과세하는 경우와 같은 결과를" 유도하면서 일본(본점) 자본의 조선(지점) 영업소득을 면세하여(제2조) '자유

로운' 투자조건을 조성해준 것이었다. 그러나 외국인 회사의 조선(지점) 영업소
득에 대해서는 일본의 「소득세법」처럼 초과소득(기본세율)이나 배당소득 및 유
보소득보다 높은 세율(7.5/100)로 과세하여 조선 진출에 장벽을 세웠다.

「소득세령」은 '제1차 세제정리'(1927) 때 개정되어 소득구분(조선 본점의 경우)
에서 회사나 주주에 대한 세제혜택으로서 유보소득과 배당소득을 없애고, 소
득총액(보통소득=총익금-총손금)에 대한 과세로서 보통소득을 신설했다. 법인소득
세(조선 본점의 경우)의 경우 과세 대상을 3종(보통소득, 초과소득, 청산소득)으로 구분
한 이 과세 체제는 일본 패전 때까지 세율만 증징되면서 유지되었다. 초과소득
은 보통소득의 일부분이고, 청산소득은 회사 통폐합에 따른 일시적 소득이어
서 회사의 일상영업을 통한 소득은 보통소득 하나뿐이었다.

1927년 개정 「소득세령」의 핵심은 일본 회사의 자본축적에 저촉되는 규정
을 삭제한 것이었다. 법인의 적립금을 줄여 축적 기반을 약화시킨다는 이유로
유보소득 누진과세제가 폐지되었다. 따라서 단순비례세인 배당소득과 구분할
필요가 없어져 양자를 폐지하고 단순비례세인 보통소득으로 단일화했다. 배
당소득 과세에 대해서는 일본 귀족원 특별위원회에서 1920년 개정 「소득세법」
에 "중대한 결함"이 있다고 비판한 바 있었다. 종합과세 대상인 배당은 일정액
을 넘으면 법인의 유보소득보다 훨씬 고율이어서, 개인소득세제가 시행되고
있던 일본에서는 가족회사 등을 조직하여 소득을 사내에 유보시켜 주주나 사
원에 대한 배당소득 종합과세를 면하는 합법적 탈세 행위가 만연하고 있다는
이유였다. 조선에서도 개인소득세제 실시를 앞둔 상황에서 일본의 개정 「소
득세법」대로 1927년 개정 「소득세령」에서 보통소득 과세율을 개정 전 「소득세
령」의 유보소득에 대한 최저세율(5/100)로 규정했다.

그런데 당시 조선에는 개인소득세와 이자소득세 과세가 없었기 때문에 일
본 자본에게 일본 본국보다 절대적으로 유리한 투자 환경을 제공했다. 조선의

법인소득세 과세 체제는 일본 자본주의의 특수성이나 전시경제에 필수적인 업종에 면제조치를 규정한 것이었기 때문에 그 대상은 일본 독점자본으로 제한되었다. 즉 일본 「소득세법」의 면제 및 공제 규정을 그대로 옮겨온 「소득세령」은 일본 자본의 산업 구조조정이나 전쟁 산업 부문으로 집중하기 위해 운영된 것이었다.

법인소득세의 면세 및 공제 규정 대상은 크게 4가지 범주로 나눌 수 있다. 첫째, 일본 자본의 조선 투자 환경 조성을 위해 1920년 「소득세령」에서는 국채 이자나 일본 「저축채권법」에 따라 발행하는 저축채권 이자수입을, 1924년 개정령에서는 "근검 저축의 장려"를 위해 「부흥채권법」에 따라 발행하는 부흥채권 이자를 법인 총익금에서 공제했다(제4조). 둘째, 식민통치 수행기구인 '공공단체'와 특수법인도 면세 대상이었다. 셋째, 일본 자본주의에 필수적인 부문을 '보호장려'하기 위해 설정한 중요 물산 제조업에 대해 3년간(개업년도 다음 해부터) 소득세를 면제했다. 업종 선정의 세 기준은 ① 전량 수입 의존 물품, ② 상당 부분 수입에 의존하고 '일본권'에서 발달 수준이 유치한 물품, ③ 판로 확장이 예상되지만 '일본권'에서 발달 수준이 유치한 물품 등이었다. 넷째, 일본 자본주의 발전에 필수 업종인 제철업은 면세 대상이었다. 일본 「제철업장려법」에 규정한 설비 및 생산 능력을 보유한 제철업에 대해 중요 물산 제조업보다 훨씬 긴 10년간 소득세를 면제했다. 일본은 제1차 세계대전을 계기로 대규모 제철업을 사활이 걸린 부문으로 규정했다. 이후 「제철업장려법」 개정(1926. 3)에 따라 면세 대상 제철업의 생산 규모 하한선을 크게 확대하여(6.7배) 대자본으로 제한하고 면세 기간도 연장했다(15년→20년).

3) 은행 통제를 위한 일반은행 합병

무단통치기에 조선총독부는 식민지 통치와 '개발'에 필요한 자금조달 여력이 없는 상황이어서 특수은행으로서 조선은행, 각지의 농공은행, 금융조합을 정비하면서 지역의 자산층에게 일반은행 설립을 부추겼다. 제1차 세계대전으로 조성된 호경기를 지나면서 1910년대에 20개 일반은행(조선인 은행 10개, 일본인 은행 10개)이 신설되었다. 그러나 일반은행은 1911년 4개에서 1920년 21개로 증가한 것이 마지막이었다.

식민지 은행 정책의 근간은 자금 동원 면에서 월등한 특수은행이 일반은행 업무를 겸하게 함으로써 일반은행의 성장을 통제하면서 은행시장을 독점하도록 하는 것이었다. 식민지 금융 구조에서 일반은행은 특수은행의 부수적 존재에 불과했다. 실제로 총예금액에서 일반은행 비중은 1924년(31.1%)이 최대였고 1930년대 이후 20%를 넘지 못했다. 총대출액에서의 비중은 더 떨어져 10%대에 불과했다. 이런 상황에서도 조선총독부는 은행자본이 통제권을 넘어 성장할 가능성을 우려하여 소수의 대자본 은행으로의 합병 정책을 강행했다.

일본은 이미 1905년 화폐공황으로 고사 직전에 있던 일반은행에 자금을 빌려줘 경영권을 지배했던 경험을 갖고 있었다. 은행경영은 경영부실 때문이 아니더라도 금융시장의 특성상 유동성 문제에 주기적으로 봉착하게 마련이다. 조선총독부는 조선인 은행이 단 한 번이라도 유동성 문제에 봉착하면 조선은행이나 국고 지원을 통해 경영권, 나아가 소유권까지 박탈하는 방식을 동원했다. 안정적인 경영을 유지하더라도 '정치'적 압박 때문에 경영권과 소유권을 유지할 수가 없었다.

무단통치기에 은행자본의 최소 규모(30만 엔)를 내규로 정했던 조선총독부는 통감-조선총독이 대주주로 있는, 이미 일본인 은행이 된 조선상업은행을 중심으로 합병 정책을 밀어붙였다. 이 과정에서 전주에 본점을 둔 조선인 은행인 삼남은행이 호남 지역 영업 확대를 꾀하던 조선상업은행에 합병되었다 (1928). 그 외에 은행 합병은 대부분 일본인 은행 간, 혹은 조선인 은행 간에 이뤄졌다. 가령 경남은행과 대구은행이 합병하여 경상합동은행이 설립된(1928) 것은 조선인 은행 간의 합병이었다.

이 과정에서 소수의 대자본 은행으로 일반은행을 합병한다는 기본 방향을 세운 조선총독부는 「은행령」을 개정(1928. 12. 24)하여 은행 설립 시 최소 자본금 규모(200만 엔 이상)를 규정했다. 그리고 기존 은행 중 자본금 100만 엔 미만인 경우 증자하거나 다른 은행과 합병해야 존립이 가능하도록 했다. 은행업에 새로 진입하거나 기존 은행을 유지할 수 있는 자본금 규모의 문턱을 대거 높인 것이다. 이후 지방의 소규모 조선인 은행과 경성의 대규모 일본인 은행의 합병이 추진되어 결국 1943년에는 두 은행(조흥은행과 조선상업은행)으로 모아져 지역별로 지점만 남게 되었다.

이와 동시에 조선총독부는 특수금융 기관인 금융조합의 전국적 영업망을 확대했다. '금융조합령'은 이미 1910년대의 두 차례(1914년, 1918년) 개정과 1929년의 전면개정을 통해 전국적 지점망을 갖추었다. 금융조합이 일반은행 역할을 대신하는 금융 구조가 만들어진 것이다. 이후 금융조합은 일반은행 기능을 확대해가면서 조선금융조합연합회 창설(1933. 8)을 통해 조선총독부가 직접 통제하는 전국적 금융 기관으로 거듭났다.

조선총독부의 은행합병 정책은 조선인 은행, 일본인 은행을 막론한 것이었다. 그러나 일본인 자본가들은 조선인 자본가들과 달리 일반은행 외에도 특수은행과 대자본 일본인 은행(일본 본점)을 활용할 여지가 넓어 자금 융통에 상대적으로 큰 어려움을 겪지 않았다. 그런데 일제강점기에는 거래 고객의 민족별 분리 현상이 뚜렷했다. 특수은행의 영업 대상은 일본인에게 집중되었다. 조선은행은 예금·대출에서 일본인이 90%나 차지하여(1925) 일본 지점은행(일본에 본점)과 별 차이가 없었다. 다만 조선식산은행은 조선인이 대출의 41%, 예금의 13%를 점했다. 조선인 대출 비중이 높은 것은 농업자금 공급에 주력했던 영업

특성상 조선인 지주들을 대상으로 한 대출이 많았기 때문이었다.

일반은행의 경우, 일본인 은행은 일본인이 예금·대출의 86%·81%를 점했다. 조선인 은행은 조선인이 예금·대출의 51%·77%를 점했는데 조선인 예금 비중이 낮은 것은 조선인 경제력의 열악함을 반영한다. 한일은행, 해동은행, 동래은행, 경남은행, 북선상업은행 등은 예금·대출 모두 80%를 상회할 정도로 영업의 조선인 집중도가 높았다. 그만큼 조선인 자본가에게는 조선인 일반은행이 자금 융통에서 절대적으로 중요했다.

일제강점기에는 근대적 금융 기관이 확산되었지만, 자금 공급 자체가 부족했다. 이런 상황에서 경제력이 취약한 서민계층은 특수은행이든 일반은행이든 근대적 금융 기관에 접근하기 어려웠고 대부분 대금회사나 전당포, 또는 지주층을 통한 고리대 금융에 의존했다. 금리가 연 84%에 이르렀던 전당포는 생활필수품을 담보로 간편하게 소액의 돈을 빌릴 수 있었기 때문에 서민들이 생활자금이나 급전이 필요할 때 가장 많이 이용하는 기관이었다. 일차 금융 기관 영업에서 배제되는 범주가 매우 넓었던 당시 경제에서 자금 경색과 파산 가능성도 높을 수밖에 없었다.

4) 중국 침략용 인프라 구축을 위한 공채 발행

제국주의 시대의 식민지배 방식이 이전 시기 강대국의 약소국 지배 방식과 질적 차이가 있다면, 자국 경제의 발전과 침략 정책의 원활한 수행을 위해 식민지를 '개발'한다는 점이다. 물론 제국주의의 개발 범위는 식민지 경제발전이나 산업연관성과 괴리된 채 식민 모국의 정치·경제·군사적 목적에 철저하게 한정되었다. 조선에서 일제의 중국 침략에 필수적인 인프라(철도·도로·항만 등) 구축을 위해 발행된 공채가 이런 기능을 담당했다. 1911~1944년 동안 총 23억여 엔의 공채를 발행했고 조선총독부 특별회계 세입에서 차지하는 공채 비중은 14.5%를 점했다.

일본의 법률로 제정된 「조선사업공채법」 명칭에서 드러나듯이, 일본 정부(대장성)는 사용처(대륙 침략에 필요한)가 명시된 '사업공채'만 발행을 허가했다. 사용처, 발행 규모, 상환에 이르는 모든 과정에서 결정권은 대장성이 가졌다. 물론 그에 따른 원리금 상환은 식민지에서 거둔 조세 수입으로 부담해야 했다.

그런데 식민지 초기에 일본은 자금 여력이 없어 무단통치로 일관했을 뿐, 제국주의적 '개발'을 추진하지 못했다. 실제로 1916년까지 공채(55년 만기)는 제대로 발행되지 못해 임시방편으로 단기차입금(3년 만기) 조달에 의존했다. 이후 조선총독 데라우치가 일본 총리로 부임(1916. 10)하면서 제1차 세계대전 호황을 타고 적극재정으로 전환하여 1917년부터 일본의 국방 충실 계획, 즉 중국 침략 구상에 조응하는 함경선 부설 등에 집중된 공채 발행이 시작되었다. 전체 계획 자금의 67.2%를 차지했던 철도 등 교통망 계획은 전적으로 일본 육군의 중국 침략 구상에 따른 것이었다. 경원선 부설, 경부선·경의선 등 종관 노선의 개축은 이미 1909년부터 일본 육군의 계획에 포함되어 있었다.

3·1운동의 영향은 조선사업공채 정책에도 반영되었다. 공채 사업이 철도·항만·도로 건설 외에도 일시적으로 병원 신축, 연초 전매, 전신전화 정비, 사방 사업 등으로 확대된 것이다. 식민지 안정화 정책과 하라 내각의 적극재정 정책이 큰 영향을 미쳐 공채 발행액은 1920년 2,235만 엔, 1921년 3,721만 엔으로 급증했다. 그러나 조선사업공채 정책은 일본의 경제 상황에 철저하게 종속되었다. 가령 관동대지진(1923. 9. 1)을 계기로 일본의 대외신용도까지 하락하면서 공채 발행은 연기 또는 축소되었다(659만 엔). 사업공채 발행자금은 다시 철도에 집중되었고, 다른 사업들은 중단·축소된 채 만성적 세입 부족에 허덕이던 조선총독부 특별회계의 세입, 즉 조세 증징으로 대응해야 했다.

공채 발행이 급감하던 1927년에 전액 공채자금으로 조달하는 일제강점기 최대의 철도 부설 계획인 '조선 철도 12년계획'이 제국의회를 통과했다. 1927년 이후 철도 건설비로만 2억 엔 이상이 추가되었다. 공채 발행으로 조달한 자금을 철도로 일원화한 것이다. 이는 당시 일본의 헌정회 내각이 산미증식계획과 더불어 철도 부설이 일본의 식량 및 인구 문제 해결을 위해 중요하다고 판단했기 때문이다. 이때는 한창 추진 중인 산미증식계획을 위해 대장성 예금부의 저리자금 도입이 결정된 시점이었다. 산미증식계획의 성공을 위해 대장성이 철도 건설용 공채 발행을 승인한 것이다. 이에 더해 1927년은 다나카 기이치 내각이 출범하자마자 워싱턴 체제하에서 일시 유예했던 중국 침략을 시작하여 그에 필요한 한반도 인프라 구축이 급해진 때이기도 했다.

즉 불황과 공황을 거듭하며 긴축 기조가 강조되던 1920년대 중반을 거치면서 조선총독부는 대장성 의도에 맞춰 공채자금을 철도로 집중하고, 나머지 사업자금은 조선총독부 특별회계의 조세 및 관업수입으로 대체해야 했다. 그러나 당시 조선총독부는 산미증식계획과 문화정치에 맞물려 공채 상환은 물론 항만 수축, 사방 사업 등에 투입할 재원 마련에 필요한 조세 체계 개편(개인소득세 중심)을 미루면서 수익세(영업세 및 자본이자세) 신설과 주세 증징에 머물렀다.

그런데 장쭤린 폭살 사건으로 다나카 내각이 총사직(1929. 7)하고 긴축재정을 주장하던 민정당의 하마구치 오사치(浜口雄幸) 내각(1929. 7~1931. 4)이 들어서면서 이노우에 준노스케(井上準之助) 대장대신은 강력한 긴축 정책을 요구하고 조선사업공채 감액을 강조했다. 결국 1929년 공채 발행 예산 2,000만 엔은 1,500만 엔으로 감액되었다. 철도 건설비로 집중시킨 공채 발행조차 계획대로 진행할 수 없었다. 결국 조선총독부는 공채 감액분 500만 엔 중 200만 엔을 조선총독부 특별회계 예산에서 조달해야 했다. 그러기 위해서는 증세밖에 길이 없었다. 이처럼 공채 발행 정책은 일본의 경제 사정, 긴축재정 정책의 일괄적 적용 등 일본의 재정 정책에 좌우되었다.

3장
민중적 '신민'의 반제 민족운동과
좌·우 협동전선

1. 운동 주체로 등장한 '3·1운동 세대'

3·1운동의 의미를 거론할 때 빠지지 않는 두 가지 설명이 있다. 조선의 전 계급, 전 계층이 참여한 거족적 저항이었다는 점, 그리고 대한민국임시정부가 수립되었다는 점이다. 그만큼 3·1운동은 한국 근대 민족주의, 민주주의 발전 과정에서 중요한 위치를 차지하고 있다. 여기에 더해 3·1운동의 또 다른 역사적 의미 두 가지를 주목할 필요가 있다.

첫째, 3·1운동을 계기로 민족운동도 세계 정세를 살피고 국제환경을 활용해야 한다는 인식이 자리 잡게 되었다. 당시 운동가들이 파리 강화회의를 통해 조선이 독립할 것이라는 기대를 크게 가졌다고 해서 맹신한 것은 아니었다. 가령 미주의 『신한민보』는 파리 강화회의에 대표를 파견하더라도 어디까지나 '기회적 외교'일 뿐이라고 강조했다. 성급한 진단이었지만 '미·일 개전론'까지 제기했다. 국제정세를 정확하게 인식하기 위해 치열한 분석을 시도한 것이다. 한인사회당(1918)도 3·1운동 직후 코민테른 가입을 결의(1919. 5)하고 박진순을 대표로 파견했다. 제국주의 열강의 러시아 내전 개입이 진행 중인 상황에서, 러시아 혁명으로 출현한 또 하나의 '다른 세계'와 관계를 맺기 시작한 것이다. 이념을 떠나 민족운동 세력에 국제정세를 능동적으로 파악하고 대안을 모색하는 주체적 운동관이 자리 잡은 것이다.

둘째, 민중의 삶과 생각, 그들의 지지를 받아야 한다는 정치문화가 정착했다. 동학농민전쟁, 의병전쟁과 애국계몽운동, 두 갈래로 전개된 국권회복운동, 신민회 운동, 3·1운동에 이르는 과정에서 운동 주체로서 민중을 인식하게 된 것이다. 이는 획기적인 변화였다. 민족의 성격에 대한 인식도 큰 변화를 겪어, 혈연을 넘어 계급적 차이를 아우르는 국민주권주의를 내장하도록 이끌었다. 개항 이후 민중을 대상화하고 구체적 사회개혁 추진에 미진했던 과거의 국민국가 수립운동 방식과 결별하고, 민중 삶의 향상을 위해 그들의 생각을 반영해야 한다는 새로운 정치의식이 정착한 것이다.

우파 민족운동의 한 축을 이루는 송진우는 조선의 민중운동이 세 단계를 거쳤다면서 동학-의병-3·1운동을 제시했다. 그리고 3·1운동이야말로 내적으로는 민족의 복리를 추구했고, 외적으로는 세계 사조에 순응하여 평화를 지향했다는 점에서 그 의의에 주목했다. 조소앙도 수동적이고 침묵하는 존재라고 생각했던 사람들이 일으킨 전 민족적, 전국적 3·1운동에서 큰 감명을 받았다. 「대한독립선언서」를 발표할 때까지 남아 있던 엘리트주의를 벗어나게 해준 분기점이었다. 박헌영(朴憲永)도 해방 후 소련 영사관의 샤브시나와의 대화에서 자신은 3·1운동을 통해 인민의 열기를 발견했고, 그것이 자신을 사회주의운동으로 이끌었다고 말했다.

이처럼 한반도의 20세기 전반기를 살아갔던 이들에게 3·1운동은 저마다의 방식으로 잊히지 않을 기억이었다. 기억의 내용과 형태가 다를 뿐 청년이든 장년이든, 남성이든 여성이든, 독립운동가든 친일파든, 좌파든 우파든, 심지어 조선총독부나 일본인들에게조차, 3·1운동은 특별한 기억이고 경험이었다.

1920년대 국내외 민족운동의 주역은 신한청년당(1918)을 비롯해서 3·1운동에 직간접적으로 관여했던 조직자들이었다. 운동을 이끌어갈 새로운 '3·1운동 세대'가 출현한 것이다. 조선총독부 역시 3·1운동 참여자 중에 30세 이하 청년층 참여가 절반 이상이라는 점을 주목했다. 청년 세대가 향후 독립운동의 중심으로 부상할 것이라고 심각하게 우려한 것이다.

　　'3·1운동 세대'는 3·1운동 이후 새로운 운동 방향을 고민했다. 그들은 3·1운동을 통해 식민통치에 대한 저항의지를 국제적으로 발신했다. 제암리 학살의 폭로는 '105인 사건' 때처럼 일본에 우호적이던 미국 여론을 조선으로 돌리는 데 영향을 미쳤다. 이것이 제2차 세계대전 당시 미국이 조선 문제를 결정하는 데 영향을 미쳤다는 연구도 있다. 그러나 3·1운동을 통해 쟁취하고자 했던 독립은 주어지지 않았다. 이러한 현실을 인식한 '3·1운동 세대'는 국제정세 동향을 파악하면서 민중의 이해를 대변하는, 민중적 '신민'이 주체가 된 새로운 운동을 벌여 나가고자 했다.

　　이 과정에서 독립국가를 이루기 위해 국제정세 변동을 활용하고 민중을 조직하는 방식은 점차 차이를 드러내기 시작했다. 그 기본적 배경은 '두 세계'였다. 독립을 위해 약소민족이 취해야 할 길에 대한 판단과 국제정세 인식에서 차이 또는 분화가 나타난 것이다. 민족주의자들은 미국 중심의 국제질서에 기대를 걸면서 민중을 민족 구성원이자 국민이라는 범주에서 사고했다. 사회주의자들은 소비에트 러시아가 약소민족의 해방을 가져다줄 수 있다는 믿음에서 민중을 피지배계급으로, 국민 개념보다 계급적 관점을 강조한 인민으로 인식했다.

　　이러한 차이는 두 세력이 3·1운동 이후 서로 경쟁하거나 대립하면서도 민족운동이라는 큰 틀에서 통일전선 또는 연합전선 방식으로 연대를 추구할 수밖에 없는 배경이기도 했다. 민중이 신국가의 주체가 되어야 한다는 점에는 이견이 없었다. 다만 그 주체가 민족적 주체인지 계급적 주체인지를 둘러싼 문제는 운동 방침에서도 쟁점이 될 수밖에 없었다.

2. 민족주의 계열: 미·일 균열 기대와 실력양성운동

1) 실망 속 대안 찾기, 국제정세 인식과 활용 구상

통합 임시정부는 1920년을 독립전쟁 원년으로 선포하고 독립전쟁의 시작을 알렸다. 임시정부 삼두마차의 한 축을 이끌던 안창호는 1920년 신년 축하식에서 임정의 공식 활동 방침을 밝히는 「우리 국민이 단정(斷定)코 실행할 육대사(六大事)」를 통해 군사를 최우선으로 하고 외교, 교육, 사법, 재정, 통일 등에 치중하겠다고 선언했다. 독립전쟁과 그 준비를 위해 외교가 필요하다면서 "제국시대의 외교를 탈(脫)하여 평등의 외교"를 펼쳐야 하고, '평화적 전쟁'이라는 개념을 도입하여 만세운동, 일본 관직 퇴직 운동, 납세 거부, 일화(日貨) 배척 등을 예로 들면서 이 또한 수십만의 희생이 따를 수밖에 없는 독립전쟁이라고 역설했다. 안창호가 '평등외교'의 중요성을 강조한 것은 임정의 민족주의 계열이 1920년대에도 국제정세 변동에 긴밀하게 대처하고 조선 독립을 세계평화의 과정으로 이해하면서 열강의 지원을 받고자 했음을 의미한다.

이들의 국제정세 인식도 정확한 편이었다. 그만큼 실천적 투쟁력을 갖고 국제정세 변화를 객관적으로 인식하려는 집중도가 높았음을 반영한다. 3·1운동 이후 국내에서 임시정부 활동을 뒷받침하는 대한청년외교단 활동을 했고 민족주의 좌파로 지칭되면서 『조선일보』에 많은 글을 썼던 안재홍(安在鴻)의 경우를 보자. 그는 1920년대 중반의 국제질서를 두고, 베르사유 조약으로 국제연맹이 수립되었지만 불안정한 가운데 구미 열강이 제국주의 기득권을 유지하면서 소련에 대응하기 위해 공동보조를 맞춰가는 것으로 이해했다. 중부 유럽의 독일, 벨기에, 프랑스, 영국, 이탈리아 등이 체결한 로카르노 조약(1925. 10)이 집단안전보장 체제를 구축했지만 지속되기는 어렵다 보고, 제국주의 국가 간 경쟁에 주목했다. 무산계급 운동을 지원하는 소련의 역할도 인정했다. 그러나 강대국으로서의 욕망이 크고 민족주의적 팽창욕이 있다면서 점차 소련과 자본주의 세계의 대립이 확대될 것이라고 전망했다. 그러면서도 제국주의 열강의 지배가 강화되고 있지만 약소민족운동의 해방투쟁이 성과를 거둘 것이라는 낙관적 관점을 유지했다.

송진우가 이끄는 『동아일보』 주도층을 중심으로 한 민족주의 우파 세력도 1920년대 국제정세를 보는 대체적인 시각은 민족주의 좌파와 크게 다르지 않았다. 특히 일본에 대한 시각이 주목된다. 일본이 자본주의 세력을 대표하는 미국과, 사회주의 세력을 주도하는 소련 사이에서 좌고우면할 것이고 일본인의 미국 이민, 중국에서의 이권 문제 때문에 향후 미·일 충돌 가능성이 높다고 진단했다. 미·일관계와 그 동향에 주목하면서 향후 일본에게 중국 문제가 가장 큰 뇌관이 될 것이라고 정확하게 예견한 점이 인상적이다.

또한 이들은 세계 각국의 정치적 변동과 약소민족운동을 분석하면서 합법과 투쟁 전술을 적절히 배합한, '우리 스스로(we ourselves)'라는 뜻의 신페인(Sinn Fein)당이 주도하는 아일랜드 민족운동을 높이 평가했다. 또한 일본의 보통선거제 결정과 영국의 노동당·자유당 연립내각 성립을 긍정적으로 평가했다. 국제정세 인식에서 민족주의 좌파와의 차이를 든다면, 소련에 대한 평가가 '우려'에 좀 더 기울어졌다는 점과 약소민족 해방운동에 대한 관심이나 세계 각국의 정치 변동에 대한 인식이 지역적으로 제한되었다는 점이었다.

이처럼 범민족주의 계열은 약간의 차이에도 불구하고 공통적으로 '두 세계'의 대립 속에서 약소민족이 유리한 조건을 확보하는 방략이 무엇인지를 고

민했다. 이에 따라 국제정세 변동이나 특정 계기를 민족운동의 기회로 삼고자 하는 실천 활동이 이어졌다. 미국 의원단의 동아시아 방문(1920), 워싱턴 회의 (1921~1922), 태평양문제연구회 설립(1925) 등을 활용하고자 한 사례를 들 수 있다.

1920년 8월 미국 상·하원 의원들의 극동시찰단이 필리핀, 홍콩, 상하이를 거쳐 조선을 방문하기로 했다. 이들의 방한은 워싱턴 회의를 앞두고 미국과의 관계를 우호적으로 끌어가고자 하는 일본에게도, 조선 독립의 여론을 일깨우고자 하는 독립운동 세력에게도 중요한 기회로 인식되었다. 일본으로서는 제암리 학살 사건이 이미 국제적으로 알려진 상황에서 식민지배를 부각시키고 싶지 않아 의원단이 조선을 방문하지 않도록 끊임없이 유도했다. 그러나 임정은 미의원 시찰단 주비위원회(회장 안창호)를 조직하여 의원단 환영, 진정서 제출, 회담 시도, 조선에 도착했을 때 시위 운동을 통해 환영의 뜻을 보인다는 기획을 세웠다. 진정서는 의원단을 자유국의 지도자로, 조선의 독립운동을 자유를 위한 투쟁으로 서술하면서 미국이 조선의 독립운동을 후원해줄 것을 요청하는 내용이었다. 상하이의 독립운동 세력은 회담(1920. 8. 16~20)을 갖고 의원단이 탄 특별열차가 남대문역에 도착한(8. 24) 이후 독립 만세를 외치는 시위 행렬과 의열투쟁을 통해 독립 의지를 표방하고자 했다.

민족주의자들은 특히 워싱턴 회의에 관심이 컸다. 『동아일보』는 50~60차례에 걸쳐 관련 기사를 보도했고, 미주와 상하이의 『신한민보』와 『독립신문』도 큰 관심을 표명했다. 회의 개최에 발맞춰 임정 구미위원부를 이끌던 이승만이 움직였고, 상하이에서 태평양회의 외교후원회가 결성되었다. 또 신한청년당은 회의 개최 직전 '조선 독립이 극동 평화를 유지하는 최선의 방책'이라는 내용의 편지를 발송했다(1921. 11).

그러나 워싱턴 회의가 조선인들이 공식 석상에서 한마디 발언도 못 한 채 종료되자(1922. 2) 독립운동가들의 미국에 대한 기대는 크게 꺾였다. 이런 상황은 민족주의 계열 분화의 배경이 되었다. 한편에서는 외교적 관심의 대상이 원동피압박민족대회를 개최한 소비에트 러시아 쪽으로 옮겨 가고, 다른 한편에서는 당장의 독립운동보다 장기적인 실력양성에 주력하는 방향으로 기울기 시작했다.

민족주의 계열은 미국 지식인들이 주도하여 설립한(1925. 7) 민간 학술단체인 태평양문제연구회(IPR)를 통해 미국 내 여론 환기에 주력했다. 이들은 미국의 아시아 진출이 국익에 도움이 되며, 이를 위해 일본의 팽창을 견제하고 약소민족에 대한 소련의 영향력을 차단해야 한다고 강조했다. 주로 기독교 계열 인사들이 격년으로 열린 태평양문제연구회 국제회의에 제3차 회의(1929)까지 참가했다. 태평양문제연구회 조선지회로 조선사정연구회가 설립되어(1925. 9) 미·일관계의 변화 속에서 조선 독립 가능성을 타진하는 활동을 전개했다. 이들의 활동은 주로 신문 논설을 통해 강점하 조선의 현실을 적극 여론화하는 것이었다. 태평양회의가 제2차 대회(1927)부터 국가 단위로 대표를 참가시키면서 조선의 입지는 크게 축소되었지만, 미·일관계가 악화된 1940년대에는 다시 조선 문제에 관심을 기울이기 시작했다.

이처럼 민족주의 계열은 국제정세, 주로 미국을 활용하여 조선 독립의 가능성을 만들고자 했지만 큰 성과를 거두지는 못했다. 이들의 국제적 식견이 넓어지고 평화적 국민국가 건설을 위해 국제정세 활용이 필요하다는 것을 충분히 인지했지만, 강대국들이 약소민족의 의도대로 움직여줄 리 만무했다. 이런 상황에서 민족주의자들은 스스로 민족을 대표하는 단체를 결성하여 훗날을 대비하는 방책을 모색했다.

2) 인재 양성과 민족자본 육성 구상

3·1운동 이후 민족주의 계열은 조선인을 대변하는 기구가 필요하다고 생

각했다. 조선총독부도 문화정치를 표방하면서 한글 신문 발행을 허가했다. 『동아일보』는 민족주의·민주주의·문화주의를 내세우며 가장 많은 독자를 확보했다. 친일적 대정친목회가 실업신문으로 창간한 『조선일보』도 1920년대 중반 이후 식민지 현실을 다루는 중요 매체로 자리 잡았다.

「(기미독립)선언서」를 기초한 최남선은 석방(1921. 10) 직후 주간잡지 『동명』을 발행(1922)했다. 그는 신문에 대한 애착이 커서 경영난에 빠진 『시대일보』 인수도 시도했다(1924). 당시 한글 신문이나 각종 출판물은 조선인의 활동 방향을 정하고 선전하는 데 중요한 역할을 했고, 민족주의자들은 신문을 통해 자신들의 주장을 펼쳤다.

새로운 방식, 새로운 운동을 지향하는 그룹이 등장하고 성장하기 시작했다. 유럽에서 각국의 '청년'당이 혁명적 민족주의 정치운동을 이끌어갔듯이, 신한청년당이 파리 강화회의에 대표를 파견하여 조선의 독립 의지를 제국주의의 본거지에서 주장했듯이, 3·1운동의 주역을 자임한 민족주의자들은 새 시대를 이끌어갈 운동 주체로 청년을 주목했다. 청년들 스스로도 적극 나서서 조선청년회연합회가 조직(1920)되었다. 전국에서 수많은 청년 단체들이 우후죽순 결성되었다. 한국 역사에서 유례없는 일이 전개된 것이다. 한글 신문이 실력양성운동의 이념과 방법을 전국적으로 공유하는 매체였다면, 인격 수양과 계몽을 표방한 지역의 청년회는 실력양성운동을 실천하는 조직이었다. 이런 상황을 배경으로 1922년을 지나면서 『동아일보』 주도층은 자신들이 주도하는 민족 중심 단체를 결성하려고 했다.

민족주의자들은 실력양성의 실행 방법으로 교육 보급을 통한 인재 양성, 민족자본 육성을 강조했다. 이는 민립대학 설립운동과 물산장려운동으로 나타났다. 조선총독부가 '3면 1교' 정책을 실시하면서(1918) 보통학교가 늘어났으나 3·1운동 이후 분출한 조선인의 교육열을 수용하기에는 턱없이 부족했다. 이

와중에 중등교육 기관인 고등보통학교 증설은 거의 이루어지지 않았고, 사립학교 설립은 억제되었다. 이런 상황을 배경으로 조선인의 교육 기회를 늘려야 한다는 목소리가 점점 커졌다.

동아일보사와 조선청년회연합회가 조선인 본위 교육을 주장하는 가운데, 고등교육 기관인 대학을 설립해야 한다는 주장을 제기했다. 이상재를 대표로 조선민립대학기성준비회가 결성되었다(1922. 11). 이후 경성에 중앙부, 군 단위의 지방부와 면 단위에 지회를 둔 조선민립대학기성회가 조직(1923. 3)되었다. 조선인의 힘으로 민립대학을 설립한다는 원칙을 정해 '1천만이 1원씩'이라는 구호 아래 '1천만 원 모금운동'을 전개했다. 모금운동은 국내뿐 아니라 간도와 하와이에서도 전개되었다.

그러나 민립대학 설립운동은 조선총독부의 방해와 탄압에 더해 전국적으로 가뭄과 수해(1923)가 잇달아 일어난 데다가, 강습소와 야학 등 대중교육 기관 설립이 시급하다고 주장한 사회주의자들에게 강한 비판을 받았다. 이런 상황에서 지방유력자들의 참여도 저조해지고 모금운동이 어려워지면서 운동은 결국 중단되었다. 조선총독부는 민립대학 설립운동을 억제하면서 조선보다 15년 먼저 식민지가 된 대만의 타이베이(臺北)제국대학 설립(1928)보다 서둘러 경성제국대학을 설립했다(1924. 5).

한편 「회사령」이 폐지(1920)되고 일본 상품에 대한 관세(이입세) 철폐가 가시화되자 조선인 자본가들은 일본 상품이 조선 시장을 독점할 것이라는 위기의식이 커졌다. 일본이 서구 열강에 강제병합 이후에도 대한제국 관세를 유지하겠다고 약속한 관세 유지 기간 10년이 지나고, 1920년 8월에 일본 「관세법」이 조선에 적용되었기 때문이다. 실제로 조선총독부는 관세 특례를 두는 등 조선 산업을 보호한다고 하면서도 점차 이입세를 폐지하는 방향으로 관세 정책을 추진했다.

평안도 지역의 민족주의자와 자본가들은 이 문제에 대응하고자 조만식(曺晚植)을 중심으로 평양에서 조선물산장려회를 발기하고(1920. 8) 조선물산장려운동을 전개했다. "내 살림 내 것으로", "조선 사람 조선 것"이라는 표어를 내건 조선청년연합회와 『동아일보』도 조선물산장려운동을 적극 지원했다(1922). 경성에서도 조선물산장려회가 조직(1923. 1)되어 "조선 사람은 조선 사람이 지은 것을 사 쓰자"라는 슬로건을 내걸고 선전 강연회를 열거나 시가행진을 벌였다.

토산품 애용을 강조한 조선물산장려운동은 청년운동 단체의 금주단연 운동이나 소비절약 운동과 결합하여 전국적으로 큰 호응을 얻었다. 각 지역에 토산장려회나 물산장려회라는 이름을 내건 단체들이 연이어 결성되었다. 물산장려운동에는 사회주의 혁명을 위해 생산력 증대가 필수적이라고 본 상하이파 고려공산당 국내부의 사회주의자들도 참여했다.

그러나 물산장려운동은 1923년 여름 이후 급속하게 쇠퇴했다. 일차적으로 자본과 기술이 취약한 조선인 기업이 시장을 키울 만한 생산력과 지속가능한 운동 이념을 갖추지 못했기 때문이다. 실제로 자본가와 상인들은 물산장려운동에 호응하는 소비자들이 늘어나자 이를 활용하여 단기적으로 물건 값을 올리는 데 집중했다. 장기적으로 운동을 이끌어갈 방향성을 상실한 것이다. 이 때문에 일부 사회주의자들은 물산장려운동이 자본가와 중산계급의 이익을 위한 이기적 운동이라고 비판했다. 물산장려운동은 대중적 지지를 급격하게 잃어버렸다.

이처럼 1920년대, 특히 전반기에 전개된 민족주의자들의 운동은 '일본권'에 조선 경제가 종속적으로 흡수되었지만 한반도에서 조선인과 일본인의 이해관계가 다르고, '조선 경제'와 '조선인 경제'가 다를 수밖에 없다는 인식하에 진행되었다. 물산장려운동에서 '우리'라고 지칭된 대상은 당연히 조선인이었다. 자신들을 보호할 국가가 부재한 상황에서 조선총독부에 관세를 유지해야 한다고 주장했다. 이는 개항 이후 불평등조약 체제에 편입되면서 몰락해가던 조선인 자본가들이 '민족운동' 차원에서 자신들의 경제 영역을 지키려는 마지막 시도였고, 조선총독부의 민족분열 정책에 따라 일시적으로 부분 수용되기도 했다. 즉 이 시기 국내 민족주의자들은 온건하고 점진적이었지만, 국제정세 변화를 살피며 실력을 길러 독립을 준비한다는 생각을 잃지 않고 있었다.

3. 사회주의 계열: 대중운동과 조선공산당 창당

1) 새로운 주체에 의한 부문별 대중운동 확산

전 민족적, 전 민중적 봉기였던 3·1운동은 공화주의 운동이었다. 이 운동의 결과 각지에서 수립된 임시정부들도 공화주의를 지향했다. 3·1운동 과정에서 외쳤던 "대한독립만세"에서 '독립'은 대한'제국'의 재건이 아닌 새로운 민주공화국 대한'민국'의 건설이었다. 새로운 민주공화국의 주인은 더 이상 '신민(臣民)'이 아닌 신민(新民)으로서의 '국민'이었다. 3·1운동을 통해 민국의 국민을 구성하는 새로운 주체로서 '대중'이 역사 앞에 모습을 드러내고 새로운 역사의 장을 열었다.

연령별, 성별, 계급·계층별로 '3·1운동 세대'의 대중은 이후 민족운동을 이끄는 새로운 주체가 되었다. 1920년대 민족운동은 소수의 '민족 지도자'를 넘어 무단통치에 비해 제한적으로나마 확장된 문화정치 공간에서 부문별로 활발하게 진행된 대중운동에 의해 민주주의적 민족운동으로 확장되어 나갔다. 청년운동이 이러한 대중운동을 선도했다.

1910년대에도 종교 청년 단체를 비롯해 구락부 또는 수양회 형태의 다양한 청년 단체가 존재했으나, 제1차 세계대전 이후 세계적으로 몰아친 개조 사상에 고무되어 청년운동이 활기를 띠었다. 3·1운동 이듬해인 1920년에 251개나 결성된 청년 단체는 1921년에 446개로 증가했다. 일부는 해외 세력과 연계하여 독립운동자금을 지원하는 활동을 했지만, 청년 단체의 주요 활동은 수양과 계몽이었다. 가장 역점을 둔 사업은 강습소나 야학 등을 통한 교육 사업이었다. 또한 정기적으로 토론회와 강습회, 강연회 등을 열어 회원의 지식을 계발하고 민중을 계몽시키고자 했다.

청년 단체가 급증하자 통일된 지도 기관으로 121개 청년 단체가 가입한 '조선청년회연합회'가 결성(1920. 12. 1)되어 청년운동 단체를 넘어 전국적 민족운동 단체의 위상을 갖게 되었다. 조선청년회연합회는 출범 때부터 민족주의자와 사회주의자가 함께 참여하는 민족협동전선 성격을 띠었다. 다만 지도부는 개량주의 성격이 강해 연합회 활동이 독립운동과 거리가 멀다고 비판받을 정도로 체제내적 문화운동에 집중했다. 주요 활동도 순회 강연을 위주로 한 계몽 활동과 민립대학 기성운동, 조선물산장려운동, 소비조합과 생산조합, 소작인 조합 조직 등에 집중되었다.

여성운동도 활기를 띠면서 분화되어갔다. 3·1운동 당시 기독교 계통 중심으로 대한애국부인회를 조직해 여성계몽운동과 독립운동에 나섰던 여성들은 1920년대 들어 조선여자교육협회, 조선여자청년회, 반도여자청년회 등을 결성했다. 그리고 이러한 운동이 가부장제 안에 머물러 있다고 비판하며 김일엽(金一葉), 나혜석(羅蕙錫) 등이 주창했던 자유주의적 신여성운동도 확산되었다. 이들은 남녀평등을 주장하면서 봉건적 가족 제도를 비판하고 자유연애와 자기 의지에 의한 결혼을 강조했다. 『신여자』 창간(1920. 3)을 통해 여성 억압 타파와 신가정을 논하고 남자의 반성을 촉구했다. 당시는 이러한 주장이 사회를 해체하는 것이라고 비난받을 정도로 봉건적 사회 분위기가 짙은 때였다. 다른 한편 자유주의적 신여성운동을 두고 소부르주아 여성운동이라고 비판하면서 여성

해방을 피착취계급의 사회혁명운동과 동일시하는 사회주의 여성운동 역시 확산되어 나갔다.

1920년대에는 3·1운동에 참가했던 노동자, 농민층이 높아진 정치·사회적 의식으로 독자적 노동조합, 농민조합을 조직하여 사회적 발언권을 높여가며 민중적 민족운동의 주체로 나서기 시작했다. 이전까지와 질적으로 구분되는 새로운 운동 양상이었다.

기반시설 구축, 물자의 집산과 운반, 도시 형성 등을 배경으로 부두와 항만, 철도역에는 임금노동자층이 형성되었다. 공업이 미약하나마 발전하면서 공장노동자층도 늘어났다. 하지만 임금은 동일 직종 일본인의 절반에 못 미치는 경우가 많았고, 노동시간은 대부분 12시간 이상이었다. 열악한 노동조건과 민족 차별 대우로 노동자들의 의식도 점차 급진적으로 변해갔다. 각지에서 노동회, 노우회, 노동친목회, 노동조합 등이 결성되었다. 초기 노동 단체들은 대부분 청년 단체가 배출한 지식인들과 결합되면서 조직되었다. 이후 운동 역량이 축적되면서 노동자들 자신에 의한 조직과 운동으로 발전했다. 소도시나 농촌 지역에서는 지역 내의 여러 직종을 망라한 지역별 노동조합이 생겨났으며, 이를 기반으로 노동쟁의도 일어났다.

전 인구의 80% 이상을 차지하는 농민은 식민 농정으로 가장 큰 피해를 입은 계층이었다. 식민지지주제가 고착되면서 농민들은 고율 소작료와 불안정한 소작권 때문에, 또 마름의 횡포 때문에 과중한 부담을 안았다. 여기에 조선총독부와 일본인 지주에 대한 민족적 저항심 등이 겹쳐 3·1운동을 계기로 소작쟁의가 확산되었다. 농민들은 이 과정에서 소작인조합, 소작인대표자회, 투쟁동맹 등 투쟁 조직을 주체적으로 결성했다.

한반도 최초의 근대적, 전국적 노동 단체로 출범한 조선노동공제회(1920. 4)는 합법 단체로서 합법적 비폭력운동만 전개한다고 선언하고, 운동 목적으로 공제(共濟, 상호부조와 계몽운동)를 강조했다. 그리고 지역과 직종에 따라 분산적으로 조직된 노동 단체와 농민 단체를 전국적 규모로 연결시켜 노동의 신성함, 노동자의 존귀함을 강조하면서 인권의 자유 평등, 민족차별 철폐, 식민지 교육 지양, 노동자 기술 양성과 직업소개, 노동보험 및 쟁의권 획득을 강령으로 내걸었다. 노동자들을 묶는 조직 사업에 주력하여 산업 중심지 중심으로 50여 개 지부가 설치되었고, 1만 5천여 명 노동자들이 회원으로 가입했다.

조선노동공제회는 직종별 노동조합도 조직했다. 경성에서 인쇄직공조합, 전차종업원조합, 이발직공조합, 양복직공조합, 자유노동조합 등이 노동공제회의 지도와 영향으로 결성되었다. 지방에서는 대구지회가 인쇄직공조합과 토목공려회를, 광주지회가 임금노동조합, 토목공조합, 자동차운전사조합을, 진주지회는 양화직공조합과 자유노동조합을 조직했다. 아울러 노동자들의 의식을 계몽하고 노동문화를 보급하기 위해 강연회와 토론회를 열고, 잡지 『공제』와 기관지 『조선노동공제회보』를 발행했다. 그리고 소작인을 '소작노동자'로 인식하여 이들을 조직하는 데도 적극 나서서, 노동자 파업과 농민의 소작쟁의에 개입했다.

조선노동공제회는 1920년대에 민중적 '신민'이 주체가 되어 등장한 노동자와 농민들이 전개한 민주주의적 민족주의적 대중운동의 출발점이었다. 비슷한 시기에 또 다른 전국적 노동운동 단체로 조선노동대회가 조직되었다.

2) 대중운동의 분화와 사회주의 사상 수용

비타협적 방법으로 절대독립을 지향하던 1910년대 민족주의자 가운데 상당수는 3·1운동을 거치면서 사회주의 사상을 수용하기 시작했다. 러시아 혁명과 제1차 세계대전 이후 개조 사상의 영향을 받은 청년·지식층은 독립이라는 과제를 사회주의 혁명을 통해 달성하자고 생각하기 시작했다. 사회주의 사상이 조선에 유입된 경로는 크게 두 갈래였다.

하나는 혁명이 일어난 러시아를 통해서였다. 독립운동 방법론으로 무장투쟁론을 주장했던 신민회 좌파 그룹이 러시아 혁명의 영향을 크게 받았다. 이들은 하바롭스크에서 최초의 사회주의 정당 한인사회당을 결성하고(1918. 4) 상하이의 통합 임시정부에 참여해 좌우 연합전선 정부를 이끌었다. 그리고 상하이에서 고려공산당을 조직하여(1921), 민족운동보다 계급운동 정체성이 강했던 러시아 이주민(한인) 중심으로 이르쿠츠크에서 결성된 고려공산당과 경쟁하며 해외 한인 사회주의운동과 독립운동을 주도했다. 두 고려공산당의 경쟁적 조직 확산은 국내에도 영향을 미쳐 1920년대 초부터 두 고려공산당과 연관을 가진 공산주의 소그룹들이 국내에서 생겨나기 시작했다.

또 하나의 경로는 일본이었다. 3개국(조선·중국·대만) 재일 유학생들은 사회주의 사상을 수용한 비밀결사 신아(新亞)동맹당을 결성했다(1916). 일제를 타도하여 호혜평등의 새로운 아시아를 건설하자는 목표를 내건 이 단체는 40여 명의 유학생으로 구성되었다(조선인 8명). 신아동맹당 조선지부는 주시경의 발기로 조직된 비밀결사 '배달모음'(1911)에서 비롯되었는데 3·1운동 이후 사회주의 강령을 채택하고 사회혁명당으로 개칭했다(1920. 6).

국내에서도 7~40여 명으로 구성된 사회주의 비밀결사가 조직되었다. 사회혁명당, 서울공산단체(1919. 10), 조선공산당(중립당, 1920. 3), 김약수(金若水) 소그룹(1920. 5), 이영(李英) 소그룹(1920. 6) 등을 들 수 있다. 이 중 사회혁명당과 서울공산단체는 상하이파와 이르쿠츠크파 고려공산당 창립대회에서 각각의 국내 조직으로 인정되었다.

비밀결사 회원들은 비합법 영역에서 사회혁명과 마르크스주의를 표방하며 활동했지만, 그와 동시에 합법 영역의 대중운동 단체에도 영향을 미치기 시작했다. 김약수 소그룹은 조선노동공제회의 주요 임원으로서 잡지 『공제』의 간행을 주도했다. 이영 소그룹은 조선청년회연합회기성회 발기(1920. 6)를 주도했으며, 서울청년회를 발족했다(1921. 1). 상하이파 고려공산당 국내부도 조선청년회연합회를 주도했으며, 조선노동공제회와 농민 단체인 흥농회에 영향력을 미쳤다.

1920년대 초에 각 부문에서 결성된 대중운동 단체들은 사회주의자들과 실력양성론을 강조한 민족주의자들이 함께 조직하여 활동했는데, 1922년 들어 분화되는 양상을 보였다. 결정적 계기는 '사기공산당 사건'과 '김윤식 사회장 반대운동'이었다. '사기공산당 사건'은 『동아일보』의 문화운동과 연결된 상하이파 국내부가 소비에트 러시아 정부로부터 받은 혁명자금(모스크바 자금)을 혁명운동에 쓰지 않고 유용했다면서 다른 공산주의 그룹에게 격렬한 비난을 받은 사건을 말한다. '김윤식 사회장 반대운동'은 상하이파 국내부와 여러 민족주의 세력이 주도하여 김윤식(1922. 1. 21 사망)의 장례를 사회장으로 치르려 하자 다른 공산주의 그룹이 강연회, 삐라 발행, 언론 기관을 통해 반대운동을 전개한 일을 말한다. 결국 사회장은 취소되었다.

이러한 일련의 사건들은 민족주의 계열 문화운동 세력과 연합을 추진하던 상하이파 국내부에 대한 다른 공산주의 그룹의 반대 투쟁임과 동시에, 계급을 강조하는 반(反)민족주의 경향을 반영하는 것이었다. 이는 바로 대중운동 단체 내에서 격렬한 투쟁과 분화로 이어졌다.

조선청년회연합회에서 상하이파 국내부 인사들을 축출하려는 시도가 실패하자(1922. 4) 연합회를 탈퇴한 서울청년회 등은 새로운 "단일한 혁명적 청년 단체"를 결성하기 위해 전조선청년당대회 소집에 착수했다. 그 이면에는 서울청년회 내 비밀결사인 또 다른 사회혁명당(1921년 10월 도쿄에서 김사국金思國 등이 조직)과 베이징에서 국내로 이전한(1922. 8) 고려공산청년회 중앙총국이 있었다. 90여 단체 대표 150여 명과 개인 50여 명이 참가하여 열린 전조선청년당대회(1923.

3)는 "청년 단체를 근본적으로 개조하여 대중적 해방운동의 전위대"로 만들어야 하며 "현재 제일 급한 문제는 '민족자결과 민족독립'이 아니라 '무산계급의 해방'에 있으며, 민족의 구별을 철폐하고 계급타파에 분투"해야 한다는 계급투쟁론을 결의했다.

무산계급 운동으로 기울어진 전조선청년당대회를 계기로 조선청년회연합회는 지역 기반이 약화되었다. 반면 서울청년회가 청년운동의 강력한 지도 세력이 되면서 새로운 청년 단체 결성을 준비했고 여기에 고려공산청년회 중앙총국의 합법 단체로 결성된 신흥청년동맹(1924. 2)도 합류했다. 그 결과 223개 단체 대표 170여 명이 참석한 가운데 조선청년총동맹이 청년운동의 전국적 통일 지도 기관으로 창립(1924. 4)되었다. 조선청년총동맹은 강령에서 사회주의 이념을 기반으로 한 청년운동이 조선 해방운동의 중심이 될 것임을 명시했다.

기독교 계통의 여성 계몽운동과 자유주의적 신여성운동이 경쟁하던 여성운동에서도 사회주의 여성운동이 급속하게 영향력을 확대해 나갔다. 여성 문제를 계급 문제로 집약시켜 여성운동을 피착취계급의 혁명운동과 동일시한 사회주의 여성운동가들은 조선청년총동맹 창립 직후 사회주의 여성단체 조선여성동우회를 창립(1924. 5)했다. 창립대회에서 집행위원으로 선정된 박원희(朴元熙), 허정숙(許貞淑), 주세죽(朱世竹)은 서울청년회와 신흥청년동맹의 활동가이기도 했다.

조선청년회연합회 내에서 벌어진 상하이파 국내부 인사들과 민족주의 세력 대 다른 공산주의 그룹의 대립은 조선노동공제회에서도 나타났다. 집행위원 이봉수(李鳳洙)와 김명식(金明植) 등 상하이파 국내부 성원 6명이 제명되었고(1922. 6) 결국 조선노동공제회는 해체되었다(1922. 10). 그리고 다른 공산주의 그룹 주도로 "사회 역사의 필연한 진화이법(理法)에 따라 신사회 건설을 기도함", "현 사회의 계급적 의식에 의하여 일치단결을 기도함" 등을 강령으로 내건 조선노동연맹회가 창립(1922. 10)되었다.

조선노동연맹회 창립 이후 노동·농민운동에서 민족주의 세력의 영향력이 격감하는 가운데 각지에서 노동조합과 소작인조합은 물론 노동·농민운동 연합체들이 조직되었다. 이들을 통일적으로 지도할 조직체로서 "노농계급을 해방하고" "최후의 승리를 얻을 때까지 철저적으로 자본계급과 투쟁할 것" 등을 강령으로 내세운 조선노농총동맹이 결성(1924. 4)되었다. 가입 단체 수 260여 개, 회원 수 5만 3천여 명에 이른 조선노농총동맹은 50여 건의 노동쟁의와 소작쟁의를 직간접적으로 지도하고 후원했다. 전국의 노동·농민 단체를 망라하여 결성된 조선노농총동맹 조직은 한반도 노동·농민운동사에서 획기적 진전이었다. 조선노농총동맹은 조선노동공제회나 조선노동연맹회에 비해 계급적 성격을 강하게 드러냈다.

1922년부터 시작된 대중운동의 분화 결과 조선청년총동맹, 조선노농총동맹, 조선여성동우회 등이 창립되면서 대중운동에서 사회주의 사상과 운동이 지배적 영향력을 갖게 되었다. 이후 이러한 대중운동 단체들은 비합법 비밀결사(1925년 이후 조선공산당)의 자매 단체이자 합법적 표면 단체로 활동했다. 이는 러시아 혁명 이후 세계 혁명운동의 보편적 조직 방식이었다.

그러나 이러한 조직 방식은 대중운동이 비합법 혁명운동의 부침과 직접 연동되는 배경이 되었다. 실제로 이후 네 차례에 걸친 조선공산당 대탄압은 곧바로 대중운동 단체들의 활동을 약화시키는 결과로 이어졌다. 또 대중운동에서 민주주의적 민족운동의 한 축인 민족주의 세력을 배제하거나 약화시킴으로써, 일제의 가혹한 탄압 앞에서 대중운동과 사회주의운동이 함께 고립되는 결과를 낳기도 했다. 물론 이런 상황에 대한 문제의식도 커져서 이후 민족협동전선운동으로 신간회가 창립되는 계기가 되었다.

3) 분파별 공산주의 그룹과 조선공산당 창립

해외의 두 고려공산당이 민족운동과 계급운동 어디에 방점을 둘 것이냐를 두고 대립한 것처럼, 국내외에서 사회주의 사상이 민족운동의 이념적 기반이 되면서 운동의 방략과 주체 설정 측면에서 국내파와 국제파(국제주의)의 대립 양상이 나타났다.

3·1운동 이후 1921년까지 국내에서 유력한 공산주의 그룹은 상하이파 고려공산당 국내부였다. 그들은 『동아일보』를 활용해 영향력을 넓히는 한편 전조선청년회연합회, 조선노동공제회 등의 대중운동 단체에 뿌리를 내렸다. 그러나 1922년 들어 '사기공산당 사건'과 '김윤식 사회장 반대운동' 과정에서 영향력이 급격히 줄어들었다. 이르쿠츠크파 고려공산당 역시 자유시사변(1921. 6)에 대한 책임에서 자유롭지 못했을뿐더러 조선총독부 경찰간부 황옥(黃鈺)이 국내부 간부로 선임된 점을 의심을 받아 국내에서 배척당했다.

이런 상황에서 해외의 두 고려공산당을 배격하면서 중립적 태도를 취한 조선공산당(중립당)은 조선혁명의 총참모부가 될 것임을 자임했다. 이전의 조선공산당 성원들이 재건한 비밀결사(1921. 5)에 도쿄에서 김사국 등이 조직한 사회혁명당이 결합한 조직체였다. 국내의 합법적 영역 대중운동에서 영향력을 갖게 된 중립당은 자신의 위상을 통일조선공산당으로 전환하고자 했다.

그러나 중립당은 통일조선공산당 결성 방법에 대한 의견 차이로 분열되었다. 그 계기는 코민테른의 「조선 문제 결정서」(1922. 4)에 따라 베르흐네우딘스크(현재 울란우데)에서 소집된 '통일고려공산당 창립을 위한 대표자내회'(1922. 10)였다. 대회에 참가하여 통일공산당을 결성하자는 주장에 대해, 사회혁명당 세력은 해외의 두 공산당을 인정할 수 없으므로 대회를 보이콧하고 따로 경성에서 고려공산단체를 조직했다. 이들은 국내 각지에 세포 단체를 조직하여 고려공산동맹이라는 비밀 공산 그룹을 결성(1923. 2)했다. 베르흐네우딘스크 연합대회 결렬 이후 코민테른의 결정에 따라 해외의 두 고려공산당은 해산하고 코민테른집행위원회 산하에 새로운 공산당 조직을 위한 고려총국(코르뷰로)이 조직되었지만, 이 역시 1923년 말 고려총국 자체의 분열로 흐지부지되었다.

1924년경 국내에서 비합법 비밀결사로 활동하던 공산주의 그룹은 고려공산동맹, 고려총국 국내부, 까엔당, 스파르타쿠스당, 신생활사 그룹 등으로 대별된다. 고려총국 국내부에서 이탈한 단체 중 몇 단체가 통합하여 발족한 공산주의 그룹은 여전히 고려총국 국내부로 불렸다. 까엔당은 재일본 조선인 공산주의단체가 중앙위원회와 세포 단체를 갖춘 공산주의 그룹이었는데 이들의 합법적 표면 단체의 이름을 따 북풍파 공산주의 그룹으로 불렸다. 스파르타쿠스당은 이남두(李南斗) 등 20여 명이 경성에서 조직한 그룹이었다. 신생활사 그룹은 '사기공산당 사건' 이후 분열된 상하이파 국내부 성원 중 잡지 『신생활』로 집결한 세력을 말한다.

1920년대 사회주의운동은 조직을 비합법 비밀결사체와 대중적 표면 단체(사상 단체)로 나눠 이원적으로 운영하는 특징이 있었다. 비밀결사체로 비합법 영역에서 활동하던 각 공산주의 그룹이 합법 영역에서 영향력을 확대하고 부문별 대중운동 단체에 적극 개입하기 위해 사상 단체를 조직한 것이다. 1920~1927년 동안 국내에서 조직되었거나 조선총독부 경찰에 의해 해산된 사상 단체 수는 217개에 달했다. 이원적 조직 운영은 일제의 탄압에 대응하여 운동가들이 합법과 비합법 영역을 넘나들어야 했던 식민지 상황의 산물이었다.

가령 합법 사상 단체로 처음 설립된 무산자동지회(1922. 1)는 공산주의 그룹 조선공산당의 표면 단체였다. 신인동맹회(1922. 2)는 사회혁명당의 표면 단체였다. 두 사상 단체는 비합법 영역에서 중립당이 결성됨에 따라 무산자동맹회로 통합되었다(1922. 3). 즉 비밀결사 중립당의 합법기구인 무산자동맹회는 중립당이 결정한 내용을 대중에게 전달하는 통로였으며, 당원을 훈련하는 학교이기도 했다. 1921년 말부터 1922년까지 진행된 해외의 두 고려공산당에 대한 배척운동은 무산자동지회, 신인동맹회, 무산자동맹회 등 사상 단체에 의해 수행되었다.

1924년 무렵 비합법 비밀결사체인 주요 공산주의 그룹과 합법 사상 단체의 표리관계는 고려공산동맹-서울청년회, 고려총국 국내부-화요회, 까엔당-북풍회, 스파르타쿠스당-조선노동당으로 정리된다. 먼저 서울청년회는 최대 규모의 부문운동 단체로, 중립당에서 탈퇴한 사회혁명당 계열의 비밀결사 고려공산동맹의 사상 단체였다. 서울파 공산주의 그룹으로 불린 고려공산동맹은 서울청년회를 통해 조선청년총동맹과 조선노농총동맹에서 큰 영향력을 가졌다.

화요회는 화요파 공산주의 그룹으로 불린 비밀결사 고려총국 국내부가 표면 단체로 조직한 신사상연구회(1923. 7)가 개칭한(1924. 11) 사상 단체였다. 박헌영, 김단야(金丹冶), 임원근(林元根) 등이 합류하면서 화요회는 서울청년회와 더불어 유력한 사상 단체가 되었다. 북풍회(1924. 11)는 도쿄의 사상 단체 북성회를 조직했던 재일본 조선인 공산주의자 단체가 북풍파 공산주의 그룹으로 불린 비밀결사 까엔당을 결성하고 공개 활동을 위해 만든 또 다른 사상 단체 건설사, 그리고 프롤레타리아 문예운동 단체 염군사와 통합하면서 개칭한 이름이었다. 조선노동당(1924. 8)은 노동당파 공산주의 그룹으로 불린 비밀결사 스파르타쿠스당의 합법적 사상 단체였다. 사상 단체가 '노동당'이라는 명칭을 붙인 것은 대외적으로 "실제적인 노동운동의 지도 단체"임을 과시한 것이었다.

1924년 3월 통일조선공산당 결성을 준비하기 위해 각 공산수의 그룹의 대표자들이 연합기구인 '13인회'를 결성했다. '13인회'가 합법적 대중운동에 영향을 미쳐 조선노농총동맹과 조선청년총동맹 창립총회(1924. 4)가 별다른 분쟁 없이 개최될 수 있었지만, 순조롭게 진행되지는 못했다. 고려총국 해산 이후 코민테른이 블라디보스토크에서 조직한 '고려공산당 창립대표회 준비위원회'(오르그뷰로, 1924. 4)와의 관계에 대한 입장 차이 때문이었다. 당 창립 과정에서 해외 세력 배제 입장을 고수한 서울파 공산 그룹은 이를 인정하지 않았다. 결국 코민테른 권위를 인정한 화요파 공산 그룹이 탈퇴하면서 '13인회'는 해체(1924. 9) 되었다. 이는 운동의 노선이나 주체 설정 측면에서 국내파와 국제파(국제주의) 의 대립을 반영한 것이었다.

'13인회' 결렬 후 각 공산주의 그룹은 독자적인 당 창건에 나섰다. 화요회가 북풍회, 조선노동당, 무산자동맹회와 4단체 합동에 나서서, 경성 황금정의 중국식당 아서원 별실에서 조선공산당 창립대회를 개최했다(1925. 4. 17). 17개 야체이카에서 선출된 19명 대의원이 참석했다. 북풍파 공산 그룹이 파견한 대표 2 명과 개인 자격으로 참석한 상하이파 2명을 제외하면 모두 국제파인 화요파 공산 그룹 성원이었다. 대회에서 규약을 통과시키고 코민테른 가입을 추진하기로 결정했다. "일본 제국주의의 완전 타도, 조선의 완전 독립", "8시간 노동제 실시, 최저임금제 제정, 실업자 구제, 사회보장제 실시", "언론 출판 집회 결사의 자유, 식민지 노예화 교육 박멸", "제국주의 침략전쟁을 반제국주의 혁명전쟁으로", "일본의 물화를 배척하라, 조선인 관리는 전원 퇴직하라, 일본인 공장의 노동자는 총파업하라", "일본인 지주에게 소작료를 내지 말라, 일본인 교원에게 배우지 말라, 일본인 상인과의 관계를 단절하라" 등 계급투쟁보다 민족주의적 반일적 투쟁 구호가 제정되었다.

민족협동전선 성격을 띨 수밖에 없는 반일적 투쟁 구호를 전면에 드러낸 것이다. 그런데 당의 전략·전술과 정책 방향을 명시하는 강령 채택은 제2차 당 대회가 열릴 때까지 중앙집행위원회에 위임했다는 점이 주목된다. 그 이유는 조선혁명의 성격과 목표에 대한 입장 차이 때문에 창당대회가 결렬되는 것을 우려했기 때문이다. 당초 화요파 공산 그룹이 준비한 강령 초안의 주요 내용은 프롤레타리아 혁명론과 소비에트공화국 수립론이었다. 이에 대해 당면과업으로 '조선 민족의 해방'과 '조선 민중의 자주적 민주공화국 건설'을 제시하며 부르주아민주주의 혁명과 사회주의 혁명의 2단계 연속혁명론을 주장한 북풍파 공산 그룹 대표들이 거세게 반대했다. 어떤 공산 그룹보다 민족통일전선 실행에 적극적이었던 상하이파 공산 그룹 출신들도 마찬가지였다. 다소 역설적인데, 이들의 주장이 오히려 당시의 코민테른 방침에 더 가까운 노선이었다. 그러나 창당대회는 중앙집행위원을 선출할 전형위원을 선출하고 막을 내렸다. 당 창립대회 다음 날 산하 단체인 고려공산청년회가 화요파 공산 그룹 중심으로 창립되었다(4. 17).

조선공산당 창립은 한국 근대사에서 사회주의운동과 독립운동 역사에 한 획을 긋는 사건이었다. 조선공산당은 이듬해 코민테른에 지부로 가입하여 대내외적으로 조선의 사회주의운동을 대표하는 단체로 인정받으면서 6·10만세운동을 이끌고 신간회 설립을 주도했다. 당연히 조선총독부 경찰의 집요한 탄압 대상이 되었다.

그러나 조선공산당은 결국 화요파 공산 그룹이 확장된 결과물에 불과했다. 초기에 당연히 분파별로 조직될 수밖에 없었던 여러 공산주의 그룹을 망라하지 못한 것이다. 특히 유력한 공산주의 그룹이었던 고려공산동맹, 즉 서울파 공산 그룹이 배제되었다. 개인 자격으로 2명이 참가했지만, 상하이파 공산 그룹의 조직적 참여도 없었다. 즉 계급운동과 민족운동 사이에서 전략전술적 방점을 어떻게 설정할 것인가의 차이와 대립을 정리하지 못한 채 조직적 불완전함과 당 대회에서 강령을 둘러싸고 벌이진 논쟁은 이후 사회주의운동에서 계속된 분파 투쟁의 씨앗이 되었다.

4) 대중적 민족운동으로서의 6·10만세운동

조선공산당 창립대회에서 선정된 전형위원들은 곧 7인의 중앙집행위원회를 구성해 김재봉(金在鳳)을 책임비서로 선출했다(김재봉 중앙). 고려공산청년회(고려공청)도 중앙집행위원회(박헌영 책임비서)를 구성했다. 김재봉 중앙은 당세 확장에 주력하여 창당대회에서 승인된 120명 당원 외에 40명이 추가로 입당했다. 대중운동 단체 활동가들을 입당시키기 위한 활동도 계속했다. 기관지로 『조선지광(朝鮮之光)』을 인수하고 『신흥청년』을 간행할 계획도 세웠다. 조선노농총동맹의 분립을 검토하고 직업별 노동조합 창설을 지도했다. 고려공청도 서울파 공산 그룹이 주도하던 조선청년총동맹의 재편을 시도하여 9개 도연맹과 27개 군연맹을 조직하고, 사상교양 사업을 진행했다. 20여 명을 선발하여 모스크바의 동방노력자공산대학에 유학도 보냈다.

그러나 이 와중에 화요파와 북풍파 공산 그룹 사이의 갈등이 불거졌다. 김재봉 중앙이 김약수 등에게 정권(停權) 처분(1925. 11)을 내리자 북풍파 공산 그룹 출신 당원들이 대거 탈당한 것이다. 이 갈등은 마침 비슷한 시기 김철수를 비롯한 상하이파 공산 그룹의 집단 입당으로 부각되지 않았지만 더 큰 위기에 봉착했다. 신의주에서의 폭행 사건(1925. 11. 22)을 계기로 박헌영이 상하이로 보내는 비밀문서가 발각되면서 조직이 드러난 것이다. 박헌영에 이어 12월 김재봉이 체포되었다. 정권 처분을 받았던 김약수도 체포되었다. 이로써 김재봉 중앙은 붕괴되었다.

이후 조선공산당과 공청의 책임은 강달영(姜達永)과 권오설(權五卨)에게 맡겨졌다(강달영 중앙). 망명 간부들은 '상해 특별연락부'를 세워 강달영 중앙과 연락을 취했다. 강달영 중앙은 창당 시 배제되었던 서울파 공산 그룹 고려공산동맹과 당 통합을 논의하는 한편, 민족통일전선 결성을 위해 혁명적 민족주의 세력으로 평가받던 천도교 구파와 접촉에 나섰다. 그리고 "민족, 사회 양 운동자를 통일하는 국민당" 조직을 결의(1926. 2)했다. 조선공산당의 민족통일전선 결성 움직임은 고려공청이 천도교 구파와 함께 추진한 6·10만세운동 계획으로

김재봉(왼쪽)과 강달영(오른쪽)

현실화되었다.

즉 강달영 중앙의 노선과 국가건설론은 부르주아민주주의 혁명에 기초한 통일전선 정권 수립이었다. 이는 창립대회에서 '좌경적' 강령을 주장했던 화요파 공산 그룹과 사뭇 달랐다. 코민테른 원동부와 협의하여 상하이에서 조선공산당 중앙위원회 명의로 발표된 「조선공산당 선언」(1926. 7)도 강달영 중앙의 노선과 궤를 같이하여, 조선공산당이 민족해방혁명을 당면과업으로 설정하고 이를 위해 국내외 애국적 세력과의 동맹에 적극 나선다는 방침을 채택했다. 이때는 코민테른 4차 대회의 '반제민족통일전선 전술'에 따라 중국에서 제1차 국공합작이 이뤄져 북벌을 통한 국민혁명이 한창 진행되던 시기였다.

그런데 6·10만세운동 계획이 발각되면서 대검거가 다시 시작되었다. 공청 책임비서 권오설의 체포(6. 7)에 이어 강달영을 포함한 80여 명이 체포되었다(8. 8). 이 사건은 신의주 사건과 병합되어 101명이 재판에 회부되었는데 83명에게 징역 8개월~6년이 선고되었다(1927. 9).

　강달영 중앙의 조직위원 김철수가 책임비서로 취임(김철수 중앙)하면서 조선공산당은 더 적극적으로 당 통합에 나섰다. 6·10만세운동 관련자 체포가 계속되던 때 조선공산당의 고려공산청년회와 고려공산동맹의 고려공산청년동맹이 통합했다(1926. 8). 비밀결사인 공산주의 그룹의 통일운동이 사상 단체의 통합으로 나타난 것이다. 그 결과 서울파 신파 140명이 대거 입당했다(11. 16). 이를 토대로 김철수는 경성에서 비밀리에 조선공산당 제2차 대회를 개최하여 '통일' 조선공산당을 발족(12. 6)했다. 책임비서에 안광천(安光泉), 고려공청 책임비서에 고광수(高光洙)가 선임되었다.

　그런데 '통일' 조선공산당은 엠엘(ML)파가 장악했다. 엠엘파는 "분열된 운동선의 통일"을 목적으로 1926년 베이징의 혁명사, 레닌주의동맹, 고려공청 만주총국(만주공청), 서울파 공산 그룹 신파, 도쿄에서 조직된 일월회 등이 결합한 새로운 공산주의 그룹이었다. 안광천과 고광수, 안광천 이후 책임비서를 맡았던 김준연(金俊淵), 김세연(金世淵)도 엠엘파여서 '통일' 조선공산당은 엠엘당으로도 불렸다.

　엠엘당은 지방 조직을 정비하고 야체이카와 당원 수를 늘려 나갔다. 1927년 말에는 야체이카 수가 50개에 달했고, 당원은 5백 명을 넘었다. 침체 상태에 있던 만주총국과 상해지부를 재건하고 일본지부를 활성화했다. 무엇보다 민족협동전선을 당의 노선으로 삼아 "민족적 단일협동전선당의 매개 형태"로서 신간회 결성에 적극 나섰다. 하지만 엠엘파의 독주는 당내 다른 그룹의 불만을 사 분열을 불러왔다.

　결국 제3차 당 대회는 두 곳에서 따로 열렸다. 엠엘파의 독단과 노선에 맞서 공동보조를 취한 3개 그룹(구 서울파, 상해파, 구 화요파)이 3차 당 대회를 먼저 개최했다(1927. 12). 구 서울파와 상해파가 연합하여 만든 새로운 공산당이라는 뜻으로 '서상파'라 불렸다.

당 중앙을 장악한 엠엘파가 제3차 당 대회를 준비하던 중, 조선공산당에 대한 검거가 다시 시작되어(1928. 2. 2) 책임비서 김세연 등 32명이 검거되었다. 이런 상황에서 제3차 당 대회가 개최되어(1928. 2) 노동자 출신 차금봉(車今奉) 등 7명으로 중앙집행위원회가 구성되었다(차금봉 중앙). 당의 구성원 출신을 보면 역시 구 서울파, 상해파, 화요파에 속했지만 이들은 더 이상 구 공산 그룹의 정체성에 따라 활동하지 않았다. 사회주의운동의 통일을 위해 분파의식을 버려야 한다는 문제의식이 강했기 때문이다.

차금봉 중앙은 「민족해방운동에 관한 정치논강」(1928. 3)을 채택하여 신간회 운동에 적극 나섰다. 「정치논강」에서는 장래 권력 형태를 "혁명적 인민공화국"으로 보고 "소비에트공화국을 건설하려는 것은 좌익소아병적 견해이고 부르주아공화국을 건설하려는 것은 우경적 견해"라 주장했다. 이는 장래 권력 형태를 "부르주아민주주의 혁명에 의한 민주공화국"으로 규정했던 「조선공산당 선언」에 비해 좌경화된 노선이었다. 그러나 여전히 민족통일전선의 필요성을 강조했다는 점에서 기본적으로 「조선공산당 선언」의 연장선에 있었다. 이에 따라 신간회를 민족주의자와 공산주의자의 협동전선으로 인정하면서 신간회 안에서 노동자·농민의 헤게모니를 관철하는 정책을 펼쳤다.

그러나 출범 3개월도 지나지 않아 맞게 된 대검거로, 차금봉 중앙은 지하 활동을 계속하는 것이 불가능하므로 당을 일시 해산하고 해외의 양명(梁明)에게 당 조직과 관련된 전권을 인계할 것을 결정했다. 그러나 인계가 이뤄지기 전에 차금봉 등 170여 명이 검거되었다. 이전에는 대검거가 있을 때에도 계속된 지하 활동을 통해 후계 간부가 꾸려져 당 조직을 이어갔지만, 이 검거로 사실상 당의 해산을 결의할 정도로 최악의 상황을 맞은 것이다.

3년 사이에 네 차례나 대탄압을 받으면서도 조선공산당은 표면 단체인 사상 단체를 통해 사회주의 사상이 지배하던 합법적 대중운동을 주도해 나갔다. 조선공산당 창립 당시 합법 영역에서 4단체 합동을 이끌어냈던 화요회, 북풍회, 조선노동당, 무산자동맹회는 당의 새로운 사상 단체로 정우회를 창립(1926. 4)했다. 일본에서 조직된 일월회(1925. 1. 3)의 사회주의자들이 정우회에 가입하면서 정우회는 공산주의자들과 비타협적 민족주의자들의 협동전선 구축을 목표로 '정치투쟁으로의 방향전환'을 제시한 「정우회선언」(1926. 11. 16)을 발표했다.

조선공산당 2차 당 대회(1926. 12. 6)에서는 당의 합법 단체를 사상 단체에서 민족당(신간회)으로 변경하기로 결정했다. 조선공산당이 신간회(1927. 2. 15. 결성)의 가장 중요한 구성 세력으로 부상한 것이다. 이에 따라 조선공산당은 민족협동 전선체인 신간회를 그동안 사상 단체가 맡아오던 합법적 표면 단체 역할을 하는 기관으로 설정하면서 대중운동 단체도 정비했다. 2차 당 대회에서 그동안 논의되어오던 조선노농총동맹 분리를 결정하여 산하 단체의 압도적 찬성으로 조선노동총동맹과 조선농민총동맹으로 분리했다(1927. 9). 두 동맹의 분리는 노동운동 및 농민운동의 조직과 운동 측면에서 큰 진전이었다.

조선노동총동맹(이낙영李樂永 중앙집행위원장)은 창립 당시 가맹 단체가 156개, 회원 수는 2만 명을 넘었다. 하지만 조선공산당 탄압에 이어 이낙영 등 지도부가 투옥되었다. 조선공산당 제3차 당 대회(1928. 2)에서 조선노동총동맹 중앙위원 차금봉이 책임비서가 된 후 7월의 대탄압으로 노동총동맹은 침체기에 빠졌지만, 노동조합 지역연맹체 결성이나 산업별 노동조합 연합체 결성 등 노동운동을 계속 지도했다. 이는 1930년대 혁명적 노동조합운동으로 이어졌다.

조선농민총동맹(인동철印東晢 중앙집행위원장)은 200여 가맹 단체를 아우른 농민운동의 총본산이었다. 삼남 지방에 집중되어 있던 농민 단체가 북부 지방으로 확대되었고, 소작인조합이 농민조합(자작빈농과 자작중농 포함)으로 개편되었다. 조선농민총동맹 역시 일제의 거듭된 탄압으로 활동이 제약되었다.

조선청년총동맹은 창립 당시 혁명적 민족운동과 협동전선을 표방했다. 단체의 조직과 운동의 중심은 무산계급 청년운동에 있었지만, 1925년 후반부터 청년운동의 방향 전환이 논의되기 시작했다. 고려공산청년회의 내부 지도로 조선청년총동맹의 강령을 계급적 노선에서 민족적 노선으로 개정하기로 결정했다(1926. 8). 중앙집행위원회의 「신운동 방침」(1927. 8)은 조선의 청년운동이 "전 민족적 운동의 일부를 차지하는 무산자 운동"이자, "전 민족적 협동전선의 선두"가 되어야 한다고 주장했다. 이후 조선청년총동맹은 신간회 중심의 민족협동전선에 적극 참여했다.

4. '따로 또 같이' 대립 속 통합을 지향한 민족협동전선운동

1) 국민대표회 결렬과 침체에 빠진 임정

3·1운동 이후 독립운동의 최고 지도 기관으로 조직된 통합 대한민국임시정부는 독립운동 방법론을 둘러싸고 분쟁에 휩싸였다. 임시대통령 이승만이 상하이로 오면서(1920. 12) 그가 제기했던 국제연맹 위임통치 청원 문제로 분쟁은 더욱 심해졌다. 1921년 초 국무회의에서 위임통치 청원에 대한 '사과성명서' 등을 포함한 정부 쇄신안이 이승만의 반대로 무산되자, 이동휘는 국무총리직을 사임하고 임정을 탈퇴했다(1921. 1. 24). 이동휘의 탈퇴는 임시정부의 한 축을 이뤘던 사회주의자들이 통일전선체로서의 임정을, 무장투쟁을 독립운동 방략으로 주장한 세력이 임정을 더 이상 인정하지 않게 되었음을 뜻하는 것이었다. 그해 5월까지 남형우(南亨祐), 김규식, 안창호 등이 차례로 탈퇴하면서 임정은 독립운동 최고 지도 기관으로서 역할을 할 수 없게 되었다.

한편 임정에 참여하지 않았던 신채호, 박용만, 신숙(申肅) 등 독립전쟁론자들은 베이징에서 군사통일회의를 열어 이승만과 임정을 불신임하고 독립운동의 방향 전환을 위한 국민대표회 개최를 주장했다(1921. 4). 이어서 당초 임정 지지를 선언했던 서간도의 김동삼, 이진산(李震山), 여준(呂準) 등이 임정 개조와 위임통치 청원자 퇴거를 주장하는 결의서를 채택했다(1921. 5). 임정 탈퇴 후 한인사회당 제3차 당 대회를 통해 (상하이파)고려공산당을 창립한 이동휘도 민중에 기초한 최고 혁명 기관을 재조직할 국민대표회 소집에 착수했다. 안창호 역시 임정을 개조하고자 국민대표회 소집을 주장했다.

국민대표회준비회 설치(1921. 7)로 시작된 국민대표회 개최 분위기는 1922년 초 모스크바에서 열린 원동피압박민족대회에 참석했던 인사들이 귀환하면서 급물살을 탔다. 소비에트 정부에게 지원받은 '모스크바 자금'이 국민대표회 개최에 사용되면서 경비 문제도 해결되었다. 각 지역과 단체의 대표들이 속속 상하이로 모여들었다. 임시회의(1923. 1. 3)를 시작으로 정식본회의가 개최(2. 2)되었고 대표 125명이 서명한 선언문과 선언서가 공표(2. 21)되었다.

그러나 국민대표회는 임정에 대한 입장을 두고 개조파와 창조파로 대표들이 나뉘면서 난항을 겪었다. 개조파(상하이파 고려공산당, 홍사단 계열, 서간도 지역 민족운동 단체 등)는 지금까지의 운동 과정 전체를 반성하고 임정을 민족운동의 최고 지도 기관으로 개조하자고 주장했다. 이에 반해 창조파(북경군사통일회, 대한국민의회, 군인구락부 등)는 임정을 해체하고 실제 운동에 적합한 새로운 조직을 만들어야 한다고 주장했다. 이 대립으로 회의에서 개조파가 퇴장함으로써(5. 15) 국민대표회는 결렬되었다.

개조파가 떠난 후 창조파는 국민위원회를 조직하고(6. 7) 새로운 정부를 구성하기 위해 블라디보스토크로 갔다. 하지만 코민테른이 새로운 정부수립에 반대하면서 이 시도는 무산되었다. 한편 국민대표회에서 탈퇴한 일부 개조파 인사들은 임정으로 돌아가 이승만을 탄핵하고 대통령제를 국무령제와 국무위원제로 바꾸어 임정을 집단지도 체제로 전환했다.

국민대표회 결렬로 이념과 노선의 차이를 극복하고 전체 민족운동 세력이 참가하는 새로운 독립운동 최고 지도 기관을 조직하려는 시도는 실패로 돌아 갔다. 국민대표회에 참가했던 운동가들은 각자의 활동 지역으로 돌아가 분산 적으로 운동에 매진했다. 이후 임정은 독립운동 전체를 통괄하는 정부라기보 다 하나의 개별 독립운동 단체로 축소되어 침체기에 빠졌다.

2) 1차 국공합작과 민족협동전선운동론 제기

국민대표회 결렬 이후 지역별, 노선별로 분산된 민족운동 세력은 1920년대 후반 정부 형태의 임정을 대신하여 '이당치국(以黨治國)' 원리에 입각한 민족유 일당을 세워 민족협동전선을 추진하자는 새로운 운동 방법론을 모색했다. 분 산된 전선과 좌우로 분립된 상황을 결속해야 한다는 문제의식은 중국의 제1차 국공합작(1924)에 자극받은 바가 컸다. 코민테른 역시 이미 2차 대회에서 「민족 식민지 문제에 관한 테제」를 통해 (반)식민지 국가의 민족해방운동에 대한 지 원을 천명했고, 4차 대회(1922)에서 '반제국주의 통일전선'을 슬로건으로 내세 웠다. 이에 따라 (반)식민지 국가의 공산주의자들은 민족주의자와의 협동전선 결성에 주력했다. 중국공산당(1921년 창립)도 중국국민당과 반제민족통일전선 건설에 적극 나섰다.

5·4운동 이후 쑨원은 '연소용공'을 내세우면서 국민혁명 추진에 필요한 지 원을 받기 위해 소비에트 러시아 및 코민테른과 계속 접촉하고 있었다. 그 결 과 쑨원과 아돌프 요페(Adolph Joffe) 사이에 공동성명서(1923. 1. 16)가 발표되고 이 듬해 중국국민당 대표회의에서 공산주의 세력과의 협력을 선언했다(1924. 1). 제 1차 국공합작이 이뤄진 것이다. 당대 당 통합은 아니었다. 공산주의자들이 중 국공산당 당적을 유지한 채 중국국민당에 개인 자격으로 입당하는 방식이었

다. 코민테른과 중국공산당이 중국국민당을 중국혁명을 위한 유일대당(唯一大黨)으로 인정했기 때문이다.

제1차 국공합작의 목표는 중국 국민혁명의 완성이었다. 따라서 군벌 및 이들과 연계되어 있던 제국주의 세력 타도에 주력했다. 이를 위해 군대가 필요했고, 쑨원은 소련에 지원을 요청했다. 군사고문단을 파견한 소련은 광저우의 중국국민당 육군군관학교(황포黃埔군관학교, 1924. 6. 1 설립)에 경비, 무기와 탄약을 공급했다. 황포군관학교에서 양성된 군관들은 정치 훈련과 전투 경험을 통해 국민혁명군의 기반이 되었다. 국민정부는 국공합작을 바탕으로 중국 통일을 위한 북벌(1926. 7)을 본격적으로 진행할 수 있었고 성과를 거뒀다.

제1차 국공합작과 국민정부의 북벌은 관내 지역에서 활동하던 조선인 민족운동가들에게도 큰 영향을 미쳤다. 그들은 중국 국민혁명의 성공이 조선 독립과 연결된다고 인식했다. 국민혁명을 중국 민족만의 문제가 아니라 제국주의와 피압박민족 간의 대결로 연동해서 본 것이다. 여운형은 광저우에서 개최된 중국국민당 제2차 대회에 참석(1926. 1)하여 중국 국민혁명의 성공을 기원하는 연설을 했다. 김규식도 중국국민당 좌파의 랴오중카이(廖仲愷), 탄핑샨(潭平山) 등과 교류하면서 "중국 국민혁명이 승리하여 조선혁명을 지원해"줄 것을 요청했다.

이러한 인식에 공감한 적지 않은 조선 청년들이 직접 중국 국민혁명에 참가하기 위해 국민혁명의 중심지 광저우로 모여들었다. 이들은 중산대학(中山大學)과 황포군관학교에 입학하여 약소민족의 혁명 전략·전술을 배우고자 했다. 특히 1926년 봄에는 의열투쟁에서 무장투쟁 노선으로 방향을 바꾼 의열단이 조직적으로 황포군관학교에 입학했다. 황포군관학교 4기로 입학한 단장 김원봉(金元鳳)을 비롯해 30여 명의 의열단원들이 이후 중국 국민혁명군 장교가 되었으며 양림(楊林, 김훈), 오성륜(吳成崙), 채원개(蔡元凱) 등은 교관으로 근무했다.

이들은 중국 국민혁명군의 북벌에도 참가했다.

중국에서 국공합작과 국민혁명군의 북벌은 국민대표회 결렬 이후 좌우 전선과 지역별로 나뉘어 분산적으로 활동하던 조선인 민족운동가들에게 항일전선을 재정비해야 한다는 문제의식을 다시 일깨우는 계기가 되었다. 민족유일당운동이 전개되기 시작해 관내 지역을 넘어 만주의 삼부(정의부·참의부·신민부) 통합운동과 좌우전선 통일운동으로 이어졌다.

국내 운동가들도 중국의 국공합작과 국민혁명에 주목했다. 이들은 『동아일보』와 『조선일보』 등을 통해 국공합작에 기대감을 드러내며, 중국의 국민당을 본보기로 운동을 발전시키자고 주장했다. 조선공산당도 당면과제인 '조선의 완전한 독립'을 달성하기 위해 "조선의 모든 역량을 모아 민족유일당전선"을 만들자고 주장했으며, 표면 단체 정우회가 「정우회선언」을 발표하여 비타협적 민족주의자와 제휴하여 민족협동전선을 건설하자고 주장했다. 그 결과 사회주의자와 민족주의자들이 제휴하여 민족협동전선체인 '조선민흥회'도 결성되었다(1926. 7.).

3) 국외에서 전개된 민족유일당운동

관내 지역에서 민족유일당운동의 물꼬를 튼 이는 안창호였다. 안창호는 중국 국민정부의 북벌 시작을 계기로 상하이에서 민족혁명을 수행할 대혁명당을 조직하자고 주장했다(1926. 7. 8.). 베이징에 와서도 정체(政體) 및 주의(主義)에 관한 논의 대신 우선 민족협동전선을 만들어 독립 그 자체를 위해 두쟁하자고 역설했다. 그리고 베이징 독립운동 세력의 대표 원세훈을 만나 민족유일당을 건설하기 위해 각 지역에서 촉성회를 조직하기로 합의했다. 원세훈은 그 직후 베이징에서 장건상(張建相), 조성환 등과 함께 대독립당조직북경촉성회를 결성했다(1926. 10. 28.).

대독립당조직북경촉성회는 "동일한 목적, 동일한 성공을 위하여 운동하고 투쟁하는 혁명자들은 반드시 하나의 기치 아래 모이고 하나의 호령 하에 모여[야] (…) 효과를 거둘 수 있다"는 선언서를 발표하면서 중국의 국민당, 아일랜드의 신페인당처럼 민족유일당을 조직하자고 주장했다. 공산주의의 국제주의에도 호소했다. 기관지로 『독립당촉성보』를 발행하고, 대독립당 조직을 협의하기 위해 국내외 각지에 공문을 발송했다. 그리고 만주와 상하이에 조두진(趙斗珍)과 장건상을 파견하여 민족유일당 결성을 호소했다.

베이징에서 시작된 민족유일당운동은 관내 다른 지역으로 파급되면서 상하이, 광둥, 우한, 난징에서 차례로 유일당촉성회가 결성되었다(1927. 3~9). 그리고 각지의 촉성회 대표들이 상하이에 모여(1927. 11) "유일독립당 성립을 촉성함으로써 한국 독립에 필요한 전 민족적 일체 혁명 역량을 총집중하는 데 선구가될 것"을 선언하며 한국유일독립당 관내촉성회연합회를 결성했다. 사회주의 세력도 민족유일당운동에 적극 참여했다. 사회주의 성향의 관내 각 지역 청년회는 통일 조직으로 중국본부한인청년동맹을 결성하고 관내촉성회연합회의 전위 조직으로 활동한다고 선포했다(1927. 12).

그런데 관내 민족유일당운동은 시작하자마자 장애에 봉착했다. 민족유일당운동의 중요한 배경이 되었던 1차 국공합작이 장제스의 반공 쿠데타(1927. 4)로 붕괴된 것이다. 중국국민당의 탄압에 대응하여 중국공산당은 난창(南昌)에서 봉기(1926. 7)를 일으키고 광저우에서도 무장봉기(광둥꼼뮨, 1927. 12)를 일으켰지만 3일 만에 무너졌다. 광저우 봉기에는 200여 명의 조선 청년들도 참가했다.

중국혁명에 참가했던 의열단원을 비롯한 많은 조선 청년들이 중국국민당의 탄압을 피해 상하이로 모여들었다. 자연히 상하이에서는 사회주의 세력이 커졌다. 그러자 상하이의 민족주의자들은 사회주의 세력을 경계했다. 민족유일당 결성의 방법론을 둘러싼 대립도 커졌다. 단체 본위와 개인 본위 결성론으로 나뉘어 대립이 격화되어 결국 상해촉성회 해체(1929. 10)에 이어 다른 지역에서도 촉성회가 붕괴되면서 민족유일당운동은 실패로 귀결되었다.

만주에서도 3부(정의부·참의부·신민부)와 각지의 청년동맹, 조선공산당 만주총국이 1927년 초부터 민족유일당운동에 나섰다. 국민당의 영향력이 제한된 지역이어서 장제스 쿠데타 이후에도 민족유일당운동이 계속 추진되었다. 북만청년총동맹, 남만청년총동맹, 동만청년총동맹, 재만농민동맹 등 18개 독립운동 단체의 대표 39명이 모여 민족유일당촉성회조직동맹을 결성하고 전민족유일당조직촉성회를 개최했다(1928. 5). 반면 정의부와 다물단, 남만청년연맹, 북만조선인총동맹 등은 민족유일당조직동맹을 결성하여 재만운동 단체협의회를 개최했다(1928. 6).

이후 만주 지역 유일당운동은 3부통합 운동으로 이어졌다. 협의회의 중심 세력인 정의부는 참의부와 신민부에 통일을 제안했으나, 조직 방법론에 대한 견해 차이로 결렬되었다. 이에 정의부는 신민부 민정파와 참의부 일부 세력과 통합하여 국민부를 조직했다(1929. 4). 그리고 민족유일당조직동맹이 조선혁명당으로 개편되면서 국민부와 조선혁명당 산하의 무장부대로 조선혁명군이 창설되었다(1929. 12). 반면 참의부와 정의부 일부, 그리고 신민부 군정파는 혁신의회를 조직했다(1928. 12). 혁신의회는 민족유일당 촉성을 위한 조직체로 민족유일독립당 재만책진회를 결성했다(1929. 5). 혁신의회와 재만책진회는 이후 한국독립당과 소속 군대인 한국독립당군으로 이어졌다.

결국 만주 지역에서의 민족유일당운동도 삼부가 해체되면서 국민부와 혁신의회 두 세력으로 개편되었을 뿐 완전한 통일을 이루지 못했다. 다만 유일당운동 과정에서 조선혁명당과 한국독립당이 조직되면서 '이당치국' 체제가 민족해방운동의 주요한 조직 방식으로 자리 잡게 되었다. 1920년대 후반 중국 관내와 만주에서 전개된 민족유일당운동은 분산적으로 활동하던 좌·우 운동 단체들을 반일전선으로 통합시키기 위한 노력이었다.

하지만 민족유일당운동이 시작되는 시기에 1차 국공합작이 붕괴되고, 1928년 코민테른 6차 대회에서 '반제민족통일전선'이 폐기되어 '계급 대 계급' 전술이 채택되는 등, 국제적 환경은 통합운동을 어렵게 했다. 여기에 더해 이전의 운동전선에 깊게 남아 있던 지방색과 파벌의식, 방법론적 대립과 사상적 대립을 극복하지 못하면서 민족유일당운동은 성공하지 못했다.

4) 국내 민족협동전선 신간회 운동과 근시안적 해소

해외에서는 민족유일당운동이 결실을 맺지 못했지만, 국내에서 전개된 민족협동전선운동은 신간회의 창립과 활동으로 큰 성과를 거두었다.

조선공산당은 독립을 위해 혁명적 민족주의와 힘을 합쳐야 한다는 명분과 코민테른 4차 대회에서 결정한 '반제민족통일전선전술'이라는 국제환경이 더해져 부르주아 민족주의자들과의 연합전선을 계속 모색해왔다. 비타협적 민족주의자와의 공동전선을 구축하자고 주장한 「정우회선언」 발표 직후 제2차 당 대회(1926. 12)에서는 당의 전위분자들이 '전국적 단일 표면적 정당'에 가입하여 활동할 것을 결정했다. '전국적 단일 표면적 정당'은 중국국민당과 같은 민족주의자의 정당, 즉 민족당이었다. 1차 국공합작에서 공산당원들이 국민당에 개별 가입한 것처럼 조선공산당원들도 민족당에 가입하도록 한 것이다.

하지만 식민지 조선에는 민족당이 존재하지 않았고, 존재할 수도 없는 상황이었다. 이에 따라 '정당' 형태가 아닌 새로운 '통일전선체'가 모색되었다. 이를 위해 조선공산당은 당의 합법 단체 역할을 해오던 사상 단체를 해체하기로 했다. 향후 조직될 통일전선체 활동에서 사회주의자들의 독자성과 고유성을 드러내지 않고 민족주의자들과 대립하지 않는 범주에서 활동하기 위해서였다. 그리고 천도교 구파와 신파, 조선일보사, 동아일보사, 형평사, 물산장려회 등 중요 단체의 민족주의자들과 협의를 시작했다.

그런데 당시 민족주의 계열은 일본에서 보통선거법이 제정된(1925) 이후 자치운동이 다시 제기되면서 대립 양상을 드러내고 있었다. 이런 상황에서 천도교 구파와 비타협적 민족주의자들이 자치운동을 비판하며 사회주의자들과의 협동전선 건설에 나섰다. 특히 안재홍은『조선일보』사설에 '비타협적 민족운동'과 '타협적 민족운동'에 관한 사설(1926. 12. 16~19)을 연이어 게재하여 비타협적 민족운동 단체를 출범해야 한다는 강한 의지를 표명했다. 조선공산당과 비타협적 민족주의자들의 이해가 일치하면서 민족협동전선체로서 신간회 조직이 구체화되기 시작했다.

이에 따라 언론계(신석우, 안재홍), 종교계(권동진權東鎭, 이승훈李昇薰, 한용운韓龍雲), 조선공산당(김준연, 한위건韓偉健) 대표 28명이 만나 민족협동전선체인 신간회 조직을 발기했다(1927. 1). 기존의 민족협동전선체였던 조선민흥회도 신간회와의 합동을 결의하면서 해체하고 회원 전원이 신간회에 가입했다(1927. 2. 11). 종로 기독교청년회관에서 열린 신간회 창립대회(1927. 2. 15)에서는 회장에 이상재를, 부회장에 홍명희(洪命熹)를 선출하고 3대 강령 "우리는 정치적, 경제적 각성을 촉진한다. 우리는 단결을 공고히 한다. 우리는 기회주의를 일체 부인한다"를 채택했다. 여기서 '기회주의'는 자치운동 세력을 지칭한 것으로 보인다.

민족주의와 사회주의 세력이 연합한 일제강점기 최대의 민족운동 단체이자 민족협동전선체인 신간회는 단체 연합이 아닌 개인 가입이 원칙인 조직이었다. 조선노동총동맹, 농민총동맹, 청년총동맹 등 대중운동 단체들이 회원들을 신간회에 적극 가입시키면서 지회와 회원이 급증했다. 1927년 말 104개 지회가 결성되었으며, 1년 뒤(1928. 12)에는 143개로 늘어났다. 회원 수도 창립 1주년 때 2만 명에 이르렀으며, 해소 무렵에는 4만여 명까지 늘어났다. 도쿄와 오사카에도 지회가 설립되었다. 이를 바탕으로 신간회는 조선인에 대한 착취 기관 철폐, 일본인의 조선 이민 반대, 타협적 정치운동 배격, 조선인 본위 교육 제도 실시, 사회과학 사상 연구의 자유 보장, 식민지 교육 정책 반대 등을 주장하며 노동자 파업과 농민 소작쟁의, 그리고 학생들의 동맹휴학 등을 지원하고 지도했다.

그런데 신간회 중앙과 지회는 주도층이 구분되는 양상을 보였다. 중앙에서는 비타협적 민족주의 세력이, 지회에서는 사회주의 세력이 우세했다. 지회는 신간회 조직 형태가 중앙집권적이고 민중이 주체가 되지 못하고 있다면서 중앙본부와 갈등을 드러냈다. 그리고 회장제를 집행위원장 제도로 바꾸고, 구체적 행동강령을 제정하여 투쟁에 적극 나설 것을 요구했다. 중앙본부와 지회의 갈등이 커진 가운데 조선총독부는 1928년과 1929년에 연이어 정기대회를 열지 못하게 했다.

결국 고육책으로 인접한 몇 개 지회가 합동으로 대표를 선출해 정기대회를 대신하는 복(複)대표대회를 개최하여 '신간회 규약'을 개정했다(1929. 6). 개정 규약에 따라 허헌(許憲)을 집행위원장으로 한 57명의 중앙집행위원이 선출되었다. 이들 중 절반(46%)이 사회주의자였다. 신간회에서 사회주의자들의 영향력이 점점 더 커져갔다. 본부에 대한 견제력이 커진 지회가 계속 요구해오던 '아래로부터의 조직'이 관철된 것이다. 복대표대회로 창립 초기의 활력을 되찾은 신간회는 갑산 화전민 사건, 재만 동포 피살 사건, 함북청년연맹 피고인 단식동맹 사건 등에 관여하면서 적극적으로 투쟁을 전개했다.

그러나 투쟁이 활성화되면서 일제의 탄압도 거세졌다. 광주학생운동이 일어나자 신간회는 운동을 전국적으로 확산시키기 위해 1929년 12월 13일 민중대회를 개최하기로 했다. 그러나 조선총독부가 집행위원장 허헌 등 중앙간부들을 체포하여 민중대회를 중단시킴에 따라 신간회는 큰 타격을 입었다. 허헌을 대신해 출범한 김병로(金炳魯) 중심의 중앙집행부는 민중대회 사건 이후 심해진 일제 탄압에 투쟁을 자제하면서 합법 노선을 강조했다.

그런데 이 무렵 4차례에 걸친 대검거로 해체 수준에 이르는 타격을 받은 조선공산당의 신간회에 대한 입장이 급전했다. 게다가 기존의 통일전선론을 배격하고 '계급 대 계급' 전술로 전환한 코민테른 6차 대회(1928)가 채택한 '조선문제에 관한 결의'(12월테제)는 이제까지의 조선공산당이 지식인과 학생들로 구성된 소부르주아지 정당이었다고 규정하고, 노동자와 농민의 정당으로 재조직할 것을 요구했다. 12월테제가 신간회를 꼭 집어 거론한 것은 아니었지만, '계급 대 계급' 전술 논리에 따라 사회주의자들은 민족협동전선에 주력하기보다 혁명적 농·노조운동을 통해 조선공산당 재건에 나섰다.

이런 상황과 맞물려 신간회 중앙집행부가 1930년 말 자치론을 주장하던 최린 중심의 천도교 신파를 끌어들이려 하는 일이 벌어졌다. 이에 반대하는 이종린(李鍾麟) 등 천도교 구파 세력이 경성지회로 집결해 본부와 격렬히 대립했다. 동시에 각 지회에서 해소론이 대두되었다. 부산지회에서 해소론이 결의된(1930. 12) 이후 이원, 평양, 경서, 인천, 단천, 홍원, 성진, 칠곡, 경성지회에서 잇달아 해소가 결의되었다. 결국 창립대회 이후 두 번째로 열린 전체대회(1931. 5. 16)에 제출된 해소안이 가결되었다. 이로써 1927년 이후 4년여 동안 국내에서 활발하게 전개되었던 민족협동전선운동은 막을 내렸다.

1920년대 말 노동·농민운동이 급진화하고 식민지지주제 아래서 악화일로를 걷던 농가 경제가 대공황으로 파탄에 이르렀다. 이런 상황에서 조선총독부는 '안정적' 지배 체제를 구축하기 위해 식민 농정의 방향을 일정하게 수정하고 지방 제도를 바꿔 도회, 부회, 읍·면회를 자문기구에서 의결기구로 전환시키는 유화 조치를 취했다. 이는 민족운동 전선에 대한 새로운 분열책이기도 했다. 이 무렵 다시 부상한 자치론은 이에 부합하는 것이었다.

사회주의자들은 이런 상황에서 자치론자들이 신간회 중앙 조직에 들어오는 것을 계기로 새로운 조직과 운동 방법을 모색한다는 명분으로 해소를 결정했다. "한 조직체의 해산을 뜻하는 '해체'와 달리 한 운동에서 다른 형태의 운동으로 전환하는 변증법적 자기발전"을 뜻하는 '해소' 논리가 코민테른의 '계급 대 계급' 전술과 '12월테제'를 수용한 사회주의자들에게 널리 받아들여졌기 때문이다.

그러나 신간회는 좌·우 세력이 함께 엄혹한 일제강점기에 대중 공간에서 민족협동전선을 실천한 한국 근대사 초유의 조직체였다. 이러한 좌우연합의 경험은 독립 후 만들어가야 할 공동의 국가 구상을 함께 고민하는 경험이었고, 중요한 역사적 자산이었다. 그런 점에서 다시 생각할 필요가 있다.

조선공산당 입장에서 합법 표면 단체로 설정한 신간회는 기본적으로 제도권 내에서 (반)합법적으로 활동하는 조직이었다. 신간회 해소는 사회주의자들이 신간회에 참여한 주요 이유 중 하나였던 '합법 공간을 통한 영향력 확대'라는 목표를 스스로 무너뜨린 셈이었다. 더구나 조선공산당이 창당 후 네 차례에 걸친 대탄압으로 궤멸 직전에 놓여 있던 상황을 감안할 때, 신간회 내에서 자치론의 영향력을 최소화하는 내부 투쟁력과 정치적 리더십, 비타협적 민족주의 세력과의 연대를 계속 키워가면서 조직을 유지·확산하는 방략이 오히려 더 필요한 때였다. 조선공산당은 해소 이후 지하에서 당 재건 운동과 지난한 민족운동에 나섰다. 그러나 결과적으로 해소 명분에 맞는 조직이나 운동 방략, 신간회와 같은 영향력 있는 대중적 조직을 다시 일궈내지 못했다.

반면에 신간회의 한 축인 비타협적 민족주의 세력은 신간회를 유지하려고 노력했다. 『조선일보』와 잡지 『삼천리』가 신간회 해소 반대론을 이끌었고, 특히 안재홍은 실상을 반영하는 '해체' 용어를 쓰면서 반대 논설을 계속 발표했다. 사회지도층에 대한 잡지사들의 설문조사 결과를 보면 반대론이 절대다수였거니와, 사회주의자들도 의견(찬성·반대·유보)이 갈려 통일되지 못했다. 당시 잡지사들이 사회지도층의 지명도에 따라 기사를 편집한 점을 감안해도 사회주의 진영 외부의 일반적 여론을 일정하게 반영하는 것이라고 볼 수 있다.

신간회를 대체할 협동전선 조직이 만들어질 때까지 해소를 유예하자는 제안도 거부한 사회주의자들의 해소 주장은 함께해야 할 시공간에서 과거의 동맹 세력을 적대 세력으로 간주하고 무력화시키려는 전략이었다. 신간회 해소는 장기적으로 상호 신뢰를 훼손하고, 중요한 연대 세력인 비타협적 민족주의자들의 설 땅을 좁히는 환경을 자초했다. 전체 민족운동 역량을 그만큼 축소시킨 셈이다. 안재홍도 신간회 해소 후 더 이상 조직 운동을 못하고 개인 차원의 저항에 머물렀다. 실제로 이후 인민전선 전술론으로 전환되었을 때 사회주의 세력이 연대할 우파 세력은 매우 취약한 처지에 있었다.

구체적 대안도, 충분한 지지 여론도 확보하지 못한 상황에서 제기된 지 수개월 만에 조급하게 이루어진 '해소'는 일제가 원하던 대로 신간회 '해체'라는 결과로 귀결되었다는 점도 간과할 수 없다. 사회주의자들 스스로가 해산을 결정함으로써, 해소 결의를 예상하고 제2차 전체대회 개최를 허락한 조선총독부로서는 대역풍을 불러올 수 있는 강제해산의 '무리수'를 둘 필요조차 없었기 때문이다.

4부
제2차 세계대전, 식민지자본주의 파국과 좌우 노선 수렴

세계	연도	한국(관련)
검은 목요일 주가 대폭락 (1929. 10. 24)	**1929**	
런던 해군군축조약 (1930. 1~4) 미국 '스무트-홀리 관세법' 제정 (1930. 3) 중국공산당, '리리싼(李立三) 노선' 채택	**1930**	상하이에서 한국독립당 결성 (1930. 1) 프로핀테른, 「조선의 혁명적 노동조합운동의 임무에 관한 테제」 발표 (9월테제)
일본, 만주 침략 개시 (1931. 9. 18)	**1931**	김구, 한인애국단 조직 (1931. 10) 만주에서 첫 항일유격대 적위대 결성 (1931. 10) 프로핀테른 산하 범태평양노동조합 비서부, 「조선의 범태평양노동조합 비서부 지지자에 대한 동 비서부의 서신」('10월서신')
독일 총선에서 나치 제1당 등극 (37.4%) 일본, 만주국 수립 선포 (1932. 3. 1) 일본 해군 장교들의 이누카이 쓰요시 총리 사 살 (1932. 5. 15) 「일·만의정서」 체결 (1932. 9. 15) 프랭클린 루스벨트 대통령 당선 (1932. 11. 18)	**1932**	민생단 사건 (1932~1935) 민족단체통·제협의회 조직 무산 (1932. 1) 이봉창 의거 (1932. 1) 윤봉길 의거 (1932. 4) 한국대일전선통일동맹 출범 (1932. 11) 「조선소작조정령」 공포 (1932. 12)
히틀러 수상 임명 (1933. 1. 30) 독일, 국회의사당 화재로 공산주의자 탄압 시 작 (1933. 2. 27) 일본, 국제연맹 탈퇴 (1933. 3. 27) 동북인민혁명군 제1군 독립사 설립, 이후 동 북항일연군으로 재편 (1933. 9) 독일, 국제연맹 탈퇴 (1933. 10. 16)	**1933**	여운형, 조선중앙일보사 사장 취임 (1933. 2) 만주에서 동북인민혁명군 결성 (1933. 8) 조선어학회, 「한글 맞춤법 통일안」 발표 (1933. 10. 29)
미국 의회, '필리핀 독립법' 통과 (1934. 3. 24) 프랑스공산당, 반파시즘 인민전선 구축 (1934. 7) 소련, 국제연맹 가입 (1934. 9. 18)	**1934**	산미증식계획 일시 중단 「조선농지령」 공포 (1934. 4)
소련과 프랑스, 상호원조조약 체결 (1935. 3) 영국과 독일, 해군조약 체결 (1935. 6) 코민테른 7차 대회(1935. 7~8), 반제 반파쇼 인 민전선 전술론 제시	**1935**	조선민족혁명당 창당 (1935. 7) 조소앙, 한국독립당 재건 (1935. 9) 김구 등 임정 고수파, 한국국민당 창립 (1935. 11)
스페인, 인민전선 정부 수립 (1936. 2) 일본에서 2·26쿠데타 발발 독일, 라인란트 재무장 감행 (1936. 3) 무솔리니, 에티오피아 합병 선언 (1936. 5) 프랑스, 인민전선 정부 수립 (1936. 6) 스페인내전 (1936. 7~1939. 4) 로마-베를린 추축 결성 (1936. 10) 독일과 일본, 방공협정 체결 (1936. 11. 25) 시안(西安) 사건 (1936. 12. 12)	**1936**	재만한인조국광복회 결성 (1936. 5. 5) 「조선사상범보호관찰령」 공포 (1936. 12)

세계	연도	한국(관련)
제2차 국공합작(1937~1945) 일본,「임시자금조정법」공포 (1937. 5) 일본, 루거우차오 사건 도발 (1937. 7. 7) 이탈리아, 국제연맹 탈퇴 (1937. 12. 11) 일본군, 난징대학살 시작 (1937. 12. 13)	1937	이청천, 조선혁명당 재건 (1937. 2) 일본, 조선에「중요산업통제법」적용 (1937. 3) 동북항일연군, 보천보 전투 (1937. 6. 4) 한국광복운동단체연합회 결성 (1937. 8. 17) 일본, 조선에「임시자금조정법」적용 (1937. 9) 일본, 조선에「수출입품등임시조치법」적용 (1937. 9) 조선총독부,「황국신민의 서사」제정 (1937. 10) 조선중앙일보, 자진 폐간 (1937. 11) 조선민족전선연맹 결성 (1937. 12)
독일, 오스트리아 합병 (1938. 3) 일본,「국가총동원법」공포 (1938. 4. 1) 소련군과 일본군, 장고봉 전투 (1938. 7~8) 4개국(영·프·독·이) 간 뮌헨 협정 (1938. 9. 30)	1938	「육군특별지원병령」공포 (1938. 2) 제3차「조선교육령」(1938. 4) 미나미 총독, '로터리대회 및 일만실업협회 총회'(1938. 5)에서 '대륙 전진 병참기지' 거론 일본 조선에「국가총동원법」적용 (5. 5) 국민정신총동원조선연맹 조직 (1938. 7) 시국대응전선사상보국연맹 조직 (1938. 8) 조선의용대 조직 (1938. 10. 10) 조선금융단 설립 (1938. 12)
독일, 체코슬로바키아 합병 (1939. 3) 독일과 이탈리아, 강철조약 체결 (1939. 5. 22) 소련군과 일본군, 노몬한 전투 (1939. 5~9) 독·소불가침조약 체결 (1939. 8. 23) 독일, 폴란드 침공 개시 (1939. 9. 1) 소련, 폴란드 동부 점령 (9. 17), 발트 3국 점령, 핀란드 침공 개시 (1939. 11. 30)와 국제연맹에서 제명 (1939. 12)	1939	경성콤그룹 결성 (1939. 1) 광복진선청년공작대 편성 (1939. 2) 김원봉과 김구,「동지 동포들에게 보내는 공개신」발표 (1939. 5. 10) 전국연합진선협회 결성 (1939. 9) 강제동원 시작 (1939. 9) 「조선미곡배급조정령」공포 (1939. 12)
소련, 폴란드에서 '카틴 학살' (1940. 4~5) 독일, 덴마크·노르웨이 침공 (1940. 4) 및 프랑스 침공 (5. 10) 이탈리아, 프·영에 선전포고 (6. 10) 비시 정부, 독일과 휴전협정 체결 (6. 22) 추축국 삼국동맹 조약 체결 (1940. 9. 27) 일본,「은행등자금운용령」공포 (1940. 10)	1940	조선증미계획 (1940~41) 창씨개명 강행 (1940. 2~8) 한국독립당으로 민족주의 계열 통합 (1940. 5) 조선어학회「외래어 표기법 통일안」(1940. 6. 7) 임정, 충칭으로 청사 이전 (1940. 9) 한국광복군총사령부 발족(1940. 9. 15) 국민정신총동원조선연맹을 국민총력조선연맹으로 재편 확대(1940. 10) 일본, 조선에「은행등자금운용령」(1940. 10) 시행 미곡에 대한 공출과 배급 방침 강행 (1940. 11)

세계	연도	한국(관련)
일·소 중립조약 체결 (1941. 4. 13) 독일의 소련 침공, 바르바로사 작전 (1941. 6. 22) 미국과 연합국, 대일 경제 제재 (1941. 7) 처칠과 루스벨트, 「대서양헌장」 발표 (1941. 8. 14) 영국·소련군, 테헤란 점령 (1941. 9) 일본, 베트남 동당과 랑손 점령 (1941. 9) 일본, 진주만 공습 (1941. 12. 7) 미국, 일본에 선전포고 (12. 8) 독일, 미국에 선전포고 (12. 10) 임정, 일본에 선전포고 (12. 10)	1941	화북조선청년연합회 결성 (1941. 1. 10) 「조선사상범예방구금령」 공포 (1941. 2) 조선의용대 화북지대 결성 (1941. 7. 7) 「금속류회수령」 공포 (1941. 8) 임정, 「대한민국 건국강령」 발표 (1941. 11. 28) 「물자통제령」 공포 (1941. 12) 「노무조정령」 공포 (1941. 12. 6) 임정, 일본에 선전포고 (1941. 12. 10) 조선민족혁명당, 임정 참여 결정 (1941. 12. 10) 조선의용대 화북지대 후자장 전투 (1941. 12. 12)
연합국공동선언 발표 (1942. 1. 1) 미드웨이 해전 (1942. 6)	1942	「기업정비령」 공포 (1942. 6) 동북항일연군 교도려(제88특별국제여단) 편성 (1942. 7) 조선어학회 사건 (1942. 10) 화북조선청년연합회 발전적 해체와 조선독립동맹 결성 (1942. 7. 10) 화북조선혁명청년학교 설립 (1942. 11) 조선증미개정계획 (1942)
소련군, 스탈린그라드 전투 승리 (1943. 2) 과달카날 전투 (1943. 2) 워싱턴 회담 (1943. 3) 코민테른 해산 결정 (1943. 5) 연합군, 시칠리아 상륙 (1943. 7) 이탈리아왕국, 연합군에 항복 (1943. 9) 모스크바 선언 (1943. 10. 30) 일본, '대동아회의' 개최 (1943. 11. 5) 테헤란 회담 (1943. 12) 카이로 선언 (1943. 12. 1)	1943	임정 외무부장 조소앙, 국제공동관리안 반대 성명서 발표 (1943. 2) 조선어 사용 금지(제4차 조선교육령) (1943. 3) 국제공동관리를 반대하는 재중국자유한인대회 (1943. 5) 「조선식량관리령」 공포 (1943. 8) 광복군, 버마 전선에 대원 파견 (1943. 8)
연합군, 노르망디 상륙 (1944. 6) 미군, 필리핀 해전 승리 (1944. 6) 파리 해방 (1944. 8) 미군, 필리핀 상륙 (1944. 10)	1944	「대한민국 임시헌장」 발표 (1944. 4) 여운형, 조선건국동맹 결성 (1944. 8) 「국민징용령」을 조선에 적용 (1944. 9)

세계	연도	한국(관련)
소련군, 바르샤바 입성(1945. 1) 얄타 회담 (1945. 2. 4~11) 도쿄 대공습 (1945. 3. 10) 오스트리아 카를 레너 중심 임시정부 수립과 독일로부터 탈퇴 선언 (4. 27) 무솔리니, 파르티잔에게 처형 (4. 28) 히틀러 자살 (4. 30) 및 독일 항복 (5. 8) 미군, 오키나와 점령 (1945. 6) 포츠담 선언 (1945. 7. 26) 소련, 일본에 선전포고 (8. 8) 히로시마(8. 6)와 나가사키(8. 9)에 원자폭탄 투하 일본, 항복문서 서명 (9. 2) 오스트리아 점령 4개 연합국, 오스트리아 임시정부 승인 (10. 20) 오스트리아 임시정부의 전국 확대와 총선 (11. 25) 및 연립내각 구성 모스크바 삼상회의 발표 (12. 27)	1945	조선청년군정학교 개교 (1945. 2. 5). 우키시마마루 폭파 사건 (1945. 8. 24) 한국독립당,「재중경 한국독립당 제5차 대표 자대회 선언」 (1945. 8. 28) 소련군, 북한 지역 점령 후 남북간 이동 통제 (9. 3) 미군 인천 상륙 (9. 8) 신탁통치결사반대시민대회 (1945. 12. 31)
	1946	제1차 미소공동위원회 휴회 (1946. 5) 이승만, '정읍발언' (1946. 6. 3) 좌우합작위원회 발족 (1946.7) 좌우합작 7원칙 발표 (1946. 10. 7)

1장

제국주의 간 합종연횡과
연합국의 조선 '독립' 합의

1. 대공황 이후 국가별 블록경제와 파시즘 광풍

1) 미·영·프의 폐쇄적 블록경제권 구축

제1차 세계대전 이후 최강국으로 부상한 미국 경제는 지속적인 국제수지 흑자와 국내 투자 확대, 전쟁 중 정지되었던 금본위제 복구 과정에서 파운드화에 비해 달러화가 과소평가되면서 호황을 구가했다. 미국의 호황과 대외 투자 급증으로 세계 자본주의 경제도 회복되기 시작했다.

그러나 자본주의 경제 순환상 일시 호황은 자본의 상대적 과잉을 불러와 불황을 예고한다. 금본위제에 따라 금리가 경직적으로 운영되는 경제 환경에서 단기 수익에 집중하는 경향성이 큰 금융자본이 산업과 금융시장 지배력을 키워갔고, 자본주의 경제의 세계화 정도는 매우 높아졌다. 어느 한 곳에서 주식시장, 금융시장에 문제가 생기면 파급 속도도 매우 빨라졌다. 19세기에 몇 차례 닥쳤던 공황보다 유례가 없을 정도로 심해 고유명사가 된 세계대공황(Great Depression)이 대표적인 경우였다.

주가 하락에 따른 금융공황의 서막은 뉴욕 월스트리트에서 나타났다. 1929

년 9월부터 시작되어 검은 목요일(10월 24일 대폭락) 이후 2개월 만에 주가가 40% 나 급락한 것이다. 은행의 지불 능력을 우려한 고객들의 인출 쇄도로 은행의 유동성은 고갈되었다. 1933년까지 9천여 개 은행이 파산하고 금융 및 상품시장 붕괴로 기업 도산과 실업이 급증했다. (고정)자본의 상대적 과잉은 이윤율을 떨어뜨리고 투자도 축소시키면서 결과적으로 과잉생산 양상을 드러내는 악순환에 빠졌다. 대공황기에 미국의 산업생산은 60%, 실질국내총생산은 30% 감소했고, 주가는 80%나 하락했다. 실업률은 최고 26.1%에 이르렀다.

이러한 상황에서 미국은 3년여 시간차를 두고 궤를 달리하는 두 가지 방식으로 대응했다. 첫째, 2만여 종의 상품에 고율 수입관세(59~400%)를 부과한 '스무트-홀리 관세법(Smoot-Hawley Tariff Act)'(1930. 3. 13)을 들 수 있다. 그런데 후버(Herbert Hoover) 대통령의 공화당 정부에서 공화당의 스무트(Reed Smoot) 상원의원과 홀리(Willis C. Hawley) 하원의원이 마련하고 민주당도 동의한 보호무역 정책은 부메랑이 되어 오히려 세계대공황을 불러오는 결정적 계기가 되었다. 미국의 공황이 주요 국가(독·영·프·일)에 파급되고 이들 국가와 긴밀히 연결된 남아메리카, 동남아 등으로 급속히 확산되었기 때문이다. 이 정책으로 미국은 무역 수입을 격감시켰지만, 다른 나라들의 보복 관세로 수출도 격감했다. 악순환의 연쇄 작용으로 세계 교역량은 3분의 1로 축소되었다.

둘째, 연방정부가 시장에 적극 개입하여 수정자본주의로 불리는 뉴딜 정책을 실행했다. 이는 국가가 재정 정책(공공투자와 감세 등)을 통해 시장에 적극 개입하여 유효수요를 진작시키는 것이 효과적이라는 케인스(John Maynard Keynes)의 주장에 바탕을 둔 것이었다. 국가의 시장 개입을 터부시하는 자유(방임)시장경제론이 '이념적'으로 지배하던 당시 민주당의 루스벨트(Franklin D. Roosevelt)는 대통령에 당선된(1932. 11. 18) 후 소비 증대를 위해 400만 고용 창출을 목표로 댐이나 다리 건설 등 대규모 공공 토목 사업을 연방정부 주도로 전개했다. 노동자들에게 최저생활비를 지급하고, 금융 안정을 위해 금융권을 지원했다. 통화안정과 유동성 확보를 위해 금본위제를 중단시켰다. 나락에 빠져 있던 농산물 가격 안정을 위한 생산 통제, 농업 구제를 위한 직접적 원조 정책을 실시했다. 여기에다 대공황을 불러온 큰 원인인 금본위제에 따른 경직적 금리 제도를 벗어난 국가의 관리통화제에 기초한 저금리 정책으로 대공황을 일정하게 극복할 수 있었다(제2차 세계대전 이전까지 대공황이 극복되지 못했다는 시각도 있다).

영국, 프랑스 등은 미국의 보호관세 정책에 대응해 자신들이 지배하는 식민지를 폐쇄적으로 묶어 블록화하는 방식으로 대응했다. 영국에서는 대공황 파고 속에서 노동당 내각 해체(1931) 후 들어선 '거국일치' 내각(보수당·자유당)이 실업수당 삭감, 공무원 봉급 인하, 사회 정책비 삭감, 세금 인상 등의 대책을 추진하고 금본위제를 중단했다. 그리고 영연방 국가들과 식민지를 아우른 배타적 블록경제권을 구축하여 블록 내에서 특혜관세(관세인하 또는 철폐)를 적용하고, 그 외 지역에 대해서는 고율의 수입관세(20%)를 부과하는 보호무역 정책을 펼쳤다.

프랑스 역시 통화안정을 목표로 긴축 정책을 펼치면서 북아프리카와 동남아시아의 식민지와 보호령을 묶는 블록경제를 구축했다. 프랑스는 다른 제국주의 국가에 비해 대공황의 영향을 상대적으로 적게, 천천히 받으면서 국제경쟁력이 떨어진 산업에 대한 구조조정을 실시할 수 있었다. 미국 역시 '범아메리카회의'(1933)를 통해 달러 블록을 구축했다(1933).

블록경제권 안에서는 무역과 자본 수출, 이민이 증가했다. 식민지와 종속국을 식량과 원료 공급지로 삼고 식민 모국이 공업국이 되는 블록 내 분업 관계가 심화되었다. 그러나 블록경제권을 경계로 한 보호무역주의는 블록 바깥의 교역과 다각적 결제를 위축시켜 세계 자본주의 체제의 상호연관성을 크게 약화시켰다.

2) 파시즘-군국주의 광풍과 베르사유 체제의 붕괴

대공황과 선발 제국주의 국가들의 블록경제권 구축은 제1차 세계대전으로 식민지를 상실한 독일이나, 식민지가 적었던 일본·이탈리아와 같은 후발 제국주의 국가들에게 더 큰 타격으로 다가왔다. 이 국가들은 난국을 타개하는 방식으로 파시즘-군국주의 광풍을 선동하는 배타적 국가주의-민족주의의 '정신승리'와 대외 침략을 택했다.

독일은 베르사유 조약으로 무엇보다 10% 이상의 영토와 국민을 인접 국가에게 할양해야 했다. 이는 후일 히틀러(Adolf Hitler)가 레벤스라움(Lebensraum, 생활권), 즉 각국에 흩어져 사는 독일인들이 안정적 생활권을 확보해야 한다는 배타적 국가주의(인종주의)를 선전하면서 침략을 자행하는 소재로 활용되었다. 막대한 배상금까지 지불해야 하는 상황에서 전후복구에 도움을 준 미국의 투자자금까지 대공황을 계기로 빠져 나가기 시작했다. 다른 국가들이 재정확대를 통한 수요증대 정책을 취한 것과 정반대로 바이마르공화국이 추진한 디플레이션 정책은 오히려 자금경색을 불러왔다. 결과적으로 은행 파산과 기업 도산이 속출했다. 1932년 산업생산량은 대공황 이전의 절반 수준으로 떨어졌고, 1928~1932년에 실업자가 폭증했다(140만 명→560만 명).

독일인들은 베르사유 체제가 강요한 패배 의식을 씻어주고 경제난을 해결해줄 강력한 지도자를 원했다. 사회주의 확산을 우려한 자본가와 지주 계층도 그런 분위기에 동조했다. 파시즘의 토양이 다져진 것이다. 히틀러와 국가사회주의독일노동자당(NAZI, 나치)은 경제난을 독일인들의 귀에 듣기 좋은 선동 소재로 활용했다. 반공산주의, 반유대주의를 내걸고 유대인(금융자본) 때문에 경제가 파탄에 이르렀다는 혐오를 자극하는 선동에 독일 사회는 쉽게 휘둘렀다. 종전 후 우여곡절 속에서 14년간 유지된 바이마르공화국도 위기에 봉착했다.

나치는 1930년 총선에서 사회민주당(24.5%)에 이어 제2당(18.3%)이 된 직후

1932년 제1당(37.4%)이 되었다. 이어 바이마르공화국 대통령 힌덴부르크(Paul von Hindenburg)가 히틀러를 수상으로 임명하면서(1933. 1. 30) 권력을 장악한 나치는 '전권위임법'을 통과시켰다. 히틀러는 힌덴부르크 대통령 사망(1934. 8) 이후 총통에 취임하면서 신성로마제국과 독일제국의 뒤를 잇는다는 뜻으로 명명한 '제3제국(Third Reich)'의 최고 권력자가 되었다. 공산당은 물론 사회민주당이나 극우정당 국가인민당까지 차례차례 해산시키고, 독일은 나치 일당독재 국가가 되었다.

나치는 일자리 창출을 경제 정책의 최우선 과제로 설정하고 재정확장 정책으로 전환했다. 대규모 공공건설 투자로 실업이 줄어들었다. 나치 집권 직전과 폴란드 침공 사이에 실업률은 급감하여(1932년 28.1%→1939년 1.9%) 완전고용에 이를 정도였다. 독일 경제는 히틀러가 집권한 1933년 이후부터 마이너스 성장에서 벗어나 연 9.5%의 고성장을 거듭했다. 공황에서 벗어나는 듯 보였다.

그러나 그 배경에는 침략전쟁을 준비하는 군수 (관련) 산업 정책이 있었다. 군대와 물자의 빠른 이동을 위해 고속도로(아우토반)가 건설되었고, 자동차 공업이 호황을 구가했다. 집권 직후 재무장을 선언한 히틀러는 세계군비축소회의와 국제연맹을 탈퇴(1933. 10. 16)하며 군비 증강에 나섰다. 베르사유 조약이 제한한 병력(10만 명)도 확대했고 공군까지 창설했다(1935). 국내총생산에서 군비 비중이 10%를 넘어섰다(1936). 독일 사회는 히틀러와 나치에 호응하면서 파시즘의 늪에 빠져들었다.

유럽 파시즘의 광풍은 제1차 세계대전 후 승전국에 속했지만 영토를 크게 늘리지 못했던 이탈리아에서 '로마 진군'(1922. 10)으로 쿠데타를 일으켜 권력을 장악한 베니토 무솔리니(Benito Mussolini)에 의해 시작되었다. 무솔리니는 의회를 해산(1928)하고 국가파시스트당 일당 체제 국가를 구축하면서 실업 증가를 재정지출로 대응했다. 대규모 공공 토목 사업과 국가 주도 공업화를 통해 경제를 활성화시키고 은행 등 기업의 4분의 3을 국유화했다(1935). 독일처럼 뒤늦게 통일국가를 이뤄 식민지가 적었던 이탈리아 국민들의 '민족주의적 팽창 심성'을 꿰뚫어 본 무솔리니는 고대 로마제국의 '영광'을 재현한다면서 대외 침략을 경제난 해결책으로 설정하고 선동했다.

19세기 구미 제국주의의 침략 이후 아프리카에는 에티오피아와 라이베리아만 독립국으로 남아 있었다. 이탈리아 식민지(에리트레아와 소말릴란드)에 둘러싸인 에티오피아는 1차 이탈리아~에티오피아전쟁(1895~1896)에서 승리했다. 근대 제국주의 침략 역사에서 침략자가 패배한 흔치 않은 사례였다. 그러나 40년 후 무솔리니는 다시 에티오피아를 침략(1935. 10)하여 합병을 선언(1936. 5)하고 에리트레아, 소말릴란드와 합쳐 이탈리아령 동아프리카를 건설했다. 그리고 국제연맹을 탈퇴했다(1937. 12. 11).

일본은 1920년대 전후 불황이 계속된 가운데 강력한 디플레이션 정책을 시행하고 있었다. 하지만 대공황을 맞아 금이 대거 유출되면서 주가 폭락, 기업도산, 실업 급증, 수출 급감과 국제수지 악화에 직면했다. 긴축재정을 유지하면서 산업 합리화를 추진하고 영국에 이어 금본위제를 중지하는 한편 약세에 놓인 엔화를 기반으로 수출 증대에 주력했지만 구미의 블록경제에 대항하기에는 역부족이었다.

이미 1927년부터 워싱턴 체제로 유예했던 중국 침략을 다시 시작한 일본의 관동군은 펑톈(奉天) 교외 류타오후(柳條湖)철도를 폭파하고 그 책임을 중국군에게 덮어씌우면서 만주 침략을 감행했다(1931. 9. 18). 사건을 확대하지 않는다는 일본 정부의 방침에도 불구하고, 관동군은 즉각 만주 일대를 장악했다. 미시적으로 보면 영관급 '정치군인'에 휘둘린 관동군이 일방적으로 선수를 친 것이지만, 거시적으로 보면 대공황을 계기로 한 일본 정부와 군부의 중국 침략 결정을 앞당긴 것일 뿐이다.

이듬해 일본은 청의 마지막 황제 푸이(溥儀)를 내세워 만주국을 세우고(1932. 3. 1) 중국 동북 지역 일대를 일본 세력권으로 편입했다. 국제연맹은 리튼 조사단(Lytton Commission)의 조사를 기초로 '일본군 만주 철퇴 권고안'을 통보했으나, 일본은 국제연맹 탈퇴(1933. 3. 27)로 대응했다. 추축국 중 가장 먼저 국제연맹을 탈퇴한 일본은 대만, 조선, 관동주와 만주국을 아우른 '일본권'을 구축했다. 군수 산업 경기를 통해 일본권 내 무역이 급증했고, 이를 기반으로 일본은 중공업을 발전시키고 전시경제체제를 운영하기 시작했다.

세계대공황을 지나는 동안 일본, 독일, 이탈리아가 차례로 국제연맹에서 탈퇴하면서 제1차 세계대전 이후 상대적 안정을 유지해왔던 베르사유 체제와 워싱턴 체제는 완전히 붕괴되었다. 파시즘 군국주의의 대외 침략에 의한 세계 전쟁 도발은 이제 시간문제였다.

2. 코민테른의 '계급 대 계급' 전술과 '사회파시즘론'

1) 소련 경제의 급성장과 코민테른의 '자본주의 위기 제3기론'

소비에트 러시아는 내전을 거의 종결한 후 제국주의 열강의 봉쇄와 내전으로 피폐해진 경제를 재건하기 위해 신경제 정책(NEP)을 채택했다(1921. 3. 21). 국가계획위원회가 창설되고 국가가 소비와 생산을 계획하는 경제 구조 아래 농민의 잉여생산물 판매를 인정하고 일정 기준의 사기업을 허용하는 등 시장경제를 활용했다. 신경제 정책으로 소련 경제는 급성장하여 1927년에는 공업 부문에서 전쟁 이전 수준에 도달했다. 혁명 후 10년 사이의 일이었다.

그러나 레닌 사망(1924. 1) 이후 스탈린(Iosif Stalin)은 신경제 정책을 뒤엎고 '국민경제 발전 5개년계획'을 시작하면서(1928. 10) 계획경제 일변도로 밀어붙이기 시작했다. 5개년계획은 농업 집단화, 즉 농촌의 희생을 배경으로 급속한 공업화를 이뤄냈다. 전국적 운송 체계를 정비하여 중공업 발전의 토대를 마련하고 군수 산업을 성장시켰다. 3차례에 걸친 5개년계획 추진 기간에 '전기와 강철' 공업국가로 발돋움한 소련은 구미 열강이 대공황의 수렁에서 허우적거리는 사이에 1940년까지 연평균 5.8%의 높은 경제성장률을 보이며 세계 제2위의 경제대국으로 올라섰다. 엄청난 속도였다.

소련에서 5개년계획이 시작되기 직전, 모스크바에서 열린 코민테른 6차 대회(1928. 7~8)는 자본주의 위기가 제1기(1923년 독일혁명 실패 때까지)와 제2기(자본주의의 부분적 안정과 소련 경제의 급성장)를 지나 제3기(자본주의의 전반적 위기)에 접어들었다고 규정하고, 새로운 세계혁명 전략을 수립했다. 1928년부터 "세계 경제모순이 강력하게 발전하여 자본주의가 전반적인 위기에 빠지는" '최후의 제3단계'에 접어들었다고 봤다. 제2기를 거치는 동안 자본주의는 기술의 급속한 발전과 생산 독점화를 통해 국가자본주의로 이행했으며, 이는 곧 세계적 규모의 공황을 불러와 원료와 판매시장을 둘러싼 쟁탈전으로 제2차 제국주의 전쟁이 일어날 것이라고 예측했다.

코민테른 6차 대회에서 채택된 「공산주의 인터내셔널 강령」은 '자본주의 위기 제3기'에 빠진 세계가 ① 소련과 자본주의 세계의 모순, ② 자본주의 국가들 사이의 모순, ③ 식민 본국과 (반)식민지 사이의 모순, ④ 제국주의 중심부 자체의 모순 등 이른바 '4대 모순'에 빠져 있다고 보았다. 이 모순 때문에 소련에 대항하여 제국주의 국가들이 일으키는 전쟁, 제국주의 국가들 사이의 제국주의전쟁, 제국주의에 대항하는 민족해방전쟁, 제국주의 중심부에서 자본가와 노동자의 계급전쟁이 일어날 것으로 전망했다. 이러한 전망에 기초하여 선진 자본주의 국가에서의 '노동자통일전선 전술'과 (반)식민지 지역에서의 '민족통일전선 전술'은 폐기되었고, '계급 대 계급' 전술에 따른 '아래로부터의 통일전선 전술'이 채택되었다. 소련의 급진적인 5개년계획 추진에 조응하여 혁명 전략도 극좌 노선으로 기울어진 것이다.

그런데 자신감에 넘쳤던 코민테른의 전망대로 바로 1년 뒤 세계 자본주의 경제는 대공황에 빠져들었다. 자본주의 국가들 사이에 갈등이 깊어지고 전쟁 기운이 감돌았다. 코민테른 6차 대회의 정세 진단이 꼭 들어맞는 것처럼 보였다. 계획경제 만능론에 기운 스탈린의 5개년계획도 초기에는 큰 성과를 보였다. 이제 혁명적 낙관주의로 충만한 국제공산주의자들에게 '자본주의 위기 3기론'은 흔들 수 없는 진리가 되었고, 소련과 코민테른의 '권위' 또한 절대적 위치를 차지하게 되었다.

2) 파시즘의 쌍생아, '사회파시즘론'

코민테른이 '자본주의 위기 3기론'에 따라 '계급 대 계급' 전술을 채택하면서 세계 공산주의 운동은 극좌 노선으로 급속하게 기울어졌다. "사회민주주의자와 파시스트는 부르주아지의 쌍둥이"라는 '사회파시즘론'에 따라, 대공황으로 멸망의 길을 가고 있는 자본가들의 정당인 사회민주당 및 사회민주주의자들과의 제휴는 무의미한 일이 되었다. 이제 그들은 함께할 세력이 아니라 타도해야 할 주적이었다. 공산주의자들은 혁명을 가로막는 사회민주주의자들의 본질을 폭로하고 그들을 타격하는 데 집중했다. (反)식민지에서도 그동안 제휴 대상이었던 민족부르주아지를 폭로하고 타격해야 한다는 극좌 노선으로 급속하게 기울어졌다. 어제의 연대 대상이 오늘은 타도할 적으로 설정된 것이다.

유럽 각국의 공산당들은 사회민주당이나 아나코-생디칼리스트들이 장악한 노동조합을 공격했다. 독일에서는 바이마르공화국 시절 사회민주주의자 경찰총감이 공산주의자들이 주도한 베를린 메이데이 시위에 발포를 명령하여 32명의 사망자를 낳는 사건(1929)이 일어났다. 공산주의자들은 사회민주주의자들을 극우 세력보다 더 위험한 파시스트로 간주했다. 연대해야 할 대상의 존재 자체를 부정한 극좌 노선이 유럽의 공산주의자들 사이에 팽배했다. 독일공산당은 대공황기를 타고 급부상하는 나치를 경계하기보다 집권 사회민주당을 타격하는 데 주력했다. 그 결과 1932년 총선에서 대공황 전보다 2배 가까운 100석을 얻었다. 그러나 정작 최대 승리자는 제1당이 된 나치였다. 이런 상황에서도 공산당은 사회민주당과의 협력을 거부했고 독일의 강력했던 노동운동도 혼란에 빠졌다.

정권을 잡은 나치가 가장 먼저 공격한 정치세력은 독일공산당이었다. 국회의사당 화재(1933. 2. 27)를 빌미로 공산주의자들이 사회를 불안하게 만들어 혁명을 일으키려 한다고 선전하며 4천여 명을 체포하고, "코민테른의 왕관에 박힌 보석"으로 평가되던 독일공산당을 불법화했다. 그 뒤 독일사회민주당 활동도 금지시켰다. 결과적으로 코민테른의 사회파시즘론과 그에 따른 극좌 노선은 독일에서 나치가 권력을 장악하는 데 일조했다. 사회파시즘론은 사회민주주의 내부에서 제기한 반파시즘, 일반민주주의 가치의 중요성을 전혀 성찰하지 않았다. 그토록 비판한 파시즘의 쌍생아에 불과했다.

프랑스에서도 사회파시즘론이 맹위를 떨쳤다. 프랑스공산당 창당(1920) 이후 통일노동총동맹은 아나코-생디칼리즘 계열의 노동총동맹에서 분리되었지만 코민테른 4차 대회의 '노동자통일전선 전술'에 따라 연대 활동을 전개하고 있었다. 프랑스공산당 역시 사회민주주의 정당인 SFIO(노동자 인터내셔널 프랑스지부, 사회당의 전신)와 '형제이자 적'의 관계로 연대했다. 하지만 코민테른 6차 대회 이후 총선(1932)에서 프랑스공산당은 좌파연합 가담을 거부했다. '계급 대 계급' 전술에 따라 SFIO는 물론, 총선에서 제1당이 된 급진사회당(PRRS) 역시 부르주아정당에 불과하다고 규정했기 때문이다.

유럽에서 공산주의자들은 극좌 노선에 기울어질수록 점점 고립되어갔다.

이런 분위기에서 사회민주주의적 영국 노동당도 대공황으로 보수당에 정권을 내주었다. 각국에서 많은 사회민주당원들이나 공산주의자들이 체포, 희생되었다. 그러는 동안 독일, 이탈리아뿐 아니라 전 유럽 사회에서 파시즘이 발호했다. 오스트리아에서는 파시즘 정당 '조국전선'(1933년 창당)이 오스트리아연방국 건국을 선포했다(1934). 오스트리아가 독일에 합병(1938. 3)될 당시 국민투표에서 99.7%가 합방을 지지할 정도였다. 프랑스에서도 파시스트들이 전통적 극우 세력인 왕당파 및 보나파르트주의자들과 함께 파리 중심부에서 대규모 유혈 폭동(1934. 2)을 일으켰다. 헝가리, 루마니아, 폴란드, 핀란드 등지에서도 파시즘이 발호했다. '시대의 질병'이 광기 어린 유럽의 사회 분위기를 지배했다.

코민테른 6차 대회의 극좌 노선은 (반)식민지 지역의 공산주의자들에게도 그대로 수용되었다. 코민테른 4차 대회의 '반제민족통일전선 전술'에 따라 1920년대 민족통일전선의 상징이 되었던 중국에서의 1차 국공합작이 장제스의 반공 쿠데타(1927. 4)로 결렬된 후 중국공산당은 농촌으로 퇴각하여 곳곳에 소비에트지구를 건설하면서 유격 투쟁을 전개했다. 대공황기에 중국공산당은 극좌 노선 기조가 더욱 거세져 4대 혁명 구호(정치파업 조직, 지방 폭동 조직, 군사 반란 조직, 홍군의 집중공격)를 전략으로 세운 '리리싼(李立三) 노선'을 채택(1930)했다. 그에 따라 난징, 우한, 상하이, 항저우 등의 도시에서 무장봉기를, 농촌에서는 폭동을 일으켰다. 그러나 이는 국민당 정부와 군벌에게 바로 진압되었다. 결국 국민당군의 초공(剿共, 공산당 토벌 작전)에 밀린 중국공산당은 대장정에 나서야 했다(1934).

조선의 사회주의자들도 코민테른 6차 대회의 '계급 대 계급' 전술에 따라 민족부르주아지 타격으로 방향을 돌렸다. 신간회 해소(1931)도 그 결과였다. 그리고 혁명적 농조·노조 운동을 통한 '아래로부터의 통일전선'을 조직하는 활동에 들어갔다.

3. 제국주의 국가의 합종연횡과 국제주의 파탄

1) 코민테른의 인민전선론과 (반)식민지 민족운동의 혼돈

코민테른의 '계급 대 계급' 전술론, 사회파시즘론에 따른 교조적 극좌 노선이 잘못된 현실 파악이었고, 오히려 주적을 키워 공산주의 운동에도 큰 타격을 미쳤다는 사실을 인식하는 데는 긴 시간이 걸리지 않았다. 제국주의 중심부에서 혁명이 일어날 거라고 기대한 코민테른의 장밋빛 전망과 달리, 뉴딜 정책과 블록경제를 통해 대공황을 극복하고자 했던 선진 자본주의 국가들(미·영·프)에서 혁명의 움직임은 일어나지 않거나 미약했다. 후발 제국주의 국가들(독·일·이)은 오히려 반동의 길로 나아갔다. 파시즘의 주공격 대상이 공산주의이고, 나치의 주적이 소련이라는 사실이 명백해졌다.

결국 소련은 코민테른은 7차 대회(1935. 7~8)를 통해 7년이라는 세월을 소모하는 동안 오히려 파시즘 세력을 키워주는 데 일조했던 6차 대회의 극좌 노선이 틀렸음을 공식 인정하고 수정해야 했다. 노선 수정은 그 이전에 이미 프랑스에서 모습을 드러냈다. 프랑스에서 파시스트들의 대규모 유혈 폭동을 노동자 총파업으로 진압한 이후, 프랑스공산당은 커져가는 파시즘의 위협에 맞서 SFIO 등 좌파뿐 아니라 자유주의자들, 파시즘에 반대하는 보수주의자들까지 포함한 반파시즘 인민전선을 구축했다(1934. 7). 혁명 대신 부르주아 민주주의의 방어를 택한 이 방침을 코민테른 집행위원회가 승인했다. 프랑스에서 반파시즘 인민전선의 구축은 코민테른의 노선 전환에 큰 영향을 미쳤다.

이 무렵 소련도 독일과 일본이 탈퇴한 국제연맹에 가입했다(1934. 9. 이후 핀란드를 침공한 1939년 12월 제명). 즉 그동안 적대시하던 국제연맹, 즉 영·프와 타협 노선으로 전환하면서 히틀러의 군비 증강에 대응해 반파시즘 동맹을 체결하려한 것이다. 국제연맹의 허가를 받아야 한다는 단서 때문에 실질적 의미는 없었지만 프랑스와 상호원조조약도 체결했다(1935. 3). 영·프는 아직 국제연맹 회원국인 이탈리아와 함께 '스트레사전선'을 결성(1935. 4)하여 독일에게 베르사유 조약과 로카르노 조약을 준수하도록 압박하려 했다. 그러나 '스트레사전선'은 곧 붕괴되었다. 영국이 프랑스나 이탈리아에게 알리지도 않은 채 독일과 해군조약을 체결(1935. 6)하여 오히려 독일에 해군 재무장의 길을 열어줬기 때문이다. 이탈리아는 이 틈에 에티오피아를 침공(1935. 10)했지만 영국이 에티오피아 황제의 망명을 수용하자 베를린과의 추축(axis) 구성으로 대응했다.

이런 상황에서 코민테른은 7차 대회에서 '반파시즘 인민전선 전술'을 채택했다. 인민전선은 파시즘과 전쟁에 반대하는 모든 계층, 정당, 당파가 공동강령 아래 공동행동을 전개하는 정치적 연합전선을 의미했다. 코민테른 서기장 디미트로프는 파시즘을 "금융자본의 가장 반동적이며 가장 배외주의적이고 가장 제국주의적인 분자의 공공연한 테러 독재"로 규정하면서 부르주아 민주주의와 분명하게 구별했다. 프롤레타리아 통일전선 기초 위에 광범한 인민들 즉 농민, 도시 소부르주아, 인텔리겐차를 결합시켜 반파시즘 투쟁조직체를 결성해야 한다고 주장했다.

이제 자본가계급 가운데 가장 '반동적인 분파'를 제외한 나머지 분파와 반파시즘 동맹을 맺기 위해, 6차 대회에서 적으로 설정했던 세력들과 광범위한 인민전선이 필요해졌다. 당면과제는 혁명이 아니라 부르주아 민주주의의 수호였다. 유럽에서는 '반파시즘 인민전선'이, (반)식민지에서는 '반제국주의 인민전선'이 새로운 혁명 노선으로 정립되었다.

그러나 소련이 국제연맹에 가입하고 영·프와 연대에 나섰음에도 불구하고 전통적인 반러시아 감정(Russophobia)에 반공 이념 문제까지 겹쳐 당시 유럽의 반소 정서는 여전히 강했다. 히틀러가 소·프 상호원조조약 체결을 빌미로 베르사유 조약에서 금지시킨 벨기에 국경의 라인란트 재무장을 감행하자(1936. 3),

소련은 4자(영·프·폴·소) 안보 체제를 구축하고자 했다. 그러나 성사되지 못했다. 영·프는 물론, 러시아제국에 지배당한 경험을 가진 폴란드도 소련을 믿지 않았기 때문이다.

인민전선론은 프랑스와 스페인에서 가시적 성과를 거뒀다. 프랑스 인민전선이 연대에 힘입어 총선에서 승리하여 사회당의 레옹 블룸(Léon Blum)을 수상으로 한 인민전선 정부를 수립(1936. 6)한 것이다. 스페인에서도 사회주의노동당, 공산당, 공화좌파의 인민전선이 총선에서 승리하여 인민전선 정부를 수립(1936. 2)했다.

파시스트 프랑코(Francisco Franco)의 쿠데타로 시작된 스페인내전(1936. 7~1939. 4)은 '민주주의' 공화파 세력과 파시스트 세력이 대결한 첫 무대였다. 인민전선론에 따르면 파시즘에 대항하는 미·영·프 등은 더 이상 국제공산주의 진영과 적대하는 제국주의 국가가 아니라 민주주의 국가였다. 그러나 영·프는 스페인내전 과정에서도 우유부단한 정세판단과 더불어 반공·반소 정책으로 기울었다. 독일·이탈리아가 프랑코를 적극 지원한 데 반해 영·프·미는 불간섭 정책을 표방하면서 인민정부에 무기 파는 것을 거부했고, 스페인행 해로와 육로를 봉쇄하여 소련의 인적, 물적 지원과 세계 각지의 공산당이 조직한 국제여단의 입국도 힘들게 했다. 결과적으로 스페인 파시스트들에게 유리한 환경을 제공한 셈이다. 결국 스페인 인민정부는 3년여 내전 끝에 패배했다.

코민테른 7차 대회의 인민전선 전술론은 (반)식민지 지역의 민족해방운동도 혼돈에 빠뜨렸다. 이들 지역의 공산당은 '반제인민전선'을 결성하기 위해 민족부르주아지가 지도하는 대중적 반제 운동에 적극 참가하여 민족개량주의 조직과 공동행동에 나섰다. 중국의 경우 2차 국공합작이 이루어졌고 조선의 사회주의자들도 인민전선 전술을 수용했다.

그런데 반파시즘 동맹의 대상이 된 제국주의 국가의 식민지에서는 복잡한 문제가 발생했다. 인민전선 전술론의 '반제=반파쇼' 규정은 미·영·프 등을 '반제'의 대상에 포함하지 않았다. 독·이·일 등 파시즘 국가들만 제국주의였다. 반제·반파시즘 인민전선론에 따르면 프랑스 식민주의가 가장 취약했던 순간 프랑스 식민지의 공산주의자들, 가령 베트남 공산주의자들은 이제까지 타도 대상이던 제국주의 프랑스를 지지하고 협조해야 했다.

새로 집권한 프랑스 인민전선 정부의 3개 당 역시 반제 입장과 식민지 개혁을 주장했다. 결국 인도차이나 공산당은 기존의 반제전선을 폐기하고 민주전선으로 노선을 바꿔(1936. 7) 민주주의 획득이라는 목표를 위해 공개적 합법 운동으로 전환했다. 하지만 프랑스 인민전선 정부가 붕괴되자(1938) 식민 당국은 민주전선을 탄압하기 시작했다. 민주전선이 해체되고(1939. 9) 당원 수천 명이 체포되자 합법 운동이 불가능해진 인도차이나 공산당은 지하로 들어갔다.

인민전선 전술론은 민족혁명론으로서 민족을 주목했다. 노동자·농민 투쟁과 '국제주의'는 더 이상 설 자리가 없었다. 인민전선 정부는 의회제 민주공화국, '국민국가'였다. 각국 공산당은 국가 방위와 애국주의를 역설하며 서구 제국주의를 포함하여 파시즘에 반대하는 모든 국가를 지지해야 했다. 소련 방어가 최우선이었다는 점을 제외하면, 제1차 세계대전에서 '제국주의 전쟁'에 참전을 주장했다가 붕괴된 제2인터내셔널의 전철을 밟고 있었다. 제3인터내셔널 코민테른은 더 이상 '세계혁명의 총참모부'가 될 수 없었다.

2) 전쟁을 향한 방공(防共)협정과 추축국 동맹

베르사유 체제는 무너졌다. 독일은 베르사유 조약과 로카르노 조약에서 병력 배치를 금지했던 벨기에와의 국경 지역 라인란트에 병력을 진주시켰고(1936. 3), 이탈리아와 의정서를 체결하여 로마–베를린 추축을 결성했다(1936. 10). 연이어 일본과 방공협정(Anti-Comintern Pact)을 체결했다(1936. 11. 25). 이탈리아가 방공협정에 합세(1937. 11)하고 국제연맹을 탈퇴함으로써 베를린-도쿄-로마를 잇는 추축국 골격이 형성되었다. 방공협정은 소련과 코민테른 7차 대회의 인민전선 전술론에 '방공'을 매개로 대응한 동맹이었다. 추축국 동맹은 독일이 유럽 대부분을 장악한 후 삼국동맹 조약을 체결(1940. 9. 27)하여 군사동맹으로 강화되었다.

방공협정의 공통된 이해관계는 뚜렷했다. 독일과 일본은 코민테른 7차 대회의 인민전선 전술론과 일시적이나마 프랑스·스페인에서 인민전선이 거둔 승리를 자신들에 대한 위협으로 인식했다. 대외 침략을 꾀하던 독일에게 소련과 동유럽 국가들은 우월한 인종의 세계 지배에 필요한 원료나 인적 자원을 수탈할 수 있는 공간이었다. 중국 침략을 앞둔 일본은 중국에서 인민전선이 수립되면 반일 세력들이 연대하여 소련의 입지가 강화될 것을 우려했다.

이탈리아의 방공협정 가세를 전후하여 추축국은 본격적으로 침략에 나섰다. 아시아에서 일본의 중국 침략(1937. 7), 유럽에서 독일의 오스트리아 병합(1938. 3)이 시작이었다. 그리고 히틀러는 체코슬로바키아에 독일인이 많이 거주하는 국경 지역 주데텐란트(Sudetenland) 할양을 요구했다. 영·프는 당사국을 배제한 전형적인 제국주의 간 거래 방식을 통해 이 요구를 수용했다. 코민테른의 반파시즘 인민전선 연대에 비해 서구의 반파시즘 연대는 매우 취약했다. 4개국(영·프·독·이)이 뮌헨 협정(1938. 9. 30)을 통해 독일의 주데텐란트 점령을 인정함에 따라 체코슬로바키아는 국토의 30%를 상실했다. 뮌헨 협정 체결 후 영국 수상 체임벌린(Arthur Neville Chamberlain)은 런던으로 돌아와 협정문을 흔들면서 "우리 시대를 위한 평화"를 지켜냈다고 자화자찬했다. 하지만 6개월 뒤 독일은 체코슬로바키아를 아예 합병(1939. 3)해버렸다. 이후 파리에 수립된 망명정부 체코국민자유위원회는 런던으로 옮겨가 연합국 일원으로 대독 전쟁에 참전했다.

독일의 다음 침략 대상은 폴란드였다. 히틀러는 먼저 베르사유 조약으로 설치된 그단스크(단치히) 자유시에 대한 영유권을 주장했다(1939. 3). 그단스크는 동프로이센과 나머지 독일 땅을 잇는 요충지였다. 프랑스·폴란드가 군사동맹 협정을 체결하자 히틀러는 독일을 포위한다고 비난하며 알바니아를 보호령 으로 점령한(1939. 4) 이탈리아와 강철조약(Pact of Friendship and Alliance between Germany and Italy)을 체결했다(1939. 5. 22).

동아시아에서 일본의 만주 침략은 중일전쟁과 태평양전쟁으로 이어지는 '15년전쟁'의 시작일 뿐이었다. 군부의 정치적 영향력이 강해진 일본 사회는 군국주의 분위기에 지배되었다. 전시 특수를 노리는 재벌과의 유착 관계도 깊 어졌다. 황도파 장교들이 일으킨 2·26쿠데타 시도(1936)는 실패했지만, 반대 파 벌인 통제파가 권력을 장악하고 전쟁이 확대일로를 걷게 되는 중요한 분기점 이 되었다. 베이징 교외에서 발생한 루거우차오(盧溝橋) 사건(1937. 7. 7)을 계기로 일본은 중국을 전면 침공했다. 단기간에 베이징과 톈진을 점령한 일본군은 상 하이에 상륙했다(8. 15). 일본의 계획은 화북 지역을 점령하여 중일전쟁을 석 달 안에 종료한 후 소련과의 대결에 대비한다는 허황된 것이었다.

그러나 중국인들의 저항은 일본이 삽시간에 만주를 점령할 때와 크게 달 랐다. 루거우차오 사건 이전에 장제스는 중국민 총궐기를 주장했고 중국공산 당도 국공합작에 의한 전면항전을 호소했다. 시안(西安) 사건(1936. 12. 12)으로 교 전을 중단한 국민당과 공산당은 2차 국공합작을 이루어냈다. 중국공산당의 홍 군은 국민혁명군 제8로군(八路軍)으로 재편되었고, 화중과 화남의 공산유격대 도 신사군(新四軍)으로 개편되었다. 다시 국·공이 합작한 중국은 본격적인 항일 전쟁에 나섰다.

일본군은 중국 국민정부의 수도 난징을 점령한(1937. 12. 13) 후 두 달 동안 '난 징대학살'을 자행했다. 이는 국제적 비난은 물론 중국인들의 항일의식을 더욱 고양시켰다. 이듬해 일본군은 화중과 화남으로 전선을 확대하여 우한과 광저우 등 주요 도시와 교통로를 점령했다. 하지만 드넓은 중국의 농촌과 내륙 지역은 점령하지 못했다. 석 달 안에 전쟁을 끝낸다고 호언했던 일본 육군은 드넓은 중국대륙에서 헤어날 수 없는 전쟁의 늪에 빠졌다.

3) 파탄 난 국제주의, 독·소불가침조약과 소·일중립조약

소련은 반파시즘 인민전선 전술과 유럽 열강과의 집단안전보장으로 다가올 독일과의 전쟁에 대비하고자 했다. 그에 따라 독일의 체코슬로바키아 침공 이후 제1차 세계대전 때처럼 영·프와 삼국협상을 체결하여 반파시즘 동맹을 시도했다. 그러나 반공에 치우친 영·프가 모호한 입장을 취하는 사이에 소련은 독일의 폴란드 침략 1주일 전, 소련과의 관계 개선에 나선 독일과 불가침조약을 체결했다(1939.8.23). 독일로서는 제1차 세계대전 때처럼 전선을 두 개로 나눠 전력을 분산시키지 않고 소련 침략을 뒤로 미루고 유럽 침략에 집중하기 위해서였다. 독일이 일본과 공산주의에 반대하는 방공협정을 체결한 지 3년도 지나지 않은 때였다.

독·소불가침조약 체결은 4년 전 반파시즘 인민전선 전술을 내세운 주체가 파시즘의 본진인 독일과 협정을 맺음으로써 반파시즘 전술 자체를 파탄 낸 일대 사건이었다. 이 조약에는 파리 강화회의 결과 독립된 발트 3국을 소련이, 1918년까지 세 강국(러·독·오)이 분할했던 폴란드를 동서로 나눠 독일·소련이 다시 '원래대로' 점령한다는 비밀조항도 포함되어 있었다. 유럽에서의 전쟁은 독일뿐 아니라 소련도 침략자 대열에 편승하면서 시작된 것이다.

독일의 폴란드 침공(1939.9.1) 보름 후 독·소불가침조약의 합의대로 소련은 폴란드 동부를 점령했고(9.17), 발트 3국 점령 이후 핀란드를 침공하여 국제연맹에서 축출되는 이유가 되는 '겨울전쟁'(1939.11~1940.3)까지 벌였다. 핀란드는 예상과 달리 소련군에게 큰 피해를 입혔지만, 결국 '백일전쟁' 후 항복하고 영토의 10%를 내주면서 평화협정을 체결했다. 그러나 이웃의 발트 3국과 달리 독립국 지위는 유지할 수 있었다. 이 국가들은 모두 러시아제국의 속국(또는 부분 점령)이었다가 베르사유 조약으로 독립(발트 3국과 폴란드)하거나 10월혁명 직후 레닌이 독립을 승인한 국가(핀란드)였다. 소련 입장에서 이들 국가에 대한 침공은 자국 안보가 명분이었겠지만, 정작 독일이 소련을 침공할 때 이 지역 사람들을 독일의 우군으로 만들었다.

　폴란드는 세 강국에 의해 세 차례에 걸쳐 분할되어(1772~1795) 123년간 유럽 지도에서 사라진 적이 있었다. 프로이센왕국이 영토의 20%와 270만여 명, 오스트리아제국이 영토의 18%와 480만여 명, 러시아제국이 영토의 62%와 600만여 명을 지배했다. 폴란드는 독립 직후 서구의 지원을 받아 유럽으로의 볼셰비키 혁명 전파를 방어하는 동시에 러시아 내전에 개입하기 위한 폴란드-소비에트 전쟁(1919. 2~1921. 3)을 벌여, 과거 지배했던 '고토' 서부 벨라루스와 서부 우크라이나 지역을 자국 영토로 편입시켰다. 이 전쟁에서 폴란드는 볼셰비키 장병을 학살했을 뿐 아니라, 소비에트 러시아에게 영토 상실과 패배감을 안겨주었다.

　18년이 지났지만 스탈린은 이 원한을 잊지 않았다. 러시아인과 민족적 기원이 같고 언어도 큰 차이가 없는 이 지역을 히틀러와의 협공을 통해 '원래대로' 다시 소련에 편입하면서 '카틴 학살'(1940. 4~5)을 벌여 보복한 것이다. 소련의 폴란드 동부 침략은 히틀러가 체코슬로바키아에 주데텐란트 할양을 강압할 때 내세운, 아리아인들의 생활권(영토)을 넓혀야 한다는 레벤스라움 논리와 본질적으로 차이가 없었다. 다민족이 얽혀 사는 동유럽 사회에서 억지에 불과한 침략 논리였다.

　일본은 중일전쟁 도발 뒤 최대 가상적국으로 설정한 소련의 대응을 가장 우려했다. 중일전쟁 1년 후 중국 침략의 늪에 빠진 일본군은 중소 국경인 연해주의 핫산에 주둔한 소련군을 공격했다가 곧 격퇴당했다(핫산 전투, 장고봉 전투,

1938. 7~8). 이듬해 만주와 몽골의 국경 부근인 할힌골에서 또다시 충돌했지만 일본군 2개 사단이 거의 전멸하는 대참패로 끝났다(할힌골 전투, 노몬한 전투, 1939. 5~9).

그런데 노몬한 전투 와중에 독·소불가침조약이 체결되었다. 독일에 뒤통수를 맞은 격이었던 일본도 2년여 후 소련과 중립조약을 체결했다(1941. 4. 13). 독일의 소련 침공(바르바로사 작전, 1941. 6. 22) 2개월여 전이었고, 진주만 공습 8개월여 전이었다. 일본으로서는 소련을 걱정하지 않고 아시아·태평양 침략에 집중할 수 있는 환경을 만들자는 것이었다. 이는 독일이 독·소불가침조약으로 유럽 침략에 집중하고자 했던 의도와 비슷했다. 그러나 독일이 소련을 침공하면서 협공을 기대했을 때, 일본은 소련과의 중립조약 준수를 고수하면서 엇박자를 드러냈다. 사실 전력 탐색이라고 보기에는 노몬한 전투의 피해가 너무 컸던 일본은 패전 때까지 소련의 대일 참전을 가장 두려워했으며, 현실적으로 대소전까지 확전할 전력이 없었다.

소련은 파시즘 국가인 독일·일본과 불가침조약·중립조약을 체결함으로써 동서 국경 지역에서의 안보를 확보하면서 전쟁 위협에서 벗어난 듯 보였다. 그러나 동시에 반파시즘 인민전선 전술론을 스스로 저버리면서 '세계혁명의 보루' 지위도 내팽개친 것이었다. 인민전선 전술론에 따라 제국주의 국가인 구미 열강과 연대하여 반파시즘 투쟁에 몰두하던 (반)식민지 지역을 포함한 세계 공산주의자들의 '국제주의' 운동을 배신한 것이기도 했다. 소련은 또 다른 형태의 제국주의 국가였다. 그러나 자국 보위에 집중하고자 했던 소련의 구상은 소·일중립조약 체결 2개월 후, 소련 침략의 시간을 벌기 위한 독·소불가침조약 체결 22개월 후, 독일의 전면 침공으로 허사가 되었다.

약소민족 해방과 국제주의라는 소비에트 러시아 이래의 '혁명적 대의'는 점차 세계혁명의 본진 소련을 보위해야 한다는 대외 정책, 즉 국가(소련)주의에 종속되어갔다. 추축국들이 소련 밖에서 침략을 자행하도록 방임한 가운데, '세계혁명의 보루' 소련 방위가 공산주의자의 임무라는 근시안적 인식은 결과적으로 부메랑으로 돌아왔다.

프랑스공산당의 경우를 보자. 독일이 유럽전선(사실은 프랑스전선)에 집중하기 위해 소련과 불가침조약을 체결하자 프랑스공산당은 독일과 우호적 관계를 가져야 한다면서 국방비 증액 반대, 군수공장에서의 파업과 태업을 통해 결과적으로 독일군의 파리 점령을 도운 꼴이 되었다. 반파시즘 인민전선 전술 명분과 달리, 사회당을 포함한 다른 모든 정치세력과 연대를 거부하던 프랑스공산당은 독일이 소련을 침략하고 나서야 레지스탕스 운동에 적극 나섰다.

더 이상 '세계혁명의 총참모부'가 될 수 없었던 코민테른은 7차 대회를 마지막으로 이후 열리지 않았다. 결국 인민전선 전술론의 주창자인 디미트로프가 의장이었던 코민테른 집행위원회는 코민테른 해산을 결정했다(1943. 5). "프롤레타리아에게 조국은 없다"라는 국제주의 기치 아래 불렸던 노래 〈인터내셔널가〉(국제공산당가)가 소련의 국가이기도 했던 시기도 마감되었다(1944).

4. 연합국의 조선 '독립' 합의 이면

1) 유럽과 아시아·태평양에서의 제2차 세계대전

제2차 세계대전은 유럽(아프리카와 중동 지역 포함)과 아시아·태평양에서 전개된 전쟁이었다. 본질적으로 제국주의 간 전쟁의 속성을 띤 것이었다. 유럽에서는 독일의 폴란드 침공을 계기로 비로소 영국·프랑스가 독일에 선전포고하면서 국제전쟁으로 확대되었다. 그러나 독일이 덴마크를 침공하기 전까지 7개월 동안 프·영은 우유부단함 속에서 '가짜전쟁'이라 불릴 정도로 독일과 대치 상태만 유지하고 적극적으로 대응하지 않고 있었다.

동유럽에서 시작된 전쟁은 독일군이 덴마크·노르웨이를 침공(1940. 4)하면서 북유럽으로, 프랑스를 침공하면서(5. 10) 서유럽으로 확산되었다. 독일군은 마지노선을 우회하기 위해 벨기에, 네덜란드, 룩셈부르크로 진격해 파리를 함락시켰다. 꼭두각시 정권 비시 정부가 독일과 휴전협정을 체결(6. 22)하기 직전, 이탈리아가 프·영에 선전포고(6. 10)하고 남쪽에서 프랑스를 침공해 들어왔다. 독일군은 두 달이 채 지나지 않아 서유럽 대부분을 장악했고, 바다 건너 영국을 향한 대공습을 시작했다(1940. 7).

독일군은 이탈리아군과 함께 지중해를 넘어 북아프리카를 침략했고, 1941년 초에는 그리스·유고슬라비아를 침공하여 발칸반도를 점령했다. 방공협정을 맺은 독·일과 이탈리아가 삼국동맹(1940. 9)을 맺어 통합된 추축국 진영에 헝가리·루마니아 등이 가세했다.

1941년 봄에는 유럽 전체가 추축국과 소련에 의해 점령당한 상태가 되었다. 단지 독일이 중립을 유지시키는 것이 유리하다고 판단한 스위스·스웨덴과, 내전을 끝낸 지 얼마 안 되는 또 다른 파시스트 국가 스페인이 있는 이베리아반도만이 예외였다. 그러자 독일은 체결한 지 2년도 안 된 독·소불가침조약을 깨고 '바르바로사 작전'을 감행하여 세 방면(발트해, 모스크바, 카프카스 유전지대)으로 소련을 전격 침공했다.

그 직후에야 소련은 영국과 동맹을 맺고 처칠(Winston Churchill)과 루스벨트가 발표한 「대서양헌장」(1941. 8. 14)을 승인하면서 연합국의 일원이 되었다. 정확하게 말하면, 소련은 독일 등 추축국과 우호국 입장에서 폴란드와 발트 3국을 점령하고 핀란드를 침략(겨울전쟁)했다가 독일의 침략에 따라 '수동적으로' 연합국 진영에 포함된 것이다. 이후 소련은 짧게는 연합군의 시칠리아 상륙(1943. 7) 때까지 2년여 동안, 길게는 연합군의 노르망디 상륙작전(1944. 6) 때까지 3년여 동안 큰 희생을 치르며 추축국의 침략에 홀로 대적해야 했다.

발트함대 기지가 있던 레닌그라드(현 상트페테르부르크)에서는 1941년 9월 독일군과 '겨울전쟁' 복수에 나선 핀란드군에게 포위된 채 2년 반 동안 치열한 공방전이 벌어졌다. 모스크바 30km 앞까지 독일군이 진출(1941. 12)했다. 독일군과 소련군은 1942년 여름 볼가강을 사이에 둔 채 다섯 달에 걸쳐 스탈린그라드(현 볼고그라드) 공방전을 펼쳤다. 제2차 세계대전 중 가장 참혹했던 스탈린그라드 전투가 소련군의 승리(1943. 2)로 막을 내리면서 전세는 역전되었다. 이제 소련군이 서쪽으로 반격해가기 시작했다.

유럽 남부전선에서는 연합군이 시칠리아 상륙 후 이탈리아 본토로 진입하여 이탈리아왕국의 항복(1943. 9)을 받았다. 탈출한 무솔리니는 북부 이탈리아에 살로공화국을 세워 독일의 지원을 받으면서 연합국에 저항했다. 서부전선에서는 노르망디 상륙작전이 성공하여 파리가 해방(1944. 8)되었다. 유럽의 각 전선에서 연합군은 베를린을 향해 진격했다. 소련군은 베를린 공방전(1945. 4) 이후 4월 25일 연합군과 엘베강에서 만났다. 무솔리니가 이탈리아 파르티잔에게 처형당하고(4. 28), 이틀 후 베를린 지하벙커에서 히틀러가 자살했다(4. 30). 결국 독일군이 항복하면서(5. 8) 제3제국은 무너졌다. 유럽에서의 제2차 세계대전이 끝난 것이다.

한편 동아시아에서 일본은 독일이 프랑스를 점령한 직후 독일의 묵인하에 자유프랑스군을 몰아내고 하노이~쿤밍(昆明)철도를 통한 중국으로의 전쟁 물자 수송을 막는다는 명분으로 인도차이나를 침략했다. 끝없이 길어지는 중일전쟁에 필요한 군수자원 수탈 목적이 컸다. 일본은 진주만 공습 이전에 이미 베트남 국경도시인 동당과 랑손을 점령했다(1941. 9).

미국과 연합국은 일본 자산 동결, 수요의 80%를 미국에 의존하던 석유 금수조치, 철강 수출제한 등의 경제제재(1941. 7)로 대응했다. 당시 네덜란드는 독일에 점령당했고 중국은 일본이 침략 중인 상태였음에도, 일본은 A·B·C·D(미·

영·중·네)에 포위되었다고 선전하면서 진주만 공습(1941. 12. 7)을 감행했다. 이후 미국이 일본에(12. 8), 독일이 미국에(12. 10) 선전포고를 주고받았다. 전쟁은 아시아·태평양까지 확대되어 말 그대로 세계전쟁이 되었다. 연합국 26개국(미·영·소·중 등)은 모든 자원을 전쟁 수행에 사용하기로 합의하는 연합국공동선언(1942. 1. 1)을 발표했다.

유럽에서의 독일군처럼 아시아·태평양에서도 초기에는 일본군이 승승장구했다. 홍콩 공격(1941. 12)을 시작으로 영국령 버마·말레이시아·싱가포르, 네덜란드령 인도네시아, 미국령 필리핀 등을 차례로 점령했다(1942. 4). 그러나 일본군의 공세는 미드웨이 해전(1942. 6)에서 항공모함 4척이 침몰되는 참패에 이어 과달카날 전투(1943. 2)의 패배를 겪으면서 급속하게 꺾이기 시작했다. 유럽에서 전세를 역전시킨 소련의 스탈린그라드 전투 승리와 비슷한 시기였다.

방대한 자원을 군수물자 생산에 투입할 수 있었던 미국과 달리, 일본의 자원과 경제력이 점차 고갈되면서 승패의 추는 급격히 기울었다. 미군은 북마리아나-팔라우 제도를 공격하고 필리핀 해전에서 승리(1944. 6)했다. 사이판을 점령하여 폭격기 기지를 확보한 미군은 일본 공습을 시작했다. 도쿄 대공습(1945. 3. 10)으로 도쿄 일대가 불바다가 되었다. 미군이 오키나와를 점령(1945. 6)하면서 전쟁은 막바지를 향해 가고 있었다.

독일 항복 후 석달이 가까워질 무렵 연합국은 포츠담 선언(1945. 7. 26)에서 일본에 무조건 항복을 요구했다. 독일과의 전쟁이 끝난 뒤 3개월 이내에 대일전쟁에 참전한다는 얄타 회담(1945. 2)에서의 약속에 따라 소련은 일본에 선전포고(8. 8)하고 만주와 조선으로 진격해 들어왔다. 히로시마(8. 6)와 나가사키(8. 9)에 원자폭탄이 투하되면서 일본은 포츠담 선언을 수용한다고 발표(8. 15)했다. 도쿄만에 정박한 미주리호에서 외무대신 시게미쓰 마모루(重光葵)가 항복문서에 서명(9. 2)함으로써 아시아·태평양에서의 전쟁도 종결되었다.

제2차 세계대전은 인류 역사상 전례가 없는 5천만~7천만 명의 사망자를 냈고 이 중 소련의 희생자는 3천만여 명(민간인 2천만 명 포함)에 이르렀다. 1939년 소련 인구는 1억 9천만 명이었다.

2) 1차 대전의 반복, 동원 또는 독립을 위한 약소민족 참전

제2차 세계대전은 제1차 세계대전에 이어 또 한 번 폭발한 제국주의 국가들 간의 전쟁이었다. 다만 독일은 제1차 세계대전 패전으로 많지 않던 식민지를 모두 상실한 상태였다. 그러나 폴란드 침공 전에 이미 오스트리아와 체코슬로바키아를 합병하고 파시스트 정권이 들어선 헝가리·루마니아·스페인 등을 지원하면서 제3제국은 제국주의 국가로 거듭났다. 이탈리아는 제1차 세계대전 승전국이었음에도 '대접'을 받지 못해 영토를 확장하지 못했고, 에티오피아를 병합하면서 추축국에 가담했다. 그러나 뒤늦게 통일독립을 이룬 후 오스만제국과의 전쟁으로 리비아를 점령하거나(1911) 알바니아왕국을 보호령(동군연합)으로 지배하는(1939) 정도였다. 일본은 대만과 조선을 식민지화한 이후 만주국을 세워 중국 침략에 이어 동남아까지 침략했다.

연합국 중 미국은 고립주의라는 전통적 외교 정책을 유지하면서 제1차 세계대전 후 최강국으로 발돋움했지만, 태평양의 보호령 외에 실질적 식민지는 스페인과의 전쟁(1898)에서 획득한 필리핀이 유일했다. 영국은 제1차 세계대전 이전에 최다, 최대 식민지를 보유했지만 자치령(캐나다·오스트레일리아·뉴질랜드 등)이 사실상 독립국이 되면서 영연방 체제를 구축했다. 여전히 인도를 포함해 아프리카, 중동, 동남아에 식민지와 보호령을 보유하고 있었지만 19세기 '해가 지지 않는 대영제국'의 명성은 20세기 들어 과거의 식민지 미국에 밀리는 상태였다. 프랑스는 인도차이나, 북·서아프리카, 중동에 식민지(또는 위임통치령)를 갖고 있었지만 독일에 점령당한 후 식민지에 대한 영향력을 거의 상실했다.

독일의 침공을 받아 추축국 우호국에서 연합국 진영으로 자리를 옮긴 소련은 가장 큰 희생을 치르면서 '세계 민주주의의 최후 보루'임을 명목상 자임할 수 있었다. 이런 점에서 제2차 세계대전을 '파시즘(추축국) 대 민주주의(연합국)' 전쟁이라는 개념으로 설명하기도 한다. 이는 코민테른 7차 대회의 반파시즘 인민전선 전술론이 연합국을 파시즘에 대항하는 민주주의 국가로 규정한 것과 관련이 있다.

그러나 이러한 개념은 제국주의 국가 간의 전쟁을 당사자들이 스스로 명명한 것일 뿐, 세계사의 근대 모순 중 하나인 식민지 문제를 '민주주의 국가'라는 허울로 은폐 또는 합리화하는 것이다. 실제로 전후에도 미국을 제외한 연합국은 아프리카·동남아·인도·중동에서 오히려 탄압의 강도를 높여 추축국과 다름없는 학살을 자행하면서 식민지배를 지속했다. 소련은 연합국의 일원이되기 전 이미 발트 3국과 폴란드 동부를 점령한 상태였다. 식민지가 없거나 적었던 추축국은 전쟁을 도발하여 유럽과 연합국의 식민지를 점령했고 히틀러가 배타적 국가주의 동원에 활용한 레벤스라움, 로마제국의 영광과 '잃어버린' 영토를 되찾자는 무솔리니의 정치 선전, 일본의 침략을 합리화하려 한 대동아공영권은 상통하는 침략론이었다. 즉 제2차 세계대전은 제1차 세계대전처럼 제국주의 간 '남의 땅따먹기' 전쟁의 본질을 그대로 갖고 있었다.

제1차 세계대전 때처럼 연합국 식민지 지역의 민족운동 세력은 식민 모국의 군대와 함께 추축국에 대항하는 전투를 벌여야 했다. 알제리, 모로코, 세네갈 등 북아프리카의 병사들은 프랑스군과 함께 독일군에 맞서 싸웠다. 물론 이들 지역은 전후에 더 힘든 독립운동을 치러야 했다. 남아프리카 연방, 인도, 케냐, 자메이카 등 영국의 식민지민들도 추축국과의 전쟁에 동원되었다.

슬픈 사례는 또 있다. 핀란드는 '겨울전쟁'으로 빼앗긴 영토를 되찾기 위해 독일 편에서 소련 침공에 나섰다. 그러나 독일의 패배가 임박하자 소련과 휴정

협정을 체결하고(1944. 9. 12) 이번에는 자국 내 독일군을 몰아내는 역할을 맡았다. 결국 전후에 핀란드는 전범국으로서 일시 수복했던 영토를 소련에 다시 내주고 막대한 배상금(3억 달러)까지 물어야 했다. 냉전시대에 들어서는 '중립'을 표방했지만 소련의 강한 간섭을 받아야 했다. 발트 3국 국민들은 전쟁 기간 동안 독일군과 소련군 편으로 나뉘어 동원되어 전선에서 서로 총부리를 겨눠야 했다.

더 기가 막힌 사례가 조선에도 있었다. 관동군 병사 양경종은 노몬한 전투에서 포로가 되어 소련군에 편입된 후, 우크라이나에서 또다시 포로가 되어 독일군으로 노르망디에서 복무하다 미군에 투항했다. 영화 〈마이 웨이〉(2011)는 세 차례나 군복을 바꿔 입어야 했던 조선 청년의 삶을 잘 보여준다.

동남아에서는 민족운동 세력들이 새로운 침략자 일본군과 합세하여 연합국에 대항하기도 했다. 일본은 만주국, 중화민국 난징 국민정부(왕징웨이 정부) 등의 괴뢰국을 세운 것처럼 태국, 버마, 필리핀, 인도에서도 친일 단체를 지원했다. 일본은 이들 지역 수반들을 동원하여 도쿄에서 '대동아공영권'을 주창하는 '대동아회의'(1943. 11. 5)를 열었다. 대동아회의는 전세가 이미 기울어진 상황에서 대서양헌장에 대응하는 정치적 이벤트로 연출된 '정신승리' 퍼포먼스였다.

인도에서 간디, 네루와 함께 민족 지도자로 꼽히는 찬드라 보스(Chandra Bose)는 일본이 도발한 전쟁에 협력했다. 그는 인도가 대동아공영권의 일부라는 데는 동의하지 않았지만, 참관인으로 대동아회의에도 참석했다. 베트남의 호찌민이나 버마의 아웅 산(Aung San)은 일본의 침략성을 간파했지만, 서구 제국의 폭정에 시달려온 아시아의 민족운동가들에게는 "아시아 사람끼리 잘 살아보자"는 일제의 유혹에 취약한 측면이 있었다. 더구나 전쟁 초반 속전속결로 '백인 군대'를 몰아낸 일본군의 위용은 해방의 꿈을 갖게 하는 착시 현상을 불러오기도 했다.

3) 대서양헌장, 식민지 민족자결권에 대한 연합국 간 동상이몽

근대 세계사에서 제국주의 침략에 점령당한 후 스스로의 힘'만'으로 식민지배나 점령 상태를 벗어난 사례는 없다. 특히 조선처럼 완전한 식민지로 전락한 경우 자력으로 해방을 맞고 그 주체 세력이 '개선'하는 그림은 사실상 불가능했다. 이는 제국주의 국가도 마찬가지였다. 네덜란드나 벨기에처럼 '작은' 국가는 물론, 7백여 킬로미터에 이르는 난공불락의 마지노선을 쌓고 4백만 군대를 보유하고서도 1940년 5~6월 독일군 공격에 40여 일 만에 점령당했던 프랑스도 결국 자력으로 해방을 맞지 못했다. 연합군의 승리에 힘입어 비로소 자유프랑스군을 이끈 드골(Charles de Gaulle)이 '개선'할 수 있었다.

조선 역시 치열하게 독립운동을 전개했지만, 결과적으로 연합군의 승리에 힘입어 해방을 맞았다. 대한민국임시정부는 그토록 주력했던 연합국의 승인을 받지 못했다. 이런 국제환경을 감안할 때, 일본 패전 이후 온전하게 통일·독립을 달성하는 과제는 연합국들의 합의를 존중하고 활용하면서 실타래를 풀어가는 지혜를 발휘해야만 가능한 일이었다. 피할 수 없는 현실이었다. 실제로 전쟁 기간에 맺은 연합국의 합의는 이후 한반도 운명에 결정적 영향을 미쳤다.

살벌하게 원초적 이해관계만 교차하는 국제정치의 현장을 식민지 또는 민족자결 문제에 초점을 두고 살펴보면 다른 점이 보인다. 먼저 유럽에서 독일의 소련 침공 직후 미·영이 공동으로 발표한 「대서양헌장」(1941. 8. 14)의 8개 합의 사항 중에도 주목되는 내용이 있다. 양국이 영토확장을 추구하지 않는다는 내용(1항)과 민족자결권(모든 국민이 영위할 정부 형태를 선택할 권리 존중, 강압적으로 빼앗긴 주권과 자치 정부 회복)을 인정한(3항) 내용이다.

1항은 제1차 세계대전 때와 달리 종전 후 더 이상의 영토(패전국의 식민지 계승) 확장을 꾀하지 않겠다는 것으로서 진일보했다고 볼 수 있다. 이는 카이로 선언(1943. 12. 1)에서도 재확인되었다. 그러나 승전국인 연합국의 식민지에까지 적용한다는 것은 결코 아니었다.

실제로 이 문제와 관련하여 3항의 대상은 애매했다. 유럽의 추축국 중 독일은 전쟁 도발 이전에 식민지가 없었고 이탈리아만 리비아, 에티오피아를 식민지로 지배하고 있었다. 당시는 일본의 진주만 공습으로 미국이 추축국에 선전포고하기 넉 달 전이었다. 즉 유럽 전선을 관망하던 미국은 전쟁 당사국도 아니었고, 인도차이나 침략을 시작한 일본과 '협상'에 들어간 시점이었다. 그리고 '대서양'이라는 명칭에서 알 수 있듯이 일본의 식민지·점령지는 미·영 간합의의 대상 지역이 아니었다.

3항 합의는 영국이 전쟁 상황을 관망 중인 미국에 다급하게 참전을 촉구하는 입장에서 미국의 뜻에 소극적으로 응한 결과였다. 당시는 미국 의회에서 사실상 미국의 유일한 식민지 필리핀을 10년 후 독립시키기로 하는 '필리핀 독립법(Tydings–McDuffie Act)'이 통과된(1934. 3. 24) 지 7년이 지난 시점이었다. 필리핀은 일본의 점령 때문에 독립이 늦춰진 것이고, 실제로 종전 직후 미국은 필리핀 독립을 승인했다(1946).

즉 미국은 국가주권을 송두리째 장악하는 식민지배의 효율성에 대해 회의적인 시각에서 연합국의 식민지민들도 전쟁 수행에 협력하도록 하기 위해 25년 전 윌슨이 제안했던 민족자결론을 다시 호명한 것이다. 그러나 미국의 입장과 달리 영국·프랑스·네덜란드 등 연합국은 전후에도 식민지배를 지속하려 했고 실제로 그러했다. 이 때문에 이들 국가의 식민지들은 독립하기까지 경우에 따라 전후에도 20여 년을 더 소요해야 했다.

4) 카이로 선언, 조선 '독립' 합의의 속사정

태평양전선에서 미군의 타라와섬 점령(1943. 11), 유럽전선에서 이탈리아의 항복과 소련군의 키이우(키예프) 탈환(1943. 9) 이후 연합국 수뇌들은 테헤란과 카이로에서 잇달아 회담을 가졌다. 전자는 유럽, 후자는 아시아·태평양에서의 전쟁 진행과 전후처리가 주요 의제였다.

이란은 19세기 내내 지속된 영·러 간 그레이트 게임의 한 배경이었고, 두 차례 세계대전 과정에서 수백만 명이 사망하기도 했다. 그런 이란이 석유 수탈에 집중한 영국의 지배에 대항하여 친독 경향을 보이자 영국·소련군은 테헤란을 점령했다(1941. 9). 이곳 테헤란에서 열린 회담(1943. 12)의 핵심 의제는 스탈린이 루스벨트와 처칠에게 유럽전선의 부담을 나누자고 요구한 것이었다. 이는 결국 7개월 뒤 노르망디 상륙작전으로 실현되었다. 그리고 전후 폴란드 국경을 독일 쪽으로 이동하여 소련 점령 지역을 현상유지하는 것이나 발칸 지역에서 소련 주도권을 인정하는 것 등, 소련의 주장이 도드라진 자리였다. 식민지 문제는 거론조차 되지 않았다.

얼마 뒤 루스벨트, 처칠, 장제스는 일본의 식민지·점령지 처리 문제를 다룬 카이로 선언(1943. 12. 1)을 발표했다. 소련은 아직 일본에 선전포고하기 전이어서 회담 당사자가 아니었다. 3국(미·영·중)은 승전하더라도 영토확장(패전국의 식민지 승계)을 꾀하지 않는다는 대서양헌장 1항을 재확인했다. 그리고 일본이 제1차 세계대전 이후 탈취 또는 점령한 태평양의 모든 도서 박탈, 일본이 중국에게서 빼앗은(stolen) 모든 지역(만주·대만·평후열도 등)의 반환 등과 더불어 다음과 같이 조선 관련 내용을 합의했다. 즉 ① 조선 인민의 노예 상태를 유념해 ② 적절한 시기를 거쳐(in due course) ③ 조선이 자유와 독립 [상태가] 될 것을 결의한다고 합의했다. 전후 조선의 '독립'이 처음으로 국제적 합의로 선언되었다는 점이 매우 중요하다.

즉 카이로 선언에서 일본의 식민지·점령지 가운데 과거의 중국령이나 소련령을 제외하면 독립을 약속받은 국가는, "적당한 시기"(신탁통치)라는 유보 조건은 달렸지만, 조선이 유일했다. 영토확장을 하지 않겠다는 대서양헌장의 합의가 이론의 여지없이 적용될 수 있는 지역도 조선뿐이었다. 실제로 일본이 점령한 연합국(영·프·네)의 동남아 식민지는 언급조차 되지 않았고, 이미 미국이 독립을 약속한 필리핀은 재론할 필요가 없었다.

카이로 회담 9개월 전에 열린 워싱턴 회담(1943. 3)에서 루스벨트는 영국 외상 이든(Anthony Eden)에게 신탁통치의 필요성을 언급하면서 일본의 식민지·점령지 중 조선에 대해 연합국 합의에 의한 '국제공동관리'안을 제안한 바 있었다. 이 내용이 알려지자 임정은 외무부장 조소앙의 명의로 국제공동관리안에 반대하는 성명서를 발표(1943. 2)했고, 충칭의 한인들은 국제공동관리를 반대하는 재중국자유한인대회를 개최(1943. 5)했다.

장제스는 임정 요인들의 줄기찬 '외교'를 활용하면서 전후 한반도에 대한 중국의 영향력을 고려하여 미국·영국이 동의하지 않을 것이라는 점을 알면서도 1942년 이래 임정을 승인한다는 말을 했다. 그리고 국경 지역의 빨치산과 소련 내 조선인 적군 등 전후 한반도에 대한 소련의 영향력을 우려하여 카이로에서 루스벨트에게 '조선의 자유와 독립' 조항을 포함하자고 제안했다. 처칠은 자국의 식민지배에 미칠 영향을 우려해 이 제안을 부정했다. 장제스를 전후질서 논의 상대로 인정하기 싫었던 점도 있었다. 그러나 루스벨트가 '조선의 자유와 독립'에 '적절한 시기를 거쳐'라는 문구를 추가하자 처칠도 결국 모호한 용어로 처리하는 방법에 동의했다. 발언권이 약한 장제스도 이에 동의했다. 즉 연합국은 임정을 승인하지 않았다.

카이로 선언은 미국이 주도하여 영국과 타협하여 이뤄진 것으로 중국을 '연합국 합의 체제'로 억제시키고, 소련의 잠재이익을 보장하며, 미국이 전후 동아시아에서 주도권을 행사하겠다는 방안이었다. 그럼에도 조선 독립을 보장한 최초의 국제적 합의라는 긍정적 측면을 지니고 있다. 이는 독립국을 지향하고 실천해온 임정의, 매우 만족스럽지 않지만, 의미있는 외교 성과이기도 했다. 이와 동시에 '조선인의 노예 상태'라는 표현은 일본 지배의 가혹함을 상징하면서도 조선의 즉시 독립 능력 결여(신탁통치 수반)를 의미하는 부정적 측면을 동반한 것이었다. 이는 독일의 오스트리아 합병을 불법이자 무효로 보면서도(독립 인정), 오스트리아가 독일에 가담하여 참전한 책임을 면할 수 없다(연합국 분할점령)는 양면적 의미를 담았던 모스크바 선언(1943. 10. 30)과 비슷한 맥락이었다.

강제병합이 당시의 제국주의 국제정치학의 산물이었던 것처럼, 조선 독립(유보 조건이 달린) 합의는 30여 년 뒤 국제정치학의 버전이 급변한 결과였다. 이와 관련하여 식민통치에 대한 저항의지를 국제적으로 발신한 3·1운동이 미국 여론을 조선인들에게 우호적으로 되돌리는 데 영향을 미쳤다는 점을 지적한 연구도 있다. 그러나 카이로 선언은 근본적으로 유럽 연합국의 식민지배 종식에 대한 문제의식을 전혀 담고 있지 않았다.

유럽전선에서 소련군이 바르샤바에 입성(1945. 1)하고, 태평양전선에서 미군이 필리핀에 상륙(1944. 10)한 것을 계기로, 미·영·소 연합국 수뇌들은 다시 얄타에서 만나 회담을 진행(1945. 2. 4~11)했다. 이 자리에서 루스벨트는 조선 문제와 관련하여 스탈린에게 20~30년 신탁통치를 제안했고, 스탈린은 유럽전선이 마무리되지 못한 상황에서 기간을 단축해야 한다면서도 소극적으로 동의했다. 이로써 기간을 확정하지 못했지만 한반도 신탁통치(경유 후 독립)안은 미국과 소련 사이에서 합의되었다. 물론 즉시 독립을 당연하게 생각한 조선인들의 일반적 인식과의 현저한 괴리는 해방 후 정치적 후폭풍을 예고하는 것이었다.

5) 과제를 안은 해방, 한반도 공동점령군 미군과 소련군

전후 추축국의 식민지·점령지에 대해 연합국이 욕심내지 않기로 한 「대서양헌장」의 합의대로, 추축국의 식민지·점령지는 종전 후 바로 또는 일정 기간 경과 후 독립했다. 유럽에서는 '연합국공동선언'(1942. 1. 1)에 서명한 8개 망명정부(벨기에·네덜란드·룩셈부르크·그리스·체코슬로바키아·폴란드·노르웨이·유고슬라비아) 중 폴란드를 제외한 7개국과 1944년에 서명한 프랑스가 독일 점령에서 벗어난 후 미국·소련 등 다른 연합국의 군정 지배 없이 바로 독립하면서 (임시)정부를 구성했다. 연합국의 일원으로 인정받았기 때문이다. 다만 폴란드 망명정부는 소련의 거부로 공산권 붕괴 이후 제3공화국이 수립(1990)될 때까지 유지되었다.

　이탈리아의 아프리카 식민지였던 두 나라도 독립했다. 추축국의 "부드러운 아랫배"로 불릴 만큼 '약체 군대'였던 이탈리아의 항복이 그만큼 빨랐기 때문에, 전쟁 기간에 리비아는 영·프의 분할통치를 받다가 종전 이후 독립했다(1951). 에티오피아는 전쟁 초기 영국군이 이탈리아군을 몰아낸(1941) 후 영국으로 망명했던 국왕이 돌아오면서 독립했다. 그러나 한반도의 상황은 이러한 여러 사례와 전혀 달랐다.

　얄타 회담에서 루스벨트와 스탈린은 서로가 목적한 바를 대부분 달성했다. 스탈린의 대일전쟁 참전 약속(독일 항복 후 3개월 이내)은 루스벨트 입장에서 미군의 오키나와 상륙(1945. 4)을 앞두고 예상되는 피해를 감안할 때 만주 지역 관동군 제거와 한반도 점령에 수반되는 인명피해 우려를 일거에 해결해줬다. 노르망디 상륙작전 성공 후 독일군 병력이 유럽으로 분산됨에 따라 대일전 참전 준비에 여유를 갖게 된 스탈린은 러일전쟁 패배로 일본에게 할양한 사할린 남부, 쿠릴열도 섬을 넘겨받고 향후 동유럽에 세워질 위성국의 모델인 외몽골 독립을 기정사실화했다. 소련의 대일전선 참전은 일본의 식민지 한반도가 어떤 형태로든 소련의 영향을 받게 된다는 것을 의미했다.

　독일 항복 후 연합국은 일본과의 전쟁을 끝내기 위해 아직 일본에 선전포고하지 않은 소련을 제외하고 3국(미·영·중)이 포츠담 선언(1945. 7. 26)을 발표했다. 조선 독립을 재확인하면서 카이로 선언 이행, 일본의 무조건 항복, 일본의 영토 확정(혼슈·홋카이도·큐슈·시코쿠와 연합국이 결정하는 작은 섬들) 등을 규정했다. 특히 곧 있을 소련의 대일전 참전을 전제로 미·소의 한반도 분할공동점령안도 합의되었다.

얄타 합의대로 소련은 독일 항복 후 3개월을 꽉 채운 날, 미국의 히로시마 원폭 투하(8.6) 이틀 후에 대일 선전포고를 했다(8.8). 그런데 소련군은 곧바로 한반도로 진격하여 두만강을 넘어 경흥, 웅기, 나진 등을 점령할 정도로 진공 속도가 매우 빨랐다. 당시 미군은 3만여 전사자를 낳은 오키나와 전투를 6월에 끝내고 원폭을 투하한 일본 상륙을 준비 중이었다.

이런 상황에서 미국이 38도선 분할점령안을 제안하고 소련이 받아들이는 형식으로 전쟁 중에 38도선 경계가 합의되었다. 미군의 한반도 진주 전, 소련군은 이미 북한 지역 대부분을 점령했고 38도선 경계 합의에 따라 경의선과 경원선 운행을 중지(8.27)하고 남북간 이동도 통제(9.3)했다. 미군은 인천에 상륙(9.8)한 후 조선총독에게 항복문서를 받아 성조기를 게양(9.9)했고 10월이 되어서야 남한 전역의 주둔을 완료했다. 미·소군은 해방군이 아니었다. 적국 일본이 지배한 지역에 진주한 공동점령군이었다. 그것이 냉정한 현실이었다.

2장
식민지자본주의의 파국과
총동원 체제

1. 조선 공업화–병참기지화 정책의 실체

1) 밑 빠진 독에 물 붓기, 총동원 체제를 향하여

일본은 다나카 기이치 내각(1927. 4~1929. 7)이 들어서면서 이미 중국 침략의 발을 내딛었다. 그러나 폭살된 장쭤린의 아들 장쉐량(張學良)은 북벌에 성공한 장제스와 손을 잡았다. 이 와중에 세계대공황이 일본의 생사와 미가 폭락을 불러와 농촌 경제를 궤멸 상태로 몰아넣었다. 농촌 출신이 많은 군인들의 불만도 점점 높아졌다. 불황의 늪에서 깊어진 기존 정치권에 대한 국민들의 불신은 군부와 관료 강경파들이 침략전쟁을 서두르는 데 활용되었다.

일본의 1차 산둥 파병(1927. 5)으로 이미 금이 가기 시작한 워싱턴 체제는 관동군의 만주 침략으로 완전히 붕괴되었다. 관동군은 중국의 제소로 국제연맹에서 파견된 리튼 조사단의 도착(1932. 3. 13) 직전 만주국 수립을 선포(1932. 3. 1)했다. 그 직후 청년 장교와 극우 세력의 극우적 국가 개조 움직임의 일환으로 해군 장교들의 이누카이 쓰요시(犬養毅) 총리 사살 사건(1932. 5. 15)도 일어났다. 일본 근대사에 잠시 얼굴을 내밀었던 다이쇼 데모크라시 시기가 막을 내린 것이다.

이 무렵, 해군대신과 조선총독을 역임한 사이토 마코토 내각은 「일·만의정서」(1932. 9. 15)를 체결하여 관동군이 세운 만주국을 승인했다. 국제연맹 조사의 윤곽이 드러나자 선수를 친 것이다. 국제연맹 임시총회가 '만주에 대한 중국 주권을 인정하고 일본이 만주사변 이전 상황으로 복귀할 것'을 요구하는 대일 권고안을 채택(1933. 2)하자 일본은 추축국 중 가장 먼저 국제연맹 탈퇴를 통고했다(1933. 3. 27).

이제 일본의 대외 정책은 침략 정책 일변도로 기울어진 군부가 좌우하는 형국이 되었다. 1934년 육군성이 공개한 문건 「국방의 본의와 그 강화의 제창」은 군부, 특히 육군이 일본의 정치, 경제에 관여해야 한다는 내용을 담고 있었다. 이는 군국주의의 늪에 빠져 천황-군부의 수직적 질서와 그 영향력을 통제할 세력이 일본 정치권에서 사라졌음을 보여준다.

한편 일본 육군 파벌은 군부 중심으로 총동원 체제를 구축하자는 통제파와 기득권을 몰아내고 천황이 친정하는 국가를 만들자는(국가개조) 황도파로 나뉘어 대립하고 있었다. 그런 와중에 황도파 계열 청년 장교들이 "천황을 받들어 간신을 토벌"한다는 "쇼와유신"의 명목으로 1,500여 병력을 동원한 쿠데타 미수 사건(1936. 2. 26)을 일으켰다. 총리직을 사임하고 내대신(內大臣)이 된 사이토 마코토와 대장대신 다카하시 고레키요(高橋是清) 등 요인을 살해한 쿠데타는 천황의 명령으로 진압되었다. 황도파의 쿠데타는 실패했다. 그러나 진압 후 숙군을 단행하면서 정국운영의 실권을 장악한 통제파에게는 성공한 쿠데타였다.

2·26사건 직후 내각을 구성한 히로타 고오키(廣田弘毅) 총리는 각료 인선과 정책에 군의 개입을 용인하고 '국방국가' 정강을 내세워 군부가 정치에 개입하고 간섭하는 길을 제도적으로 터줬다. 천황-군부 수직 체제의 군국주의는 이후 중국 침략, 진주만 공습, 동남아와 태평양 침략 등 거침없이 전쟁을 확대해 나갔다.

그러나 "화외(華外)의 땅" 만주에 대한 일본의 '손쉬운' 침략 성공은 중국 국민정부의 반만(反滿) 한족민족주의의 한계에서 비롯된 것이었다. 이 점을 간과한 일본 육군은 중국 침략을 석 달 안에 끝낼 수 있다는 '마약'에 취해 있었다. 현실은 달랐다. 침략전쟁의 늪에 빠진 것이다. 중일전쟁의 시발점이 된 루거우차오 사건(1937. 7. 7) 이후 석 달 만에 총동원 체제 담당기구로 기획원이 설립(1937. 10)되고, 이듬해 「국가총동원법」이 공포되었다(1938. 4. 1). 국가총동원법의 대상은 일본뿐 아니라 식민지와 만주국, 군부가 구상하는 '대동아공영권' 전체였다.

일제는 1939년부터 물자동원계획과 생산력 확충계획의 두 축으로 본격적인 군수물자 동원을 강행했지만, 미국 등 연합국의 대일 금수, 일본 자산 동결 등의 조치로 군수물자 확보가 어려워졌다. 단기전으로 끝내고 미국과 정전협상을 맺겠다는 구상으로 감행한 진주만 공습(1941. 12. 7) 이후, 물자동원계획은 침략 지역 내에서 일본이 유지할 수 있는 물자 수송력에 규정될 수밖에 없었다. 즉 일본은 진주만 공습 때부터 인적, 물적 자원을 끝없이 소모하는 장기전을 감당할 수 없는 상황이었다. 진주만 공습과 더불어 자행한 '남방작전'으로 점령한 동남아에서 석유, 니켈, 보크사이트, 고무 등 전략물자를 확보했지만, 일본의 수출은 매년 감소하여 무역수지 적자가 급증했다.

더구나 진주만 공습 6개월 뒤 미드웨이 해전 대패(1942. 6)로 제해권이 위축되면서 기존의 물자동원계획 실행은 어려워졌고, 낮게 설정된 생산력 확충계획 목표마저 달성하지 못했다. '일본권'인 만주·화북 지역과 조선·대만 등 식민지에서의 생산력 확충도 제대로 이뤄질 수 없었다. 생산력 확충과 물자동원이 모두 어려워지면서 후방 민간인들에게 요구되는 희생도 한계점을 넘어섰다. 일본은 점령지에서 필요한 물자를 가져왔지만, 점령지 사람들이 필요로 하는 생활물자를 공급할 수 없었다. 즉 무력에 기초한 엔블록 경제권과 대동아공영권 구축은 침략 지역 인민들의 끝없는 희생을 강요하며 진행될 수밖에 없었다.

2) 식민 농정의 전환, 지주 우대 정책에서 타협·조정책으로

대공황의 여파는 쌀 단작 농업 구조인 조선 농촌에 쌀값 폭락을 불러와 농가들을 속수무책으로 몰락시켰다. 백미 100근 값이 1926~1931년 사이 25엔에서 15엔으로 폭락하는 동안, 소작농가는 1928~1932년 사이에 30만 호나 급증했다 (125만→154만 호). 여기에다 1929년 들어 일본에서도 수급 조절 실패에 따른 미곡 과잉으로 쌀값 하락이 심각해졌다. 이런 상황에서도 조선총독부는 빈농들이 쌀 대신 먹어야 하는 만주 좁쌀 수입 관세를 인상했다. 『동아일보』는 "조선인으로 하여금 쌀을 먹게 하라"(1934. 2. 13)는 기사를 낼 정도였다.

그런데 폭락하는 조선미 이입을 둘러싸고 일본 경제와 조선 농촌 사이에, 조선의 몰락하는 농민과 지주층과 사이에, 그리고 일본의 지주와 자본가 간의 갈등이 깊어지는 와중에도 조선미 이출은 계속 증가했다. 1925~1929년 연평균 이출량은 총생산량의 39%로 585만 석이었는데, 1931~1935년에는 49% 845만 석으로 늘어났다. 조선미가 초기 유통 단계에서 지주에게, 가공 단계에서 대규모 정미업자에게, 최종 유통 단계에서 무역상에게 집중되는 체제가 계속 유지되어 관성적으로 계속 이출된 것이다. 지주경영이 악화된 상황에서 산미증식계획은 일시 중단(1934)되었지만, 공업 부문으로의 투자 전환이 이론처럼 쉽게 진행될 수 있는 것도 아니었다.

이 무렵 조선에서는 소작쟁의나 사회주의자들이 주도하는 혁명적 농민조합 등으로 식민 농정에 맞선 농민운동이 전국적으로 확산되었다. 조선 농촌의 위기, 즉 식민통치의 위기 상황에서 일본 육사 1기 출신의 정치군인으로 육군대신을 지낸 우가키 가즈시게가 조선총독으로 부임했다(1931. 6). 때는 만주 침략 직전이었다. 만주·중국 침략을 통해 영국, 프랑스와 같은 블록경제권을 구상하던 우가키는 식민 농정 전환을 모색함과 동시에 조선 공업화 정책을 추진하기 시작했다. 특히 전자의 경우, 식민 통치의 일차적 책임자인 조선총독부로서는 다른 선택의 여지가 없었다.

1930년대 농정은 유통 분야에서의 미곡 관리 정책, 생산 분야에서의 농가 경제 안정화 정책 등 두 방향에서 전개되었다. 조선총독부는 미곡 관리 정책으로 조선미 이출의 계절적 집중을 떨어뜨리기 위해 미봉책이나마 미곡저장·공동판매 장려 정책을 추진했다. 그리고 소농층의 경제기반이 무너져 식민지배 체제가 위기에 처한 상황에 대한 대응책으로 '농가 경제 갱생계획'(1933)을 수립했다. 갱생 3대 목표(식량 충실, 현금수지 균형, 부채 상환)를 설정하고 이를 달성하기 위해 '다각적 영농에 의한 잉여노동력의 최대한 이용' 및 '기업적 영리경영의 배제와 자급자족의 강화' 방책을 강조했다.

농가 경제 갱생계획의 중심 사업은 자작농지 설정 사업과 부채정리 사업이었다. 전자는 농촌진흥의 중심인물이 될 자를 대상으로 자작농지 설정에 필요한 자금을 대부하는 것이고, 후자는 금융조합원을 대상으로 부채를 조정 감면하는 것이었다. 이 두 사업을 통해 전국 각지에 지점을 두어 해당 지역 실정에 밝은 금융조합을 매개로 조선총독부의 새로운 농촌 지배가 구축되었다.

또한 지주-소작계급 대립을 완화하기 위해 소작관계법을 제정했다. 조선총독부는 전국적으로 농민운동이 확대되어가자 1920년대 후반부터 지주의 소작농에 대한 과도한 수탈이 식민통치의 '안정'을 떨어뜨린다고 인지하고 있었다. 미봉적 조치로 행정지도 등을 통해 소작관행 개선에 나섰으나 별 성과를 거두지 못하자,「조선소작조정령」(1932. 12)을 제정하여 재판소나 조정위원회가 소작쟁의를 해결하도록 했다. 그러나 소작농에게 불리한 관행을 조정기준으로 설정하여 실효는 크지 않았다. 소작농의 불안정한 소작권이 갱생 의욕을 떨어뜨린다고 본 조선총독부는 농촌진흥운동의 효과를 높이기 위해 「조선농지령」(1934. 4)을 공포했다. 「조선농지령」은 소작지 관리자의 변경을 명령할 수 있게 하여 그들의 중간 수탈을 규제하고, 임대차 기간을 3년 이상으로 규정하여 소작지의 상속·매매·계약갱신에도 임대차권을 인정했다.

농가 경제 파탄과 농민 저항으로 위기에 처한 식민지배 체제를 안정시키려면, 소작관계를 둘러싼 근본 문제를 해결하는 토지혁명을 거쳐 형성되는 (자작)소농 체제를 정치적으로 활용할 수 있어야 한다. 그러나 이는 일본 경제의 필요에 따라 정착된 식민지지주제의 근간을 바꾸는 것으로서, 일본이나 조선총독부의 역량을 넘어서는 일이었다. 침략전쟁을 계속 확대해가는 일본이 조선의 미곡 공급지 역할을 변화시킬 수도 없었다.

즉 1930년대 식민 농정 전환은 이제까지 지주 일방에 치우친 농정을 지주와 소작농 간의 타협이나 조정을 통해 해결하는 것으로 전환한다는 미봉적 발상에서 나왔다. 이와 동시에 일본 자본을 적극 유인하여 일본 경제에 예속된 공업화를 추진하면서 농촌의 과잉인구를 노동자로 흡수하는 정책을 진행했다. 조선 내 자본가층은 그들대로 일본에서 들여오는 이입품과의 경쟁에서 불리해지자 조선총독부에게 조선 산업 보호를 주장하고 저렴한 전력 공급과 저리의 금융지원을 요구하고 있었다.

3) 조선 공업화 추진을 서두른 국내외 배경

일본 경제는 제1차 세계대전을 계기로 호경기를 맞아 무역흑자를 기록하면서 전쟁 후반기인 1916년경부터 자금 여력을 가질 수 있게 되었다. 조선총독부는 1910년대 무단통치기에 조선 공업을 억제하기 위해 제정한 「회사령」을 폐지(1920)했지만, 그렇다고 해서 1920년대 말까지 공업화 정책을 추진한 것은 아니었다. 전후 불황이 만성적으로 지속된 1920년대 일본 경제로서는 조선의 산업을 재편할 여력도, 필요도 없었기 때문이다. 이 시기 조선총독부의 경제정책은 일본 경제를 뒷받침할 산미증식계획과 일시 유예된 중국 침략을 준비하는 철도 부설에 집중되었다.

1910년대 일본 경제는 미국이나 유럽에서 중공업제품(기계, 철강, 화학)을, 식민지에서 식량·원료를 수입하고 면제품을 수출하는 구조였다. 그러나 유럽이 전쟁에 휘말려 들어간 제1차 세계대전의 틈새를 활용하여 호경기를 맞으면서 중공업 부문도 급성장했다. 1910~1930년 산업생산 추이에서 중공업 비중은 21%에서 33%로 증가했다. 수입대체화가 크게 진척된 것이다. 총수입에서 중화학공업 제품 비중은 1916년에 비해 1920년 33%, 1931년 21%로 줄었다. 그러나 중공업제품의 경쟁력이 낮아 판로 개척이 쉽지 않았다. 그런 상황에서 세계대공황에 직면했다.

대공황 대응책으로 구미 제국주의 국가들이 블록경제를 구축하자 일본 경제의 해외시장은 급격히 축소되었다. 결국 일본은 1920년대 내내 워싱턴 체제가 금지했던 중국 시장 독점을 위한 전초전으로 만주를 침략했다. 중공업제품을 만주와 조선에 판매하고 이곳에서 원료와 식량, 다양한 중간재를 공급받는 배타적인 자급자족적 '일본 경제권'을 만들고자 한 것이다.

실제로 일본 경제는 만주 침략을 계기로 마약과 같은 효과를 맛보았다. 일본이 금본위제에서 다시 이탈하여(1931. 12) 관리통화 체제로 이행하면서 조성된 엔화의 가치 하락으로 수출이 급증했다. 미국과 영국 등이 일본 상품에 덤핑 판정을 내려 고율관세를 부과할 정도로 특히 면직물 수출이 급증하여, 일본은 영국을 제치고 세계 1위의 수출국이 되었다. 만주 침략에 따른 군수경기와 수출증대로 산업계는 일시 활기를 띠었고, 특히 군수 산업과 연관된 중화학공업이 성장하여 1933년경에는 대공황 이전 수준으로 경기가 회복되었다. 1936년 말 만주에 대한 투자가 대외투자의 절반 이상(57%)을 차지했다. 이러한 투자 급증에 호응하여 만주로 중화학공업품 수출을 증가시키면서 1930년대 일본의 중화학공업이 번성했다.

변화된 경제 환경에서 1920년대 계속된 불황에 이어 대공황의 여파로 일본에 퇴적된 과잉자본에게, 임금과 지가가 싼 조선은 새로운 투자처로 기대되었다. 만주 침략에 적극 편승한 일본 독점자본도 만주라는 큰 시장과 중국 진출을 위한 전진기지이자 배후지로서 조선을 시장·노동·자원 등 여러 측면에서 주목하기 시작했다. 실제로 화폐 제도나 금융 제도는 물론, 「조선관세령」의 유보조항 폐지(1920)로 관세 제도 역시 사실상 일본과 다를 바가 없었다. 철도·도로·항만 등 사회간접자본도 개별 자본이 활용할 수 있을 만큼 구비된 편이었다. 특히 농촌 과잉인구가 대규모로 존재하여 저임금 노동력이 풍부했다. 섬유와 경금속공업 원료가 풍부하고 만주산 원료를 이용하는 데도 유리한 지점인데다 석탄, 전력 등이 풍부하고 저렴하다는 점이 부각되었다. 일본 자본에게 조선은 매력적인 투자지였다.

'일본권'에 필요한 조선의 역할이 바뀜에 따라, 조선 경제가 이제까지처럼 일본을 위한 원료·식량 공급지, 소비재 수요지로만 머물 수 없는 상황이 되었다. 조선 공업화 정책은 일본을 정(精)공업지대로, 만주를 농업지대로, 양축의 연결고리인 조선을 조(粗)공업지대로 설정하여 엔블록 경제권을 구축한다는 구상하에 우가키 총독이 앞장서서 추진한 것이었다. 이는 농민운동의 급진화로 흔들리는 식민지배 안정을 위해서도 필요했다. 그런데 조선총독부는 일본 정부 허가 없이 조선에서 공채 발행이나 통화 발행 등 독자적인 재정·금융 정책을 통해 자금을 창출할 수 없었다. 조선총독부가 택할 수 있는 방법은 일본 자본의 조선 투자를 위한 환경을 조성하는 것뿐이었다.

일본에서는 이미 「공장법」(1911) 제정 이래 중요 산업의 과잉생산 방지, 산업의 합리적 운영을 명분으로 중요 산업을 카르텔로 조직하여 생산과 판매를 독점하도록 한 「중요산업통제법」(1931)이 이미 제정되었다. 그러나 조선총독부는 두 법을 조선에 적용하지 않았다. 일본에서 이 두 법에 적응하기 어려운 주변부 자본을 조선으로 끌어들여 그들을 위해 생산과 판매, 그리고 저임금으로 노동자 착취를 쉽게 할 수 있는 조건을 만들어준 것이다. 또 일본 대기업에게 금융·세제상 지원, 공장 건설에 필요한 용지의 염가 확보, 필요한 공업원료 보장, 노동운동 탄압 및 노동력 공급에 대한 각종 편의 제공 등 각종 특혜를 제공했다. 조선은 「중요산업통제법」의 통제에 적응하기 어려운 일본의 주변부 자본에게도 새로운 투자처로 인식되었다.

일본 자본주의의 필요에 종속된 조선 경제의 역할은 1920년대까지 원료와 식량을 일본에 공급하고 일본 상품을 소비하는 시장에 국한되어 있었다. 그러나 1930년대 들어서는 원재료와 중간재를 일본에 공급하고 기계 등 자본재를 소비하는 시장으로 전환된 것이다. 이는 무역 구조에서도 드러났다. 1928년에 비해 1936년은 식량·원료 중심 이출이 그대로 유지된 가운데 기계류 이입이 증가했다. 일본이 블록경제권 구축을 위해 자원의 블록권 내 자급자족을 꾀하고 이를 바탕으로 중화학공업화를 추진함에 따라, 일본의 식민지는 일본산 중화학공업품 소비지로서 기능해야 했다.

1930년대를 지나는 동안 일본에서 식민지로의 이출품도 면직물 등 경공업품에서 기계기구류 등 중공업품 중심으로 전환되었다. 1936년 조선으로 이출된 기계류는 만주 다음으로 많아 일본 기계류 총수이출액의 30%를 차지했다. 조선에서 중화학공업품 이입 증가는 1930년대 대일무역수지 적자의 주요 원인이었다. 기계류 이입에 기반하여 생산된 경공업 제품은 조선 내에서 소비하거나 만주 등 다른 식민지에 수출했다. 대표적인 것이 면직물인데 1930년대 수출품의 수위를 차지했으며 이러한 만주 수출을 바탕으로 대외 무역수지가 흑자로 전환될 수 있었다.

즉 조선 공업화 정책은 일본의 국내외 환경이 변화함에 따라 일본 경제를 보위하는 조선 경제의 역할이 재설정되고 조선의 광공업 입지 조건이 새로 주목되면서 추진된 부산물이었다. 일본의 산업 수요에 종속적으로 부응하고 일본의 중공업제품을 소화하기 위해 조선에서는 낮은 수준의 종속적 공업화가 진행되어야 했다. 일본 산업 구조의 변화와 시장 확보의 필요, 조선 경제를 '일본권' 블록경제의 하청단지로 설정하여 중국 침략을 준비하기 위한 것이기도 했다. 그리고 조선 내적 요인으로는 대공황과 민족운동의 확산이 불러온 식민 통치의 위기를 진정시키기 위해서도 필요했다.

4) 산업연관성 없는 하청 병참기지화, 군수 공업화

조선 공업화 정책은 병참기지화 정책으로 이어졌다. '대륙 전진 병참기지'라는 용어는 우가키에 이어 미나미 지로(南次郞)가 조선총독으로 부임(1936. 8)한 후 석 달 안에 끝낼 수 있다는 군부의 주관적 예상과 달리 중국 침략 전쟁이 길어지면서 '로터리대회 및 일만실업협회 총회'(1938. 5)에서 처음 거론했다. 일본의 전쟁 수행을 위해 조선 경제가 부담해야 할 군수(관련) 생산의 역할을 하향식으로 설정하여 동원 가능한 모든 자원(자금, 물자, 인력)을 군수 산업에 집중한다는 것이었다.

철 등 지하자원의 개발, 대체 연료로서 인조석유 공업 등을 중요 업종으로 선정하고, 6년여 동안 조선에서 시행을 유보했던 「중요산업통제법」을 중국 침략을 목전에 두고부터 적용했다(1937. 3). 가용한 모든 자원을 군수 산업에 집중하기 위해 중요산업으로 지정된 업종(경금속, 석유, 황산암모늄, 공작기계, 자동차 및 철도차량, 선박, 항공기, 피혁 등)에 대한 통제경제 체제를 가동한 것이다.

해방 후 작성된 연합군 최고사령부(SCAP)의 추산에 의하면 1900~1945년 일본의 대(對)조선 투자액 약 80억 엔(5.3억 달러) 중 절반 이상이 중일전쟁 이후에 집중되었다. 주요 제철 공장 가운데 겸이포제철소(1918년 설립) 외에는 모두 1937년 이후, 특히 1941년 이후 설립되었고 경금속 공장도 마찬가지였다. 기계공업 부문도 1939년 현재 자본금 100만 엔 이상 공장 21개 가운데 19개가 1937년 이후 설립된 것들이었다.

　당시 조선의 공업은 정미업 등 식료품공업의 비중이 컸고 방직업 비중이 약 10% 정도를 점하여 경공업도 업종이 제한되어 있었다. 이런 상황에서 추진된 조선 공업화─군수 (관련) 공업화 정책은 중화학공업 부문이 빠르게 '고도화'되는 특징을 보였다. 1930~1940년 동안 중화학공업 비중은 2배 이상(25%→51.6%) 확대되었는데, 농가 호수가 70%를 차지하던 당시로서는 기현상이었다.

　즉 경공업(식료품·방직)과 중화학공업(화학·금속·기계기구) 비중의 격차는 1931~1937년 동안 계속 좁아지다가(65.8%: 18.3%→53.4%: 33.4%), 1939년(44.2%: 43.6%)을 경계로 반전되어 1942년에는(38.7%: 46.9%) 후자의 비중이 더 커졌다. 1942년 추계에 의하면 일본질소비료(주) 등 일본 대자본이 광공업 투자 자본의 74%나 차지했다. 중화학공업에 대부분(90%) 투자되었고 경공업 분야는 10%에 불과했다. 중화학공업 중에서도 특정 업종(전기, 화학, 제철, 경금속 등)에 몰려 있었다.

　일본으로의 생산재 이출액도 1918~1940년에 120배나 급증(3백만→3억 6천만 엔)했다. 공업제품 이출액 중 생산재 비중은 62%에 이르렀다. 그러나 자본재(기계 등) 비율은 1940년대에도 4.2%에 불과했다. 기계의 경우 이입 의존도가 1940년에 75%나 되었다. 기계공업은 농기구 등 간단한 기구의 생산, 그리고 철도·자동차·선박 등의 수리·조립에 불과했다. 즉 생산수단의 일본 의존도는 더욱 심해졌다. 제철업의 경우 선철 생산에 편중된 채 일본으로 보내(이출) 강철로 만들고 기계로 제조하여 다시 조선으로 이입되는 구조였다. '일본에서 기계 이입→조선에서 원재료 및 중간제품 가공·생산→일본으로 이출'하는 형태의 하청 생산 구조가 고착된 것이다. 조선 공업화─군수 공업화는 일본권 내에서의 종속적 분업 구조가 심해지면서 조선이 일본의 자본재를 들여와 원재료·중간제품을 공급하는 하청단지 역할을 수행한 것이었다.

　그나마 공장 생산은 1939년까지 증가 추이를 보였지만 1940년부터 자재난으로 조업이 연기되거나 예정된 사업 착수가 중지되는 경우가 많았다. 1940년대에는 모든 가용자원을 군수 생산에 집중하고 통제 강도를 높였지만 공산액 증가율이 둔화되고 단위 공장의 생산성 및 노동생산성도 격감했다. 특히 1943년 들어 연합국의 봉쇄 정책이 강화되자 원자재 공급이 어려워지면서 생산액 자체가 감소했다. 이 때문에 1938년 시행된 물자동원계획은 1940년부터 중점주의 생산 방침으로 전환되었다. 생산력 확충계획은 설비확장보다 기존 설비를 최대한 활용한 단기적 생산량 극대화 방침으로 바뀌었다. 그러나 생산을 독려해도 생산 할당량이 투자액을 따르지 못해 투자효율은 격감하고 있었다.

그런데 이런 상황에서 공장 수는 1940년대에도 계속 늘어나 통계의 착시를 보여준다. 이는 휴폐업된 경우까지 포함되었기 때문이지만, 공장 가동률이 크게 떨어진 현실을 반증한다. 1943년 공산액 추정치를 15억여 엔으로 집계한 자료에 따르면 1942~1943년간 공장 생산성(-23.3%)과 노동생산성(-26.6%)이 격감했고 일제가 패전할 때까지 이런 추이는 더욱 심해지기만 했다.

결국 일제가 조선 경제의 산업연관성을 완전히 무시한 채 강행한 군수 공업화에 따른 '산업 고도화'는 해방 이후 경제 재건에 방해 요소로 남았다. 연합국 최고사령부가 발간한 『1945년 8월 현재 일본인 해외자산』에 따르면, 일본 대외자산의 90% 이상이 중국(만주 및 대만 포함)과 조선에 집중되었다. 조선에는 24%가 소재했는데 남한이 10.5%, 북한이 13.6%였다. 북한에는 대기업이, 남한에는 중소기업이나 영세업체가 대부분이었다. 광공업 부문은 북한에 편중되어 72%나 차지했다. 즉 남한은 경공업 비중이, 북한은 중화학공업 비중이 압도적이었다.

이 시기 군수 공업화의 특징은 두 가지로 정리할 수 있다. 첫째, 광공업 부문의 경우 공업화 정책은 조선 경제를 일정하게 변모시켰지만 북한 지역에 집중되었다. 해방과 분단을 계기로 한국(남한) 경제는 여전히 가난한 농업국으로 남은 가운데 경제 재건에 나서야 했다. 둘째, 조선 내에서 산업연관성이 결여된 상태에서 전시동원을 위해 군수 공업이나 이에 종속된 부문에 하향식으로 할당된 부품만 생산하는 구조가 만들어졌다. 그 결과 조선 사회가 보유한 물적, 인적 자원과 생산력을 고갈시켜 해방 후 평화 산업 경제 재건을 어렵게 만드는 후과를 남겼다. 군수물자 생산에 동원된 광산 가동이 해방 후 대부분 정지된 것도 이 때문이었다.

군수 산업 내에서도 부문 간 유기적 연관 없이 값싼 전력과 노동력을 활용하여 일본 독점자본이 전시 초과이윤을 확보할 수 있는 부문만 확대되었다. 확대재생산에 필수적인 기계기구공업 부문 생산은 배제되어 결국 일본에 의존해야 했다. 오로지 식민 모국 일본과의 종속적 연결로 완결되는 체제였던 식민지 산업 구조는 일제의 패전과 더불어 각 부문마다 연결성이 끊기면서 조업이 중지되거나 단축되었다.

1946년 광공업 공장의 평균 조업률은 50%에 불과했다. 1944~1946년에 공장 수는 41%, 노동자 수는 52%가 감소했다. 군수 공업화가 남긴 물적 유산도 자재·부품 부족과 노후화로 인해 거의 가동되지 못했고 그나마 6·25전쟁을 거치면서 상당 부분 파괴되었다. 조선 공업화의 기반이 해방과 함께 신기루처럼 사라져버린 뒤 이 땅에 남은 것은 식민지배가 남긴 깊은 상흔과 빈곤뿐이었다.

5) 일본 대자본의 독점, 조선인 자본의 주변화와 몰락

일본의 경제 환경 변화와 대륙 침략 필요에서 비롯되어 조선 내 산업연관과 무관하게 진행된 조선 공업화-군수 공업화 정책은 조선 경제를 일본 내자본과 조선인 영세공장·가내공업으로 분리시키는 양극 구조를 낳았다. 이 와중에 1920~1940년 회사 납입자본액은 8.9배(1억 8천만→16억 엔) 증가했다. 특히 전체 납입자본의 80%를 점하는 광공업회사가 급증했다(3천만→11억 엔). 그러나 조선인 자본 비율은 조선총독부가 공업화를 등한시하던 1920년대에도 10% 정도에 불과했고 전시체제기에는 더 축소되었다(1942년 8.3%).

　조선 공업화의 기반은 전력자원 개발이었다. 조선총독부는 전력 소비가 많은 화학공업에 유리한 조건을 조성하기 위해 일본의 절반 정도 요금으로 전력을 공급하는 데 주력했다. 수력발전을 통한 전력 개발, 송전·배전 등의 전력망 확충 등 인프라 시설을 확충해 나갔다. 발전 부문의 경우 1930~37년에 자본금은 3배 증가했지만, 회사 수는 격감하여(59개사→19개사) 대자본 집중도가 커졌다. 송전·배전 부문도 일본 독점자본에 집중되었다. 조선총독부는 공업용지의 저렴한 확보를 위해 토지 가격 등귀를 억제하는 등의 행정조치를 취했다. 또한 세출액의 7~8%에 해당하는 보조금, 장려비 및 조사연구비를 제공하여 일본 대자본의 이윤을 보장했다.

　수력발전 개발에 나선 대표적인 관상(官商) 유착 일본 대기업으로 조선의 값싼 노동력, 자원, 토지를 활용하여 독점적 폭리를 취하면서 급성장한 신흥재벌 일본질소비료(일질)를 들 수 있다. 일질은 조선총독부의 비호를 받아 개마고원지대에 거의 무상으로 댐 용지를 확보하고 저렴한 노동력을 이용하여 대규모 부전강 댐을 건설했다. 그리고 수력발전소에서 생산된 20만 킬로와트의 값싼 전력을 이용하는 유안(硫安) 공장을 함경남도 흥남에 설립했다. 생산비의 30% 정도를 차지하는 전력비의 격감은 비료와 폭약의 원료인 유안의 생산비 격감으로 이어졌다. 유안 1톤당 생산비는 1935년 42엔 정도로 일본의 절반에 불과했지만, 일질은 1톤당 가격(110엔)을 일본보다 훨씬 비싸게 책정하여 폭리를 취했다.

　여기에다 조선총독부는 산미증식계획을 수정하는 1926년부터 금비 사용을 독려하기 위해 동척, 식산은행, 금융조합 등을 통해 저리자금을 대부했다. 매년 금비 소비의 30~62%를 차지한 대부액은 1926~1941년 사이에 급증했다

(558만여 엔→5,822만여 엔). 일질은 조선총독부가 통제하는 두 특수은행을 통해 비료자금을 대부하여 주생산물인 유안 시장을 크게 넓히면서 유안비료 판매가격을 일본보다 높은 수준으로 유지했다. 저비용→고가격→고수익을 보장한 식민통치 체제를 활용하여 1933년부터 막대한 이익을 올릴 수 있었다. 1933년 하반기부터 1939년 상반기까지 당기순이익은 6백만~1천만 엔, 납입자본 이익률은 20~35%나 되었다. 1939년 상반기까지 사내유보액이 1억 7백만 엔에 달했다.

일질은 막대한 이윤을 토대로 전기화학 관련 사업 영역을 확대하여 흥남 등에 거대한 전기화학 콤비나트를 형성했다. 여기에다 일질은 큰 폭의 세제혜택까지 받았다. 수력발전소의 단위당 사용료는 일본의 17분의 1에 불과했으며, 사용료 납입 유예 기간도 일본에서는 발전 시작 2년 후인 반면 조선에서는 10년이었다.

또한 일질은 부회(府會) 선거에서 자사 출신이나 자사 이익을 대변할 인물들을 당선시키는 데도 앞장섰다. 반면에 일질의 개발은 개발이익의 기업 집중, 사회적 약자에게 피해 전가, 즉 영리와 빈곤의 증대라는 결과를 낳았다. 대표적으로 공해 문제를 들 수 있는데, 전후 일본에서 발생한 미나마타병(水俣病)처럼 '흥남병' 문제를 드러냈다.

수력자원 이외에 광물자원 개발을 위한 일본 기업 진출도 활발해졌다. 석회석 개발과 관련된 시멘트 공장 설립(오노다·아사노 등)이나 제철, 비철금속 제련과 관련된 일본 기업 진출 등을 들 수 있다. 중일전쟁 이후에는 기계기구 관련 기업 진출이 활발해졌다. 군수 공업화와 그에 따른 광공업 성장은 극소수 일본 대자본(일질·동척·미쓰비시·일철·미쓰이·카네보·식은 등)이 조선 산업을 장악하는 과정이었고, 그들의 성장사였다.

전시공업화 과정에서 일본 자본의 독점적 지배력은 더욱 확대된 반면, 조선인 자본가는 기술과 자본의 열세 속에서 점차 도태되었다. 조선인 공장은 1930~1938년에 2,233개에서 3,963개로 증가했지만 직공 50인 미만, 자본금 10만 엔 이하의 영세 규모가 대부분이었고(95~98%) 3개 업종(정미업·양조업·동물유지제조업)에 집중되었다. 시장의 일부를 갖고 있던 방직업을 제외하면 기술과 자본이 필요한 영역에는 진출하지 못했고, 대부분 생필품이나 군수회사의 하청생산을 담당하는 영세공장이었다. 화학공업의 경우 정어리에서 어유(魚油)를 추출하여 일질 등 일본 회사에 공급하는 하청업이 급증했다.

이 시기 일정 규모 이상 조선인 자본가의 존재 양태는 어떠했을까? 첫째, 군수 산업과 관련을 갖고 식민 정책 보호아래 성장했던 자본가군이 존재하기는 했다. 조선비행기공업의 박흥식(朴興植), 경성방직의 김연수(金秊洙)가 대표적인데, 이들은 일제의 침략전쟁과 운명을 같이한 셈이었다. 둘째, 일정한 성장을 보였지만 전시체제기에 타 산업으로 투자를 전환한 경우를 들 수 있다. 가령 1930년대 중반 군수광물에 속하는 텅스텐광산 경영으로 큰돈을 번 원윤수(元胤洙)는 1937년 이후 일본 자본에게 광물채굴이 집중됨에 따라 성장 기회가 차단되자 광산을 팔고 투자처 변신을 꾀했다. 그러나 결국 퇴보의 길을 걸었다. 셋째, 대다수 조선인 자본가들은 전시통제 속에서 물자난과 자금난이 겹쳐 점차 도태되었다. 특히 군수 관련 기업도 '비능률적'인 경우 정리 대상에 포함시킨 「기업정비령」(1942. 6)으로 큰 타격을 받았다. 1940년 '아도(Art)서비스'라는 자동차 정비공장을 운영하기 시작했던 정주영(鄭周永) 역시 기업 정비 과정에서 자기 자산이 상실되는 와중에도 별 대응을 하지 못했다.

조선인 노동자들은 늘어났지만 미숙련 단순노동에 집중됨으로써 공업화에 따른 기술이전 수준은 매우 제한적이었다. 물론 기술자 수요는 많았지만 관련 교육 기관이 제한된 상태에서 기술자들은 대부분 일본인으로 충당되었다. 일본인 기술자들이 전쟁에 동원되는 일제 말기에 이르러서야 조선총독부가 조선인에게 응급적 기술 교육을 시행했지만 조선인이 단순 노무직에 집중되는 고용 구조의 근간은 큰 변화가 없었다. 조선인 자본가들도 기술과 자본이 필수적인 부문에는 진입하지 못했다. 전시 공업화는 조선 경제를 산업연관성이 부재한 가운데 일본권의 종속적 하부 단위로 고착시켜 해방 후 평화 산업으로 전환하는 데 큰 장애 요인으로 작용했다.

자신들을 뒷받침하고 보호할 국가가 없는 식민지에서 조선인 자본가들은 '자본축적의 자유'를 누릴 수 없었다. 아무런 보호 장치 없이 열린 국내시장에서 애초부터 체급 차이가 큰 일본 자본과 불공정한 경쟁을 감수하면서 주변적 존재로 만족해야 했다. 1930년대 식민 농정의 전환으로 유산층의 자본투자처가 다양화되고 '만주붐'이 조성되면서 조선인 자본가들의 공장이나 회사도 늘어났다. 동화 정책의 물적 조건으로 착각할 만한 환경이 조성되었다. 그러나 전황이 악화되면서 일본 독점자본이 장악한 시장의 틈새에서 자본가로서의 생존을 모색했지만 운신의 폭은 극도로 제한되었다.

일본이나 조선총독부가 전쟁 동원을 위해 결정한 정책에 순응해야 했던 이들은 자기들의 이해관계에 영향을 미치는 식민 정책이나 전쟁 결정에 개입할 제도적 통로도 능력도 없었다. 일제가 패망할 때까지 군수업에 참여하여 기업을 유지하고 부를 축적한 극소수 사례를 제외하고, 대부분은 기업 정비 단계에 접어들어 도태되거나 현상유지에 급급했다. 한국 근대사에서 자본가 그룹은 민족운동에 적대적으로 대응하고 침략전쟁에 협력하면서 부의 축적을 꾀했다. 하지만 대외의존성, 취약한 민족성을 드러냈고 여타 계급·계층에 대한 포섭력을 주체적으로 발휘하는 리더십도 없었다. 국가가 존재하지 않는 식민지에서 이는 당연한 일이었다.

2. 식민지배의 귀결, 약탈적 자금·물자 동원과 강제동원

1) 보상은 없다, 하여간 조선인은 일본인이 되어라

중일전쟁이 장기화되자 일본 정부는 전쟁 수행을 위해 의회 동의 없이 물자·자금·인력을 동원하고 파업 금지, 언론 통제 등 광범위한 통제권을 명령으로 실행할 수 있도록 규정한 「국가총동원법」(1938. 4. 1)을 공포했다. 이후 공포되는 각종 동원 관련 법령의 모법(母法)이 되는 이 법은 같은 해 5월 5일을 기해 조선에도 적용되었다. 조선총독부 역시 조선의 모든 자원을 침략전쟁에 동원하기 위해 조선 사회를 통제하기 시작했다.

조선총독부는 국민정신총동원조선연맹을 조직하여(1938. 7) 행정 단위별로 연맹을 만들었다. 연맹의 말단조직으로 '부락연맹'을 두고, 다시 각 가정을 10호씩 묶어 생필품 배급을 담당하는 '애국반'을 조직해 사회 전반을 통제했다. 국민정신총동원조선연맹은 국민총력조선연맹으로 재편 확대되어(1940. 10) 매월 회의를 소집하고 전시 정책을 홍보했다. 조선총독부는 조선 사회를 도(道)·부·군·도(島)-읍·면-정·동·리-촌락-애국반이라는 일원적 조직망으로 편성하여 전시 행동 방침을 조선인들에게 강요하면서 전쟁 수행에 동화될 수 있는 이데올로기 확산에 주력했다.

미나미가 지휘하는 조선총독부는 학무국장 시오바라 도키사부로(鹽原時三郎)가 만든 '황국신민(자기를 없애고 천황을 위해 웃으면서 순국하는 인간)'이라는 조어에 따라 「황국신민의 서사」를 제정하여(1937. 10) 학교 및 사회의 각종 행사에서 제창하게 했다. 매일 아침 일왕이 있는 도쿄를 향해 절을 하는 궁성요배, 정오의 묵도 수행, 신사 참배 등이 강요되었다. 조선인들에게 각종 의례를 규칙적으로 반복하게 함으로써 의식을 지배하는 황민화 정책을 체화시키려 한 것이다.

제3차 「조선교육령」(1938. 4)은 일본인과 조선인이 함께 학교를 다니게 한다는 '내선공학'을 내걸었다. 그러나 조선인이 다니던 보통학교, 고등보통학교의 명칭을 일본인이 다니던 소학교, 중학교로 통일한 것에 불과했다. 실제 내용은 조선인 징병제 실시를 앞두고 군부의 요구를 그대로 수용한 것으로서, 조선어 교육을 없애고 일본사와 수신·공민 과목을 강화하는 등 조선인을 철저한 황국신민으로 만들기 위한 것이었다. 1941년에는 소학교를 '국민학교'로 개칭하고 명목상 존재하던 조선어 교과목들도 완전히 없애버렸다.

또한 조선총독부는 「조선민사령」을 개정하여 1940년 2월부터 6개월 동안 조선식 성을 없애고 일본식 씨를 만들어 신고하게 하는 '창씨개명'을 강행했다. 8월 10일까지 전 호수의 80.3%가 창씨를 신고할 정도로 급속하게 진행되었다. 창씨를 하지 않을 경우 여러 불이익을 가했기 때문이다. 가령 식량 및 물자 배급 순위에서 밀리고, 학생들은 교사에게 괴롭힘을 당하고, 관공서 취직도 어려웠다. 신고를 하지 않더라도 기존 성을 일본식 씨로 일괄 등록하는 경우도 많았다.

전시기 조선 지배 정책의 핵심적 동원 논리의 하나는 '내선일체'였다. 이는 침략과 전쟁을 수행하는 일본인 측이 전쟁동원을 위해 제창한 동화 논리로서의 내선일체론과, 친일적 조선인 측이 자발적으로 일본인이 되어 '차별로부터 벗어나자'는 명분으로 제창한 내선일체론 등으로 나눌 수 있다. 즉 피지배자의 주관적 바람과 실행의지가 전혀 없는 지배자의 논리, 실현될 수 없는 이율배반적인 두 논리가 실체나 내용 없이 뒤섞인 채 오로지 동원을 위해 내선일체가 선전되었다.

미나미 총독이 '내선일체'의 최종 목표로 설정한 조선인의 '완전한 황민화'란 아무 사심 없이, 경제적 반대급부 없이 천황을 위해 죽을 수 있는 조선인 병사의 출현을 상상한 것이었다. 내선일체론의 가장 근본적인 모순은 이 점에 있었다. 지배자는 조선인에게 일방적으로 동화를 강요했지만, 단순히 꼬드기는 것이든 맘을 사는 것이든 조선인에게 제공할 반대 급부의 실체는 없었다. 게다가 정작 자신들은 그 논리를 믿지 않았거니와 오히려 조선인과의 차별이 소멸되는 것을 거부했다. 창씨개명도 수준 낮은 조선인들에게 같은 성을 준다면서 일본인들은 오히려 거부감을 드러냈다. 미나미도 조선총독 사임 후 일본에서 내·외지 행정을 일원화하고 조선총독의 권한을 견제해야 한다는 주장에 반대할 때 든 근거는 조선인이 '이민족'이라는 것이었다. 내선일체건, 동화건 내건 구호가 무엇이었든 일제에게는 항상 두 발, 세 발 앞서가는 일본인의 뒤를 감사하는 마음으로 순종하며 따라오는 조선인을 의미했다. 설령 거리가 좁혀지더라도 결코 어깨를 견줄 수는 없는 차별이 전제된 것이었다. 차별을 합리화하는 기준은 지배자가 일방적으로 정한 민도의 차이였다.

2) 조선 경제의 한계를 넘은 자금 약탈과 군수 산업 집중

전시체제기 들어 조선총독부가 조선에서 동원할 수 있는 모든 자원(자금, 물자, 인력)을 군수 산업에 집중하고자 할 때 수행 능력에 큰 문제가 드러났다. 이제까지 진행해온 '개발-수탈' 방식으로는 조선 경제와 사회가 감당할 수준을 넘어섰기 때문이었다. 이런 상황에서는 경제 논리와 무관하게 단기적으로 할당량을 채우기에 급급한, 결국 장기적으로는 결국 수탈의 효율성을 떨어뜨리고 식민통치 자체를 무너뜨리는 약탈(원시적 수탈) 방식에 의존할 수밖에 없었다.

전시금융의 역할은 강제저축과 대출 억제로 비정상적인 예금 초과를 이룬 상태에서 전쟁 수행에 필요한 부분으로 자금을 집중하는 것이었다. 자금이 절대적으로 부족하여 조선을 '개발'하는 데 필요한 자금의 일정 부분을 일본에서 들여오던 식민지자본주의 금융 시스템은 이제 그 용도가 바뀌었다.

먼저 대출을 군수 산업에 집중하기 위해 일본에서 공포한 「임시자금조정법」(1937. 9)과 「은행등자금운용령」(1940. 10)을 조선에서도 시행했다. 「임시자금조정법」은 세 범주로 산업을 분류하여 자금 공급 우선순위를 정해 군수 관련 생산력 확충 분야에 자금 공급을 집중하기 위한 것이었다. 사업 설비의 신설·증설·개량 등을 위해 10만 엔 이상 대출을 받을 경우, 공칭자본 50만 엔 이상 회사가 신설·증자·합병 및 제2회 이후 주금을 납입할 경우, 10만 엔 이상 회사채를 발행하거나 자기 자금으로 사업 설비의 신설·확장·개량을 할 경우, 조선총독(일본에서는 일본은행)의 허가를 받도록 규정했다. 단 '시국사업'(항공기·금속·기계·병기·철강제조업 등)은 예외였다. 7차례 개정을 거친 「임시자금조정법」을 통해 군수 산업 외의 부문에 대한 자금 공급을 제한하고 모든 금융 기관이 기업에 대한 대출이나 유가증권의 응모·인수·모집을 할 때 조선총독의 허가를 받도록 했다.

대장성은 여기서 한 단계 더 나아가 「은행등자금운용령」을 제정하여 사업 운영자금까지 통제 대상으로 설정하여 운전자금의 경우 5만 원 이상의 대출, 당좌대월이나 어음할인에 의한 대출의 경우 건당 3만 원 이상이면 조선총독의 허가를 받도록 규정했다. 소액 대출을 제외한 모든 대출을 조선총독부가 통제하도록 제도화한 것이다. 이 법령은 운전자금 허가제 외에 특히 금융 기관의 자금운용에도 개입해 일정량의 국채 보유 의무(조선에서는 예금 증가액 중 특수금융 기관은 15%, 일반은행은 10%)를 규정했다.

이와 더불어 조선총독부는 군수 산업에 자금을 집중 공급한다는 목적하에 국채 소화와 생산력 확충자금 공급을 위해 무진회사를 제외한 모든 금융 기관을 망라한 금융통제기구로 임의단체인 조선금융단을 설립한(1938. 12) 후 태평양전쟁이 극에 오를 무렵 「금융통제단체령」에 따라 법적 단체로 출범시켰다(1942. 6). 조선금융단은 국채수익률이 예금이자율보다 낮은 상황에서 예금이자율을 조정하여 금융 기관의 국채 매입 독려에 집중했다. 그리고 강제저축, 중요산업에 대한 공동융자, 조선은행권 발행 증가, 조세 증징 등 재정·금융 수단을 통한 민간자금 흡수책을 동원하면서 강력한 전시금융 통제를 실행했다.

1936~1945년 사이에 조선총독부 특별회계에서 일본의 '임시군사비 특별회계'로 전출된 금액은 16억여 엔(1945년 예산 포함)에 이르렀다. 더욱이 징병제 준비비 등 관련 지출을 합한 17억여 엔은 조세의 62%나 되는 규모였다. 태평양전쟁을 계기로 급증한 이러한 전비 유출액은 1941~1945년에 총유출액의 93%가 집중되어 조세의 73%나 되었다. 말기에 이르면 수치상 조세의 대부분을 군사비로 전출하고도 모자랄 정도였다.

전시금융 정책이 주력한 또 하나가 전비 공급, 전시 인플레이션 억제라는 두 마리 토끼를 잡기 위해 민간자금을 흡수하는 것이었다. 이에 따라 1938년부터 '국민저축조성 운동', 즉 강제저축이 시행되었다. 정무총감 통첩으로 매년 할당된 저축 목표액을 달성하기 위해 각도 등 지방기구 및 행정기구는 국민정신총동원운동 및 농촌진흥운동과 연계한 저축운동을 추진했다. 이에 따라 급여에서 일정액을 미리 떼는 덴비키저축(天引貯蓄)을 실시했으며, 도시 지역에서는 각 부인 단체와 교화 단체를 통해 가정주부의 저축 인식과 소비절약 등을 강조 선전했다.

1940년 들어서는 정규수입(봉급, 급료, 수당, 상여, 배당, 이자, 지대, 가옥임대료, 매상금 등)과 각종 임시수입은 물론 농촌의 공출대금까지 강제공제저축 대상에 포함되었다. 1941년 이후 강제저축 추진 기관으로 법적 단체가 된 저축조합에, 조선 거주자는 누구나 하나 이상 가입해야 했다. 강제저축 운동은 행정 조직은 물론 각종 관변 조직, 금융 기관 등 모든 조직을 총동원하여 강행되었다. 이렇게 흡수된 저축액은 조세보다 훨씬 큰 규모였으며 대부분 일본 국채 매입과 전쟁 관련 회사의 대출로 사용되었다. 해마다 급증하던 저축 목표액은 말기로 갈수록 증가폭이 커졌다. 저축액은 1937년부터 1944년까지 불과 7년 동안 무려 44.5배의 폭증세(1억 2천만여 엔→56억 2천만여 엔)를 보였다. 그나마 1944년에 이르면 실적액이 목표액보다 훨씬 떨어졌다. 이는 원초적 강제력을 동원해도 강제저축이 조선인 생존권조차 무너뜨려 감당할 수 있는 한계를 훨씬 넘어섰음을 반증한다.

3) 약탈적 공출 및 물자동원

전시물자동원과 생산력 확충계획을 강행한 조선총독부가 군수물자 생산에 필요한 지하자원 가운데 특히 주목한 광물자원은 석탄과 철, 그리고 금이었다. 그러나 석탄의 경우 매장량과 기술력 부족을 노동력으로 채웠기 때문에 곧 증산에 한계를 드러냈다. 철의 경우도 1930년대 후반 북부 지역의 철광을 적극 개발했지만 해상 수송이 어려워지면서 조선에서 제련하는 방식이 추진되었다. 그러나 철 제련에 필요한 석탄이 확보되지 않아 화력이 낮은 무연탄을 활용한 소형 용광로 사업을 추진한 결과 생산목표 대비 30% 미만으로 그 실적은 매우 저조했다.

또 무역 결제 수단인 금 생산과 이출이 강조되었다. 1937년 이후 광산액(41억 2,700만여 엔)이 식민지기 전체의 84%나 차지한 가운데 1937~1942년 금 생산액은 광산액(17억 여엔)의 32%나 차지했다. 태평양전쟁 도발 이전까지 '금자금 특별회계' 보충금 6천여만 엔을 들여와 그 10여 배에 상당하는 금을 조선에서 채굴해 갔다. 일본의 금 생산량은 10톤에 불과했는데 조선에서 1936년 20톤, 1942년에는 75톤으로 늘려 일본권 산금량의 55%를 생산한다는 계획에 따라 광업은 "기대 이상의 성적"으로 비약적 성장을 보였다. 그만큼 조선이 보유한 자원이 비생산적으로 소진된 것이다.

조선은 석탄, 철광석, 선철 등을 공급했으며 특히 형석, 텅스텐 등 9가지 광물은 '일본권' 생산 목표의 50% 이상을 점했다. 금이나 군수용 광물 이출을 뒷받침하기 위해 금속 공업이나 기계기구 공업이 성장했다. 즉 1937년 이후 공업 구조의 외형적 고도화는 군수 공업 또는 그 원료채굴업에 기초한 것이었다. 공급 능력이 한계에 이르자 조선총독부는 「금속류회수령」(1941.8)을 공포해 지하자원 채굴뿐 아니라 가정에서 식기로 사용하던 놋그릇과 일상용품들까지 군수물자에 활용하기 위해 '회수', 즉 약탈적 강제공출에 나섰다.

조선미 이입을 둘러싸고 산미증식계획이 일시 중단(1934)되기도 했지만, 전쟁의 장기화로 군수식량 확보가 중요해진 상황에서 병참기지 조선의 중요한 역할은 여전히 식량 공급이었다. 더구나 조선과 일본의 대가뭄(1939)으로 식량 조달에 큰 문제가 발생했다. 농정에 투여할 자금 여력이 없는 상황에서 경종법 개선 중심으로 '조선증미계획'(1940)이 추진되었다. 그러나 성과를 거두지 못했고 결국 '조선증미개정계획'(1942)으로 토지개량을 통한 증산을 꾀했다. 그러나 이 역시 물자난, 자금난, 강제동원에 따른 인력 부족으로 토지개량은 소규모 사업 위주로 진행될 수밖에 없어 생산력 증대로 이어지지 못했다. 게다가 1940년 이후 화학비료 공급이 크게 부족해 비료와 수리시설에 의존한 개량농법과 품종개량을 통한 증산책은 오히려 효과를 거둘 수 없었다. 자급비료로 대체하려 했지만 이 역시 노동력 자체가 부족했다. 고갈되는 지력을 농민들의 고된 노동으로 대체했지만 다노다비(多勞多肥)에 의존한 생산력은 계속 떨어지기만 했다.

일본의 1인당 쌀 소비량 1.1석이 안정적으로 유지된 것은 일본을 위한 쌀 공급지로 규정된 조선에서 증산에도 불구하고 소비량이 1911~1934년에 52%나 격감(0.786→0.379석)했기 때문이다. 1936년 울산 달리 마을에 대한 조사를 주도한 최응석은 조선 농촌의 실상을 두고 "동물 같은 원시적인 생활, 옷은 몸을 가리는 데 불과하고, 집은 흙으로 된 방이다. 음식은 (…) 배를 채우는 섬유소 덩어리이다. 물은 질이 나쁘고 길가에서는 회충이 알을 까고 있"다고 회고했다. 이런 상황에서 농민의 재생산과 일상생활마저 무너뜨리는 공출이 강행된 것이다.

증산을 기대하기 어려운 상황에서 「조선미곡배급조정령」(1939. 12)을 통해 내핍을 강요하고 약탈에 의존한 미곡 공출도 강행했다. 1940년 11월부터 미곡에 대한 유통통제(공출)와 소비통제(배급) 방침이 강행되었다. 처음에는 '과잉 지역의 과잉 수량'을 대상으로 공출을 시행한다는 명분이었다. 그러나 매년 할당량이 늘어났다. 1943년부터는 '자가보유미 제도'를 도입하여 '전 농민의 과잉 수량'으로 대상이 확대되었다. '부락책임공출제'까지 도입하여 할당량을 마을의 연대책임으로 규정했고, 농민들은 할당된 공출량을 채워야 했다. 전황이 악화되자 식량의 전면통제를 위해 「조선식량관리령」(1943. 8)을 공포하여 쌀 외에 보리, 조, 밀, 밤 등까지 공출 대상에 포함시켰고 공출 외에는 판매를 금지하여 주요 식량을 사실상 전매 제도로 운영하기에 이르렀다. 1940년부터 쌀과 더불어 제철, 고철 재생 공업, 가솔린 대용의 자동차연료 등으로 쓰이는 목탄을 확보하기 위해 목재 공출이 강행되었다. 삼림 황폐화를 불러올 정도였다.

한편 군복 등 군수물자로 면화·견·마류 등의 의류용 농작물도 중요해졌다. 1940년 이후 외국 면화 수입이 끊겨 면화 증산이 강행되었다. 재래면은 기존 생산량을 간신히 유지했지만, 육지면은 1938년 대비 10~20% 수준으로 격감했다. 1945년 면화 책임공출량 2억 3천만 근에 비해 실제 생산량은 그 절반에도 미치지 못했다(1억 1천만 근). 책임공출량이 강제력만 수반된 채 무리하게 책정된 것이다. 대마는 일상복·노동복 재료인 삼베의 원료로 여름철 농번기에 농민들에게 중요한 의류제품이었지만, 상품가치가 적어 면화와 달리 식민 농정의 대상이 되지 않았기 때문에 농민들이 자유롭게 재배하고 소비하는 품목이었다. 그러나 이제 대마 역시 군수물자에 포함되어 조선총독부가 증산계획을 세워 생산물을 통제하고 공출로 강제'매수'하게 되었고, 농민들의 의생활 역시 그만큼 열악해졌다.

쌀 등 각종 식량에서부터 축산물·임산물 등 모든 물자를 대상으로 할당된 공출량은 생산 여부에 상관없이 암시장에서 높은 가격으로 구입해서라도 응해야 했다. 이는 당연히 공출 기피와 저항을 초래했다. 식민지배의 첨병으로서 죽창을 들고 농민들이 쌀을 보관해놓을 만한 곳을 마구 찔러대면서 가택수색을 해야 했던 경찰이나 관리들은 폭력적으로 전시 식량을 공출하려다가 3·1운동과 같은 더 심각한 치안 문제가 터질까 우려할 정도였다.

4) 일본 인플레이션 막고 조선 내핍을 강요한 배급 체제

생산량이 절대적으로 격감하는 데 반해 급증하는 식량과 물자 공출은 물자난을 불러올 수밖에 없었다. 조선총독부는 이에 대응하여 생산·유통·소비를 통제하는 배급 체제를 구축했다. 원자재 해외 의존도가 높았던 일본은 「수출입품등임시조치법」(1937. 9)을 통해 군수 생산과 관련이 없는 물자와 원료의 수입을 제한했다. 수출입 대상 품목을 지정하여 엔블록 이외 지역과의 무역을 규제했다. 「임시자금조정법」으로 자금을, 「수출입품등임시조치법」으로 물자를 강력히 통제했다. 물자 부족에 따른 물가 상승을 막기 위해 1939년 '9·18 정지 가격'이라고 불리는 '공정가격'에 맞춘 상품 거래를 강요했다.

그러나 이런 조치는 오히려 암시장 가격 상승을 불러와 서민 생활을 더욱 힘들게 했다. 「생활필수물자통제령」(1941. 4)과 대상을 확대한 「물자통제령」(1941. 12) 등을 공포하여 전쟁물자에서 생활필수품에 이르는 물자 전반에 걸쳐 통제와 배급 체제를 확대했다. 절대적 물자난 때문에 강행된 배급 제도는 견디기 어려운 내핍을 강요한 것이었다. 즉 일본이 도발한 침략전쟁은 조선인들에게 무의미한 희생과 고통만 안겨줬다.

물자난에 따른 전시 인플레이션은 엔블록을 타고 중국에서 만주, 조선으로, 그리고 일본으로까지 연쇄적으로 파급될 수밖에 없었다. 그러나 일제는 인플레이션의 파도가 일본에 미치는 것을 막기 위해 엔계 통화권의 등가교환 원칙을 파기했다. 이 과정에서 일본의 법률에 따라 설립하고 일본 정부가 직접 통제하는 조선은행이 활용되었다. 조선은행의 설립과 운영 목적 자체가 일제가 대외 침략 과정에서 발생할 수 있는 위험 부담을 일본은행이 아닌 조선은행에 떠넘기기 위해서였다. 일본은행권과 별도로 발행하여 조선을 비롯한 일본 식민지나 점령지에 유통시킨 조선은행권은 인플레이션과 같은 위험으로부터 일본 본토 경제를 보호하고 조선과 같은 식민지에 부담을 떠넘기는 방파제 역할을 했다.

전시체제기 내내 패전 때까지 조선총독부 재무국장으로 재임한 미즈타 나오마사(水田直昌)도 일본의 침략 지역인 중국에서 발생한 인플레이션을 최종적으로 조선(은행)이 막아줘서 일본이 인플레이션 영향을 덜 받았다고 인정했다. 실제로 1943~1945년에 일본은행권이 80% 정도 증발될 때 조선은행권은 그 3배 정도 증발되었다(14억 6,600만 엔→43억 3,900만 엔). 일본은행권보다도 조선은행권 팽창이 극심했고 이는 그만큼의 물가고로 반영되었다. 절대적 물자 결핍 상황에서 역설적으로 '번성'하기 마련인 암시장 가격이 일본은 2~3배였는데 조선은 6~10배에 이를 정도였다.

5) 식민지배가 불러 온 저승사자, 강제동원

굶주림과 차별을 견뎌야 했던 조선인들은 급기야 강제동원이라는 저승사자를 만났다. 미즈타 나오마사조차 "쌀의 공출과 인간의 공출"이 조선인들에게 완전히 "악감정을 품게"했다고 인정할 정도였다. 강제동원은 일본 정부가 기업의 노동력 동원 요구를 수용하면서 이뤄진 일본 국가와 기업의 공범적 산물이었다. 국내외 노무동원, 지원병·학도병·징병 등의 병력동원, '종군위안부'

나 군속·군부(軍夫) 등 군 관련 강제동원은 일본, 사할린, 만주, 중국, 남방 등 해외 지역뿐 아니라 조선 안에서도 근로보국대 형식을 띠고 이뤄졌다.

「육군특별지원병령」(1938. 2)을 공포해 조선 청년을 침략전쟁에 동원하기 시작했고, 1943년부터는 전문학교 학생 이상 청년을 학도병 명목으로 동원했다. 1944년부터 징병제가 실시되어 4월에 징병검사가 실시되고 9월부터 입영이 시작되었다. 1945년 8월까지 군인 및 군속으로 약 24만 명이 동원되었고, 그중 2만 2천여 명이 사망했다.

이와 동시에 조선총독부는 숙련공과 기술자들을 군수 산업에 중점 배치하고, 1940년부터 전국에 국영직업소개소를 설치하여 노동력의 '적정배치'에 주력했다. 나아가 「노무조정령」(1941. 12. 6)을 통해 비군사 부문의 고용을 제한하고, 군수 산업 노동자의 이동을 금지했다. 1943년에는 각 공장과 광산에 '사봉대(仕奉隊)'를 조직하여 노동자를 군대식으로 통제했다.

일본에서는 1930년대 후반 징집자가 급증함에 따라 노동력이 격감했다. 노동조건이 나쁜 탄광이 가장 큰 타격을 받았다. 그러자 후생성·내무성·조선총독부의 「조선인 노무자 내지 이주에 관한 건」(1939. 7), 조선총독부 정무총감의 「조선인 노동자 내지 이주에 관한 건」(1939. 9)을 통해 '모집'(1939. 9~1942. 2) 명목의 강제동원이 시작되었다. 면장과 면사무소, 주재소 등이 도·군·면별로 할당된 인원을 차출했다.

진주만 침공 직후인 1942년 2월의 각의 결정 「반도인 노무자 활용에 관한 방책」과 조선총독부의 「선인 내지 이입 알선요강」은 사업주에게 노동자를 인도하기까지 전 과정을 조선노무협회를 통해 조선총독부가 책임지도록 규정하면서 이미 '모집' 단계에서 일상화된 조선총독부 기구의 폭력을 '알선'(1942. 2~1944. 9) 용어로 개칭했다. 군·면 관리들은 배정받은 인원을 세대별로 할당하여 26만여 명을 동원했다.

'모집'이나 '(관)알선' 등의 명목으로 시행해오던 강제동원은 「국민징용령」을 조선에 적용(1944. 9)함에 따라 징용으로 일원화되었다. 물론 명칭만 다를 뿐 어느 경우든 폭력과 사기가 동반된 강제노동이라는 점은 차이가 없었다. '모집'이나 '알선'으로 동원된 경우에도 현지에서 직장 선택과 거주 이전의 자유를 박탈당했고 '계약' 기간은 무의미했다. 일제가 「국민징용령」을 조선에 적용한다고 할 때 이미 동원된 조선인들이 무덤덤하게 받아들였던 것은 '모집'이나 '알선' 동원 때부터 강제와 폭력이 이미 일상적이었기 때문이다. 징용 명칭으로 1년 동안 30만여 명이 동원되었다.

강제동원 규모는 조선 안에서 연인원 612만여 명, 해외 지역 139만여 명, 군인·군속과 성노예 61만여 명 정도로 추정된다. 이 중 일본으로 동원된 조선인은 대장성 통계에 따르면 72만여 명, 후생성 통계인 『조선통계요람』(1949)에 따르면 1939~1944년에 80만여 명에 달했다. 조선인은 현지에서 일본어를 써야 했고 감금에 따른 물리적·심리적 장벽에 갇힌 채 위험도가 높은 탄광, 건설 현장, 군 시설 공사장 등에 배치되었다. 식사량은 늘 부족했고 원색적인 모욕과 차별, 구타는 일상이었다. 사고가 나도 치료나 보상은 없었다.

약속보다 훨씬 적은 임금마저 대부분 '헌납' 또는 (강제)저축되었다. 회사가 통장을 보관했고 인출은 봉쇄되었다. 받아야 할 임금을 포기한 채 목숨을 걸고 탈주할 정도로 노동 환경은 비인간적이었고 폭력적이었다. 탈주 비율은 강제동원 시작 1년 만인 1940년 말에 이미 18%에 달했고 탄광에서는 20.9%나 되었다. 1943년 말에는 33.3%로 급증했다. 체류 기간이 긴 '모집'의 경우 1943년 말에 41.7%를 기록했다. 특히 효고(兵庫)현 광산에서는 1942년 6월 말까지 89%, 73명 가운데 63명이나 탈주를 시도했다. 탈주, 태업, 파업이나 폭력행동 등으로 저항할 수밖에 없는 상황이었다. 종전 후에도 우키시마마루(浮島丸) 폭파 사건(1945. 8. 24)처럼 종전 후 학살로 마감된 사례는 수없이 많다.

일본군을 따라다니면서(從軍) '성노예'로 살아야 했던 '종군위안부'는 5만 ~40만여 명으로 집계된다. 일본군은 위안부의 '모집' 및 이송을 포함한 동원 시스템과 위안소 운영에 직접 관여했다. 선정업자와 하청업자가 위안부를 동원했는데 선정업자는 위안소의 경영자 또는 관리자였고 하청업자는 접객업자, 소개업자, 인신매매업자였다. 일본군에게 위안부 공급을 명령받은 선정업자는 대부분 하청업자를 통해 모집했다. 업자들은 취업사기와 인신매매 등의 방법으로 여성들을 위안부로 동원했다. 1993년 한국 정부에 신고한 피해자 175명 중 82명은 취업사기, 62명은 협박 및 폭력에 의해 연행되었다. 업자들은 공장에 취업시켜준다고 속이거나 접객업, 소개업을 활용한 인신매매를 통해 여성들을 모집해서 위안소로 이송했다. 조선총독부와 일본군의 비호가 있었기 때문에 전쟁터까지 이들을 이동시키고 업자들이 활개를 칠 수 있었다.

조선총독부는 경찰이나 행정 말단의 구장이나 반장까지 위안부 모집에 가담시켰고, 피해 여성들의 이송에 필요한 도항증명서를 발급해주는 등 행정지원을 아끼지 않았다. 일본군은 위안부 이동에 필요한 각종 수송수단(트럭, 기차, 선박 등)을 제공하는 등 수송과 배치를 지휘·감독했다. 위안부의 모집과 이송은 조선총독부와 일본군의 관여 속에 이뤄졌다. 위안부 희생자들은 포로수용소에 잡혀 있다가 귀국선을 타기도 했지만, 정글에서 굶어 죽거나 군사기밀을 알고 있다는 이유로 일본군에게 유기되거나 학살당한 경우도 많았다.

3장
좌·우 민족운동 세력의
경쟁과 통합

1. 사회주의 세력의 '좌편향'과 당면 문제 해결 투쟁

1) '임박한 혁명기'라는 코민테른의 국제정세 인식 수용

일제강점기 국내 최대 규모의 민족운동 단체 신간회는 1931년 해소되었다. '해체'가 아닌 '해소' 명분을 내세웠다는 사실 자체가 당시 치열한 내부 논쟁이 있었음을 반증한다. 조선총독부가 창립대회 이후 처음으로 개최를 허락한 전체 대회에서 사회주의자들이 제기한 해소 주장이 결국 가결되었다. 이들은 해소가 민족통일전선의 포기가 아니라고 주장했지만, 연대 파트너가 되어야 할 민족부르주아지를 적대적 사회파시스트라고 규정한 상황에서 해소 이후 연대 활동은 사실상 힘들었다.

사회주의자들의 이러한 결정에는 민족개량주의자와의 투쟁, '계급 대 계급' 전술을 강조한 코민테른 제6차 대회(1928. 7~8)의 세계정세 인식 및 조선 문제에 대한 정책, 그리고 코민테른의 절대적 '권위' 등이 복합적으로 영향을 미쳤다. 코민테른은 1920년대 후반기의 자본주의를 일반적 위기를 넘는 제3기적 위기로 규정했다. 이윤창출을 위한 경쟁 심화와 과잉생산의 만성화가 자본주를 회생 불능의 상태로 몰고 갔다고 판단한 것이다.

대공황기에 세계 무역량이 65%까지 격감한 상황에서 각 나라마다 대응은 달랐다. 미국은 뉴딜 정책 등 정부가 투자를 주도하는 방식을 채택했다. 영·프는 식민지를 배타적 블록경제권으로 편입하는 방식으로 대처했다. 반면 국내 시장도 작고 식민지가 적거나 없었던 추축국(독·일·이)은 국내정치에서 파시즘이나 군국주의적 침략 정책을 선전하는 방식으로 대공황에 대응했다. 이러한 상황은 계획경제 성과로 급성장하던 소련과 대비되면서 당시 사회주의자들이 자본주의 제3기 규정을 설득력 있게 수용하는 환경으로 작용했다.

여기에 더해 코민테른은 로카르노 조약 체결(1925. 10. 16) 이후 소련을 견제하기 위한 구미 열강의 단결(집단안보 체제)이 분열 조짐을 보이면서 전쟁 위험이 높아지는 상황도 주목했다. 프랑스와 이탈리아가 불참한 가운데 열린 3국(미·영·일)의 제네바 군축회의(1927. 6~8)는 합의를 보지 못했고 해군력 확장 등 군비 경쟁이 심화되었다. 이런 상황에서 국공합작을 파기한 중국국민당 정부가 러시아제국에 이어 소련이 승계한 중동철도 운영권 회수를 시도하자(1929) 소련은 이를 제국주의와 결탁한 장제스의 소행으로 규정했고, 코민테른은 제국주의 열강이 본격적으로 반소 행동에 나선 것으로 보았다. 5개국(미·영·일·프·이) 간에 런던 해군군축조약(1930. 1~4)이 체결되었지만 제국주의 국가 간의 전쟁은 필연적이라고 이해했다.

군비 축소에 불만을 가진 일본 관동군은 만주 침략을 주도하고 만주국을 세웠다(1932. 3. 1). 중국국민당 정부가 일본을 국제연맹에 제소하고 일본이 국제연맹을 탈퇴한(1933. 3. 27) 가운데 중국공산당 만주성위원회는 유격 투쟁을 적극 전개했다. 코민테른이 일국일당 원칙을 제시한(1930) 후 만주의 조선인 공산주의자들도 만주성위원회에 동참했다. 당시 국내외 공산주의자들은 '만주사변'이 제국주의 열강 간의 세계대전을 촉진하는 도화선이 될 것이라고 예상했다.

이 예상은 틀리지 않았거니와, 많은 조선인 청년들이 국제주의적 투쟁 의욕을 갖고 중국인과 연대하는 각종 활동에 나섰다.

이러한 '혁명적 시기론'은 코민테른의 '12월테제'와 후속으로 발표된 조선 문제 결정 등에서 공유된 현실 인식이었다. 국내외 조선인 공산주의자들도 원산총파업, 광주학생운동 등 국내 대중운동을 두고 일제 통치를 끝내고 세계를 전복할 기회가 도래했다고 생각했다. 당시 공산주의자들은 이러한 여러 정황을 종합해보면서 더욱더 소련과 코민테른의 세계정세 인식을 신뢰했고, 절대적 권위를 인정한 코민테른 방침에 근거하여 혁명운동을 이끌어가고자 했다.

2) '12월테제'와 조선 문제 결정의 민족(개량)주의 세력 배제

'12월테제'는 1928년 9월에 시작된 코민테른 집행위원회 산하 조선위원회가 조선의 혁명운동 방향을 결정한 문서를 가리킨다. 조선위원회가 다룬 주요 문제는 ① 누구를 중심으로, ② 어떠한 방법으로 운동을 전개할 것인가였다. 첫 번째 문제는 조선공산당 분쟁에서 발생했다. 창당(1925. 4) 때부터 안고 있던 분파 갈등 끝에 춘경원당, 서울 상해파 조선공산당, 12월당이라 불리는 또 다른 당이 조직되기까지 했던 것이다. 두 번째 문제는 조선의 공산주의 운동 방법에 대한 평가와 조선위원회가 열리기 직전에 끝난 코민테른 6차 대회 결과를 어떻게 조선에 적용할 것이냐 하는 것이었다.

코민테른 조선위원회에는 핀란드 출신 쿠시넨(Otto Wille Kuusinen) 등 외국인 위원 3인과 양쪽 당 관련자(이동휘, 김규열金圭烈, 강진姜進 등), 코민테른 기구에서 활동하던 김단야 등이 참석했다. 조선위원회는 조선인 참가자들의 의견을 청취하면서 조선 문제에 대한 초안을 작성했고, 조선인들은 자신의 의견을 결정서 초안에 포함시키기 위해 노력했다. 최종 결정 권한은 외국인 위원들이 갖고 있었지만, 코민테른의 일방적 명령 하달이라고만 보기 어려운 '12월테제'의 내용은 크게 세 가지였다.

첫째, 조선을 일본을 위한 농업 배후지, 원료 공급지, 상품시장으로 규정하면서 조선혁명은 기본적으로 일본 제국주의에 저항하는 민족혁명이자 토지혁명이어야 하며, 부르주아민주주의 혁명 단계라고 정리했다. 조선에서 공장노동자가 늘어나고 조직화되는 것에도 주목하고 노동자계급이 농민과 연대하여 혁명을 이끌어야 하며 '노동자 농민의 민주독재 국가'를 수립해야 한다고 보았다.

둘째, 조선공산당을 노동자, 농민 중심으로 재조직하라고 요구했다. 지식인과 학생들로 구성된 조선공산당은 볼셰비키적 당도 건강한 당도 될 수 없었다고 지적했다. 따라서 영구적 위기를 벗어나려면 노동자와 빈농을 대상으로 한 세포 조직을 활성화하고 이념적 통합을 모색해야 한다고 주문했다. 현장에 뿌리를 두어야 하며 이를 위해 선동 작업과 비밀공작을 병행할 것을 제시했다.

셋째, 민족개량주의를 배제하는 방향으로 통일전선 전환을 제시했다. 자본주의 위기 제3기라는 국제정세 인식에 따라 프롤레타리아 혁명의 기반을 닦기 위해 부르주아지 민족혁명운동은 인정하지만, 타협적 민족개량주의 세력을 분리해야 한다는 것이다.

엄밀하게 보면 '12월테제'가 민족통일전선 자체를 부인하거나 특히 신간회의 의미를 부정한 것은 아니었다. 그러나 민족혁명이자 토지혁명인 부르주아민주주의 혁명 단계라고 규정하면서도 타협적 민족개량주의 세력을 배격해야 한다고 강조했다. 타협적 세력을 구분할 기준도 명확하지 않았고, 현실적으로 구분하기도 어려웠다. 다만 민족통일전선의 적극 실행을 주문했던 기존 방침과 확실히 다르다는 점이 부각될 수밖에 없었다. 실제로 그렇게 인식되었다.

이런 상황에서 '12월테제'는 이후 조선 공산주의자들의 운동과 행동양식에 강렬하고 결정적인 영향을 미쳤다. 박헌영은 '12월테제'가 "조선 공산주의 운동의 밝은 등불이었고, 유일하게 옳은 정치 노선으로 하나의 나침반"이었으며 "모든 열성을 다하여 테제를 실천하는 데 온 힘을 기울였다"고 회고했다. '12월 테제'의 내용은 이후 적색노동조합인터내셔널(프로핀테른)의 「조선의 혁명적 노동조합운동의 임무에 관한 테제」(1930. 9, '9월테제'), 프로핀테른 산하의 범태평양 노동조합 비서부의 「조선의 범태평양노동조합 비서부 지지자에 대한 동 비서부의 서신」(1931. 10, '10월서신') 등을 통해 반복적으로 조선 사회주의자들에게 전달되었다. 민족개량주의를 고립시키고 각종 대중 조직에 침투하여 노동대중을 획득하는 '아래로부터의 통일전선'이라는 분명한 원칙, 조합운동 과정에서 '반(班)' 조직 등을 적극 활용해야 하며 팸플릿, 공장신문, 삐라 등을 이용하라는 등 구체적인 방침까지 제시되었다. 조선 사회주의자들은 이러한 방침에 영향을 받으며 기층계급 중심의 조선공산당 재건운동과 아래로부터의 혁명적 대중운동을 전개했다.

3) '아래로부터의' 혁명적 대중운동과 조선공산당 재건운동

'12월테제'를 수용한 이후 사회주의자들은 일본 제국주의와 민족개량주의에 대한 대공세를 펼치면서 당 재건과 대중 획득을 동시에 추구하고자 했다. 이들이 신간회 해체를 해소라 규정한 것도 이런 맥락이었다. 비밀리에 당 재건운동을 전개하면서 대중 조직에 침투하여 혁명적 농민조합·노동조합운동을 전개했고, 반제동맹을 결성했다. 당 재건운동은 이러한 혁명적 대중운동을 지도하는 핵심부를 만들어가는 과정이었고, 혁명적 대중운동은 당 재건운동의 주요 활동가를 양성하는 공간이었다. 두 가지 활동은 사실상 하나였고, '12월테제' 이후 체화된 '아래로부터의' 통일전선을 실천하는 활동 방식이었다.

1929~1930년 당 재건운동은 1920년대의 계파, 인맥, 중국공산당과 일본공산당의 영향을 받으며 국내외에서 전개되었다. 서울 상해계 중심의 조선공산당

재건설준비위원회(1929. 6), 화요계의 조선공산당조직준비위원회(1929. 11), 엠엘계의 조선공산당함경남도간부기관(1930. 6) 등이 조직되었다. 이들은 모두 당재건준비위원회 중앙 조직을 만든 뒤, 이를 통해 산업 중심지와 농촌에 세포 조직을 만드는 하향식 조직 노선을 취했다.

그런데 1931년 이후 혁명적 대중운동에 초점을 둔 당 재건운동이라는 상향식 조직노선이 강조되었다. 혁명적 대중 조직을 통해 지역별·산업별 협의회를 구성하고, 전국적 대중 조직을 바탕으로 조선공산당을 재건하자는 것이었다. 예를 들면 중국공산당 조선국내공작위원회가 국내에 파견한 한전종(韓琠鍾)이 이러한 주장을 했고, 서울상해계가 기존 조직을 해체하고 조선좌익노동조합 전국평의회준비위원회를 조직했다.

이런 가운데 과거의 계파를 넘는 통합 조직이 출현했다. 경성의 '이재유(李載裕) 그룹'은 경성트로이카(1933), 경성재건그룹(1934), 조공재건경성준비그룹(1935) 등으로 조직을 변화시키는 과정에서 노동자·농민·학생 출신 활동가를 양성하고 조직을 확대하면서 다양한 계파의 활동가들을 흡수했다. 이재유는 경성제국대학 미야케 시카노스케(三宅鹿之助) 교수와 정세 인식 및 운동 노선, 파벌 극복 방향 등을 토의하고 제휴를 모색했다. 일종의 국제주의적 연대였다. 그리고 경성에서 활동하면서 코민테른이나 프로핀테른 등 국제공산주의 운동과 연관되어 있던 '김승훈(金承壎) 그룹', '김희성(金熙星) 그룹'과 제휴하고자 했다. 이들 그룹은 지역이나 하부 조직 활동에서 중첩되어 통합의 필요성이 컸다.

이재유가 체포된(1936. 12) 후 도피한 이관술(李觀述)은 당 재건운동을 계속 시도하여 김삼룡(金三龍), 이현상(李鉉相), 이순금(李順今), 정태식(鄭泰植) 등과 '경성콤그룹'을 결성했다(1939. 1). 이들은 코민테른 등 국제선에 기대지 않고 국내 상황에 맞는 운동을 전개했다. 혁명적 대중운동과 공산주의 운동 세력의 통합에 주력하면서 1930년대 후반기 공산주의 운동의 교두보 역할을 수행한 것이다.

혁명적 대중운동은 1930년대 전반기에 거세게 확대되었다. 가령 조선총독부 집계에 따르더라도 혁명적 노동조합운동이 70건, 혁명적 농민조합운동이 103건에 이르렀다. 광주학생운동 후 학생 독서회와 연계된 반제동맹 사건도 빈발했다. 혁명적 노동조합운동은 도시 공장지대와 병참기지화 정책에 따라 형성된 공업도시를 중심으로 추진되었다. 대체로 공장에서 조직된 반 또는 공장 그룹을 기초로 공장 분회를 설치하고 그 위에 공장위원회, 지역 단위와 전국 단위의 산업별 노동조합을 결성하는 방식이었다. 노동자의 일상 이익을 옹호하는 경제투쟁을 통해 대중적 토대를 넓히고 이를 정치투쟁, 반제투쟁으로 끌어올리려 했다. 그 예로 함흥에 본부를 두고 공업도시(청진·원산·경성·평양·신의주·광주·목포·부산 등)를 중심으로 활동한 조선좌익노동조합전국평의회, 김호반(金鎬盤)·이문홍(李文弘) 등이 1935년까지 4차에 걸쳐 추진한 범태평양노동조합 계열, 경성의 '이재유 그룹'이나 '권영태(權榮台) 그룹'의 활동을 들 수 있다.

혁명적 농민조합운동은 1930년대에 전국 220개 군·도(島) 중 80여 지역에서 일어날 정도로 급격하게 확산되었다. 특히 북부 공업지대의 노동운동과 국외 항일무장투쟁의 영향을 받아 함경도 국경 부근(명천·정평·영흥·단천 등)에서 활발했다. 함경남도의 경우 전체 군·도의 81%, 함경북도의 경우 46% 지역에서 혁명적 농민조합운동이 일어났으며, 검거 후에도 여러 차례 후계 조직이 시도되었다. 강원도와 경상도·전라도에서는 군 단위로 기존 농민조합을 혁명적 농민조합으로 개편하거나 새로 혁명적 농민조합을 조직하는 방식 등 두 가지로 진행되었다. 3~7명으로 조직된 동·리 단위의 농민조합반을 바탕으로 면 단위 농민조합 지부, 군 단위 농민조합을 조직하는 순으로 추진되었다. 혁명적 농민조합운동은 빈농을 주체로 한 토지혁명과 노농 소비에트 건설을 주장했지만, 점차 중농과 부농을 포괄하여 대중적 기반을 넓히려고 했다.

반제동맹은 혁명적 노동조합·농민조합에 활동가를 공급하는 통로로서 학생을 주축으로 점원, 회사원, 고원(雇員) 등을 대상으로 전개되었다. 조직 방식은 혁명적 노동조합·농민조합운동과 비슷했다. 1931년 경성제국대학 반제동맹의 경우 학내에 2인 이상으로 구성된 반제반 혹은 반제위원회, 그 아래 독서회를 두어 재생산 기반을 만들고 학내 투쟁을 전개했다. 반제반은 다른 학교의 반제반과 연결하여 지역 반제동맹을 결성하고, 이를 기반으로 학생반제동맹 조선지부를 결성했다. 학생반제동맹은 학생층의 일상 이익을 옹호하고 식민 교육 정책의 본질을 폭로하며, 일제의 만주 침략에 대응하여 반전·반제투쟁에 앞장섰다. 당시 동아일보사 후원으로 전개된 브나로드 운동을 비판하며 적극적 반일 정치투쟁을 전개하기도 했다.

혁명적 대중운동은 광범위한 대중투쟁을 전개하여 전체 민족운동을 이끄는 임무와 조선공산당 재건의 토대를 닦는 임무를 동시에 지녔다. 이러한 두 임무와 비합법 비밀결사라는 속성 때문에, 그리고 국제공산당의 영향을 받아 노선이나 활동에서 좌편향 오류를 종종 드러냈다. 하지만 혁명적 대중운동으로 인해 이전 시기보다 노동운동·농민운동에서 조직성과 투쟁성이 강화되어 다양한 활동이 전개되었다. 이 과정에서 노동자·농민·학생 등 대중 속에서 훈련받고 투쟁을 통해 단련된 활동가를 재생산하는 통로도 마련할 수 있었다. 이 시기 조선의 공산주의 운동은 부문별로 치열하게 전개한 대중운동을 통해 인텔리 혹은 파벌 중심의 편향을 극복하는 계기를 만들어갔다. 해방 후 짧은 기간 안에 건국준비위원회, 인민위원회 등이 조직될 수 있었던 것도 이러한 지역 활동 때문에 가능했다.

4) 합법 공간의 사회주의자들: 여운형의 대중 활동과 백남운의 학술 운동

비합법 영역에서 당 재건운동과 혁명적 대중운동이 활발하게 전개되는 가운데 합법 공간에서 활동하는 사회주의자들도 있었다. 이들은 의식적으로 합법 공간을 택한 경우, 비밀리에 전개되던 당 재건운동과 연결고리가 끊어지면서 합법 공간에서 활동한 경우, 1920년대 이후 사회주의 지식인으로 활동해온 경우 등 다양했다. 이들은 소련·코민테른이나 당 재건운동과 혁명적 대중운동을 직접 비판하지는 않았지만, 정세 인식이나 활동 방식 면에서 코민테른이나 '12월테제'의 자장과 일정하게 거리를 두고 있었다. 민족통일전선에 대해서도 당 재건운동 세력들에 비해 폭넓은 관점을 갖고 있었다. 여운형과 백남운(白南雲)을 대표적으로 들 수 있다.

여운형은 상하이에서 체포된 지 3년 만에 석방된(1932) 후 해외로 다시 떠나지 않고 조선에서 합법 활동을 전개했다. 출옥 직후 농촌진흥운동에 협조하라는 우가키 총독의 요구를 거절하고 식민 농정을 비판하는 연설을 했다. 물산장려운동이나 브나로드 운동을 비판하면서 식민통치 자체를 문제 삼고 비판했다. 그의 활동 가운데 주목되는 것이 조선중앙일보사 경영이었다.

그는 조선중앙일보사 사장에 취임(1933. 2)하여 '일장기 말소 사건'으로 신문을 자진 폐간할 때까지(1937. 11) 사장으로 있었다. 일제 탄압으로 국내에서의 정치운동이 어려운 상황에서 신문사 사장이라는 합법적 지위를 통해 민족운동 방법을 모색한 것이다. 사장 취임 후 편집국 기자로 이태준(李泰俊), 김복진(金復鎭), 고경흠(高景欽), 김남천(金南天) 등 좌파 지식인을 기용하여 『동아일보』, 『조선일보』와 다른 논조로 지면을 만들었다. 『조선중앙일보』는 자본주의 체제 극복의 당위성, 계급적 이해의 필요성 등을 역설하고 농촌 문제의 반봉건성 등을 비판했다. 국제정세 인식에서도 자본주의의 일반적 위기론에 동의하면서 세계대전의 필연성과 반파시즘 투쟁의 의미를 강조했다. 이 때문에 『조선중앙일보』는 검열의 횡포 속에서도 식민통치와 협력자들을 가차 없이 비판하는 노동자·농민을 위한 신문이라는 평가를 받았다.

백남운은 도교상과대학을 졸업한(1925) 후 귀국하여 연희전문학교 상과 교수로 재직한 대표적인 마르크스주의 경제사학자였다. 『조선사회경제사』(1933)와 『조선봉건사회경제사 상(上)』(1937)을 저술하여 식민사학의 조선사 정체성론을 비판하며 내재적 발전을 규명했다. 그는 학술 운동 조직에도 앞장섰다. 조선사정연구회(1925) 등의 학술단체에 가입했고, 조선경제학회(1933)를 조직했으며, '정약용 서세(逝世) 100년제'(1935)에 참가하여 조선 후기 실학 사상의 의미를 강조했다. 『동아일보』 1936년 신년 기획을 통해 조선의 학술 총본부 조선아카데미 창설을 주장하는 등, 실천적 사회운동에서 한 발 떨어져 있었지만 학문을 통해 식민지 현실을 바꿔보려는 활동을 멈추지 않았다.

그의 이런 태도는 식민 정책을 보는 시각에도 투영되었다. 1926년 자치론이 다시 대두되던 시점에 자치운동을 배격하는 논설을 썼고, 충남도청의 이전(공주에서 대전으로)을 일방주의적 식민 행정의 표본이라고 비판했다. 경제 현실을 분석하면서 '이식자본주의'에 의한 조선 민중의 파멸이라는 관점을 내세웠다. 즉 조선인이 총체적 무산자로서 일본 제국주의에 억압받는 상황에 주목했다.

이는 당시 대부분의 사회주의자들이 조선 사회를 (반)봉건사회로 인식했던 경향에 비춰 식민지 경제에 관철되는 제국주의의 (이식)자본주의 실태를 추적하고자 했다는 점에서, 그리고 사회주의 계열의 주류가 계급 문제에 집중하여 '좌편향'을 드러낸 것과 달리 민족 문제를 강조하면서 민족통일전선운동의 기초를 제시했다는 점에서 독보적인 인식이었다. 코민테른의 방침이 조선의 현실에 조응하지 않는다는 은유적 비판이기도 했다.

5) '좌편향' 대중 조직의 한계와 의의

1920년대 후반부터 1930년대 전반기, 즉 코민테른 제7차 대회(1935. 7)의 인민전선 전술론이 전파되기 전까지 동아시아 공산주의 세력의 운동 환경이나 경로는 대체로 조선과 비슷했다. 1920년대에 각국 공산당이 광범한 연합전선에 의한 민족해방·민주주의 혁명을 당면과제로 설정하여 활동했던 것과 달리, 대공황을 전후하여 노동자·농민의 계급투쟁에 의한 공산주의 혁명의 가능성을 은연중에, 또는 급진적으로 제기한 것이다.

이들은 소련 국가 모델을 이상적인 제도로 인식하며 장래의 국가 형태로 소비에트 체제를 수용하면서 지주·자본가계급에 대한 투쟁을 중시했다. 중국 공산당이 1927년 8월부터 광둥, 후난 등지에서 지역 단위 소비에트 권력을 수립하고 토지혁명을 전개하다가 중화소비에트공화국(1931~1935)을 세웠고, 베트남에서도 중부 안남 지역에서 응에띤 소비에트(1930~1931)가 조직되었다. 조선에서도 함경도 지역에서 노농 소비에트 건설을 혁명적 농민조합운동의 요구로 내건 사례가 있었다. 사회주의운동의 좌편향, 급진화 시대에 비슷한 모습을 드러낸 것이다.

조선 사회주의운동 세력은 대공황과 일제의 만주 침략, 대중운동 격화를 통해 국내외적으로 혁명적 정세가 다가오고 있다고 인식하면서 적극적인 반전·반제투쟁을 주장했다. 절대독립을 주장했던 민족주의자조차 개량화 세력으로 규정하고 노동자·농민·학생 내 반일 세력을 민족개량주의자의 영향에서 떼어내 혁명적으로 재조직해야 한다고 생각했다. 이러한 대중투쟁과 대중 조직의 기반 위에서 조선공산당을 재건하고 민족주의 계열을 배제한 아래로부터의 민족통일전선을 새로 조직하려 한 것이다. 1930년대 민족주의 계열과 사회주의 계열의 사상적 대립이 심화되는 가운데 양자 사이에는 이론 투쟁이 전개되고, 대중 획득을 위한 각축이 벌어졌다.

사회주의자들은 농촌계몽운동이나 협동조합운동을 두고 식민 정책에 영합하는 것이라고 비판했다. 이순신(李舜臣) 사당인 '현충사 중건 운동'이나 '정다산 서세 100년제' 등 민족문화운동은 조선 민중을 마취시키는 부르주아적 계략이라고 비판했다. 혁명적 대중운동과 반제동맹 등을 통해 반제투쟁 노선을 분명히 하고, 이를 바탕으로 반제 정치투쟁을 전개하고자 했다.

이 시기 사회주의 주류 세력은 대공황기를 자본주의의 회복 불능기라고 보고 낙관적 혁명 인식에 지배되어 있었다. '계급 대 계급' 전술에 따라 아래로부터의 통일전선 방침 아래 민족통일전선의 폭과 연대 범주를 좁게 설정했다. 그 과정에서 신간회와 같은 합법 공간을 상실하고 일도양단할 수 없는 복합적 의미를 담고 있는 '민족'이라는 정체성을 배척하면서 오히려 그들이 비판한 민족개량주의자나 친일 협력자들이 '민족'을 전유하게 만들어 운동의 대중화와 연대의 폭을 좁히는 '좌편향' 오류를 드러냈다.

이러한 시대적 한계를 안고 있었지만 사회주의자들은 당면 문제 해결을 위해 어느 세력보다 치열하게 투쟁했다. 1930년대 혁명적 농민조합운동은 '일체의 채무계약 무효'나 '잡세의 철폐', '토지는 농민에게' 등 기본적인 삶의 조건조차 충족되지 못한 현실 문제의 해결을 꾸준히 요구했다. 이들은 공장, 농촌, 학교 등에서 새로운 조직 활동을 전개하고 비밀리에 대중과 결합하는 힘겨운 투쟁을 계속 진행했다.

이러한 운동 과정에서 1930년대에는 대중 속에서 많은 활동가가 나올 수 있었다. 기본권 획득에서부터 혁명권력 수립에 이르기까지 여러 층위가 복합적으로 축적된 1930년대 혁명적 대중운동은 이후 전시체제기의 혹독한 탄압에 위축되면서도 지역 운동에 영향을 미쳐 해방 이후 각지에 건국준비위원회와 인민위원회가 결성되는 밑거름이 되었다.

특히 혁명적 정세 인식에 바탕을 두고 실천성을 염두에 두면서 사회주의 이론가들 사이에 사회성격 논쟁이 촉발된 점이 주목된다. 일본에서는 1927년 이후 10여 년에 걸쳐 일본 자본주의 논쟁이 전개되었다. '강좌파'와 '노농파' 대립으로 알려진 이 논쟁은 일본에만 국한되지 않았다. 중국에서도 장제스의 반공 쿠데타로 1차 국공합작이 결렬된(1927) 이후 중국 사회성질 논전이 벌어졌고, 당시 중국 사회를 자본제와 봉건제 가운데 어떤 성격으로 봐야 하는가에 대한 논전이 격렬하게 전개되었다. 조선에서도 식민지 사회성격에 대한 자본파와 봉건파의 논쟁이 벌어지면서 박문규(朴文奎), 인정식(印貞植), 박문병(朴文秉), 백남운 등이 눈여겨볼 만한 주장을 내놓았다.

일본·중국·조선의 사회성격 논쟁에서 드러난 공통점은 코민테른의 혁명노선을 둘러싼 이견이 도출되었다는 점이다. 즉 3국에서의 사회성격 논쟁은 코민테른의 입장이 국제적으로 전파되는 가운데 각지의 사회주의자들이 현실에 맞는 혁명론을 모색하는 실천 과정이었다. 1930년대 전반기 대공황을 거쳐 급진화 시대를 경험했던 조선의 사회주의자들도 조선의 현실에 맞는 혁명 방법을 고민하고 해결 방안을 도출하고자 했다. 1935년 이후 연대의 폭을 넓히는 인민전선 전술론의 수용에는 코민테른의 영향력이 절대적이었지만, 그와 별개로 현장성과 실천성을 둘러싼 고투의 과정이 동반된 결과이기도 했다.

2. 민족주의 세력의 정세 인식과 분화

1) 대공황 극복에 대한 낙관과 미·일 개전 기대

이 시기 민족주의 세력은 제국주의 열강의 분열에 관심을 갖고 국공합작 결렬 이후 동아시아 정세를 주시했다. 1920년대 초 워싱턴 회의에 대한 기대와 좌절, 희망고문을 겪으면서 중국을 둘러싼 일본과 제국주의 열강 간의 대립을 주목한 것이다. 특히 1929년 중국국민당 정부의 소련에 대한 중동철도 운영권 회수 시도는 이들의 국제정세 인식에서 중요한 전환점이 되었다.

사회주의 세력에게 이 사건이 국제적으로 소련 방위를 강조하는 계기가 되었다면, 민족주의자 특히 동아일보 세력에게는 '소비에트 제국주의' 또는 '적색 제국주의' 프레임 아래 반소·반공 노선을 정립하는 계기가 되었다. 소련과 사회주의 진영에 대한 1920년대까지의 우려 섞인 반감을 넘어 소련이 일본과 같은 제국주의라고 적대적으로 비판한 것이다.

대공황과 같은 자본주의 경제의 파국은 근대 자본주의 경험이 짧은 민족주의 세력이 예상하지 못한 일이었다. 그러나 공황은 자본주의의 주기적 순환에 따른 결과이고 경기회복책에 힘입어 경기가 호전될 것이라는 낙관적 전망으로 대응논리를 세웠다. 계획경제의 엄청난 성과를 보여준 소련의 급성장에 놀라움을 드러내면서도 소련의 농산물 덤핑 판매가 공황의 원인이라고 인식했다. 자본주의 체제의 우월성에 대한 확신으로 재무장한 것이다. 따라서 대공황의 타격이 있더라도 충분히 극복할 수 있고 미·영을 축으로 한 세계 자본주의 체제의 급격한 변동은 없을 것이라고 낙관했다.

그러면서도 공황 타개책으로 열강들이 각각 블록경제를 구축하고 국가주의를 고조하는 현실을 보면서 민족과 국가가 중요하다는 자각도 뚜렷해졌다. 이러한 생각은 민족의 가치에 다시 주목하면서 자신들이 주체가 된 민족의 단합과 민족운동을 강조하는 논리로 이어졌다. 그러나 이 와중에 이광수처럼 오직 힘만이 정의라고 생각하는 이들은 당시 유럽을 휩쓸던 파시즘을 동경하면서 점차 친일의 길로 기울어지는 분화 현상도 나타났다.

이렇듯 민족과 국가 간 경쟁이 격화되는 대공황기의 국제 흐름을 보면서 민족주의자들은 1920년대 이래 가졌던 미·일 개전의 가능성을 다시 주목했다. 일본의 만주 침략과 국제연맹 탈퇴가 그 계기가 되었다. 조선 독립을 가능케 하는 국제환경으로서 미·일전쟁을 기대하는 민족주의자들의 바람은 반대의 입장에서 사회주의자들이 갖고 있던 세계전쟁의 전망과 비슷한 것이었다. 물론 중국의 대일 항전에 대한 기대감도 있었다. 그러나 일제가 만주를 침략한

후에도 장제스 국민정부가 선안내후양외(先安內後攘外) 방침을 세우고 전쟁 의
사를 비치지 않았기 때문에 미·일전쟁에 대한 기대감처럼 크지는 않았다.

문제는 1930년대 전반기 국내 민족주의자들이 반일·항일의 의지를 갖고 미
국과 중국 등을 우호 세력으로 인식한 정세 판단에 따라 민족 역량을 결집하기
위해 대중적 영향력이 큰 실천 영역을 넓히거나 뚜렷한 조직체를 갖추지 못했
다는 점이다. 이와 달리 해외 민족주의자들은 미국·중국과 연계를 위한 노력
을 중시하고 그에 따른 외교 및 연대 활동을 꾸준히 모색했다.

2) 좌우연합의 토대, 대한민국임시정부의 삼균주의

1920년대 중반 이후 침체에 빠진 대한민국임시정부는 1930년대 전반기에
도 여전히 어려웠다. 이 와중에 일어난 만보산 사건, 만주사변, 상해사변, 만주
국 수립 등 변화된 상황을 맞아 임정도 새로운 대응책을 마련해야 했다. 1920년
대 중반 이후 소련공산당이나 중국국민당을 모델로 '이당치국'론에 따라 연합
전선을 통한 유일정당을 만들어 새로운 전기를 마련하자는 민족유일당운동이
다시 전개된 것이다.

김구(金九)는 한인애국단을 조직(1931. 10)하고 이봉창(李奉昌) 의거(1932. 1)와 윤
봉길(尹奉吉) 의거(1932. 4)를 기획했다. 이는 임정이 장제스 국민정부의 재정지원
을 받는 계기가 되었다. 또한 중국국민당은 난징에서 김원봉이 설립한 조선혁
명군사정치간부학교(1932), 중국중앙육군군관학교 낙양분교에 설치된 한인특
별반(1934)을 지원했다. 중국 관내 지역 민족운동 세력과 임정의 활동에서 중국
의 원조는 절대적이었고, 임정은 중국국민당과 연대하면서 독립운동 방략을
모색했다.

임정 내에서는 결이 다른 움직임이 있었다. 김구는 한인애국단 조직에서
볼 수 있듯이 의열투쟁을 통해 중국과 일본의 대립을 극대화시켜 중일전쟁의

단초를 마련하고자 했다. 이와 달리 조소앙은 조·중연대를 통해 동북 만주에서 무장투쟁을 전개하자고 주장하고, 장제스의 대일 유화적 외교 정책을 비판하면서 중국국민당 내 반(反)장제스파와의 연대를 꾀했다.

이 두 입장은 서로 타협하지 못했고, 윤봉길 의거 후 중국의 지원이 김구와 한인애국단에 집중되는 과정에서 갈등이 커졌다. 김구는 중국국민당과 더욱 가까운 관계를 유지하면서 자신의 세력을 강화했고, 김구 세력을 제외한 이들은 민족유일당운동과 이당치국론의 성과로 만들어진 각 정당을 바탕으로 한국대일전선통일동맹을 결성했다.

이러한 갈등은 임정의 주도권 다툼임과 동시에 조·중연대 방법을 둘러싼 대립이었다. 김구는 의열투쟁 성과를 바탕으로 낙양분교의 한인특별반 운영을 약속받았고, 이를 통해 무장투쟁의 기반을 닦았다. 그러나 일본군과의 직접적인 교전으로 나아가지는 못했다. 이에 반해 조소앙 등은 1930년대 전반기에 혁명운동의 필요성을 역설하면서 정치운동을 펼쳤다.

한편 이 시기 관내 지역에서 한국독립당 당의(黨義)로 삼균주의가 정립되었다. 역사적 의미가 크다. 조소앙은 공산당이 국제주의적 계급혁명론에 의한 무산계급 독재를 추구하면서 민족자주권을 부정한다고 비판하면서, 독립국가 건설을 추구하는 한국독립당은 정치·경제·교육의 균등을 이뤄 민족과 민족, 국가와 국가의 평등을 실현해야 한다고 주장했다. 사회주의 세력과의 경쟁에서 이겨야 한다고 생각하면서도, 사회주의 가치 중 평등 이념을 적극 수용하여 민족주의 운동을 한 단계 발전시키고 이를 바탕으로 민족운동전선 통일의 기초를 마련한 것이다. 실제로 삼균주의는 한국독립당 당의에만 머무르지 않았다. 조선민족혁명당(1935) 강령의 토대가 되었고, 임정의 국가건설 이념이 되었다. 이는 각 세력별 이념의 차이를 넘어 현실적이고 구체적인 독립국가상으로 집약되어 연합의 틀을 만들어가는 과정이었다.

3) 국내 세력의 민족문화운동과 계몽적·개량적 농촌운동

국내 민족주의 세력은 신간회 해소 후 새로운 민족 단체 건설을 계속 모색했다. 특히 동아일보 세력은 합법적 표면 운동 단체 건설에 주력했다. 신간회 해소 반대파였던 안재홍·이종린 등은 수양동우회의 이광수·조만식 등과 민족단체통제협의회를 조직하려 했으나 사회주의자들의 견제로 무산되었다(1932. 1). 평양의 기독교계 및 수양동우회계의 조만식·김병연(金炳淵) 등이 전선민족유일통제단체로 발족시킨 건중회도 내부 알력과 조만식 등의 탈퇴로 무산되었다(1932. 7). 이런 과정을 거치면서 일부 민족주의 세력은 절대독립을 목표로한 '정치운동'이 당장의 실현 가능성이 낮다고 보면서, 민족문화운동과 계몽적·개량적 농촌운동에 관심을 기울였다. 민족문화운동은 조선총독부가 조선사편수회를 앞세워 식민사학적 관제 조선 연구를 전개하는 상황에 대응하면서 추진되었다.

이 시기 민족문화론은 문화주의, 반(反)동화주의 자치론에 기반을 둔 민족문화 선양론, 저항적·주체적 입장에서 근대 민족국가를 지향하는 조선 문화건설론으로 나타났다. 동아일보 세력이 주도한 전자는 파시즘의 대두를 힘의논리로 이해하면서 민족부르주아의 지배력을 고수하기 위해 위로부터의 사상개혁을 강조했다. 이를 위해 1931년부터 이순신 추존과 현충사 중건 등 위인의선양 활동을 전개했다. 안재홍 등이 주도한 후자는 파시즘 국가주의에 대항하여 약소민족 결집을 위한 차선책으로 조선문화운동을 제기하고 '다산 정약용서세 100년제'와 연동하여 조선학 진흥을 주장하면서 『여유당전서』 간행을 추진했다. 안재홍은 조선문화건설협회를 조직해 민족문화운동을 끌어갔다.

이러한 두 방향의 민족문화운동은 민족 주체를 확립하고자 했다는 공통점이 있다. 그러나 전자는 주로 대중 장악 의도에서 엘리트적이고 전체주의 성격이 컸다. 후자는 민족국가 건설을 지향하면서 반파시즘 민족문화론을 내세우면서 식민지에서 계급 문제와 민족 문제가 다르지 않다고 주장한 점이 주목된다. 신간회 해소를 반대했던 민족협동전선론의 연장선에서 민족문화운동을 전개한 것이다. 이러한 차이는 향후 민족주의 세력의 분화를 예고한다.

한편 조선어연구회를 계승한 조선어학회(1931)는 신문사들과 함께 한글 보급 운동을 추진하면서 주로 교원과 학생 대상으로 조선어강습회를 열어 철자법을 가르쳤다. 그리고 1930년 이래 3년여 동안 진행한 연구와 심의를 끝내고 「한글 맞춤법 통일안」을 제정해 발표(1933. 10. 29)했다. 형태주의 철자법을 바탕으로 제정된 맞춤법 통일안의 보급은 국가가 부재한 조선에서 민족어 규범을 대중적으로 확산하려는 시도였다. 조선어학회는 「외래어 표기법 통일안」(1940. 6. 7)을 내놓으며 조선어사전 편찬을 위해 노력했다. 그러나 '조선어학회 사건'(1942. 10)으로 대탄압을 받았고 원고도 압수당했다. 다행히 해방 후 압수된 원고를 찾아 1947년부터 10년에 걸쳐 국어대사전 『큰 사전』 6권을 완간할 수 있었다.

민족주의 세력의 농촌운동은 다양한 모습을 띠었다. 동아일보사가 1931년 여름방학부터 시작한 브나로드(민중 속으로) 운동은 문맹 타파, 국문 보급, 위생 지식 보급 등을 목표로 세웠다. 이를 위해 고등보통학교 4~5학년 학생으로 조직된 학생계몽대, 전문학교 이상의 학생으로 조직된 학생강연대 등이 주축이 되어 조선어학회와 공동으로 활동했다. 그러나 운동 과정에서 참가 학생들이 민족적 자각과 민족운동 선전에 나서자, 운동 명칭을 계몽운동으로 바꾸고 문맹 타파 활동만 이어갔다(1933). 조선일보사의 한글 보급 운동 역시 비슷한 방식으로 1929년부터 1934년까지 진행되었다.

두 신문사와 함께 탄탄한 지역 조직을 갖춘 천도교와 기독교 계열도 '당면 이익 획득'을 표방한 농촌계몽운동에 집중했다. 이는 민족주의자들이 신문·잡지 지면을 통해 조선총독부에 농촌 구제 입법, 부채 탕감, 자작농 창정 등을 요구했던 것과 같은 맥락에서 농민 삶의 현장 개선을 목표로 전개된 것이다. 천도교의 조선농민사, 기독교의 YMCA 등은 1920년대부터 농촌계몽운동을 시작했지만 대공황 이후 농촌 구제를 전면에 내세우며 활동 폭을 넓혀갔다.

조선농민사는 천도교청년당과 보조를 맞춰 농민 생활 향상에 나섰다. 1920년대 후반부터 알선부 사업을 신설해 협동조합 원칙에 따른 경제 활동을 펼쳤다. 농민공생조합을 창립(1931)하여 자력갱생을 위한 소비, 생산의 공동화 등을 추진했다. 조선농민사의 활동은 자금 부족 등으로 중단되었다(1936). 기독교계는 야학과 소비조합 형태의 협동조합운동을 전개하면서 농민 조직에 나섰다. 기독교 민족주의자들은 이상적 농촌 모델로 상정한 덴마크의 축산업 및 상업적 농업경영, 선구적 농촌계몽운동가 그룬트비(Nikolaj Grundtvig), 덴마크의 국민고등학교와 체조 등을 주목하면서 '정말(丁抹, 덴마크)'에 대한 관심을 쏟아냈다.

1926년부터 1930년대 초반까지 활동한 협동조합운동사는 조선농민사나 YMCA의 농촌계몽운동과 다소 결을 달리하여, 자본주의의 결함을 수정하고 사회주의운동의 투쟁성을 극복하는 '제3의 길'을 지향하면서 사회개량과 협동주의를 내세웠다. 조선 농촌의 위기를 협동적 자치 조직을 통해 해결하고자 했다. 조선총독부가 추진하는 관제 농촌진흥운동의 한계를 인식한 민족주의 운동 영역이 일정하게 확장된 것이다.

다만 이처럼 여러 형태로 전개된 농촌운동은 조선총독부와의 긴장관계 속에서 진행된 것이 아니었다. 운동 주체들은 식민 체제에 대한 근본적 접근이나 대결을 회피하면서 농민의 당면이익 획득과 생활개선을 주장했다. 개량적 접근으로 얻을 수 있는 성과는 제한적이었고, 목적하던 바의 하나인 농민 대중에 대한 리더십을 발휘하는 데도 한계가 있었다.

4) '민족 버리기', 파시즘 경도와 친일 협력자들

1930년대 전반기 대공황을 배경으로, 유럽과 일본 사회에 불어닥친 파시즘-군국주의 광풍은 조선의 민족주의 세력의 분화를 촉진했다. 내부의 계급적 지향과 식민지배에 대한 저항성, 사회주의자에 대한 시선 등을 중심으로 민족주의 내부에 다양한 차이가 존재했다. 이런 상황에서 유럽의 파시즘 조류와 일본 제국주의의 군국주의화를 목도하며 민족주의자들의 입장이 뚜렷하게 분화되기 시작한 것이다. 이광수가 이러한 분화를 상징적으로 보여준다.

이광수는 2·8독립운동에 참여한 후 잠시 민족운동의 길에 들어섰다가 상하이에서 돌아온 후 「민족개조론」과 「민족적 경륜」 등을 발표하면서 조선인 엘리트는 실력양성을 목표로 비정치적 주체를 양성해야 한다는 지론을 정립했다. 그는 인텔리겐치아만이 민중을 계몽하고 민족을 개조하는 선구자라고 생각했다. 그에게 민중은 지도받는 대상일 뿐 신문명을 창조하는 주체가 될 수 없었다. 지도자의 '재림'을 고대하면서 물질의 번영, 힘의 축적을 당면과제로 인식했다. 가장 큰 문제는 젊을 때부터 '힘'을 찬미했던 그가 엘리트주의에 갇혀 내부에서 리더십을 발휘하면서 주체적으로 힘을 만들어가야 한다고 생각하기보다 외부에서 찾았다는 점에 있었다.

비정치적 실력양성을 강조하던 이광수는 무솔리니와 히틀러의 등장을 보면서 호감을 드러냈다. "힘은 건전한 인격과 공고한 단결에서 난다"면서 "이탈리아의 파시스트를 배우고 싶다"는 생각에 히틀러의 『나의 투쟁』을 부분 번역 게재하는 등 파시즘에 우호적 태도를 보였다. 소설 「이순신」을 연재하고, 단군을 민족적 기원으로 하는 민족의 고유문화와 정체성에 대한 탐구에 주력한 것 또한 민족의 힘과 혈통의 순수성을 내세우는 파시즘의 논리와 맞닿아 있었다.

이광수가 전시체제기에 접어들면서 조선인의 일본화와 일본 문화 앙양을 내세운 배경이 바로 여기에 있었다. 비정치적 실력양성 주장은 파시즘 지배에 쉽게 순응하는 패배주의의 바탕이 되었기 때문이다. 이광수는 결국 아베 미쓰이에(阿部充家)의 흥상 건설 발기인으로 참가했고(1936. 6), 중일전쟁 직전에는 최남선과 함께 사회 풍교를 바로 잡기 위하여 관민협동의 반도문예회 창립(1937. 7. 5)에 관여했다. 그리고 1938년 이후 일본 정신 앙양과 내선일체를 선전하는 적극적 친일파로 거듭났다.

이광수 사례는 파시즘 인식이 민족주의 세력의 분화에 큰 영향을 미쳤음을 보여준다. 이민족 지배자의 힘에 굴복한 '민족개조'론이 외부의 강한 지도자의 등장을 기대하는 심리로 이어져 급기야 조선인들은 조선의 말과 글을 버리고 일본인이 되어 천황의 품에 안겨야 한다는, 스스로 내선일체를 앞장서서 강조하는 적극적 친일행위로 나아간 것이다. 이광수처럼 일부 집단은 이제민족운동이나 독립에 대한 희망을 단념하거나 적대시한 가운데 오히려 일제의 아시아·태평양 침략에 환호했다. 또 일부 세력은 농촌진흥운동과 같은 조선총독부의 사회개량화 정책에 포섭되어 지역 차원에서는 부회·읍회 등 '지방의회'로의 진출을 적극 모색하면서, 조선총독부와의 협력을 통해 경제적·정치적으로 얻을 수 있다고 기대한 개인의 현실 이익을 꾀하는 데 집중되어갔다.

민족(주의)을 버리고 '강한' 다른 민족(주의)에 포섭된 이들을 두고 우리 사회 일각에서는 사회주의자가 아니었다는 이유 하나만으로 여전히 민족주의(우파)로 칭하기도 한다. 세계사에서 찾기 어려운 일이다. 한국 근현대사 인식이 이념적 구분 도식에 빠져 그만큼 왜곡되어 있다는 반증이다.

3. 국내외 좌·우 운동 세력의 연합전선 시도

1) 조선민족혁명당과 중국 관내의 좌우연합전선운동

1920년대 후반에 추진된 민족유일당운동의 실패 이후 의열단과 한국독립당을 축으로 전개되었던 중국 관내 지역의 민족해방운동은 일제의 만주 침략으로 전환점을 맞이했다. 중국 정세의 변화는 관내 지역 운동 단체에 중국국민당 정부와의 연대, 그리고 단체 상호 간의 협력을 촉구하는 배경이 되었다. 윤봉길 의거(1932. 4) 이후 관내 지역이 더 이상 안전지대가 되지 못하자 좌우연합이 더욱 필요해진 상황에서 의열단과 한국독립당은 연대를 위한 발걸음을 내디뎠다.

3·1운동 직후 만주 길림성에서 결성되어 의열투쟁으로 국내외에 명성을 드러낸 의열단(1919. 11) 단원 중에는 신흥무관학교 출신들이 많았다. 이들은 의열투쟁의 한계를 인식하면서 민족유일당운동에 참가하고 1930년대 들어 레닌주의정치학교를 설립하여 조선공산당 재건운동에 뛰어드는 등 사회주의 성격도 띠었다. 일제가 만주를 점령한 이후 의열단은 조·중합작 항일운동을 추진하기로 운동 방식을 전환하고 1932년부터 중국국민당의 지원도 받았다.

한국독립당은 상하이에서 김구 등의 임정 옹호파와 안창호 등의 개조파 일부가 참여하여 결성(1930. 1)되었다. 당강(黨綱)에 "민족적 혁명 역량을 총집중할 것"을 내세운 한국독립당은 임정과 표리관계에 있는 정당이었다. 윤봉길 의거는 임정과 한국독립당에게 양날의 검이었다. 안창호 등 다수 인사가 일제에 검거되어 활동이 위축되면서 결국 임정이 상하이를 떠나야 했지만, 임정의 대내외적 위상이 높아지면서 중국국민당의 재정 지원을 받는 계기가 되기도 했기 때문이다.

이런 상황에서 관내 민족운동의 양 축인 의열단과 한국독립당에 한국광복동지회, 조선혁명당, 한국혁명당 등이 가세하여 한국대일전선통일동맹이 출범했다(1932. 11). 관내 좌우통일전선체로 성립된 한국대일전선통일동맹은 강력한 전선 통일을 위해 단일정당 결성을 추진했다. 그 결과 의열단, 한국독립당, 조선혁명당, 신한독립당, 대한독립당 등을 해체하고 통일전선정당으로서 조선민족혁명당을 창립했다(1935. 7). 조선민족혁명당은 스스로를 "민족적 결합의 중심"이자 "독립전쟁의 최고 사령부로서", 그리고 "세계 피압박민족 연합전선의 교환수로서" 정치적 중심 조직이라고 규정했다. 또한 당의·당강을 통해 토지와 대생산 기관을 국유화하여 국가가 주도하는 경제체제 아래 만인이 평등한 민족국가의 건설을 구상했다.

그런데 조선민족혁명당이 내부 합의를 모아 뿌리를 내리지 못한 상황에서 관내 지역의 완전한 통일전선정당으로 자리매김한다는 명분으로 임정의 해체를 조급하게 요구하면서 갈등이 생겼다. 그러자 김구 등 임정 고수파가 통합에 반대하며 한국독립당을 탈당하여 한국국민당을 창립(1935. 11)했고 이후 조소앙 (한국독립당계)과 이청천(李靑天, 지청천, 조선혁명당계) 등이 탈당하면서 통일전선정당으로서의 위상을 점점 잃어갔다. 그러나 중국국민당 정부의 후원과 조선혁명군사정치간부학교 출신 당원들의 활동으로 꾸준히 항일투쟁을 전개했다.

또다시 통일전선을 촉구하는 외적 환경이 조성되었다. 일제가 중국을 침략하여 전쟁을 확대한 것이다. 우파 세력이 모두 빠져나간 조선민족혁명당은 조선민족해방동맹, 조선청년전위동맹, 아나키스트 단체인 조선혁명자연맹과 함께 관내 좌익전선 통일체인 조선민족전선연맹을 결성했다(1937. 12). 조선민족전선연맹은 창립선언을 통해 "조선혁명은 민족혁명이며, 우리의 전선은 민족전선"이라고 밝혔다. 기본강령의 주요 내용은 조선 민족의 진정한 민주주의 독립국가 건설, 언론·출판·집회·결사·신앙의 자유 보장, 일본 제국주의자와 매국적 친일파의 재산 몰수, 근로대중의 생활개선, 의무교육 및 직업 교육 실시, 남녀 평등 권리 확보, 조선 민족해방운동을 동정하고 원조하는 민족과 국가에 대해 동맹 체결 등이었다. 즉 조선민족전선연맹은 창립선언과 기본강령으로 볼 때 좌파적 성향을 드러내기보다 '전 민족의 완전한 통일전선기구'를 지향하고 있었다.

조선민족전선연맹은 "국외 각지의 민족 무장부대를 연합시켜 통일적 민족혁명군대를 조직하고 민족해방투쟁을 실행한다"는 투쟁강령에 따라 중국국민당 정부의 지원을 받아 무장부대로 조선의용대를 조직했다(1938. 10. 10). 조선의용대의 중추 세력은 의열단이 운영했던 조선혁명간부학교 졸업생들이었다. 대장은 김원봉이었고 조선민족혁명당원들로 구성된 제1구대와 전위동맹원으로 구성된 제2구대로 편성되었다. 대원 수는 97명에서 3구대 신설로 120~200명으로 늘었다. 조선의용대는 일본군을 상대로 한 선전공작과 투항 권고, 포로 심문, 후방 교란, 중국 군민(軍民)과의 유대강화 활동 등을 전개했다. 1941년 봄 조선의용대 주력부대는 중국공산당의 팔로군 지구로 이동하여 조선의용대 화북지대를 결성했다.

한편 조선민족혁명당에서 탈당하고 한국독립당과 조선혁명당 등을 재건한 우파 세력은 한국국민당이 주도한 통일운동에 호응했다. 중일전쟁 직후 세정당과 한인애국단, 미주대한인국민회, 하와이대한인국민회, 대한인단합회, 대한인부인구제회, 대한인동지회의 9개 단체가 모여 관내 지역 민족주의 계열 연합체로서 한국광복운동단체연합회(1937. 8. 17)를 발족했다. 한국광복운동단체연합회 역시 독자적인 무장부대로 한국광복진선청년공작대(1939. 2)를 편성했다.

이후 조선민족전선연맹과 한국광복운동단체연합회의 통합 움직임이 일어났다. 두 단체의 대표인 김원봉과 김구는 "조선 민족 해방의 대업을 완성하기 위해 장차 동심협력할 것을" "고백"하는 「동지 동포들에게 보내는 공개신(公開信)」(1939. 5. 10)을 발표했다. '공개신'은 현 단계 정치 강령의 대강(大綱)을 제시하면서, 일본 제국주의의 통치를 전복하고 건설할 조선 민족의 자주독립국가가 민주공화제를 채택할 것임을 명확히 했다. '공개신'에 따라 조선민족전선연맹과 한국광복운동단체연합회 7개 단체가 모여 전국연합진선협회(1939. 9)를 결성했다. 그러나 조직 통일 방식과 임정 처리 문제를 두고 다시 의견이 갈려 결국 통합운동은 실패로 돌아갔다. 이후 한국광복운동단체연합회의 세 정당은 한국독립당으로 합당했다(1940. 5).

2) 만주에서의 조·중연대와 국제주의적 항일무장투쟁

남만주와 북만주에서는 조선혁명군과 한국독립당군이 중국의 구국군 등 반만(反滿) 항일군과 연합하여 관동군·만주국군과 전투를 벌였다. 일본군이 밀집되어 대규모 무장부대를 조직하기 어려웠던 동만주에서는 항일유격대를 조직하여 게릴라식 항전을 전개했다.

코민테른은 '12월테제' 발표 이후 '일국일당 원칙'을 강조했다. 그에 따라 1930년 4~8월 사이에 만주의 조선인 공산주의자들은 중국공산당에 가입했다. 100여 명에 지나지 않던 만주 지역 공산당원은 이후 2천여 명으로 급증했다. 특히 1930년 극좌 노선에 기운 '간도 5·30 봉기'와 추수투쟁 등 대중투쟁을 계기로 조선인들이 대거 입당하여 중국공산당 만주 조직 규모는 크게 확장되었다.

남만주 반석현 이통(伊通)에서 이홍광(李紅光)을 비롯한 조선인 청년 7명이 결성한 적위대(1931. 10)는 만주에서 조직된 첫 항일유격대였다. 일명 개잡이대(打狗隊)로 불린 적위대를 바탕으로 성립한 반석 공농반일 의용군은 이후 '중국 노농홍군 제32군 남만유격대'(약칭 남만유격대)로 개편되어 반석을 근거지로 일본군·만주국군과 마적 등을 상대로 60여 차례 전투를 벌였다. 주요 간부의 대부분과 대원의 4분의 1가량이 조선인이었던 이 부대는 조·중 양 민족의 연합부대 성격을 띠면서 중국공산당에 편제된 유격대였다.

동만주에서도 연길현 유격대(1932)를 시작으로 왕청현 유격대, 훈춘현 유격대 등이 조직되었다. 1933년경 동만주 4개 현 유격대 대원은 360여 명이었다. 이들 중 90%가 조선인이었다. 북만주에서도 주하 반일유격대를 비롯하여 조선인 유격대가 조직되었으나 동만주와 남만주에 비해 조선인들은 많지 않았다.

만주의 항일유격대를 기반으로 중국공산당 만주성위원회는 국제주의적 무장부대로서 동북인민혁명군을 결성했다(1933. 8). 남만유격대는 동북인민혁명군 제1군 독립사로 편제되어 양수하자 전투, 팔도강 전투 등 많은 전투를 치렀다. 특히 평안북도 후창군 동흥읍을 습격한 국내 진입작전(1935. 2. 13)으로 큰 반향을 일으켰다. 동만의 4개현 유격대는 동북인민혁명군 제2군 독립사로 편제되었는데 1,200명 병력 중 3분의 2가 조선인이었다. 이들은 1934년 한 해 동안 900여 차례의 전투를 치르며 근거지를 방어했다. 또한 조선혁명군과 연대를 모색하기도 했다.

이처럼 동북인민혁명군에서 조선인 역할은 매우 컸다. 하지만 치열한 유격투쟁이 심각한 어려움에 직면한 큰 이유가 내부에 도사리고 있었다. 코민테른 6차 대회의 극좌 노선이 불러온 역작용으로 중국공산당 내에 민족 배타주의 경향이 나타나, 오히려 적을 이롭게 하는 전형적인 교조주의 행태가 기승을 부린 것이다. '반(反)민생단투쟁'의 명목으로 조선인 431명이 밀정 혐의로 사살당했다(1932~1935). 이 참화를 피하기 위해 상당수 조선인들이 도주하거나 변절하는 사태가 일어났다.

코민테른 7차 대회 이후 중국공산당 만주성위원회는 1936년 초 반일 민족 통일전선 강화를 위해 '반민생단투쟁'을 중지함과 동시에 동북인민혁명군, 동북반일연합군, 동북혁명군과 각종 유격대를 모아 동북항일연군을 편성했다(1군~11군). 조선인이 많았던 1군과 2군은 조·중 양 민족의 연합부대 성격이 컸다. 특히 제2군의 2천여 명 중 절반 이상이 조선인이었고, 김일성(金日成)이 이끄는 제3사 병력은 대부분이 조선인으로 임강현과 무송현에서 노령 전투, 서강 전투, 동강 전투 등을 치렀다.

이후 1군과 2군은 통합되어 양징위(楊靖宇)를 총사령으로 하는 제1로군으로 재편되었다(1936. 7). 제2군 1·2·3사는 제1로군 4·5·6사로 변경되었는데, 제6사는

보천보 전투를 처음 보도한 1937년 6월 5일자 동아일보 호외

"함남 보천보를 습격, 우편소와 면소에 충화." "4일 오후 11시 30분경 함남 국경 보천보 우편소에 이백여 명이 습래하여 동 우편소를 포위 방화하고 계속하여 보천보 부근에 있는 면사무소와 보통학교, 소방사무소 등을 습격 방화했는데 부상자는 1명이다."

조선인이 많은 제4사와 함께 유격전을 전개하며 백두산 일대로 나아가 유격구를 건설했다. 이후 백두산 일대는 재만 조선인 항일무장투쟁의 중심지이자 국내 진공작전의 근거지가 되었다. 백두산을 기반으로 유격전을 벌이던 제6사는 80여 명이 두만강을 넘어 함경남도 갑산군 보천보를 기습했다(1937. 6. 4). 반나절이라는 짧은 기간의 점령이었지만, 보천보 전투가 일제에 준 충격은 매우 컸다. 이 전투가 『동아일보』에 보도되면서 동북항일연군 내 조선인 부대의 활약과 김일성의 이름이 국내에 알려졌다.

동북항일연군은 동·남·북만주에서 일본군·만주국군과 치열한 접전을 벌였다. 그러나 그만큼 희생도 컸다. 한때 제1로군만 6천여 명에 달했던 동북항일연군은 1938년에 1,850명 정도로 축소되었다. 곤경에 처한 동북항일연군 제1로군은 3개 방면군과 1개 경위려(警衛旅)로 편제를 바꾸었다. 이때 대부분의 대원이 조선인이었던 제6사는 제2방면군으로 재편되어 무산지구 전투, 대사하 전투, 홍기하 전투 등을 벌였다. 4사와 5사가 결합되어 편성된 제3방면군도 대원의 60%가 조선인이었다. 이 때문에 조선인들은 물론 중국인들도 2방면군과 3방면군을 때때로 '조선인민혁명군'이나 '조선혁명군'으로 불렀다고 한다.

한편 코민테른 7차 대회 방침에 따라 중국공산당은 동북항일연군 편제와 함께 조선인 항일통일전선정당으로 '항일민족혁명당' 조직을 제안했다(1935. 11). 그에 따라 중국공산당 만주성위원회 동만특위와 동북항일연군 제2군의 간부들은 항일 민족통일전선 조직을 논의했다. 그리고 동강회의 결정(1936. 5)에 따라 재만한인조국광복회가 결성(1936. 5. 5)되었다. 오성륜(吳成崙, 전광全光), 이상준(李相俊, 이동광李東光), 엄수명(嚴洙明) 등 3인의 발기인 명의로 발표된 「재만한인조국광복회 선언」(1936. 6. 10)에서는 "전 민족의 계급, 성별, 지위, 당파, 연령, 종교 등의 차이를 불문하고 백의동포는 반드시 일치단결 궐기하여 원수인 왜놈들과 싸워 조국을 광복시킬 것"을 밝혀 조국광복회가 조선 민족 전체의 인민전선임을 명확히 했다.

조국광복회는 결성 이후 만주 장백현 일대는 물론 국내에까지도 조직을 확대해갔다. 함경남·북도와 평안북도 일원, 그리고 함흥, 홍남, 원산 등의 도시에도 조직망을 구축했다. 그 결과 국내의 한인민족해방동맹 산하에 지회 3개, 분조 3개, 정우회 1개, 반일회 1개, 반일그룹 14개가 조직되었으며, 각 지역에 정치공작원이 파견되었다. 동북항일연군 제2군 6사의 보천보 전투가 성공한 이면에는 조국광복회 국내 조직의 연락과 참여가 있었다. 민족통일전선을 실현하기 위해 활발한 활동을 벌이던 조국광복회는 '혜산사건'(1937. 10~1938. 7)이라 불리는 두 차례 대규모 검거로 739명의 관련자가 체포되면서 붕괴되었다.

3) 조선공산당 재건운동과 인민전선 전술론

1930년대 전반기 국내에서 전개된 혁명적 농조·노조운동과 조선공산당 재건운동은 코민테른 6차 대회의 '계급 대 계급' 전술과 이에 기반한 '12월테제'의 방침에 따라 전개된 것이었다. 이와 달리 민족부르주아지와의 광범한 통일전선 구축을 제시한 코민테른 7차 대회의 인민전선 전술은 국내 운동가들에게 급격한 노선 전환을 요구했다.

'아래로부터의 통일전선'인 혁명적 농조·노조운동을 통해 조선공산당을 재건하고자 했던 운동가들로서는 어지러울 만큼 급격한 전환이었다. 더구나 군국주의적 파쇼 체제로 고착된 일제의 탄압으로 운동이 위축된 상황에서, 신간회 해소 이후 민족부르주아지 진영은 뿔뿔이 흩어져 있었다. 일부는 일제에 협력하고, 일부는 조선학 운동에 매진하고 있었다. 연대 또는 통일전선의 제휴 대상인 민족부르주아지의 실체가 취약해진 상황이었다. 반면에 1930년대 후반에는 북부 지역을 중심으로 운동의 폭동화·무장화 경향도 나타났다.

그러나 '세계혁명의 총참모부' 코민테른 7차 대회의 인민전선 전술은 곧 국내 공산주의자들에게 수용되었다. 7차 대회에 조선 대표로 참가하여 대회에서 "반제민족혁명 단일전선을 조직하고 민족개량 부르주아지 가운데 일부를 끌어들여야 한다"고 연설한 김하일(허성택許成澤)이 귀국하여 함경북도에서 당 재건운동과 농민조합운동을 전개했다. 곧 검거되었지만(1936) 그의 활동은 7차 대회 노선을 그대로 반영한 것이었다. 코민테른은 조선에 직접 정치공작원을 파견하여 전술 전환을 지원하기도 했다.

1930년대 조선의 대표적인 공산주의자 그룹이었던 '이재유 그룹'은 일찍부터 반파쇼 인민전선론을 받아들여 민족혁명전선운동을 추구했다. 기관지 『적기』의 창간 선언(1936)을 통해서도 세계 곳곳에서 인민전선운동이 확대되고 있다고 밝혔다. 여전히 코민테른 6차 대회 노선의 관성대로 '노동자 농민의 소비에트 정부 수립'을 중심 강령으로 내세웠지만, 동시에 반전(反戰)위원회를 설치하여 반파쇼·반제 인민전선운동을 수행했다.

이주하(李舟河) 등의 '원산 그룹' 역시 '12월테제'에 따라 적색노동조합 원산 좌익위원회를 조직했다. 그러다가 코민테른 7차 대회 결정을 갖고 독일에서 귀국한 이강국(李康國)이 지도부에 참여함에 따라 "조선에서 반일적 요소를 규합하여 광범한 조선 민족에 의한 '민족해방전선' 결성을 긴급한 임무로 한다"고 운동 방침을 바꾸었다. 원산 그룹은 기관지 『노동자신문』을 통해 민족해방전선을 강화하기 위해 소부르주아, 인텔리겐치아, 애국적 민족부르주아지 일부까지 포함한 광범한 인민층을 끌어들여야 한다고 주장하며 코민테른 7차 대회의 노선을 지지했다.

그러나 원산 그룹은 광범위한 통일전선 전술로 인민전선 전술론을 수용하면서도, 새로운 국가건설 구상에서는 '인민전선 정권'이 아니라 여전히 '프롤레타리아 정권수립'이나 '노동자 농민 그리고 전 인민의 정권인 소비에트 정권수립'을 내세웠다. 그리고 혁명적 노동조합운동을 계속 전개했다. 당 재건의 토대가 될 혁명적 노조운동을 포기할 수 없었기 때문이다. 혁명적 노조운동이 인민전선 전술과 배치되는 것은 아니지만 원산 그룹은 "불철저하게" 인민전선을 받아들였던 것으로 이해된다.

일제강점기 마지막 시기의 대표적인 당 재건운동 그룹이었던 '경성콤그룹'도 명백하게 인민전선 전술론을 수용하면서도 제한을 뒀다. 인민전선부를 설치하고 '위로부터의 통일전선' 조직을 시도했다. 이를 위해 박헌영이 조선어학회 핵심 인물 신명균(申明均)과 만나기도 했다. 이관술은 법정에서 조선혁명의 과제로 조선독립, 토지혁명, 인민정부 수립, 대기업의 국가관리 등을 제시했다(1942). 그러나 경성콤그룹의 혁명론은 조선혁명이 부르주아민주주의 발전 단계에 있다고 하면서도 여전히 "소비에트 권력을 수립하기 위해 투쟁해야 한다"고 강조한 「조선공산당 행동강령」(1934)의 범주 안에 있었다. 즉 경성콤그룹이 수용한 인민전선론은 전략이나 강령이 아니라 문자 그대로 현 단계 '전술' 수준으로 국한된 것이었다.

즉 혁명적 농조·노조운동을 통한 조선공산당 재건운동을 전개하던 국내 사회주의운동가들은 코민테른 7차 대회 노선을 수용했지만, 이들이 구상하던 독립국가는 '인민전선 정부'가 아니라 여전히 '노동자 농민의 소비에트 정부' 였다. 그들은 인민전선을 부분적으로 받아들였다. 일부 그룹은 "조선처럼 의회가 없는 곳에서는 인민전선 전술을 적용할 수 없다"고 주장하기도 했다.

여기에는 일제 말기의 혹독한 상황에서 광범위한 동맹 대상을 찾기 어려워진 현실적 사정도 있었다. 주요 동맹 대상인 민족부르주아지는 대부분 신간회 해소 이후 반일 투쟁의지가 허약해져 있었다. 이런 상황에서 그들은 인민전선론을 받아들이면서도 현실적으로 계속 혁명적 농조·노조운동에 집중할 수밖에 없었다. 식민지 조선의 사회주의자들은 인민전선을 말 그대로 하나의 전선으로 생각했다.

4장
좌·우 민족운동 세력이 합의한
평화지향적 민주국가 구상

1. 해방 직전 국내외 민족운동 세력의 동향과 연대 모색

제2차 세계대전은 민족운동 세력에도 큰 영향을 끼쳤다. 민족운동 세력은 추축국 일본의 전쟁 상대국인 연합국(미·소·중) 편에 서서 같이 싸웠다. 이는 연합국의 식민지인 동남아 민족운동 세력들이 일본과 연대한 경우가 있었던 것과 비교하면 큰 차이였다. 연합국과의 연대투쟁은 당면과제인 군국주의와 파시즘에 맞서 민주주의의 승리와 평화를 기대하는 세계사적 투쟁이었으며, 항일투쟁을 통해 한반도에 민주주의 국가를 수립하기 위한 투쟁이었다.

일제강점기 내내 끊임없이 투쟁을 전개해왔음에도 불구하고 국내·외, 그리고 좌·우 민족운동 세력은 해방 직전까지 단일한 투쟁체를 만들어내지는 못했다. 정확하게 말하면 현실적으로 그럴 수 있는 상황이 아니었다. 대신 각지에서 평화를 지향하는 새로운 민주주의 국가건설의 토대가 될 수 있는 민족운동 세력이 조직체와 투쟁력을 가지고 끊임없이 연대를 모색했다. 이들이 공간적으로 멀리 떨어져 있으면서 독립국가상에서는 수렴하는 경향을 보였다는 점을 주목할 필요가 있다.

대표적으로 국외에서는 중국의 대한민국임시정부와 조선독립동맹, 그리고 소련 88특별국제여단 내 조선인 부대를 들 수 있다. 국내에서는 경성콤그룹과 조선건국동맹이 해방 직전까지 투쟁을 계속하며 해방 이후 건국을 준비하고 있었다.

1) 대한민국임시정부와 광복군의 좌·우연합과 국제연대

윤봉길 의거 이후 상하이를 떠나 중국국민당 정부의 천도에 함께한 임정의 마지막 정착지는 충칭(重慶)이었다. 임정은 국민당 정부와 교섭하여 청사를 이전(1940. 9)하고 주요 요인들도 옮겨왔다. '중경시대'가 시작된 것이다. 충칭 임정은 한국독립당이 주도했다. 1930년대 관내의 민족주의 세력은 조선민족혁명당 참가 문제로 분열되어 있었다. 임정을 고수하고자 했던 김구·이동녕 등은 한국국민당을 조직(1935. 11)했으며, 조선민족혁명당에 참가했다가 탈당한 조소앙과 이청천은 각기 한국독립당(1935. 9)과 조선혁명당(1937. 2)을 재건했다. 이후 민족주의 계열 3당은 한국광복운동단체연합회(1937. 8)를 거쳐 한국독립당(1940. 5)으로 재통합되었다.

임정과 한국독립당은 정부–여당 관계처럼 표리일체의 관계였다. 한국독립당 중앙집행위원장 김구가 임정 주석을 맡는 등 임정 부서의 주요 직책을 한국독립당 인사들이 맡았다. 또한 한국독립당은 당의에서 "정치, 경제, 교육의 균등을 기초로 한 신민주국을 건설"한다는 삼균주의를 표방했다. 삼균주의는 임정의 「대한민국 건국강령」(1941. 11. 28)으로 계승되었다.

3당통합 이후 임정은 「한국광복군선언문」을 발표하고 이청천을 총사령으로 하여 4개 지대로 편성된 한국광복군총사령부를 발족(1940. 9. 15)했다. 임정이 직접 국군을 조직한 것이다. 군사력을 갖춰 독립전쟁을 전개한다는 임정 초기의 군사 정책이 20여 년 만에 다시 결실을 맺은 것이었다. 다만 임정 초기처럼 기존에 산재되어 있는 여러 무장부대를 통합하지 못하는 한계를 여전히 가진 것이었다. 그리고 중국국민당 정부가 통할하는 지역에서 광복군을 유지하고 활동하기 위해서는 중국국민당 정부의 승인과 지원이 필요했다는 한계도 따랐다. 결국 '한국광복군 행동 9개 준승'에 따라 중국국민당 정부의 승인(1941. 11. 15)을 받았다. 이는 광복군을 중국군사위원회에 귀속시켜 통할 지휘를 받는다는 조건부 승인이었다. 타국 땅에서 독립운동과 무장부대를 이끌어야 하기에 불가피한 일이었다.

당을 통일하고 군대를 발족한 임정은 임시의정원회의(1940. 10)에서 새로운 헌법을 통과시켰다. 그에 따라 종전의 「대한민국 임시약헌」이 규정한 집단지도 체제를 단일지도 체제로 바꿔 행정수반을 주석이 맡도록 개정하여 김구를 주석으로 선출했다. 유럽에서 전쟁이 발발한 상황에서 신속하게 국제정세에 조응할 수 있는 강력한 지도력이 요구되었기 때문이다. 이로써 임정은 군사통수권을 가진 주석 아래 당(한국독립당), 정(임시정부), 군(광복군) 체제로 운영되었다.

일제가 진주만을 공습하면서 태평양전쟁을 도발하자 독립운동 역량을 집결시키는 통일전선 결성 문제가 다시 대두되었다. 중도좌파 세력인 조선민족혁명당이 제6차 전당대표대회를 통해 임정 참여를 결정(1941. 12. 10)했다. 조선민족혁명당에서 이탈한 조선민족해방동맹도 임정으로의 통합을 주장했다. 그러나 좌파 진영의 임정 참여 방법과 절차 문제를 두고 이견이 있어 군사 부문 통일부터 시작되었다.

관내 지역 좌파 진영의 통일전선체인 조선민족전선연맹의 무장부대인 조선의용대(대장 김원봉)의 주력이 화북으로 이동한 후, 군사 부문 통일은 급물살을 탔다. 1939년 무렵부터 조선의용대가 중국국민당 지구인 관내 지역을 떠나 중국공산당 지구인 화북 지역으로 북상할 것인가를 둘러싼 근거지 이동 문제는 김원봉과 간부들 사이의 주요 의제였다. 관내에서의 활동 한계, 그에 반해 대원들의 무장투쟁 염원, 그리고 2차 국공합작에 따른 중국의 정세 변화 때문이었다. 결국 충칭의 조선의용대 총대부 사무소에서 열린 확대간부회의(1940. 11)에서 항일무장투쟁을 지속하기 위한 북상이 결정되었다. 그리고 북상하지 않고 남은 조선의용대 40여 명이 한국광복군 1지대로 편입되어 김원봉이 1지대장 겸 광복군 부사령으로 선임(1942. 7)되었다. 기존의 광복군 1·2·3·5지대는 통합되어 2지대로 개편되었다.

군사 부문 통일 이후 임시의정원 선거(1942. 10)를 통해 조선민족혁명당, 조선민족해방동맹, 조선혁명자동맹 등 중도좌파 인사들이 임시의정원에 진출함으로써 정치 부문의 통일도 이뤄졌다. 관내 민족운동 세력이 모두 임정으로 집결하여 연합전선을 이룬 것이다. 임정 내에서 한국독립당이 여당 역할을, 조선민족혁명당 등 중도좌파 세력이 야당 역할을 맡았다. 이후 개헌을 통해 정부 조직에 좌파 세력이 참가할 수 있도록 하는 「대한민국 임시헌장」이 발표(1944. 4. 22)되었다.

이를 근간으로 정부 조직이 개편되어 한국독립당의 김구가 주석, 조선민족혁명당의 김규식이 부주석으로 선출되었다. 국무위원 14명도 양측에 분배되었으며, 김원봉과 최석순(崔錫淳)이 각각 군무부장과 문화부장에 선임되었다. 이로써 임정은 연합전선 정부로 확대 강화되었으며, 명실상부한 관내 민족운동의 최고 지도 기관으로 자리 잡게 되었다.

일본이 진주만을 기습공격하자 미국의 대일 선전포고(12. 8) 이틀 후 임정도 일본에 선전포고했다(12. 10). 전쟁 말기에는 독일에도 선전포고했다(1945. 2. 28). 임정의 대일·대독 선전포고는 국제사회로부터 연합군 일원으로 인정받기 위한 외교 고투였다. 종전 후 독립국가의 지위를 인정받기 위해서는 임정이 망명정부로서 국제적 승인을 받는 절차가 필수적이기 때문이다. 실제로 조선민족혁명당이 임정에 참가한 배경에도 「제6차 대표대회선언」(1941. 12. 10)에서 "금일의 국제정세가 여러 민주국이 파시즘 집단과 혈전을 전개하고 있음과 임시정부의 국제적 승인 가능성이 있다"는 예상이 중요한 요소로 작용했다.

임정이 국제적 승인을 받고 전후 독립국 지위를 인정받기 위해서는 적국인 일본군과의 실질적인 전투가 수행되어야 했다. 일본군이 동남아를 점령하자 영국군은 광복군에 공동작전을 요청했다. 이를 연합국의 일원으로 인정받을 수 있는 계기로 본 광복군은 인면전구공작대(印緬戰區工作隊)라는 이름으로 버마 전선에 9명의 대원을 파견(1943.8)했다. 1944년 초 인도와 버마의 접경지대인 임팔전선에 투입된 광복군 대원들은 주로 선전공작에 종사하면서 1945년 7월 버마 탈환까지 영국군과 함께 대일전쟁을 수행했다.

한편 광복군은 미국 전략첩보기구인 OSS(Office of Strategic Service)와 합작하여 국내 진입작전을 준비했다. 광복군 대원들을 적의 후방인 국내로 진입시킨다는 '독수리 작전'이 임정 주석 김구의 승인으로 실행되었다. 그에 따라 광복군 제2지대와 제3지대 대원들이 1945년 5월부터 시안(西安)과 리황(立煌)에서 OSS 특수훈련을 받았다. 8월에 훈련을 마친 제2지대 대원 94명을 8개 반으로 나누어 OSS와 함께 국내로 침투시킬 '국내정진군(國內挺進軍)' 편성이 완료됐다. 하지만 일본의 항복으로 국내 진입작전 계획은 실행되지 못했다. 이범석(李範奭), 장준하(張俊河), 김준엽(金俊燁), 노능서(魯能瑞) 등 4명이 일제의 항복을 접수하기 위한 예비대로서 OSS 작전팀과 함께 여의도 비행장에 도착했지만(8.18), 일본군의 완강한 거부로 소득 없이 귀환한 적도 있다.

충칭으로 이전한 후 임정은 장제스에게 임정을 공식 승인하라고 계속 요구했다. 이는 중국을 통해 미국·영국 등 연합국에게 영향을 미치게 하려는 방략이었다. 실제로 장제스는 카이로 회담에서 루스벨트에게 이런 뜻을 전했다. 국민당 정부는 윤봉길 의거 이후 조선 독립운동을 지원하기 시작했다. 지원은 크게 두 창구를 통해 이루어졌다. 국민당은 김구를, '남의사(藍衣社)'로 불리는

1945년 8월의 노능서, 김준엽, 장준하
(왼쪽부터)

중국군사위원회 정보 기관인 삼민주의역행사(力行社)는 김원봉을 지원했다. 그러나 이러한 지원이 임정의 공식 승인을 의미하는 것은 아니었다.

현실적으로 중국이 독자적으로 임정을 승인할 수 있는 상황도 아니었다. 전후 한반도 문제를 둘러싸고 연합국들의 이해관계가 달랐거니와 중국은 수동적인 입장이었기 때문이다. 중국은 임정 승인 문제를 카이로 회담에서 미국·영국에 넘겼다. 미국은 '국제 공동관리'로 조선 문제에 대한 입장을 정리했다. 즉 임정을 승인하지 않는다는 방침이었다. 이후에도 임정은 중국국민당 정부를 통해, 그리고 구미위원부를 통해 미국의 임정 승인을 위한 외교 활동에 주력했다. 민간 차원에서도 지속적 운동을 벌이는 등 다각적으로 노력했지만 미국 등 연합국은 끝내 임정을 공식 인정하지 않았다.

2) 조선독립동맹과 조선의용군의 조·중연대투쟁

중국국민당에 쫓겨 대장정 끝에 샨시성(陝西省) 옌안에 도착(1936)한 중국공산당은 그곳을 당과 홍군의 근거지로 삼았다. 옌안은 2차 국공합작(1937)으로 홍군이 국민당 정부의 팔로군으로 재편된 이후 팔로군의 근거지가 되었다. 조선 독립을 국제주의적 공산주의 운동에서 찾던 적지 않은 조선 청년들이 중국공산당과 함께 항일전쟁에 참여하기 위해 옌안으로 모여들었다. 조선의용대 대원들도 그런 경우였다.

조선의용대 제2구대 소속 조선청년전위동맹 맹원들은 중국 동북 지방을 민족운동의 기지로 삼자는 최창익(崔昌益)의 '동북 노선'에 공감하고 옌안으로 떠났다(1939. 3.). 이들은 옌안의 항일군정대학을 마치고 타이항산(太行山)에서 항일 통일전선 수립과 무장투쟁 전개 등을 기치로 내건 화북조선청년연합회를 결성(1941. 1. 10)하고 중국공산당의 대장정에 참가했던 김무정(金武亭)을 회장으로 선출했다. 조선의용대 주력은 1941년 4월과 6월 두 차례에 걸쳐 황허를 건너 7월 초 타이항산 항일 근거지로 들어갔다. 그리고 현지에서 이미 조직된 화북조선청년연합회와 함께 조선의용대 화북지대를 결성하고(1941. 7. 7) 박효삼(朴孝三, 지대장), 이익성(李益星, 부지대장), 김학무(金學武, 정치지도원) 등이 지도부를 맡았다.

조선의용대 화북지대 중견대원 40여 명은 결성 당일부터 향후 활동 방침을 둘러싼 토론회를 열었다(1941. 7. 7~8. 15). 그 결과 3대 공작 방향(무장선전 활동, 간부 양성, 적 지역 조직 활동)이 결정되었다. 그에 따라 화북지대는 8월 16일부터 신입 대원 30여 명을 2개월간 교육하는 간부훈련반을 개설하여 자체 교육을 실시했다. 또한 무장선전대가 근거지와 유격구 그리고 적구를 넘나들며 좌담회, 군중집회 등을 통해 반제 선전연설을 하거나 노래를 가르쳐주고 선전물을 살포하면서 적구 조직 활동도 전개했다. 하지만 조선인들은 주로 적구 도시에 거주했기 때문에 직접적인 조직 활동은 어려웠다. 이 과정에서 일본군과 교전도 벌였다. 대표적으로 후자좡(胡家庄) 전투(1941. 12. 12)를 들 수 있다. 유격구에서 선전 활동을 하던 화북지대 제2지대 20여 명이 일본군 200여 명의 포위 공격을 받아 탈출하는 과정에서 4명이 전사하고 김학철(金學鐵)은 중상을 입은 채 체포되었다.

조선의용대 화북지대는 일본 북지파견군이 4만여 명을 동원한 제1차 소탕전(1942. 2), 20개 사단 40만여 명에 전차와 비행기까지 동원한 제2차 소탕전(1942. 5)에 맞서 팔로군과 함께 대대적인 전투를 치렀다. 일본군 포위망이 좁혀져 지대장 박효삼의 지휘하에 2개의 고지를 점령하고 치열한 전투를 벌이던 사이에 팔로군 부대가 탈출했다. 이 포위 돌파전 과정에서 진광화(陳光華)와 윤세주(尹世胄)가 전사했다.

북상한 조선의용대 대원들이 합세한 화북조선청년연합회는 규모가 확대되어 조직 재정비를 위해 2차 대표대회를 열었다(1942. 7. 10). 일본군의 팔로군 소탕 작전으로 한 차례 연기된 이 대회에서는 화북조선청년연합회의 발전적 해체, 민족해방운동 단체로서 조선독립동맹 조직과 강령 채택이 결정되었다. 이와 함께 김두봉(金枓奉)을 주석으로 선출하고, 조선의용군(조선의용대 화북지대에서 개칭)을 조선독립동맹의 지도를 받는 "행동대오"로 규정했다.

조선독립동맹과 조선의용군은 표리일체의 관계였다. 조선의용군 대원들은 모두 조선독립동맹 맹원이었다. 맹원들은 화북과 화중 지역 9개 분맹에서 활동했다. 분맹의 주 활동은 학습, 적구 공작, 선전, 생산 활동이었다. 조선의용군 대원들의 학습, 화북 지역 일본 점령지에서 탈출해 온 조선인들의 교육을 위해 조선독립동맹은 화북조선혁명청년학교(무정 교장, 김학무 교무주임)를 설립했다(1942. 11).

특히 적구에 거주하는 조선인들에 대한 선전 활동을 중시하여 내외 정세 변화에 따른 전단을 수시로 살포했다. 일제의 전시배급경제 반대, 조선인 지원병제 및 징병제 반대 등과 기타 일제의 침략 정책 폭로가 주요 내용이었다. 이 과정에서 일본군과 전투가 벌어지기도 했다. 1943년 초 스자좡(石家庄) 지구에 잠입해 대원을 모집하다 체포되어 그해 6월 처형된 마덕산(馬德山)처럼 적구 조직 공작에서도 희생자가 발생했다. 적구 조직 공작은 관내를 넘어 확대되었다. 이상조(李尙朝)는 하얼빈에서 조선독립동맹 북만지구특별위원회를 조직(1943. 10)했다.

적지 않은 희생을 안고 진행된 선전 활동과 적구 공작을 통해 많은 조선인 청년들이 조선독립동맹과 조선의용군에 합류했다. 조선의용군과 팔로군 측은 신입 대원 군사훈련과 정치학습을 위해 전투 지역인 타이항산을 떠나 옌안에 조선혁명군정학교를 설립하기로 결정했다. 타이항산에는 무정이 남아 팔로군 야전정치부 지휘하에 적구 공작반을 조직하고 '적 점령구에 대한 조직과 선전 공작'을 시작(1944. 2)했다.

화북조선혁명청년학교 학생들도 조선의용군 지대장 박효삼의 인솔하에 옌안에 도착했고(1944. 4. 7) 조선의용군 대원들이 직접 학교를 지어 준공했다 (1944. 12. 10). 이듬해 조선청년군정학교(김두봉 교장)가 개교했다(1945. 2. 5). 타이항산 등 화북 각지의 분맹에도 1년 학습 기간의 군정학교가 설립되었는데, 이는 조선독립동맹과 조선의용군이 전투부대를 만들어 연합군 일원으로 전투 준비를 시작했다는 점에서 국제적 의미를 갖는다.

옌안의 조선청년군정학교 인원은 학생과 교관을 합해 280여 명이었다. 이 외에 타이항산, 산둥, 화중(華中) 등 각지의 군정학교에 편제된 인원까지 합치면 850명 정도 되었다. 해방 직전 조선의용군 전체 대원수는 1천여 명 내외였을 것 으로 추정된다. 주력이 옌안으로 이동하기 직전인 1943년 12월 조선독립동맹 맹원 175명과 비교하면 괄목할 만한 성장이었다.

조선의용군은 조선청년군정학교에서 간부를 양성하고, 마오쩌둥(毛澤東)의

'신민주주의론'으로 무장시켜 "조선 인민 항일 무장부대, 다시 말하여 조선의 팔로군을 조직"하고자 했다. 이를 위해 흩어진 부대를 집결시켜 나갔다. 각지의 부대들이 옌안을 향해 출발했다. 조선독립동맹은 조선의용군의 조선 진격과 일제 소탕 방략, 그리고 조선 독립의 노선과 방침을 결정하기 위해 1945년 8월 29일 조선독립동맹 제3차 전체대회를 옌안에서 개최하기로 했다.

하지만 일본 히로시마에 원자폭탄이 투하되었다(8.6). 소련군은 대일 선전포고(8.8) 직후 9일 새벽부터 소만 국경 모든 전선에서 관동군을 공격해 들어오기 시작했다. 일본의 패망은 시간문제였다. 그에 따라 팔로군 총사령 주더(周德)는 "소련 홍군의 중국 및 조선 경내 작전과 배합하여 조선 인민을 해방하기 위하여" "조선의용군의 총사령 무정은 즉각 소속 부대를 통솔하고" "동북으로 진병하여 적·위(敵·僞, 일본군·만주국군)를 소멸하고 동북의 조선 인민을 조직하여 조선 해방의 임무를 달성하라"고 명령했다(8.11). 옌안으로 향하던 각지의 조선의용군들은 펑텐으로 행군 방향을 돌렸다. 그러나 소련군의 진격 속도보다는 늦어 옌안의 조선혁명군정학교에 집결한 조선의용군 대원들은 9월 중순이 되어서야 동북 지방으로 출발했다.

3) 소련 88특별국제여단 내 조선인 부대

만주에서 최초로 조직된 중국공산당 계열의 군대는 만주 각지의 유격대를 통합하여 설립된(1933.9) 동북인민혁명군 제1군 독립사(獨立師)였다. 300여 명 규모에서 이듬해 2개 사(師)로 확대(1934.11)되었는데 부대원의 3분의 1이 조선인이었다. 이후 중국공산당은 코민테른 7차 대회의 인민전선 전술론에 따라 동북인민혁명군을 동북항일연군으로 재편했다. 동북항일연군은 1936년 가을 이후 진행된 일제의 '치안숙정 3개년계획'으로 궤멸적 타격을 입었다. 20만여 병력을 동원한 일본군의 공격으로 1937년 7월 4만 4천여 명에 달하던 병력이

1941년 초에는 2,500명만 남았을 정도였다.

일제의 집중공격을 피하기 위해 동북항일연군은 1939년 들어 소련 영내로 이동하기 시작했다. 그리고 1940년 초 동북항일연군 지도자 저우바오중(周保中) 등은 하바롭스크에서 소련 대표를 만나 동북항일연군의 월경(越境)을 협의했다. 이때부터 1941년까지 대부분의 동북항일연군 부대원들이 소련으로 들어갔다. 소련은 하바롭스크 인근과 보로실로프(현 우수리스크) 인근으로 월경한 동북항일연군의 주둔지를 제공했다.

동북항일연군 내 조선인 부대들도 속속 연해주로 모여들었다. 만주 안도현의 다샤허(大沙河) 전투(1939. 8), 화룡현의 훙치허(紅旗河) 전투(1940. 3) 등을 통해 일본군과 만주국군에게 타격을 주었던 김일성 부대 역시 소련으로 넘어와(1940. 10) 하바롭스크 인근 브야츠코에 마을의 북야영에 주둔했다. 이후 남야영과 북야영을 합쳐 저우바오중을 여장(旅長)으로 하는 동북항일연군 교도려(敎導旅)가 편성되었다(1942. 7). 이 부대는 소련군에 배속되어 제88특별국제여단으로도 불렸다. 교도려는 4개의 교도영으로 구성되었다. 조선인 중에서는 최용건(崔庸健)이 부참모장, 김일성과 강건(姜健)이 영장을 맡았다. 88여단 병력 규모는 1,500명 정도였는데, 이 중 조선인은 100여 명 정도로 추정된다. 이들은 소련 군복을 입고 소련군 계급을 사용했다. 부참모장 최용건과 각 영장들은 소련군 대위로 임명되었다.

88여단의 주요 활동은 정찰 임무였다. 이들은 만주에 소부대를 파견하여 적정을 정찰하고, 철도와 도로 등 수송로 파괴 활동을 전개했다. 독일이 항복하자(1945. 5) 88여단은 일본과의 전쟁에 대비해 군사훈련을 실시했고, 조선인 대원들로 구성된 조선공작단을 조직했다(1945. 7). 이들 중 일부는 일본에 선전포고한 소련군과 함께 만주로 진격했다. 김일성이 인솔하는 조선인 본대는 직접 전투에 참가하지 않고 9월에 소련군과 함께 원산으로 귀국하여 북한 정권 수

소련 88특별국제여단
1943년 10월 5일 야전 훈련 후 촬영한 제88국제여단 대원 사진. 제1열 왼쪽에서 네 번째가 여단장 저우바오중, 다섯 번째가 김일성이다. 중국 길림성 도서관 소장.

립의 핵심 세력이 되었다.

　소련이 일본군에게 고전하던 동북항일연군의 월경을 승인한 것은 국제주의와 반파시즘 인민전선 전술의 실천이라는 명분, 당시의 전황과 이후의 전망 등을 종합적으로 고려한 결과로 보인다. 소련의 월경 승인 시점은 소련군이 핫산(장고봉) 전투(1938), 할힌골(노몬한) 전투(1939)에서 일본군을 대패시킨 직후였고 소·일중립조약(1941. 4. 13)이 체결되기 훨씬 전이었다. 또 독·소불가침조약이 체결되고 소련이 발트 3국과 폴란드 동부를 점령할 무렵이었다. 소련이 월경한 이 부대를 소련군에 배속한 시점은 독일의 침공에 고전하고 있을 때였다. 일본군과 당장의 충돌 명분을 피하면서 향후 대일전쟁 시 만주와 조선의 일본군을 공격할 때 활용할 수 있다는 점을 고려한 것으로 보인다.

4) 국내의 경성콤그룹과 소규모 비밀결사

일제는 만주 침략 이후 중일전쟁과 태평양전쟁으로 침략전쟁을 계속 확대하면서 군국주의 파쇼 체제를 강화해 나갔다. 그 과정에서 조선은 파쇼 통치 체제와 전쟁의 광란에 휘말려 들어갔다. 이에 조응하여 조선총독부는 군사력과 경찰력을 증강하고 '국정변란죄'에 관한 형벌 규정을 대폭 강화한 각종 법령과 「조선사상범보호관찰령」(1936. 12), 「조선사상범예방구금령」(1941. 2) 등을 공포하여 민족운동가들을 탄압했다. 또 전향한 운동가들의 단체인 시국대응전선사상보국연맹(1938. 8)을 야마토쥬쿠(大和塾)로 개편하고 '사상범'으로 지목된 사람들을 가입시켜 '사상전향'을 강요했다. 전시체제기의 억압적 분위기와 강압에 의해 실제로 많은 지도자들이 전향하여 일제에 협력했다. 협력을 거부하는 인사들은 운동을 접고 초야에 은신하거나, 김철수처럼 다시 감옥으로 들어가야만 했다.

이런 상황에서 국내에서 운동을 지속하는 것은 사실 매우 힘든 일이었다. 그러나 폭압 속에서도 많은 운동가들은 지하조직 결성과 지하 운동으로 계속 투쟁했다. 대표적 예가 1938년 말부터 경성을 중심으로 각지에서 조선공산당 재건운동과 혁명적 노동조합운동을 전개한 경성콤그룹이다. 경성콤그룹은 일제강점기 '국내 운동자의 최후의 결산적 집결체'였다.

'이재유 그룹'(이관술, 김삼룡, 이현상 등)은 이재유가 체포되어 수감된 후 경성콤그룹을 조직했다. 1차 조선공산당 중앙위원을 지냈고 1930년대 초반 국제선을 통해 당 재건운동을 하던 박헌영이 출옥(1939)하자, 이관술은 박헌영을 경성콤그룹 지도자로 영입했다. 여기에 모스크바 동방노력자공산대학 출신 권오직(權五稷)과 장순명(張順明), '권영태 그룹' 등 전향하지 않은 사회주의자들이 결합했다. 경성제대 출신으로 뛰어난 국문학자이기도 했던 김태준(金台俊)도 가입했다. 이들은 자신들의 당면 임무를 혁명운동의 참모부인 당 재건에 두었다.

정태식, 서중석(徐重錫) 등 적지 않은 사람들이 연이어 경성콤그룹에 가입했다.

경성콤그룹은 당면 임무를 '사다리식' 조직 체계를 통해 상향식으로 혁명운동의 참모부인 당 재건으로 설정했다. "노농자와 농민 속으로 들어가 적색노동조합과 적색농민조합을 조직하여 '계급의식으로 각성된' 노동자와 농민으로 당을 재건한다"는 방침이었다. 이 방침하에 경성콤그룹은 태창직물주식회사, 일본정공주식회사, 매일신보사, 경성전기주식회사 등 여러 공장에서 혁명적 노동조합운동을 전개했다. 함경북도 청진, 경성, 회령 등지에서도 경성콤그룹이 주도한 노동조합운동이 일어났다. 장순명 등에 의해 1940년 초 조직된 함북노동조합준비위원회는 이후 청진좌익노동조합준비위원회로 개편(1940. 9)되었다. 부산을 비롯한 경남 일대에서는 혁명적 노동조합과 함께 농민조합 조직이 시도되었다. 권우성(權又成)의 주도로 창원에서 결성된 상남적색농민조합(1940. 10)이 대표적인 예이다.

경성콤그룹은 기관지 『콤뮤니스트』에 세계혁명사, 조선운동사, 일제의 만행, 국제정세, 민중의 처지, 그리고 혁명 이론과 조직 방법 등을 게재해 배포함으로써 노동자와 농민을 의식화하는 매개체로 활용했다. 경성콤그룹 역시 『콤뮤니스트』를 통해 코민테른 7차 대회의 인민전선 전술을 받아들이면서 민족주의 세력과의 통일전선을 지지했다. 조직 안에 인민전선부를 두어 김태준을 통해 위로부터의 통일전선을 모색했다.

그러나 1940년 12월에 시작된 검거로 경성콤그룹은 큰 타격을 입었다. 이현상과 김삼룡에 이어 이관술도 체포되었다. 다만 1941년 가을과 1942년 가을에도 조선총독부 경찰이 경성콤그룹 검거에 나섰지만 박헌영은 체포되지 않았다. 전라남도 광주로 도피한 박헌영은 변소청소부, 벽돌공장 노동자 등을 전전하면서 지역의 운동가들과 연계를 갖고 제2차 세계대전과 태평양전쟁, 일본의 패망, 조선에서 해야 할 일 등을 토의했다. 이관술과 이현상은 병보석으로 출옥한 뒤 대전에서 다시 지하운동에 뛰어들었다. 체포를 면하거나 출옥한 경성 콤그룹 조직원들은 여러 소규모 비밀결사를 조직하거나 가담하여 횡적 연계를 모색했다.

경성콤그룹 조직원이었던 서중석, 김태준 등은 경성의 사회주의자들과 함께 '공산주의자협의회'를 조직했다(1944. 11). 이승엽(李承燁), 김일수(金一洙) 등은 함경도 일대에서 노동운동을 전개하던 이들을 중심으로 '자유와 독립 그룹'을 조직했다(1943). 이들은 횡적 연계를 맺고 있었는데, 양 조직 모두에 관계한 김일수는 자유와 독립 그룹의 기관지 『자유와 독립』을 공산주의자협의회에 전달하기도 했다. 또한 공산주의자협의회의 김태준은 조선건국동맹에도 관계하며 조선독립동맹과 연계하기 위해 1945년 4월 옌안에 도착했다.

5) 국내에서 건국을 준비한 조선건국동맹

해방 1년 전인 1944년 8월 경성에서 비합법 비밀결사인 조선건국동맹이 결성되었다. 해방 뒤 건국을 준비하기 위해 조직체로서 일제하 민족운동 단체 중 '건국' 명칭을 사용한 유일한 단체였다. 전쟁 말기 일제의 극심한 탄압으로 항일운동 조직 자체가 불가능한 엄혹한 상황에서 비밀리에 조직을 준비하고 해외의 운동 단체들과 통일전선을 모색한 조선건국동맹은 국내에서 마지막까지 활동한 전국적 규모의 항일투쟁단체였다.

태평양전쟁 발발 후 선진적 지식인들과 운동가들 사이에서 일제의 패망을 예견하는 분위기가 팽배해졌다. 여운형도 여러 방면에서 얻은 정보를 바탕으로 일제의 패망을 확신하고, 건국을 위한 준비에 착수하여 전향하지 않은 좌·우 운동 세력이 합세하여 조선건국동맹을 조직했다. 소규모 비밀결사로 활동하던 공산주의협의회와 자유와 독립 그룹의 성원도 코민테른 7차 대회에서 결정된 인민전선 전술에 따라 통일전선을 확대하기 위해 조선건국동맹에 참여했다.

조선건국동맹은 내무부(국내에서 동지 규합), 외무부(국외 민족운동 단체와 연락 담당), 재무부(자금조달과 관리) 등으로 중앙 조직을 갖췄다. 지방 조직도 착수하여 1944년 10월 각도 대표 책임위원을 선임했다. 또한 농민동맹을 조직하고, 학병·징병·징용 거부자들이 조직한 보광당, 조선민족해방협동당, 산악대 등과 협력 관계를 맺었다. 여러 청년 학생 그룹 역시 건국동맹에 가담했다.

조선건국동맹의 활동 중에서 공산주의자협의회와 함께 조직한 군사위원회가 주목된다. 군사위원회는 무장봉기와 철도 파괴 등 일본군 후방 교란에 초점을 두었다. 만주군관학교 출신 박승환(朴承煥)과 협의하여 노농군을 편성하고 학병·징용·징병 거부자들을 노농군의 핵심으로 삼아 일본군 조병창에서 무기를 획득한다는 계획도 세웠다.

건국을 준비하는 단체였던 만큼 국내·외, 좌·우 민족운동 세력과 통일전선을 실천하는 노력이 필수적이었다. 국내에서는 인민전선 전술을 수용한 사회주의자들과의 통일전선이 이루어졌다. 국외 운동 세력과의 연계도 시도되었다. 예를 들어 경성콤그룹 출신인 공산주의자협의회 김태준이 조선독립동맹과 협의하기 위해 옌안으로 파견되었다. 항일투쟁과 국가건설이라는 목표를 위해 조직된 조선건국동맹은 국내외 항일단체들과 연합을 시도한 민족통일전선 성격을 띠고 운영되었다.

조선건국동맹은 해방 직전 전국 조직화를 시도한 유일한 국내 조직이었다. 일제의 집요한 탄압 때문에 전면적 항일투쟁과 무장투쟁을 효과적으로 수행하지는 못했지만, 조선건국동맹의 조직적 준비 작업은 해방 후 치안 유지와 식량 확보, 국가건설의 기초를 담당하고자 했던 건국준비위원회 출범의 모태가 되었다.

2. 좌·우 이념을 아우른 독립국가 경제체제 구상과 배경

1) 경제체제 구상이 수렴된 배경, 식민지자본주의

유럽의 근대 정치사에서 좌·우연립(연합)은 매우 흔한 사례였다. (반)식민지에서도 당연히 좌·우 운동 세력이 공존했고 항상 연합의 필요성이 제기되었다. 일본의 침략을 받은 중국에서도 각자 넓은 지배 영역이나 근거지를 갖고 있던 국민당이나 공산당이 항일전선에 힘을 모아야 한다는 절박한 당위성 앞에 두 차례 국공합작이 이뤄졌다. 물론 그 과정이 쉽지는 않았다. 1차 국공합작이 장제스에 의해 깨진 후 '시안 사건'을 계기로 2차 국공합작이 가까스로 성사되기까지 10여 년 동안 대립—이라기보다는 국민당의 일방적인 공산당 '토벌'—국면을 거쳤다. 하물며 전 영토를 완전히 강점당한 국내에서 또는 이국땅에서 어렵게 활동해야 했던 조선의 좌·우 민족운동 세력이 연합을 모색하는 것은 당연한 일이었다.

그런데 좌우연합을 당위론적 과제라는 측면에서만 보면 안 된다. 이념의 관념적 차이가 컸더라도, 구체성과 실천성이 중요한 민족운동 전선 현장에서는 공통 영역이 넓었다. 때문에 좌·우 민족운동 세력은 끊임없이 연합을 모색하고 이념의 차이를 넘어 공통점을 수렴하면서 독립 후 추구해야 할 국가를 구상했다. 국내에서는 일제강점기 최대 규모의 전국적 운동 조직으로서 4년여간 활동한 신간회(1927~1931), 해외에서는 우여곡절 속에 초기의 통합 임시정부나 1940년대의 임정이 좌·우연합을 일궈낸 조직체였다. 해방 직전에는 국내의 조선건국동맹, 충칭의 임시정부, 옌안의 조선독립동맹은 물론 소련의 동북항일연군 조선인 부대도 서로 연락원을 보내 연합전선을 형성하기 위한 모색을 계속했다.

우리는 국가 구상을 두고 이념의 잣대로 보는 것에 익숙하다. 그러나 당시의 현실로 들어가 보면 전혀 그렇지 않았다. 임시정부의 여당 성격을 지녔던 한국독립당이 결성되고(1930. 1) 조소앙은 「한국독립당의 근상(韓國獨立黨之近像)」 (1931. 1)을 통해 정치·경제·교육의 균등이라는 삼균주의의 이론과 내용을 처음으로 제시했다. 한국독립당이 창립 초기 채택한 8대 당강 중 토지와 대생산 기관 국유화가 주목된다. 그러면 이 주장이 사회(민주)주의 이념의 영향일까? 조소앙이 작성한 초안을 두고 당내에서 토론이 이루어졌을 것이고, 김구는 특히 반공적 경향이 강했다. 물론 한국독립당은 사회(민주)주의 정당이 아니라 한국 독립운동사에서 우파(민족주의) 계열을 상징하는 대표적 우파정당이었다. 그런데 토지와 대생산 기관 국유화 안이 채택되었다. 이는 이 문제를 이념 잣대로 봐서는 안 된다는 것을 의미한다.

실제로 민족운동 전선은 지도부가 지향하는 '추상적' 이념이나 지원을 받는 국제 세력의 차이에 따라서만 좌와 우로 구분될 뿐이었다. 오히려 독립 후 경제체제 구상은 ① 대기업, 즉 일본인(일제) 소유재산의 국유화, ② 방식(무상분배, 유상구입)은 달라도 농민 분배를 위한 토지개혁, ③ 중소자본 사영(私營) 보장 등의 큰 틀에서 차이 없이 수렴되었다. 좌·우 민족운동 세력의 국가건설 구상이 이렇게 수렴될 수밖에 없었던 데는 현실적인 배경과 이유가 있었다.

첫째, 국가가 없고 한반도의 국부를 일본인(자본)이 독점 지배하고 있던 식민지자본주의의 현실을 반영한 당연한 결과였다. 독립 후 정부(또는 임시정부)가 일단 주요 국부를 소유·장악하여 국영 방식으로 운영하는 수순을 밟는다는 것이 당연하고 불가피한 기본 원칙이었기 때문이다. 자산층 우파 세력의 입장에서도 자신들의 자산을 대상으로 한 것도 아니거니와 독립 후 '대' 생산 기관을 불하받을 기회가 생기는 것이므로 이를 반대할 이유가 전혀 없었다. 즉 이념 문제가 개입될 여지는 없었다.

둘째, 어느 세력도 주체 역량이 제한된 조건에서 항일운동에 역량을 모으고 연합(통일)전선을 확보할 수 있는 기반 마련이 절실했다. 국가권력을 회복한 후 식민지자본주의를 극복하고 전시경제체제에서 벗어나 경제를 재건해 생활 필수품 생산에 주력하기 위해서는 자본가에서부터 노동자, 농민계급을 아우르는 공통적 이해관계 영역이 매우 넓을 수밖에 없었다는 점에서 좌우연합은 현실적으로도 필요했다.

셋째, 토지국유화안 역시 사회주의 이념과 거리가 멀었다. 경제원론 측면에서 볼 때 자본주의 경제의 선순환을 위해서도 토지개혁은 필요하다. 물론 조선시대에 토지가 국유제였다는 언급은 역사적 사실과 어긋난다. 그러나 다르게 보면 이는 토지개혁의 정당성이나 당위성을 강조하기 위한 정치적·정략적 '선언'의 측면도 있었다. 식민지지주제하 조선의 농촌·농민 문제에 대해서는 기독교와 자유주의 사상에 기초하여 미국의 보수적 경제학을 공부한 지식인들도 한목소리로 심각성을 제기하는 상황에서 농민들의 처참한 삶을 바꾸기 위한 방략으로 전통적 대동 사상을 끌어온 것이기도 했다. 따라서 현실적으로 국유화 자체보다 토지개혁에 초점을 두고 볼 필요가 있다. 실제로 해방 후 지주층은 토지개혁 자체를 반대하지 '못'한 가운데 자신들에게 유리한 토지개혁 방법론을 부각시키는 데 집중했다.

이러한 경향적 대세는 해방 직후는 물론 분단국가 수립 이후까지도 이어졌다. 이는 해방 공간의 지형에서 좌우연합 모색이 단순히 통일 지향의 주관적 의지나 당위적 명분 차원에 머무른 것이 아니었음을 의미한다. 해방되자마자 각각의 주도 세력이 추상적으로 지향하는 이념이 바로 현실화되었다고 전제하는 것이 오히려 비현실적이다.

실제로 해방 직후 좌파 세력은 곧바로 사회주의를 실현해야 한다고, 우파 세력은 자본주의를 추구해야 한다고 주장하지 않았다. 양측 모두 '안' 했다기 보다는 '못' 했다. 분단국가 수립 이후 집권 세력과 구성원의 이념을 모은 헌법이 각각 자본주의나 사회주의를 지향한다고 명시하지 못한 것도 그럴 수밖에 없던 물적 조건 때문이었다. 심지어 6·25전쟁을 거친 1950년대에도 한국의 기업인과 경제학자들은 자유시장 경제를 주장하지 못했다.

선입견을 내려놓고 보면, 일제하 국내외 민족운동전선이나 정치세력 간 이념 대립의 정도는 분단과 전쟁을 불사할 만큼 적대감으로 가득 찬 것도, 현실적으로 그럴 만한 물적 조건을 갖춘 것도 아니었다. 물론 이념 갈등이나 정치적 대립의 정도는 매우 컸지만, 그러한 갈등이나 대립은 근대 사회 어디에나 존재했다. 즉 현실의 물적 조건과 그에 조응하는 체제가 갖춰진 조건에서 나타난 것이라기보다 미래에 대한 구상에 기반을 둔 관념적 적대감으로 키워진 측면이 컸다. 물론 여기에는 미국과 소련의 분할점령이라는 외부 환경과 그에 편승한 한반도 내 정치세력의 책임도 컸다.

즉 이념 갈등의 수준과 배경, 구체적 조건이나 상황을 따져보지도 않은 채 이념 대립을 당연하게 전제하거나 해방 후 분단 또는 전쟁의 필연성을 전제하는 인식에 대해 근본적인 회의가 필요하다. 해방 직전 각 민족운동 세력들이 독립 후 실천 방향을 구상한 경제체제가 하나의 '대세'로 수렴되는 경향을 보였던 것은, 그럴 만한 물적 조건이 뚜렷하게 존재했기 때문이다.

우파 독립운동 세력의 상징인 한국독립당이 해방 직후 「재중경 한국독립당 제5차 대표자대회 선언」(1945. 8. 28)에서 "계획경제 제도를 확립"해서 균등사회의 행복생활을 보장해야 한다고 규정한 것도 한반도 경제상황을 다시 진단하면서 내린 결과였다. 임정 요인들이 귀국하기 전, 임정이 정권을 맡아야 한다는 생각이 강할 때였다. 현실적으로 국유·국영은 실제 운영에서 경제계획을 수반할 수밖에 없었다. 물론 민간자본 성장에 따라 국유·국영 자산을 불하하더라도 독립 후에는 국가-정부가 주도하는 경제계획이 필수적으로 요구되는 사안이었다.

게다가 일제 말기의 조선인들은 경제계획보다 국가의 경제 장악이 훨씬 큰 계획경제, 통제경제에 이미 익숙한 상황이었다. 전시통제 정책은 자유경쟁의 시장원리 속에서 결코 승자가 될 수 없었던 조선인 자본가들과 약탈 수준의 수탈과 각종 동원으로 몰락하는 민중들을 사상적으로 현혹하면서 '공익'을 앞세운 통제에 순응하도록 했다. 물론 전시통제는 대공황 이후 서구 자본주의의 한 흐름이었던 수정자본주의 노선의 복지와 분배 가치와 전혀 무관한 인적·물적 동원 체제에 불과했다. 다른 한편 현실 생활 속에서는 조선인들에게 '계획경제' 경험을 각인시키는 기능을 했다.

이러한 경험은 1950년대 중반 이후 한국 사회에서 국가 주도 경제개발계획 정책이 자연스럽게 수용되고 국가권력은 물론 기업인들도 이를 당연하게 받아들이는 상황으로 이어졌다. 이 시기는 경제관료들 역시 정부의 개입, 즉 국가가 주도하여 국민경제를 재건하고 보호무역을 활용하여 시장경제를 이끌어간다는 의식이 매우 강했다. 실제로 한국 경제는 해방 후 '제7차 경제사회발전 5개년계획'이 끝나는 1996년까지 '주(主) 경제계획–종(從) 시장경제'로 운영되었다. 물론 뒷 시기로 갈수록 후자로 비중이 이동했지만, 1970년대까지는 전자의 비중과 힘이 압도적이었다.

2) 이념 차이를 '현실'에 기초하여 해소한 「대한민국 건국강령」

의열단, 한국독립당, 조선혁명당 등이 모여 좌우연합전선 정당으로 출범한 조선민족혁명당(1935.7) 당강의 경제 조항을 보면 ① 소수인이 다수인을 착취하는 경제 제도를 소멸하여 국민생활상 평등 제도 확립, ② 토지는 국유로 하여 농민에게 분급, ③ 대규모 생산 기관 및 독점적 기업의 국영, ④ 친일파(國賊)의 재산과 일본의 공·사유재산 몰수 등을 거론했다. 특히 토지국유(분배), 대(독점) 기업 국영이 주목된다. 국영 대상에 비춰 중소기업 사영(私營) 보장도 사실상 포함된 것으로 볼 수 있다.

좌파 운동 세력의 강령 역시 이와 크게 다르지 않았다. 조선독립동맹과 조국광복회를 예로 들 수 있다. 화북의 조선독립동맹 강령(1942.8)은 2개 장(갑, 을)에 17개 항(갑 10개 항, 을 7개 항)으로 비교적 간략하게 구성되었다. 기본 내용(보통 선거제에 의한 민주공화국 건립, 일제나 친일 대기업 자산 몰수 및 국영화, 토지분배, 남녀평등, 누진제, 의무교육제, 8시간 노동제, 언론·출판·집회·결사·신앙·사상·파업의 자유)은 조선민족혁명당이나 1년 전 발표된 「대한민국 건국강령」과 기본 틀에서 큰 차이가 없었다.

다만, 이들이 당시 항일투쟁을 전개하는 장소였던 중국 화북에 거주하는 "동포의 정치·경제·문화 등의 발전을 위해 노력"한다는 규정이 포함되었다. 그리고 '을' 파트는 "조선 민족의 반일 통일전선 확대", "반일투쟁을 전개하기 위한 혁명 무장 대오" 건립, 국제주의 원칙 아래 "중국 항일전쟁에 적극 참가", "피압박민족의 민족운동 및 일본 인민의 반전운동을 찬조하고, 정의를 위해 싸우는 세계 반파시스트 운동을 지지한다"는 일부 용어에서만 좌파 세력이 종종 사용했던 형용사로 색채를 드러냈을 뿐, 사회주의를 지향해야 한다는 내용도 명시하지 않았다. 명시할 상황이 아니었다는 표현이 정확할 것이다.

조국광복회 10대 강령(1936)도 언론, 출판, 집회, 결사의 자유와 8시간 노동제를 규정하여 조선독립동맹의 그것과 큰 차이가 없었다. "광범한 반일 통일전선" 실현, "조중 민족의 친밀한 연합", 민주공화국이 아닌 인민정부 수립을 선언한 것 외에는, 발표 시점이 빠른 탓도 있겠지만, 지주층을 포함한 통일전선 구축에 주력한 결과 토지개혁 또는 분배에 대해 전혀 언급하지 않았다. 다만 일본 국가(인) 소유의 기업소, 철도, 은행, 선박, 농장, 수리 기관과 친일분자의 재산과 토지를 몰수하여 독립운동 경비에 충당하며 일부분으로 빈곤한 인민을 구제한다는 내용만 있었다.

중일전쟁이 한창일 때 중국 관내 우파 세력 연합체인 한국광복운동단체연합회의 김구와 범좌파 세력 연합체인 조선민족전선연맹의 김원봉이 공동으로 「동지 동포들에게 보내는 공개신」(1939. 5)을 발표했다. 당시 2차 국공합작을 추진 중이던 장제스도 양 세력의 공동 행보를 권유했다고 한다. '공개신'은 민족의 해방이라는 대업을 완성하기 위해 협력할 것이라면서 10개조 강령을 발표했다. 정치체제 측면에서 민주공화국 수립과 남녀평등권, 언론·출판·집회·결사·신앙의 자유 등을, 사회 정책 차원에서 의무교육과 직업 교육, 노동시간 감소를 선언했다. 주목되는 것이 토지개혁, 일제 및 친일파 재산 몰수, 기업국유화(필요한 경우) 등을 포함한 경제 정책이다.

'공개신'의 경제 정책안은 큰 틀에서 「대한민국 건국강령」(1941. 11. 28)으로 이어졌다. 임정은 범좌파 세력인 조선민족혁명당이 임정 참여를 결정(1941.12.10)하기 전에, 미·일 전쟁 발발 전에, 국무회의에서 통과된 「대한민국 건국강령」을 공표했다. 「대한민국 건국강령」은 우파 민족운동 세력을 상징하는 임정이 20여 년간 지속된 독립투쟁 과정에서 발표한 「대한민국 임시헌장」(1919), 「대한민국 임시헌법」(1919, 1925), 「대한민국 임시약헌」(1927, 1940) 등을 토대로 좌파 단체의 강령까지 아울러 건국 방법론과 원칙을 수렴해서 상세하게 정리한 것이다.

「대동단결선언」 이래 「대한민국 건국강령」에 이르기까지 민족운동사에서 주요하게 거론되는 문건을 작성할 때마다 초안 작성을 맡았던 조소앙이 정치, 경제, 교육의 균등 제도(보통선거제, 토지국유제와 대생산 기관의 국유화, 공교육 등)를 정리함으로써 각 운동세력이 주장하는 바의 공약수를 모은 결과였다는 점에서 큰 의미가 있다. 추상적 이념의 차이를 떠나 식민지자본주의 현실을 반영했기 때문이다.

즉 삼균 사상에 내포된 독립국가 건설 구상, 특히 경제 정책은 당시 좌·우 민족운동가들 사이에 공유된 생각을 담아낸 것이었다. 이 때문에 「대한민국 건국강령」의 골간은 해방 후 통일 한반도를 지향한 마지막 합의였던 좌우합작 7원칙(1946. 10. 7)으로 이어졌고, 임정 인사들과 가깝다고 보기 어려운 유진오가 제헌헌법 초안을 구상할 때도 중요한 참고문헌이 될 수밖에 없었다.

「대한민국 건국강령」은 제1장 총강(總綱) 7개 항, 제2장 복국(復國) 8개 항, 제3장 건국(建國) 7개 항 등 총 3개 장, 22개 항으로 구성되었다. 제3장의 4항~7항은 23개 세부 항목으로 세분되었다. 임정이 건국 원칙의 "역사적 근거"이자 일관된 "최고 공리"라고 설정한 정치·경제·교육의 삼균 제도를 골자로 이권을 고르게 하는 경제 정책(토지와 대생산 기관 국유), 학권(學權)을 고르게 하는 교육 정책(모든 학령 아동 무료 수학), 정권을 고르게 하는 정치 제도(보통선거제)를 규정한 「대한민국 건국강령」의 특징은 다음 다섯 가지로 설명할 수 있다.

첫째, 토지개혁 방침 위에 국유·국영을 강조한 경제 정책안은 특정 이념을 반영한 결과가 아니었다. 구성원의 삶, 현실 경제가 그만큼 중요했기 때문이다. 중소기업은 사영으로 하지만, 나머지 경제 범주는 일단 국유화 대상으로 설정되었다. 국유화 대상으로 토지와 대생산 기관(공구와 수단)을 비롯해서 광산·어업·농림·수리·소택, 운수 사업, 은행·전신·교통, 대규모 기업(농·공·상)과 도시 공업 구역의 공용적 주요 부동산(房産)이 설정되었다.

몰수 후 국유화 대상으로는 적(일제)의 관·공·사유 토지와 어업·광산·농림·은행·회사·공장·철도·학교·교회·사찰·병원·공원 등의 부동산과 기지, 경제·정치·군사·문화·교육·종교·위생에 관한 모든 사유 자본과 친일파(附敵者)의 소유 자본과 부동산을 설정했다. 몰수 재산은 빈공과 빈농, 무산자 이익을 위한 국·공영 집단 생산 기관에 제공하는 것을 원칙으로 했다.

토지는 자력자경인, 즉 원래의 고용농·소작농·자작농·소지주농·중지주농에게 지위에 따라 저급(低級)에서부터 우선권을 줘 분급하는 것을 원칙으로 했다. 분배 후 토지의 상속, 매매, 저압(抵押), 전양(典讓), 유증(遺贈), 전조차(轉租借), 고리대금업, 고용농업은 원칙적으로 금지되었다. 그리고 공인과 농인의 무료 의료 정책, 노공(老工)·유공(幼工)·여공의 야간노동과 불합리한 노동을 금지하는 규정을 더했다.

둘째, 평등을 추구하는 세계의 여러 사상 가운데 삼균 사상의 고유한 특징으로서 교육 평등의 과제를 구체적으로 거론한 점이 주목된다. 교육의 기본원칙에 따라 공비 교육으로 학권을 고르게 하기 위해 국가가 부담하는 의무교육 대상을 초등기본교육(6~12세)과 고등기본교육(12세 이상)으로 세분했고, 교과서 편집·인쇄·발행의 국영과 무료 분급을 규정했다. 최소 1읍 1면에 5개 소학교와 2개 중학교, 1군 1도 1부에 2개 전문학교, 1도에 1개 대학을 설치하도록 규정했다.

셋째, 정치체제로 총선으로 조직된 중앙정부(민주공화제) 수립과 남녀평등권, 언론·출판·집회·결사·신앙의 자유에 대한 규정은 「공개신」에서도 거론되었지만 「건국강령」은 규정된 내용이 많았다. 보통선거제(남녀 18세 이상 선거권, 23세 이상 피선거권), 자유의 범주(신체의 자유, 거주·저작·유행·시위·통신비밀 등의 자유)가 확대되었다.

넷째, 삼균 제도의 기본 정책을 시행하는 국가에서 국민의 권리(노동권·휴식권·피구제권·피보험권·면비수학권·참정권·선거권·피선거권·파면권·입법권과 사회 각 조직 가입권리)와 의무(납세 및 병역 의무)를 규정했다. (피)선거권 제외 대상(적에 부화한 자, 독립운동을 방해한 자, 건국강령을 반대한 자 등)도 규정했다.

다섯째, 일제의 지배에서 벗어난 독립국가의 정책 지향점 제시에 머무르지 않고, 독립운동이 배타적 민족주의를 넘어 세계평화에 기여한다는 점을 상기시켰다는 점은 의미가 크다. 동족과 이민족에 대해 자유·평등·상호부조라는 같은 원칙을 적용함으로써 민족과 민족, 국가와 국가의 불평등을 없애 민족자결주의를 실현해야 한다고 주장했다.

에필로그

평화의 21세기를 위한 몇 가지 과제

1. '실용적'으로 이념 대하기

근대 사회의 경제적 근간은 자본(capital)의 이윤추구를 기본 원리(ism)로 작동되는 자본주의 사회이다. 크게 보면 임금을 주는 층과 받는 층으로 이해관계가 구분되는 사회에 갈등이 없을 수 없다. 여기에 식민지 문제까지 겹친 제국주의의 위선과 배신의 시대에는 사회주의 이념이 큰 호응을 얻었다.

사회주의가 붕괴된 것은 체제 운영에서 자체적 맹점을 극복하지 못했고, 자본주의가 사회 정책이나 포용적 좌우연합을 통해 계급 대립을 완화시키면서 민주주의의 내용을 더 많이 확장했기 때문이다. 그러나 역사는 근대로 마감되는 것이 아니고, 끝없는 상상력을 통해 진보한다. 인간의 지혜는 '근대 이후'에 대한 전망을 구체화하기 위해 지난 세기에 실패한 사회주의의 맹점을 보완하려고 끊임없이 도전할 것이다. 즉 '내 것'에 대한 인간의 본성을 헤아리면서 '우리 것'을 위한 생산이 곧 '내 것'을 위한 생산이 되도록 조율하여 생산성을 높이는 체제를 끊임없이 모색할 것이다.

이러한 모색 가운데 중요한 것은 평화이다. 16세기~18세기 초 유럽은 종교를 빌미로 권력을 장악하고 패권을 차지하기 위한 전쟁으로 점철되었다. 그러나 당시와 달리, 오늘날 '종교전쟁'의 가치에 집착하는 사람은 극소수일 것이다. 이념 역시 마찬가지다.

제국주의 근대의 위선과 배신과 어우러져 사회주의 혁명을 교조적으로 생각한 때가 있었다. 여기에는 다음과 같은 배경이 있었다. 러시아제국의 후진적 경제 유산을 안고 출발한 소련은 대공황기에도 경제가 급성장하면서 독일이 침공할 무렵 세계 2위의 경제대국으로 성장했다. 이는 레닌의 신경제 정책, 그리고 이를 폐기한 스탈린이 국유화, 집단농장을 중심으로 공산당이 주도하는 계획경제를 통해 보인 성과였다. 이런 성과는 '국유화=계획경제=공산주의', '계급 대 계급' 전술 등 교조적 이념과 소련-코민테른의 권위를 세계적으로 확산시키는 데 큰 영향을 미쳤다. 이는 물론 장기지속성을 보장한 것이 아니었고 그 결과 전후 40여 년 만에 무너졌지만, 당시 사람들에게는 단기적 성과가 크게 부각되었다. 코민테른의 인민전선 전술론(1935)도 장기지속적인 경제발전 동력을 안정적으로 구축할 수 있는 경제 정책 측면을 고려하면서 제기된 혁명 전략이 결코 아니었다.

노동자, 농민뿐 아니라 지식인, 소부르주아, 민족부르주아, 애국적 민주인사, 진보적 민족주의자의 결속을 강조한 마오쩌둥의 신민주주의론(1940)은 코민테른 반제 인민전선 전술론의 대표적인 성공 사례로 볼 수 있다. 그러나 이 역시 중화인민공화국 수립(1949) 직후 사회주의적 개조를 서두른 급진적 공산주의화 정책으로 곧 폐기되었다(1952). 당시 공산주의자들은 '국유화=계획경제=공산주의'가 자본주의보다 생산력이 높다는 도식적·교조적 인식에 지배당하고 있었다. 그러나 이러한 정책이 오류였고 장기지속성을 갖기 어렵다는 사실이 밝혀지는 데는 그리 오랜 시간이 걸리지 않았다.

아담 스미스는 『국부론』(1776)에서 인간의 '이기심'이 보이지 않는 손(시장)에 의해 서로에게 이익을 준다고 주장했다. 이에 반해 『공산당선언』(1848) 이래 공산주의 혁명 전략과 경제 정책의 가장 큰 맹점은 권력과 인간의 '이기심'을 꿰뚫어보지 못했다는 점이다. 수탈당했던 프롤레타리아의 권력 장악과 부르주아, 나아가 인민에 대한 '프롤레타리아 독재=당' 물신론은, 권력을 장악한 이후 유지와 강화에만 집중되어 정책의 유연성을 점점 떨어뜨리고 일반적 민주화 수준도 후퇴시킬 수밖에 없는 권력의 근본적 속성을 간과했다. 자본주의 경제에서 시장 '실패'를 국가 정책이 보정할 수 있었던 것에 비해, 세세한 일상소비품까지 무모하게 포함시킨 계획경제의 실패를 교정할 수 있는 '프롤레타리아 독재=당' 정책의 탄력성은 취약했다. 그 반대편의 극단에서 20세기 전반기에도 영향력이 적지 않았던 아나키즘은 권력을 비판하고 폐지 대상으로만 설정했지, 어떻게 민주적으로 운영해야 하는가에 대한 구체성이 없다 보니 결국 좌·우 한 쪽으로 흡수된 채 생명력을 발휘하지 못했다.

여기서 러시아 혁명 이후 '두 세계'가 서로 견제하면서도 상대의 장점을 자신의 체제에 접목하는 지혜를 발휘하려 했던 역사를 주목할 필요가 있다. 레닌은 혁명 후 1920년대에 신경제 정책을 시행하여 당이 통제하는 시장경제하에서 농민의 곡물 판매, 소생산자를 적극 활용하는 일종의 국가자본주의 정책을 펼쳤다. 국유·국영경제와 민간경제의 공존, 해외의 기술이나 자본유치를 인정했다. 농민의 반대가 큰 집단농장보다 개인경영을 허용하여 곡물 징수보다 세금 수취 방식으로 농산물 생산 증가를 꾀했다.

그러나 신경제 정책은 장기적 정책으로 안착하지 못했다. '계획경제=국유화 만능론'에 빠져 사회주의로 빨리 이행해야 한다는 이념에 기울어진 스탈린의 5개년계획에 의해 폐지되었다. 당의 지도와 계획에 따라 모든 생산물을 각자의 취향과 필요에 따라 공급할 수 있다는 계획경제 만능론은 현실적으로 불가능한 교조적 이념일 뿐이었다. 그러한 구조에서는 인간의 창발성도 발휘할 수 없었다. 역설적으로 시장경제의 장점만 부각시킬 뿐이었다.

자본주의 역시 자유시장 방임주의 이념에서 벗어나 국가가 주도한 현실 정책을 통해 수정자본주의를 접목시켰다. 노자 관계, 주기적으로 닥치는 불황과 실업 문제를 자유시장이 해결할 수 없어 이를 조정하는 국가의 정책, 나아가서 계획이 요구되었기 때문이다. 대공황 이전까지만 해도 국가의 시장 개입을 터부시하는 자유(방임)시장경제론이 '이념적'으로 지배했지만, '현실적'으로는 수정자본주의론이 대공황과 같은 위기에서 국가의 계획이나 개입을 통해 시장의 실패 결과인 빈곤과 실업 문제 등을 해결하고자 했다. 냉전시대에도 두 체제가 대립하면서 다른 한 쪽의 장점을 이식해서 자기 쪽의 단점을 메우려 한 사실 자체를 부정하면 안 된다.

시기가 엇갈리지만, '개혁개방' 이후의 중국과, 38년 만에 계엄령을 해제할 (1987) 때까지의 대만은 일당(공산당·국민당) 체제에 국유·국영경제 중심 시장경제를 운영했다는 공통점을 갖고 있다. 파격적이고 엉뚱한 질문일 수 있지만, 과연 수없는 희생을 감수하고 국공내전을 불사할 만큼 양측의 이념이 본질적으로 차이가 있었는가 하는 의문을 한 번쯤 던져볼 필요가 있다. 이념 대립이라는 선험적 전제를 내려놓고 보면, 국공내전은 국민당과 공산당 리더들의 권력 장악 욕구, 국민당 정부의 부패와 무능에 따른 민심과 항일투쟁을 둘러싼 권력 투쟁이었다. 대만으로 옮긴(國府遷臺) 이후 반공을 국시로 내걸었던 국민당 정부는, 근거지에서 토지개혁을 추진하며 민심을 잡은 공산당을 벤치마킹하여 철저한 토지개혁을 진행해 이후 대만 경제의 장기적 성장 기반을 만들었다.

일제강점기는 물론 해방 이후에도 좌우연합(합작)은 당위론적 과제가 아니었다. 식민지자본주의를 극복해 국가권력을 회복하고 당장 필요한 생필품 생산에 주력하는 과정에서 자본가부터 노동자, 농민계급을 아우르는 공통적 이해관계 영역은 매우 넓었다. 좌우연합은 현실적으로 필요한 것이었다. 좌파 세력이나 우파 세력 모두 독립 후, 또는 분단국가 수립 이후에도 곧바로 사회주의 또는 자본주의 경제를 일도양단해서 실현해야 한다고 생각하지 않았다.

실제로 해방 후 1945년 말 한 토론회에서 좌우 경제학자들은 이념적 차이를 떠나 경제계획의 필요성에 서로 공감했다. 조선공산당 측은 진보적 민족자본의 경영(私營)을 통한 생산력 증진과 계급연합의 중요성을 강조했다. 한민당측도 중요 대기업 외에 평화 산업을 민영으로 하는 것이 좋다면서 한민당과 공산당의 공업 건설 의견이 대체로 비슷하다고 화답했다. 다만 토지개혁을 하되그 방식에서 유상분배를 통해 지주층이 공업자본으로 전환될 수 있도록 자본을 조성해줘야 한다는 점을 강조했다. 6·25전쟁 이후인 1958년 경제인(교수, 기업인, 관료)들에 대한 설문조사에서 "우리나라 경제발전의 길은 자유경제인가, 계획경제인가?"라는 질문을 했다. 계획경제가 곧 빨갱이라는 도식이라면 이런질문은 휴전 후 5년밖에 지나지 않은 당시에 불가능했을 것이다. 그런데 대다수 경제인들은 자유경제만으로 한국 경제를 꾸려갈 수 없고 국가의 '계획'이필요하다고 인식했다.

제1차 세계대전 와중에 러시아 지배를 벗어나 독립한 직후에 일어난 핀란드 (이념)내전(1918. 1~5)의 경우는 '대타협'을 통해 내전의 상처를 이겨내고 국민통합을 이뤄내 복지 선진국을 만들어낸 바람직한 사례이다. 일제강점기 좌·우민족운동 세력에게 핀란드 사례를 깊이 학습할 여유가 없었던 게 아쉽다.

극단적으로 비유한다면, 이념을 진열된 상품 가운데 편의에 따라 취사선택할 수 있는 수단으로 볼 필요가 있다. 오히려 그래야 각자 추구하는 이념의 구체성과 현실성을 더 채울 수 있다. 오늘날 유럽에서는 평등(분배)에 방점을 두면좌파, 자유(성장)에 방점을 두면 우파로 구분하는 관행도 보인다. 소비 증가를통한 시장 확대와 경제 선순환, 그리고 지속적 경제발전을 위해 양 세력은 머리를 맞대야 한다. 상대는 배제 대상이 아니라 공존해야 할 대상이다.

이제 과거의 이념적 대립이나 전쟁을 보는 인식도 종교전쟁에 대한 인식이 변화한 것처럼 대전환이 이뤄져야 한다. 그런 점에서 당시에는 소수 세력이었지만, 추상적 이념보다 현실에 기초하여 적대적 대립을 타파하고 중재하면서 민족운동의 연합전선과 해방 후 통일 한반도를 구상했던 노력을 주목하고 재평가하는 작업은 의미가 있다. 평화와 민주주의를 지속적으로 추구하려면 집단지성이 자신의 정치적 경제적 이익만을 위해 극단적 논리를 선전하고 그에 휘둘리는 집단몰지성을 제어할 수 있어야 한다.

2. 같은 상황, 다른 결말: 오스트리아의 경우

오스트리아와 한반도는 우리 시각에서 볼 때 침략국과 식민지라는 큰 차이가 있지만, 임시정부는 물론 어떤 독립운동 세력도 일본과의 교전 단체로 승인하지 않은 연합국의 시각에서 보면 한반도 역시 침략국 일본의 일원이었다고 간주할 수도 있겠다. 하여간 일본에 합방된 한반도와 독일에 합병된 오스트리아는 전후에도 비슷한 상황에 처했다. 1943년 말, 전후처리 문제를 두고 국제 합의가 이뤄지면서 적국 또는 적국의 지배 지역으로서 연합국의 점령통치와 신탁통치가 예정되었기 때문이다. 그러나 외부로부터 '불가피하게 주어진' 문제를 해결해가는 구성원들의 방식이나 결과는 너무나 대조적이었다. 그런 점에서 되돌아볼 필요가 있다.

3국(미·영·소) 정부는 모스크바 선언(1943. 10. 30)에서 ① 독일의 오스트리아 합방은 무효이며 "히틀러 야욕의 첫 희생자"로서 "자유롭고 독립된 오스트리아의 부활에 대한 희망을 선언한다." ② "그러나 오스트리아"는 "독일과 같은 편에서 전쟁을 수행한 데 대한 책임을 피할 수 없"고 "자신의 해방을 위"해 "스스로 노력"해야 한다고 결정했다. 오스트리아를 피해국임과 동시에 가해국으로 설정한 양면성을 띤 이 합의에 따라 전후에 4개 연합국(미·영·프·소)이 점령했지만, 점차 독립국 역할을 하게 된 오스트리아 (임시)정부(1945~1955)와 병존하는 형국이 만들어졌다.

모스크바 선언은 연합군이 공격할 지점은 확정하지 않았지만, 유럽(노르망디) 상륙작전 8개월여를 앞두고 추축국 진영의 균열을 노린 것이었다. 그러나 사회민주당 카를 레너(Karl Renner) 중심의 임시정부가 독일로부터 탈퇴를 선언한(1945. 4. 27) 것은 히틀러의 자살(4. 30) 사흘 전, 독일 항복(5. 8) 열흘 전에 불과했다. 모스크바 선언 후 1년 반이나 지난 뒤였고, 소련군이 오스트리아로 진주하여 수도 빈을 점령하고도(4. 13) 2주나 지난 뒤였다. 즉 오스트리아 "스스로의 노력"이 연합국 전력에 도움된 것은 전혀 없었다. 그럼에도 오스트리아의 정치세력은 '기회주의적' 슬기를 발휘해 통일·독립이라는 성과를 일궈냈다.

4개 연합국이 오스트리아와 수도 빈을 각기 4개 지역으로 나누는 공동분할점령안(1945. 1)은 얄타 회담(1945. 2)에서 재확인되었다. 빈을 먼저 점령한 소련은, 제1차 세계대전 패전 후 수립된 오스트리아 제1공화국 초대 수상을 지냈던 온건 사회주의자 카를 레너에게 임시정부 구성을 제안했다. 이 기회를 활용하여 레너는 나치와의 합병에 협조했던 이들까지 포함하여 오스트리아 제2공화국 임시정부를 출범시켰다. 그러나 연합국평의회에서 소련과의 연관을 의심한 영국이 승인을 거부하는(1945. 9) 등 임시정부가 연합국 4개국 승인을 얻기까지는(10. 20) 반년의 시간이 소요되었다. 그래도 한반도에 비하면 매우 빠른 속도였다. 초기에 임시정부의 정치적 영향력은 소련 점령지에 한정되었고(연방주 9개 중 4개), 서방 연합국 3개국(미·영·프)의 부정적 입장에 편승하여 해당 지역 정치세력도 비협조적이었다.

그 와중에도 레너는 보수적인 오스트리아국민당과 협조하여 공산당을 적절히 견제하면서 좌우합작(연립) 틀을 유지하고 서방 점령지 정치인들과 제휴하여 전국적으로 관할권을 확대해갔다. 이를 바탕으로 전 오스트리아 연방주의회를 소집하고 연방 각주 대표들이 임시정부의 전국 확대와 총선 실시(11. 25)를 결의함에 따라 결국 점령국들도 임시정부를 승인했다. 11월 총선 결과 우파의 국민당 피글(Leopold Figl) 수상은 참패한 공산당을 포함한 연립내각을 구성하여(1945. 12) 소련의 경계를 불식시켰다. 연방대통령으로 선출된 레너를 중심으로 임시정부 틀에서 벗어나 통일정부의 모습으로 좌우합작의 거국 체제를 출범시켜 자치 확대, 주권 회복의 길을 스스로 만들어간 것이다. 전쟁 중 연합국이 요구한 오스트리아인 "스스로의 노력"이 정작 빛을 발한 것은 전쟁이 끝난 후였다. 그것도 오스트리아 '만'의 통일과 독립을 위해서.

오스트리아 연립정부는 점령통치에서 벗어나기 위해 점령국들과 조약 체결을 서둘렀다. 카를 그루버(Karl Gruber) 외상이 미국·영국에 다른 패전국과 맺는 '강화조약'과 구별되는 '국가조약' 개념을 제안했다(1946. 2). 모스크바 선언에서 연합국이 규정한 오스트리아의 양면성을 활용한 것이다. 냉전이 시작되자 서방 3국은 오스트리아를 독일에서 분리하고 서방 영향권으로 통합한다는 목표를 세웠다. 군소정당으로 전락한 공산당은 1947년 내각에서 스스로 물러났다. 국민당과 사회당의 좌우합작 대연정이 여론 지지에 힘입어 친서방 정책을 전개했다. 소련의 반대 속에서도 빈곤 탈출과 경제 재건을 위해 마셜 플랜에 참여하고(1947. 7) 유럽경제협력기구(OEEC)에도 가입했다(1948. 4).

서방 3국은 세계가 냉전 체제에 들어간 이후 6·25전쟁 발발, 동구권 공산화, 오스트리아공산당 주도 총파업 시도에 즈음하여 오스트리아 정부에 협조적이었다. 그러나 소련은 오스트리아가 독립하면 나토에 가입하고 재무장한 서독과 합병할 가능성이 크다면서, 직간접적으로 오스트리아 정치에 관여하고 국가조약 협상을 지연시켰다. 이런 상황에서 오스트리아 정부는 중립화 구상을 부각시켰다. 제2대 대통령 쾨르너(Theodor Körner)는 스위스 『제네바 저널』과의 인터뷰에서 "정치적 슬기의 모범"인 스위스식 중립화를 강조했다(1952. 2). 그루버 외상도 오스트리아의 입장이 국제법적 중립 개념에 입각해 있다고 공언했다(1952. 4). 양대 정당이 중립화에 목소리를 모았다. 스탈린 사망(1952. 3) 후에도 오스트리아 정부는 중립화 방안으로 소련을 계속 설득했다.

결국 소련 몰로토프(Vyacheslav Molotov) 외상이 오스트리아 중립화 논의에 적극적인 자세를 보여 오스트리아 대표와 모스크바에서 회담을 시작했다(1955. 4). 오스트리아는 나토 가입 대신 스위스식 영구 중립안을 제시하고, 소련은 오스트리아의 영토 보전과 불가침 보장을 약속하면서 '모스크바 각서'를 작성했다. 이후 빈의 벨베데레궁전에서 오스트리아와 점령국 외상들은 오스트리아의 자유독립국가 복원, 향후 서독과 합병 금지 등을 내용으로 한 국가조약을 체결했다(5. 15). 오스트리아 의회는 만장일치로 국가조약을 비준하고(6. 9) '오스트리아의 중립에 관한 헌법 법규'를 공표했다(10. 26). 그리고 소련군의 철수로 모든 점령군 철수가 완료되었다(10. 25).

오스트리아는 제1차 세계대전 패전으로 오스트리아–헝가리제국이 붕괴되면서 비로소 (제1)공화국 체제로 출범했다. 그러나 치열한 좌우 대립으로 '7월 봉기'(1927)에서 89명이 사망했고, 기독사회당 집권(1932) 후 파시즘이 팽배한 분위기에서 발생한 '2월 봉기'(1934)에서는 수백여 명이 사망했다. 히틀러가 오스트리아 출신이기도 했거니와, 독일과의 합병에 대한 국민투표 찬성률도 99.73%나 되었다. 뮤지컬 영화 〈사운드 오브 뮤직(The Sound Of Music)〉(1965)의 폰 트라프 대령과 같이 합방을 반대한 반나치 세력은 미미했다.

즉 오스트리아 정치는 타협적 전통이 강하지도, 안정적이지도 못했다. 유엔 사무총장을 지낸(1972~1981) 발트하임(Kurt Waldheim)이 대통령 선거(1986)에 나섰을 때에야 그의 독일군 장교 복무 경력이 드러났을 정도로 나치 청산도 제대로

되지 못했다. 그럼에도 레너가 이끄는 임시정부는 좌우합작에 성공해서 연합국의 승인을 받았고, 이후 오스트리아 정부는 점령통치 10년 동안 사회민주당과 오스트리아국민당 양대 정당의 좌우연정을 유지하면서 점령군 철수와 통일·독립을 일궈냈다. 같은 시기 비슷한 처지에 놓였던 한반도와 너무나 다른 모습이었다.

3. 해방정국 다시 보기, 통일정부 수립은 가능했다

1) 한반도 분할점령을 초래한 역사의 아이러니

독일과 일본은 미·소의 향후 대립을 예상하고 패전을 앞둔 상황에 치열하게 대비했다. 히틀러 자살 후 세워진 '플렌스부르크 정부'(카를 되니츠Karl Dönitz 제독 수반)는 소련 점령을 피하기 위해 서방 연합국에 항복하고(5.8) 동부전선에서 소련군과 계속 전투한다는 생각을 했다. 그러나 이미 독일 영토로 진입해 온 소련은 베를린에서 별도로 다시 항복 서명을 받아냈다(5.9). 결국 플렌스부르크 정부는 해산되었고(5.23) 독일은 4개국(미·영·프·소) 분할점령 통치를 4년여 동안 받다가 동·서독으로 분단되었다. 소련의 점령을 피하려는 플렌스부르크 정부의 술수는 실패했다.

그러나 '국체(천황제)' 보존을 최우선 과제로 설정한 일본의 술수는 소련의 의도를 오판한─혹은 믿고 싶은 대로 믿은─것이었지만 결과적으로 '성공'했다. 소련이 얄타 회담 때 밀약한 대일참전 마감 날짜(8.8)까지 대일선전포고를 미루는 동안, 일본은 포츠담 선언(1945. 7. 26) 이후에도 여전히 소·일중립조약이 유효하다고 보면서 소련의 중재를 기대했다. 일본은 중국에서 미·소의 충돌을 유도하면서 소련과 함께 미국에 대항한다는 의도였다. 그러나 소련의 선전포고에 이어 두 번째 원폭(8.9)을 맞으면서 포츠담 선언 수락을 결정했다(8.14).

포츠담 선언에서 미·소 간의 한반도 분할점령안이 합의되었더라도, 일본이 소련의 선전포고 전에 미국과 종전을 모색했다면 한반도가 분단되는 일은 없었을 것이다. 그러나 '게츠고(決號) 작전'(본토옥쇄작전)의 주술에 빠진 군부에 내각이나 정계가 휘둘리는 상황에서, 이는 기대하기 어려운 일이었다. 그런데 소련군이 한반도 북부로 진주한 후 일본이 정한 항복 날짜(8.15)는 일본으로서는 '최선'(미군 단독점령), 한반도로서는 '최악'(미·소 분할점령)의 결과를 불러왔다. 전범국 일본은 분단을 피했고, 전범국의 식민지였던 한반도가 분단되는 너무나 아이러니한 형국이 벌어졌기 때문이다.

미군의 관동군 전력 평가와 달리, 소련군은 대일 선전포고와 더불어 바로 한반도로 진격하여 경흥, 웅기, 나진 등을 점령할 정도로 파죽지세처럼 밀고들어왔다. 소련군이 한반도 북부에 진입한 상황에서 미국이 제안한 분할점령안을 소련이 받아들이는 형식으로 38도선 경계가 결정되었다. 일본의 항복 이후에는 함흥, 원산, 평양(8.25)으로 남하했다. 당시 미군은 오키나와 전투를 6월에 끝내고 일본 상륙을 준비 중이었고 이 사이에 원폭이 투하되었다.

태평양 방면 미육군사령관 맥아더(Douglas MacArthur)는 일본이 항복하고 나서야 미24군 군단장 하지(John Hodge)에게 한반도 '점령' 작전 계획을 주고 미육군 남조선주둔군 사령관으로 임명했다(8.19). 미군이 미주리호 함상에서 일본과 항복 조인식을 거행할(9.2) 때 소련군은 이미 38도선 이북 지역 대부분을 점령한 상태였다. 조선총독부 관리들도 8월 21일이 지나서야 38도선 이남 지역에 미군이 들어오기로 된 걸 알았다. 그 전까지는 소련군이 경성으로 들어온다고 생각할 정도로 그들도 정보가 부족한 상황이었다. 그후 미군이 인천에 상륙했고(9.8) 조선총독에게 항복문서를 받아 조선총독부 청사(중앙청)에 성조기를 게양한(9.9) 후 10월이 다 가서야 남한 전역으로의 주둔을 마무리했다.

한반도의 남북으로 진주한 미·소 양군은 '해방군'이 아니라 얄타 합의대로 적지를 공동점령하기 위해 들어온 '점령군'이었다. 미·소 양군은 맥아더 명의의 포고문(9. 7)과 치스차코프(Ivan Chistyakov) 명의의 포고문(8. 25)을 비행기에서 살포하면서 점령통치를 시작했다.

2) 해외 정치세력의 귀국과 취약한 좌우연합 의지

해외의 주요 정치세력들은 미·소 양군이 진주한 후에 귀국했다. 가장 먼저 귀국한 김일성은 블라디보스톡에서 소련 군함 푸가초프호를 타고 원산으로 귀국한(9. 19) 후 평양 공설운동장에서 열린 '조선해방축하집회'(10. 14)에서 니콜라이 레베데프(Nikolai Lebedev) 소장과 평안남도 인민정치위원회 위원장 조만식으로부터 '김일성 장군'으로 소개되었다. 이 자리에서 김일성은 "돈 있는 자는 돈으로, 지식 있는 자는 지식으로, 노력을 가진 자는 노력으로" "새 민주조선 건설"을 위해 "대동단결"하자고 강조하면서 "소련 군대와 스딸린 대원수 만세! 조선 민족의 군은 단결 만세!"를 외쳤다. 북한이 소련군 점령 지역이고 소련군과 함께 귀국했다는 점을 감안해도, 이후 한반도 정세를 풀어가야 할 과제를 감안할 때 연합국 합의보다 소련에 치우친 경향을 노골적으로 드러냈다.

이승만은 뉴욕을 떠나 하와이, 괌을 거쳐 도쿄에서 맥아더 전용기로 귀국했다(10. 16). 여운형이 조선인민공화국 주석에 취임해달라고 요청하자 임정이 귀국하기 전이라 관계할 수 없고, 미군정이 인민공화'당'은 허용해도 인민공화'국'은 허용하지 않는다는 이유로 거부했다. 그는 해방 정국의 상황과 미국 국무성이나 미군정의 의도를 정확하게 파악하고 있었다. 서울중앙방송국을 통해 "나는 공산당에 대하여 호감을 가지고 있는 사람이다. 그 주의에 대하여도 찬성함으로 우리나라의 경제 대책을 세울 때 공산주의를 채용할 점이 많"다고 발언했다(10. 21). 좌파 세력을 의식한 것이었지만, 실제로 경제 정책을 세울 때의 '현실'을 반영한 발언이기도 했다. 당면한 '현실'에 비춰 추상적 '이념' 대립을 뒤로 물린 것이다.

김구는 미주리 함상에서 일본 정부가 항복문서에 서명한 다음 날 임정 국무위원회 주석 명의로 성명서 「국내외 동포에게 고함」(1945. 9. 3)을 발표하여 임정의 당면 정책을 제시했다. 먼저 "본 정부가 근 30년간에 주야로 그리던 조국을 향하여 전진하려는 전석(前夕)에" 일제가 항복해서 "비상한 감분(感奮)을 금하지 못"한다는 소감을 밝혔다. 그리고 "선열(先烈)의 고귀한 열혈(熱血)"과 "중·미·소·영 등 동맹군의" "전공(戰功)"으로 "조국의 해방이" 왔지만, 우리는 "건국강령에 명시한 바와 같이" "복국 임무를 아직 완전히 끝내지 못하고 건국의 초기가 개시되려는 계단"에서 "동포 자매 형제"들이 "본 정부의 당면 정책을 실행하기에 공동노력하자"고 강조했다.

당면 정책 14개항 중 임정이 "전국적 보선(普選)에 의한 정식 정권이 수립되기까지의 국내 과도정권을 수립하기 위하여 국내외 각층 각 혁명당파, 각 종교집단, 각 지방 대표와 저명한 각 민주 영수회의를 소집하도록 적극 노력"(6항)하며 "과도정권이 수립"되면 "본 정부의 일체 직능 및 소유 물건은 과도정권에게 교환"(7항)할 것이라는 내용이 주목된다. 김구는 "본 정부"라고 칭한 임정의 과도정권 역할을 자임했고 보통선거를 통해 정식 정부로 자리매김하겠다는 강한 의지를 밝힌 것이다.

일제강점기 내내 임정은 중국과 미국 등 연합국에게 정부 자격을 인정받기 위한 외교 활동에 주력했다. 그러나 광복군이 OSS와 함께 한반도 진공작전을 준비했지만 일본의 항복으로 교전국으로 승인받을 마지막 기대마저 사라진 상태였다. 「대한민국 건국강령」과 「국내외 동포에게 고함」에서 언급한 대로 건국을 위한 복국 임무를 아직 완전히 끝내지 못했다는 상황 인식은 향후 신탁통치 정국의 암운을 예고하는 것이었다.

그러나 김구는 임정이 "정부로서 기능하지 않"고 미군정에 "협조"한다는 서약서를 중국 주둔 미군사령관 웨더마이어(Albert Coady Wedemeyer)에게 보낸 후 주요 지도자들 가운데 가장 늦게 개인 자격으로 귀국했다(11. 20). 1진과 2진으로 나뉘어 귀국한 임정 국무위원들이 이승만과 함께 경교장에 모여 고국 땅에서 첫 국무회의를 열었다(12. 3). 서울운동장에서 열린 '대한민국임시정부 개선 전국환영회'(12. 19)에서 "3천만 동포는 우리의 유일무이한 우리 임시정부를 봉대(奉戴)하고 일치단결하여 조국독립에 분투하기를 맹서"한다는 홍명희와 송진우의 환영사, 군정장관 러치(Archer L. Lerch)의 축사에 이어, 김구는 임시정부가 3·1운동이 "산출한 유일무이한 정부"이고 "전 민족의 총의로 조직된 정부"로서 "왜적"에 "유일한 적대적 존재"였다고 강조했다. 임정을 중심으로 "3·1대혁명의 전 민족적 총단결 총궐기의 정신을 다시 한 번 발양해서 우리의 독립주권을" 찾아 "38도선을 물리쳐" "자주·평등·행복의 신한국을 건설"하자고 역설했다. 정부로서의 입장을 드러낸 임정의 한반도 통일·독립에 대한 문제의식은 분명했다. 미군정과의 갈등은 필연적이었다.

3) 모스크바 삼상회의, 미·소의 '동상이몽'에 대한 대응 방식

(1) 미·소의 '동상'을 추동한 움직임

오늘의 남북 관계를 풀어가는 구상을 할 때 해방 직후 시기를 되돌아볼 필요가 있다. 당시 국제정치의 냉정한 현실을 고려하면서 좌·우가 연대하여 전승국인 미·소의 합의안을 활용하여 통일 한반도를 모색했던 움직임, 모스크바 삼상회의 결정과 탁치 정국을 재검토하는 것은 큰 의미가 있다. 한국인들은 치열하게 항일투쟁을 전개했지만 임정을 포함해서 연합국에게 승인받은 독립운동 조직체는 없었다. 이는 독일에 점령된 유럽의 여러 망명정부가 연합국 일원으로 인정되어 전후 제 나라에서 임시정부 역할을 하다가 선거를 통해 정식 정부로 전환한 경우와 비교할 때 현격한 차이였다.

제2차 세계대전이 한창 진행 중일 때 연합국 3국(미·영·중) 정상이 일본 점령지 중 유일하게 한반도만 독립시키는 데 합의한 카이로 선언은 오스트리아에 대해 양면성을 규정한 모스크바 선언처럼, 조선 인민의 노예 상태를 인정하면서도 즉시독립을 부정했다. 독립 이전에 거쳐야 한다는 "적절한 시기"의 구체적 내용은 이후 얄타 회담(1945. 2. 4~11), 포츠담 선언(1945. 7. 26)을 거치면서 신탁통치안과 미·소의 한반도 분할점령안으로 확정되었다. 미군 진주 전에 살포된 맥아더 포고문도 카이로 선언에 따라 한반도를 점령한다고 밝혔다. 그만큼 카이로 선언의 규정력은 컸다.

종전 4개월 후 3국(미·소·영)은 카이로 선언, 얄타 회담, 포츠담 선언의 연장선에서 모스크바 삼상회의(1945. 12. 16~25)를 개최하고 한반도 문제와 관련한 4가지 합의를 결정했다(12. 28 발표). 그 내용은 다음과 같았다. ① 한반도(korea) 민주주의임시정부 수립, ② 미·소공동위원회 설립, ③ 한반도의 독립 달성을 위하여 최장 5개년간 4개국(미·영·중·소) 신탁통치(협력·원조), ④ 미·소 사령부 간 긴급회담 2주일 내로 개최.

당연한 말이지만 이 가운데 첫 번째 조항이 가장 중요하다. 한반도가 민주주의 통일·독립국으로 부흥 발전하려면 오스트리아의 경우처럼 먼저 임시정부를 수립하여 필요한 방책을 강구하는 수순을 밟아야 하기 때문이다. 남·북의 미·소군사령부 대표가 임시정부 구성을 돕기 위해 공동위원회를 조직하고 공위가 제안을 작성할 때 한반도의 민주주의 정당·사회단체들과 반드시 협의하도록 규정했다. 그리고 "임시정부와 협의하여" 4개국의 5년 이내 신탁봉지(후견) 협정을 위하여 4개국 정부의 공동심의를 받아야 한다는 신탁통치 규정이 세 번째 조항이었다. 미소공위의 일차적 임무는 신탁통치 방안 마련이었고, 이 과정을 통해 임시정부 구성을 돕는다는 것이었다.

국내 세력이 카이로 선언 이래의 연합국 합의에 부응하여 구체성을 채워야 하는 부분이 많았기 때문에 일부 비판처럼 이 합의가 구체성이 없다고 치부할 수는 없다. 카이로 선언 이전에 미국이 1943년부터 구상해오던 신탁통치안은 독립을 명시했기 때문에 식민통치 방식의 하나였던 위임통치와 명확하게 구분된다. 다만 미국은 '지배'의 의미가 담긴 '정치훈련'의 의미로 신탁통치 개념을, 소련은 도와준다는 협력·원조의 의미로 후견 개념을 사용했다.

미·소 양국의 한반도 정책 카드는 여러 장이었고, 당연히 동상이몽을 꾸고 있었다. 냉전에 돌입하기 전 적어도 모스크바 삼상회의 합의 때까지 임시정부 수립과 신탁통치를 통해 미국은 4개국 중 3개국(미·영·중)의 수적 우세로, 소련은 한반도 내 정치세력을 통해 각각 자국에 우호적인 한반도 통일정부 수립이 가능하다고 봤다. 특히 미국이 소련과 한반도 임시정부 수립 및 신탁통치에 합의한 것은, 냉전 시기 반공·반소 정책을 표면화하기 전의 마지막 조치였다.

오스트리아 임시정부의 경우, 냉전에 돌입하기 한참 전인 1945년 10월 4개 점령국의 승인을 받았다. 모스크바 삼상회의 합의 역시 냉전의 영향권에 들어가면 물거품이 될 가능성도 컸다. 즉 모스크바 삼상회의 결정을 둘러싼 미·소의 동상이몽 국제정치에서 '동상'을 밀어붙일 것이냐, '이몽'을 부추길 것이냐 하는 향방의 문제는 국내 정치세력에게 달려 있었다. 역사는 '이몽'으로 귀결되었다. 미국은 합의를 파기했고, 소련은 파기에 동조했다. 양국에 한반도는 여러 대외 정책 결정의 한 요소에 불과했지만, 그 결과 한반도는 분단이 되었고 끝내 전쟁까지 치러야 했다.

그러나 당시에도 신탁통치 문제에 탄력적, 현실적으로 대응해야 한다고 생각했던, 국제정치의 '동상'을 추동하려는 움직임이 있었다. 모스크바 삼상안이 알려진 직후 한국민주당 창당의 주역이자 수석총무로서 일제강점기 우파 세력을 대표하는 송진우가 암살되었다(1945. 12. 30). 전날 저녁 김구를 만난 직후였다. 그렇게 생각한 이면이나 향후의 구상은 알 수 없지만, 송진우는 반탁으로 미군정을 적대시하는 임정 노선에 우려를 드러내면서 신탁통치에 대해서도 유연하게 생각한 것으로 보인다. 『조선일보』도 중국에서 "분립 항쟁하던 국공이 서로 제휴"하는데 "우리는 이에 비하면 더욱 손쉽게 합작할 수 있"다고 주장했다. 김규식은 미소공위가 반드시 성공해야 한다고 주장했다.

정부라는 의식이 강했던 임정이 거부했지만, 조선인민공화국이 임정에 통일위원회 구성을 제의하면서(12. 31) 임정과 조선인민공화국 동시 해체 후 좌우합작 단일정부를 만들자고 제안한 것도 비슷한 문제의식이었다. 여운형은 해방 전 국내에서 조직적으로 해방을 대비한 유일한 지도자로서, 모스크바 삼상안과 신탁통치 문제에 신중하게 접근하면서 좌우 대립 해소와 통일 한반도를 구상했다. 한반도에 통일국가를 세우려면 미국도 소련도 방해하지 않아야 된다, 정치세력은 친소반미도 친미반소도 해서는 안 된다, 이념 문제는 자주통일이 되고 난 뒤 그때 가서 인민에게 물어 택하면 된다고 주장했다.

1945년 말의 반탁운동 이후 국내 정치세력의 대립, 1946년 들어 남한에서 미군정의 공산당 탄압 정책과 소련 후원하에 정치적 주도권을 장악하면서 제반 '민주개혁 조치'를 진행하던 북한 변수 등이 겹치면서 남한 사회의 이념적 대립은 더욱 증폭되었다. 대립을 해소하려는 중도파는 좌·우 양 세력에게 '기회주의적 반동분자', '분열분자'로 공격을 받았다.

(2) '이몽'을 부추긴 대립

미·소 간의 '이몽'을 부추기면서 불을 지핀 사건이 있었다. 모스크바 삼상안 발표 당시 미 국무부는 삼상회의 결정에 따라 한반도 문제를 해결해야 한다고 생각했지만 미군정의 입장은 달랐다. 미군정은 우파 세력의 조직이 약하기 때문에 "반소·반공 분위기의 조기 결집"을 통해 좌파를 배제한 과도정부를 수립해야 한다고 판단했다. 언론이 미군정의 검열을 받는 상황에서 삼상회의 결과가 공식 발표되기 하루 전 『동아일보』는 1면 톱기사로 "소련은 신탁통치 주장, 소련의 구실은 38선 분할점령, 미국은 즉시독립 주장"이라는 보도를 했다 (12. 27). 소련과 미국의 입장을 정반대로 보도한 이 거짓기사는 '신탁통치=식민통치', '반탁=반공·반소=애국' 프레임을 만들어 즉시독립을 열망하는 국민 정서를 자극하기에 딱 맞았다. 해방 5개월도 안 되어 한반도는 이념 갈등의 도가니에 빠져 들어갔다.

이런 상황을 맞아 각 정치세력마다 속내는 달랐다. 남과 북, 좌와 우가 주장한 '찬탁', '반탁'은 각기 나름의 이유가 있었다. 신탁통치 후 우파 단독정권이 수립될 가능성이 높다고 판단되면 좌파가, 좌파 단독정권이 수립될 가능성이 높다고 판단되면 우파가 반탁을 주장했을 것이다. 역사에서 드러난 사실은 후자였지만 그 입장이 각 정파의 이익을 따른 것이었는지, 한반도의 앞날을 함께 생각한 것이었는지는 미래를 위해 되짚어봐야 한다.

한반도의 통일·독립이라는 일관된 목표를 갖고 있던 임정은 충칭 시절 1943년 초 루스벨트 대통령이 영국 외상 이든에게 한반도 국제공동관리안을 거론한 소식을 들었을 때, 그리고 1943년 말 카이로 선언이 발표되었을 때도 조건부('적당한 시기') 독립안을 극력 반대했다. 임정이 삼상회의 소식을 접하자마자 국무회의를 소집하여(1945. 12. 28) 신탁통치반대국민총동원위원회를 설치하고 반탁운동 지도부가 되어 총파업을 지시한 것도 그 연장선이었다. 동대문운동장 '신탁통치결사반대시민대회'(12. 31)에서 '신탁통치를 배격하여 자주독립을 쟁취하자'는 선언문이 낭독되었고 '외국 군정의 철폐를 주장한다'는 구호까지 나왔다.

'제2의 독립운동', '제2의 3·1운동' 선언에 이어 군정 철폐까지 주장한 임정의 반탁운동은 정권 접수를 지향하고 있었다. 임정 내무부장 신익희(申翼熙) 명의로 발표된 포고문 「국자(國字) 1호」와 「국자 2호」(12. 31)는 미군정에 소속된 한인 직원을 임정 지휘하에 두고 임정이 국민을 지도하며 정부 역할을 수행하겠다는 공식 선언이었다. 김구는 비상정치회의주비회(1946. 1. 20)를 조직하고 이를 임시의정원을 계승한 과도적 최고 입법 기관으로 설정했다. 이러한 임정의 정치 행위를 두고 '쿠데타' 표현까지 쓴 미군정과는 첨예한 대립각을 세울 수밖에 없었다.

반탁운동은 카이로 선언 이래 연합국의 합의 결과인 모스크바 삼상회의 결정을 거부한다는 주장이었다. 그런데 그 합의를 깨면 남는 길은 무엇일까? 미·소군이 각기 점령한 상태 그대로 분단으로 가는 길뿐이었다. 실제로 좌우 연합이 필수적인 상황에서 불러온 극한 대립은 미국과 소련에게 또 다른 카드인 분단의 빌미를 제공했고 이에 편승한 정치세력이 있었다.

임정이 귀국하기 전 국내 주요 정치세력으로는 조선공산당 외에 범좌파 조선인민공화국, 우파를 대변하는 이승만의 독립촉성중앙협의회와 한국민주당 등이 있었다. 이승만과 해방 후 친일 혐의로 정치 활동에 제약을 받던 우파 세력이 정치적 영향력을 키워가는 데 두 가지 지렛대가 있었다. '임정 봉대(奉戴)론'에 이어, 임정이 주도한 반탁운동에 반소·반공을 목적으로 적극 참여하면서, 이를 정치적 주도권을 장악하는 기회로 삼은 것이다. 독립·통일을 목적으로 한 반탁운동이 아니었다는 점에서 임정의 의도와 괴리가 컸다.

이승만은 김구가 미군정과 적대적 입장을 취하는 것을 비판하면서 비상국민회의를 개편했는데(2. 1) 조선공산당, 조선인민당, 조선독립동맹 등 범좌파 세력은 배제했다. 미군정은 비상국민회의에서 과도정권 수립을 위해 선정한 28명 최고정무위원을 군정 자문 기관인 재남조선대한국민대표민주의원으로 전환시켰다(2. 14).

남한의 좌파 세력은 처음 5일간(1945. 12. 27~1946. 1. 1) 우파 세력과 신탁통치 반대의 의견을 같이했다. 임정이 주도한 반탁국민총동원위원회에 불참했지만, 좌파의 반파쇼공동투쟁위원회는 미국 "반동분자들의 신탁통치"로 통일이 "저해"되니 "신탁통치를 절대 반대"하며 이를 위해 "민족통일전선을 좀 더 공고하게 결성"해야 한다고 주장했다(1946. 1. 1).

그런데 박헌영의 평양 방문 후 이튿날(1946. 1. 2) 조선공산당은 방향을 바꿔 "반신탁운동"은 조선에 극히 위험하며 신탁통치는 빠른 독립을 위한 지원이고 "임시적 조선민주주의정부를 조직한다는" 삼상회의 결정이 "조선을 위하여 가장 정당"하다고 지지했다. 같은 날 조선인민공화국도 모스크바 삼상회의의 지지성명을 발표했다(1. 2). 그러나 국제환경을 현실적으로 직시해야 한다는 데 초점을 두었다. 해방이 "우리의 힘이 아니고 세계 민주주의 연합국의 용감한 군대의 힘으로 된" 상황에서 삼상회의 결정은 "민주주의 정권수립과 조선의 민주주의적 발달을 원조하여 조선의 완전 독립을 전적으로 완성"하는, "가장 적절한 국제적·국내적 해결" 방안이라고 강조했다. 좌파의 급격한 전환을 두고 안재홍은 "공산 측"이 "태도를 돌변하여 찬탁의 기세를 높인 것은 정략상" 너무 "거칠고, 민족운동상의 큰 결점"으로서 "적개심"만 키운다고 우려했다.

한반도 통일정부수립이라는 대의적 명분보다 반탁의 감정적 분위기가 압도하는 현실을 감안하여, 좌파 세력은 찬탁이라는 표현보다 '모스크바 삼상회담 결정 지지'라는 표현을 사용했다. 김일성도 북조선공산당 중앙조직위원회 부장협의회에서 한 연설 「조선 문제에 관한 모스크바 3국외상회의 결정에 대하여」(1945. 12. 31)에서 이 결정이 "하루속히 자주독립이 실현되기를 바라는 우리 민족의 염원과" 거리가 있다는 점을 인정할 정도로, 당시의 국민 감정은 신탁통치안에 호의적이지 않았다.

이런 상황을 배경으로 김일성은 모스크바 삼상회의 결정이 "우리나라의 통일을 하루속히 실현하고 민주주의 자주독립 국가를 수립하는 데 유리한 조건을 지어주기 위한" 것으로서 "남조선의 반동분자들이 떠들어대는 것처럼" 외세가 "자주권을 무시하고" "간섭하는" "제국주의적 신탁통치"와 전혀 다르다고 강조했다. 그리고 "조선 민족 전체가 이 결정을 지지하고 적극적으로 실현한다면 5년 이내의 후견 기한을 단축할 수 있으며 조선의 자주독립 국가건설을 촉진할 수" 있다는 말도 덧붙였다.

임시정부 수립과 신탁통치를 수용하려면 좌·우 세력의 연합 가능성을 높이고 미국이나 소련에 대한 비판은 신중할 필요가 있었다. 그런데 김일성은 "우리나라를 식민지화하려는" "미국 반동파"와 "리승만을 비롯한 남조선의 반동분자"에 대한 적대적 칼날을 분명하게 드러냈다. 모스크바 삼상회의 합의에 따라 임시정부를 세우기 위해 당장 가동되어야 할 미소공위를 "미국 반동파"와 어떻게 꾸려갈 수 있다고 생각했는지 의문스럽다.

결국 삼상회의 결정을 둘러싼 남한에서의 정치 대립은 '반탁=반소', '찬탁=친소'라는 좌우 이념 대립으로 비화되었다. 북한에서는 조만식 등이 조선민주당 주도로 반탁운동을 전개했지만 운신의 폭이 제한된 채 결국 일부 세력은 월남했다. 남한에서는 양 세력이 격렬하게 대립하는 가운데 점차 좌파 세력이 꺾이는 상황이 되었다. 반탁 열풍은 이성적 판단이 작동될 여지를 제거했다. '신탁통치=식민통치' 프레임에 따라 삼상회의 결정을 지지하는 세력은 식민통치 연장에 동의하는, 민족을 팔아먹는 세력으로 규정되었다. 반탁운동 세력은 '반탁=즉시독립=애국' 프레임으로 친일 행위자로서의 약점을 덮으면서 정치적 주도권을 쥘 수 있었다.

(3) '좌우합작 7원칙'의 의의와 한계

반탁 정국의 광풍 다른 한편에 완전 독립, 통일국가 수립을 향한 국민들의 바람도 강렬했다. 삼상회의 결정에 따라 1차 미소공위가 개최되었다(1946. 3. 20).

그러나 임시정부 수립을 위한 협의 대상인 '민주주의 제 정당'을 둘러싸고 소련 측은 신탁통치를 찬성하는 단체만 참여시켜야 한다고 주장했고, 미국 측은 반탁 단체도 참여시켜야 한다면서 대립했다. 결국 미소공위는 휴회되고(5.6) 냉전이 시작되자마자 열린 2차 미소공위(1947.5.21)도 결렬되었다(10.21).

1차 미소공위가 휴회된 후 이승만, 중간파, 미군정의 대응이 주목된다. 이승만은 '정읍 발언'(1946.6.3)을 통해 남북의 정치인 가운데 처음으로 남한 단독정부 수립안을 공개 표명했다. 그는 미·소군 점령 상태 그대로 분단으로 간다는 것을 예상하고 선수를 친 '영민한' 정치인이었다. 그러나 자신의 '정치'를 위해 민족사적 열망인 통일·독립의 길을 뚫어보려는 노력도 하지 않은 채 포기했다는 점에서 훌륭한 지도자는 아니었다. 이제 반탁 진영은 통일·독립을 추구하는 김구 세력과, 분단정부를 추구하는 이승만-한민당 세력으로 명확하게 분리되었다.

미군정 자문 기관 남조선대한국민대표민주의원(민주의원) 부의장 김규식은 1차 미소공위 휴회 직후 "남의 손에 정부가 수립되기를 기다릴 것 없이 이제 우리가 자율적으로 정부를 세우자"고 역설하면서 남쪽에서 좌우합작을 기초로 남·북의 정파가 통합하여 통일정부를 이루자는 좌우합작론을 제기했다. 민주주의민족전선 의장단의 일원인 여운형이 이를 지지하면서 좌우합작운동이 미군정 지원 속에 시작되었다. 그 결과 범우파 세력(김규식, 원세훈, 안재홍 등)과 범좌파 세력(여운형, 허헌, 정노식 등)이 모여 좌우합작위원회를 발족했다(1946.7.25).

이 무렵 미군정은 정판사 위폐 사건 관련자 체포(5.4)를 계기로 조선공산당을 고립시키고 '극우 세력'으로 규정한 이승만·김구 등을 배제한 가운데 중도 세력 중심으로 좌우합작에 의한 임시정부를 만들어 한반도 통일정부를 세운다는 구상을 추진했다. 이는 남한에서 급진적 혁명을 방어하는 대책이기도 했다. 그리고 통일임시정부 수립 때까지 제반 개혁에 필요한 법령 제정기구로 남조선과도입법의원 창설을 공포했다(8.24). 한민당 등 우파 세력은 찬성했다. 그러나 민주주의민족전선은 입법의원 설립이 단독정부 수립을 위한 기구가 될 수 있다면서 반대했다. 북한에서는 김일성 주도로 개혁이 추진되고 남한에서는 미군정 탄압에 대응한 조선공산당의 '신전술'로 국내 정치세력 대결이 미·소 간 대결과 궤를 같이하기 시작했다. 이제 막 출범한 좌우합작운동에 암운이 드리워진 것이다.

당시의 좌우합작이란 정치적 이념을 달리하는 양 세력이 현실적 필요와 당위성을 공유한 공통 목표(한반도의 통일·독립)를 위해 연합하는 정치 행위를 말한다. 현대는 말할 것도 없고 근대 유럽에서도 흔한 일이었다. 한국사에서도 통합 대한민국임시정부, 신간회, 해외에서 시도했던 민족유일당운동 등 적지 않은 역사적 경험이 있었다. 좌우합작운동은 미군정의 중도파 활용책에 대응한 주체적 운동으로서, 모스크바 삼상회의 결정을 이행하기 위한 미소공위 재개 촉구 운동으로서 독립·통일을 염원하는 국민들의 큰 지지를 얻었다. 이런 지지 때문에 우여곡절 끝에 좌우합작 7원칙(1946.10.7)을 이끌어 낼 수 있었다.

7원칙은 기본적으로 한반도 민주주의임시정부 수립, 토지개혁, 중요산업 국유화, 친일파·민족반역자 처리, 남북 정치범 석방, 입법기구 설치, 언론·집회·결사·출판·교통·투표 자유 보장 등의 내용을 포함했다. 특히 토지개혁, 중요산업 국유화 등은 독립운동 기간 내내 모색된 독립국가 경제상을 수렴해 정리한 「대한민국 건국강령」을 계승한 것이었다. 7원칙 역시 해방 후 변화된 정국에서 합작을 성사시키기 위한 좌·우파 모두의 양보와 타협의 산물이었다.

삼상회의 결정을 지지한다고 명시적으로 언급하지는 않았지만, 내용상 미소공위 재개를 촉구하고 이를 통해 임시정부 수립을 전망했다. 이는 우파 세력이 양보를 한 셈이다. 친일파 처리 문제를 입법기구에서 심의 결정하도록 한 것은 선(先)친일파 숙청을 주장했던 좌파 세력이 양보한 것이었다. 토지개혁 방안에서 몰수·조건 몰수·체감(遞減)매상-무상분배안을 제시하여 우파의 매상안, 좌파의 무상몰수-무상분배안을 절충한 것은 좌파, 우파 모두 양보한 결과였다.

사실 두 세력은 토지개혁 방법론을 두고 명분상 대립했지만, 농민의 실제 부담 측면에서 보면 허무한 대립이었다. 이미 무상몰수-무상분배 방식의 토지개혁을 실행한(1946. 3) 북한에서의 현물세(25%) 부담과, 이후 격론 끝에 남한 제헌국회에서 통과된 농지개혁법(1949. 6)이 규정한 지가상환액(생산량의 30%씩 5년간)을 비교하면 일정 기간(5년) 일정 금액의 지가를 상환하는 것이 기간 제한이 없는 세금보다 오히려 가벼운 점도 있었다.

친일파 정리와 임시정부 수립의 선후를 둘러싼 대립 역시 허무한 명분에 불과했다. 점령통치에 대응하여 통일·독립을 추구했던 오스트리아의 레너 임시정부는 통합의 외연을 넓히기 위해 초기에는 나치와의 병합에 동조한 세력까지 포함했다. 그러나 나치 세력은 임시정부 내에서 힘을 발휘하지 못했다. 한반도에서도 친일 세력이 힘을 발휘한 것은 임시정부에서 함께 활동했기 때문이 아니었다. 임시정부 수립을 부정하는 '반탁=애국' 프레임을 통해 분단을 감수한 대립으로 치닫는 형국이 조성되면서였다.

그런데 어렵게 성사된 7원칙을 두고 좌·우의 극단 세력은 서로 다른 이유로, 똑같이 반대했다. 박헌영은 단독정부를 지향하는 입법기구 수립을 위한 것이라고 반대했다. 이승만도 반대했다. 신탁통치 문제를 언급하지 않았다는 이유로 반대한 한민당은 토지개혁안이 농민 부담을 무겁게 하고 국가재정을 파탄 낼 것이라고 비난했지만, 사실 지주들이 땅값을 많이 받는 것이 더 중요했다. 결국 좌우합작위원회에 참석했던 한민당 총무 원세훈 등 많은 당원들이 탈당했다.

반면에 김구와 한국독립당은 7원칙이 "8·15 이후 최대의 수확"이며 "민주국가를 완성하기 위한 타당한 조건"이라면서 적극 지지했다. 그러나 미·소 양군이 공위에 참가하는 정당·사회단체는 모스크바 삼상회의 결정을 반대할 수 없다고 발표하자, 김구는 중도노선·중간당은 있을 수 있지만 현 좌우합작위원회를 해체하고 좌우합작을 따로 강구해야 한다고 주장했다(1947. 2).

여기에 결정타가 가해졌다. 하지 사령관이 7원칙은 입법 기관으로서의 권한이 없고 앞으로 조직될 입법 기관이 한반도 통일·독립에 큰 공헌이 있기를 바란다고 말한 것이다(1946. 10. 9). 미군정은 결국 자신이 지원한 좌우합작운동에 찬물을 끼얹으면서 단독정부 수립까지 염두에 두고 설립한 남조선과도입법의원 쪽으로 기울어진 것이다.

이 사이 좌파가 참여 자체를 거부했던 입법의원 선거가 숱한 곡절 속에 진행되었다. 입법의원 반수는 좌우합작위원회가 추천한 인사들이 상당수 임명되었다. 간접선거로 선출된 나머지 반수는 대부분 우파 세력이었다. 김규식이 과도입법의원(1946. 12. 12~1948. 5. 20) 의장으로 참여했다. 입법의원은 향후 수립될 정부의 입법부로서 준비 임무를 수행했다.

7원칙 발표 후 김규식은 좌우합작위원회 지지 세력을 확대하려 했다. 그러나 이 시기에 미·소는 더 이상 연합군의 일원이 아닌 냉전의 '적대국'으로 변해갔다. 그리스와 튀르키예에서 소련 팽창을 막기 위한 '트루먼 독트린'(1947. 3. 12)이 발표된 뒤 재개된 제2차 미소공위(5. 21)에서 합의를 기대하긴 어려웠다. 분단된 현 상태에서 미·소가 각자의 길로 가기 위한 정리 수순을 밟는 것에 불과했다. 유럽에서는 '마셜 플랜'(1947. 6)이 착수되었다. 이제 미군정은 그동안 극우로 규정하고 배제한다는 생각까지 했던 우파 세력에 기울어졌다. 비슷한 시기 북한에서는 각급 인민위원회 선거(1946. 11)를 통해 북조선인민위원회를 출범했다(1947. 2). 국내외 환경이 좌우합작운동의 추진력을 떨어뜨리는 와중에 여운형이 암살당했다(7. 19). 미소공위 결렬 후 좌우합작위원회는 결국 해체되었다(1947. 10).

미국은 한반도 정부수립 문제를 모스크바 삼상회의 결정에 따라 해결한다는 구상을 폐기하고 UN으로 이관했다(1947. 9). 미국으로서는 '손쉬운' 길을 택한 것이다. 이로써 남한 단독정부수립안이 확정되었다. 김구와 한독당은 자주독립의 통일정부수립에 최선을 다하겠다는 성명을 발표했다. 선거가 가능한 지역(남한) 총선거가 결정되자 반탁·반공 민족주의자 김구는 좌우합작 민족주의자 김규식과 함께 자신이 주도한 반탁운동을 발판 삼아 이뤄진 단독선거를 반대하면서 남북협상에 주력했다. 아이러니한 연합이었다. 그러나 이미 상황은 되돌리기 어려운 방향으로 고착되었다. 5·10선거가 진행되었고, 북한도 일제강점기는 물론 해방 후에도 남북이 같이 사용해오던 태극기를 인공기로 교체하면서 분단을 기정사실화했다.

좌우합작운동은 좌우 대립을 극복하고 통일·독립국가를 수립하려는 대안적 모색이었지만, 남한 단독정부로 갈 것이라고 판단한 소군정의 반대로 북한에는 접근조차 못했다. 명분상 대중적 지지가 높았지만 추진 주체인 김규식과 여운형의 조직력이나 정치적 영향력은 미군정이 쉽게 포기할 정도로, 소련도 입북을 쉽게 거부할 정도로 약했다. 분단정부 수립 전 좌우 세력의 마지막 합의였던 7원칙은 착수조차 못한 채 가라앉고 말았다.

이후 1970년대까지 반탁운동에 대한 연구는 물론 언급조차 금기시되는 동안 예외가 한 번 있었다. 만주 용정 출신의 종군작가였던 박계주(朴啓周)가 『동아일보』에 연재를 시작(1961. 6. 11)한 「여수(旅愁)」에서 주인공인 대학교수 이춘우가 오스트리아 여행에서 느낀 착잡한 생각을 서술하면서 송진우가 신탁통치를 찬성했다는 금기사항을 드러낸(6. 28) 것이다. 반탁운동의 진원지 동아일보사는 이튿날(6. 29) 1면에 "소설이라 할지라도 지난 28일자 조간 게재 내용이 본사의 견해와 현저히 상이하므로 본사는 이 소설을 금후 게재 중지하기로 결정"했다는 사고(社告)를 실었다. 분단 후 정치적 쟁점으로 신문 연재소설이 중단된 초유의 일이었다.

4. 근대 극복은 제국주의-식민지 과거사 정리로부터

1) 구미 사회의 '작은 변화', 사과와 배·보상

(1) 유럽 이웃 국가에 대한 서독-독일의 사과와 배·보상

제2차 세계대전 후 뉘른베르크, 도쿄 등에서 이뤄진 전범재판은 미국을 비롯한 전승국의 국제정치 장이었지, 새로운 세계사를 여는 장이 결코 아니었다. 유럽 연합국은 얼마 전까지 독일에 침략당했던 아픈 경험을 뒤로 한 채 남의 아픔을 철저하게 외면하는 제국주의 침략성을 더 노골적으로 드러냈다. 동아시아의 경우만 보더라도 그렇다. 프랑스는 자국의 식민지를 모아 프랑스연합을 창설하면서(1945. 3) 전후복구에 집중해도 모자랄 상황에서 다시 베트남으로 돌아와 결국 기나긴 '베트남전쟁'을 유발했다. 네덜란드가 다시 돌아온 인도네시아는 4년 가까이 독립전쟁을 치르고 나서야 독립했다(1949). 침략군 중에는 자유와 독립을 위해 독일과 싸운 레지스탕스 요원도 있었지만, 그들은 자신들이 규정한 전범과 다를 바 없는 야만적 학살을 자행했다. 영국은 말레이시아가 독립할(1963) 때까지 전후에도 20여 년 동안 식민지배를 계속했다.

자유와 평등을 표방한 서구 근대 이념은 시대구분의 기준이 될 만큼 위대한 진보를 만들어냈다. 그러나 자유와 평등은 계급뿐 아니라 인종, 성별 등 다양한 층위에서 장벽을 쌓아놓았다. 급기야 노예제가 자행되었고, 남의 땅을 '무주지'라고 '합의'해서 나눠 먹고, 나눠 먹은 식민지를 서로 빼앗으려 침략전쟁도 서슴지 않았다. 근대가 선언한 자유와 평등의 이면에는 위선과 배신이 가득 차 있었다. 근대 이념은 제국주의의 쌍생아이기도 했다. 결국 근대는 구성원의 합의를 바탕으로 한 과거사 정리가 제대로 이뤄져야 그 한계를 극복하면서 근대 이후를 전망할 수 있다. 물론 그 과정에서 수시로 집단몰지성에 직면하는 비극과 희극을 반복할 것이다.

오늘까지 유럽 각국 정부는 과거 식민지배의 불법성을 인정한 적이 없다. 특히 '혁명의 나라' 프랑스는 식민지배 자체는 물론, 식민지에서 자행한 범죄 행위에 대해서조차 어떠한 사과나 배상을 한 적이 없다. 디엔비엔푸 전투(1954) 참패로 베트남 지배를 포기한 직후 알제리 독립전쟁(1954~62)에서는 30만~150 만 명을 학살했다. 그러나 알제리 독립 50주년을 맞아 알제리를 방문한(2012) 올 랑드(François Hollande) 대통령은 "식민통치가 알제리인들에게 끼친 고통을 인정" 하면서도 "사과하러 오지 않았다"고 강조했다.

하지만 작은 물줄기가 모여 강이 되고 결국 바다로 모인다. 침략과 식민지 배 과정에서 드러난 명백한 제노사이드, 강제노동 등 특정 사안에 대해서는 사 과와 배상을 하는 사례가 나타난 것이다. 그런 점에서 21세기, 특히 2010년대 이후의 '작은 변화'가 주목된다.

'작은 변화'는 지난 세기에 나치 정권의 학살과 강제노동을 인정하고 사과 와 배상을 한 독일에서 시작되었다. 전후 독일은 유대인 학살에 대해 신속하게 사과해야 했다. 미국의 냉전기 서유럽 정책을 위해 독일과 이웃 나라들 간의 과거사 정리가 필요했고, 더구나 같은 백인을 학살한 것이었기 때문이다. 서독 은 마샬 플랜과 전후복구에 힘입어 경제가 회복되기 시작하면서 유대인 학살 에 대한 배상부터 착수했다. '룩셈부르크 협정'(1952. 9. 10)에서 이스라엘에 배상 금 30억 마르크의 현물을, '대독 유대인 청구권 회의'(유대인 희생자 단체들 대표)에 배상금 4억 5천만 마르크를 지급하기로 한 약속을 10여 년에 걸쳐 이행했다.

이 무렵 서독은 연합국과 런던 채무협정(1953. 2)으로 상당액의 채무 탕감과 지불기한 연장(5년→30년), 이자경감 혜택을 받으면서 배상 문제까지 합의한 가 운데 강제노동 배상 문제는 유예될 수 있었다. 1959~1964년에 11개 서방 국가 들과 포괄 협정을 체결해 국가 차원의 배상금을 지급했다.

반면에 소련을 제외한다면 유럽에서 독일 침략으로 정작 가장 피해가 컸던 폴란드에 대한 배상에 서독은 부정적이었다. 냉전의 벽 뒤에 숨으려 한 것이기도 했다. 그러나 급속한 경제성장을 바탕으로 냉전 체제하에서도 공산권과의 교류(동방 정책)를 추진하면서 '독일-폴란드 상호관계 정상화 토대를 위한 조약'(바르샤바 조약, 1970)을 체결했다. 폴란드는 동독으로부터 일부 배상을 받은 뒤 국가 차원의 배상을 요구하지 않기로 한 결정을 서독과의 조약에 적용했지만, 강제수용소 수감자와 강제노동 개인 피해자의 청구권은 남아 있다고 주장했다. 서독은 바르샤바 조약으로 종결되었다며 거부했지만, 우여곡절 끝에 '배상' 표현을 쓰지 않는다는 조건하에 협약을 맺었다(1975). 그에 따라 나치 독일에 청구권을 가진 폴란드인에 대한 연금과 사고보험기탁금 13억 마르크, 차관 10억 마르크를 제공했다. 이때 서독은 '강제노역에 대한 개인 배상은 이미 해결됐다'는 원칙을 고수했고, 전범기업(바이엘·폭스바겐·지멘스 등)들도 배상 책임이 없다고 주장했다.

그러나 1990년대 들어 통일을 전후하여 주변국의 협조가 특히 중요해진 독일에서 강제노동 문제에 관심이 커지고 배상안이 제기되었다. 2천 6백여만 강제노역자 중 절반 정도를 점했던 외국인의 주요 동원 지역인 동유럽에서도 이 문제가 이슈가 되었다. 게다가 폭스바겐이 노동자의 3분의 2를 강제노역으로 충당했고, 스위스은행이 유대인 희생자들의 계좌를 파기하려 한 일이 폭로되었다. 미국의 유대인 피해자 단체가 집단소송을 준비했다. 피해자 다수가 사망한 데 따른 인륜적 명분에 수세로 몰리면서, 불매운동으로 인한 이미지 실추를 막고 장기적인 국익 추구를 위해 독일 정부·기업은 정치적 타협으로 방향을 틀었다. '기억, 책임, 미래재단'을 결성한 것이다(2000. 8. 2). 재단 발족 직전 요하네스 라우(Johannes Rau) 대통령은 다음과 같은 성명을 발표했다(1999. 12. 17).

재단을 발의한 독일 국가와 기업은 과거의 범죄로 인해 발생한 공동의 책임과 도덕적 의무를 다할 것을 선언합니다. 노예노동과 강제노동은 (…) 잔인한 인권 유린을 의미합니다. (…) 강제노동자들은 자신들의 고통이 고통으로 인정받기를 원하고 자신들에게 가해진 불의가 불의라고 불리기를 원합니다. 오늘 저는 (…) 독일 민족의 이름으로 용서를 구합니다.

독일 정부와 6,544개 기업이 절반씩 부담해 재단 기금 100억 마르크(50억 유로, 7조 9,700억 원)를 마련했다. 그런데 강제노역과 무관한, 패전 후 신설된 기업들이 참여 기업의 40%나 되었다. 독일 사회의 과거사 정리 수준이나 깊이를 반영한다. 재단은 보상금 지급을 공식 종료할(2007. 6. 12) 때까지 폴란드·러시아·체코·벨라루스·우크라이나 등 100개국이 넘는 나라의 피해자 166만여 명에게 44억 유로에 달하는 피해보상을 했다. 재단은 이후 화해를 위한 각종 프로젝트를 지원하고 있다. 일본과 비교한다면, 21세기 들어 가해자가 제시한 사과와 해결책을 피해자가 수용할 수 있는 범주에서 과거사 정리 수순을 밟았다고 볼 수 있다.

(2) 유럽 밖 식민지에 대한 네·영·독의 사과와 배·보상

그러나 유럽 밖 식민지에서 자행한 범죄에 대한 독일 정부의 인정, 사과, 보상은 매우 소극적이었다. 인종주의가 작용한 것이다. 가령 나미비아(독일령 남서아프리카)를 식민지배(1884~1915)하는 동안 독일군은 헤레족과 나마족 등 7만 5천여 명을 학살했다(1904~1908). 벨기에가 콩고에서 자행한 학살과 함께 20세기를 점철했던 제노사이드의 시작이었다. '기억, 책임, 미래 재단'이 한창 활동하던 2004년 학살 사실을 인정했지만 네덜란드가 인도네시아에서, 영국이 케냐에서 자행한 일부 학살에 대해 배상한 지 4~5년 지난 2016년에야 사죄 방침을 밝혔다. 그러고도 5년이나 지나서야 2021년 하이코 마스(Heiko Maas) 외무장관이 나미비아에서 행한 독일의 "만행을 미화 없이 공식적으로 종족학살로 명명한다"고 밝혔다(2021. 5. 27). 사건 발생 110년이 훨씬 지난 뒤였다. 독일은 "역사적·도의적 책임"에서 희생자 후손들에게 "용서를 구할 것"이라면서 나미비아에 30년간 11억 유로를 지원하기로 했다. 그러나 배상이나 법적 책임 때문이 아니라 '지원'임을 강조했다.

인도네시아를 350년 이상 지배한 네덜란드는 자바섬 라와게데의 독립투쟁 진압 과정에서 430여 명의 청년·소년들을 즉결처형했다(1947). 제2차 세계대전이 끝난 후의 일이었다. 인도네시아 독립 59년 만에 피해자 7명의 부인들이 네덜란드 법원에 소송을 제기했고(2008), 헤이그 지방법원은 소멸시효를 인정하지 않고 네덜란드 국가의 배상책임(1인당 2만 유로)을 인정한다고 판결했다(2011. 9. 14). 네덜란드 정부의 공식 사과에 이어 인도네시아 주재 대사가 라와게데 마을을 방문하여 사죄했다.

라와게데 판결은 유럽의 구제국주의가 유럽 밖 식민지에서 자행한 범죄에 대해 사과·배상한 최초의 사례였다. 이는 네덜란드 사회가 자신들의 식민지배 역사를 돌아보는 계기가 되었다. 이후 네덜란드 정부는 3천~4만여 명의 술라웨시섬 집단처형(1946~47)에 대해서도 소송을 제기한(2011. 12) 피해자 부인 10명과 합의를 거쳐 배상했다(2013. 8). 이때도 인도네시아 주재 대사가 부인들을 찾아가 직접 사과했다.

영국은 케냐 보호령(1895~1963)에서 마우마우 조직이 이끈 독립투쟁(1952~1960)을 진압하면서 수만 명을 물고문과 생매장, 성폭행 등으로 학살했다. 이 역시 제2차 세계대전이 끝난 후의 일이었다. 케냐 독립 46년 만에 피해자 중 네 명이 영국 법원에 배상을 요구했고(2009) 영국 고등법원은 대영제국의 국가폭력을 인정한다고 판결했다(2012. 10. 5). 헤이그(William Hague) 외상은 마우마우 운동 진압 과정에서 자행한 고문과 가혹 행위를 인정하고 5,228명 피해자에게

2,600파운드씩 배상금(총 1,990만 파운드, 360억 원) 지급을 약속했다(2013. 6). 마우마우 운동에 관한 역사 연구가 소송인의 주장을 입증하는 데 적극 활용되었다는 점도 큰 의미가 있다.

영국 법원은 2016년 기준으로 소송에 나선 마우마우 피해자가 이미 4만 1천 명을 넘어서고 있었기 때문에 상당 액수의 배상금이 예상되는데도 배상 판결을 내렸다. 과거사 정리와 역사의 진보를 위해 바람직한 일이다. 그러나 영국은 식민통치 자체의 불법성은 부인했고, 이 건에 대해서만 최초로 사과·배상했을 뿐 인도 등 전 세계 식민지에서 저지른 많은 악행에 대해 사과·배상한 적은 없다.

물론 영국·네덜란드 법원의 판결이나 독일 정부의 인정에는 '국익'을 고려한 '정치적' 측면도 크게 작용했다. 따라서 아직은 특수한 사례에 불과하다. 그러나 구제국주의 국가들이 과거처럼 인도적 측면을 무시할 수만은 없는 시대의 '작은 변화'를 주목할 필요가 있다.

콩고민주공화국과 인근 지역은 유럽 열강이 아프리카 나눠 먹기에 합의한 베를린 회담을 계기로 벨기에 국왕 레오폴드 2세의 개인 영지로서 식민통치를 받았다(1885~1960). 고무 수집 할당량을 채우지 못하면 손이 잘리는 등 잔혹한 처벌과 기근, 질병으로 1천만여 명이 사망하거나 불구가 되었다. 필리프 국왕은 "벨기에인들이 콩고와 콩고인들을 깊이 사랑"했지만 "식민지 체제 자체는 착취와 지배에 기반을" 둔 "불평등한 관계"로서 "폭력"과 "굴욕으로 이어졌다"며 "깊은 유감"을 표시했다(2022. 6. 8). 그러나 여전히 정부 차원의 공식 사과·배상은 없다.

리비아 식민통치(1911~1943) 기간 7만여 명을 학살한 이탈리아는 '리비아 경제 재건을 위한 기여금' 명목으로 48억 리라를 제공했다(1956. 4). 카다피 정부가 들어서고(1969) 더 많은 배상금을 요구하자 이탈리아는 1956년 '화해'로 채무가 청산됐다며 불응했다. 카다피가 리비아 거주 이탈리아인 2만여 명을 추방하자 리비아의 석유와 가스가 필요했던 이탈리아는 1999년에야 식민지배 책임을 인정하고 보상 명목으로 리비아에 25년간 50억 달러를 투자하기로 합의했다 (2008). 배상이 아닌 보상이었고, 식민통치의 불법성을 인정한 것은 아니었다.

(3) 노예제에 대한 사과와 배상 언급

19세기 들어 영국이 폐지한 노예무역(1807)과 노예제(1833)는 그에 앞서 수백 년간 존재해왔다는 사실만으로도 구미 근대 지성의 위선과 배신을 상징한다. 노예제 폐지의 이유를 관리비용, 즉 경제 논리로도 설명하는 연구도 있지만, 짐승임을 거부한 흑인 노예들의 치열한 인권 투쟁이 노예주들에게 수지타산을 따져보도록 영향을 미친 결과였다. 1978년, 1983년에 이어 세 번째로 남아공의 더반에서 열린 '인종차별 철폐 국제회의'(2001. 8. 31~9. 7)는 노예제나 식민주의 문제로 배상 문제가 불거질 것을 우려한 구제국주의 국가들의 국제정치학이 작동하는 와중에도 노예제를 반인권·반인본주의라고 선언했다.

그런데 최근 이 문제를 두고 배상 문제가 제기되고 수용되는 '작은 변화'가 주목된다. 2014년 카리브해 15개 국가가 모인 '카리브 공동체'(CARICOM)는 노예무역에 대한 '배상 정의를 위한 10개 행동계획'을 발표했다. 유럽 정부가 노예주이자 노예무역업자였으며, 카리브해 원주민 대량학살을 지시했고, 아프리카인들을 노예로 부리는 데 필요한 법률·금융·재정 지원을 했다는 점에 입각해 배상을 요구했다. 이와 더불어 유럽 정부들의 공식 사과, 아프리카로 돌아가고 싶어 하는 후손들에 대한 귀환 프로그램 마련, 카리브해 원수민 개발 프로그램 제공, 부채 탕감 등을 요구했다.

9년 후 유럽연합·라틴아메리카·카리브해 국가 지도자들이 브뤼셀에서 발표한 공동선언문은 제국주의가 15~19세기에 벌인 노예무역이 초래한 고통에 유감을 표명했다(2023. 7. 18). 또한 인종차별 해소를 위한 '더반 선언'에 전적인 지지를 표하고 위 '10개 행동계획'을 거론하면서 배상 문제를 언급했다. 구제국주의 국가들까지 노예제 배상 문제 거론에 동의한 것이다. 역사상 최초의 일이었다. 물론 노예 후손들이 많이 사는 카리브해 국가들의 배상 요구에 유럽 국가들이 구체적으로 어떻게 호응할지 아직은 미지수이지만, '큰 변화'를 향한 '작은 변화'가 아닐 수 없다.

유럽 각국은 15~19세기에 아프리카에서 최소 1,250만 명을 납치해 유럽과 아메리카대륙에서 노예로 부렸는데 그 절반이 포르투갈 상인들에 의한 것이었다. 마르셀루 드소자(Marcelo de Sousa) 포르투갈 대통령은 포르투갈이 노예무역에 대해 사과하고 책임져야 한다고 말했다(2023. 4. 25). 네덜란드 국왕은 네덜란드 노예제 폐지 160주년 기념식(2023. 7. 1)에서 "인류에 대한 범죄에 용서를 구한다"면서 사과했다. 이 역시 다음 순서가 어떻게 언제 진행될지는 미지수이다.

이런 '작은 변화'는 3년 전 미국에서 먼저 나타났다. '조지 플로이드 구타 사망 사건'(2020. 5. 25)을 계기로 'Black Lives Matter'(흑인의 생명도 소중하다)라는 구호를 내건 인종차별 항의 시위가 미국을 강타했다. 그런데 이전과 다른 양상이 주목된다. 이제까지 소수 의견(흑인 지도자들과 흑인 의원들 중심)에 머물렀던 요구, 즉 노예제와 인종차별로 흑인들이 받은 피해를 국가가 배상해야 한다는 요구가 커진 것이다. 이전과 달리 주류 정치가 백안시할 수만은 없는 상황이 벌어졌다.

이 여파는 미국 독립기념일(7. 4)을 전후해서 미국 곳곳에서 크리스토퍼 콜럼버스 동상 파괴 또는 대체 요구로 이어졌다. 메릴랜드주 볼티모어에서 시위대들은 동상을 항구에 내던지면서(2020. 7. 4) 콜럼버스가 미국의 상징일 수 없다며 다른 사람 동상으로 대체하라고 요구했다. 오하이오 주 콜럼버스시에서는 시장이 나서서 "억압과 분열을 상징"하는 콜럼버스 동상은 더 이상 시를 상징하지 않는다면서 시청 광장에 세워져 있는 콜럼버스 동상을 철거했다(2020. 7. 1).

오늘날 미국의 많은 주와 도시들은 '콜럼버스의 날' 대신 '원주민의 날'을 기념하기 시작했고, 콜럼버스시에서는 도시 이름을 바꾸자는 청원이 호응을 얻고 있다. 콜럼버스에 의한 대륙의 '발견'과 '정착'이라는 백인들만의 오래된 서사가 뒤집어지고 모든 인종이 공감할 수 있는 새로운 서사를 찾으려는 아주 미미한 새싹이 돋아나기 시작한 것이다. 작은 물줄기가 모여 강을 만들고 바다에 이른다.

2) 무책임한 과거사 정리를 지원한 국제정치와 일본 사회의 한계

1945년 8월 15일 정오, NHK 라디오에서 "미·영·중·소 4개국에게 포츠담 선언을 수락한다는 뜻을 제국 정부에게 통고하도록 했다"는 일본 '천황'의 '교쿠온(玉音) 방송'이 흘러나왔다. 무조건 항복을 요구한 포츠담 선언을 수용하면서도 항복이나 그에 부합하는 단어가 전혀 들어가지 않은, 유체이탈 어법의 애매모호한 수사와 미사여구로 가득 찬 방송의 주 내용은 두 가지였다.

첫째, 침략전쟁 사실 자체를 부정하는 평화주의 코스프레였다. 천황은 "애시당초 제국 신민의 강녕을 꾀하고 만방공영(萬邦共榮)의 즐거움을 함께함은 황조황종(皇祖皇宗)의 유범"이고 "미·영 양국에 선전(宣戰)한 이유 역시 실로 제국의 자존과 동아의 안정을" 위한 것이었지 "타국의 주권을 배척하고 영토를 침범하는 따위는 애초에 짐의 뜻이 아니었"다고 강변했다. 예상되는 전후질서를 고려한 멘트였고 선전(宣戰) 대상도 미국과 영국으로 제한했다. "제국과 더불어 종시 동아의 해방에 협력한 모든 맹방에 유감의 뜻을 표"했을 뿐, '대동아공영'을 부르짖으며 "주권을 배척하고 영토를 침범"한 사실에 대한 책임의식은 없다. '대동아 침략'은 그에게 여전히 '해방'이었다.

둘째, 오로지 천황제를 기반으로 한 국체 유지에 초점을 두었다. 천황이 "호전되었다 할 수 없고 세계의 대세 역시 우리에게 이롭지 않은" 데다 "적이 새롭게 잔학한 폭탄을 사용하고" "무고한 이를 살상하여" "교전을 계속하면 결국 우리(일본) 민족의 멸망"뿐 아니라 "인류의 문명조차 파각(破却)할" 상황에서 "짐은" "만세 (…) 태평을 열"기 위해 "그대 충량한 신민의 적성(赤誠)을 신의(信倚)하여" "국체를 호지(護持)"하기 위해 항복한다는 것이었다.

여기서 한 가지 중요한 사실이 보인다. 천황이 '방송'을 통해 일본의 전후 체제 방향을 규정했다는 점이다. 실제로 오늘의 일본 사회는 과거사 정리는커녕, '대일본제국'을 그리워하는 수준으로까지 나아가면서 '방송'이 규정한 대로 흘러왔다.

20세기에 두 차례 세계대전을 치르면서 세계사가 드러낸 한 특징이 있다. 패전국의 경우 모두 군주제가 붕괴되었다는 점이다. 제1차 세계대전 패전 직전 독일제국이, 패전 후 오스트리아-헝가리제국과 오스만제국이 붕괴되었고 제2차 세계대전 후 이탈리아왕국이 국민투표로 붕괴되었다(1946). 이들 국가의 국민들과 국제정치가 전쟁 도발의 책임을 물은 결과였다.

그러나 일본만 유일하게 패전 후에도 (입헌)군주제를 유지할 수 있었다. 냉전에 접어들면서 미국의 동아시아 정책 필요에 의해, 그리고 일본의 지성과 국민의식이 일본의 '국체' 유지를 뒷받침했기 때문이다. 도쿄 전범재판에서 검사와 재판장에게 맥아더 사령관은 천황을 기소할 수 없다고 확실하게 못을 박았다. 이미 냉전에 돌입한 상황에서 미국이 일본에서 안정적인 군정을 시행하고 이를 바탕으로 동북아 냉전 체제를 굳건하게 하기 위해서였다. 도조 히데키 등 A급 전범들은 천황을 대신해 모든 책임을 떠안은 조연에 불과했다.

메이지유신 이래 진주만과 동남아 침략에 이르는 동안 늘 먼저 전쟁을 도발했고 늘 침략전쟁에 환호했던 일본 사회의 군국주의 세계관은 오늘날에도 횡행하고 있다. 대학살과 약탈, 강제동원을 동반한 침략전쟁에 대해서도 '떳떳하다'는 일본(인)의 역사인식은 '특별'하다.

국제환경과 민주주의 수준에서 서독-독일과 일본은 차이가 컸다. 서유럽에서는 냉전 시기 마샬 플랜을 통한 미국의 원활한 유럽 정책 수행을 위해 서독과 인근 국가(특히 영·프)의 관계개선이 필수적이었다. 그러려면 서독은 적어도 유럽과 미국이 관심을 둔 주요 사안에 대해서'만'은 과거사 정리에 나서야 했다. 유대인 학살을 사죄해야 했고, 이웃 국가들과 침략에 대한 배상 조약도 맺었다.

킬 군항 해군들이 촉발한 봉기로 제국을 무너뜨렸고, 비록 나치에게 훼절되었지만 바이마르공화국 시대에 민주주의 경험을 다진 바 있었던 서독은 전후의 이러한 환경을 오히려 적절하게 활용했다. 동독과의 교류를 포함한 동방 정책에 적극 나서서 냉전 시대임에도 폴란드와 수교하기 위해 빌리 브란트(Willy Brandt) 총리가 바르샤바시 유대인 위령탑 앞에서 무릎을 꿇고 사죄했다(1970. 12. 7). 이 장면을 담은 사진은 68혁명에 크게 고무되었던 서독의 민주화 동력과 진정성 있는 변화의 모습을 전 세계에 과시하여 국가 브랜드 가치를 한층 높였다. 실제로 서독-독일은 유럽 침략과 유대인 학살 문제에 대해서만큼은 확실하게, 지속적으로 사과해왔다.

냉전 시기 동북아에서 일본의 내외 환경은 이와 대조적이었다. 일본은 중국-대만, 남한-북한이 적대적 각을 세우는 냉전의 틈새에서 미일동맹의 우산 아래로 숨었다. 미국의 일본 부흥 정책과,—요시다 시게루(吉田茂) 총리의 표현대로—"하늘이 일본에 가져다준 선물"이었던 6·25전쟁의 특수를 기반으로 경제성장 한 길만 걸으면 되었다. 그 사이 일본의 정치와 지성은 침략과 전쟁을 성찰하는 과거사 정리 기회를 스스로 다져가지 못했다.

게다가 서유럽에서와 달리, 미국의 동아시아 정책 수행을 위해 일본의 과거사 정리는 오히려 불필요했다. 그리하여 일본의 집권 엘리트들은 군국주의 시절에 체화된 역사의식을 온존한 채 전후 일본을 지배해왔다. 오늘날까지 일본의 주류적 역사 인식은 메이지유신 후 156년이 지난 오늘날까지 변함없이 유지되고 있다. 그런 점에서 일본 사회는 전후에 이식된 민주주의 내용을 스스로 채워가지 못했다. 1955년 이래 70여 년 동안 몇 년을 제외하면 자민당 일당 체제가 지속되고 있는 일본의 민주주의 수준은 사실 높지 않다.

1950~60년대 급속한 전후 경제성장을 계기로, 독일은 과거사 정리의 기반을 다졌다. 이에 반해 일본은 유치하고 퇴행적인 사건으로 이 시기를 마감했다. 황도파 육군의 2·26쿠데타 미수를 소재로 한 『우국(憂國)』을 쓴 소설가로서 천황주의자인 미시마 유키오(三島由紀夫)가 자위대 이치가야(市ヶ谷) 주둔지 본성(일본 방위성) 발코니에서 군사 쿠데타를 일으키자는 연설을 하고 할복자살한 것이다(1970. 11. 25). 미시마는 군대 통수권을 가진 천황을 위해 명예롭게 죽을 수 있었던 일본이 부활해야 한다고 생각했다. 그에게 침략전쟁 시기의 일본은 너무나 아름다웠다.

냉전이 무너진 1990년대 들어 독일이 나치 시대의 강제노동 배상 문제로 고민할 때, 동북아에서도 냉전적 안보 논리에 눌려 지냈던 강제노동·위안부·원폭 피해자들이 제 목소리를 내기 시작했다. 20세기 말의 세계사적 사건인 김학순(金學順) 할머니의 위안부 피해 증언(1991)을 계기로 세계 곳곳에서 피해자 증언이 이어졌다. 일본의 전쟁범죄가 세계적 이슈가 되었다. 이런 분위기에서 일본도 '고노 담화'(1993. 8. 4)를 통해 위안부 범죄에 대한 인정과 사죄를 표했고, '무라야마 담화'(1995. 8. 15)를 통해 일본의 전쟁범죄를 인정하고 식민지배에 대한 사죄를 했다. '김대중-오부치 게이조 공동선언'(1998. 10. 8, 한·일 파트너십 공동선언)은 한국을 특정한 사과였다.

그러나 이러한 담화나 공동선언은 일본 사회의 보편적 의식을 안지 못한 불안정한 것이었다. 이런 발표가 나면 언제나 이를 뒤집는 '망언'이 바로 튀어나와 일본 국민의 지지를 받는 사태가 반복되었다. 결국 극우단체 니폰카이기

(日本會議)가 결성되었다(1997. 5. 30). 황실 존숭, 보통의 군대, 역사 교과서 수정, 헌법 개정 등이 핵심 주장이며 '국민의 힘(國民の力)'이 그들의 핵심어다. 메이지 시대의 절대 천황 중심으로 돌아가자, 전전(戰前)의 대일본제국은 자랑스러운 제국이었다, 2차 세계대전은 침략전쟁이 아니므로 사죄하는 것은 용납할 수 없다고 천명했다. 21세기의 새로운 일본을 모색하기보다 군국주의 침략전쟁 시대의 퇴행적 역사 인식을 강조한 것이다. 아베(安倍晋三) 정권이 전쟁 전의 일본, "메이지유신의 정신을 되찾아야 한다"면서 '전후 체제 탈각'을 주장한 것도 같은 맥락이다.

이러한 21세기 일본 사회의 분위기에서 일본이 처음으로 병합의 강제성과 식민지배의 폭력성을 인정한 '간 나오토 담화'(2010. 8. 10)는 매우 일탈적인 사건이었다. 물론 식민지배의 불법성을 인정한 것은 아니었다. 사과였지, 법적 책임까지 안는 사죄는 아니었다.

구제국주의 열강 역시 식민지배를 불법으로 인정한 적이 없다. 다만 식민지배 행위로 자행된 명백한 제노사이드, 강제노동, 노예제-노예무역 등 몇몇 개별 사안에 대해 사죄하거나 배·보상을 했다. 그러나 일본은 국가적 책임이 명백한 강제노동, 관동대지진 당시 대규모 조선인 학살조차 인정하지 않는다.

늦었지만 2010년대 들어 네덜란드, 영국, 독일이 식민지배나 침략전쟁 과정에서 자행한 제노사이드나 강제노동 사실을 인정하고 사죄와 보상을 진행한 것은 근대의 한계를 벗어나는 '작은 변화'의 맹아가 될 수 있다. 이런 흐름이 '큰 변화'로 발전하면, 일본도 내재된 민주주의 세력이 힘을 발휘하면서 후진적인 '특별한' 역사 인식을 바꾸는 '작은 변화'를 시도하게 될 것이다.

영화 〈더 리더(The Reader): 책 읽어주는 남자〉(2008)를 지렛대로 글을 마치고자 한다. 나치 시대에도, 전후 20년이나 지난 법정에서도 영리한 상황 판단 능력 없이 순진했던 여주인공은 법정에서 아우슈비츠 감시원으로 취직하여 직무에 충실했을 뿐이라고 강변하며 그녀가 너무 창피하게 생각했던 문맹이라는 사실을 숨기려고 다른 사람이 서명한 죄까지 덮어써 무기징역을 선고받는다. 감옥에서 책 읽어주는 남자가 보낸 녹음기를 활용해 글을 깨친 그녀는 책 읽어줬던 남자에게 지금 어떻게 느끼고 생각하든, 과거의 행위는 그대로 남는다고 말한 후 석방 당일 스스로를 선고(자살)한다.

　노예나 피식민지민이 같은 인간이라는 사실조차 인지하지 못할 정도로 반인륜적인 무지의 산물이었든, 당시 분위기에 취했든 과거의 만행을 지금은 잘못된 일이었다고 인식한다면 성찰하고 정리할 수 있어야 한다. 그래야 위선과 배신의 꺼풀을 벗어나 근대 지성이 한 걸음 더 나아갈 수 있는 것이다.

부록

참고문헌

1부 1장 제국주의 침략과 근대 세계체제의 형성

노명식, 『(개정판) 프랑스 혁명에서 빠리 꼼뮨까지』, 까치, 2011(1980).
로버트 C. 앨런 지음, 이강국 옮김, 『세계경제사』, 교유서가, 2017.
린 헌트 지음, 조한욱 옮김, 『프랑스 혁명의 가족 로망스』, 새물결, 1999.
수전 벅모스 지음, 김성호 옮김, 『헤겔, 아이티, 보편사』, 문학동네, 2012.
앤드루 고든 지음, 김우영 옮김, 『현대 일본의 역사』, 이산, 2005.
앨런 브링클리, 『있는 그대로의 미국사』, 휴머니스트, 2011.
에릭 홉스봄 지음, 정도영·차명수 옮김, 『혁명의 시대』, 한길사, 1998.
위르겐 오스터함멜 지음, 박은영·이유재 옮김, 『식민주의』, 역사비평사, 2006.
주경철, 『대항해시대』, 서울대학교출판부, 2008.
질 망스롱, 『프랑스 공화국 식민사 입문—인권을 유린한 식민 침탈』, 경북대학교출판부, 2013.
Angus Maddison, *The World Economy: Historical Statistics*, Paris: OECD, 2003.

金龍子, 「프랑스의 여성 참정권, 1876~1944」, 『역사학보』 150, 1996.
김인중, 「공화주의, 자유주의, 1848혁명」, 『프랑스사연구』 21, 2009.
민유기, 「19세기 파리 동쪽 광장들의 기념물과 도시의 정치기호학」, 『기호학연구』 23, 2008.
이성훈, 「왕권과 교권의 대립을 통해 본 신대륙의 가톨릭 전파 과정 연구」, 『비교문화연구』 37, 2014.
이지영, 「전후 일본 민주화 운동의 리더십」, 『일본연구논총』 36, 2012.

1부 2장 19세기, 대륙별로 상반된 식민지 독립과 식민지 창출

로런트 듀보이스, 『아이티 혁명사—식민지 독립전쟁과 노예해방』, 삼천리, 2014.
스벤 베커트, 『면화의 제국—자본주의의 새로운 역사』, 휴머니스트, 2018.
앨런 브링클리, 『있는 그대로의 미국사』, 휴머니스트, 2011.
요시자와 세이이치로 지음, 정지호 옮김, 『중국근현대사 1. 청조와 근대 세계 19세기』, 삼천리, 2013.
이보형, 『미국사 개설』, 일조각, 2005.

질 망스롱, 『프랑스 공화국 식민사 입문—인권을 유린한 식민침탈』, 경북대학교출판부, 2013.
케네스. O. 모건, 『옥스퍼드 영국사』, 한울, 2006.

권윤경, 「노예제의 폭력, 노예혁명의 폭력—아이티 혁명기 폭력의 성격에 대한 고찰, 1791~1804」, 『서양사론』
    122, 2014.
김형곤, 「미국 독립전쟁기 아메리카인들의 심리적 갈등—조지 3세에서 워싱턴으로」, 『역사와 실학』 60, 2016.
류두하, 「미국 식민지 시대의 노동력 구조 변천」, 『국제학논총』 1, 1996.
이경아, 「아이티 혁명·독립전쟁과 근대 국제관계의 형성—탈식민주의 불균등결합발전론의 시각」, 『국제정치
    논총』 61(3), 2021.
이석우, 「아프리카의 식민지 문제와 영토 분쟁에 관한 국제법적 고찰」, 『대한국제법학회』 49(2), 2004.

1부 3장 한·중·일 근대의 엇갈림과 합종연횡의 국제정치학

강진아, 『문명 제국에서 국민국가로』, 창비, 2009.
구대열, 『국제관계사연구 1. 일제 시기 한반도의 국제관계』, 역사비평사, 1995.
백영서, 『동아시아 근대 이행의 세 갈래』, 창비, 2009.
최문형, 『제국주의 시대의 열강과 한국』, 민음사, 1990.

김정호, 「17~18세기 일본의 서구 지식 수용과 나가사키(長崎) 오란다 통사(阿蘭陀通詞)의 역할」, 『한국동양정
    치사상사연구』 7-1, 2008.
김주삼, 「아편전쟁과 동아시아 근대화 과정에서 나타난 중·일의 대응 방식 분석」, 『아시아연구』 11-3, 2009.
石 和靜, 「러일협약과 일본의 한국병합」, 『역사학보』 184, 2004.

1부 4장 식민지자본주의와 독자적 자본주의의 갈림길에서

강만길, 『고쳐쓴 한국근대사』, 창작과비평사, 1994.
강만길 엮음, 『한국 자본주의의 역사』, 역사비평사, 2000.
김경태, 『한국근대경제사연구』, 창작과비평사, 1994.
김기승, 『조소앙이 꿈꾼 세계』, 지영사, 2003.
김도형, 『국권과 문명—한국 근대 개몽운동의 기로』, 지식산업사, 2022.
박은숙, 『갑신정변 연구—조선의 근대적 개혁 구상과 민중의 의식』, 역사비평사, 2005.
오두환, 『韓國近代貨幣史』, 한국연구원, 1991.
왕현종, 『한국 근대국가의 형성과 갑오개혁』, 역사비평사, 2003.
윤경로, 『105인사건과 신민회 연구』, 한성대학교출판부, 2012.
윤석범·홍성찬·우대형·김동욱, 『韓國近代金融史研究』, 세경사, 1996.
이병천, 『개항기 외국 상인의 침입과 한국 상인의 대응』, 서울대 경제학과 박사학위논문, 1985.
이영호, 『동학과 농민전쟁』, 혜안, 2004.
전우용, 『한국 회사의 탄생』, 서울대학교출판문화원, 2011.
정태헌, 『문답으로 읽는 20세기 한국경제사』, 역사비평사, 2010.
정태헌, 『혁명과 배신의 시대—격동의 20세기, 한중일의 빛과 그림자』, 21세기북스, 2022.
한국역사연구회, 『시민을 위한 한국사 2. 근현대편』, 돌베개, 2022.
한국역사연구회 근대사분과 토지대장연구반, 『대한제국의 토지조사사업』, 민음사, 1995.

김재순, 「露日戰爭 직후 일제의 화폐금융 정책과 조선 상인층의 대응」, 『한국사연구』 69, 1990.
梶村秀樹, 「李朝末期 綿業의 流通 및 生産構造」, 『韓國近代經濟史研究』, 사계절, 1983.
조명근, 「대한제국기 중앙은행 제도의 도입과 변용」, 『동방학지』 196, 2021.
홍성찬, 「한말 서울 東幕의 미곡객주 연구—彰熙組合, 西署東幕合資商會의 사례」, 『경제사학』 42, 2007.

2부 1장 식민지민까지 동원한 전쟁과 두 개의 민족자결주의

고정휴, 『태평양의 발견 대한민국의 탄생』, 국학자료원, 2021.
구대열, 『국제관계사연구 1. 일제 시기 한반도의 국제관계』, 역사비평사, 1995.
김용구, 『세계외교사』, 서울대학교출판문화원, 2012.
나가타 아키후미 지음, 박환무 옮김, 『일본의 조선 통치와 국제관계—조선 독립운동과 미국 1910~1922』, 일조각, 2008.
유인선, 『새로 쓴 베트남의 역사』, 이산출판사, 2002.
정태헌, 『한반도 철도의 정치경제사—일제의 침략 통로에서 동북아공동체의 평화 철도로』, 선인, 2017.
최문형, 『일본의 만주 침략과 태평양전쟁으로 가는 길—만주와 중국대륙을 둘러싼 열강의 각축』, 지식산업사, 2013.
피에르 발로 지음, 남윤지 옮김, 『아틀라스 20세기 세계전쟁사』, 책과함께, 2010.
허승철, 『우크라이나의 역사』, 문예림, 2015.

김승렬, 「유럽 국제평화의 기획—세력균형, 국제연맹, 유럽통합의 비교」, 『서양사론』 108, 2011.
김영숙, 「일본의 5·4운동 인식과 대응—산둥(山東) 이권 문제와 전후 국제질서를 중심으로」, 『중국근현대사연구』 83, 2019.
김윤희, 「3·1운동 발생의 경제적 요인과 동아시아의 연쇄」, 『일본학』 49, 2019.
김하림, 「5·4운동 전후 중국의 세계주의 확산과 민족주의의 재구성」, 『중국근현대사연구』 83, 2019.
노경덕, 「제1차 세계대전 말 유럽의 국제정치와 민족자결주의」, 『역사학보』 245, 2020.
류시현, 「식민지 시기 러셀의 『사회개조의 원리』의 번역과 수용」, 『한국사학보』 22, 2006.
마쓰다 도시히코, 「일본 육군의 중국대륙 침략 정책과 조선 1910~1915년」, 『한국문화』 31, 2003.
박장배, 「19세기 말~20세기 초 티베트 군주론의 변용」, 『동북아문화연구』 19, 2009.
박현숙, 「윌슨의 민족자결주의와 세계평화」, 『미국사연구』 33, 2011.
배경한, 「上海 南京 지역의 초기(1911~1913) 한인 망명자들과 신해혁명」, 『동양사학연구』 67, 1999.
서재만, 「제1차 세계대전과 중동」, 『중동연구』 14, 1995.
서재만, 「제1차 세계대전 후 강대국의 대아랍 전후처리에 관한 연구」, 『중동연구』 15, 1996.
송경근, 「이집트의 대영 독립투쟁(1914~1922)」, 『한국중동학회논총』 25-2, 2005.
유지아, 「1910~20년대 일본의 다이쇼 데모크라시와 제국주의의 변용」, 『한일관계사연구』 57, 2017.
이진일, 「서구 열강의 아시아 분할과 민족의 '자기결정' 원칙」, 『사림』 39, 2011.
이평래, 「20세기 초 Ar(北) 몽골 왕공들의 정국인식과 독립구상—1911년 러시아 황제와 외무부에 보낸 서신 분석」, 『한국민족학연구』 3, 1995.
이헌대, 「독일 산업혁명의 재조명」, 『경상논총』 69, 2014.
장석흥, 「파리 강화회의에 제출한 승전국 식민지의 청원서와 그 성격」, 『한국학논총』 55, 2021.
전상숙, 「제1차 세계대전 이후 국제질서의 재편과 민족 지도자들의 대외 인식」, 『한국정치외교사논총』 26-1, 2004.
전상숙, 「파리 강화회의와 약소민족의 독립 문제」, 『한국근현대사연구』 50, 2009.
정형아·정창원, 「중동철도 사건과 중소 갈등」, 『지방사와 지방문화』 24-2, 2021.
조병한, 「5·4 계몽운동과 민족, 민주주의의 형성」, 『한국사학사학보』 38, 2018.

조세현, 「동아시아 3국(한중일)에서 크로포트킨 사상의 수용」, 『중국사연구』 39, 2005.
조지형, 「국제연맹의 집단안전보장과 세계평화의 이상」, 『이대사원』 32, 1999.
채수도, 「대동아공영권의 실천 단계에 관한 연구」, 『대한정치학회보』 19-3, 2012.
현광호, 「국권상실 전후 시기(1905~1918) 동아시아 국제정세의 변동과 한민족의 국권회복운동」, 『한국문화』
　　　 52, 2010.

2부 2장 식민지자본주의, 산업연관성 결여와 재정·금융 종속

강만길 엮음, 『한국 자본주의의 역사』, 역사비평사, 2000.
권보드래, 『1910년대, 풍문의 시대를 읽다』, 동국대학교출판부, 2008.
권태억, 『일제의 한국 식민지화와 문명화(1904~1919)』, 서울대학교출판문화원, 2014.
김기원, 『미군정기의 경제구조』, 푸른산, 1990.
김옥근, 『日帝下 朝鮮財政史論攷』, 일조각, 1994.
류시현·문영주·박종린·허수·허영란, 『미래를 여는 한국의 역사』 5, 웅진지식하우스, 2011.
문영주, 「일제하 도시 금융조합의 운영 체제와 금융활동(1918~1945)」, 고려대학교 박사학위논문, 2005.
박우현, 「일제시기 조선사업공채 발행 정책과 식민지 인프라 개발」, 고려대학교 박사학위논문, 2023.
배영순, 『한말 일제 초기의 토지조사와 지세 개정』, 영남대학교 출판부, 2002.
배영목, 『한국금융사(1876~1959)』, 개신, 2002.
孫禎睦, 『韓國地方制度·自治史硏究』(上), 一志社, 1992.
孫珖燃, 『撫松 玄俊鎬』, 전남매일신보사, 1977.
송규진, 『日帝下 朝鮮貿易 硏究』, 고려대학교 민족문화연구원, 2001.
심희기, 『韓國法制史講義』, 三英社, 1997.
엘리너 오스트롬 지음, 윤홍근·안도경 옮김, 『공유의 비극을 넘어』, 랜덤하우스코리아, 2010.
우명동, 『日帝下 朝鮮財政의 構造와 性格』, 고려대학교 경제학과 박사학위논문, 1988.
윤석범·홍성찬·우대형·김동욱, 『한국근대금융사연구』, 세경사, 1996.
이경란, 『일제하 금융조합연구』, 혜안, 2002.
정병욱, 『한국근대금융연구』, 역사비평사, 2004.
정태헌, 『문답으로 읽는 20세기 한국경제사』, 역사비평사, 2010.
정태헌, 『일제의 경제 정책과 조선사회』, 역사비평사, 1996.
조명근, 『일제하 조선은행연구』, 아연출판부, 2019.
조명근, 『일제강점기 화폐 제도와 금융』, 동북아역사재단, 2022.
조선은행조사부 편, 『朝鮮經濟年報』, 1948.
한국역사연구회, 『시민의 한국사 2. 근현대편』, 돌베개, 2022.
허수열, 『일제 초기 조선의 농업』, 한길사, 2011.
허영란·조재곤·송규진, 『조선총독부의 상업·무역정책』, 동북아역사재단, 2022.
久間健一, 『朝鮮農政の課題』, 1943.
水田直昌 監修, 『總督府時代の財政』, 友邦協會, 1974.

강영심, 「日帝下의 '朝鮮林野調査事業'에 관한 연구」 상·하, 『한국학보』 33·34, 1983.
김건태, 「19세기 집약적 농법의 확산과 작물의 다각화—경상도 예천 맛질 박씨가 가작 사례」, 『역사비평』 101,
　　　 2012.
김호범, 「동양척식주식회사의 금융 활동에 관한 연구」, 『경제학논집』 6-1, 1997.
문명기, 「근대 일본 식민지 통치 모델의 轉移와 그 의미—'臺灣 모델'의 關東州·朝鮮에의 적용 시대와 변용」,
　　　 『중국근현대사연구』 53, 2012.

염복규, 「1910년대 일제의 태형 제도 시행과 운용」, 『역사와 현실』 53, 2004.
이경란, 「1910년대 부업 생산물의 상품화와 농가 경제」, 『역사문제연구』 2, 1997.
이명학, 「일제시기 재정 통계의 활용과 해석의 지평」, 『민족문화연구』 75, 2017.
이승일, 「일제 식민지시기 宗中財産과 '朝鮮不動産登記令'—소유권 분쟁을 중심으로」, 『史學研究』 61, 2000.
이영학, 「1910년대 조선총독부의 농업 정책」, 『한국학연구』 36, 2015.
이정은, 「『매일신보』에 나타난 3·1운동 직전의 사회상황」, 『한국독립운동사연구』 4, 1990.
이종민, 「가벼운 범죄, 무거운 처벌—1910년대의 즉결처분 대상을 중심으로」, 『사회와 역사』 107, 2015.
이형식, 「무단통치 초기(1910. 10~1914. 4)의 조선총독부—인사·관제개혁·예산을 중심으로」, 『일본역사연구』 33, 2011.
정태헌, 「1910년대 식민 농정과 금융 수탈기구의 확립 과정」, 한국역사연구회·역사문제연구소 엮음, 『3·1민족 해방운동연구』, 청년사, 1989.
정태헌, 「식민지 재정기구를 통한 세출의 용도와 성격」, 『일본의 본질을 다시 묻는다』, 한길사, 1996.
정태헌, 「식민지화 전후 보통은행의 경영 추이와 이원적 감독 체제」, 『역사문제연구』 5, 2000.
정태헌, 「1910년대 본점은행의 신설 급증과 3대 은행의 영업·자본 집중」, 『동방학지』 112, 2001.
조명근, 「식민지자본주의의 전개와 3·1운동에 대한 시론적 검토」, 『역사학보』 245, 2020.
한국역사연구회, 『시민의 한국사 2. 근현대편』, 돌베개, 2022.

2부 3장 3·1운동과 임시정부의 민주주의·세계평화 지향

강만길 외, 『통일지향 우리 민족해방운동사』, 역사비평사, 2000.
강영심, 『1910년대 국외항일운동 II. 중국, 미주, 일본』, 독립기념관 한국독립운동사연구소, 2008.
공주대학교 공주학연구원, 『주막담총—공주를 주막에서 엿듣다』, 공주대학교 공주학연구원, 2017.
국사편찬위원회, 『삼일운동 데이터베이스로 보는 1919, 그날의 기록 1. 종합편』, 2019.
김기승, 『조소앙이 꿈꾼 세계』, 지영사, 2003.
김정인, 『독립을 꿈꾸는 민주주의』, 책과함께, 2017.
김정인·이준식·이송순, 『한국 근대사 2. 식민지 근대와 민족해방운동』, 푸른역사, 2016.
김희곤, 『중국 관내 한국 독립운동 단체 연구』, 지식산업사, 1995.
님 웨일스·김산 지음, 송영인 옮김, 『아리랑』, 동녘, 2005.
대통령직속 3·1운동 및 대한민국임시정부 수립 100주년 기념사업 추진위원회, 『3·1운동에서 촛불혁명으로, 임정 수립에서 통일 한반도로—3·1운동 및 대한민국임시정부 수립 100주년 기념 국제학술포럼』, 2019.
박민영, 『대한제국기 의병연구』, 한울, 1998.
박찬승, 『대한민국의 첫 번째 봄 1919』, 다산북스, 2019.
반병률, 『성재 이동휘 일대기』, 범우사, 1998.
이명화, 『도산 안창호의 독립운동과 통일노선』, 경인문화사, 2002.
이성우, 『광복회연구』, 충남대학교 박사학위논문, 2007.
임경석, 『한국 사회주의의 기원』, 역사비평사, 2003.
선병혁·조형열·김영진, 『일제강점기 국내 민족주의·사회주의운동 탄압사』, 동북아역사재단, 2022.
정병욱, 『낯선 삼일운동—많은 인민을 이길 수 없다』, 역사비평사, 2022.
정병준, 『우남 이승만 연구』, 역사비평사, 2005.
정태헌, 『혁명과 배신의 시대, 격동의 20세기, 한중일의 빛과 그림자』, 21세기북스, 2022.

강영심, 「신한혁명당의 결성과 활동」, 『한국독립운동사연구』 2, 1988.
김경남, 「1910년대 재일 한중 유학생의 비밀결사 활동과 '민족혁명' 기획」, 『지역과 역사』 45, 2019.
김기승, 「조소앙과 『적자보』 연구」, 『순천향 인문과학논총』 39-1, 2020.

김병민, 「황개민과 한국 망명지사들의 사상문화교류」, 『한국학연구』 58, 2020.
김슬기, 「제1차 세계대전 시기 제정 러시아의 전시 정책과 연해주 한인 사회의 대응」, 『한국독립운동사연구』 79, 2022.
김장수, 「토마시 개리그 마사리크의 정치활동—1890년대부터 체코슬로바키아 독립국가 등장 이후까지를 중심으로」, 『서양사론』, 111, 2011.
김희곤, 「신한청년당의 결성과 활동」, 『한국민족운동사연구』 1, 1986.
박걸순, 「1910년대 비밀결사의 투쟁 방략과 의의」, 『한국독립운동사연구』 46, 2013.
박걸순, 「보재 이상설의 독립운동론과 독립운동」, 『한국독립운동사연구』 60, 2017.
반병률, 「일제 초기 독립운동 노선논쟁—급진론과 완진론」, 『동양정치사상사』 5-2, 2006.
배경한, 「신해혁명과 한국—김규흥의 광동에서의 활동을 중심으로」, 『역사학보』 212, 2011.
배경한, 「한국 독립운동과 신해혁명」, 『한국근현대사연구』 75, 2015.
신운용, 「신규식의 민족운동과 대종교」, 『국학연구』 23, 2019.
신주백, 「1910년 전후 군주제에서 민주공화정체로 정치이념의 전환—공화론과 대동론을 중심으로」, 『한국민족운동사연구』 93, 2017.
심헌용, 「대한민국임시정부의 소비에트러시아 외교관계의 형성과 독립외교 전개 그리고 '비밀군사협정'」, 『재외한인연구』 54, 2021.
유순선, 「1910년 '청도회의'와 독립운동가들의 청도 활동 장소에 대한 연구」, 『한국독립운동사연구』 77, 2022.
유준기, 「독립운동 기지 한흥동 건설과 독립운동가의 망명 경로—이승희를 중심으로」, 『한국민족운동사연구』 42, 2005.
이계형, 「1910년대 전반 서간도 독립운동 기지건설과 안동 혁신유림의 역할」, 『만주연구』 33, 2022.
이규수, 「파리 강화회의와 신한청년단의 활동—민족자결주의 수용과 좌절」, 『한국기독교문화연구』 14, 2020.
이기훈, 「3·1운동과 공화주의—중첩, 응축, 비약」, 『역사비평』 127, 2019.
이송순, 「농촌 지역 3·1운동 확산과 공간적·형태별 특성」, 『민족문화연구』 84, 2019.
이태훈, 「1910~20년대 초 제1차 세계대전의 소개 양상과 논의 지형」, 『사학연구』 105, 2012.
임경석, 「해방 직후 3·1운동 역사상의 분화」, 『사림』 63, 2017.
장석흥, 「조선민족대동단연구」, 『한국독립운동사연구』 3, 1989.
장석흥, 「파리 강화회의에 제출한 승전국 식민지의 청원서와 그 성격」, 『한국학논총』 55, 2021.
장세윤, 「1910년대 남만주 독립군 기지건설과 신흥무관학교」, 『만주연구』 24, 2017.
정병준, 「1919년, 파리로 가는 김규식」, 『한국독립운동사연구』 60, 2017.
정병준, 「3·1운동의 기폭제—여운형이 크레인에게 보낸 편지 및 청원서」, 『역사비평』 119, 2017.
정병준, 「중국 관내 신한청년당과 3·1운동」, 『한국독립운동사연구』 65, 2019.
조철행, 「윤해의 독립운동」, 『한국인물사연구』 20, 2013.
최선웅, 「1910년대 재일유학생 단체 신아동맹당의 반일운동과 근대적 구상」, 『역사와 현실』 60, 2006.
최우석, 「3·1운동은 언제까지로 보아야 하는가」, 『내일을 여는 역사』, 74, 2019.
최우석, 「식민지 조선인의 제1차 세계대전 인식과 3·1운동」, 『사림』 70, 2019.
한규무, 「1910년대 계몽운동 계열 비밀결사 연구의 쟁점과 과제」, 『한국민족운동사연구』 87, 2016.
한시준, 「신흥무관학교와 한국 독립운동」, 『한국독립운동사연구』 40, 2011.

3부 1장 '두 세계'의 대립과 워싱턴 체제

앤드루 고든 지음, 김우영 역, 『현대일본의 역사』, 이산, 2005.
고정휴, 『태평양의 발견 대한민국의 탄생』, 국학자료원, 2021.
구대열, 『한국 국제관계사 연구 1. 일제시기 한반도의 국제관계』, 역사비평사, 1995.
서정익, 『日本近代經濟史』, 혜안, 2003.

정태헌, 『한반도 철도의 정치경제학』, 선인, 2017.
정태헌, 『혁명과 배신의 시대—격동의 20세기, 한중일의 빛과 그림자』, 21세기북스, 2022.
현대일본학회, 『일본정치론』, 논형, 2007.
호사카 마사야스 지음, 정선태 옮김, 『도조 히데키와 천황의 시대』, 페이퍼로드, 2012.
호사카 마사야스 지음, 정선태 옮김, 『쇼와 육군—제2차 세계대전을 주도한 일본 제국주의의 몸통』, 글항아리,
      2016.

고정휴, 「워싱턴회의(1921~22)와 한국민족운동」, 『한국민족운동사연구』 35, 2003.
김지환, 「臨城事件과 中國鐵道管理案」, 『중국근현대사연구』 36, 2007.
김지환, 「중국 철도 공동관리안과 북양군벌정부」, 『동양학』 43, 2008.
서정익, 「대공황 전후(1925~1933년) 동북아시아의 정세 변동과 일본의 중국 침략」, 『아시아연구』 7-1, 2004.
유지아, 「1910~20년대 일본의 다이쇼 데모크라시와 제국주의의 변용」, 『한일관계사연구』 57, 2017.
이규수, 「민본주의자, 요시노 사쿠조의 조선 인식」, 『역사비평』 88, 2009.
최종길, 「1927년을 전후한 조선과 일본의 정치적 연관성—조선에서 치안유지법이 확대 적용된 배경을 중심으
      로」, 『일본역사연구』 31, 2010.
한정선, 「오만한 일본, 불안한 제국—다이쇼 시대(1912~1926) 일본의 국가정체성 변화와 대외 정책」, 『일본비
      평』 20, 2019.

3부 2장 일제의 민족분열책, 문화정치와 식민지자본주의 '개발'

강동진, 『일제의 한국침략 정책사』, 한길사, 1980.
강만길 엮음, 『한국 자본주의의 역사』, 역사비평사, 2000.
김동명, 『지배와 저항, 그리고 협력—식민지 조선에서의 일본 제국주의와 조선인의 정치운동』, 경인문화사,
      2006.
김종식, 『1920년대 일본의 정당정치』, 제이엔씨, 2007.
김종식·윤덕영·이태훈, 『일제의 조선 참정권 정책과 친일 세력의 참정권 청원 운동』, 동북아역사재단, 2022.
동선희, 『식민권력과 조선인 지역유력자—도평의회 도회의원을 중심으로』, 선인, 2011.
류시현·문영주·박종린·허수·허영란, 『미래를 여는 한국의 역사』 5, 웅진지식하우스, 2011.
문영주, 「일제하 도시금융조합의 운영 체제와 금융 활동(1918~1945)」, 고려대학교 박사학위논문, 2005.
박우현, 「일제 시기 조선사업공채 발행 정책과 식민지 인프라 개발」, 고려대학교 박사학위논문, 2023.
박찬승, 『한국근대정치사상사연구』, 역사비평사, 1992.
변은진 외, 『제국주의 시기 식민지인의 정치참여 비교』, 선인, 2007.
손정목, 『韓國地方制度·自治史 研究』(上), 一志社, 1992.
송규진, 『日帝下의 朝鮮貿易 研究』, 고려대학교 민족문화연구원, 2001.
윤석범·홍성찬·우대형·김동욱, 『한국근대금융사연구』, 세경사, 1996.
윤치호 지음, 박정신·이민원 옮김, 『(국역) 윤치호 영문일기』 7권, 국사편찬위원회, 2016.
이경란, 『일제하금융조합연구』, 혜안, 2002.
이영학, 『일제의 농업생산 정책』, 동북아역사재단, 2022.
이태훈, 「일제하 친일 정치운동 연구」, 연세대학교 박사학위논문, 2010.
전상숙, 『조선총독의 지배 정책』, 동북아역사재단, 2022.
정태헌, 『문답으로 읽는 20세기 한국 경제사』, 역사비평사, 2010.
정태헌, 『일제의 경제 정책과 조선 사회—조세 정책을 중심으로』, 역사비평사, 1996.
정태헌, 『혁명과 배신의 시대—격동의 20세기, 한중일의 빛과 그림자』, 21세기북스, 2022.
조명근, 『일제강점기 화폐제도와 금융』, 동북아역사재단, 2022.

한국역사연구회, 『시민의 한국사 2. 근현대편』, 돌베개, 2022.
허수열, 『개발 없는 개발』, 은행나무, 2005.
大藏省大臣官房調査企画課, 『昭和財政史史談会記録 第四号 外地財政金融史』, 大藏省大臣官房調査企画課, 1979.
李炯植, 『朝鮮總督府官僚の統治構想』, 吉川私文館, 2013.

윤덕영, 「1920년대 중반 일본 정계 변화와 조선총독부 자치 정책의 한계」, 『한국독립운동사연구』 37, 2010.
윤현상, 「일제 시기 공립보통학교 재정운영—학교비 특별부과금을 중심으로」, 『한국사론』 61, 2015.
이나미, 「일제 시기 조선 자치운동의 논리—독립운동론, 참정권론과의 관계를 중심으로」, 『민족문화연구』 44, 2004.
이형식, 「1910년대 일본 제국의회 중의원과 조선 통치」, 『사총』 82, 2014.
이형식, 「중간내각 시대(1922.6~1924.7)의 조선총독부」, 『동양사학연구』 113, 2010.
전강수, 「일제하 수리조합사업이 지주제 전개에 미친 영향—산미증식계획기(1920~34년)를 중심으로」, 『경제사학』 8, 1984.
정태헌, 「조선총독부의 경상합동은행 경영권 장악 과정과 일본인 은행으로의 흡수」, 『한국사학보』 40, 2010.
정태헌, 「한성은행의 경영권, 대주주 구성 추이와 일본인 은행화 과정」, 『한국사연구』 148, 2010.
조규태, 「1920년대 민족주의 세력의 자치운동 전개 양상」, 『한국민족운동사연구』 92, 2017.
조미은, 「일제 시기 재조선 일본인 학교조합 제도의 변천과 성격」, 『사림』 41, 2012.
최병택, 「일제하 학교비 재정운영의 성격」, 『역사와 현실』 90, 2013.
홍성찬, 「일제하 한일 무역 네트워크 형성의 한 양상」, 『동방학지』 145, 2009.
홍순권, 『근대도시와 지방권력—한말·일제하 부산의 도시 발전과 지방 세력의 형성』, 선인, 2010.

3부 3장 민중적 '신민'의 반제민족운동과 좌·우 협동전선

강만길 편, 『조소앙』, 한길사, 1980.
구대열, 『한국국제관계사연구 1. 일제 시기 한반도의 국제관계』, 역사비평사, 1995.
김경일, 『노동운동』, 독립기념관 한국독립운동사연구소, 2008.
김영범, 『한국 근대 민족운동과 의열단』, 창작과비평사, 1997.
김용달, 『농민운동』, 독립기념관 한국독립운동사연구소, 2009.
김정인·이준식·이송순, 『한국 근대사 2. 식민지 근대와 민족해방운동』, 푸른역사, 2016.
김희곤, 『대한민국임시정부 I. 상해 시기』, 독립기념관 한국독립운동사연구소, 2008.
나가타 아키후미 지음, 박환무 옮김, 『일본의 조선 통치와 국제관계—조선 독립운동과 미국 1910~1922』, 일조각, 2008.
박용옥, 『여성운동』, 독립기념관 한국독립운동사연구소, 2009.
박철하, 『청년운동』, 독립기념관 한국독립운동사연구소, 2009.
반병률, 『성재 이동휘 일대기』, 범우사, 1998.
삼균학회, 『소앙선생문집』 하, 횃불사, 1979.
신용하, 『신간회의 민족운동』, 지식산업사, 2017.
신주백, 『만주 지역 한인의 민족운동사(1920~45)』, 아세아문화사, 1999.
윤대원, 『상해 시기 대한민국임시정부 연구』, 서울대학교출판부, 2006.
이현주, 『1920년대 재중 항일 세력의 통일운동』, 독립기념관 한국독립운동사연구소, 2009.
임경석, 『독립운동 열전』 1, 푸른역사, 2022.
임경석, 『잊을 수 없는 혁명가들에 대한 기록』, 역사비평사, 2008.
임경석, 『한국사회주의의 기원』, 역사비평사, 2003.

전명혁, 『1920년대 한국 사회주의운동 연구』, 선인, 2006.
조철행, 「국민대표회 전후 민족운동 최고기관 조직론 연구」, 고려대학교 박사학위논문, 2010.
한국역사연구회, 『시민의 한국사 2. 근현대편』, 돌베개, 2022.
황민호, 『재만 한인 사회와 민족운동』, 국학자료원, 1998.

고정휴, 「식민지 시대 미국 지식인의 한국 문제 인식」, 『역사와 현실』 58, 2005.
고정휴, 「태평양문제연구회 조선지회와 조선사정연구회」, 『역사와 현실』 6, 1991.
김국화, 「'101인 사건' 판결과 '치안유지법' 적용」, 『한국독립운동사연구』 74, 2021.
김기승, 「언론에 나타난 신간회 해체 논쟁의 전개 과정」, 『독립운동사연구』 63, 2018.
김명구, 「1920년대 안재홍의 구미 정세 인식」, 『대구사학』 131, 2018.
김명구, 「3·1운동, 민중의 성장과 근대 민족의 형성」, 『내일을 여는 역사』, 11, 2003.
김영진, 「1926년 사상 단체 정우회의 성립과 운동 방침」, 『역사연구』 37, 2020.
김용달, 「안창호의 민족운동과 민족운동지도론」, 『한국학논총』 37, 2012.
김은지, 「미국 의원단 동아시아 방문을 계기로 한 대한민국임시정부의 독립운동」, 『한국독립운동사연구』 60, 2017.
김정현, 「제1, 2차 국공합작기의 한·중 연대활동—황포군관학교 인맥을 중심으로」, 『역사학연구』 46, 2012.
류시현, 「1920년대 삼일운동에 관한 기억—시간, 장소 그리고 '민족/민중'」, 『역사와 현실』 74, 2009.
박종린, 「1920년대 '통일' 조선공산당의 성립 과정」, 『한국사연구』 102, 1998.
박종린, 「1920년대 사회주의 사상의 수용과 일월회」, 『한국근현대사연구』 40, 2007.
박종린, 「김윤식 사회장 찬반 논의와 사회주의 세력의 재편」, 『역사와 현실』 38, 2000.
박철하, 「1920년대 사상 단체의 조직과 활동」, 『숭실사학』 18, 2005.
박철하, 「1920년대 사회주의 사상 단체 조선노동당의 조직과 활동」, 『한국민족운동사연구』 40, 2004.
박철하, 「1920년대 전반기 '중립당'과 무산자동맹회에 관한 연구」, 『숭실사학』 13, 1999.
박철하, 「북풍과 공산주의 그룹의 형성」, 『역사와 현실』 28, 1998.
박환, 「대한국민의회 의장 문창범」, 『한국민족운동사연구』 98, 2019.
반병률, 「대한국민의회와 상해임시정부의 통합정부 수립 운동」, 『한국민족운동사연구』 2, 1987.
반병률, 「일제 초기 독립운동노선 논쟁—급진론과 완진론: 초기 상해 임시정부를 중심으로」, 『동양정치사상사』 5-2, 2006.
신용하, 「조선노동공제회의 창립과 노동운동」, 『한국의 사회신분과 사회계층』, 문학과지성사, 1986.
신주백, 「안창호와 1920년대 사회주의운동」, 『도산사상연구』 8, 2002.
윤대원, 「왜, '당'이 아니라 '정부'인가?」, 『내일을 여는 역사』 74, 2019.
윤덕영, 「1920년대 전반 동아일보 계열의 정치운동 구상과 '민족적 중심세력'론」, 『역사문제연구』 24, 2010.
윤덕영, 「1920년대 전반 민족주의 세력의 민족운동 방향 모색과 그 성격」, 『사학연구』 98, 2010.
윤덕영, 「1920년대 중반 민족주의 세력의 정세 인식과 합법적 정치운동의 전망」, 『한국근현대사연구』 53, 2010.
윤덕영, 「1930년 전후 합법적 정치운동의 퇴조와 신간회를 둘러싼 민족주의 세력의 동향」, 『한국학연구』 64, 2022.
윤상원, 「국제공산당과 국제공산청년회 속의 한인 혁명가—박진순과 조훈의 활동 비교」, 『마르크스주의연구』 16-3, 2019.
윤상원, 「전라북도 3·1운동의 전개와 '3·1운동 세대'의 탄생」, 『전북사학』 57, 2019.
윤효정, 「복대표대회 전후 신간회 본부의 재편과 활동」, 『한국독립운동사연구』 63, 2018.
윤효정, 「신간회의 창립 과정 연구—조선공산당의 활동을 중심으로」, 『민족문화연구』 75, 2017.
이경용, 「1920년대 초반 노동운동의 분화 과정—조선노동공제회를 중심으로」, 『중앙사론』 8, 1995.
이애숙, 「1922~1924년 국내의 민족통일전선운동」, 『역사와 현실』 28, 1998.
이준태, 「정치세력 간 통일전선 측면에서 본 제1차 국공합작의 고찰」, 『아태연구』 15-1, 2008.
임경석, 「13인회 연구」, 『역사와 현실』 94, 2014.

임경석, 「1927년 조선공산당의 분열과 그 성격」, 『사림』 61, 2017.
임경석, 「고려공산당 창립대표회 준비위원회의 성립」, 『역사학보』 225, 2015.
임경석, 「고려총국 내지부 연구」, 『사림』 48, 2014.
임경석, 「서울파 공산주의 그룹의 형성」, 『역사와 현실』 28, 1998.
임경석, 「조선공산당 창립대회 연구」, 『대동문화연구』 81, 2013.
임상범, 「황포군관학교와 그 구성원 분석—중국공산당을 중점으로」, 『중국학논총』 19, 2005.
전명혁, 「서울청년회의 분화와 서울파의 형성」, 『역사문화연구』 9, 1999.
조규태, 「1920년대 민족주의 세력의 자치운동의 전개 양상」, 『한국민족운동사연구』 92, 2017.
조철행, 「국민대표회 개최 과정과 참가 대표」, 『한국민족운동사연구』 61, 2009.
최선웅, 「1910년대 재일유학생단체 신아동맹당의 반일운동과 근대적 구상」, 『역사와 현실』 60, 2006.
최우석, 「식민지 조선인의 제1차 세계대전 인식과 3·1운동」, 『사림』 70, 2019.
한상도, 「중국 제1차 국공합작 및 국민혁명에 대한 한국인의 반향」, 『사학연구』 85, 2007.

4부 1장 제국주의 간 합종연횡과 연합국의 조선 '독립' 합의

구대열, 『한국국제관계사연구 1. 일제 시기 한반도의 국제관계』, 역사비평사, 1995.
김승태, 『중일전쟁 이후 전시 체제와 수탈』, 독립기념관 한국독립운동사연구소, 2009.
나가타 아키후미 지음, 박환무 옮김, 『일본의 조선 통치와 국제관계—조선 독립운동과 미국 1910~1922』, 일조
　　각, 2008.
더글라스 파이크 지음, 편집부 옮김, 『베트남 공산주의 운동사 연구』, 녹두, 1985.
에릭 홉스봄 지음, 이용우 옮김, 『극단의 시대—20세기의 역사』 상, 까치, 1994.
A. 스터름탈 지음, 황인평 옮김, 『유럽 노동운동의 비극』, 풀빛, 1983.
오키 다케시 지음, 박삼헌 옮김, 『독소전쟁』, 에이케이커뮤니케이션즈, 2021.
조길태, 『인도독립운동사』, 민음사, 2017.
최규진, 『조선공산당 재건운동』, 독립기념관 한국독립운동사연구소, 2009.
케빈 맥더모트·제레미 애그뉴 지음, 황동하 옮김, 『코민테른—레닌에서 스탈린까지, 국제공산주의 운동의 역
　　사』, 서해문집, 2009.
向青 지음, 임상범 옮김, 『코민테른과 중국혁명 관계사』, 고려원, 1992.
홍순호, 『한국국제관계사』, 대왕사, 1993.
황동하, 『필사적인 포옹—독소불가침조약과 소련 측의 동기 분석』, 한국학술정보, 2006.

권정기, 「코민테른과 스페인의 반파쇼 인민전선」, 『노동사회과학』 8, 2015.
김용덕, 「폴란드 삼국분할과 영토 분쟁 연구」, 『동유럽발칸연구』 24, 2010.
김원규, 「코민테른과 립삼 체제의 형성 및 좌절」, 『부대사학』 27, 2003.
노경덕, 「얄타 회담 다시 보기」, 『사총』 87, 2016.
노영순, 「인민전선기 베트남 공산주의자들의 합법투쟁」, 『사총』 63, 2006.
박단, 「1930년대 프랑스 노동조합의 정당에 대한 독립성 문제—노동총연맹(C.G.T)의 통합 과정을 중심으로」,
　　『서양사론』 58, 1998.
박희, 「세계 대공황기 미국과 일본의 대응 전략—구성주의적 평가」, 『담론 201』 21-1, 2018.
서정익, 「대공황 전후(1925~1933) 동북아시아의 정세 변동과 일본의 중국 침략」, 『아시아연구』 7-1, 2004.
송규진, 「세계경제공황 전후 '영제국경제회의'와 조선의 대 '영제국권' 무역」, 『역사와 담론』 56, 2010.
신동규, 「인민전선과 두 개의 프랑스」, 『역사와 세계』 53, 2018.
양동휴, 「1930년대 미국 대공황의 원인과 성격—테민 논쟁을 중심으로」, 『미국학』 15, 1992.
양동휴, 「세계 대공황의 원인, 경과, 회복 과정」, 『경제논집』 37-4, 1998.

정병준, 「카이로 회담의 한국 문제 논의와 카이로 선언 한국 조항의 작성 과정」, 『역사비평』 107, 2014.
조준배, 「정치국에서 크렘린 집무실까지—소련의 공업화 정책과 스탈린」, 『동국사학』 55, 2013.
한시준, 「카이로 선언과 대한민국 임시정부」, 『한국근현대사연구』 71, 2014.
홍성곤, 「1930년대 코민테른의 반파시즘론의 발전」, 『부산사학』 38, 2000.
홍성곤, 「소련 핀란드 겨울전쟁과 영국의 정책」, 『서양사연구』 63, 2020.
홍웅호, 「1930년대 말 소련의 동아시아 정책」, 『사림』 23, 2005.
홍종욱, 「반파시즘 인민전선론과 사회주의운동의 식민지적 길」, 『역사와 현실』 118, 2020.
황동하, 「방공협정(防共協定, Anti-Comintern Pact)의 문화적 효과—식민지 조선을 중심으로」, 『역사연구』 41, 2021.

4부 2장 식민지자본주의의 파국과 총동원 체제

강만길 엮음, 『한국 자본주의의 역사』, 역사비평사, 2000.
박현, 『조선총독부의 戰時經濟政策, 1937~1945』, 연세대학교 박사학위논문, 2010.
안자코 유카, 『조선총독부의 '총동원 체제'(1937~1945) 형성 정책』, 고려대학교 박사학위논문, 2006.
양지혜, 『일제하 일본질소비료(주)의 흥남 건설과 지역사회』, 한양대학교 박사학위논문, 2020.
요시미 요시아키 지음, 이규태 옮김, 『일본군 군대위안부』, 小花, 2006.
이송순, 『일제 말 전시 총동원과 물자통제』, 동북아역사재단, 2021.
이송순, 『일제하 전시 농업 정책과 농촌 경제』, 선인, 2008.
이영학, 『일제의 농업생산 정책』, 동북아역사재단, 2022.
정연태, 『식민권력과 한국 농업—일제 식민 농정의 동역학』, 서울대학교출판문화원, 2014.
정태헌, 『문답으로 읽는 20세기 한국경제사』, 역사비평사, 2010.
정태헌, 『일제의 경제 정책과 조선 사회』, 역사비평사, 1996.
정태헌, 『평화를 향한 근대주의 해체—3·1운동 100주년에 식민지 '경제성장'을 다시 묻다』, 동북아역사재단, 2019.
정혜경, 『일제 식민지배와 강제동원』, 경인문화사, 2010.
최유리, 『일제 말기 식민지 지배 정책 연구』, 국학자료원, 1997.
한국역사연구회, 『시민의 한국사 2. 근현대편』, 돌베개, 2022.
허광무·정혜경·김미정, 『일제의 전시 조선인 노동력 동원』, 동북아역사재단, 2021.
허수열, 『개발 없는 개발』, 은행나무, 2005.
宮田節子 著, 李熒娘 譯, 『朝鮮民衆과「皇民化」政策』, 一潮閣, 1997.
水田直昌·土屋喬雄 編述, 近藤釰一 編輯印刷, 『財政·金融政策から見た朝鮮統治とその終局』, 財團法人友邦協會 朝鮮史料編纂會, 1962.

정태헌, 「병참기지화」, 『한국사』 50, 국사편찬위원회, 2001.
정태헌, 「일제하 자금 유출입 구조와 조세 정책」, 『역사와 현실』 18, 1995.
정대헌·기광서, 「일세의 반인륜적 조선인 강제노무동원과 임금 탈취」, 『역사와 현실』 50, 2003.
허수열, 「식민지 경제 구조의 변화와 민족자본의 동향」, 『한국사』 14, 한길사, 1994.
허수열, 「식민지적 공업화의 특징」, 『공업화의 제유형』 II, 경문사, 1996.

4부 3장 좌·우 민족운동 세력의 경쟁과 통합

강만길 외, 『통일지향 우리 민족해방운동사』, 역사비평사, 2000.

강만길, 『조선민족혁명당과 통일전선』, 역사비평사, 2003.
김경일, 『이재유 연구』, 창작과비평사, 1993.
김경일, 『일제하 노동운동사』, 창작과비평사, 1992.
김기승, 『대한민국임시정부의 이론가, 조소앙』, 역사공간, 2015.
김성호, 『1930년대 연변 민생단 사건 연구』, 백산자료원, 1999.
김용달, 『농민운동』, 독립기념관 한국독립운동사연구소, 2009.
노경채, 『한국독립당 연구』, 신서원, 1996.
박한용, 『일제강점기 반제동맹 연구』, 고려대학교 박사학위논문, 2013.
방기중, 『한국 근현대 사상사 연구』, 역사비평사, 1992.
변은진, 『독립과 통일 의지로 일관한 신뢰의 지도자 여운형』, 역사공간, 2018.
신주백, 『1930년대 중국 관내 지역 정당통일운동』, 독립기념관 한국독립운동사연구소, 2009.
유용태·박진우·박태균, 『함께 읽는 동아시아 근현대사』, 창비, 2016.
윤대원, 『제국의 암살자들, 김구 암살 공작의 전말』, 태학사, 2022.
이정 박헌영 전집 편집위원회, 『이정 박헌영 전집』 2, 역사비평사, 2004.
이지원, 『한국 근대 문화사상사 연구』, 혜안, 2007.
이창주 편, 『조선공산당사(비록)』, 명지대학교출판부, 1996.
장세윤, 『1930년대 만주 지역 항일무장투쟁』, 독립기념관 한국독립운동사연구소, 2009.
정태헌, 『평화를 향한 근대주의 해체』, 동북아역사재단, 2019.
정태헌, 『혁명과 배신의 시대―격동의 20세기, 한중일의 빛과 그림자』, 21세기북스, 2022.
지수걸, 『일제하 농민조합운동 연구』, 역사비평사, 1993.
최규진, 『조선공산당 재건운동』, 독립기념관 한국독립운동사연구소, 2009.
한국역사연구회, 『시민의 한국사 2. 근현대편』, 돌베개, 2022.
한국협동조합운동100년사편찬위원회, 『한국협동조합운동 100년사』 1, 가을의아침, 2019.
홍정완·전상숙 지음, 『함께 움직이는 거울, '아시아'―근현대 한국의 '아시아' 인식의 궤적』, 신서원, 2018.

김하일, 「제국주의 전쟁 배격 도상에서 조선 공산주의자들의 임무」, 『사상휘보』 14, 1938.
박헌영, 「조선과 조선공산당」, 『해방일보』 1946. 4. 15.
백동현, 「한인조국광복회운동에 관한 연구」, 『백산학보』 49, 1997.
신주백, 「1930년대 반일민족통일전선운동의 전개 과정」, 『역사와 현실』 2, 1989.
오미일, 「1930년대 사회주의자들의 사회성격 논쟁―농업 문제를 둘러싼 인정식·박문병의 논쟁을 중심으로」, 『역사비평』 10, 1990.
윤덕영, 「1930년 전후 조선총독부 자치 정책의 한계와 동아일보 계열의 비판」, 『대동문화연구』 73, 2011.
이수일, 「일제하 박문규의 현실 인식과 경제사상 연구」, 『역사문제연구』 1, 1996.
이애숙, 「반파시즘 인민전선론―일제 말기 경성콤그룹을 중심으로」, 『일제하 지식인의 파시즘 체제 인식과 대응』, 혜안, 2005.
이태훈, 「1930년대 전반 민족주의 세력의 국제정세 인식과 파시즘 논의」, 『역사문제연구』 19, 2008.
임경석, 「세계대공황기 사회주의·민족주의 세력의 정세 인식」, 『역사와 현실』 9, 1994.
임경석, 「코민테른 조선위원회 속기록 연구―1928년 9월 20일자 회의를 중심으로」, 『사림』 76, 2021.
임동현, 「1930년대 조선어학회의 철자법 정리·통일운동과 민족어 규범 형성」, 『역사와 현실』 94, 2014.
조형열, 「1930년대 마르크스주의 지식인의 학술문화기관 구상과 '과학적 조선학' 수립론」, 『역사학연구』 61, 2016.
최규진, 「12월테제―조선 사회주의자들의 나침반, 시대의 강령」, 『내일을 여는 역사』 28, 2007.
한종민, 「『조선중앙일보』의 식민지 현실 인식과 세계정세 인식」, 『지역과 역사』 41, 2017.

4부 4장 좌·우 민족운동 세력이 합의한 평화지향적 민주국가 구상

강만길, 『조선민족혁명당과 통일전선』, 역사비평사, 2003.
김기승, 『조소앙이 꿈꾼 세계』, 지영사, 2003.
신주백, 『만주 지역 한인의 민족운동사 1920~1945』, 아세아문화사 1999.
염인호, 『조선의용대 조선의용군』, 독립기념관 한국독립운동사편찬위원회, 2009.
임경석, 『이정 박헌영 일대기』, 역사비평사, 2004.
정병준, 『광복 직전 독립운동 세력의 동향』, 독립기념관 한국독립운동사편찬위원회, 2009.
정태헌, 『한국의 식민지적 근대 성찰―근대주의 비판과 평화공존의 역사학 모색』, 선인, 2007.
최규진, 『조선공산당 재건운동』, 독립기념관 한국독립운동사편찬위원회, 2009.
한시준, 『한국광복군연구』, 일조각, 1993.
『중국의 광활한 대지 우에서』, 연변인민출판사, 1987.

기광서, 「1940년대 전반 소련군 88독립보병여단 내 김일성 그룹의 동향」, 『역사와 현실』 28, 1998.
김경일, 「경성콤그룹과 지방조직」, 『한말 일제하의 사회사상과 사회운동』, 문학과지성사, 1994.
이남주, 「마오쩌둥 시기 급진주의의 기원―신민주주의론의 폐기와 그 함의」, 『동향과 전망』 78, 2010.
이송순, 「1934~40년대 일제의 통제경제 정책과 조선인 경제 전문가의 인식」, 『한국사학보』 17호, 2004.
이애숙, 「반파시즘 인민전선론―일제 말기 경성콤그룹을 중심으로」, 『일제하 지식인의 파시즘체제 인식과 대
　　　응』, 혜안, 2005.
한시준, 「중경시대 임시정부와 통일전선운동」, 『쟁점 한국근현대사』 4, 1994.
한시준, 「중경시대 임시정부의 활동」, 『인하사학』 3, 1995.

에필로그: 평화의 21세기를 위한 몇 가지 과제

강만길, 『역사가의 시간』, 창비, 2010.
강만길·김남식 외, 『한국사 17. 분단 구조의 정착 (1)』, 한길사, 1994.
극동국제군사재판소 엮음, 김병찬 외 옮김, 『(개정판) A급 전범의 증언―도쿄전범재판을 읽다: 도조 히데키
　　　편』, 언어의 바다, 2017.
다무라 마츠아키 지음, 김관원 옮김, 『나치 독일의 강제노동과 전후처리』, 경인문화사, 2020.
브루스 커밍스, 『한국 전쟁의 기원』, 글항아리, 2023.
서중석, 『한국현대민족운동연구―해방 후 민족국가 건설운동과 통일전선』, 역사비평사, 1991.
서중석, 『한국현대민족운동연구 2. 1948~1950 민주주의 민족주의 그리고 반공주의』, 역사비평사, 1996.
아오키 오사무, 『일본회의의 정체―아베 신조의 군국주의 꿈 그 중심에 일본회의가 있다!』, 율리시즈, 2017.
안병영, 『왜 오스트리아 모델인가―합의와 상생 융합과 재창조의 국가모델』, 문학과지성사, 2013.
오코노기 마사오, 『한반도 분단의 기원』, 나남, 2019.
이정식, 『대한민국의 기원―해방정국과 좌우합작』, 일조각, 2006.
이호재, 『제2차 세계대전 후 열강의 점령 정책과 분단국의 독립·통일』, 건국대학교출판부, 1999.
전득주, 『세계의 분단 사례 비교연구』, 푸른길, 2004.
정용욱, 『존 하지와 미군 점령통치 3년』, 중심, 2003.
정용욱, 『편지로 읽는 해방과 점령』, 민음사, 2021.
정용욱, 『해방 전후 미국의 대한 정책―과도정부 구상과 중간파 정책을 중심으로』, 서울대학교출판부, 2003.
정태헌, 『한국의 식민지적 근대 성찰―근대주의 비판과 평화공존의 역사학 모색』, 선인, 2007.
정태헌, 『혁명과 배신의 시대―격동의 20세기, 한중일의 빛과 그림자』, 21세기북스, 2022.
한시준, 『대한민국임시정부사 3. 중경 시기』, 독립운동기념관, 2009.

許政,『雩南 李承晚』, 太極出版社, 1970.
호사카 마사야스 지음, 정선태 옮김,『도조 히데키와 천황의 시대』, 페이퍼로드, 2012.

「김태훈의 뉴스 저격: 식민지 수탈했던 서구 열강, 국익에 도움될 때만 사과·배상」,『조선일보』2018. 11. 9.
「다시 뜨거워지는 미국 '노예제 국가배상'」,『경향신문』2020. 6. 22.
「아프리카 1,250만 명 노예무역…유럽·중남미 정상회의, 배상 언급」,『한겨레신문』2023. 7. 20.
「영국·네덜란드의 자기반성… 일본이 공부해야 할 판결들」,『오마이뉴스』2019. 10. 30.
강병근,「네덜란드의 인도네시아 식민지배 배상 판결에 관한 연구」,『국제법평론』40, 2014.
구유신,「아베 정권과 보수시민사회—일본회의의 정책 제언 활동을 중심으로」,『일본비평』25, 2021.
김기협,「10년 신탁통치를 기꺼이 받은 오스트리아! 조선은?」,『프레시안』2012. 5. 18.
김홍섭,「오스트리아 모델—친서방 영세중립의 성립과 발전」,『독일어어문학』88, 2020.
남상욱,「한일 문학의 민주주의와 '반지성주의'—미시마 유키오와 김훈을 중심으로」,『한국학논집』72집, 2018.
박재영,「독일의 과거 극복, 어디까지 왔나?—"기억·책임·미래 재단"을 중심으로」,『동학연구』26, 2009.
박지현,「프랑스 이민법을 통한 EU의 유럽 시민권에 대한 역사적 진단」,『서양사학연구』19, 2008.
박진완,「독일의 기억, 책임 그리고 미래 재단의 설립에 관한 법률을 통한 국가사회주의 시대의 강제 노동자에
    대한 배상에 대한 검토」,『세계헌법연구』19, 2013.
염운옥,「식민지 폭력 피해와 배상—케냐 마우마우의 사례」,『영국사학회』34, 2015.
이동기,「독일은 일본처럼 하지 않았다」,『한겨레21』1453호, 2023. 3. 8.
이선주,「더반 '인종차별국제회의'에서 어떤 일이 있었나」,『월간 말』2001. 10.
이완범,「전후 세계질서와 미국의 대한 정책」,『한국사 17. 분단구조의 정착 (1)』, 한길사, 1994.
이완범,「해방 직후 남한 좌우합작 평가—국제적 제약 요인과 관련하여, 1946~1947」,『국제정치논총』47(4),
    2007.
이용수,「일본 우익에 대한 소고—아베 내각과 일본회의」,『내일을 여는 역사』77, 2019.
임헌영,「박계주의 장편소설 '여수'」,『경향신문』2017. 3. 9.
정진성,「1950년대 일본의 '특수(特需)'와 냉전 구조」,『일본비평』22, 2020.
정태헌,「21세기 들어 주목되는 세계사의 근대 극복을 향한 '작은 변화'」,『현상과 인식』47(3), 2023.
정현백,「독일제국과 식민지 폭력—남서아프리카 헤레로 봉기(1904~1907)를 중심으로」,『독일연구』26, 2013.
정희라,「마우마우 재판의 교훈—영국의 과거사 반성과 보상」,『호모 미그란스』8, 2013.
조진구,「일본회의의 역사인식과 교육관—무라야마 담화 정신에 대한 도전」,『입법과 정책』10, 2018.
최영호,「일본의 항복과 한반도 분단—항복의 지연과 분단의 책임」,『역사문화연구』62, 2017.
황명준,「독일의 전후 배상 실행에 관한 최신 연구—나미비아 등 구 식민지 지역을 중심으로」,『가천법학』15-2,
    2022.
황의서,「해방 후 좌우합작의 실패 원인 분석」,『대한정치학회보』17-1, 2009.

찾아보기